## 《安源路矿工人运动纪念馆志》编纂委员会

**主　编**

丁煊淼

**副主编**

徐　鹏　黄　洋　贺　卓

**总　纂**

黄爱国

**编　委**

刘磊胡　曾利国　段志能

黄　领　刘　丽　张　波

李安萍　江　贞　张贝伊

廖　霞　谭　琦　黄　婷

安源路矿工人运动纪念馆 志

安源路矿工人运动纪念馆 ◎ 编
丁煊淼 ◎ 主编

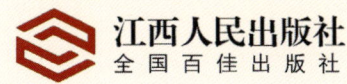

图书在版编目（CIP）数据

安源路矿工人运动纪念馆志 / 安源路矿工人运动纪念馆编；丁煊淼主编 . -- 南昌：江西人民出版社，2024.11. -- ISBN 978-7-210-15865-3

Ⅰ . K878.2

中国国家版本馆 CIP 数据核字第 2024LF8053 号

## 安源路矿工人运动纪念馆志
ANYUAN LUKUANG GONGREN YUNDONG JINIANGUAN ZHI

安源路矿工人运动纪念馆　编
丁煊淼　主编

策　　划：黄心刚
责任编辑：郭　锐
封面设计：同异文化传媒

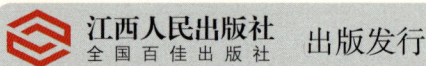出版发行

| 地　　址：江西省南昌市三经路 47 号附 1 号（邮编：330006）
| 网　　址：www.jxpph.com
| 电子信箱：jxpph@tom.com
| 编辑部电话：0791-86895652
| 发行部电话：0791-86898801
| 承　印　厂：浙江海虹彩色印务有限公司
| 经　　销：各地新华书店

开　　本：889 毫米 ×1194 毫米　1/16
印　　张：27.5
字　　数：740 千字
版　　次：2024 年 11 月第 1 版
印　　次：2024 年 11 月第 1 次印刷
书　　号：ISBN 978-7-210-15865-3
定　　价：298.00 元

赣版权登字 -01-2024-704

**版权所有　侵权必究**

赣人版图书凡属印刷、装订错误，请随时与江西人民出版社联系调换。
服务电话：0791-86898820

# 凡 例

一、本志以马克思列宁主义、毛泽东思想、邓小平理论、"三个代表"重要思想、科学发展观和习近平新时代中国特色社会主义思想为指导，认真贯彻《中共中央关于党的百年奋斗重大成就和历史经验的决议》，坚持辩证唯物主义和历史唯物主义观点，坚持实事求是基本原则，客观公正地记述安源路矿工人运动纪念馆的历史和发展状况，力求做到政治性、真实性、科学性的有机统一。

二、本志运用述、记、志、图、表、录等多种体裁，以志为主，大事记采用编年体和记事本末体相结合，综述安源路矿工人运动纪念馆的大事、要事和新事。结构分章、节、小节三个层次。附录辑存有关重要文件和资料。

三、本志采用公元纪年，上自1951年安源革命旧址修缮起，下至2022年底。

四、本志涉及的部门和单位名称，初见时冠以全称，以后为简称。

五、本志涉及的职工名单，除已注明排列标准（或按职务大小，或按职称高低，或按获奖名次）者外，均以姓氏笔画为序。

六、本志资料主要来源于萍乡市档案馆、安源路矿工人运动纪念馆、相关部门和单位编撰的史籍、专著，正文中不注明资料出处。

# 历史照片

1922年3月,安源路矿工人俱乐部筹备委员会委员合影

1922年9月18日,安源路矿工人庆祝罢工胜利大会盛况

1922年10月,安源路矿工人俱乐部第一届总代表及驻部职员合影

## 历史照片

1923年2月7日，安源路矿工人消费合作社在安源老街独设门市开始营业

1923年5月1日，安源路矿工人俱乐部"五一"纪念游行景况

1924年6月15日，安源路矿工会工人学校教职员合影

## 馆舍建设

1955年12月修复竣工的安源路矿工人俱乐部旧址（即安源路矿工人运动纪念馆的前身）

1965年下半年动工兴建的安源路矿工人运动纪念馆陈列室，1984年9月改建为萍乡革命烈士纪念馆

1968年7月1日，庆祝毛主席在安源革命活动纪念馆动工典礼大会召开

1968年7月,各地建馆群众开进安源山

1968年8月7日,毛主席在安源革命活动纪念馆奠基誓师大会

## 馆舍建设

1968年8月，建馆工人小憩之余集体学习

1968年10月，正在建设中的毛主席在安源革命活动纪念馆陈列大楼

## 馆舍建设

1968年12月，落成的毛主席在安源革命活动纪念馆陈列大楼

1969年2月，大批国内知名艺术家来到安源进行艺术创作

## 馆舍建设

1986年7月，安源路矿工人运动纪念馆陈列大楼

2010年3月，办公大楼

2012年7月,安源路矿工人运动纪念馆陈列大楼

2022年8月,刘春华书画馆

## 陈列展览

安源路矿工人运动纪念馆序厅

"红色安源 工运旗帜"基本陈列展览

安源工运时期廉政建设陈列馆展览

中共湖南省委机关驻安源革命活动展览

刘春华书画馆展览

"毛主席在安源革命活动"专题展览

中国工人运动的杰出领袖刘少奇展览

"投笔效班侯 工运领先锋"李立三生平事迹展览

## 学术研究

纪念秋收起义90周年学术研讨会

第八届全国毛泽东纪念馆联谊会年会

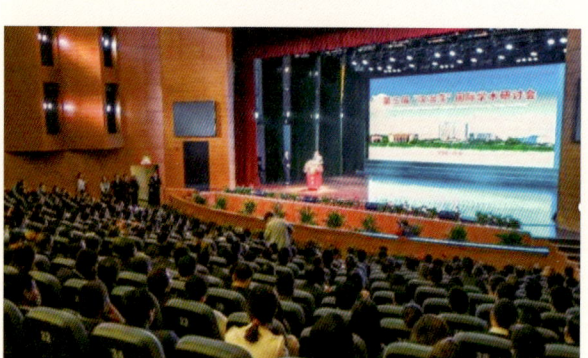
第三届"汉冶萍"国际学术研讨会

安源精神学术研讨会

秋收起义各纪念馆、纪念地工作合作座谈会

纪念中共安源支部成立100周年研讨会

纪念安源路矿工人运动100周年座谈会

有关安源研究的书籍

# 宣传教育

春运期间走进高铁站开展宣教活动

"五一致敬劳动者"特别活动

"七一永远跟党走"文艺表演

"祝福祖国 唱响安源"宣教活动

"争做新时代接班人"弘扬安源精神红色主题宣教活动

"红色文艺轻骑兵"走进消防支队

红领巾讲解员培训

"百年党史"系列爱国主义教育主题活动

# 安全保卫

安保队伍集训

文物库房安全检查

安监消防指挥中心安全检查

消防安全知识培训

常态化消防应急实战演练

安保人员消防灭火演练

安全防爆处置培训演练

常态化消防巡逻

## 文物征集

毛泽东卫士捐赠毛泽东遗物

开国中将韩伟后代捐赠文物

开国中将丁秋生后代捐赠文物

开国少将吴烈后代先后两次捐赠文物

开国少将王耀南后代先后两次捐赠文物

开国少将罗桂华后代捐赠文物

开国少将幸元林后代捐赠文物

油画《毛主席去安源》作者刘春华捐赠作品

# 文物征集

刘少奇夫人王光美捐赠——刘少奇1959年任国家主席时穿过的中山服

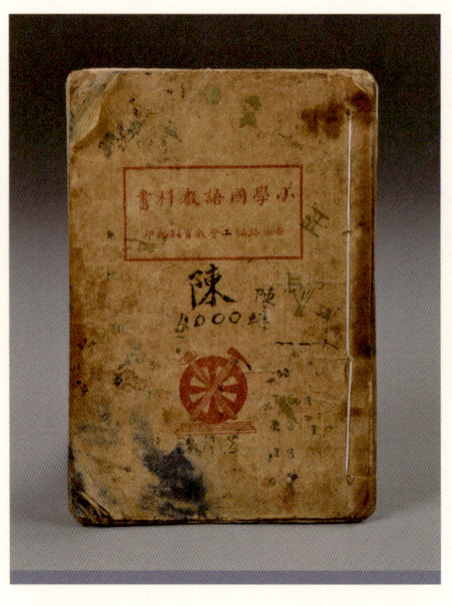

安源路矿工人俱乐部会计股股长陈伟铎侄子陈培冯捐赠——安源路矿工会教育股1924年编印的《小学国语教科书》

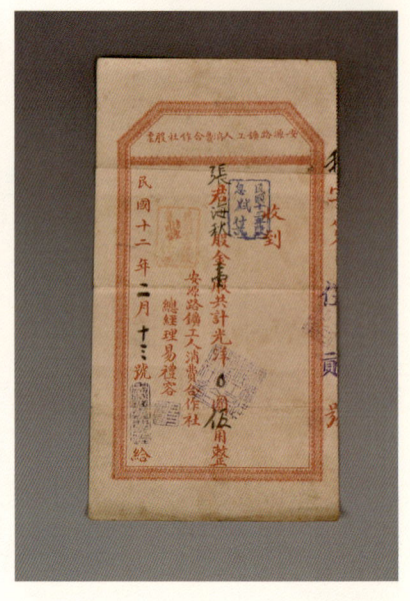

安源煤矿工人张海秋捐赠——1923年安源工人张海秋认购的安源路矿工人消费合作社股票

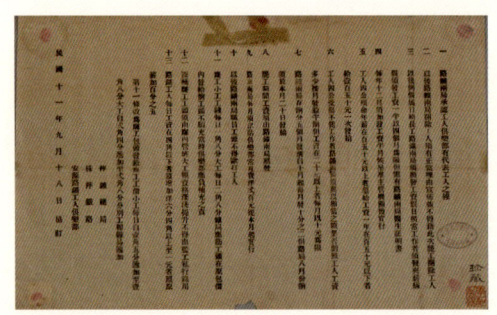

萍乡煤矿矿长李寿铨之子李为扬捐赠——1922年9月18日大罢工时安源路矿工人俱乐部与路矿当局签订的《十三条协议》

吴烈少将后代捐赠——解放战争时期吴烈使用的加拿大造军用望远镜

朱少连之女朱子金捐赠——朱少连使用的公文皮包

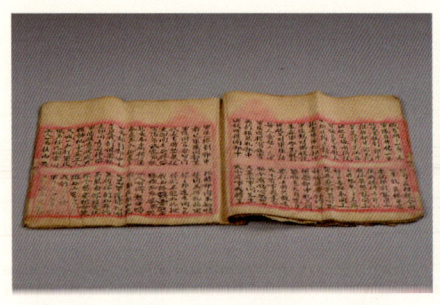

左万魁捐赠——1923年9月安源工人集体创作长篇叙事歌谣《劳工记》

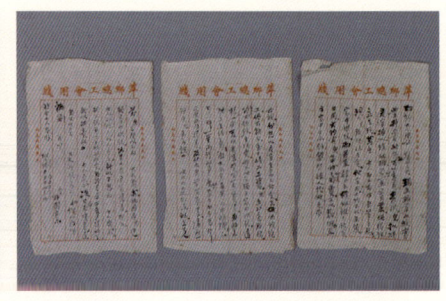

董师固烈士之女董翠萍捐赠——1930年红一方面军总政治部宣传科长董师固写给其父母的信

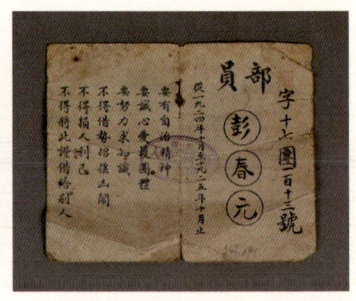

工人彭春元捐赠——安源路矿工人俱乐部1924年10月19日颁发给彭春元的部员证

## 文物保护

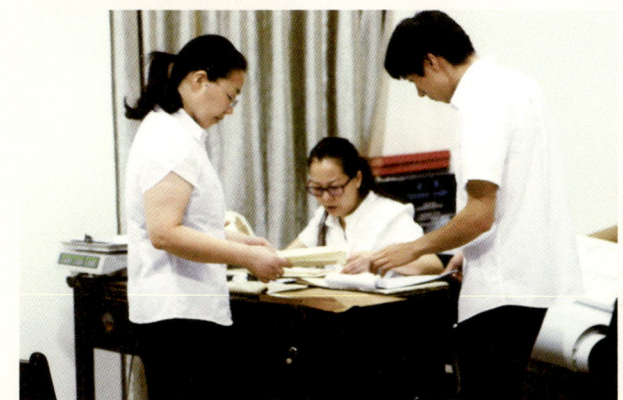
文物普查

文物修复

馆藏纸质文物保护修复项目结项验收

可移动文物预防性保护改造

修缮后的萍乡煤矿井口——总平巷

修缮后的盛公祠

修缮后的安源路矿工人补习夜校旧址

修缮后的安源路矿工人俱乐部旧址（罢工后）

## 党政工作

年度工作总结暨表彰大会

党风廉政建设工作会议

党支部换届选举大会

"不忘初心 牢记使命"主题教育

党员进社区志愿服务活动

红色走读活动

红色文化走进华云学校

"凝心聚力 共创未来"工会活动

## 荣誉称号

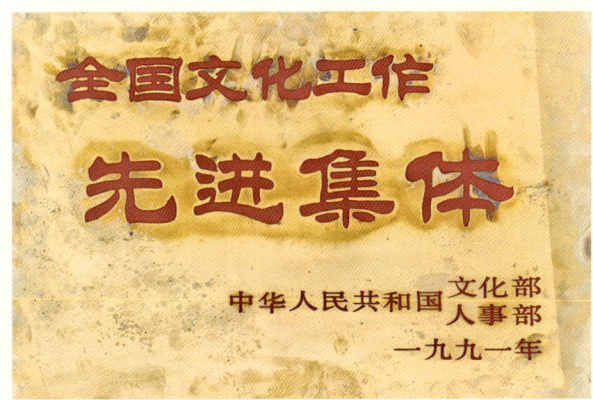

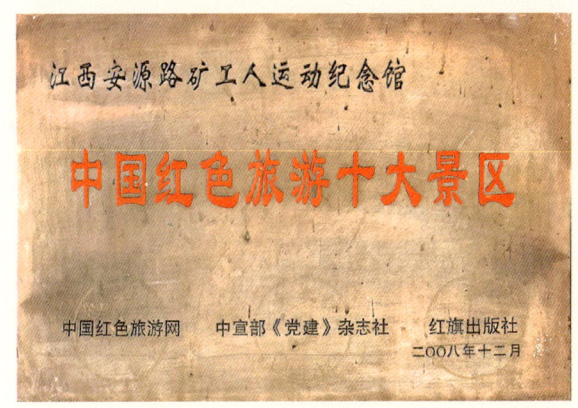
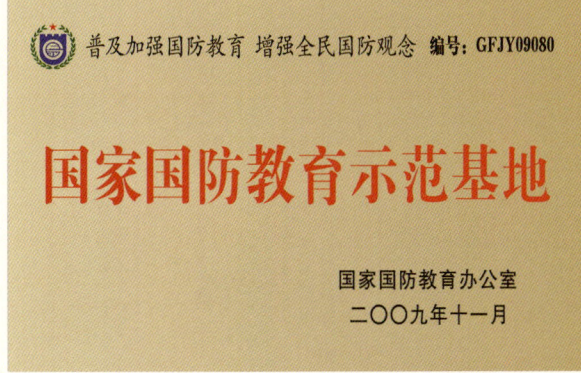
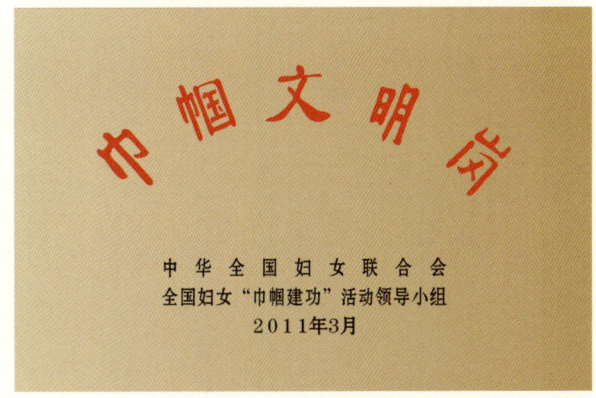
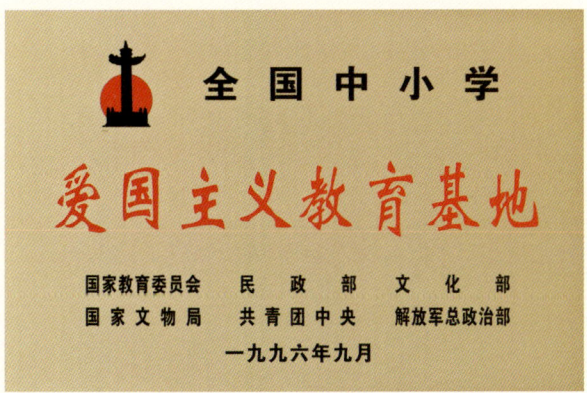

## 荣誉称号

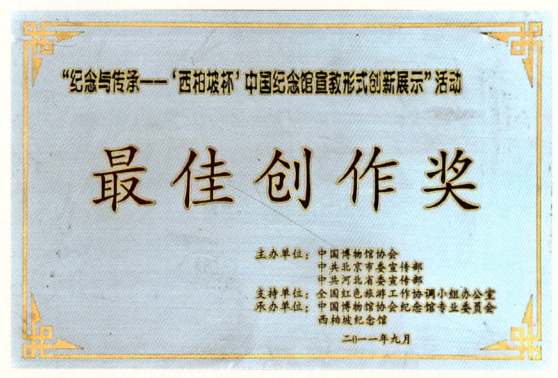

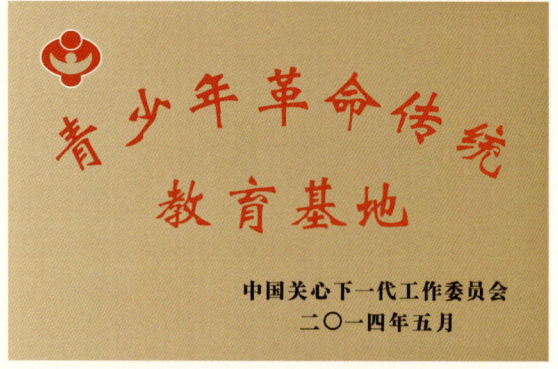

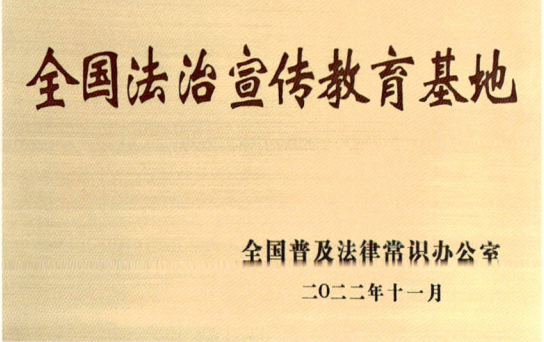

# 序

安源路矿工人运动纪念馆党支部书记、馆长 丁煊淼

《安源路矿工人运动纪念馆志》从历史遗址、资料征保、陈列展览、参观瞻仰、宣传教育、史料编研、党政管理、职工队伍等诸多方面全面系统客观地记叙了安源路矿工人运动纪念馆的历史与现状，史料翔实，图文并茂。它的出版发行，对于存史资政、教化育人、服务社会都具有十分重大的现实作用和深远的历史意义。

安源是党领导的中国工人运动的摇篮，也是湘赣边界秋收起义的策源地和主要爆发地之一，是党创建初期革命活动的重要实践地，当时被誉为"中国的小莫斯科""无产阶级大本营"。1921年至1930年，以毛泽东、刘少奇、李立三为代表的中国共产党人领导萍乡煤矿和株萍铁路工人，以前所未有的革命精神，同帝国主义、封建主义和官僚资本主义进行了艰苦卓绝的伟大革命斗争。历时十年的安源路矿工人运动，在中国工人运动史、中国新民主主义革命史和人民军队建军史上写下了光辉篇章，在党团建设、政权建设、干部培养、经济金融、司法审计、军事斗争等领域都做出了开创性贡献。

为征集和保护中国共产党领导安源路矿工人革命运动的历史文物，研究、宣传和展示这一光辉历史而创建的安源路矿工人运动纪念馆，从1955年筹建、1968年兴建陈列大楼、1984年邓小平同志亲笔题写馆名、2007年实行免费对外开放、2017年成功晋升国家一级博物馆，到2022年隆重纪念安源路矿工人运动100周年，历经创建完善、蓬勃发展和全面建设时期。一代又一代纪念馆人肩负历史重托，深入调查采访、广泛征集史料、加强文物保护，对安源革命斗争的光辉历史进行了全方位挖掘和宣传，创造了一流的工作业绩，见证了纪念馆从无到有、从小到大、从一个辉煌到新的辉煌。队伍建设不断加强，文物保护成绩斐然，陈列展览丰富多彩，编撰研究成果丰硕，宣传教育成效显著。先后获评全国文博系统先进单位、全国文化工作先进集体、全国首批百个爱国主义教育示范基地、国家一级博物馆等20余个国家级荣誉称号。

在庆祝中国共产党成立100周年之际，为更好地宣传光荣的安源革命历史，记载建馆以来纪念馆人经过艰辛努力创造的辉煌成就，我馆决定编修馆志。经过3年的努力，《安源路矿工人运动纪念馆志》终于问世了。这是萍乡文博历史上的一件盛事，更是安源路矿工人运动纪念馆发展史上具有里程碑意义的一件大事。

征途回望千山远，前路放眼万木春。当前，安源路矿工人运动纪念馆进入高质量发展的新时代。《安源路矿工人运动纪念馆志》的编修，必将激励全馆干部职工为把安源路矿工人运动纪念馆打造成为全国一流的国家博物馆，谱写萍乡文博事业新篇章而继续努力奋斗！

# 目 录

概　述 ········································································································ 1

大事记 ········································································································ 7

## 第一章　历史遗址

### 第一节　旧址旧居 ················································································ 32

一、全国重点文物保护单位 ································································ 32

二、江西省文物保护单位 ···································································· 38

三、萍乡市文物保护单位 ···································································· 45

四、安源区文物保护单位 ···································································· 45

### 第二节　纪念设施 ················································································ 46

一、安源路矿工人运动纪念馆 ···························································· 46

二、毛泽东、李立三、刘少奇塑像 ···················································· 47

## 第二章　征集保管

### 第一节　资料征集 ················································································ 48

一、1966年以前的资料征集 ······························································· 48

二、1968年以后的资料征集 ······························································· 48

### 第二节　藏品保管 ················································································ 50

一、建档立卡 ························································································ 50

| 二、库房建设 | 52 |
| --- | --- |
| 三、数字化建设 | 53 |
| 四、文物修复 | 54 |

## 第三节　文物鉴定　54

一、不可移动文物鉴定　54

二、可移动文物鉴定　55

## 第四节　馆藏史料　55

一、历史照片　56

二、历史文献　56

三、历史报刊　62

四、回忆资料　63

五、参考资料　65

## 第五节　馆藏文物　69

一、重点文物介绍　69

二、馆藏文物清单　100

# 第三章　陈列展览

## 第一节　基本陈列　114

第一阶段（1957年—1965年）：安源路矿工人俱乐部基本陈列　114

第二阶段（1965年—1967年）：安源路矿工人运动纪念馆基本陈列　114

第三阶段（1968年—1972年）：毛主席在安源革命活动纪念馆基本陈列　114

第四阶段（1972年—2022年）：安源路矿工人运动纪念馆基本陈列　115

## 第二节　专题陈列　119

一、萍乡革命烈士纪念馆　119

二、安源工运时期廉政建设陈列馆　120

三、中共湖南省委机关驻安源革命活动展览　120

四、刘春华书画馆　121

## 第三节　辅助陈列　121

一、《安源党组织决定大罢工会议历史展》　121

二、《安源路矿工人补习夜校历史展》　122

三、《红色金融事业的先河——安源路矿工人消费合作社历史展览》 …… 122

四、《湘赣边界秋收起义历史展览》 …… 122

五、《中国共产党的第一所党校——中共安源地委党校历史展览》 …… 123

六、《唤起工农千百万——毛泽东和安源》展览 …… 123

七、《中国工人运动的杰出领袖刘少奇》展览 …… 123

八、《红色审计之源——安源路矿工人运动审计工作历史展》 …… 124

九、《投笔效班侯 工运领先锋——李立三生平事迹展览》 …… 124

## 第四节 临时展览 …… 125

一、《毛主席永远活在我们心中》图片展览 …… 125

二、《纪念刘少奇诞辰90周年展览》 …… 125

三、《中国历代货币展》 …… 125

四、《萍乡市改革开放30周年成果展览》 …… 125

五、《纪念中国共产党建党90周年大型综合展览》 …… 126

六、《人民领袖毛泽东——毛泽东专职摄影师钱嗣杰作品展》 …… 126

七、《他们镜头中的毛泽东——毛泽东专职摄影师摄影作品展》 …… 126

八、《苏区精神 永放光芒——苏区精神图片史料展览》 …… 126

九、《伟大贡献——中国与世界反法西斯战争专题展览》 …… 127

十、《萍乡抗战历史专题展览》 …… 127

十一、《纪念毛泽民诞辰120周年书法展》 …… 127

十二、《雄鹰出击 共捍和平——纪念中国人民抗日战争胜利70周年抗日空战图片展》 …… 128

十三、《从一大到十九大——中国共产党全国代表大会主题展》 …… 128

十四、《刘少奇在安源——纪念刘少奇同志诞辰120周年》专题展览 …… 128

十五、《家和万事兴——家教家风主题展》 …… 129

十六、《那些年 那些人 那些书——连环画中的红色经典》专题展览 …… 129

十七、《从南昌起义走出的共和国将帅》专题展览 …… 129

十八、《人民总理周恩来》专题展览 …… 129

十九、《中国劳动组合书记部的光辉历程》专题展览 …… 130

二十、《中国共产党治国理政的伟大开端——中华苏维埃共和国历史》展览 …… 130

二十一、《力量——百年来中国共产党领导下的资本市场实践和发展历程展》 …… 130

二十二、《喜庆二十大 奋进新征程——纪念安源路矿工人运动100周年 范阳国画艺术巡展》 …… 131

# 第四章　参观瞻仰

第一节　国内外观众 ································································· 132

第二节　省部级以上领导和部队军级以上将领及著名人士（1969 年—2022 年）
································································· 133

第三节　国际友人（1957 年—1987 年） ································· 141

第四节　观众留言选录 ································································· 146
　　一、国内观众留言 ································································· 146
　　二、国际友人留言 ································································· 158

第五节　题词墨宝 ································································· 165

第六节　专录 ················································································ 184
　　一、陈云同志参观安源纪念馆 ················································ 184
　　二、王震同志参观安源纪念馆 ················································ 185
　　三、王光美同志首次安源之行 ················································ 185
　　四、倪志福同志参观安源纪念馆 ············································· 190
　　五、余秋里同志参观安源纪念馆 ············································· 192
　　六、曾庆红同志参观安源纪念馆 ············································· 193
　　七、贾庆林同志参观安源纪念馆 ············································· 195
　　八、马培华同志参观安源纪念馆 ············································· 195
　　九、赵乐际同志参观安源纪念馆 ············································· 196
　　十、吉炳轩同志参观安源纪念馆 ············································· 196

# 第五章　宣传教育

第一节　组织机构 ································································· 197
　　一、宣传队 ············································································ 197
　　二、工人报告团 ······································································ 197
　　三、宣传科 ············································································ 198

第二节　讲解接待工作 ································································· 199
　　一、工作要求 ········································································· 199
　　二、阵地讲解 ········································································· 199

三、外宾接待 ……………………………………………………… 201
　　四、接待预案 ……………………………………………………… 202
第三节　志愿服务队伍 ………………………………………………… 203
　　一、工人讲解员 …………………………………………………… 203
　　二、职工志愿服务队 ……………………………………………… 204
　　三、社会志愿者 …………………………………………………… 204
第四节　宣教活动 ……………………………………………………… 207
　　一、宣教队伍 ……………………………………………………… 208
　　二、社会教育活动 ………………………………………………… 210

# 第六章　史料编研

第一节　编研概况 ……………………………………………………… 219
第二节　史料编辑 ……………………………………………………… 221
第三节　史实研究 ……………………………………………………… 222
第四节　学术成果 ……………………………………………………… 224
　　一、馆编书目 ……………………………………………………… 224
　　二、个人著述 ……………………………………………………… 233
　　三、科研奖励 ……………………………………………………… 251

# 第七章　党政管理

第一节　隶属关系 ……………………………………………………… 253
第二节　党支部 ………………………………………………………… 254
　　一、安源纪念馆历届党支部班子成员 …………………………… 254
　　二、安源纪念馆党支部主要工作 ………………………………… 256
第三节　群团组织 ……………………………………………………… 257
　　一、工会 …………………………………………………………… 257
　　二、共青团 ………………………………………………………… 258
　　三、女职工委员会 ………………………………………………… 261
　　四、民兵 …………………………………………………………… 261

### 第四节　总务后勤 ········································································ 262
　　一、旧址修复 ········································································ 262
　　二、馆区建设 ········································································ 263
　　三、财务资产 ········································································ 264
　　四、文化产业 ········································································ 268

### 第五节　安全保卫 ········································································ 269
　　一、队伍建设 ········································································ 269
　　二、安保制度 ········································································ 269
　　三、保卫工作 ········································································ 276
　　四、疫情防控 ········································································ 278

### 第六节　安源路矿工人运动纪念馆及其党群组织和科室荣誉称号 ············ 279
　　一、安源纪念馆荣誉称号一览表 ·············································· 279
　　二、安源纪念馆党群组织及科室荣誉称号一览表 ························ 283

### 第七节　重大活动纪事 ································································ 284
　　一、安源路矿工人大罢工胜利70周年纪念大会 ························· 284
　　二、安源路矿工人大罢工80周年纪念活动 ······························· 286
　　三、萍乡市纪念刘少奇同志诞辰110周年座谈会 ························ 290
　　四、安源纪念馆陈列大楼兴建40周年纪念座谈会 ····················· 292
　　五、安源路矿工人运动纪念馆陈列大楼《毛主席去安源》瓷像恢复纪实 ··· 292
　　六、毛泽东同志诞辰120周年纪念活动 ···································· 296
　　七、萍乡市纪念秋收起义90周年学术研讨会 ··························· 299
　　八、第三届"汉冶萍"国际学术研讨会 ··································· 300
　　九、安源路矿工人运动100周年纪念活动 ································ 301

## 第八章　职工队伍

### 第一节　人员编制 ········································································ 307
### 第二节　历任党政主要领导和领导班子成员简介 ····························· 308
　　一、历任党政主要领导 ·························································· 308
　　二、历任领导班子成员 ·························································· 313
### 第三节　历任党政负责人变更情况 ················································ 317

一、安源路矿工人俱乐部（1956年1月—1964年11月） ……………………………… 317
二、安源路矿工人运动纪念馆（1965年1月—1967年2月） ……………………… 317
三、毛主席在安源革命活动纪念馆建设领导小组（1968年6月—1970年2月） ……… 317
四、毛主席在安源革命活动纪念馆革命委员会（1970年3月—1972年9月） ……… 317
五、安源路矿工人运动纪念馆革命委员会（1972年10月—1980年3月） ………… 317
六、安源路矿工人运动纪念馆（1980年3月—现在） …………………………… 318

## 第四节　内设机构及历任科室负责人　318

一、毛主席在安源革命活动纪念馆建设领导小组内设机构（1968年7月—1970年2月）
　　………………………………………………………………………………… 318
二、毛主席在安源革命活动纪念馆革命委员会内设机构（1970年3月—1972年9月）
　　………………………………………………………………………………… 319
三、安源路矿工人运动纪念馆内设机构（1972年10月—现在） ………………… 319

## 第五节　职工名录　325

一、1965年安源纪念馆职工 ………………………………………………………… 325
二、1980年安源纪念馆职工 ………………………………………………………… 325
三、2003年安源纪念馆职工 ………………………………………………………… 325
四、2013年安源纪念馆职工 ………………………………………………………… 325
五、2022年安源纪念馆职工 ………………………………………………………… 326
六、2022年12月以前调离安源纪念馆的职工 …………………………………… 326

## 第六节　参加各种学会人员名录　327

一、中国博物馆学会会员 …………………………………………………………… 327
二、中国博物馆协会会员 …………………………………………………………… 327
三、中国摄影家协会会员 …………………………………………………………… 327
四、江西省博物馆学会会员 ………………………………………………………… 327
五、江西省钱币学会会员 …………………………………………………………… 328
六、江西省中共党史学会会员 ……………………………………………………… 328
七、萍乡市中共党史学会会员 ……………………………………………………… 328
八、江西博物馆协会纪念馆专业委员会会员 ……………………………………… 328

## 第七节　培训教育　328

## 第八节　中级及以上专业技术职称人员名录　332

一、高级职称 ………………………………………………………………………… 332

二、中级职称 ················································································ 332
第九节　获省级以上奖励和表彰的先进个人名录 ········································ 334
第十节　从安源纪念馆走出的副县级以上干部 ·········································· 337

# 附　录

一、历史文件 ············································································· 338
二、回忆录 ················································································ 351
三、表现安源工人运动历史的艺术作品 ·················································· 379
　（一）民间歌谣 ········································································· 379
　（二）红色歌曲 ········································································· 385
　（三）绘画作品 ········································································· 394
　（四）泥塑雕像 ········································································· 402

后　记 ······················································································· 406

# 概　述

安源是党领导的中国工人运动的摇篮，也是湘赣边界秋收起义的策源地和主要爆发地之一。1921年中国共产党成立不久，安源便成为党开展革命活动的重点地区之一。党的许多著名活动家和重要干部，如毛泽东、刘少奇、李立三、陈潭秋、蔡和森、恽代英、林育南、林育英、李求实、蒋先云、贺昌、黄静源等，都曾在安源从事革命活动。安源路矿工人运动从1921年起，其具全国意义的组织和斗争历时近十年，对中国革命作出了一系列开创性的重大贡献。

1922年9月爆发的安源路矿工人大罢工，是中国共产党领导下的全国第一次工人运动高潮中创造的"绝无而仅有"的成功范例；1923年京汉铁路二七惨案后，安源是除广东以外全国唯一公开存在的革命堡垒；第一次大革命高潮中，萍乡和安源的工农运动蓬勃发展，素称"江西之冠"；1927年大革命失败后，安源工人参加秋收起义，被誉为"血战几百里的领导者和先锋"；在土地革命战争时期，安源工人为支持井冈山革命根据地、湘赣革命根据地、湘鄂赣革命根据地的斗争作出了重要贡献。安源工人运动的历史发展进程，完整地体现了中国工人运动的正确方向，是中国新民主主义革命初期发展的一个完备典型，在中国革命史上写下了光辉灿烂的篇章。

安源路矿工人运动纪念馆是为征集和保护安源路矿工人革命运动的历史文物，研究、宣传和展示这一光辉历史而于1955年8月开始筹建的。早在1951年7月8日，中共中央书记处书记、中华人民共和国中央人民政府副主席刘少奇就复信给安源工人并转安源镇工会。信中写道："我曾在安源工作过三年，安源的许多事，至今我还记忆得很清楚，俱乐部的大会场还是我经手修建的。过去的许多革命同志，如黄静源、周怀德、谢怀德、刘昌炎同志等烈士，我记得他们很清楚。应该在安源建立一个纪念碑，并举行追悼会，以纪念安源一切死难的烈士们。"刘少奇的回信，引起了萍乡县党政部门对安源革命文物和革命传统的重视。但由于当时新生的人民政权刚刚建立，国民经济正处于恢复时期，当时政府无力拨款兴建革命烈士纪念碑和修复革命遗址。

1954年9月，出席第一届全国人民代表大会第一次全体会议的萍矿工人代表郭清泗，向全国人大递交了关于请求修复安源路矿工人俱乐部旧址的提案。党和政府对这一提案十分重视，于1955年1月指示中华人民共和国内务部拨款3亿元（旧币，折合现人民币3万元），修复安源路矿工人俱乐部旧址。

中共萍乡县委和萍乡矿务局党委把修复安源路矿工人俱乐部旧址作为头等大事，制定了"保持历史原貌，恢复本来面目"的修复原则，并专门抽调县文教局和萍矿工会3名干部负责这项工作，指派萍矿基建工程队承担施工任务。1955年8月22日修复工程动工，12月31日竣工。在修复俱乐部旧址的过程中，相关工作人员走访了众多参加了安源工人运动的老工人，调查收集了当年安源路矿工人俱乐部编印的《罢工胜利周年纪念册》《安源路矿工人俱乐部第二届报告册》和安源工人中流传的长篇叙事歌谣《劳工记》等珍贵文物及安源工人运动史料，落实和修复了安源工人运动秘密工作处、安源路矿工人大罢工谈判处、黄静源烈士殉难处等革命遗址。在修复俱乐部旧址的同时，举办了一个反映安源工人革命斗争历史的展览，展出安源路矿工人大罢工时用过的油灯、铁棍等文物和表现安源工人大罢工的连环画以及安源工人运动中牺牲的部分烈士的事迹。

1956年1月1日，中共萍乡县委和萍乡矿务局党委在安源半边街广场举行有万余群众参加的俱乐部修复竣工典礼，并出版《安源路矿工人俱乐部修复竣工纪念册》，安源路矿工人俱乐部等旧址开始向观众开放。当时的文物收藏、管理和宣传机构叫"安源路矿工人俱乐部"，属萍乡矿区工会和安源煤矿管辖。这是新中国成立后江西省最早创建的革命纪念馆，也是全国较早建立的革命纪念馆之一。1957年5月1日，为庆祝安源路矿工人俱乐部成立35周年，萍乡矿务局在俱乐部旧址设立《安源路矿工人运动史》基本陈列。7月1日，安源路矿工人俱乐部、总平巷、安源路矿工人大罢工谈判处、安源工人运动秘密工作处等革命遗址被江西省人民委员会列为全省第一批文物保护单位。

1963年12月7日，经江西省编制委员会批准，安源路矿工人俱乐部划归萍乡市文化教育局管辖，定编5人。1964年11月，安源路矿工人俱乐部更名为安源路矿工人运动纪念馆，并在俱乐部旧址东侧动工兴建300多平方米的陈列室，1965年9月14日对外开放。主要展示安源路矿工人大罢工的史实，展出的文物包括当年刘少奇办公室的用具、各种文件、图片、手稿和反映当时工人悲惨生活的实物。毛泽东1921年初次来安源的住所、刘少奇与路矿当局谈判的大楼和罢工指挥部也进行了修缮。当时的纪念馆虽然规模不大，人员不多，但安源工人革命斗争的一些遗址和革命文物得到较好的保护，安源革命历史的宣传教育工作也收到较好的成效。

1966年下半年，"文化大革命"运动席卷萍乡。1966年11月，省级文物保护单位安源路矿工人俱乐部、安源路矿工人大罢工谈判处等革命遗址被造反派和红卫兵强行封闭。1967年2月10日，安源路矿工人运动纪念馆遭封闭。

1968年7月1日，经江西省革命委员会批准，毛主席在安源革命活动纪念馆在安源牛形岭半山腰动工兴建，同年底建成。馆区面积10万平方米，陈列大楼建筑面积3245平方米。1969年3月，毛主席在安源革命活动纪念馆陈列大楼布展完成。4月4日，经江西省革命委员会政治部批准开馆。1970年5月20日开始接待外宾。

1972年9月，经中共江西省委批准，毛主席在安源革命活动纪念馆改名为安源路矿工人运动纪念馆。从1969年4月至1973年6月，安源路矿工人运动纪念馆（以下简称安源纪念馆）接待全国29个省区市的观众230万人次，来自41个国家和地区的国际友人109批、1391人；接待港澳同胞 69 批、2110 人。

"文化大革命"期间，安源纪念馆工作人员通过采访从安源走出的共产党高级干部和解放军高级将领及参加过安源工人运动的老工人，征集了一批安源工人运动文物和史料，落实和恢复了 10 处安源革命旧址。其中，1968 年，安源煤矿总平巷井口、毛泽东 1921 年冬来安源旧居、安源路矿工人补习夜校、安源党组织决定罢工会议等旧址按照原貌恢复。1970 年，秋收起义安源军事会议旧址按照原貌恢复。1973 年，安源路矿工人消费合作社旧址在保持原貌的基础上加固维修。

1978 年中共十一届三中全会召开，党中央进行了拨乱反正，并开始有步骤地解决新中国成立以来，特别是"文化大革命"以来的许多历史遗留问题。全国各行各业都在正本清源，拨乱反正。1980 年中共十一届五中全会前夕，安源纪念馆按照党中央确立的"解放思想，实事求是"的思想路线，对安源路矿工人运动史基本陈列进行大修改，肯定了毛泽东领导安源工人运动的历史功绩，恢复了李立三、刘少奇在安源工人运动中应有的历史地位。1981 年中共十一届六中全会以后，又对基本陈列作了局部修改。这两次修改在纠正"文化大革命"中的"左"倾错误的同时，注意从理论和实践的结合上准确、完整、精炼、生动地展示安源路矿工人运动历史。

1981 年完成基本陈列的拨乱反正任务后，安源纪念馆及时把全馆工作重点转移到对安源工运史的深入研究，为此提出要把安源纪念馆打造成为"生气勃勃的革命文物收藏保管机构、革命传统教育阵地、工运史研究中心、培养人才的学校、文化旅游胜地"的奋斗目标。为了实现这一目标，坚持以党建为核心，狠抓职工的队伍建设，发展了一批党、团员，调整了业务行政机构，建立和健全了岗位责任制，制定了一套管理制度，尤为重视文化补课和业务培训。1980 年，全馆在编 50 名职工，从文化程度来看，大专 2 人、中专 6 人、高中 7 人、初中 25 人，还有个别仅小学文化水平；从专业技术知识来看，虽然大多数已从事文博专业十多年，但没有一人系统地学过文博专业知识。安源纪念馆首先狠抓了职工文化课。举办文化知识培训班，聘请外单位教师授课。到 1985 年，参加文化补习的专业人员全部通过了高中毕业课程的考试。其次是选派业务骨干参加成人高考。从 1981 年至 1991 年，共有 31 名职工通过自学或进修，达到大专文化程度，占职工总数的 62%，为助推安源纪念馆各项工作的发展锻造了队伍，培养了人才。

根据安源纪念馆的请求，1984 年 8 月 31 日，时任中共中央政治局常委、中央顾问委员会主任、中央军委主席的邓小平为安源路矿工人运动纪念馆题写馆名，全馆职工受到极大的鼓舞，更加增强了做好革命文物宣传工作的信心和决心。在 1989 年 12 月全国革命文物宣传工作座谈会上，安源纪念馆受到国家文物局领导的表扬。

20 世纪 90 年代以后，中共中央有关爱国主义和革命传统教育的方针政策的制定和下发，为文博事业的发展提供了契机。安源纪念馆抓住这一有利时机，全馆职工团结奋斗，真抓实干，不断开创文博工作新局面。

1992 年、2002 年、2012 年，安源纪念馆基本陈列进行了三次大修改。在陈列内容总体框架不变的基础上，对部分内容作了筛选，减少了文字版面，增加了文物和照片，陈列形式作了较大的改进，增加了声、光、电等现代化展览形式。在抓好基本陈列的同时，把基本陈列与专题陈列、辅助陈列、临时展览结合起来。1984年，参与筹办萍乡革命烈士纪念馆。2009年和2010年，在馆区建立安源工运时期廉政建设陈列馆和中共湖南省委在安源革命活动展览馆，并在革命旧址设立《湘赣边界秋收起义历史展览》和《中共安源地委党校历史展览》等辅助陈列。利用重大历史事件纪念日，在馆区设立《伟大的导师和领袖毛泽东主席永远活在我们心中图片展览》《纪念刘少奇诞辰90周年展览》《萍乡市改革开放30周年成果展览》等20多个临时展览，并制作《伟大领袖毛主席在安源革命活动巡回展览》《中国共产党领导萍乡人民的革命斗争巡回展览》等活动展板，赴各地巡回展出。

安源纪念馆坚持"保护第一、加强管理、挖掘价值、有效利用、让文物活起来"的新时代文物工作方针，通过各种渠道采取有效措施，抓紧抓好革命文物的保护和管理。根据博物馆建设的基本要求，2010年建立了建筑面积3396平方米的文物库房，对文物资料进行分类建档；按照"四有"（即有保护范围、有记录档案、有标志说明、有保护机构）的要求，在保护原状的前提下，对革命旧址逐步进行维修。遵照上级指示，把文物安全保卫工作放在全馆工作的首位，成立文物安全领导小组，制定并落实《文物保护方案》《防火应急措施》和《防窃应急措施》。馆长与文物保管人员、使用人员签订了安全责任状。在文物库房等处加强技术防范。健全职工义务消防队和护馆队，节假日在馆区巡逻。十几年来没有发生任何文物安全事故，曾多次被评为省、市文物安全保卫工作先进集体。

为了提高资料研究水平，安源纪念馆工作人员对馆藏资料进行了整理、编辑和研究。编印《安源路矿工人运动史料汇编》13册，整理安源路矿工人运动专题资料30余册，编撰出版《安源工人运动史料》《刘少奇与安源工人运动》《安源路矿工人罢工胜利六十周年纪念画册》《安源路矿工人运动》（上、下册）《安源路矿工人运动史》《秋收起义在江西》《唤起工农千百万》《湘赣边界秋收起义史》《安源路矿工人运动新论》等专著11册。

全馆职工坚持为人民服务、为社会主义服务的宗旨，坚持以宣传爱国主义为主旋律，充分利用安源革命遗址和工人运动纪念馆这一主阵地，通过现场讲解、巡回宣传、专题讲座、文艺演出等多种形式，宣传中国共产党领导的安源路矿工人运动历史和安源精神。1997年9月，毛泽东、李立三、刘少奇"三伟人"塑像在安源纪念馆落成，为观众来馆参观学习增加了新的亮点。2003年4月，全馆同志积极参加抗击"非典"疫情，在做好预防工作的同时，陈列馆、旧址照常开放。2007年11月5日，安源纪念馆在全省率先实行免费开放。2008年1月，面对萍乡遭受50年不遇的冰冻暴雪灾害，安源纪念馆全体职工同心协力，团结奋斗，迎战暴风雪，自救保家园，在较短的时间内恢复了对外宣传接待工作。2012年7月，安源纪念馆陈列大楼"毛主席去安源"瓷像恢复安装及景观亮化工程完成，馆区周边环境焕然一新。

党的十八大以来，安源纪念馆以创建"国家一级博物馆"为奋斗目标，不断加强软件和硬件设施建设，提高社会服务质量，提升陈列展览水平，科学管理馆藏文物，深入开展学术研究。2017年1月19日，经全国博物馆定级评估评审委员会综合评审、实地复核和向社会公示，中国博物馆协会发布第三批国家一级博物馆名单，安源纪念馆成功晋升为国家一级博物馆。此次评审中，安源纪念馆是江西省唯一入选单位，也是萍乡市首家国家一级博物馆。这标志着安源纪念馆在综合管理、社会服务、藏品管理、科学研究和陈列展览等各项工作均已步入全省前列。

**队伍建设不断加强。**安源纪念馆的历任党政领导班子成员，大多数是从业务岗位提拔起来的。他们精通业务，事业心强，顾全大局，团结协作，能够带领全馆职工克服困难，勇往直前。截至2022年12月，安源纪念馆有在编职工55名，其中，共产党员35名；获得中级以上专业技术职称人员中，有研究馆员1名，副研究馆员7名，馆员24名；硕士研究生1名，本科以上学历者占总职工数80%。从安源纪念馆调出后担任副县级以上干部者29名，获副高以上专业技术职称者7名。

**文物保护成绩斐然。**安源纪念馆现有馆藏文物2653件（套），其中一级文物119件（套）、二级文物85件（套）、三级文物2000件（套）；负责保护和宣传的文物保护单位共16处，其中全国重点文物保护单位6处，省级文物保护单位7处，市级文物保护单位1处，区级文物保护单位2处。进入21世纪以后，重点是对安源革命旧址进行本体修缮，包括屋顶防水防漏、墙体加固、木构件修复、防腐防虫处理。2012年以来，争取国家资金完成了秋收起义安源军事会议旧址、安源路矿工人补习夜校旧址、安源路矿工人大罢工谈判处旧址、安源路矿工人俱乐部讲演厅旧址、萍乡煤矿总局办公大楼盛公祠、安源煤矿井口总平巷等旧址的本体维修。

**陈列展览丰富多彩。**2019—2020年，安源纪念馆对基本陈列再次进行大修改。采用铝方通吊顶，新增了新风系统和安防、消防、烟道、空调等设备。同时，对地面的水磨石进行了技术处理，使其恢复往日的光泽。陈列形式也作了较大改变，将原有的自然采光改成了全封闭式轨道照明，极大地增强了展览的氛围感、情境感。新修改的陈展中辅助展品与文物展品密切配合，运用绘画、雕塑、场景、多媒体等多种辅助手段，营造展览氛围，突出展览重点，烘托渲染主题。修改后的基本陈列入选"中宣部、国家文物局联合推介庆祝中国共产党成立100周年精品展览"，并获"全省博物馆（2020年度）陈列展览精品奖"。在辅助陈列、专题陈列和临时展览方面也取得了较好的成绩。2017年起，先后完成安源党组织决定大罢工会议、安源路矿工人补习夜校、安源路矿工人消费合作社、秋收起义安源军事会议等旧址的辅助陈列布展。2021年，完成安源工农兵政府、安源路矿工人大罢工谈判处等旧址的辅助陈列布展。2022年，完成安源路矿工人俱乐部（罢工后）等旧址的辅助陈列布展；2022年8月，建成刘春华书画馆；举办《萍乡抗战历史专题展览》《湘赣边界秋收起义历史巡回展览》《刘少奇在安源》等18个临时展览。

**编撰研究成果丰硕。**建馆以来，经过走访调查，收集了安源路矿工人运动史文字资料1.3万余份，照片资料8000余幅，各类图书资料3000余册。为了更好地保存和利用馆藏资料，从2017年7月18日开始，对馆藏资料进行数字化保护，经过近两个月的努力，共完成馆藏资料数字化13945份，共计81000余张。2012年以来，安源纪念馆加大科研工作力度，在工作部署上力求科研与宣传相互促进，科研与史料的征集、整理、考证相结合；在人力上，以本馆职工为主体，部分科研项目与其他单位合作；在研究内容和方法上，改变过去限于个别史料考证而忽视总体研究、限于陈述历史现象而忽视探索历史本质、满足了解革命史的共性而忽视研究安源工运史特点等偏向。先后出版《中国工人运动旗帜》《刘春华中国画集》《刘春华——用画笔书写历史》《安源路矿工人运动人物志》《刘少奇与安源》《博物馆学论文选编——基于安源路矿工人运动纪念馆的研究》等著作；在各级报刊发表安源工人运动史实介绍、史料考证及论文600余篇，达1200余万字；部分论文获国家级、省级、市级科研奖励。定期编辑出版了馆刊《红安源》。这些深层次的编纂研究工作，为大力宣传安源路矿工人运动史发挥了重要作用。

**宣传教育成效显著**。安源纪念馆宣教工作在坚持打好阵地教育的基础上，拓展服务范围，延伸服务半径，创新服务方式，走出纪念馆与学校、部队、社区结成共建单位，开展"送讲解、送展览、送资料""进学校、进部队、进社区"的"三送三进"活动。讲解员们大胆探索、不断创新，积极研发适用于党员干部培训和青少年研学旅行特点的社会教育活动，打造了诸如红歌联唱、经典诵读、情景体验、文艺演出等新颖独特、极具互动性的社教活动，如："迎新纳福辞旧岁，齐聚安源贺新年"特色品牌活动、"纪念馆里猜灯谜，开开心心闹元宵"宣教活动、"清明特别节目——讲述英烈故事"线上活动、"童心向党，欢度六一"宣讲活动等等。其中影响较大的有"国庆七天乐"系列阵地宣教活动、"红色文艺轻骑兵"宣讲活动、"争做新时代接班人"红色主题教育活动、"百年党史听我讲"主题宣教活动、"全省青少年游基地、学党史"主题教育活动。"争做新时代接班人"红色主题宣教活动和"红色文艺轻骑兵"宣讲活动在2020年12月被江西省文化和旅游厅评为"江西省文博场馆十佳红色主题社会教育示范项目"。2012年至2022年，安源纪念馆共接待观众1056.6万人次，平均每年接待观众超过100万人次。建馆以来，共接待来自世界100多个国家和地区的外宾及港澳台同胞200余万人次。陈云、王震、乔石、余秋里、邓力群、倪志福、张劲夫、吴官正、李锡铭、曾庆红、贾庆林、俞正声、赵乐际、吉炳轩等党和国家领导人也先后到纪念馆参观指导。

安源纪念馆先后被授予"全国文博战线先进单位"（1985年）、"全国文化工作先进集体"（1991年）、"全国优秀社会教育基地"（1995年）、"全国中小学爱国主义教育示范基地"（1996年）、"全国百个爱国主义教育示范基地"（1997年）、"全国文物系统先进集体"（2002年）、"中国井冈山干部学院现场教学点"（2004年）、"中国红色旅游十大景区"（2008年）、"国家国防教育示范基地"（2009）、"全国文物系统先进集体"（2010年）、"AAAA国家级旅游景区"（2010年）、"全国巾帼建功示范岗"（2011年）、"全国工会系统爱国主义教育基地"（2013年）、"全国青少年革命传统教育基地"（2014年）、"全国旅游服务最佳景区"（2016年）、"全国红色旅游经典景区"（2017年）、"国家一级博物馆"（2017年）、"全国中小学生研学实践教育基地"（2018年）、"全国关心下一代党史国史教育基地"（2020年）、"中国华侨国际文化交流基地"（2020年）、"首批全国职工爱国主义教育基地"（2021年）、"全国首批'大思政课'实践教学基地"（2022年）、"全国法治宣传教育基地"（2022年）等"国字号"荣誉。

安源纪念馆全体职工在习近平新时代中国特色社会主义思想和党的二十大精神的指引下，认真贯彻落实新时代文物工作方针，团结奋斗，开拓创新，为打造全国一流的国家博物馆，开创文博事业新辉煌而继续努力奋斗！

# 大事记

## 1951 年

7月8日　中共中央政治局委员、中央书记处书记、中华人民共和国中央人民政府副主席刘少奇复信安源镇工会，提到"俱乐部的大会场还是我经手修建的"，并建议"在安源建立一个纪念碑，并举行追悼会，以纪念安源一切死难的烈士们"。

## 1954 年

9月15日　出席第一届全国人民代表大会第一次会议的萍乡煤矿工人郭清泗向全国人大递交提议，建议政府拨款修复安源路矿工人俱乐部旧址。

## 1955 年

1月　中华人民共和国内务部根据郭清泗向全国人大递交的提议，拨款3亿元（指旧币，折合新人民币3万元）修复安源路矿工人俱乐部旧址。

8月　萍乡县人民委员会成立安源路矿工人俱乐部筹备委员会，负责筹划修复俱乐部旧址事宜。

8月22日　安源路矿工人俱乐部旧址动工维修，12月13日修复工程竣工。

11月23日　中国煤矿工会萍乡矿区委员会向萍乡矿务局党委、萍乡县委等工作部门和社会团体提交《关于安源路矿工人俱乐部修复竣工典礼工作的建议》。

## 1956 年

1月1日　中共萍乡矿务局委员会、萍乡县委举行安源路矿工人俱乐部修复竣工典礼，安源路矿工人俱乐部正式对外开放。安源路矿工人大罢工谈判处、黄静源烈士殉难处纪念碑等旧址同时展出，并编印《安源路矿工人俱乐部修复竣工纪念册》。

## 1957 年

4月　越南铁路工作者代表团参观安源路矿工人俱乐部。

5月1日　萍乡矿务局为庆祝安源路矿工人俱乐部成立35周年，在俱乐部旧址设立《安源路矿工人运动史》基本陈列。

7月1日　安源路矿工人俱乐部、总平巷、安源路矿工人大罢工谈判处等旧址被江西省人民委员会公布为全省第一批江西省文物保护单位。

9月8日　中共中央委员、劳动部部长李立三为纪念安源路矿工人大罢工胜利35周年题词，祝贺萍乡矿务局全体职工发扬老一辈工人同志的艰苦奋斗精神，在建设社会主义的伟大事业中取得光辉的胜利。

11月13日　中共中央副主席、全国人大常委会委员长刘少奇在北京接见安源工运领袖朱少连烈士的女儿、安源路矿工人俱乐部主任朱子金。

## 1959年

11月30日　安源路矿工人罢工指挥部旧址被江西省人民委员会公布为全省第二批文物保护单位。

## 1961年

3月26日　上海天马电影制片厂拍摄反映安源工人革命斗争的电影《燎原》，1963年在安源首次放映。

## 1963年

5月3日、9月14日　中共萍乡市委召开会议，决定"萍矿管理的安源工人俱乐部改由萍乡市文教局直接管理"，并成立修缮委员会，拟对安源路矿工人俱乐部旧址、毛主席来安源旧居、安源路矿工人罢工指挥部旧址、工人夜校和子弟学校旧址进行修缮。

11月29日　萍乡市人民委员会向江西省人民委员会提交《关于请求筹建"安源路矿工人运动纪念馆"的报告》。

12月7日　安源路矿工人俱乐部更名为安源路矿工人运动纪念馆，经江西省编制委员会批准，定编5人，划归萍乡市文化教育局管理。

## 1964年

4月25日　萍乡市人民委员会决定成立安源工人俱乐部修缮委员会。

4月30日、5月10日　中共中央副主席、中华人民共和国主席刘少奇在北京两次接见原萍乡煤矿洋炉炼焦处工人总代表、安源路矿工人俱乐部名誉主任袁品高。

5月　江西省总工会拨款修缮安源路矿工人俱乐部旧址。

6月8日　安源路矿工人俱乐部旧址移交安源路矿工人运动纪念馆管理。

下半年，安源路矿工人俱乐部旧址东侧兴建300平方米的安源工人运动史陈列室。

11月28日　萍乡市人民委员会下发《关于成立"安源路矿工人运动纪念馆"的通知》。

## 1965年

8月30日　中共中央华北局副书记李立三写信给安源路矿工人运动纪念馆，嘱咐不要在安源工人运动秘密工作处旧址悬挂介绍他在安源革命活动的说明牌。

9月14日　安源路矿工人运动纪念馆正式开馆。对1921年秋毛泽东来安源住处、安源路矿工人大罢工谈判处和罢工指挥部等旧址进行了修缮。

## 1966年

12月13日　李添海（安源老工人）将刘名兴（安源老工人）保存的珍贵文物——安源路矿工人俱乐部编印的《安源路矿工人俱乐部第二届报告册》《工人夜校课本》和长篇叙事歌谣《劳工记》手抄本捐赠给安源纪念馆。

## 1967年

5月　北京市总工会、北京大学、人民大学、中央民族学院、北京钢铁学院、中央工艺美术学院和萍乡铁路、煤矿系统群众组织在中国革命博物馆联合安源纪念馆筹办《毛泽东思想的光辉照亮了安源工人运动展览会》。

6月　安源纪念馆派员赴北京参与《毛泽东思想的光辉照亮了安源工人运动展览会》筹备工作。

10月1日　《毛泽东思想的光辉照亮了安源工人运动展览会》在中国革命博物馆开展，1969年9月1日停止展出，共接待观众250余万人次。

## 1968年

1月　萍乡市成立《毛泽东思想的光辉照亮了安源工人运动展览会》筹备处临时领导小组，拟在萍乡孔庙展出《毛泽东思想的光辉照亮了安源工人运动展览会》。

3月20日　根据江西省革命委员会指示，萍乡市革命委员会常委会决定成立"宣传毛主席在安源革命活动委员会"。

4月　萍乡市革命委员会决定兴建毛主席在安源革命活动纪念馆，《毛泽东思想的光辉照亮了安源工人运动展览会》筹备处解散。

6月　宜春地区、萍乡市革命委员会相关负责人向江西省革命委员会汇报兴建毛主席在安源革命活动纪念馆相关事项。

6月18日　江西省革命委员会召开常委会，讨论安源、井冈山、南昌建馆事项，决定拨款兴建毛主席在安源革命活动纪念馆。

6月　宜春地区、萍乡市党政军相关负责人在安源召开建馆工作会议，成立毛主席在安源革命活动纪念馆建设领导小组和工作机构。

7月1日　署名"北京院校学生集体创作、刘春华执笔"的大幅油画《毛主席去安源》在全国公开发表。

7月1日　毛主席在安源革命活动纪念馆破土动工，全市近200个单位14万人次参加建馆义务劳动。

7月9日　《人民日报》头版头条刊登文章，称油画《毛主席去安源》是"无产阶级文化大革命开出的灿烂艺术之花"。

7月　因兴建毛主席在安源革命活动纪念馆，安源工人运动秘密工作处旧址被拆除。

8月7日　在安源煤矿职工子弟小学操场隆重举行毛主席在安源革命活动纪念馆奠基誓师大会。

8月25日　江西省革命委员会主任、江西省军区政委程世清视察毛主席在安源革命活动纪念馆建设工程。

8月　应毛主席在安源革命活动纪念馆建设领导小组邀请，中国革命博物馆派员前往安源协助陈列布展。

8月　工人报告团成立，选调萍乡市各企业23名工人组成，向全省各地群众作毛主席八次来安源专题报告222场，听众达25万人次，1969年3月撤销。

11月　毛泽东1921年冬来安源旧居、安源路矿工人补习夜校、安源党组织决定罢工会议等旧址修复并对外开放。

11月30日　召开迎接毛主席在安源革命活动纪念馆展出筹备工作会议，萍乡市、萍乡矿务局、萍乡铁路地区革命委员会主要负责人出席。会议决定安源纪念馆更名为毛主席在安源革命活动纪念馆。

12月　萍乡市麻田公社蔡家大队社员皮长麻将萍乡县苏维埃政府镶嵌在皮家门框的石刻对联"红旗飘扬五大洲，主义战胜全世界"捐赠给安源纪念馆。

## 1969年

3月　毛主席在安源革命活动纪念馆陈列大楼布展完成。全馆共分请示厅和六个馆。请示厅正面是《毛主席去安源》巨幅画像。第一馆：安源工人盼救星；第二馆：红太阳照亮了安源山；第三馆：安源路矿工人大罢工；第四馆：唤起工农千百万；第五馆：枪杆子里面出政权；第六馆：敬祝毛主席万寿无疆。

4月4日　经江西省革命委员会政治部批准，毛主席在安源革命活动纪念馆正式开馆。

6月　建馆领导小组组长张国震调离安源，萍乡市革命委员会主任石明之兼任毛主席在安源革命活动纪念馆建设领导小组组长，萍乡市革命委员会常委、萍乡市人民武装部副政委工福祥任第一副组长（7月18日离任），廉明德留任副组长。

9月　湘赣边界秋收起义安源军事会议旧址动工修缮，1970年对外开放。

9月至11月　毛主席在安源革命活动纪念馆基本陈列进行提升,并将原来的六个部分改为三个部分。

## 1970年

3月12日　萍乡市革命委员会批复,同意成立毛主席在安源革命活动纪念馆革命委员会。

5月1日　在安源路矿工人俱乐部旧址讲演厅举行毛主席在安源革命活动纪念馆革命委员会成立和庆祝大会。

5月20日　以亚非作家协会总书记查禾多为团长的亚非作家协会、记者协会访问团一行22人来馆参观。

5月26日至6月11日　安源纪念馆举办《伟大领袖毛主席在安源革命活动巡回展览》,先后赴萍乡各地巡回展出,接待观众1.7万人次。

10月11日　原安源工人、解放军总后勤部西安办事处政委罗桂华少将来馆参观。

11月10日　萍乡市革命委员会同意安源纪念馆建立敬制毛主席像章厂。

同年　日本反修青年访华团、东南亚参观团、越南人民军工程干部实习生代表团、法中友好旅行团、挪威马列组织代表团、泰国革命青年代表团等先后来馆参观。

## 1971年

2月14日　中共中央委员、山西省昔阳县大寨大队党支部书记陈永贵率大寨代表团来馆参观。

3月　安源纪念馆举办《伟大领袖毛主席在安源革命活动巡回展览》,先后在宜春、新余、清江(今樟树)等地展出。

5月　安源纪念馆党支部书记、馆革命委员会副主任(主持工作)廉明德参加在北京召开的全国外事工作会议。

6月5日至20日　按照全国外事工作会议精神,安源纪念馆基本陈列大修改,将"请示厅"改为"休息厅",增加马恩列斯语录18条。

9月18日　中共中央委员、国务院副总理陈云来馆参观。

同年　澳中友好五月访华团、印度尼西亚共产党参观团、阿尔巴尼亚访问团、朝鲜访问团、越南记者访问团、日中友好学生访华团、大阪工人友好访华团、泰国共产党学习参观团等先后来馆参观。

## 1972年

4月24日　美国著名记者埃德加·斯诺夫人路易斯来馆参观。

9月　中共江西省委书记白栋才审查纪念馆基本陈列小样,决定将馆名"毛主席在安源革命活动纪念馆"改为"安源路矿工人运动纪念馆"。

10月2日　安源纪念馆闭馆进行陈列修改。

10月21日　原安源工人、解放军工程兵副司令员王耀南少将来馆参观。

11月20日　正式启用"安源路矿工人运动纪念馆"馆名，重新对外开放。

同年　美国对华政策代表团、巴勒斯坦学习参观团、缅甸共产党参观团、阿根廷共产党代表团、洪都拉斯共产党代表团、马尔加什共产党负责人等先后来馆参观。

## 1973 年

4月27日　安源纪念馆划归江西省革命委员会文教办公室管理。

4月　中共中央委员、农垦部部长王震来馆参观。

5月6日　阿根廷共产党代表团团长阿基雷一行5人来馆参观。

5月　编印《毛主席多次来安源和萍乡陈列资料依据（一）》。

5月20日　中共中央对外联络部相关领导、专家来馆审查基本陈列宣传内容。

## 1974 年

5月17日　泰国共产党参观团团长陈权等一行20人来馆参观。

5月　中共中央对外联络部副部长乔石来馆参观。

## 1975 年

2月13日　原安源工人、新疆军区副司令员幸元林少将来馆参观。

3月　编印《安源路矿工人运动史料汇编第三辑回忆录第一册》。

5月15日　中共江西省委第一书记江渭清来馆参观。

11月　原安源工人、解放军铁道兵副司令员罗华生来馆参观。

同年　北京外语学院外国籍教师参观团、玻利维亚共产党访华团、巴拉圭共产党访华团、哥斯达黎加劳动党代表团、海地劳动党代表团以及英国、奥地利、秘鲁、乌拉圭、法国、巴勒斯坦、巴基斯坦、坦桑尼亚、西德、哥伦比亚的在京专家等先后来馆参观。

## 1976 年

8月　编印《安源路矿工人运动史料汇编第二辑历史文献第一册》。

9月1日　安源纪念馆、安源煤矿和安源镇在安源路矿工人俱乐部操场联合举办纪念毛主席第一次来安源55周年群众大会。

9月9日　毛泽东同志逝世。下午4时，安源纪念馆组织全体职工收听中共中央、全国人大常委会、国务院、中共中央军委《告全党全军全国各族人民书》。萍乡市委决定在安源纪念馆陈列大楼序厅设立灵堂。

9月13日至17日　萍乡市各界群众来馆沉痛悼念毛泽东主席。

9月18日　2万余群众在安源路矿工人俱乐部操场参加伟大的导师和领袖毛泽东主席追悼大会。

11月4日　刘忠焕任安源纪念馆党支部书记、革命委员会主任。

12月　经江西省文教办展览组批准，安源纪念馆在陈列大楼序厅举办《毛主席永远活在我们心中》图片展览。

同年　伊拉克共产党中央领导代表团、委内瑞拉革命党参观团、智利共产党代表团、瓜德罗普劳动党代表团、秘鲁共产党红色祖国访华团、泰国共产党参观团、西德共产党代表团、哥伦比亚马列党第一书记卡拉瓦略、东帝汶国防部长等先后来馆参观。

## 1977年

4月21日　毛泽东的女儿李敏来馆参观。

5月　编印《安源路矿工人运动史料汇编第二辑历史文献第二册》。

同年　伊朗人民革命党代表团、玻利维亚共产党代表团、荷兰王国共产党统一运动代表团、葡萄牙共产主义青年代表团、日本大阪青年活动家友好访华团等先后来馆参观。

## 1978年

7月8日　埃塞俄比亚军事代表团团长泽鲁等一行3人来馆参观。

同年　编印《红太阳照亮了安源山》手册。

## 1979年

8月20日　法国共产党（马列）出版代表团来馆参观。

11月　编印《刘少奇在安源活动资料汇编》。

12月　编印《李立三在安源活动资料汇编》。

## 1980年

2月1日　安源纪念馆闭馆对基本陈列进行修改，月底竣工。

3月2日　安源纪念馆重新对外开放。

同日，关闭13年的安源路矿工人俱乐部和安源路矿工人大罢工谈判处旧址恢复对外开放。

3月6日　《人民日报》报道《安源路矿工人运动纪念馆重新开放》。

3月19日　安源纪念馆党支部委员扩大会议决定：根据《宪法》规定，取消馆革命委员会名称，改为馆务会，成员由馆长、副馆长和各组室负责人组成。

4月　安源纪念馆与长沙市革命纪念地办公室合编的《安源路矿工人运动史料》由湖南人民出版社出版。

5月17日　2万余各界群众在安源路矿工人俱乐部前的操场集会，收听收看中央电视台转播在北京人民大会堂举行的刘少奇同志追悼大会实况。

同年　埃塞俄比亚人民革命党干部参观团、印度共产党马列中央代表团、尼泊尔共产党马列代表团、阿富汗人民革命小组军事干部学习团、缅甸共产党参观团等先后来馆参观。

## 1981年

2月　安源纪念馆与中国社会科学院近代史研究所合编的《刘少奇与安源工人运动》一书在中国社会科学出版社出版。

6月　老挝、日本、英国等国外宾先后来馆参观。

## 1982年

1月15日　原国家主席刘少奇的夫人、全国政协常委王光美向安源纪念馆赠送《刘少奇选集》一册。

2月23日　安源路矿工人俱乐部旧址被国务院公布为第二批全国重点文物保护单位。

4月　原安源路矿工人俱乐部游艺股股长、全国人民代表大会常务委员会副委员长肖劲光为《安源路矿工人大罢工胜利60周年纪念画册》题词："团结、斗争、胜利"。

5月12日　原中共湘区委员会书记李维汉为《安源路矿工人大罢工胜利60周年纪念画册》题词："胜利的经验，失败的教训，都不可忘记，都要从中汲取教益"。

8月10日　李秀达任安源纪念馆馆长、党支部书记。

9月　萍乡市总工会和安源纪念馆合编的《安源路矿工人大罢工胜利60周年纪念画册》出版。

## 1983年

9月26日至12月10日　编印《安源路矿工人运动史料汇编第二辑历史文献第三册党组织文件（续）》《安源路矿工人运动史料汇编第二辑历史文献第四册团组织文件（续）》《安源路矿工人运动史料汇编第二辑历史文献第五册报刊资料》。

11月20日　中共中央党史研究室主任胡绳来馆参观。

12月3日　原安源工人、山东省军区政治委员熊飞少将来馆参观。

12月6日　原国家主席刘少奇夫人、全国政协常委王光美来馆参观。

## 1984年

1月　安源纪念馆与萍乡教育学院合编的《安源路矿工人歌曲歌谣选》出版。

4月　根据中共中央党史资料征集委员会关于编纂《中国共产党历史丛书·安源路矿工人运动》一书的决定，中共萍乡市委成立编纂领导小组和编辑室。

5月14日　安源纪念馆致信中共中央政治局常委、中央顾问委员会主任、中央军委主席邓小平，请邓小平同志题写馆名。

5月15日　杨桂香任安源纪念馆馆长。

5月　编印《安源路矿工人运动史料汇编第二辑历史文献第六册敌〈湖南全省清乡总报告书〉摘录》。

7月　编印《安源路矿工人运动史料汇编第二辑历史文献第七册〈愚斋存稿〉〈盛宣怀未刊信稿〉》。

8月31日　中共中央政治局常委、中央顾问委员会主任、中央军委主席邓小平为安源路矿工人运动纪念馆题写馆名。

8月　编印《安源路矿工人运动史料汇编第四辑专题资料第三册安源路矿工人消费合作社》。

9月　中共中央顾问委员会委员孔原为萍乡革命烈士纪念馆题写馆名。

9月27日　中共萍乡市委、萍乡市人民政府及各界群众近千人在安源纪念馆举行悬挂邓小平题写的馆名揭幕仪式。

9月29日　萍乡革命烈士纪念馆在安源纪念馆落成。

10月3日　萍乡市人民政府公布第一批市级文物保护单位41处，其中安源工运旧址15处（含全国、全省重点文物保护单位7处），原萍乡煤矿旧址1处。

11月15日　李立三夫人、全国政协委员、北京外国语学院教授李莎来馆参观。

## 1985年

2月26日　王耀南将军夫人曾琳向安源纪念馆捐赠王耀南将军服等文物30件。

6月9日　原安源工人、北京军区副政委吴烈来馆参观。

6月19日　中共萍乡市委党史办公室向安源纪念馆转赠彭树敏、凯丰烈士遗物7件。

12月3日　安源纪念馆、安源路矿工人俱乐部旧址、谈判大楼旧址被江西省人民政府公布为第一批省级重点风景名胜区点。

12月　安源纪念馆被国家文物局授予"全国文博战线先进单位"称号。

## 1986年

3月31日　萍乡市编制管理委员会核定安源纪念馆人员维持原定事业编制50人，含萍乡革命烈士纪念馆事业编制2人。

5月12日　中共中央党史征集委员会主任冯文彬来馆参观。

7月11日　中共中央书记处书记邓力群来馆参观。

7月　经中共江西省委宣传部批准，安源纪念馆陈列大楼正面上方由彩色瓷砖镶嵌的《毛主席去安源》油画头像换成玻璃钢制成的安源路矿工人俱乐部部徽。

10月12日　征集到安源路矿工会教育股1924年编印的《小学国语教科书》一册。

同年　中共萍乡市委党史办公室向安源纪念馆转赠革命文物《安源旬刊》第20、21期。

## 1987年

6月28日　安源纪念馆被江西省人民政府授予"文明单位"称号。

7月20日　中共中央顾问委员会常委萧克为《秋收起义在江西》一书题写书名。

9月　为纪念秋收起义60周年,安源纪念馆对基本陈列第六单元进行修改,并对秋收起义军事会议旧址进行修缮,中共安源地委党校旧址也正式对外开放。

12月　安源纪念馆派员赴京为杨得志、罗华生、钟复华和李立三夫人李莎录音录像。

12月28日　安源路矿工人补习夜校旧址、安源路矿工人消费合作社旧址、秋收起义军事会议旧址、盛公祠被江西省人民政府公布为第三批省级文物保护单位。

同年　安源路矿工人消费合作社股票、《安源旬刊》等20件文物被江西省文物鉴定小组鉴定为一级文物。

## 1988年

1月28日　安源纪念馆劳动服务公司成立。

4月2日　中共中央顾问委员会常委余秋里来馆参观。

10月6日　安源纪念馆行政机构由原来的三科一室（宣传接待科、资料陈列科、政工保卫科和办公室）调整为五部二室（即群工部、陈列部、征集保管部、人事保卫部、服务部和研究室、办公室）。

11月24日　在安源路矿工人俱乐部旧址前举行《纪念刘少奇诞辰90周年展览》揭幕仪式,萍乡市各界群众500余人参加。

12月6日　全国人大常委会副委员长、中华全国总工会主席倪志福来馆参观。

## 1989年

4月　安源路矿工会教育股《小学国语教科书》等17件文物被江西省文物鉴定小组鉴定为二级文物。

5月　李昌学任安源纪念馆馆长。

8月16日　中国人民解放军第十三集团军参谋长邓福全少将来馆参观。

11月8日　萍乡市人民政府决定半边街广场管辖权归安源纪念馆所有。

12月25日　陈列修改后的萍乡革命烈士纪念馆重新开放。

## 1990年

4月4日　摄制电视文献纪录片《缅怀黄静源烈士》。

9月　经萍乡市编制委员会核定，安源纪念馆编制50名（含萍乡革命烈士纪念馆2名），下设五个科室，即办公室、人事保卫科、宣传接待科、征集保管科、陈列研究室。

11月1日　中共中央顾问委员会常委张劲夫来馆参观。

11月5日至12日　安源纪念馆深入麻田、新泉、万龙山、华云等地征集萍乡苏维埃政府印章等文物17件。

## 1991年

3月30日　安源纪念馆在北京召开基本陈列修改方案座谈会，邀请中国革命博物馆、中国人民革命军事博物馆有关专家10余人参加。

11月10日　安源纪念馆被人事部、文化部授予"全国文化工作先进集体"称号。

## 1992年

6月3日　安源纪念馆闭馆进行基本陈列大修改，9月14日竣工并重新对外开放。

6月15日　原国家主席刘少奇夫人、全国政协常委王光美向安源纪念馆赠送刘少奇任国家主席时穿过的中山装呢子制服和《共和国主席刘少奇》画册。

同日　原安源工人、中共中央顾问委员会常委杨得志为安源路矿工人大罢工胜利70周年题词："安源精神　催人奋进"。

6月16日　原安源工人、北京军区顾问吴烈为安源路矿工人大罢工胜利70周年题词："牢记安源工人光荣革命传统，为加速社会主义现代化建设立新功"。

6月18日　李立三夫人李莎为安源路矿工人大罢工胜利70周年题词："安源煤矿工人大罢工是中国工人运动史上的里程碑，它指出了中国新民主主义革命时期工人运动的正确方向和发展途径。安源工人阶级作出了坚定不移的意志和斗争勇气的示范。安源工人的光荣传统应一代一代相传，促进有中国特色的社会主义建设胜利前进。"

7月15日　原国家主席刘少奇夫人、全国政协常委王光美为安源路矿工人大罢工胜利70周年题词："发扬安源精神，做改革开放的主力军"。

7月　中共江西省委书记毛致用为安源路矿工人大罢工胜利70周年题词："发扬安源革命传统，争取改革开放的更大光荣"。

9月8日至9日　安源纪念馆与萍乡市委宣传部、市委党史办、市总工会、市社联、市文化局联合举办纪念安源路矿工人大罢工胜利70周年学术讨论会。

9月17日　中共江西省委书记毛致用、江西省省长吴官正来馆参观。

9月18日　中共萍乡市委、萍乡市人民政府在安源煤矿工人俱乐部召开安源路矿工人大罢工胜利70周年纪念大会。

9月19日　原国家主席刘少奇夫人、全国政协常委王光美来馆参观。

10月15日　李振德任安源纪念馆党支部书记。

## 1993 年

4月18日　国务委员陈俊生来馆参观。

4月　安源纪念馆参与编纂的中国共产党历史丛书《安源路矿工人运动》（上、下册）被江西省中共党史学会、江西省中国现代史学会评为1990—1992年度优秀论著一等奖。

6月　中央电视台《毛泽东》摄制组来馆拍摄毛泽东在安源革命活动史实。

8月　安源纪念馆征集到大革命时期萍乡县店员工会袖章2个。

10月　最高人民检察院副检察长陈明枢来馆参观。

11月　安源纪念馆与江西省文物局、秋收起义修水纪念馆、秋收起义铜鼓纪念馆合编的《秋收起义在江西》一书由文物出版社出版。

12月　原国家主席刘少奇夫人、全国政协常委王光美向安源纪念馆捐赠河南省开封市为纪念刘少奇诞辰95周年铸造的刘少奇半身铜像一尊、嵌有刘少奇遗像的匾额一块。

12月　安源路矿工人运动纪念馆集体撰写、刘善文主编的《安源路矿工人运动史》一书由上海社会科学院出版社出版。

## 1994 年

2月　安源纪念馆被江西省公安厅、江西省文化厅认定为一级风险单位。

4月　中共中央纪律检查委员会常委、公安部纪委书记胡之光来馆参观。

5月　《安源旬刊》等11件藏品被国家文物局专家组鉴定为一级文物。

7月27日　中共中央宣传部办公厅下发《对在安源建立毛泽东、李立三、刘少奇塑像请求的批复》，同意在安源建立毛泽东和李立三、刘少奇塑像。

7月　煤炭部副部长韩英来馆参观。

8月　安源纪念馆被江西省人民政府授予"文明单位"称号。

11月　安源纪念馆被中共江西省委、江西省人民政府命名为"江西省爱国主义教育基地"。

11月24日　原安源工人、广东省军区原政委熊飞和原安源工人、湖南省政协原副主席袁学之来馆参观。

## 1995 年

1月　安源纪念馆被国家文物局授予"1994年度全国优秀社会教育基地"称号。

6月8日　全国人大常委会副委员长李锡铭来馆参观。

6月　安源纪念馆举行"江西省爱国主义教育基地"挂牌仪式。

## 1996 年

2 月　毛泽东、李立三、刘少奇"三伟人"塑像奠基仪式在安源纪念馆中广场举行。

5 月　中华全国总工会副主席腾一龙来馆参观。

9 月　安源纪念馆被评为"全国中小学爱国主义教育基地"。

11 月　中共江西省委常委、宣传部部长张克迅来馆参观。

11 月 25 日　邮电部副部长杨贤足来馆参观。

## 1997 年

6 月　安源纪念馆被中宣部命名为"全国百个爱国主义教育示范基地"。

8 月　为纪念秋收起义 70 周年，安源纪念馆对基本陈列第六单元进行展陈提升。

9 月 8 日　毛泽东、李立三、刘少奇塑像揭幕仪式在安源纪念馆隆重举行。

9 月 9 日　秋收起义 70 周年纪念大会在萍乡召开，安源纪念馆派员参加。

9 月　彭云秋任安源纪念馆馆长，李昌学任安源纪念馆党支部书记。

## 1998 年

4 月　全国政协常委、济南军区司令员张太恒来馆参观。

8 月　安源纪念馆编撰的百个爱国主义教育示范基地丛书《唤起工农千百万——安源路矿工人运动纪念馆》由中国大百科全书出版社出版。

10 月　为纪念刘少奇 100 周年诞辰，安源纪念馆制作《刘少奇同志诞辰 100 周年纪念图片展》流动展板，在南昌八一起义纪念馆举行开展仪式，先后在南昌、吉安、新余、井冈山、萍乡等地巡回展出。

11 月 24 日　中共萍乡市委、市政府领导及各界人士出席在安源路矿工人俱乐部旧址召开的纪念刘少奇同志诞辰 100 周年座谈会。

## 1999 年

5 月　安源纪念馆宣传接待科被萍乡市妇联授予"巾帼文明示范岗"称号。

11 月 19 日　李立三女儿李英男来馆参观。

12 月　安源纪念馆保卫科被江西省公安厅授予"全省文化保卫系统优秀单位"称号。

## 2000 年

4 月 10 日　刘少奇大女儿刘爱琴来馆参观。

4 月 19 日　南京军区司令员梁光烈中将来馆参观。

6月　农业部副部长夏文义来馆参观。

8月27日　中国人民解放军军事科学院原院长刘精松上将等来馆参观。

10月　安源纪念馆举办全市讲解员培训班。

## 2001年

6月　中共江西省委书记孟建柱来馆参观。

8月　原安源工人、抚顺军分区原副司令员余波生的骨灰移葬于安源纪念馆后山西侧。

12月　江西省文化厅厅长姚亚平来馆调研。

## 2002年

4月　萍乡市人民政府决定：安源纪念馆中广场围墙以内3800平方米土地划归即将兴建的安源广场，产权仍归馆里所有。

5月　中共中央组织部原部长张全景来馆参观。

6月　安源纪念馆陈列大楼闭馆进行陈列修改。

6月　萍乡市档案馆全宗编号，其中安源路矿工人运动纪念馆卷宗号为2050。

9月4日　中共湖南省委副书记文选德来馆参观。

9月16日　安源纪念馆陈列馆重新对外开放。

9月18日　中共萍乡市委、萍乡市人民政府召开安源路矿工人大罢工胜利80周年纪念大会。

9月　原安源工人韩伟、吴烈将军的子女向安源纪念馆捐赠将军遗物29件。

9月　江西省博物馆学会常务理事会在安源纪念馆召开。

11月28日　中央电视台"心连心"艺术团在萍乡秋收起义广场演出，该团文艺小分队在半边街安源路矿工人俱乐部旧址前演出。

12月　安源纪念馆被人事部、国家文物局授予"全国文博系统先进集体"称号。

## 2003年

4月　全馆同志积极参加抗击"非典"疫情，在做好预防工作的同时，陈列馆、旧址照常开放。

6月　黄仂任安源纪念馆党支部书记。

8月　安源纪念馆正大门兴建工程动工，于12月竣工。

8月　潇湘电影制片厂来安源拍摄故事片《毛泽东去安源》。

9月　江西省文物局文物鉴定组来馆鉴定文物，评定馆藏二级文物104件，并推荐安源路矿工人消费合作社股票、刘春华亲手临摹的《毛主席去安源》油画、刘少奇的呢子中山服等43件申报一级文物。

9月29日　安源纪念馆基本陈列新增的第七单元"魂萦故里，情系安源"正式展出。

10月15日　中央电视台制作的八集电视连续剧《毛主席去安源》在安源纪念馆拍摄。

10月30日　电影《安源儿童团》在安源举行开机仪式。

## 2004 年

10月18日　中共中央政治局常委、国家副主席曾庆红来馆参观。

11月15日　安源纪念馆被江西省科学技术厅、中共江西省委宣传部、江西省教育厅、江西省科学技术协会命名为"江西省青少年科技教育基地"。

11月　安源纪念馆被列为中国井冈山干部学院现场教学点。

## 2005 年

7月　安徽省党政代表团来馆参观。

9月　我馆派员参加萍乡市红色旅游导游（讲解员）大赛，四名同志获"十佳导游员"称号。

## 2006 年

5月25日　安源路矿工人大罢工谈判处和秋收起义安源军事会议旧址被国务院公布为第六批全国重点文物保护单位。

5月　中央电视台国际频道《走遍中国》栏目来馆拍摄。

12月18日　安源毛泽东旧居、秋收起义工农革命军第一军第一师第二团出发地旧址——张公祠，被江西省人民政府列为第五批省级文物保护单位。

## 2007 年

4月9日　中共中央政治局委员、湖北省委书记俞正声，湖北省省长罗清泉率湖北省党政代表团来馆参观。

4月25日　全国政协常委、原南京军区政委方祖岐上将来馆参观。

7月　黄仂任安源纪念馆馆长，彭安保任安源纪念馆党支部书记。

9月　42件馆藏二级革命文物被国家文物局批准为一级文物。

9月　全国重点文物保护单位——安源路矿工人俱乐部（罢工前）、安源路矿工人俱乐部（罢工后）、安源路矿工人大罢工谈判处和秋收起义安源军事会议旧址陈列重新布展。

9月　安源纪念馆与萍乡市中共党史学会、萍乡矿业集团公司合著的《湘赣边界秋收起义史》由江西人民出版社出版。

11月5日　安源纪念馆实行对外免费开放，是全省首批向社会免费开放的全国爱国主义教育示范基地。

## 2008 年

1月24日　安源纪念馆下属的萍乡市赣兴文化发展有限公司成立。

1月至2月　萍乡遭遇罕见雨雪冰冻灾害；2月14日，安源纪念馆抗灾自救工作正式启动。

3月24日　因办公楼拆迁重建，安源纪念馆所有办公机构搬迁至安源工农兵政府旧址。

4月18日　国家文物局一级博物馆考评组来馆检查考评。

11月29日　中央军委委员、中国军事科学院政委、刘少奇之子刘源中将，刘少奇之女刘爱琴等来馆参观。

12月17日　《萍乡市改革开放30周年成果展》在安源纪念馆第八单元展出。

12月22日　安源纪念馆在路矿工人俱乐部旧址举行陈列大楼兴建40周年纪念座谈会，向在安源纪念馆工作30年以上的同志授予"荣誉馆员"称号。

12月　安源纪念馆被评为"中国红色旅游十大景区"。

## 2009 年

2月　文物库房建设工程项目启动施工。

5月　安源纪念馆被中国博物馆协会评为国家二级博物馆。

7月17日　安源工运时期廉政建设陈列馆正式开馆。

8月12日　中信集团董事长孔丹率领中信集团考察团来馆参观。

10月2日　中共湖南省委书记张春贤来馆参观。

10月11日　南京军区政委陈国令中将来馆参观。

10月　安源纪念馆获全国首批"国家国防教育示范基地"称号。

12月　安源纪念馆获"AAAA国家级旅游景区"称号。

## 2010 年

3月　新建的文物库房竣工落成。

4月16日　江西省文化厅厅长李玉英来馆调研。

7月　安源纪念馆在全省率先完成馆藏珍贵文物数据库建设。

7月　由湖南省财政拨款、安源纪念馆举办的《中共湖南省委在安源革命活动专题展览》对外开放。

10月15日　全省博物馆（纪念馆）讲解员培训班在安源纪念馆举行，全省150余名讲解员参训。

12月8日　江西省文化厅党组成员、省文物局局长史文减来馆调研。

12月10日　秋收起义纪念馆（地）工作合作座谈会在安源纪念馆召开，各纪念馆（地）负责人共同签署合作宣言。

12月24日　江西省副省长朱虹来馆参观。

## 2011年

1月15日　中央电视台摄制组来馆拍摄大型文献纪录片《旗帜》。

3月23日　宣传科被中宣部、全国妇联等25个中央和国家部委授予全国"巾帼文明岗"称号。

4月27日　开国上将杨得志之子，南京军区党委常委、联勤部部长杨建华少将来馆参观。

4月28日　由中国史学会会长、中共中央文献研究室副主任金冲及题写的"安源路矿工人运动研究所"挂牌仪式在安源纪念馆举行。

5月　文培良任安源纪念馆党支部书记。

5月　安源纪念馆创作的新编渔鼓词《劳工记》节目参加"西柏坡杯"中国纪念馆宣教形式创新展示活动获"最佳创作奖"。

6月7日　开国少将吴烈的子女向安源纪念馆捐献吴烈解放初期用过的公文包等3件文物。

6月9日　开国元帅罗荣桓之子、原第二炮兵副政委罗东进中将，开国少将王耀南之子王太和来馆参观。

6月14日　中共中央政治局常委、全国政协主席贾庆林来馆参观。

6月27日　安源纪念馆举行庆祝中国共产党成立90周年系列活动。

10月10日　安源纪念馆召开纪念辛亥革命100周年座谈会。

10月18日　毛泽东之女李讷、女婿王景清，原毛泽东身边工作人员吴连登、田云毓、周福明等来馆参观。

10月26日　中国社会科学院历史研究所原副所长周年昌向安源纪念馆捐赠原萍乡煤矿矿长李寿铨信函11件。

12月26日　第二届秋收起义各纪念馆、纪念地协作座谈会在安源纪念馆召开。

## 2012年

1月11日　中华全国总工会书记处书记、党组成员、研究室主任李滨生，江西省人大常委会副主任、省总工会主席姚亚平来馆参观。

2月　江西省委机构编制委员会办公室批复同意安源纪念馆增加事业编制10人。

3月16日　与安源电视台联合制作的革命传统教育专题节目《红色记忆》开机。

3月31日　国家粮食局局长伍正晓来馆参观。

3月　黄仂任萍乡市文化广电新闻出版局副局长，并兼任安源纪念馆馆长。

4月3日　南京军区原副司令员黄信生中将来馆参观。

4月8日　南京军区副政委吴刚中将来馆参观。

4月16日　全国政协常委、经济委员会副主任委员胡德平来馆参观。

4月20日　国防科工委原副主任沈荣骏中将、怀国模中将、沈椿年中将、王统业中将、张学东中将，总装备部原副部长陈达植中将来馆参观。

5月19日　中共江西省委常委、南昌市委书记王文涛率南昌市党政代表团来馆参观。

5月19日　黑龙江省人大常委会副主任符凤春来馆参观。

6月　安源纪念馆基本陈列展陈提升和安源路矿工人俱乐部旧址（罢工后）修缮工程完成。

7月2日　"毛主席去安源"瓷像落成庆典仪式在安源纪念馆陈列大楼前隆重举行，江西省副省长朱虹，国家旅游局党组成员、纪检组长刘金平，毛泽东之女李讷，"毛主席去安源"油画作者刘春华和社会各界人士参加庆典活动。

8月3日　全国政协常委、民盟中央副主席、上海市人大常委会副主任郑惠强，全国政协常委、江西省政协副主席、民盟江西省委员会主委刘晓庄来馆参观。

9月20日　安源纪念馆获"2012·中国红色旅游博览会筹办工作先进单位"称号。

9月21日至22日　安源纪念馆举办"毛泽东身边工作人员重走秋收起义之路暨纪念秋收起义85周年"系列活动，原毛泽东身边工作人员孟进鸿、钱嗣杰、田云毓、周福明等参加。

10月1日　解放军装甲兵学院原院长郭洪祥少将来馆参观。

10月27日　苏州市旅游文化促进会副会长、收藏家姚嘉康向安源纪念馆捐赠4本反映刘少奇在安源革命斗争故事的连环画册。

11月29日　原毛泽东贴身卫士田云毓在北京向安源纪念馆捐赠毛泽东生前用过的席子、信纸和圈阅过的杂志《历史月刊》等文物。

12月4日　中共江西省委常委、省纪委书记周泽民来馆参观。

# 2013年

3月5日　盛公祠和总平巷矿井口被国务院公布为第七批全国重点文物保护单位。

4月　中国社会科学院副院长李捷来馆参观。

5月14日　江西省政协主席、党组书记黄跃金来馆参观。

5月27日　中共中央文献研究室主任冷溶来馆参观。

7月6日　《人民日报》第5版整版刊载《工运烈火，红色风暴》专题报道，介绍安源路矿工人运动历史、陈列展览与红色遗存。

10月16日　全国政协常委、解放军总后勤部副政委刘晓榕中将来馆参观。

10月20日　江西省副省长李炳军来馆参观。

10月25日　原安源工人、开国中将丁秋生之子，海军副司令员丁一平中将来馆参观。

10月　安源纪念馆编撰的《中国工运的旗帜——安源工运史研究文选》由中央文献出版社出版。

10月　安源纪念馆征集到"文化大革命"时期由景德镇艺术瓷厂烧制的萍乡矿务局瓷板画21件。

11月3日　安源纪念馆举办"纪念《毛主席去安源》油画公开发表45周年座谈会"，油画作者刘春华和萍乡各界代表出席。

11月4至7日 安源纪念馆举办第八届全国毛泽东纪念馆联谊会，全国36家会员单位、130多位嘉宾参会，并共同签署《安源共识》。

11月6日 南京军区副司令员秦卫江中将来馆参观。

11月10日 全国政协副主席马培华来馆参观。

11月15日 中纪委信访室主任任建华来馆参观。

11月22日 江西省副省长胡幼桃来馆参观。

11月22日 国家工商总局党组书记、局长张茅来馆参观。

## 2014年

3月14日 聘任全国道德模范龚全珍为安源纪念馆荣誉馆员。

4月 安源路矿工人消费合作社旧址、安源毛泽东旧居维修工程项目启动施工。

5月14日 国家粮食局党组成员赵中权来馆参观。

5月18日 全国政协委员、全国文联副主席刘兰芳来馆参观。

5月27日 江西省军区司令员张晓明来馆参观。

5月31日 政协第十一届全国委员会委员、海军原副司令员赵兴发中将，中国延安精神研究会副会长兼秘书长苏希胜少将，南京军区联勤部部长杨建华少将，朱德元帅外甥、解放军装备学院副院长刘建少将，中共中央办公厅机关党委原副书记、中共中央办公厅人事局原副局长李永平少将，海军航空兵原副参谋长沈克恒少将来馆参观。

5月 安源纪念馆被全国关心下一代工作委员会评为"全国青少年革命传统教育基地"。

10月12日 江西省副省长谢茹来馆参观。

11月8日 国土资源部副部长、党组成员兼国家测绘地理信息局局长、党组书记库热西·买合苏提来馆参观。

12月4日 中共江西省委常委、江西省军区政委马家利少将来馆参观。

## 2015年

5月11日 北京画院原院长刘春华来馆，与安源纪念馆签订《捐赠书画作品等有关问题的协议书》和《关于建立刘春华艺术馆的协议书》。

5月12日 中共江西省委书记强卫来馆参观。

6月11日 中共中央委员、南京军区司令员蔡英挺上将来馆参观。

6月18日 江西省武警总队司令员吴启庆少将来馆参观。

6月25日 中共中央文献研究室副主任陈晋来馆参观。

7月9日 江西省军区政委杨笑祥少将来馆参观。

7月22日　何入军任安源纪念馆馆长，黄仂任安源纪念馆党支部书记。

9月17日　全国政协社会和法制委员会副主任季允石、宋育英、王新宪来馆参观。

9月28日　大型油画《工运圣地》在安源纪念馆陈列大楼第八单元展出。

11月10日　最高人民检察院副检察长张常韧来馆参观。

11月26日　《风雨无悔——对话王光美》新书签赠活动在安源路矿工人俱乐部旧址举行，刘少奇长孙阿廖沙及其夫人冬尼娅和作者黄峥研究员等出席。

## 2016年

2月19日　江西省副省长尹建业来馆参观。

3月26日　江西省副省长刘昌林来馆参观。

4月4日　中共江西省委副书记、省长刘奇来馆参观。

4月　刘春华老师无偿捐赠给安源纪念馆艺术作品1272件。

5月4日　江西省高级人民法院党组书记、院长葛晓燕来馆参观。

6月2日　中共江西省委常委、宣传部部长陈俊卿来馆参观。

7月19日　南京军区副政治委员吴长海中将来馆参观。

7月　秋收起义军事会议旧址修缮工程项目启动施工。

10月9日　安源纪念馆被国家旅游局授予"全国旅游服务最佳景区"称号。

11月1日　赵国城烈士家属向安源纪念馆捐赠赵国城照片、烈士证书复印件等资料。

11月22日　萍乡市文物鉴定组对馆藏文物进行初步筛选，确定1789件（套）文物为三级文物。

## 2017年

1月9日　安源纪念馆编纂的《刘春华中国画集》由江西美术出版社出版。

1月19日　安源纪念馆晋升为国家一级博物馆。

1月22日　南京军区原政委雷鸣球上将来馆参观。

2月7日　安源纪念馆被国家发改委、国家旅游局等14部委授予"全国红色旅游经典景区"称号。

2月14日　中共江西省委常委、省纪委书记孙新阳来馆参观。

2月23日　开国中将饶子健的女婿、沈阳军区原副政委潘瑞吉中将来馆参观。

3月8日　为纪念湘赣边界秋收起义90周年，安源纪念馆编印《秋收起义在萍乡》画册。

3月9日　中共江西省委常委、宣传部部长赵力平来馆调研。

3月30日　国家邮政局副局长黎明来馆参观。

4月23日　全国政协委员、中华全国总工会副主席、书记处书记李世明来馆参观。

6月9日　征集到宋新怀遗物10余件。

6月18日　中央电视台大型红色史诗电视剧《秋收起义》摄制组来馆采访拍摄。

7月7日　中共江西省委副书记姚增科来馆参观。

7月12日　国家安全生产监督管理总局党组成员、纪检组组长赵惠令来馆参观。

7月19日　新华社总编辑何平来馆参观。

7月19日　安源纪念馆馆藏纸质文物维修项目启动，9月15日顺利完成并通过验收。

8月17日　江西电视台《秋收起义红色故事》节目组来馆采访拍摄。

8月19日　由全国工商联原副主席、党组副书记瞿怀明等一行20余人组成的全国政协暑休团来馆参观。

8月29日　新华社来馆进行《红色追寻之重走井冈山》第三集《安源路矿溯源头》大型网络现场直播。

9月15日　原中共安源地委委员石作珍烈士之孙石新春捐赠石作珍用过的蓑衣、油灯和照片3件文物。

9月19日　江西省副省长李利来馆参观。

9月25日　湖北省人民检察院检察长王晋、江西省人民检察院检察长刘铁流来馆参观。

10月11日　中共江西省委常委、统战部部长陈兴超来馆参观。

10月12日　宋新怀之子宋建华捐赠宋新怀照片、资料、书稿等23件。

## 2018年

1月15日　历史文献纪录片《红色的摇篮——中国首所党校：中共安源地委党校》摄制组来馆拍摄。

1月26日　中华全国总工会副主席、全国劳动模范许振超来馆参观。

3月9日　毛泽东、李立三1921年冬来安源旧居，安源党组织决定大罢工会议旧址，黄静源烈士殉难处纪念碑，安源工农兵政府旧址，安源路矿工人运动纪念馆陈列大楼被江西省人民政府公布为第六批江西省文物保护单位。

3月15日　中国文物保护基金会理事长励小捷、江西省文物局局长徐琳琳来馆考察调研。

3月27日　江西省副省长、省公安厅厅长秦义来馆参观。

3月29日　广州军区原副司令员吕丁文中将来馆参观。

4月17日　中央文献出版社《刘少奇的故事》纪录片拍摄组来馆拍摄。

4月24日　江西省军区司令员吴亚非少将来馆参观。

5月3日　陈毅元帅之子、中国人民对外友好协会原会长陈昊苏来馆参观。

6月11日　中共江西省委书记、省长刘奇来馆参观。

7月11日　开国中将韩伟之子韩京京、毛泽民烈士之外孙曹宏、开国少将幸元林之子幸中原、开国少将吴烈之女吴时建来馆参观。

7月16日　中央电视台《建军大业》摄制组来馆采访拍摄。

7月31日　肖德军代行安源纪念馆馆长职务。

8月14日　原安源工人、开国少将吴烈的子女捐赠将军遗物239件（套）。

8月28日　中国红十字会副会长郭长江来馆参观。

9月7日　中共江西省委副书记、代省长易炼红来馆参观。

9月11日　原安源工人、开国少将王耀南之子王太和、王太岳捐赠王耀南遗物10件。

9月26日　安源纪念馆被授予"长江中游城市群优秀研学旅行基地"称号。

10月14日　广州军区原副政委周遇奇中将来馆参观。

10月30日　中共中央党史和文献研究院副院长吴德刚来馆参观。

10月31日　安源纪念馆被教育部列为第二批全国中小学生研学实践教育基地。

11月2日　刘少奇之子、全国人大常委会委员、全国人大财经委副主任委员刘源上将，江西省政协副主席汤建人，毛泽东之外孙王效芝，朱德之外孙、解放军装备学院原副院长刘建少将等来馆参观。

12月14日　中共江西省委常委、副省长刘强来馆参观。

12月19日　原安源工人、广州市政府参事室副主任肖华湘之子肖秦德捐赠其父遗物10件。

## 2019年

2月23日　全国政协人口资源环境委员会副主任黄跃金来馆参观。

3月10日　安源纪念馆闭馆进行基本陈列改造提升，9月1日竣工并对外开放。

3月18日　解放军军事科学院原副院长徐根初中将来馆参观。

4月1日　中共中央政治局常委、中央纪律检查委员会书记赵乐际来馆参观。

4月16日　江西省总工会党组书记、常务副主席饶剑明来馆参观。

4月20日　政协第十三届全国农业和农村委员会委员、原中央610办公室副主任、中央扫黑除恶第15督导组副组长徐海斌一行来馆参观。

5月　安源路矿工人俱乐部旧址防雷工程项目、安源路矿工人补习夜校旧址维修工程项目、安源路矿工人俱乐部旧址消防工程项目启动施工。

9月1日　江西省人大常委会原副主任、省苏区精神研究会会长朱秉发一行来馆参观。

10月7日　安源路矿工人补习夜校旧址被国务院公布为第八批全国重点文物保护单位。

10月24日　丁煊淼任安源纪念馆馆长。

11月14日　中共萍乡市委机构编制委员会下发《关于明确安源路矿工人运动纪念馆隶属关系的通知》，明确安源路矿工人运动纪念馆为市委宣传部下属事业单位，编制数为58人，内设机构数和领导职数维持不变。

12月26日　中共萍乡市委常委、宣传部部长聂晓葵来馆调研。

## 2020 年

1月12日　李万安任安源纪念馆党支部书记。

1月24日至3月24日　受新型冠状病毒感染疫情的影响，安源纪念馆闭馆。3月25日恢复对外开放。

4月　安源路矿工人俱乐部讲演厅旧址修缮项目启动施工。

5月20日　江西省文化和旅游厅组织江西省文物鉴定专家组来馆，对馆藏可移动革命文物进行定级确认。其中58件（套）馆藏文物晋升为国家一级文物，57件（套）馆藏文物晋升为国家二级文物。

7月24日　安源纪念馆闭馆进行基本陈列改造提升，9月8日竣工并对外开放。

8月28日　原安源工人、开国中将刘先胜之子刘强捐赠刘先胜手稿、证件等3件遗物。

8月29日　原安源工人、开国少将熊飞之子熊宝军、熊宝利捐赠熊飞将军汉白玉半身像。

10月27日　中共江西省委常委、省纪委书记、省监察委员会代理主任马森述来馆参观。

10月29日　江西省电视台来馆拍摄"博物馆说"馆藏精品专题系列节目《中国共产党最早发行的股票——安源路矿工人消费合作社股票》。

10月　安源纪念馆被中国关心下一代工作委员会授予"全国关心下一代党史国史教育基地"称号。

11月10日　安源纪念馆被中华全国归国华侨联合会授予"中国华侨国际文化交流基地"称号。

11月11日　全国重点文物保护单位——盛公祠移交安源纪念馆管理。

11月18日　原安源路矿工人俱乐部游艺股股长、开国大将肖劲光之女，中国海洋画研究院院长肖凯来馆参观。

11月25日　在江西省博物馆学会第四届理事会选举中，安源路矿工人运动纪念馆当选为副理事长单位，丁煊淼当选为副理事长。

12月21日　安源路矿工人俱乐部旧址（一点四处）、安源路矿工人补习夜校旧址、安源路矿工人消费合作社旧址等13处文物保护单位被江西省文化和旅游厅列入江西省第一批不可移动革命文物名录。

12月24日　浙江大学党委书记任少波，江西省委教育工委副书记、省教育厅厅长郭杰忠，新华社江西分社社长刘建来馆参观。

12月　安源纪念馆可移动文物预防保护项目启动施工。

## 2021 年

3月19日　中央电视台《红船》电视剧拍摄组、《国家记忆》栏目拍摄组来馆拍摄。

3月21日　中共萍乡市委书记陈敏来馆参观。

4月10日　全国人大常委会副委员长吉炳轩来馆参观。

4月14日　江西省政协副主席李华栋、谢茹、陈俊卿、张勇、刘卫平、雷元江率省政协机关党员干部来馆开展党史学习教育。

4月20日　中共萍乡市委中心组来馆开展党史学习教育。

4月22日　江西省副省长任珠峰来馆参观。

4月28日　江西省副省长吴浩来馆参观。

5月20日　中组部"走进红色美丽村庄"网络主题宣传采访组来馆采访。

6月2日　中央电视台《地火荣光》摄制组来馆拍摄。

6月20日　安源纪念馆派员参加"纪念中国共产党领导安源工人运动100周年暨安源精神学术研讨会"。

6月23日　开国少将幸元林之子幸中原、儿媳吴时建捐赠幸元林穿过的中山服、军用马驮子等遗物。

7月　盛公祠修缮项目启动施工。

8月23日　江西省人大常委会副主任胡世忠来馆参观。

8月31日　中共萍乡市委副书记、市长刘烁来馆参观。

8月　总平巷矿井口修缮项目启动施工。

10月9日　中共萍乡市委常委、宣传部部长叶舟来馆调研。

10月28日　中华全国供销合作总社党组成员、理事会副主任王伟一行来馆参观，并调研安源路矿工人消费合作社情况。

10月　刘春华书画馆建设项目启动施工。

11月10日　中共江西省委常委、宣传部部长庄兆林来馆参观。

## 2022年

1月6日　"全国职工爱国主义教育基地"授牌仪式在安源纪念馆陈列大楼举行。

1月12日　中共江西省委常委、统战部部长黄喜忠来馆参观。

1月13日　文化和旅游部原党组成员、中国非遗保护协会会长王晓峰来馆参观。

3月1日　江西省人大常委会副主任、省总工会主席刘强来馆参观。

5月28日　中共湖南省委副书记、湖南省省长毛伟明，中共江西省委副书记、江西省省长叶建春来馆参观。

6月22日　安源煤矿金库旧址被江西省文化和旅游厅列入江西省第二批不可移动革命文物名录。

7月13日　安源纪念馆派员参加"红色堡垒百年荣光——纪念中共安源路矿支部成立100周年"研讨会。

7月23日　中共萍乡市委书记陈敏来馆调研安源景区和刘春华书画馆项目建设。

8月29日　刘春华书画馆正式对外开放。

8月　安源纪念馆入选由教育部、国家文物局等联合公布的全国首批"大思政课"实践教学基地名单。

8月　安源路矿工人俱乐部旧址（罢工前）修缮工程启动施工。

9月13日　江西省军区司令员张弓少将来馆参观。

9月14日　中华全国总工会副主席、书记处书记魏地春，革命后代毛新宇、李人扬、刘婷、杨建华、王太和来馆参观。

9月15日　江西省政协副主席刘卫萍来馆参观。

9月29日　江西省副省长陈小平来馆参观。

10月16日　全馆职工集中收听收看中国共产党第二十次全国代表大会开幕会实况。

12月14日　安源纪念馆事业编制数调整为55名。

12月　安源纪念馆被全国普及法律常识办公室授予"全国法治宣传教育基地"称号。

# 第一章　历史遗址

## 第一节　旧址旧居

### 一、全国重点文物保护单位

#### 1. 总平巷矿井口

该旧址位于萍乡城东安源镇境内，坐南朝北，是工人上下班以及煤炭输出的总巷道，内分东平巷、西平巷，因地面平坦，所以称为"总平巷"。巷深2600米，高3.5米，宽4米，是用红砖砌成的牌坊形建筑。井口上方塑有铁锤、岩尖图案和"总平巷"三个醒目大字。岩尖代表采煤工人，铁锤代表机械工人。井口两侧设有岗亭，是矿警和工头用来监视工人的。

萍乡煤矿井口——总平巷

安源煤矿（原称萍乡煤矿）开办于1898年，是当时我国江南最大的煤矿。安源煤矿工人身受帝国主义、封建主义和官僚资本主义三重压迫，过着饥寒交迫的生活。

20世纪20年代初，毛泽东、刘少奇、李立三等多次到总平巷考察。1921年秋，毛泽东第一次来安源时，从总平巷下到井下工作面，和工人促膝交谈，了解工人的苦难生活，宣传马列主义。毛泽东启发工人受苦不是什么"命里注定的"，而是帝国主义、军阀、封建势力和资本家剥削压迫的结果，工人阶级要改变自己的地位，就要靠自己团结起来进行斗争，打倒剥削者、压迫者。

1922年9月14日，震惊全国的安源路矿工人大罢工就是从这里开始的。井下工人接到罢工信号，手握岩尖、斧头，高呼罢工口号，潮水般地涌出井口。工人纠察队在井口上方竖起了"罢工"大旗，用煤桶堵塞井口，日夜严加把守，不准任何人下井，直至取得罢工胜利。

1930年9月下旬，红一方面军来安源时，毛泽东率领部分红军战士又一次从这里下到矿井深处与工人交谈，进行革命宣传。

1939年3月，由于日本侵略军逼近萍乡，国民党政府下令将萍乡煤矿拆迁，煤矿从此关闭，矿井被淹，但井口保存完好。

1954年，安源煤矿正式恢复并投入生产。总平巷仍是安源煤矿煤井的总出入口，一直沿用到现在。1987年12月28日，该旧址被江西省人民政府核定公布为省级文物保护单位。2013年3月5日，总平巷矿井口被国务院核定公布为第七批全国重点文物保护单位。

**2. 盛公祠**

该旧址位于安源煤矿八方井右侧的一个小山头上，始建于1898年，最初是萍乡煤矿总局的办公大楼，分前、后两栋：前栋系三层楼房，为高级职员办公室、卧室；后栋系两层楼房，为电报和电话总机室、储藏室、餐厅等。两楼串通，前栋第一和第二层四周有宽3.7米、长92.8米的走廊，外沿建有拱形圆门孔30个，中部上端为一吊楼，并设有旋转楼梯上下，别具一格，屋顶为白锌皮覆盖，颇像西欧的天主堂。总面积为2623平方米，大小房间共39间。楼房四周有高2.3米、长110米的砖围墙，楼房前端8.5米处为圆拱形大槽门和两个小槽门，这是进入此楼的唯一通道。整座楼房既像一座教堂，又有古典宫殿的风采。

盛公祠

大楼建成后，矿局总办、职员和德国矿师等工程技术人员都在此办公。因地势太高，上下十分不便。1906年，矿局又在山下另建"公务总汇"办公楼（即安源路矿工人大罢工谈判处旧址）。此楼改为矿局所聘请德国工程技术人员以及部分高级职员的住房和临时招待所。

1907年9月9日，盛宣怀到安源视察时，在招待所二楼食宿。盛宣怀是江苏武进人，字杏荪，号愚斋。1896年4月，他以商人身份接任汉阳铁厂督办的同时，被任命为清廷铁路总公司督办。盛宣怀凭借朝廷给予的特权，以安源为中心圈定120多平方公里的地面为矿区，于1898年3月在安源创设萍乡煤矿。1908年3月，升任清廷邮传部右侍郎的盛宣怀将汉阳铁厂、大冶铁矿和萍乡煤矿合并，组成汉冶萍煤铁厂矿有限公司（简称汉冶萍公司），自任总经理。

为了"缅怀盛宣怀不畏艰辛、开发萍矿的历史功绩"，1921年3月，萍乡煤矿全体职员集体捐资在安源建立盛公祠，以示纪念。同年3月13日，萍乡煤矿矿长李寿铨向汉冶萍公司请示，拟将萍矿总局旧址改为盛公祠。3月24日，经汉冶萍公司批准，改建工程动工，1923年冬竣工。

1939年萍乡煤矿关闭后,萍乡中学女生部搬至盛公祠。1947年赣西煤矿局复矿,萍乡中学搬走,这里为工人家属住宅。1950年,袁州(今宜春)军分区所辖471团在此驻扎。1954年安源煤矿复产后,一直为工人居住。

盛公祠风格独特,建筑精美,具有较高的建筑艺术价值。虽然历经百年沧桑,几经修改翻新,但基本保持原貌。1987年12月28日,该旧址被江西省人民政府核定公布为省级文物保护单位,仍由安源煤矿管理和使用。2013年3月5日,盛公祠被国务院核定公布为第七批全国重点文物保护单位。2020年11月11日,盛公祠被正式移交安源纪念馆管理。

### 3. 安源路矿工人补习夜校旧址

该旧址位于安源镇老后街五福斋巷,是一幢坐北朝南、四栋三间砖木结构的二层楼房,建筑面积320平方米,占地面积450平方米。楼房上下对称,四周建有宽1.3米的走廊。

1921年12月,李立三奉中共湖南支部书记毛泽东派遣,来安源开展工人运动。他当时以教师的合法身份,租下这幢房子。楼上的三间房做校舍,

安源路矿工人补习夜校旧址

办起了平民小学,免费招收工人子弟入学。他以访问学生家长名义,广泛接触工人,了解各方面情形,宣传工人阶级团结奋斗、自己解放自己的道理。经过思想教育和实践考察,李立三于1922年1月在安源创办了第一所工人补习学校,白天小学生上课,晚上工人上课,故称工人夜校。

当时学校十分简陋,桌子、板凳都很粗糙。最初有工人学员60余人,按文化程度高低分为两班,学员凭听讲证进入课堂,各科成绩及格者发给毕业证书。

补习学校的教材首先采用粤汉铁路工人学校的讲义,之后由俱乐部教员自己编印。安源工人夜校教员编写了《补习教科书》《小学国语教科书》《工人读本》。补习学校的经费首先是由长沙、上海方面热心工人教育事业的人募集而来,工人俱乐部成立后,经费由俱乐部拨给。1923年至1924年,俱乐部拨给学校的经费占俱乐部全年收入的一半以上。

安源路矿工人大罢工胜利后,工人补习学校由1所发展到7所,学生1000多人,同时,还设立补习部、子弟部、妇女职业部、师范班以及阅览室、图书馆,各工作处还设立了读书处,并备有《工人周刊》《劳动周刊》《大公报》等报刊,供工人业余时间自由阅读。

工人夜校的创办,大大提高了工人的文化知识和阶级觉悟,为培养工人运动干部,建立和发展党、团、俱乐部组织创造了条件。

1987年12月28日,该旧址被江西省人民政府核定公布为省级文物保护单位。2019年10月16日,该旧址被国务院核定公布为第八批全国重点文物保护单位。

### 4. 安源路矿工人俱乐部旧址（罢工前）

该旧址位于安源牛角坡 52 号，为五栋四间砖木结构平房，建筑面积 266 平方米，最初是"湖北同乡会"会址，后由俱乐部租用。

1921 年冬，毛泽东偕李立三等来安源考察时，与工人们"谈及工人受痛苦受压迫及有组织团体之必要等情况，于是大得工友欢迎"，并提议以解除工人所受压迫与痛苦为宗旨，将路矿工人组成一个团体，起名为"安源路矿工人俱乐部"。

安源路矿工人俱乐部旧址（罢工前）

1922 年 3 月，安源路矿工人俱乐部筹备委员会成立，先后召开了三次筹备委员会议，选举李立三为筹委会主任，朱少连为副主任，组成俱乐部的领导机构——干事委员会，设立文书股、宣传股、游艺股、会计股、工人监察队等办事机构，部员也发展到 300 多人。俱乐部以"十人团"为基本组织，十个十人团选一名代表，每工作处选一名总代表统辖本工作处各十人团。工人加入俱乐部需交为数不多的常月费，作为俱乐部的活动经费。4 月，毛泽东在长沙召开湖南党组织会议，听取了李立三的工作报告，认为安源成立工人俱乐部的条件已经成熟，决定由李立三主持尽快成立。

1922 年 5 月 1 日，300 多名俱乐部部员在这里隆重集会，纪念"五一"国际劳动节，并向社会各界宣告安源路矿工人俱乐部正式成立。下午 3 点多，在俱乐部主任李立三、副主任朱少连带领下，全体部员从这里出发，冒着大雨游行示威。

1922 年 9 月，安源路矿工人俱乐部领导工人大罢工。罢工指挥部就设在俱乐部内。李立三任罢工总指挥，驻秘密处策应；刘少奇任俱乐部全权代表，常驻俱乐部应付一切。由于有刘少奇、李立三等同志的卓越指挥，再加上工人的齐心奋斗，大罢工取得圆满胜利。俱乐部迅速发展壮大，部员很快发展到 1.3 万多人。1923 年 4 月俱乐部搬迁后，这里改为安源路矿工人补习学校第二校校址。

1982 年 2 月 23 日，该旧址被国务院核定公布为第二批全国重点文物保护单位。

### 5. 安源路矿工人大罢工谈判处旧址——公务总汇

该旧址位于安源煤矿矿区内，坐西朝东，建筑面积 2258 平方米，于 1906 年建造，为矿局办公大楼，矿长、高级职员和德国矿师等工程技术人员都在此办公，史称"公务总汇"，是二层砖木结构的欧式楼房。前后建有 2 米宽的走廊，大门正中有一楼梯上下，屋后两旁各设一旋转楼梯，门前走廊装有两排尖顶铁栅栏，给人以戒备森严之感。

1922 年 9 月 14 日，安源路矿工人大罢工开始后，路矿当局为镇压工人运动，勾结军阀，派出军队，在各个重要部门安置机关枪进行威吓，并宣布安源为特别戒严区，戒严司令部就设在这座楼房内，赣军旅长李鸿程为戒严司令。

9 月 16 日，安源路矿工人俱乐部全权代表刘少奇大义凛然、只身赴约，与路矿当局及戒严司令谈判。面对敌人的武力威胁，刘少奇无所畏惧、针锋相对，粉碎了敌人妄图武力胁迫工人代表下令开工的阴谋，为赢得安源路矿工人大罢工的彻底胜利奠定了坚实基础，充分表现了共产党人英勇无畏的革命精神和善于斗争的革命策略，展现了共产党人舍生取义的崇高形象。

1939年萍矿关闭后，这座楼房为萍乡中学教师办公和住宿用餐的地方。1954年安源煤矿复矿后，这里为安源煤矿办公大楼。1964年，原谈判房间得到整修

安源路矿工人大罢工谈判处旧址——公务总汇

并陈列开放。1966年11月，受"文化大革命"影响，整座楼房被封闭，改为安源煤矿职工宿舍。1980年，谈判室进行整修，继续陈列开放。1987年12月28日，该旧址被江西省人民政府核定公布为省级文物保护单位。2006年5月25日，该旧址被国务院核定公布为第六批全国重点文物保护单位。

**6. 安源路矿工人俱乐部旧址（罢工后）**

该旧址位于安源牛形岭东南坡山脚下的半边街广场，坐北朝南，建筑面积1266平方米。

1922年9月安源路矿工人大罢工胜利后，俱乐部组织迅速发展，部员由700多人发展到1.3万多人，并建立了紫家冲、湘东、株洲、醴陵四个分部。随着组织的壮大和部员的增多，俱乐部各种机构也逐步得到健全和完善，原有的办公地点已不适合俱乐部组织的发展，1923年4月，俱乐部搬迁到了半边街广场的协兴洋货店内办公。根据刘少奇提议，路矿工人捐款在俱乐部办公楼后面建造一所讲演厅。1923年10月8日，俱乐部推选21人组成建筑委员会，负责俱乐部的建筑事务，朱少连担任建筑委员会委员长。1923年10月18日，讲演厅动工修建，次年5月1日竣工。

俱乐部旧址分为前后两栋：前栋为二层砖木结构楼房，有14间，最初是矿局职员合股经营的协兴洋货店，不久由俱乐部租用，后来买下来作办公场所。而在洋货店后面一座四层轿顶式楼房，工人称之为"讲演厅"。其外形是仿照苏联莫斯科大剧院的样式设计的，设计者是萍乡煤矿机械工人金春海。楼房顶高17米，第二、三、四层外墙均为玻璃装潢。楼内每层四周的栏杆上雕刻有花果绿叶，

安源路矿工人俱乐部旧址（罢工后）

十分精美。厅内长23米、宽18米,正面筑讲演台一座,台前正厅可容坐800人,并制有靠椅226把。讲演台对面及左右,共建通楼三层,第一层可坐300人,第二层可坐150人,第三层可坐100人,楼上楼下全部装有电灯。讲演台上悬挂横匾和幕布,整座楼房油漆一新,十分壮观。

工人俱乐部讲演厅建成后,工人们经常在这里集会,举行游艺、讲演等活动。

刘少奇1951年7月8日给安源镇工会的信中这样写道:"我曾在安源工作过三年,安源的许多事,至今我还记忆得很清楚,俱乐部的大会场还是我经手修建的。"信中提到的"大会场"就是讲演厅。这座讲演厅是20世纪20年代中国产业工人在中国共产党领导下最早由工人集资、设计、建造,建筑风格最具特色的工会大厦,更是安源当时被誉为中国"小莫斯科"的象征和标志。

1925年9月21日,安源路矿工人俱乐部被军阀武力封闭,俱乐部副主任黄静源为掩护同志脱险,在此不幸被捕,10月16日在门前大操场英勇就义。1926年9月,北伐军到达安源,安源工人在此宣布恢复安源路矿工人俱乐部,并改名为萍矿总工会。

1955年1月,中华人民共和国内务部拨款3亿元(旧币,相当于人民币3万元)对俱乐部进行维修,并陈列展出部分照片和文物。1956年1月1日,安源路矿工人俱乐部对外开放。1967年2月,受"文化大革命"影响,该旧址被封闭。1968年经过修复后,作为毛泽东1930年9月率领红军来安源召集军民干部联席会议旧址陈列开放。1980年初,国务院再次拨款对旧址进行维修。同年3月2日,作为安源路矿工人俱乐部旧址重新开放。1982年2月23日,该旧址被国务院核定公布为第二批全国重点文物保护单位。

**7. 秋收起义安源军事会议旧址**

该旧址位于安源镇张家湾村,坐东朝西,占地面积1717平方米,左右两栋房屋相连,左边为砖木结构的四栋三间二层楼房,右边是七间平房,楼前是大操坪。

这栋房子最初是张姓大土豪的住宅,后来地主武装保卫团在这里驻扎。1922年9月安源路矿工人大罢工后,安源路矿工人补习学校第一校设在这里。1924年10月底至11月初,安源党、团地委召开联席会议,决定合办党校(亦为团校),训练党、团骨干力量。在刘少奇的直接领导下,1924年12月,中共安源地委党校(亦为团校)开学,成为中国共产党历史上的第一所党校。党校刚开办时在八十间,后才转到此处,教室设在二楼。首批党校学员分成初级班和高级班,每班30人,其中初级班学员是工人中的党、团员,高级班学员是学生中的党、团员。中共安源地委书记兼宣传部部长汪泽楷和地委组织部部长任岳、新任青年团安源地委书记袁达时和地委委员胡士廉,以及安源路矿工人俱

秋收起义安源军事会议旧址

乐部游艺股股长肖劲光和刘少奇等曾在党校任教。教材是瞿秋白、王伊维所译的《政治经济浅说》《俄共党史》《少年运动史》以及安源党、团地委自编的《社会发展史》等，由教员刻制蜡版油印后，装订成册发给学员阅读，每周授课3次，每次2小时。

1927年8月底，莲花、安福、醴陵、衡山部分农军到安源集结，准备参加秋收起义。这些队伍当时就驻扎在右边平房里，并在门前操坪编队练兵。

1927年9月初，中共中央候补委员、中央特派员毛泽东来到安源，在这里召开部署湘赣边界秋收起义军事会议。参加会议的人员有湘赣边界党组织负责人和军事负责人。会上成立了前敌委员会和行动委员会，讨论了秋收起义的具体计划，决定将驻修水、铜鼓的浏阳、平江两县农军和国民革命军第四集团军第二方面军总指挥部卢德铭所率警卫团，安源工人纠察队、矿警队和萍乡、醴陵、安福、莲花、衡山五县的农军合编为工农革命军第一军第一师，下辖三个团。同时决定，整个起义部队以萍乡、安源为退路，"无论如何不能放弃萍安，使敌人断绝我们的退路"。会议确定了暴动日期：11日安源、修水、铜鼓三路一齐发动，18日进攻长沙。

安源军事会议是中国工人运动史上和中国工农红军建军史上的一次重要会议，是中国工人运动同农民运动、武装斗争三者开始紧密结合的标志，它确定组建的工农革命军是中国工农红军的前身。

1987年12月28日，该旧址被江西省人民政府核定公布为省级文物保护单位。2006年5月25日，该旧址被国务院核定公布为第六批全国重点文物保护单位。

## 二、江西省文物保护单位

### 1. 安源毛泽东旧居

该旧居位于萍乡煤矿总平巷西侧约80米处，建于萍乡煤矿创办初期，面积约100平方米。房主是总平巷甲段段长毛紫云，人称毛师爷。毛紫云是湖南湘潭人，和毛泽东的父亲是故友，一起在长沙做过米生意。

1921年10月，出席中共一大后回到湖南的毛泽东，创建了中共湖南支部，并亲自担任书记。由于安源位于江西、湖南两省交界处，安源工人运动属湖南党组织领导。为了贯彻党的一大决议，毛泽东于同年秋天来到安源开辟工人运动。

毛泽东当时的公开身份是湖南第一师范学校教员、一师附小主事（相当于校长）。他利用这个公开身份，以走亲访友、推广平民教育的

安源毛泽东旧居

名义，来安源考察，住在毛紫云家里。这是一栋三间砖瓦结构的平房，中间是堂屋，左边一间便是毛泽东的卧室。毛泽东在这里住了一个星期，毛紫云还找来家中挑水的工人张竹林做向导，陪同毛泽东考察路矿情形。毛泽东深入洗煤台、锅炉房、餐宿处等地，下到矿井最艰苦的工作面和工人促膝谈心，与工人同吸竹脑壳烟，并从谈家常入手，了解工人的疾苦和安源的阶级状况；用工人亲身经历的苦难事实和革命道理启发和教育工人，使工人认识到受苦不是命里注定的，而是帝国主义、封建势力、官僚买办压迫和剥削的结果，工人阶级要改善自己的地位，就要靠自己的团结和斗争，打倒剥削者和压迫者。

通过这次考察，毛泽东亲身体验到安源工人的痛苦生活，对工人的思想状况有了真切的了解，认为安源是工人运动可以很快开展起来的地方，并亲自选定安源为湖南党组织开展工人运动的重点地区。

1939年萍矿关闭后，这栋房子一直为民居。1964年经维修后对外开放。1984年10月3日，该旧址被萍乡市人民政府核定公布为市级文物保护单位。2006年12月28日，被江西省人民政府核定公布为第五批江西省文物保护单位。

**2. 毛泽东、李立三1921年冬来安源旧居**

该旧居位于安源镇老后街，始建于1916年，系一栋砖木结构的平房，坐西朝东，建筑面积85平方米。

安源镇老后街是当时安源比较繁华的街道，刘和盛饭店设备简陋、价格便宜，一些工人、农民常在这里食宿。1921年冬，毛泽东、李立三为了方便与群众接触，就选择在这家小饭店住宿。随同来的张理全、宋友生是长沙甲种工业学校的教员，他们有些学生在安源当机械工人。毛泽东、李立三就是利用这层师生关系，广泛地接触工人。

毛泽东、李立三1921年冬来安源旧居

毛泽东通过张理全、宋友生顺利地找到了周镜泉、李涤生等几名曾在长沙甲种工业学校读过书的铁路工人，并在他们的引导下参观了八方井、炼焦处、洗煤台等地，结识了许多煤矿工人和铁路工人，并邀集工人晚上来刘和盛饭店谈心。在交谈中，毛泽东号召工人团结起来，与资本家进行斗争。为了说明团结的重要性，毛泽东顺手拿起饭桌上的筷子说，一根筷子一折就断，一把筷子就不容易折断，一个人的力量算不得什么，团结起来才有力量。工人们听后，纷纷要求组织起来。毛泽东提议要以解除工人所受压迫与痛苦为宗旨，将路矿两局全体工人组成一个团体，取名为"安源路矿工人俱乐部"。

这栋房子的房主叫刘胜山，刘家首先开豆腐店，后因生意不好改开小饭店，店前挂有"刘和盛"的招牌。1939年萍乡煤矿关闭后，饭店停开，店主搬走，因年久失修，房屋破烂不堪，终因无人管理而倒塌。1968年根据当年跟随毛泽东来安源的张理全和安源老工人的回忆，按原貌对房子进行修复后陈列开放。1984年10月3日，该旧址被萍乡市人民政府核定公布为市级文物保护单位。2018年3月9日，被江西省人民政府核定公布为第六批江西省文物保护单位。

**3. 安源路矿工人消费合作社旧址**

该旧址位于安源老后街，是一栋砖木结构的两层楼房，坐北朝南，面积约380平方米。

安源路矿工人消费合作社旧址

安源路矿工人消费合作社是1922年7月创办的，当时规模很小，集资仅百元，仅附设在工人补习学校内，安源路矿工人俱乐部主任李立三兼任总经理。1922年9月大罢工胜利后，工人俱乐部为了使工人能买到便宜的生活必需品，抵制奸商的中间剥削，减轻工人的生活负担，决定扩充消费合作社，并发行股票。工人们踊跃投资，除捐助一部分年终夹薪外，每人还认股若干，共集资1万余元，1923年2月7日，消费合作社在安源老后街独设门面正式营业，后在安源新街设立分社。

正式开业后的消费合作社由易礼容任总经理，朱少连任副总经理。1923年3月，易礼容离开安源后，毛泽民接任总经理。消费合作社设立兑换、粮食、服物、器用四个股，分别经营兑换银钱和贩卖日常生活物品业务。新街分社除设粮食、兑换两股外，还设立了南货股，社长为宁迪卿。消费合作社聘请营业员十余人，伙食由消费合作社供给，另发薪资数元，最多者不超过15元。林育英、毛新枚、毛福轩、李谓璜、周辅仁等都在消费合作社当过营业员。到1923年8月，消费合作社商店由1个增加到3个，管理人员和营业员增加到约40人。

消费合作社的经费首先是由工人们集资和俱乐部拨款，后来从部员中招股，并印发股票、铜圆票（即纸币），共筹得资金1.8万余元。消费合作社印发的铜圆票、股票是中共历史上最早的货币和对股份制最初的尝试。合作社专卖油、盐、米、布匹等工人日常生活品，这些货物由铁路工人顺便捎来，减少了运费，物价自然比市场上便宜。凡是工人俱乐部部员，可凭合作社发给的木质购物证到合作社购买低价物品，否则按市场价购买。此外，合作社还代售《向导》《新青年》《先锋》《工人周刊》和《京汉工人流血记》等革命刊物。

安源路矿工人消费合作社是中国工人阶级第一个经济事业组织。它的创办和发展，对于改善工人的经济生活，团结工人，坚持斗争，训练工人管理经济的能力发挥了积极作用，并且为中国共产党领导经济事业创造了最初的经验。

1984年10月3日,该旧址被萍乡市人民政府核定公布为市级文物保护单位。1987年12月28日,该旧址被江西省人民政府核定公布为第三批江西省文物保护单位。

**4. 安源党组织决定大罢工会议旧址**

该旧址位于安源牛形岭西南面半山腰,坐北朝南,为砖木结构平房,建筑面积120平方米。当时这个地方较为偏僻,只有一条小路进出,房屋四周有高大的树木遮隐。房主为共产党员、株萍铁路工人周镜泉。

1922年9月7日,毛泽东来到安源,全面考察了实际情况,客观估量了阶级力量对比以后,认为组织罢工斗争的条件正在逐渐成熟,并对罢工斗争的策略作了深入思考。当晚,在这里召开了决策罢工的安源党支部会议。

安源党组织决定大罢工会议旧址

参加会议的有朱少连、蒋先云、蔡增准、李涤生、周镜泉、朱锦棠等十余人。李立三因出席长沙泥木工会成立大会,当时不在安源,由毛泽东主持会议。经过讨论,会议认为举行罢工的时机已经成熟,决定立即着手组织路矿两局全体工人罢工。毛泽东指示安源党组织,在罢工斗争中要依靠工人群众的坚固团结和顽强斗志,党支部要有勇有谋地领导工人坚持斗争,夺取胜利;并从安源路矿的具体情况出发,提出"哀而动人"的罢工策略。毛泽东号召广大共产党员站在斗争的前列,领导群众进行义无反顾的斗争。会议之后,安源党支部依据"哀而动人"的罢工策略,提出了"从前是牛马,现在要做人"的罢工口号,从而保证了安源大罢工的顺利实现。

1984年10月3日,该旧址被萍乡市人民政府核定公布为市级文物保护单位。2018年3月9日,该旧址被江西省人民政府核定公布为第六批江西省文物保护单位。

**5. 中共安源地委旧址、毛泽东1930年9月来安源旧居——八十间**

该旧址位于安源半边街广场以东,坐北朝南,建筑面积452.75平方米,占地面积734.36平方米。建于萍乡煤矿开办初期,原为职员住宅,后为安源工人住房。当时这一带大约有八十间房屋,故称"八十间"。

1923年初,中共安源地委成立,地委机关曾设在这里。1923年8月,安源党员人数增至40人,约占全国党员总数(420人)的10%。1924年12月,即中共四大召开前夕,安源党员为198人,约占全国党员总数(994人)的20%。中共安源地委成为全国人数最多、产业工人成分最集中的地方党组织。

1924年12月,安源党、团地委联合创办了中国共产党第一所党校——中共安源地委党校。党校最初设在此处,1925年1月搬至张家湾。

1930年9月下旬,毛泽东、朱德率领红一方面军来安源扩军筹饷时,毛泽东就住在这里,红

八十间旧址

一方面军总前委机关也设在这里。当时，毛泽东取下房间的两扇门板，用两张长条凳架起来做床铺。毛泽东在安源期间，走访慰问了烈士家属，来到萍乡煤矿机械修理厂等处同安源工人亲切交谈，率领红军战士参观萍乡煤矿矿井，主持召开了安源地方党组织干部和军队干部联席会议；在万余工农群众参加的欢迎红军的大会上，毛泽东作热情洋溢的讲话，号召广大工农群众踊跃参加红军。

1984年10月3日，该旧址被萍乡市人民政府核定公布为市级文物保护单位。2018年3月9日，该旧址被江西省人民政府核定公布为第六批江西省文物保护单位。

### 6. 黄静源烈士殉难处纪念碑

该旧址位于安源半边街广场，坐北朝南，高2.4米，宽1.56米，长2.6米，占地面积40平方米。

黄静源，字粗足，号执谦，1900年出生于湖南郴县一个农民家庭。1918年，考入衡阳第三师范学校。1919年，他积极投身于反帝反封建的爱国学生运动。1921年2月在湖南第三师范学校读书时，与蒋先云等一起组织进步团体"心社"。同年冬，加入中国共产党。1923年秋奉调到安源工作，任安源路矿工人俱乐部株洲分部办事员兼工人学校第七校主事，后被选为安源路矿工人俱乐部副主任、中共安源地委委员。1925年9月21日，为掩护同志撤离，在工人俱乐部被反动军阀逮捕，随即押往萍乡监狱。在狱中20多天，他始终不为敌人的利诱和酷刑所动摇。10月16日，黄静源高呼"打倒帝国主义""打倒军阀""恢复工人俱乐部"等口号，被敌人枪杀在半边街广场。黄静源牺牲后，安源工人不畏强暴，在这里举行了追悼会，并于次日将烈士遗体秘密抬至醴陵装殓，再用火车将灵柩运往长沙，举行隆重悼念活动。

黄静源烈士殉难处纪念碑

1926年9月，北伐军到达安源，恢复了安源路矿工人俱乐部，并改名为萍矿总工会。10月16日，萍矿总工会召开2万多群众参加的大会，纪念黄静源等烈士牺牲一周年，并在此建立黄静源烈士殉难处纪念碑。碑文由株萍铁路总工会委员长朱少连撰写。1984年10月3日，该旧址被萍乡市人民政府核定公布为市级文物保护单位。2018年3月9日，该旧址被江西省人民政府核定公布为第六批江西省文物保护单位。

## 7. 秋收起义第二团出发地旧址——张公祠

该旧址位于萍乡市安源镇老街，坐北朝南，为德式风格的二层砖木结构楼房，占地面积1796平方米，是为纪念萍乡煤矿第一任总办（矿长）张赞宸而于1907年建造的，取名"张公祠"。其外观独具特色、宏伟壮观。最初是萍乡煤矿矿务学校。1926年北伐军到达安源后，由共产党员和国民党左派组成的国民党安源市党部设在这里。1927年大革命失败后，大批革命武装云集安源，部分驻扎于此。

秋收起义工农革命军第一军第一师第二团出发地旧址——张公祠

1927年9月初，毛泽东来到安源，在张家湾召开了部署秋收起义的军事会议，决定将驻安源、修水、铜鼓的部队合编为工农革命军第一军第一师，下辖三个团，其中第二团由安源工人纠察队、矿警队和萍乡、醴陵、安福、莲花、衡山等地的农民自卫军组成，人数约2000人。9月9日，震撼全国的湘赣边界秋收起义爆发。9月10日深夜，以安源工人为主体的秋收起义部队第二团从这里出发，进攻萍乡县城。

新中国成立后，张公祠改为安源煤矿敬老院。1972年至2006年，张公祠改为安源镇党政机关驻地。1984年10月3日，该旧址被萍乡市人民政府核定公布为市级文物保护单位。2006年11月，该旧址被江西省人民政府核定公布为第五批江西省文物保护单位。

## 8. 中共湖南省委机关旧址

该旧址位于安源镇方家坳居民区，坐北朝南，为"丁"字形平房，前房长24米、宽7.8米，后屋长5米、宽5.9米，总面积215平方米，是萍矿开办时德国人传播天主教而修建的教堂。

1928年5月下旬，白色恐怖重重笼罩着湘江河畔，革命形势处在危机时刻，中共湖南省委毅然作出决定：将省委机关迁往安源方家坳天主教堂。在安源近三个月的湖南省委，直接领导和指挥湖南全省及湘赣边界的革命斗争，并成立了交通局，打通了安源、萍乡至井冈山的交通线，对井冈山革命根据地的巩固与发展、安源及湘东赣西的革命发展起到重要的领导和推动作用。同年8月，因叛徒告密，省委机关遭到破坏。居住在省委机关的中共中央巡视员、湖南省委常委林育英冒险撤离后化装为和尚，隐藏在慈云寺，继续指挥安源党组织的工作。

1984年10月3日，该旧址被萍乡市人民政府核定公布为市级文物保护单位。2018年3月9日，该旧址被江西省人民政府核定公布为

中共湖南省委机关旧址

安源工农兵政府旧址

第六批江西省文物保护单位。

### 9. 安源工农兵政府旧址

该旧址位于安源半边街广场，建于1906年，为三合院砖木结构平房，单体建筑开间13间，建筑面积800平方米。最初是萍乡煤矿矿警队南区驻地。

1930年9月24日，毛泽东、朱德率领红一方面军来到安源。在红军的帮助下，在这里成立了安源工农兵政府，安源工人袁德喜当选为主席。安源工人纠察队也驻扎在这里，主要任务是保卫苏维埃政权。1930年10月，红军离开安源后，国民党反动派卷土重来，摧毁了苏维埃政权。安源工人纠察队遵照中共萍乡县委指示，一部分追赶主力红军，一部分转战莲花山区，编入工农红军湘东独立师。

新中国成立后，该旧址改为安源镇中心小学校舍。2002年划归安源纪念馆管辖。1984年10月3日，该旧址被萍乡市人民政府核定公布为市级文物保护单位。2018年3月9日，该旧址被江西省人民政府核定公布为第六批江西省文物保护单位。

安源路矿工人运动纪念馆陈列大楼

### 10. 安源路矿工人运动纪念馆陈列大楼

安源路矿工人运动纪念馆陈列大楼位于安源镇牛形岭半山腰，1968年7月1日动工兴建，同年12月落成，坐北朝南，海拔174米，高24.5米，为钢筋混凝土结构二层楼房，建筑面积3245平方米。

整座大楼由江西省建筑设计院设计，宜春地区建筑公司承担施工任务。大楼外墙墙面铺有淡黄色的瓷砖，屋檐四周是金黄色的琉璃砖，屋顶正面是由428块瓷砖组成、直径达6米的《毛主席去安源》油画头像，两侧是琉璃砖砌成的十面红旗和有机玻璃制成的10个大火炬灯，高粱红的女儿墙上点缀着由汉白玉雕刻的葵花、麦穗、信号灯、矿灯等图案，正大门前面用天然大理石铺成的六根大方柱，形成了高大的走廊，正面两侧墙上铸有毛泽东手书的鎏金大字"星星之火，可以燎原"。整个建筑寓意着特定时代的深刻内涵，取材精良、工艺精湛、雕刻精美，集宏伟、庄严、华丽于一身，是萍乡市标志性建筑物和最靓丽的红色名片。

1984年10月3日，该建筑被萍乡市人民政府核定公布为市级文物保护单位。2018年3月9日，该建筑被江西省人民政府核定公布为第六批江西省文物保护单位。

## 三、萍乡市文物保护单位

### "安源工人暴动胜利万岁"标语墙

"安源工人暴动胜利万岁"标语墙位于安源镇张家湾村，坐东南朝西北，占地面积9平方米，高1.6米，厚0.34米，长10米。

"安源工人暴动胜利万岁"标语墙

1930年9月下旬，毛泽东、朱德率领红一方面军来安源扩军筹饷。为了让广大群众深入了解工农红军的性质和任务，红军战士们四处进行革命宣传，在安源的街头巷尾书写了不少鼓舞人心的标语。"安源工人暴动胜利万岁"就是当年红军战士写在张家湾民房围墙上的标语。

红军离开安源后，安源工农群众为了保护这条标语，先在墙上抹了一层黄泥，然后在墙前种上南瓜，让瓜蔓爬满围墙，遮住标语，躲过了国民党军队的多次"清乡围剿"，使它完整地保留至今。1984年10月3日，该旧址被萍乡市人民政府核定公布为市级文物保护单位。

## 四、安源区文物保护单位

### 1. 中共湖南省委在安源革命活动点——水府寺

该旧址位于安源镇张家湾村，始建于1900年，坐北朝南，为砖木结构的一进三间平房，建筑面积158平方米，屋内地面为三合土，墙壁为砖质，屋顶为木瓦结构。屋前有一块面积40余平方米的平地，屋后为面积20余平方米的天井。

中共湖南省委在安源革命活动点——水府寺

1928年5月下旬，中共湖南省委机关秘密迁往安源镇方家坳。水府寺是当时中共湖南省委在安源革命活动的重要联络点之一，为移驻安源的中共湖南省委召开秘密会议、进行革命宣传、传递来往信件等革命活动提供了重大帮助。2010年10月9日，该旧址被安源区人民政府核定公布为区级文物保护单位。

### 2. 安源煤矿金库旧址

该旧址位于安源煤矿矿区内，始建于1898年，是一栋砖木结构的两层楼房，占地面积约

安源煤矿金库旧址

200平方米。墙体厚度 0.9 米，右侧墙壁开有一扇门用于发放工资，楼板地面成漏斗形，为储存银圆之用。

1930 年 9 月下旬，毛泽东、朱德率领红一方面军来到安源扩军筹饷时，安源工人纠察队打开萍乡煤矿局金库，缴获 10 箱银圆交给红军。2010 年 10 月 9 日，该旧址被安源区人民政府核定公布为区级文物保护单位。

# 第二节　纪念设施

## 一、安源路矿工人运动纪念馆

1968 年 3 月 12 日，江西省革命委员会召开了宣传毛主席在江西革命活动委员会第一次会议，决定由萍乡市、萍乡矿务局、萍乡铁路地区三家革委会协同筹建毛主席在安源革命活动纪念馆，"五一"节前拿出陈列大纲，7 月底前建成纪念馆（建馆方案须报省里审批）。

3 月 20 日，根据江西省革命委员会指示，萍乡市革命委员会常委会讨论决定成立宣传毛主席在安源革命活动委员会，萍乡市革命委员会主任石明之为主任委员，萍乡市革命委员会副主任马凤成、姚发梅为副主任委员，并抽调一批文化水平较高、写作能力较强的同志作为专职人员，在广泛征集资料的基础上，撰写陈列大纲，制作陈列小样。

6 月 18 日晚，江西省革命委员会召开常委会审查安源纪念馆基本陈列方案，决定拨款 40 万元建造毛主席在安源革命活动纪念馆。

6 月底，原萍乡市副市长郭玉柱带领建筑设计人员到南昌，向省革委会汇报纪念馆建筑设计情况。省革委常委会议确定了纪念馆建设地点，审批通过了设计图纸和建设规模。由于设计规模扩大，建馆经费由 40 万元增加到 80 万元，后又增加到 120 万元。此时，参加建馆的人员陆续赶到安源，人数约 2000 人。其中从北京、杭州、南京、广州、长沙等地调来的陈列、美术、资料人员 137 名，解说员、报告员 43 名，戏剧演员 48 名，建筑工人 477 名，解放军战士 35 名。

1968 年 7 月 1 日，宜春、萍乡数千军民在安源煤矿大操场隆重集会，庆祝中国共产党成立 47 周年暨毛主席在安源革命活动纪念馆动工典礼。宜春地区革命委员会常委、建馆领导小组组长张国震和萍乡市革命委员会主任石明之先后在大会上讲话。韶山毛主席旧居陈列馆和北京毛泽东思想的光辉照亮了安源工人运动展览会发来贺电。会后，毛主席在安源革命活动纪念馆在安源牛形岭破土动工。宜春、萍乡等地群众怀着对毛主席的无限热爱和崇敬之情，来到安源参加"献忠"劳动。据统计，宜春、萍乡等地当时有 90 多个单位的 5.4 万余人参加了建馆义务劳动。到 8 月初，牛形岭半边山被推开，纪念馆建设的平基任务胜利完成。安源纪念馆建设领导小组报请省革命委员会批准，将安源建馆经费由 120 万元增至 200 万元。

8 月 7 日，毛主席在安源革命活动纪念馆奠基誓师大会在安源煤矿职工子弟小学操场隆重举行。

由宜春地区建筑公司具体承担施工任务。所有建筑材料都挑选优质产品，钢制门窗由上海钢铁厂定制，瓷砖由江西省景德镇艺术瓷厂生产，青砖由江西省清江县生产，大理石来自云南、山东、南京等地。

经过5个月的紧张施工，毛主席在安源革命活动纪念馆于1968年底竣工。该馆坐北朝南，海拔174米，高24.5米，建筑面积3245平方米。整个墙面铺有淡黄色的瓷砖，屋檐四周是金黄色的琉璃砖。立面正中是由428块瓷砖组成、直径6米的《毛主席去安源》油画头像，两侧是琉璃砖砌成的十面红旗和有机玻璃制成的十个火炬灯。火炬灯下方的墙面上分别镶嵌着鎏金的毛泽东手书："星星之火，可以燎原"。1969年4月4日，为了庆祝中国共产党第九次全国代表大会召开，经江西省革委会政治部审查批准，毛主席在安源革命活动纪念馆开始向观众开放。1972年9月，中共江西省委决定，将"毛主席在安源革命活动纪念馆"改名为"安源路矿工人运动纪念馆"。1984年8月31日，中共中央政治局常委、中央军委主席、中央顾问委员会主任邓小平为安源路矿工人运动纪念馆题写馆名。

## 二、毛泽东、李立三、刘少奇塑像

为了缅怀毛泽东、李立三、刘少奇等老一辈无产阶级革命家领导安源路矿工人运动的丰功伟绩，1994年2月7日，安源纪念馆向萍乡市文化局请示，拟在该馆中广场建立毛泽东、李立三、刘少奇（20世纪20年代）的全身塑像。1994年7月27日，中共中央宣传部办公厅向江西省委宣传部下发《对在安源建立毛泽东、李立三、刘少奇塑像请求的批复》。1994年8月10日，中共江西省委宣传部向中共萍乡市委宣传部下发《关于同意在安源建立毛泽东、李立三、刘少奇塑像请求的批复》（宣赣字〔1994〕51号）。

在中共江西省委、省政府和中共萍乡市委、市政府的关心重视下，中华全国总工会、国家煤炭部、国家铁道部和社会各界大力支持，塑像建设筹备委员会经过筹集资金、征集方案、组织实施等系列工作。1996年2月1日，塑像奠基。同年12月，毛泽东、李立三、刘少奇大型花岗岩雕像主体建设工程完成。1997年9月8日，塑像揭幕仪式在安源纪念馆隆重举行，萍乡市有关单位和各界群众参加，中共江西省委副书记钟起煌为塑像揭幕。

# 第二章　征集保管

## 第一节　资料征集

### 一、1966年以前的资料征集

1955年8月，在安源路矿工人俱乐部旧址动工修复时，工作人员访问了安源老工人，请他们回忆当年俱乐部的陈设。当地群众听到政府拨款修复俱乐部旧址的消息，都非常关心，每天有大批人前来向工作人员反映情况，并无偿捐献革命文物。工作人员采访了杨士杰烈士的妻子谢清英，李立三秘密工作处的户主戴婆婆，安源老工人邓长富、谭福生等。他们为俱乐部提供了许多有价值的史料。工作人员按照老工人提供的线索，到各家各户收集当年俱乐部用过的桌椅、板凳时，大家都倾其所有，全部赠予，十分配合工作。

俱乐部旧址修复后，经常有老工人到纪念馆回忆路矿工人运动历史，有的还捐献文物。1964年11月，曾任安源路矿工人俱乐部最高代表会书记的朱锦棠到安源回忆毛泽东1922年9月在安源主持召开党支部会议决策安源大罢工的历史。1965年1月，中国人民武装警察部队副司令员、原安源工人、开国少将吴烈回家乡省亲，也回忆了当年安源路矿工人大罢工的历史。1966年12月13日，安源老工人李添海将居住在醴陵县楠桥公社里光大队的安源老工人刘名兴保存的珍贵文物安源路矿工人俱乐部编印的《安源路矿工人俱乐部第二届报告册》《工人夜校课本》，以及长篇叙事歌谣《劳工记》手抄本捐赠给了安源纪念馆。

### 二、1968年以后的资料征集

派员赴外调查资料是从1968年开始的。1968年7月1日，毛主席在安源革命活动纪念馆在安源牛形岭破土动工。建馆期间，建馆领导小组派出十批资料人员分别到湖南、广东、山东、上海、北京、湖北、江苏等省市调查收集毛泽东在安源革命活动史料。重点走访从安源走出的党的高级干部和解放军将领，如南京军区副司令员刘先胜、解放军工程兵副司令员王耀南、第二炮兵第二政治委员吴烈等；还走访了大批散居于湖南、湖北等省的安源老工人，收集了大批安源工人运动史料和珍贵文物。

**（一）资料征集方法**

1. 走访调查。主要收集革命运动经历者的口述资料。例如，走访参加过大罢工的老工人或参加过秋收起义的老战士、原安源工人纠察队队员，"抢救活资料"。因为这些革命运动经历者大都年事已高，急需第一时间采访。为获得一份有价值的史料，有时要行程数千里。1991年12月，安源纪念馆发现1921年12月18日《工人周刊》记载"最有觉悟"的安源工人杨连秋的儿子杨学明在山西侯马，立即派出2名工作人员专程前往采访，及时收录第一手资料。

2. 查阅资料。我馆派员赴中央档案馆、湖南省档案馆和其他图书馆、纪念馆，查阅20世纪20年代安源党团组织、安源路矿工人大罢工、秋收起义等历史文献和报刊资料。如北京《晨报》《顺天时报》、上海《申报》、武汉《汉口民国日报》、长沙《大公报》、南昌《民国日报》《南昌晚报》等，并与其他革命纪念馆共享馆藏史料。例如，安源工人运动正是在中共湘区委员会的领导下开展的，毛主席在长沙革命活动纪念馆（长沙清水塘）征集和保存了众多中共湘区委员会的资料，所以安源纪念馆经常派人到长沙查阅资料。同时，与修水、铜鼓、文家市各秋收起义纪念馆共享湘赣边界秋收起义史料。

3. 开座谈会。邀请经历过安源工运的老工人、老同志召开座谈会，集体座谈回忆，相互补充。例如，1968年9月7日、1970年7月14日、1971年12月28日、1972年5月1日，安源纪念馆多次召开老工人座谈会，请他们回忆安源路矿工人运动历史。

4. 实地回忆。在调查革命旧址时通常采用这种方法，将事件经历者请到旧址现场回忆。1968年，安源纪念馆邀请当年和毛泽东一起来安源的湖南劳工会干事张理全，实地回忆毛泽东1921年12月在安源的住处。1973年11月，邀请曾任安源路矿工人俱乐部杂务员的易友德和萍乡煤矿洋炉炼焦处工人总代表袁品高到安源回忆工人运动情况。1974年9月，邀请安源老工人廖申友、陈桂生来安源，回忆安源工人纠察队和工人消费合作社的情况。1980年3月，再次邀请易友德来安源回忆安源路矿工人俱乐部旧址的陈设情况和刘少奇在安源的革命活动。1983年1月，邀请当年在安源路矿工人子弟学校读书的女学员杨秀兰、金铎来安源，回忆安源路矿工人子弟学校和妇女运动情况。

**（二）重大资料征集活动**

1972年7月至8月，安源纪念馆将职工分成8个调查组，分赴全市各乡镇，调查安源工人深入农村开展农民运动和建立苏维埃政权的情况，征集史料200余份（件），其中包括儿童团飘带、打土豪用过的宝剑、赤卫队员使用的马刀等文物共计21件（套）。

1975年，安源纪念馆派调查组，先后到遵义、重庆、成都、西安、延安、郑州、北京等地，走访了孔原、江华、郭化若、周士弟、刘型、吴化之、张子意、方强、罗华生、李延瑞等老同志和老将军，收集资料111份，其中包括历史材料3份（即《煤矿歌》和盛宣怀的《愚斋存稿》《电报抄稿》）。

1979年至1980年，安源纪念馆职工组成3个调查组，分赴南京中国第二历史档案馆、上海图书馆、扬州市档案馆、湖北省档案馆、武汉市图书馆等地查阅资料，征集到萍乡煤矿与汉冶萍总公司来往电函、矿局职员薪金表、萍乡煤矿及其各工作处历史照片等史料280余份。

1984年至1985年，为完成中共中央党史征集委员会下达的编辑中共党史资料丛书《安源路矿工人运动》的任务，安源纪念馆派出多个调查组，到中央档案馆、湖南省档案馆及湖南各地市查阅历史档案，并走访了易礼容、罗章龙、张启龙、孔原、李志民、唐延杰、吴烈、幸元林、吴运铎等老干部和解放军将领。共征集史料300余份，其中包括中共湖南省委有关安源路矿工人运动的文件、安源党团地委工作报告和从安源走出的高级干部孔原、吴运铎、易礼容、张启龙和解放军将领李志民、韩伟、唐延杰、吴烈、幸元林等有关安源路矿工人运动的回忆录。

2016年4月，油画《毛主席去安源》作者、国家一级美术师刘春华将毕生创作的1272幅艺术作品和手稿无偿捐赠给安源纪念馆。安源纪念馆派员专程赴北京，到刘春华老师家中进行作品清点，办理书画作品交接手续。

2018年8月14日，开国少将吴烈的子女吴时峰、吴源、吴东、吴时青、吴时建、吴卫平向我馆无偿捐赠将军遗物239件（套），其中包括吴烈照片121张、抗日战争时期戴过的八路军袖章和十八集团军袖章、辽沈战役纪念章、平津战役纪念章、解放战争时期用过的指南针、平津战役时缴获的国民党部队的军用饭盒、1955年少将冬常服、1960年制作的西服和中山服、1965年军服、珍藏的毛主席像章47枚、20世纪60—80年代使用过的望远镜、钢笔、笔记本、放大镜、老花镜、砚台、健身球、碗、手表等工作和生活用品。

安源纪念馆现有馆藏文物2653件（套），其中一级文物119件（套）、二级文物85件（套）、三级文物2000件（套），文献资料和回忆录9700余件，照片、录音、录像资料7000余帧（件），各类图书资料3000余册。

# 第二节　藏品保管

## 一、建档立卡

20世纪50年代至60年代，安源纪念馆征集了一批珍贵文物，如《安源罢工胜利周年纪念册》《安源路矿工人俱乐部第二届报告册》《工人读本》等。由于没有专门的文物库房和良好的保管设备，这些文物陆续移交中国革命博物馆保存。

1967年5月，"毛泽东思想的光辉照亮了安源工人运动展览会"筹备小组向安源纪念馆借调了一批文物资料。当时展出的文物中，编号前面写有"J"

2009年的文物库房

字母的表示向安源纪念馆借的。毛泽东思想的光辉照亮了安源工人运动展览展出两年，1969年9月1日展出结束后，这批文物被保存在中国革命博物馆。

1968年7月毛主席在安源革命活动纪念馆建立后，成立了资料编写组（简称资料组，后更名为资料征集保管科），专门负责资料征集和保管。从1970年起，所有资料都进行了分类编号。由于当时安源纪念馆陈列大楼刚刚建立，收集的史料不多，仅分为三大类：一是文物资料；二是照片资料；三是文字资料。文物资料仓库设在陈列大楼，文物放在铁皮箱中保存。照片资料和文字资料仓库设在办公楼，制作了专门存放照片（底片）的木质小盒和存放文字资料的木柜。所有史料都建立了流水号，并建立了保管制度和借阅手续，从而保证了史料不被丢失。

文字资料库房

随着史料的增加，查找资料越来越困难。1973年7月，安源纪念馆抽调数名工作人员集中精力清理文字、照片资料，重新分类编号。

文字资料分为下列类别：一、经典著作（马恩列斯和毛泽东著作）；二、历史文献（下分党、团、工会文件）；三、报刊资料（下分安源工人苦难、安源工人自发斗争、安源大罢工、九月惨案、农民运动、武装起义等）；四、敌伪档案（下分汉冶萍公司、萍乡煤矿档案和敌伪文件）；五、回忆录（下分集体回忆、个人回忆）；六、中央负责人讲话及解放后报刊资料；七、人物资料（下分革命烈士资料和历史人物资料）；八、文书档案（下分陈列修改方案业务来往信函和资料调查报告）。

提升改造后的文物库房

照片资料分为下列类别：一、毛泽东照片（毛泽东在各个历史时期）；二、历史照片（按时间先后编号）；三、人物照片（下分烈士照片和历史人物照片）；四、报刊照片（按安源工人运动历史内容，分为安源工人苦难、安源工人自发斗争、安源大罢工、九月惨案、农民运动、武装起义等）；五、旧址照片（下分外地旧址和本地旧址）；六、文物照片（下分标语传单、宣言布告、劳动工具、武器、旗帜等）；七、建馆照片（反映1968年安源纪念馆建立经过）；八、安馆工作（反映安源纪念馆学习、工作、活动）；九、宣传接待（下分国内接待和对外接待）；十、"文革"照片（宣传活动、讲用会、集会游行等）。

油画影像库房

文物藏品分为下列类别：一、按照历史时期，划分为新民主主义革命时期文物和社会主义建设时期文物，简称新民时期文物和社建时期文物；二、按照文物鉴定级别分为一级文物、二级文物、三级文物和一般文物；三、按照文物质地分为 A 纸质文物、B 金属质文物、C 木质文物、D 丝织布质文物、E 石玉陶瓷质文物。

## 二、库房建设

2009 年 2 月，安源纪念馆文物库房大楼建设工程动工，9 月主体工程封顶。2010 年 2 月，文物库房正式启用。库房总面积约 800 平方米，有藏品文物库房、油画影像库房、文字资料库房、文物翻拍室等。藏品文物库房位于二楼，配备了 20 多组密集架，部分珍贵文物存放于樟木箱中保存；油画影像库房位于二楼，配置了十余组可移动的油画架及存放影像资料的文件柜；文字资料库房位于三楼，配置了 50 多组用于存放文字资料的文件柜。三个库房都配置安装了金库门。

2021 年，安源纪念馆争取文物保护预防性专项经费 486 万元，对环境监控系统、环境监测、环境调控、熏蒸消杀、文物展柜、无酸囊匣、监控室等进行改造提升：

1. 建立无线环境监测系统。有针对性地解决库房环境智能监测和控制问题，及时掌握库房环境质量状况，及时感知、反馈储藏环境及调控效果的稳定性，对比分析库房环境数据，提高了馆藏文物的预防性保护能力。

2. 实施无线环境监测系统软件。安装和调控好无线环境监测系统软件，有管理控制平台，能实现对库房环境的实时监测，还能对设备的调控效果实时验证，实时显示环境监测终端所传送的数据，并依据检测的各项参数对其环境调控设备参数进行远程操作及调节控制，真正实现了"测控合一"的智能控制。

3. 配备监测硬件及监控室。为保障无线环境监测系统及其平台软件的运行，确保验证数据的储存和利用，选取文物库房二楼一个房间作为监控室，配备网络设备、不间断电源、显示屏、服务器、电脑、打印机和桌椅等配套硬件设施。

4. 布点监测设备。实行展厅和库房区域无线网络全覆盖，保障无线环境监测终端能采集和传输数据信号；对珍贵文物重点布局，布放监测设备。

5. 配置环境检测设备。根据纪念馆实际状况和空间大小，配备环境检测设备感知库房温湿度和空气污染物含量的变化，配置高精度便携式环境因素离线检测分析系统；配置仪器有温湿度检测仪、二氧化碳检测仪、全数字紫外辐照度计、甲醛检测仪和便携 VOC 检测仪等，定期对一些监测点以人工方式对现场环境参数进行检测，以满足痕量级环境检测数据收集。评估分析获得数据，及时掌握库房环境质量状况。

6. 建立环境调控系统。建立馆藏文物保存环境调控系统，使文物长期处于一个"适合、稳定、洁净"的安全存放环境。纪念馆二个文物库房配置四台自动控制恒湿系统，选用博物馆专用物联网远程控制恒湿设备和先进的物联网自动化控制技术，对文物库房的湿度与空气质量进行控制；三个文物库房配置三台文物保护专用空气净化机，快速除去室内硫化物、醛类、有机酸类等有害物质，保证库房环境空气质量洁净；在库房内放置部分空气质量定性测试挂片，检测环境腐蚀速率，分级评估库房内空气综合质量；在密集柜、囊匣内配备一定数量的调湿剂、吸附剂等材料调控文物保存微环境，对重点文物进行 RP 保护材料包装；采购两台隔板式恒湿储藏柜、三台抽屉式恒湿储藏柜、三台恒温恒湿储藏柜，使文物长期处于稳定、安全的保存环境中。

7. 熏蒸消杀。此次库房改造采用熏蒸消杀措施和低氧氮气杀虫系统。先将馆藏文物提取到油画影像库房中保管，然后整体熏蒸消杀馆藏文物库房，密闭三天后散气，检查效果；使用低氧氮气消毒杀虫设备分批消杀所有文物，再将文物放回库房。通过对文物库房整体环境和文物本体的全面消杀，本质上解决了库房病害、虫卵、飞蛾等问题。

8. 定制无酸囊匣。纪念馆文物库房之前使用小型樟木盒存放文物，再放入大型樟木柜中保存。樟木虽对文物有消杀作用，但会释放甲酸、乙酸等气体，造成库房环境污染。此次库房改造，将樟木柜、樟木盒全部清理出库，量身定制了 1800 余个高质量的无酸囊匣、无酸文件袋、无酸纸筒保存文物，为文物营造一个尽可能隔绝包装外环境湿度波动与污染粉尘影响的稳定、洁净微环境。

9. 分区保管文物。不同材质的文物对保护环境的温湿度均有不同要求，此次文物库房改造，将馆藏文物库房一分为二，分为有机质文物库房和无机质文物库房，分区保管文物，中间新建隔断墙，隔断墙新增一扇库房防盗门。

10. 简易改造吊顶，更换灯具，铺设地胶。对有机质库房、无机质库房的吊顶和灯光系统以及地面进行改造。馆藏文物库房吊顶简单改造，更换 LED 平板灯具，吊顶构造中铺设阻燃型橡塑板等吸音保温材料；库房地面全部铺设 PVC 地胶，有效防静电。

11. 密封库房窗户。文物库房内有四扇窗户未封堵，窗外为纪念馆后山，虽部署了 24 小时视频监控的安防设备，但仍具有极大的安全隐患，加之窗户密封性不强，室外湿气、灰尘容易从缝隙中进入库房。为提升库房的安全性和文物的防护性，对文物库房四扇窗户进行封堵。

通过预防性科学保护措施的实施，安源纪念馆文物库房环境达到了"稳定、洁净"的状态，建立了完善的环境监测与调控系统，抑制了各种环境因素对文物的危害，提升了文物预防性保护能力。

### 三、数字化建设

为了更好地保存和利用馆藏文物，2010 年 7 月上旬，安源纪念馆在全省率先完成馆藏珍贵文物数据库建设。文物数据主要包括文物的基本情况、影像拍摄、信息采集、录入上报等内容。

2017 年，为了更好地保护和利用馆藏资料，安源纪念馆委托四川西部文献修复中心对馆藏资料进行数字化加工。该项目于 7 月 18 日启动，9 月 15 日顺利通过了验收评审，共完成馆藏资料数字化加工 13945 份，共计 81000 余张。该项目的实施有效保护了馆藏传统载体资料的安全，特别是材质脆弱的纸质资料和年代较久的胶片，使它们获得了"重生"和"延年益寿"，提高了资料科学化管理和工作效率，使安源纪念馆资料工作更科学化、规范化、信息化。

### 四、文物修复

2015年，我馆联合南京博物院编制《安源路矿工人运动纪念馆馆藏珍贵文物保护修复方案》，争取专项保护经费106万元。2016年，四川西部文献修复中心负责实施安源路矿工人运动纪念馆馆藏珍贵文物项目，圆满完成37件（套）纸质珍贵文物修复工作，其中一级文物5件（套）、二级文物18件（套）、三级文物14件（套），实现了对纸质文物科学、有效地保护，更好地满足了展览、收藏、研究的需求。

## 第三节　文物鉴定

安源纪念馆不断加强文物保护、征集力度，认真做好文物的整理、鉴定、建账、建档工作。

### 一、不可移动文物鉴定

不可移动文物（或称古迹、史迹、文化古迹、历史遗迹），是先民在历史、文化、建筑、艺术上的具体遗产或遗址。自1957年以来，经国务院和省、市政府审查鉴定，安源纪念馆管辖文物保护单位共有16处，其中6处旧址被国务院列为全国重点文物保护单位，7处旧址被江西省人民政府列为省级文物保护单位，1处旧址被萍乡市人民政府列为市级文物保护单位，2处旧址被安源区人民政府列为区级文物保护单位。

1957年7月1日，安源路矿工人俱乐部旧址、安源路矿工人大罢工谈判处旧址、安源工人运动秘密工作处旧址被江西省人民委员会〔57〕秘字第207号文件公布为全省第一批文物保护单位。

1959年11月30日，安源路矿工人罢工指挥部旧址被江西省人民委员会秘字第569号文件公布为全省第二批文物保护单位。

1982年2月23日，安源路矿工人俱乐部旧址被国务院国发〔1982〕34号文件公布为第二批全国重点文物保护单位。

1984年10月3日，萍乡市人民政府公布第一批市级文物保护单位41处，其中安源工运旧址15处，原萍乡煤矿旧址1处。

1987年12月28日，安源路矿工人补习夜校旧址、安源路矿工人消费合作社旧址、秋收起义军事会议旧址、盛公祠被江西省人民政府赣府发〔1987〕122号文件公布为全省第三批文物保护单位。

2006年5月25日，安源路矿工人大罢工谈判处旧址、秋收起义军事会议旧址被国务院国发〔2006〕19号文件公布为国保单位。

2006年12月18日，毛泽东1921年秋来安源旧居被江西省人民政府赣府发〔2006〕29号文件公布为第五批江西省文物保护单位。

2010年10月9日，中共湖南省委革命活动点——水府庙、安源路矿金库被安源区人民政府安府字〔2010〕25号文件公布为区级文物保护单位。

2013年3月5日，萍矿总局旧址盛公祠被国务院国发〔2013〕13号文件公布为第七批全国重点文物保护单位。

2018年3月9日，毛泽东、李立三1921年冬来安源旧居、安源党组织决定大罢工会议旧址、黄静源烈士殉难处纪念碑、中共湖南省委机关旧址、安源工农兵政府旧址、安源路矿工人运动纪念馆陈列大楼被江西省人民政府赣府发〔2018〕14号文件公布为第六批江西省文物保护单位。

2019年10月7日，安源路矿工人补习夜校被国务院国发〔2019〕22号文件公布为第八批全国重点文物保护单位。

## 二、可移动文物鉴定

可移动文物指馆藏文物（可收藏文物），即历史上各时代重要实物、艺术品、文献、手稿、图书资料、代表性实物等。从20世纪80年代起，安源纪念馆邀请专家按照《文物藏品定级标准》和《近现代一级文物藏品定级标准（试行）》，本着认真负责、实事求是、专业精业的态度，通过听取介绍、交流提问、现场察看、讨论商议等流程，对馆藏文物进行鉴定。

1994年5月，《安源旬刊》和安源工人中流传的长篇叙事歌谣《劳工记》等11件藏品被国家文物局鉴定为一级文物。

2003年9月，馆藏安源路矿工人消费合作社股票、刘春华临摹的《毛主席去安源》油画、刘少奇担任国家主席时穿过的中山服等共43件文物被江西省文物局文物鉴定组鉴定为二级文物。

2007年9月，馆藏安源路矿工人消费合作社股票、刘春华临摹的《毛主席去安源》油画、刘少奇担任国家主席时穿过的中山服等42件二级文物被国家文物局批准为一级文物。

2016年11月22日，馆藏萍乡煤矿矿票、契约、遣散证等1789件（套）一般文物被萍乡市文物鉴定组鉴定为三级文物。

2020年5月20日至21日，江西省文物局组织文物鉴定小组一行5人来馆开展馆藏文物鉴定，推荐1908—1923年汉冶萍煤铁厂矿有限公司商办账略、安源路矿工人俱乐部入部费收条、安源路矿工人消费合作社股票、王耀南少将勋章等58件（套）藏品为一级文物；1923年安源路矿工人消费合作社购物证、抗日战争时期余波生使用的英国造军用望远镜、1956年北京地质学院院长刘型写给董师固女儿董翠萍的信等57件（套）藏品为二级文物。

文物鉴定极大地提升了馆藏文物的品质，擦亮了国家一级博物馆品牌，为安源纪念馆高质量发展奠定了扎实的基础。

# 第四节　馆藏史料

现将安源纪念馆馆藏历史照片、历史文献、历史报刊、回忆录和参考资料的部分目录选载如下：

## 一、历史照片

萍乡煤矿全景（1907年摄）

萍乡煤矿总局（1907年摄）

萍乡煤矿西平巷口（1907年摄）

萍乡煤矿东平巷（1907年摄）

萍乡煤矿八方井（1907年摄）

萍乡煤矿锅炉房（1907年摄）

萍乡煤矿大洗煤台（1907年摄）

萍乡煤矿洋炉炼焦处（1907年摄）

萍乡煤矿电机厂（1907年摄）

萍乡煤矿制造处（1907年摄）

萍乡煤矿修理厂（1907年摄）

萍乡煤矿餐宿处（1907年摄）

安源路矿工人补习学校五福斋巷（1922年摄）

安源路矿工人俱乐部筹备委员会委员合影（1922年3月摄）

安源路矿工人庆祝罢工胜利纪念（1922年9月18日摄）

安源路矿工人俱乐部第一届总代表及驻部职员合影（1922年10月摄）

汉冶萍总工会成立大会（1922年12月10日摄）

安源路矿工人俱乐部追悼黄爱、庞人铨纪念大会（1923年1月摄）

安源路矿工人消费合作社开业盛况（1923年2月7日摄）

安源路矿工人俱乐部"五一"纪念游行景况之一（1923年5月1日摄）

安源路矿工人子弟学校三校职教员及学生（1923年7月1日摄）

罢工后的安源路矿工人俱乐部（1923年12月摄）

安源路矿工会工人学校职教员合影（1924年6月15日摄）

长沙各界群众抬着黄静源烈士棺材示威游行（1925年10月23日摄）

安源市立妇女职业学校学生会成立纪念（1927年5月4日摄）

## 二、历史文献

毛泽东致施复亮并社会主义青年团中央（1922年6月20日）

安源路矿工人俱乐部等团体关于赞成劳动法案的通电（1922年9月6日）

安源路矿工人俱乐部快邮代电（1922年9月11日）

安源路矿工人俱乐部致萍矿矿长函（1922年9月11日）

萍矿全体工人致汉冶萍公司电（1922年9月14日）

萍乡安源路矿工人罢工宣言（1922年9月14日）

安源路矿两局全体工人宣言（1922年9月16日）

萍乡安源路矿工人上工宣言（1922年9月18日）

中国劳动组合书记部声援安源罢工函（1922年9月）

中国劳动组合书记部湖南分部声援安源罢工电（1922年9月）

中国劳动组合书记部祝贺安源罢工胜利函（1922年9月）

安源路矿工人俱乐部通告（1922年10月5日）

安源路矿工人俱乐部致株洲转运局函（1922年10月12日）

安源路矿工人俱乐部协订永和矿局条件（1922年10月29日）

安源路矿工人俱乐部为开滦矿工呼援通电（1922年11月1日）

汉冶萍总工会反对停工宣言（1922年12月20日）

安源路矿工人俱乐部致汉冶萍公司电（1922年12月27日）

安源路矿工会等四团体传单（1923年1月16日）

安源路矿工人俱乐部声援湖南水口山罢工工人电（1923年1月）

安源路矿工人俱乐部致汉冶萍公司电（1923年1月）

夏曦致国昌、务善诸同志信（1923年3月7日）

晓云致国昌信（1923年4月14日）

安源工人援助水口山工人斗争（1923年9月）

安源路矿工人俱乐部罢工胜利周年纪念册（1923年10月10日）

中共中央局报告附件节录：湖南区报告（1923年11月）

中国社会主义青年团湖南区第一次代表大会关于代理区执行委员会及各地方代表报告的决议案（1923年12月12日至14日）

中国社会主义青年团安源地委报告（1924年3月10日）

中国社会主义青年团中央扩大执行委员会安源报告决议案（1924年3月）

中国社会主义青年团湘区执行委员会团务报告（1924年3月）

安源地方报告（1924年5月4日）

湘区报告（1924年5月14日）

安源旬刊出版（1924年5月19日）

刘少奇：救护汉冶萍公司（1924年6月）

关于在工人俱乐部内设青年股的请示报告（1924年8月5日）

中国社会主义青年团安源地委为介绍林育英留俄致中共中央信（1924年8月8日）

安源地方团报告六月至八月（1924年8月27日）

贺昌致青年团湘区和中央信（1924年8月27日）

恽代英视察安源团组织工作的报告（1924年8月）

中国社会主义青年团湘区团员统计表（1924年9月1日）

中国社会主义青年团安源地委报告（1924年10月3日）

其颖、兰榘致钟英信（1924年10月7日）

中国社会主义青年团安源地委农工部报告（八月—九月）（1924年10月）

林育南致宗菊信（1924年11月1日）

林育南巡视安源报告（1924年11月4日、8日）

贺昌关于青年团安源地委改选情况的报告（1924年11月11日）

中国社会主义青年团安源地委半年来的总报告（1924年11月11日）

贺昌致钟英信（1924年11月13日）

林育南致宗菊信（1924年11月16日）

刘少奇：整顿萍矿意见书（1924年11月）

中国社会主义青年团安源地委宣传部报告（1924年11月）

安源工人教育计划大纲草案（1924年约11月）

团务报告（十一月份）（1924年12月3日）

中国社会主义青年团安源地委对青年团第三次全国代表大会的意见（1924年11—12月）

贺昌致团中央信（1924年12月24日）

中国社会主义青年团安源地委农工部报告（1924年12月31日）

安源路矿工人俱乐部报告册（第二届）（1924年12月）

中国社会主义青年团安源地委学生部报告（1924年12月）

中国社会主义青年团安源地委报告（1925年1月初）

安源路矿工人俱乐部快邮代电（1925年1月7日）

萍矿工人同萍矿算算账（1925年1月8日）

请看萍矿取消工人年终夹饷之理由（1925年1月8日）

安源地委组织状况统计（1925年1月16日）

安源路矿工人俱乐部致全国铁路工人第二次代表大会祝词（1925年1月31日）

中国共产主义青年团安源地委半年内教育宣传计划（1925年初）

贺昌致钟英信（1925年3月3日）

安源路矿工人俱乐部致萍矿总局函（1925年3月）

达时关于安源形势及团组织情形的报告（1925年4月8日）

中国共产主义青年团安源地委宣传部报告（1925年4月9日）

汉冶萍总工会关于萍矿停运焦煤的快邮代电（1925年4月9日）

安源旬刊（第二十期）（1925年4月17日）

其颖：萍矿工人的奋斗（1925年4月19日）

安源路矿工人俱乐部快邮代电（1925年4月25日）

刘少奇："二七"失败后的安源工会（1925年4月）

中国共产主义青年团安源地委学生部报告（1925年5月5日）

安源旬刊（第二十二期）（1925年5月10日）

中国共产主义青年团安源地委宣传部报告：五月宣传周情形（1925年5月）

安源旬刊（第二十五期）（1925年6月10日）

中国共产主义青年团安源地委学生部报告（1925年6月11日）

中国共产主义青年团安源地委宣传部报告第五号（1925年6月20日）

吴景中致郑容信（1925年约6月）

安源路矿工人俱乐部致上海总工会慰问函（1925年6月）

安源路矿工人对沪案之通电（1925年7月3日）

安源路矿工人俱乐部之快电（1925年7月14日）

吴景中关于安源团地委改选意见向团中央的报告（1925年7月28日）

中国共产主义青年团安源地委学生部报告（1925年8月3日）

中国共产主义青年团安源地委报告（1925年8月3日）

中国共产主义青年团安源地委组织部关于地委改选结果报告（1925年8月10日）

党校报告（1925年8月15日）

中国共产主义青年团安源地委组织部报告（1925年8月25日）

中国共产主义青年团安源地委宣传部报告（1925年8月）

中国共产主义青年团安源地委学生部报告（1925年8月）

中国共产主义青年团安源地委非基专员报告（1925年8月）

中国共产主义青年团安源地委组织部半年计划（1925年8月）

中国共产主义青年团安源地委关于政治宣传工作的意见（1925年9月2日）

陈琳致团中央信（1925年9月9日）

吴景中致团中央信（1925年9月19日）

范博关于安源九月惨案情形向团中央的报告（1925年9月23日）

安源路矿工人俱乐部致全国各界电（1925年9月24日）

谷芸关于安源九月惨案情形致代英、仲伟信（1925年10月2日）

黄五一关于安源九月惨案情形致郑容信（1925年10月4日）

中华全国总工会援助安源矿工电（1925年10月10日）

汉冶萍总工会为安源路矿工人遭矿局惨杀告工人（1925年10月10日）

驳载总工会援助安源矿工通电（1925年10月13日）

中华全国总工会上海办事处紧急通告（1925年10月15日）

安源路矿工人俱乐部泣告全国同胞书（1925年10月19日）

吴景中、黄五一致郑容信（1925年10月27日）

龚逸情致郑容信（1925年约10月）

湘区报告决议案（1925年10月）

中共湖南区委关于安地事件的决议（1925年10月底）

中国共产主义青年团湖南区委关于安源恢复工作情况向团中央的报告（1925年11月10日）

中国共产主义青年团湘区代表大会决议案（1925年11月25日—28日）

涂正楚致郑容信（1925年11月30日）

中国共产主义青年团安源地委报告（1925年12月）

中国共产主义青年团安源地委报告（1925年12月28日、31日）

颜远迪报告（1926年1月12日）

中国共产主义青年团湖南区委关于黄五一巡视醴陵、安源工作致团中央信（1926年1月24日）

中国共产主义青年团安源地委报告（1926年1月26日）

中华全国铁路总工会报告节录：株萍铁路工会情形（1926年1月）

株萍铁路总工会致中华全国铁路总工会第三次代表大会祝词（1926年2月）

中华全国铁路总工会第三次代表大会关于株萍路工会报告的决议案（1926年2月）

株萍铁路工人罢工通电（1926年3月9日）

朱少连：安源路矿工人之奋斗（1926年5月8日）

中国共产主义青年团湖南区委巡视员巡视安源地方之报告（1926年6月）

中国共产主义青年团湖南区委七个月来工作之概况报告（1926年7月8日）

中国共产主义青年团湖南区学生运动委员会报告节录：安源学生运动情形（1926年7月）

中国共产主义青年团湖南区委团务巡察报告（1926年9月底）

朱少连：静源烈士事略（1926年10月16日）

安源路矿工人俱乐部追悼黄静源等三烈士通启（1926年10月）

株萍铁路总工会援助粤汉铁路工人通电（1926年11月17日）

中国共产主义青年团湖南区委十月份工作报告（节录）（1926年11月）

株萍铁路总工会致湖南全省第一次工农代表大会贺电（1926年12月3日）

萍矿总工会报告（1926年12月7日）

安源各团体致湖南全省第一次工农代表大会贺词（1926年12月11日）

株萍铁路总工会报告（1926年12月21日）

刘义：汉冶萍公司应收归国有（1926年12月28日）

中国共产党湖南区执行委员会为湖南人民公葬黄爱、庞人铨、黄静源、汪宗先四烈士宣言（1926年12月）

萍乡工人第一次全县代表大会宣言（1927年2月9日）

萍乡全县第一次工农代表大会会议日志（1927年2月8日—15日）

萍乡县总工会敬告商界同胞书（1927年2月21日）

中共湖南省委给润兄并转中央信（1927年7月23日）

中共湖南省委关于夺取长沙的命令（1927年9月8日）

任弼时报告（节录）（1927年9月27日）

秋暴前后湖南和安源路矿工人的状况（1927年10月4日）

彭公达关于湖南秋暴经过的报告（1927年10月8日）

苏先俊报告（1927年10月11日）

××关于安源近况的报告（1927年10月）

中共安源市委报告（1927年11月24日）

中共安源市委训练报告第一号——为安源工人罢工问题（1927年11月29日）

中共安源市委报告第一号（1927年12月）

中共安源市委报告第五号（1927年12月7日）

中共中央致湖南省委信（节录）（1927年12月15日）

秋收暴动前后安源工人的斗争（1928年2月14日）

毅希给中央信（1928年5月22日）

中共安源市委工作报告（1928年5月）

安源市目前工作决议案（1928年6月5日）

安源工运的任务（1928年6月7日）

中共湖南省委报告（1928年7月3日）

中共湖南省委通告（1928年7月13日）

中共湖南省委致湘赣边特委信（1928年7月20日）

中共湖南省委报告摘录：安源党组织状况（1928年7月）

中共湖南省委、中央巡视员致毛泽东、朱德信（1928年）

觉哉：湘南湘东赣西革命势力之扩展（1928年7月28日）

萍乡工作总报告（1928年7月）

安源事变及其前后情形（1928年10月）

中华全国总工会关于最近中国工运报告（1928年10月）

蒋长卿报告（1929年3月20日）

潘心源向中共中央的报告：秋收暴动之始末及秋收暴动后萍安的斗争（1929年7月2日）

中共湖南省委给中央的报告（1929年8月30日）

中共湖南省委给中央的报告（1929年10月1日）

中共安源市委工作报告（1929年11月9日）

中共湖南省委工作报告（1929年11月20日）

中共湖南省委给安源特别区委信（1930年2月19日）

中共安源特别区委报告（1930年3月3日）

中共湖南省委给安源特别区委信（1930年3月26日）

中共安源特别区委三月份报告（1930年4月1日）

中共湖南省委报告（1930年4月4日）

中共湖南省委报告（1930年8月1日）

中共湖南省委组织部全省地方党部调查表（1930年10月3日）

中共湘东南行委党组织统计表（1930年10月）

中共湖南省委组织部报告（1931年3月）

刘少奇：关于大革命历史教训中的一个问题（1937年2月26日）

## 三、历史报刊

安源路矿工人组织俱乐部，载1921年12月18日《工人周刊》第22期。

株萍铁路罢工潮，载1922年2月5日《工人周刊》第28期。

安源劳动运动现状，载1922年12月17日《工人周刊》第57期。

汉冶萍总工会反对停工，载1922年12月24日《工人周刊》第58期。

安源青年工人状况概要（1924年2月10日），载《青年工人》第2期。

安源路矿工人之伟大组织，载1924年2月16日《中国青年》第14期。

萍乡煤矿工人生活困苦，载1925年9月24日《工人之路特号》第92期。

安源工人俱乐部被解散，载1925年10月4日《工人之路特号》第102期。

国民革命军第二军全体官兵援助安源矿工电，载1925年10月11日《工人之路特号》第109期。

湖北工学联合会援助安源工人通电，载1925年10月12日《工人之路特号》第110期。

萍矿局压迫工人最近情形，载1925年10月16日《工人之路特号》第114期。

江西军阀惨杀工友黄静源详情，载1925年11月1日《工人之路特号》第130期。

悼我们的战士，载1925年11月2日《工人之路特号》第131期。

安源工人之惨劫，载1925年12月3日《向导周报》第137期。

哀悼我们的战士　黄静原（源）同志，载1925年《中国青年》第10期。

黄静原（源）死不要紧！，载1926年3月21日《工人之路特号》第269期。

为株萍铁路罢工告该路工友书，载1926年3月31日、4月1日《工人之路特号》第270期、271期。

株萍铁路总工会成立，载 1926 年 4 月 29 日《工人之路特号》第 300 期。

请援助安源矿工罢工工友，载 1926 年 8 月 6 日《工人之路特号》第 399 期。

从广州所闻北伐军之胜利与民众，载 1926 年 11 月 4 日《向导》第 177 期。

萍乡的民众及反动派（萍乡通信），载 1926 年 11 月 28 日《战士》周刊第 26 期。

近数月来湖南的工人运动，载 1926 年 11 月 14 日《战士》周刊第 24 期。

湘东暴动声势浩大，载 1927 年 10 月 10 日《中国青年》第 8 卷第 3 号。

### 四、回忆资料

刘少奇复范明庆并转安源镇工会信（1951 年 7 月 8 日）

刘少奇接见袁品高的谈话（1964 年 5 月 10 日）

李立三就安源工运史研究问题答北京大学历史系教师王兴等问（1959 年 1 月 10 日）

李立三回忆安源工人学校、消费合作社和大罢工——答中国人民大学教师张培森等问（1962 年 6 月）

李立三：看了《燎原》以后（1963 年 8 月 4 日）

李维汉回忆中共湘区委员会和安源工运，摘自李维汉著《回忆与研究》（上），中共党史资料出版社 1986 年版。

肖劲光：关于安源工人俱乐部的回忆（1986 年 8 月）

唐延杰：我在安源的七年（1986 年 8 月 12 日）

韩伟：忆安源工人的苦难生活和英勇斗争（1985 年 1 月 9 日）

吴烈：忆安源路矿工人革命运动（1984 年 10 月 20 日）

幸元林：安源工人革命斗争片断回忆（1984 年 11 月）

李六如回忆毛泽东安源之行（1967 年 7 月）

张竹林回忆毛泽东一九二一年来安源（1964 年 11 月）

张理全回忆毛泽东一九二一年十二月来安源（1967 年 12 月）

彭国俊回忆毛泽东一九二一年秋来安源和俱乐部紫家冲分部（1971 年 4 月 12 日）

杨万桥回忆毛泽东一九二二年五月来安源（1961 年 11 月 10 日）

朱锦棠回忆毛泽东来安源部署罢工（1964 年 11 月）

李一纯回忆毛泽东一九二三年四月来安源（1968 年 5 月 6 日）

宋新怀：安源煤矿工人斗争生活片断（原载 1958 年 12 月 8 日《光明日报》）

陈紫初回忆大罢工前的情形（1952 年 4 月）

李廷玉回忆安源大罢工（1951 年）

袁品高回忆罢工前后情形（1962 年 6 月）

贺桂兰回忆安源工人纠察队（1964 年 1 月）

肖华湘：安源工人去湘东永和煤矿开展工人运动（1985年10月8日）

李延瑞回忆安源工人学校和中共安源地委（1975年5月）

易礼容：关于安源路矿工人消费合作社（1978年12月3日）

杨秀兰回忆安源工人学校和妇女运动（1983年1月30日）

吴运铎：在安源的日子里（1989年9月10日）

廖冬生回忆安源工人去岳北从事农民运动（1967年1月）

杨玉山回忆安源园艺工会（1970年6月）

刘桂山回忆安源工人赴广东参加国民革命军（1971年4月）

王亚文：关于醴陵党组织和安源工人运动有关的两件事的回忆（1985年1月5日）

黄疆犹回忆安源工人在醴陵开展农民运动（1968年6月）

孔原：忆大革命时期萍乡民运的片断（1984年11月）

曾伯雄回忆中共安源地委建立萍乡支部（1972年9月1日）

彭炳喜回忆萍乡农运训练班（1982年7月）

邓岳番回忆大革命时期的安源女子联合会（1980年8月2日）

钟石麟：大革命时期的萍乡工农运动（1985年8月10日）

贺石峰回忆大革命时期的萍乡工农运动（1970年8月11日）

易连生回忆安源工人纠察队参加进攻长沙的战斗（1967年4月2日）

邓文龙回忆攻打东阳和参加秋收起义（1969年11月）

谭汉卿回忆"六五"事变和参加红军电话队（1980年8月4日）

肖树清回忆"六五"事变后的萍乡县农会筹备处（1970年8月18日）

罗章龙：关于安源工人运动和湘赣边界秋收起义的片段史实（1984年12月16日）

刘先胜：武装起来的安源工人（原载《星火燎原》第一卷第一集）

周贵良回忆萍乡煤矿局矿警队（1968年7月）

王耀南：我记忆中的第二团爆破队（1984年9月12日）

江华回忆秋收起义以后的中共安源党组织（1975年6月）

赵桂生回忆安源一九二七年十二月暴动（1980年1月）

刘型回忆萍乡游击营和安源工人到井冈山参加红军（1967年7月27日）

张水恩回忆莲花党组织与安源党组织的联系（1972年5月）

刘冬连回忆大革命失败后安源的交通工作（1972年6月）

杜修经回忆从安源去井冈山（1968年8月）

晏福生回忆一九二八年安源党组织和工人支援井冈山的斗争（1959年6月4日）

刘亚球回忆安源工人支援水口山的工运和井冈山的斗争（1967年3月）

易湘苏回忆一九二八年安源党组织（1959年6月）

袁旦初回忆一九二八年的中共安源市委（1979年11月）
萧克：红军在安源（1986年8月23日）
谭昭莲回忆毛泽东关怀烈士家属（1966年11月）
邱立德回忆安源工人参加红军组成工兵连（1969年3月）
李志民：喜乘"红军列车"到安源（1985年1月23日）
方强：忆安源纠察队（1984年9月）
丁秋生：安源，我终生难忘的地方（1985年5月）

## 五、参考资料

萍乡县令彭继昆为安源矿工反抗洋矿师上赣抚禀，载1905年6月20日上海《时报》。
萍乡煤矿全体矿工为反对德国工程师致报馆函，载1919年1月3日长沙《大公报》。
再志株萍路停滞之影响，载1921年10月15日长沙《大公报》。
安源矿市最近调查记，载1922年4月22、23日长沙《大公报》。
江西安源路矿工人大团结，载1922年5月18日上海《民国日报》。
安源游记，载1922年6月19、23、25、26日长沙《大公报》。
株萍铁路亦继起罢工矣，载1922年9月16日长沙《大公报》。
萍矿罢工消息再志，载1922年9月17日长沙《大公报》。
安源罢工风潮解决消息，载1922年9月20日长沙《大公报》。
赣军与罢工，载1922年9月20日长沙《大公报》。
安源路矿罢工之经过情形，载1922年9月21日长沙《大公报》。
安源路矿罢工始末详志，载1922年9月22日长沙《大公报》。
解决株萍路罢工迅速原因，载1922年9月22日长沙《大公报》。
萍乡路矿工潮之经过，载1922年9月22日长沙《大公报》。
萍安罢工五日记，载1922年9月29日、30日北京《晨报》。
湘东煤矿工人罢工消息，载1922年10月30日长沙《大公报》。
湘东煤矿工潮已经解决，载1922年11月6日长沙《大公报》。
粤汉铁路总工会成立，载1922年11月7日《晨报》。
湖南工团联合会已成立，载1922年11月11日长沙《大公报》。
汉冶萍总工会成立，载1922年12月15日《晨报》。
安源路矿工会选举会，载1923年1月18日《爱群周报》。
株洲转运局工人罢工，载1923年1月25日长沙《大公报》。
株洲罢工消息，载1923年1月29日长沙《大公报》。
安源路矿工人俱乐部组织消费合作社，载1923年2月3日上海《民国日报》。

安源路矿工人消费合作社的沿革和现状，载1923年5月26日上海《民国日报》。

安源矿工之难得（张进享），载1923年7月5日《旅湘萍乡学友会日刊》第11期。

萍矿大风潮之经过，载1924年9月16日长沙《大公报》。

安源工人罢工胜利二周年纪念会，载1924年9月18日长沙《大公报》。

萍矿风潮结束后之两事，载1924年9月22日长沙《大公报》。

萍矿风潮将益扩大，载1924年9月24日长沙《大公报》。

呜呼萍矿之现状（源源），载1924年9月26日长沙《大公报》。

萍矿索饷风潮（源源），载1925年1月5日长沙《大公报》。

萍矿索饷风潮将益扩大（源源），载1925年1月10日长沙《大公报》。

萍矿索饷风潮续志（源源），载1925年1月11日长沙《大公报》。

萍矿夹饷风潮解决（源源），载1925年1月13日长沙《大公报》。

萍矿夹饷风潮又轩然大波（源源），载1925年1月19日长沙《大公报》。

萍乡追悼孙中山情形，萍矿欠饷风潮之酝酿（源源），载1925年4月8日长沙《大公报》。

如箭在弦之萍矿工潮（老鸽），载1925年4月29日上海《民国日报》。

萍矿积欠工饷，工人减价拍卖焦煤（源源），载1925年5月1日长沙《大公报》。

萍矿局发现罢工风潮，载1925年5月6日长沙《大公报》。

盛总经理行将来安之消息（源源），载1925年9月10日长沙《大公报》。

萍矿之危机（山人），载1925年9月10日上海《民国日报》。

安源之雪耻运动和米荒（源源），载1925年9月10日长沙《大公报》。

萍乡煤矿工人生活一瞥，载1925年9月15日《时事新报》。

汉冶萍矿局总办来湘之琐闻，载1925年9月16日长沙《大公报》。

举世若狂之罢工胜利纪念（源源），载1925年9月18日长沙《大公报》。

安源路矿工人发生罢工风潮，载1925年9月22日长沙《大公报》。

萍矿局武力解散俱乐部，载1925年9月23日长沙《大公报》。

萍矿局武力解散工人俱乐部续志，载1925年9月24日长沙《大公报》。

安源工人举行纪念，载1925年9月24日上海《民国日报》。

萍矿局解散俱乐部四志，载1925年9月25日长沙《大公报》。

萍矿局解散工人俱乐部五志，载1925年9月26日长沙《大公报》。

萍矿局解散俱乐部六志，载1925年9月27日长沙《大公报》。

安源矿局之大惨剧，载1925年9月27日上海《时报》。

湖南学生联合会援助萍矿工人，载1925年9月29日长沙《大公报》。

萍矿局解散工人后情形，载1925年9月30日上海《申报》。

萍矿局枪毙黄静原（源）续讯，载1925年10月21日上海《申报》。

一个为贫苦逼迫惨死的工人，载 1926 年 3 月 17 日长沙《大公报》。

工人代表赴粤参加劳动大会，载 1926 年 4 月 20 日长沙《大公报》。

安源萍矿工人停工后之救济，载 1926 年 7 月 1 日长沙《大公报》。

株萍路局工人请发欠饷，载 1926 年 8 月 28 日长沙《湖南民报》。

株萍路局虐待工人，载 1926 年 8 月 29 日《湖南民报》。

萍乡县城克复之前线，载 1926 年 9 月 12 日长沙《大公报》。

安源矿山发现工潮，载 1926 年 9 月 16 日长沙《大公报》。

萍乡欢迎革命军大会，载 1926 年 9 月 16 日长沙《大公报》。

株萍路近况，载 1926 年 10 月 22 日上海《民国日报》。

萍矿开工运动之急进，载 1927 年 1 月 16 日《汉口民国日报》。

萍乡反动势力之猖獗，载 1927 年 3 月 7 日《汉口民国日报》。

安源市党部代表大会，载 1927 年 3 月 17 日《湖南民报》。

清理汉冶萍公司之提案，载 1927 年 4 月 13 日、17 日《汉口民国日报》。

萍乡民众积极肃清反动派，载 1927 年 5 月 19 日《汉口民国日报》。

湘省各地镇压农军情形，载 1927 年 6 月 19 日上海《申报》。

告萍乡避难来汉同志，载 1927 年 6 月 22 日《汉口民国日报》。

土劣横行萍乡，载 1927 年 6 月 24 日《汉口民国日报》。

湘境交通完全恢复，醴陵共军已经击退，载 1927 年 9 月 20 日《汉口民国日报》。

湘省情形业已趋于安定，载 1927 年 9 月 28 日《汉口民国日报》。

（以下资料原稿均存湖北省档案馆）

汉冶萍公司董事会为萍矿巡警、警备改为矿团致工商部（1912 年 10 月 31 日）

萍矿矿长李寿铨为洋监工殴伤工人事致公司总经理函（1919 年 7 月 11 日）

李寿铨：药石轩日记（1922 年 9 月至 1923 年 11 月）

路矿两局复工人俱乐部函（1922 年 9 月 13 日）

萍矿矿长就安源罢工事致汉冶萍公司经理函（1922 年 9 月 20 日）

汉冶萍公司第八次董事会记录（1922 年 10 月 20 日）

汉冶萍公司运输所长潘国英为株洲转运局工人要求增加工资事致公司总经理函（1922 年 10 月 23 日）

汉冶萍公司董事会为拒绝安源罢工协议事复公司总、副经理函（1922 年 10 月 25 日）

永和煤矿矿长魏允治为工人罢工事致汉冶萍公司董事会函（1922 年 10 月 30 日）

萍乡煤矿工人通守规则（1922 年 11 月 1 日）

萍矿矿长李寿铨等为工人索饷事致公司总经理电（1923 年 1 月 8 日）

萍矿矿长李寿铨等为请汇款事致公司总经理电（1923 年 1 月 14 日）

萍矿矿长李寿铨等为工饷事致公司总经理电（1923年1月14日）

汉冶萍公司运输所所长潘国英为株洲转运局工人罢工事致公司经理函（1923年2月14日）

汉冶萍公司董事会会长孙宝琦为请求解散安源工人俱乐部事致赣军蔡督理函（1923年5月24日）

汉冶萍公司总、副经理为向赣军督理请求解散安源工人俱乐部致大冶厂副厂长函（1923年5月28日）

萍矿矿长李寿铨为取消工人俱乐部事致公司总、副经理函（1923年6月2日）

汉冶萍公司为暂缓取消工人俱乐部致萍矿矿长电（1923年6月20日）

萍矿矿长李寿铨等为工人闹饷事致公司董事会、总经理电（1923年6月20日）

萍矿矿长李寿铨为请设法取消工人俱乐部事致公司总、副经理电（1923年6月25日）

汉冶萍公司总经理关于安源工人俱乐部要求租地助费建房屋事致董事会函（1923年6月26日）

萍矿矿长黄锡赓为请求辞职并安排金正矿师休养事致公司经理函（1924年9月28日）

萍矿矿长黄锡赓卸职时就整顿矿事致公司董事会函（1924年10月8日）

萍矿劝告工人书（1924年10月）

萍乡煤矿民国十一一十二年简明报告书（1924年11月13日）

萍矿稽核处长马载飏为工人索饷事致公司经理函（1924年12月31日）

萍矿稽核处长马载飏为年终加饷事致公司经理函（1925年1月9日）

萍矿代矿长、正矿师为年终加饷事致公司经理函（1925年1月17日）

大冶厂矿长季厚堃为萍矿工人散布传单事致公司总经理电（1925年1月19日）

萍矿代矿长舒修泰等为工人索饷事致公司经理电（1925年1月20日）

萍矿矿警局长关于整顿该矿的意见（1925年3月26日）

萍矿稽核处长马载飏为工人向日本顾问围索欠饷等事致公司经理函（1925年4月25日）

江西督军方本仁致汉冶萍公司总经理电（1925年7月24日）

萍矿代矿长马载飏为请公司总经理来安处理欠饷事致公司总经理电（1925年7月26日）

萍矿矿师金岳祐等为催促公司处理欠饷事致公司董事会、总经理电（1925年7月27日）

萍矿代矿长马载飏致公司总经理电（1925年8月4日）

萍矿矿警局长李鸿诏致公司总经理电（1925年8月12日）

汉冶萍公司总经理盛恩颐为告安源工人俱乐部已被封闭致上海事务所电（1925年9月21日）

江西督军方本仁致汉冶萍公司总经理电（1925年10月19日）

萍矿代矿长马载飏为安源、长沙等地追悼黄静源事致公司快邮代电（1925年10月23日）

盛恩颐为请镇压工人追悼黄静源活动事致方本仁、赵恒惕电（1925年10月23日）

汉冶萍公司会计顾问吉川雄辅技术顾问腹部渐关于萍乡情况的报告书（1925年11月11日）

汉冶萍公司总经理盛恩颐关于赴萍矿整顿经过情形致公司董事会函（1925年12月26日）

萍矿总工程师金岳祐为告北伐军到安并请汇款接济事致公司经理电（1926年9月7日）

萍矿矿警局长沈开运为告北伐军进矿前后情形致公司总、副经理函（1926年9月12日）

萍矿矿警局长沈开运为告北伐军来安后近日情形致公司总、副经理函（1926年9月24日）

汉冶萍公司副经理潘灏芬为告北伐军进驻安源前后情形致公司董事会长孙宝琦函（1926年10月9日）

萍矿会计处长凌善永等为充当夫役之工人闹饷事致公司经理代电（1926年10月28日）

汉冶萍公司副经理潘灏芬为陈报萍矿停工改组后情形致公司董事会函（1926年11月12日）

萍矿会计处长凌善永为报告与江西省特派监察委员白深耘谈话情形致公司经理函（1926年12月27日）

沈开运为呈报北伐军到萍乡、安源情形致公司总、副经理函（1927年1月17日）

萍矿会计处长凌善永为安源被围事致公司董事会和经理电（1927年6月18日）

萍矿会计处长凌善永为工人暴动事致公司总经理函（1927年12月22日）

共产党经营安源之经过情形（1928年9月25日），载1928年12月2日《湖南清乡公报》第11期。

共党在安之教育概况（1928年9月25日），载1928年12月2日《湖南清乡公报》第11期。

# 第五节　馆藏文物

安源纪念馆现有馆藏文物2653件（套），其中一级文物119件（套）、二级文物85件（套）、三级文物2000件（套），主要包括文件宣传品、档案文书、书画、名人遗物、票据、瓷器、武器、家具、玺印符牌、雕塑、铜器等。

## 一、重点文物介绍

### 1. 株萍铁路管理局1920年编辑出版的《株萍铁路旅行指南》（第三期）

20世纪20年代株萍铁路管理局编辑出版的《株萍铁路旅行指南》，是我国最早的旅行服务出版物，也是近代以来最早的一份图文并茂、内容齐全的旅行攻略书刊。

《株萍铁路旅行指南》（第三期）现珍藏于安源纪念馆，文物类别为古籍图书，2003年9月被鉴定为国家一级文物。该书详细介绍了株萍铁路沿线的名胜古迹、风土人情、交通住宿等方面的内容，真实记载了当时铁路行业增设

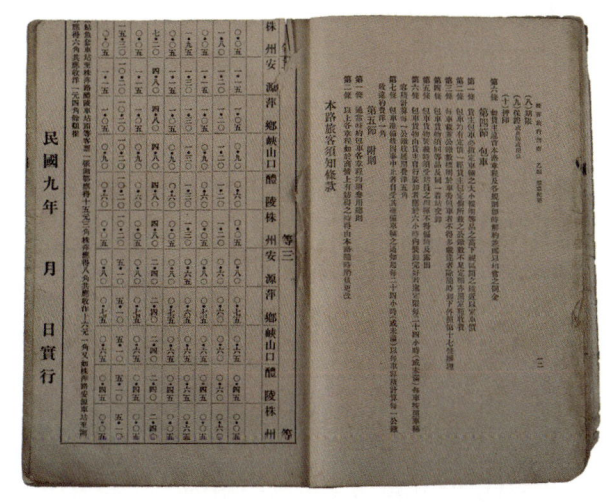

株萍铁路管理局1920年编辑出版的《株萍铁路旅行指南》（第三期）

的旅游服务项目，为人们提供旅行指南服务。

1898年3月，张之洞、盛宣怀在萍乡以安源为中心开办了"萍乡等处煤矿总局"。开办之初，盛宣怀上书光绪，提出要在安源修筑一条专运煤的铁路，以降低运输成本，策划以安源为起点筑建一条直至湘江边的铁路，又与粤汉路和湘江航运线相连接的煤焦运输网。

1899年1月，盛宣怀从清朝修筑芦保铁路的款项中动用了3万余两白银，开始了筑路工程。1900年安源至萍乡的5公里铁路完工通车，然后分段修筑，终于在1905年建成，安源为起始站，株洲为终点站。全路线长90公里，设四个大站：株洲、醴陵、萍乡、安源；设五个小站：白关铺、姚家坝、板杉铺、老关、峡山口。由萍乡煤矿铁路处代管，属于萍乡煤矿的资产，命名为萍株铁路。1908年3月汉冶萍公司成立，萍株铁路划归清廷邮传部管辖，脱离了萍乡煤矿。1912年辛亥革命后，划归湖南省交通司管辖，改名为株萍铁路，成立了株萍铁路管理局。1918年，株萍铁路与粤汉铁路相通，火车可直达长沙、汉口。1937年，与浙赣铁路相连，株萍铁路名称不再使用。株萍铁路是江西历史上的第一条铁路。

铁路管理局除了对铁路加强管理、扩大经营规模，还将沿线各车站所在地的名胜古迹、商铺旅馆、特产服务等编撰出版了三期专门为乘车旅客提供旅行指南服务的书刊——《株萍铁路旅行指南》。安源纪念馆珍藏了1920年出版的第三期，为铅印本，黄色牛皮纸封底，白线装订。全书共有4.5万余字，设甲编、乙编、丙编、丁编四编，但仅存三编，甲编缺失。乙编介绍株萍铁路各项运输章程；丁编为萍矿纪要。丙编是书的重点，介绍株萍铁路各站纪要。它以株洲为起始，沿铁路线依次对老关车站、峡山口车站、萍乡车站、安源车站及其所在地重要的名胜古迹进行简明扼要的介绍，共选用照片51张。丙编在株萍铁路各站纪要中，逐一介绍沿途各大小车站情况、分车站概况、沿途古迹、公署局所、学校、商业、矿业、会馆、医院、旅馆、流通货币、交通、物产等，全面展示了各地名胜古迹、风土人情、物产特色等的同时，又向旅客推介了旅行必备知识，如铁路的运输规则、服务设施概况等，为旅客的出行、购物、入住、游览等提供了便利。其中，对萍乡、安源两个大站，老关、峡山口两个小站的历史人文作了翔实介绍，是极为珍贵的历史资料。

书中图文并茂介绍的株萍铁路沿线名胜古迹，如今大都不复存在，历史遗存弥足珍贵。比如唐贞观开元时兴建的位于老关车站北面25里的王仙山上的御书阁，始为道观，唐玄宗曾赐书六个大字藏于其间而得名，宋太宗听闻此事，也赐御书"飞白"二字，同藏于阁中。后楼阁遭遇大火，唐玄宗题字御书被焚毁，"飞白"御书免灾尚存。道士彭知一在遗址上将道观改建为御书阁，宋代大文豪欧阳修为之作题记。峡山口车站以北60里处，有一地名曰香水渡，相传是楚昭王涉河得萍实之果的地方，也是萍乡由此得名的地方。位于萍乡车站西南方的鳌洲书院，因萍实桥下游数里处巨大如鳌的沙洲，故取名鳌洲。明代知县陆世绩在此始建书院，取独占鳌头之意，称为鳌洲书院。鳌洲书院历代都是莘莘学子学习之圣地，系江西省四大书院之一，见证了萍乡的盛世文风。

**2.1920年留法学生彭树敏的《江西留法勤工俭学学生会会员录》**

《江西留法勤工俭学学生会会员录》是萍乡籍留法勤工俭学学生彭树敏烈士保存的，为线装16

开本，总 12 页。正文为蓝色石印字，封面盖有"江西留法勤工俭学学生会"中英文两种文字的蓝色圆形印章。书中序言为江西省赣州籍会员肖健在法国巴黎所著。书中详细记载了 25 名江西省留法勤工俭学学生会会员的姓名、年龄、性别、国内毕业学校、法国留学学校及工作、学习专业、国内通信处、法国通信处。

据此《会员录》可知，当时这 25 位江西籍人士是：吴肇周、黎开绳、江学轩、傅继尧、周唤文、肖复之、蔡源高、文明升、彭树敏、彭树茂、肖健、游嘉训、黄国俊、饶来杰、饶国璋、涂名扬、邓荣鏓、傅见贤（傅烈）、李凌鹤、郭志汾、陈发祥、谢远灂、

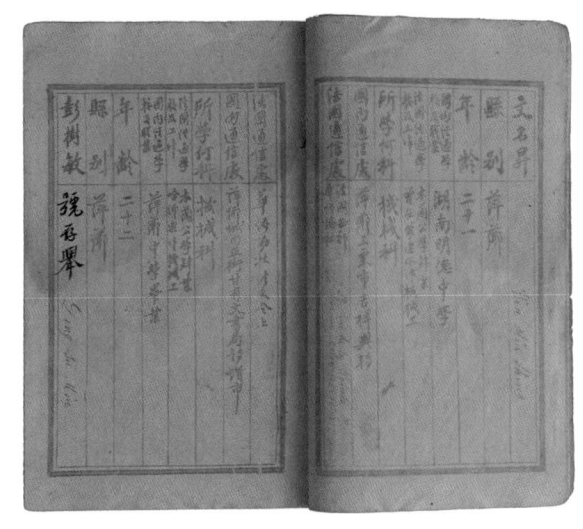

1920 年留法学生彭树敏的《江西留法勤工俭学学生会会员录》

汪恩广、汤昌椅、王仍。他们中最早赴法勤工俭学的时间是 1919 年 3 月 17 日，迟者于 1920 年 11 月 7 日；1919 年去的有 11 人，1920 年去的有 14 人。这 25 人中，萍乡籍 10 人，进贤籍 3 人，兴国、宜黄籍各 2 人，南昌、乐安、临川、修水、于都、贵溪、九江、瑞昌籍各 1 人。有三分之一是大学毕业或肄业，年龄在 21 至 26 岁之间。赴法后，半数在蒙达尔公学和马赛公学，一部分分散在其他地方，所学专业以机械、机电为主，亦有学习建筑工程、航海等专业的，学习期间散在十多个地方做工。

该《会员录》详细记录了每个江西留法勤工俭学人员的具体情况，为研究 20 世纪 20 年代江西留法勤工俭学人员提供了重要的历史资料。1994 年 5 月，被国家文物局专家组鉴定为一级文物。

彭树敏（1897—1926），江西萍乡腊市人。1915 年毕业于萍乡中学，1920 年经上海勤工俭学会介绍，与全国各地的同学 33 人，乘法国邮船波尔多斯号到法国马赛勤工俭学。1924 年在法国加入中国共产党，10 月经中共旅欧支部选派与聂荣臻、蔡畅等 27 人赴莫斯科东方劳动大学学习。1925 年五卅惨案后，响应党的号召回国，受到陈独秀的接见，被派往江西安源从事工人运动，在安源主要担任宣传教育工作，灵活运用马列主义理论，结合安源工运发生和发展的斗争实际进行了卓有成效的工作。1926 年先后被派往郑州从事铁路工人运动、天津从事军运工作、北京从事地下工作。北伐战争爆发后，彭树敏被派往九江工作，以照相营业为掩护，秘密进行革命活动。党组织指示他组织南浔铁路工人罢工，截断北洋军阀孙传芳的交通线，使敌人无法从九江方面增援南昌。不料，罢工计划被北洋军阀孙传芳部密探侦悉，9 月 11 日彭树敏不幸被捕，之后被杀害。北洋军阀杀害彭树敏的消息传到萍乡，萍乡各界在彭树敏家乡腊市万寿宫举行了有数千人参加的追悼会。中共安源地委书记刘昌炎参加吊唁，并撰挽联一副："记苏联同学，郑州共事，君愿努力革命，报党报国，早存斯志；痛帝国侵凌，军阀横行，吾侪健全分子，而今而后，又弱一人。"表达了萍乡各界民众对彭树敏为革命英勇献身的崇高敬意和深切悼念。

### 3. 1922年9月安源路矿工人大罢工时工人俱乐部印发的《俱乐部全体工人泣白》

在1922年9月安源路矿工人大罢工中,工人俱乐部印刷散发了大量的传单、布告、宣言等宣传品,阐明罢工的目的、意义,激发工人的斗志。在众多的宣传品中,别具一格、特别引人注目的就是《俱乐部全体工人泣白》。这件宣传品长30厘米、宽23厘米,纸张为淡黄色香裱纸,文字用铅笔书写,共有217个字。可以说它是俱乐部全体工人用血泪控诉舒楚生为代表的路矿反动当局欺压工人的罪行的檄文。全文内容如下:

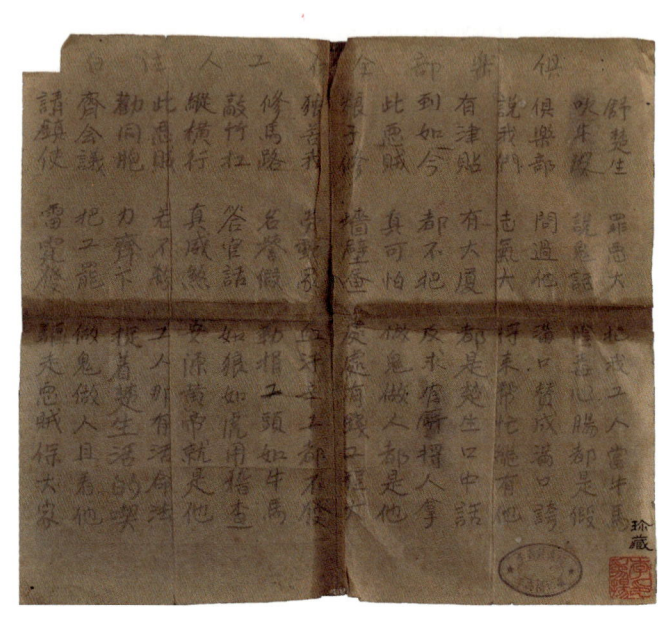

1922年9月安源路矿工人大罢工时工人俱乐部印发的《俱乐部全体工人泣白》

舒楚生,罪恶大,把我工人当牛马。
吹牛皮,说鬼话,阴毒心肠都是假。
俱乐部,问过他,满口赞成满口夸。
说我们,志气大,将来帮忙总有他。
有津贴,有大厦,都是楚生口中话。
到如今,都不把,反求官厅将人拿。
此恶贼,真可怕,做鬼做人都是他。
粮子修,墙壁画,处处有钱工程大。
独苦我,劳动家,血汗辛工都不发。
修马路,名誉假,勒捐工头如牛马。
敲竹杠,答官话,如狼如虎用稽查。
纵横行,真威煞,安源黄〔皇〕帝就是他。
此恶贼,若不杀,工人那有活命法。
劝同胞,力齐下,捉着楚生活的吃!
齐会议,把工罢,做鬼做人且看他。
请镇使,雷霆发,驱走恶贼保大家。

舒楚生即舒修泰,湖南长沙人,1919年任永和煤矿矿长,1922年3月任萍乡煤矿副矿长。工人们为什么对他深恶痛绝呢?原来在矿局首领中,副矿长舒修泰和总监王鸿卿最为阴险恶毒。路矿工人大罢工前夕,舒修泰跑到工人俱乐部探听消息,一面恐吓俱乐部干部蒋先云等,一面又说要津贴俱乐部经费,拨给俱乐部房屋,以此笼络人心。而工人罢工后,他却勾结军阀企图镇压大罢工。正如《俱乐部全体工人泣白》中揭露的:"此恶贼,真可怕,做鬼做人都是他"。

《俱乐部全体工人泣白》还从另一个角度反映了安源路矿工人俱乐部在领导工人罢工时十分注意斗争策略。当时矿局对工人罢工有主张镇压和妥协让步两种态度。工人俱乐部正是利用这一矛盾,对以矿长李寿铨为首、主张妥协让步的职员工头采取较为和缓的手段,尽量不加触犯。而在揭露矿局压迫剥削工人的种种残酷手段时,则点名控诉舒修泰,打击他的嚣张气焰,这就对大罢工十分有利。正如刘少奇1964年与安源老工人袁品高谈话时所回忆的:"我们抓住这些矛盾,利用这些矛盾,取得了罢工胜利。"

《俱乐部全体工人泣白》是在1922年9月安源路矿工人大罢工时，由工人直接送到萍矿矿长李寿铨住宅的。李寿铨1924年离开安源时，将此件带回老家收藏，后由其子李为扬保存。1956年李为扬将《俱乐部全体工人泣白》捐献给安源纪念馆。1994年5月，经国家文物局专家组鉴定为一级文物。

**4. 1922年9月18日安源路矿工人大罢工时工人俱乐部与安源路矿两局签订的《十三条协议》**

《十三条协议》是1922年安源路矿工人大罢工的胜利成果，质地为香裱纸，铅印字，长47厘米，宽30厘米，右下方有收藏者李为扬写的"珍藏"二字并盖有收藏者的印章。

1922年9月14日凌晨，一声汽笛如惊雷般震荡了安源十里矿山，震撼全国的安源路矿工人大罢工爆发了。受苦受难的安源工人义无反顾地拿起岩尖、斧头，冲出萍乡煤矿矿井、机房，齐声高喊："罢工，罢工，坚决罢工！""从前是牛马，现在要做人！"

9月16日，安源路矿两局在与刘少奇谈判时较量失败后，又连逢不利。当日下午，锅炉房烧煤将尽，发电机、打风机和抽水机面临停机的危险。晚12时，矿长李寿铨得到商会首领传来的消息：俱乐部表示，如果当局愿意磋商条件，就马上开议，否则李立三将离开安源，任从"工人暴动"。李寿铨闻讯后，立即约见路局副局长李义藩商量应付办法。两人一致认为，目前"只有保产之一法"，即稳住罢工工人，避免暴动。

9月17日一早，矿长急忙邀请充当调停人的商绅人士到局，告以路矿两局决定各派全权代表一人，与俱乐部代表共商条件。但到17日下午，两局代表仍未到场。罢工工人看出当局所说派代表开议不过是避免工人暴动的缓兵之计，于是一部分工人冲进锅炉房，动手熄灭炉火。矿长闻讯，急请戒严司令出面苦苦相劝，炉火才得以保住。

这时，江西督军蔡成勋、赣西镇守使肖安国、在北京的株萍铁路局局长王昌学，都慑于罢工工人威力和全国工运的高涨，深恐惹起更大事端，纷纷来电力主和平解决。矿长在内外交困、主和倾向占上风的形势下，不得不下决心与俱乐部开议，但仍留着后路，不亲自出面，而以文牍课课长舒季俊为矿局全权代表出席谈判。

1922年9月17日下午4时，矿局全权代表舒季俊、路局全权代表李义藩，与俱乐部代表李立三在一家民房开始谈判，地方商绅4位代表出席调停。在谈判中，李立三对主要条款坚持不让，在一些次要问题上作了适当的让步。经过长时间的激烈争辩，直到18日凌晨2时，才达成十二条草约。草约签订后，李立三当即声明："此十三条无可再让步，可，则立即开工；不可，则听众工所为，我

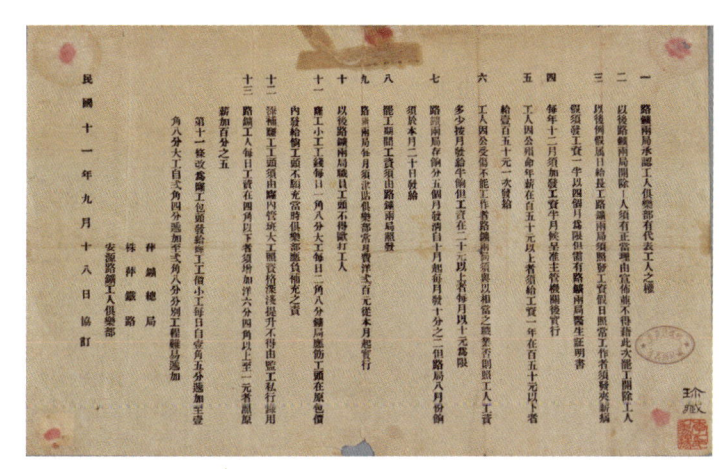

1922年9月18日安源工人大罢工时安源路矿工人俱乐部与安源路矿两局签订的《十三条协议》

亦无法制止，限十八日九时答复。"

矿局谈判代表即时向矿长报告谈判结果。李寿铨立即找副矿长舒修泰和总矿师金岳祐商量。三人都拿不定主意，旋即召集各课各工作处首领会议商量对策，直到早上8时仍无定论。此时，离答复期限只有一个小时了。李寿铨焦急万分，只得苦求各首领支持签约。他说："事急如此，设有暴动，千数百万产业，即不能保，我何以对公司？惟有姑订条约，开工以熄其风，容另图善后之策；一面报告公司，请董事会派员来矿，妥筹办法。"

9月18日上午9时，路局代表李义藩、矿局代表舒季俊、俱乐部代表李立三按照十三条草约，在路局机务处正式签订协议。至此，安源路矿工人大罢工获得完全胜利。

1924年，萍乡煤矿矿长李寿铨携眷返回江苏扬州养老，并将《十三条协议》带回老家。1956年，李寿铨之子李为扬将《十三条协议》捐赠给安源纪念馆，现保存完好。1994年5月，经国家文物局专家组鉴定为一级文物。

**5. 安源工人张海秋1923年2月13日认购的安源路矿工人消费合作社股票**

安源路矿工人消费合作社股票为纸质彩色石印，纵24.5厘米，横12.8厘米，正面上方印有票头，下方竖排红墨石印有股票数量、股值金额、填开时间和持股人姓名等信息，并加盖消费合作社印章和总经理私章。股票背面为竖排蓝墨石印的招股简章。它是中国共产党历史上发行最早的股票，2003年被鉴定为国家一级文物。

自1898年萍乡煤矿开办起，安源工人便在经济上深受剥削，矿局拖欠工资，奸商哄抬物价。为了维护工人利益，减少商人的中间盘剥，1922年5月中国共产党领导的安源路矿工人俱乐部成立不久，便于同年7月创办了中国工人阶级最早的经济组织——安源路矿工人消费合作社。当时集资近百元，不能独开门面，仅设于工人补习学校内，安源路矿工人俱乐部主任李立三兼任总经理。1922年11月，中共湘区委员会又派易礼容、毛泽民等来安源协助筹办消费合作社。1923年2月7日，消费合作社在老后街独设门市正式营业。合作社主要销售大米、布匹、油盐等生活必需品。所售货物大多到长沙等地采购，由株萍铁路工人顺便捎回，因而免去了运费，所以货物价格比市场便宜。

随着规模和经营范围进一步扩大，流转资金严重不足已成为制约合作社发展的主要原因，出现了货品短缺的窘境。为了解决资金不足的问题，1923年初，俱乐部最高代表会议经过反复讨论，最终决定在俱乐部部员中招股，并制定了《招股简章》：股值为每股5角，年息8.4分，根据实际经济能力，社员每人至少认购1股，最多限购14股。凡本部部员，每月薪金在9元以下者，劝认1股，

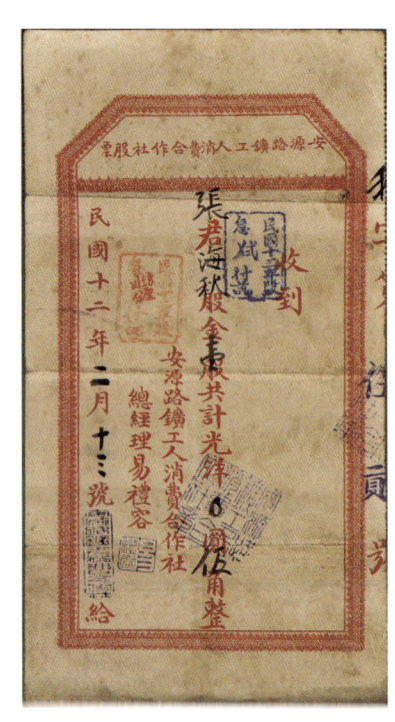

安源工人张海秋1923年2月13日认购的安源路矿工人消费合作社股票

9 元以上者劝认 2 股，多认者听便，每股为 5 角，分为 2 万股。每年红利平均分成 10 份，以 4 份摊分于各股，3 份为扩充社务之基金，2 份为俱乐部基金，1 份为社内办事员酬劳金。

工人们深信消费合作社是为大家谋利益的经济实体，尽管十分困难，仍踊跃认购股票，很快就筹集到股金 7800 余元，连同俱乐部拨来的活动经费一起，共计资金 1.8 万余元。消费合作社给每位认股者发了自行设计的股票作为凭证。

安源路矿工人消费合作社发行股票是我党领导金融事业的最初尝试，为我党开展经济工作，训练管理经济能力积累了宝贵经验，培养了金融人才。曾任安源路矿工人消费合作社兑换股经理、总经理的毛泽民，后来成为中华苏维埃共和国银行的首任行长。

**6. 安源路矿工会教育股 1924 年编印的《小学国语教科书》**

《小学国语教科书》为纸质，长 20.2 厘米，宽 13.5 厘米，32 开竖排版石印本，共计 50 页，课文均为小楷字体，封面上印有"小学国语教科书"和"安源路矿工会教育股编印"的红色字迹，下端有安源路矿工人俱乐部部徽及本书保存者陈伟芳的签名。

1921 年 12 月，李立三奉毛泽东的委派来安源开展工人运动。想到正承受着生命不可承受之"重"的安源工人，李立三暗下决心，一定要改变这种黑暗与不公。

李立三以教师的身份，在安源镇老后街五福斋巷一栋砖木结构的两层楼房内办起了平民小学。学校的教室设在二楼，条件非常简陋，桌凳都是临时挪借的，黑板也是工人自己动手做的。李立三担任教师，免费招收工人子弟入学，以访问学生家长的名义广泛接触工人，宣传工人阶级团结奋斗、自己解放自己的道理。

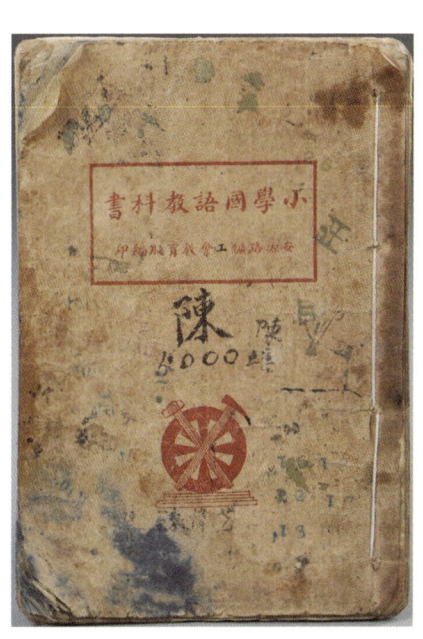

安源路矿工会教育股 1924 年编印的《小学国语教科书》

1922 年 1 月，李立三又在这里创办了安源第一所工人补习学校，白天小学生在这里上课，晚上则是工人上课，所以又被称为夜校。补习学校最初有学员 60 余人，按文化程度的高低分为两班，学生凭听讲证进入课堂，各科成绩及格者发给毕业证书。

学校的教材最早采用的是粤汉铁路工人学校的讲义，以后由俱乐部教员自己编印。《小学国语教科书》就是安源路矿工人俱乐部教育股于 1924 年编印的教材，共有 40 课，采用的是启发式教育，不仅仅教工人识字、写日记、学诗词等，更重要的是向工人及其子弟宣传马列主义，启发他们的觉悟。《小学国语教科书》不仅让这些没有文化的工人们能听得懂、看得明白，还让他们学得津津有味、毫不厌倦。工人的视野豁然开朗：哦，世界原来是这样的，人的命运是可以靠双手去改变的。

《小学国语教科书》当时深受安源工人的喜爱，它那通俗易懂的文字，丰富多彩的内容，深深吸引着他们。如第二十八课《兄弟们！想想看》一文中，将残酷压迫剥削工人的资本家比作吃喝穷人血肉的秋老虎。第八课《早婚之害》、第十课《女子的能力》、第十一课《木兰辞》，则是宣传妇女要翻身解放，必须反抗早婚，锻炼"女子的能力"，像花木兰一样，为国家做奉献。第十六课是陈独秀的一篇演讲词《劳动者底觉悟》，阐述了劳动者第一步觉悟必须"要求待遇改良"，第二步觉悟是"要求管理权"，说明无产阶级必须翻身解放，当家做主人。教科书还刊载了李汉俊撰写的《金钱和劳动》、沈玄庐的小说《机器》和《列宁略传》等文章。

安源路矿工人子弟学校暨工人补习学校的开办，大大提高了工人及其子弟的文化知识和阶级觉悟，为培养工人运动干部，建立和发展党、团、俱乐部组织创造了条件。《小学国语教科书》不仅启迪和唤醒了安源工人沉睡的心灵，更在他们的心中播下了信仰的种子，为他们提供了丰富的精神食粮，大批安源工人在它的感召与熏陶下，义无反顾地走上了革命的道路。

安源纪念馆珍藏的《小学国语教科书》，是原安源路矿工人俱乐部会计股长陈伟铎的弟弟陈伟芳在工人子弟学校读书时用过的，后由其子陈培冯保存，1986年10月捐献。1994年5月，被国家文物局文物鉴定专家组定为一级文物。

**7. 安源路矿工人俱乐部1925年4月17日出版的《安源旬刊》第20期**

《安源旬刊》为纸质，长13厘米，宽9.6厘米，重5克。竖开右线订，左开本，内文为铅印竖排，是20世纪20年代中国共产党领导下的安源路矿工人俱乐部开展对外宣传的革命刊物。

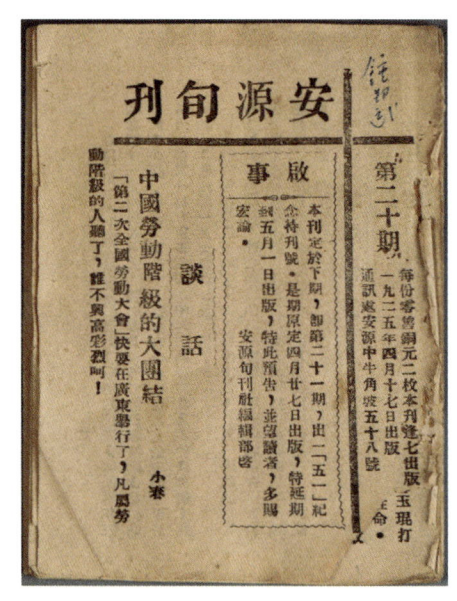

安源路矿工人俱乐部1925年4月17日出版的《安源旬刊》第20期

1922年9月安源路矿工人大罢工胜利后，在毛泽东、刘少奇、李立三的坚强领导下，安源路矿工人俱乐部的各项事业发展得如火如荼。"为使工友切实明了俱乐部各项情形及提高工友普通知识起见"，俱乐部成立安源月刊社，决定创办自己的刊物《安源月刊》，定于1923年10月出版。后因为庆祝大罢工胜利一周年，安源月刊社以主要精力编辑《安源路矿工人俱乐部罢工胜利周年纪念册》，《安源月刊》出版因此亦被延迟。1923年11月25日，俱乐部决定将《安源月刊》改为《安源旬刊》。

1923年12月7日，《安源旬刊》正式创刊发行，逢7出版，即每月7号、17号和27号各出版一册。时任安源旬刊总编辑的俱乐部文书股长贺昌在《劳动周刊》上介绍《安源旬刊》："专以阐明萍矿的内容，启发平民知识，提倡工人自治为宗旨，对于安源路矿工会的消息，更特别灵通和丰富"。

出于革命性刊物的考虑，《安源旬刊》起初注重理论宣传的内容多一些，而工人的知识水平有限，难以理解刊物内容，使旬刊在工人群体中得不到广泛共鸣。于是，俱乐部决定对旬刊进行停刊整顿。1925年5月1日，在纪念"五一"国际劳动节和工人俱乐部成立三周年之际，《安源旬刊》以崭新的面貌出现在工人面前,每月逢 10 出版。到 1925 年 6 月 30 日,共出版 27 期。

改版后的《安源旬刊》,设有"谈话""时事报告""劳动界消息""本地风光""工人常识""七嘴八舌""诗歌""戏剧"等极为接地气的栏目。栏目内容,既有揭露帝国主义和官僚资本主义罪行的文章,如《东洋人之侵略汉冶萍》等,又有引导工人明了当时国际国内形势的消息报道,如《洋人越界筑路》《美国要尼加拉瓜》等。特别是"劳动界消息",向工人介绍了中国和世界各国的工运消息,教育安源工人吸取各地工运经验,巩固自己的俱乐部,更好地开展工人运动。"本地风光"可谓是安源工人最喜爱的栏目,它主要刊登安源、萍乡地区工人运动以及其他民众运动的消息。如《安源各团体追悼孙中山先生》《安源园艺工会开成立会》《萍矿的工潮可望解决》《五一纪念的情形》《湘东矿警队长欺压工人》等。而"诗歌"栏目,则给了工人一个自我展示的平台,经常刊登安源工人根据自己亲身体会创作的短小精悍的诗歌。或许不那么有诗意,但结构严谨,中心突出,文笔流畅。如工人张名扬创作的《挑炭工人四季叹》,对黑暗社会进行了血与泪的控诉:"春季叹来雨水天,挑炭工人受熬煎;大雨纷纷无遮地,一天赚了角多钱。哎哟!可怜!可怜!夏季叹来热难当,挑炭不能遮太阳,烈日炎炎汗滴滴,哪有时刻去乘凉。哎哟!难当!难当……"此外,《安源旬刊》还是俱乐部对工人开展马列主义教育的重要宣传阵地,激励工人为自身解放团结奋斗。如第 22 期登载了安源工人仲岚写的《五五纪念与中国工人》战斗檄文,号召所有工人联合起来,做一个苦战奋斗的革命战士。

1925 年 9 月 21 日凌晨,北洋军阀武装封闭安源路矿工人俱乐部,安源旬刊社同遭封闭,《安源旬刊》被迫停办。现在所保存的最后一期《安源旬刊》是 1925 年 6 月 10 日出版的第 25 期。如果以后各期都能按时出版,可以推算出到 1925 年 9 月 21 日止,《安源旬刊》共出版 35 期。

《安源旬刊》的创办和发行,树立了工人信仰,激励了工人斗志。使大批安源工人日益觉醒,为争得自身和民族解放,舍身赴死,前仆后继。1994 年 5 月,《安源旬刊》被国家文物局专家组定为一级文物。

**8. 安源路矿工人俱乐部 1924 年 10 月 19 日颁发给彭春元的部员证**

安源路矿工人俱乐部部员证长 10 厘米、宽 6 厘米,封面写有文字"安源路矿工人俱乐部部员证",封底印有"团结起来!!!",上方印有由岩尖、铁锤、车轮组成的俱乐部部徽图案,部员证内页除印有持证人彭春元的姓名、编号和证件有效期(从一九二四年十月至一九二五年十月止)外,还有俱乐部部员须知,即"要有自治精神,要诚心爱护团体,要努力求知识,不得借势招摇喧闹,不得损人利己,不得将此证借给别人",均为石印而成。

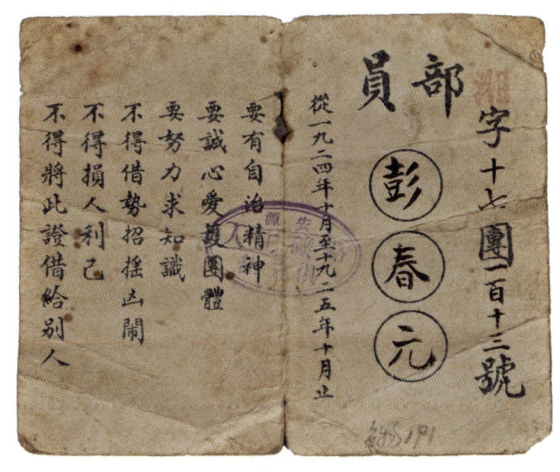

安源路矿工人俱乐部 1924 年 10 月 19 日颁发给彭春元的部员证

安源路矿工人俱乐部于1922年5月1日成立,当时对外宣传的宗旨仅为"联络感情""交换知识"等,没有公开表明以保护工人利益为宗旨,所以加入者并不十分踊跃,部员仅300余人。直到7月才公开向工人宣传俱乐部的宗旨为"保护工人利益,解除工人的压迫和痛苦",加入俱乐部的工人迅速增至700余人。9月安源大罢工胜利后,工人对于自己利益相关的团体——俱乐部之信仰与保护亦跻于最高程度了,于是全体万余工友均争先加入俱乐部。为了增强工人的组织观念,维护自己的团体,俱乐部给每个入部的工人都发了部员证,并要求新部员加入时须交纳自己一天的工资作为入部费,以后按月交纳为数不多的常月费,作为俱乐部的活动经费。

部员证的保存者彭春元系萍乡煤矿工人,安源大罢工胜利后加入俱乐部。1925年9月21日北洋军阀武力解散安源路矿工人俱乐部时,彭春元为了避免自己的身份被暴露,将部员证藏在自家房屋墙缝中,躲过了敌人的搜查。1970年,他将部员证从自家房屋墙缝中取出,捐赠给安源纪念馆,现保存完好。1994年5月,经国家文物局专家组鉴定为一级文物。

**9. 朱兰腾1925年手抄的安源工人长篇叙事歌谣《劳工记》**

《劳工记》(又名《罢工歌》),是20世纪20年代安源工人中流传的一首长篇叙事歌谣,创作于1923年。安源纪念馆珍藏的《劳工记》手抄本共两本,均于1925年手抄而成,文字全是用毛笔书写,左开竖排版,字迹工整,内容较全。《劳工记》每两句一韵并排成一行,全文共840句,约6000字,采用萍乡春锣调子演唱。

这首歌谣以大罢工斗争历史事件为中心,真实而生动地叙述了中国共产党领导的安源路矿工人运动的兴起过程,表达了工人阶级的自豪感。歌谣中所记叙的事,都是工人自身经历的;所描绘的

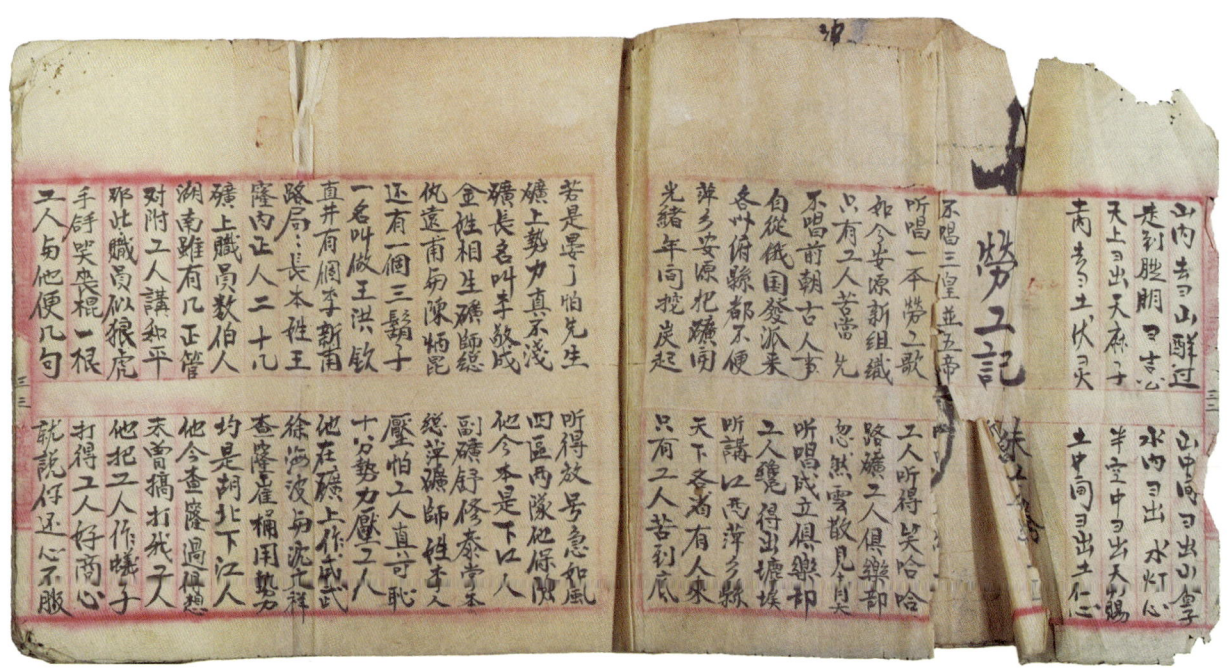

朱兰腾1925年手抄的安源工人长篇叙事歌谣《劳工记》

人物，和工人有着密切的联系。

旧社会的安源工人深受帝、官、封的剥削与压迫。不仅工人的大部分工钱被迫存入矿局不得兑现，还经常遭到工头的毒打和谩骂。总监工王鸿卿每月克扣工人工钱3000多元，超过其正薪的7倍。而矿工徐焕文却因工钱无法兑现，被逼得丢下妻子、儿女投河自尽。歌谣中淋漓尽致地描绘了工头压迫工人的情景：

> 东平总管三胡子，压迫工人如狼虎。
> 号名叫做王鸿卿，打仗势力压工人。
> 压迫工人太无理，个个手拿棍一根。
> 有点不知他的意，受打受气真闭气。
> 他把工人当牛马，不由分手瞎打人。

由此可见总监工王鸿卿的残暴、阴险、毒辣，苦难深重的安源工人日夜盼望着能找到一条翻身解放、当家作主的光明道路。直到1921年，李立三、刘少奇来到安源，开展工人运动，带领安源工人组织革命团体。歌谣唱到：

> 工人受苦难尽表，有个英雄天下少。
> 名号能至李先生，出洋俄国转回程。
> 年纪只有二十四，祖居湖南醴陵住。
> 他从长沙到萍乡，要救工人出劳墙。
> 工会湖北来办起，劳动工界结团体。
> 总主任选李能至，刘少奇管窑外事。
> 路局主任朱少连，个个办事当青天。

1922年9月14日，在安源路矿工人俱乐部领导下，安源大罢工爆发。工人们停开火车，冲出矿井，守住井口，只出不进，迫使路矿当局与工人俱乐部进行谈判。《劳工记》记叙了这一史实后，接着写到：

> 少奇同志好胆量，我往矿局走一趟。
> 代表全体众工人，见机而作把事行。
> 工友不必顾虑我，这次非我去不可。
> 若凡我不去接头，恐难达到这要求。
> 明知山中出猛虎，岂肯贪生又怕死。
> 偏偏要向虎山行，贪生畏死枉为人。

这段话生动地反映了工人代表刘少奇胆大心细，机智果敢，坚持工人利益、勇于斗争的性格。这次谈判为安源大罢工取得胜利打下了坚实的基础。

在李立三、刘少奇的亲自领导下，安源路矿工人经过5天的英勇斗争，终于迫使路矿当局签订了十三条协议。1922年9月18日下午，安源工人隆重集会，庆祝罢工胜利。歌中写道：

今天下午把会开，路矿工友一起来。

开会就是十八号，路矿工友都来到。

两边赞[站]了许多人，等候先生到操场。

先生来到讲台上，台下之人纷纷乱。

巴掌一响莫做[作]声，工友听我说原音[因]。

万众工友齐领会，并无一人把话议。

重头侧耳听规章，先生开口说当祥[端详]。

第一团体要结紧，团体就是工友命。

我们工友算齐心，罢工胜利果然成。

歌谣后面还写了罢工十三条的具体内容，以及安源工人为实现十三条而进行的斗争，一直写到了1923年。歌谣中记叙的史实曲折有致，真实可信。由于在流传中不断有人补充、修改和整理，原作者已不可考。它真实记录了20世纪20年代中国共产党领导的安源路矿工人运动。1994年5月，经国家文物局专家组鉴定为一级文物。

**10. 中共中央委员、株萍铁路总工会委员长朱少连1923年至1929年使用的公文包**

该公文包为黑色牛皮制品，长30厘米，宽26厘米，厚5厘米，正面开口处配有两把银白色扣锁，表皮稍有褪色，朱少连烈士生前曾用此公文包来装放党和工会的文件，它是朱少连烈士从事革命活动的历史见证。1994年5月，被国家文物局专家组鉴定为一级文物。

朱少连，湖南衡阳人，1887年出生于一个农民家庭，1909年考入湖北铁路学校，毕业后在株萍铁路任火车司机，1918年到安源工作。1921年冬，朱少连第一次遇见了来安源开创和领导工人运动的毛泽东、李立三，从此他逐渐接受进步思想，走上革命道路。

中共中央委员、株萍铁路总工会委员长朱少连1923年至1929年使用的公文包

1922年1月，李立三创办安源工人夜校，朱少连任校务委员，走家串户，动员和鼓励工人前来夜校学习，很快成为工人中的先进分子。1922年2月，朱少连加入中国共产党，是全国产业工人中的第一个党支部——中共安源路矿支部的6名党员之一。

1922年3月，安源路矿工人俱乐部筹备委员会成立，朱少连是主要召集人。5月1日安源路矿工人俱乐部成立，朱少连被工人推选为俱乐部副主任。

1922年8月底，因路矿当局拖欠工饷，并企图武力封闭安源路矿工人俱乐部，造成矛盾激化，安源工人要求举行罢工的呼声日益高涨。对此，路矿当局极度紧张，妄图金钱收买及"警告俱乐部副主任朱少连并加恐吓，促其速走，否则必有杀身之祸"，企图瓦解俱乐部。对此朱少连等态度坚决坦然，声明"秉光明正大之宗旨，作正大光明之事业，死也不怕！"深得工人的信任与尊敬。

安源大罢工爆发后，朱少连与刘少奇、李立三等一道，参与领导了罢工斗争。9月14日凌晨，朱少连首先下令"开赴株洲之元次车先行停开，将车头及水柜各种重要机件完全卸下，并通知机务处各工友，次早不放进班号"，掀开震撼全国的安源大罢工之序幕。9月16日，刘少奇与当局举行谈判时，朱少连组织数千工人围住谈判大楼，既保护了刘少奇的生命安全，又给当局以直接的震慑，为迫使当局接受罢工条件起到了推波助澜的作用。由于朱少连在罢工斗争中表现突出，当年10月俱乐部改组时，他被选为俱乐部的路局主任。

安源大罢工胜利后，各地工运和工会组织在开展与建立时，纷纷邀请安源工运领导人前往指导和帮助。朱少连是派往各地指导工作最多的领导人之一。1922年10月，他奉命参加粤汉铁路总工会和湖南全省工团联合会的筹建工作；11月，参加粤汉铁路总工会成立大会，并参加湖南工团联合会第一次代表会议，当选为会议主席。不久，他赴汉阳参与筹建汉冶萍总工会并出席成立大会，还担任全国铁路总工会筹委会驻株萍铁路特派员。朱少连为这些地域性和全国性工会的成立，作出了重要贡献。1923年6月党的三大召开，朱少连当选为中央执行委员。他还作为安源党代表出席了1927年党的五大。

1925年9月21日，安源路矿工人俱乐部被北洋军阀武装封闭后，朱少连根据党的指示，组织一部分工人去广州农讲所学习或参加革命军，一部分工人深入农村开展农民运动。1926年3月16日，朱少连接受全国铁路总工会的命令，在醴陵阳三石成立株萍铁路总工会，担任株萍铁路总工会委员长，领导铁路工人开展秘密斗争。同年5月1日，朱少连出席在广州召开的第三次全国劳动大会，当选为中华全国总工会执行委员。他向大会作了题为《安源路矿工人之奋斗》的工作报告。

1927年5月长沙"马日事变"发生后，为平定反革命叛乱，朱少连领导由安源、萍乡、醴陵、株洲等地4万人组成的工农义勇军向长沙挺进，在株洲白鹤仙附近与许克祥军队展开激战。

1927年9月8日，朱少连被中共湖南省委任命为湖南工农革命军第一军第一师第四团团长，负责在株洲发动和组织工农武装暴动，配合毛泽东领导的秋收起义。9月12日，朱少连组织工人、农民围攻株洲车站，很快就控制了整个城镇。后来国民党反动派疯狂反扑，因敌我力量悬殊，暴动失败。朱少连率部继续辗转于株洲、醴陵一带山区，坚持游击斗争。

1928年3月，国民党悬赏300大洋通缉朱少连，朱少连只得潜回老家湖南衡阳隐居。同年底，由于叛徒的欺骗，朱少连回到安源，于1929年1月5日不幸被捕。在狱中，朱少连饱受酷刑拷打，始终坚贞不屈，1月8日被国民党反动派杀害于萍乡县城大西门外，时年42岁。

**11. 杨士杰牺牲时穿的血衣**

在安源纪念馆的展厅里，陈列着一件血迹斑驳的衣衫。它是革命烈士杨士杰牺牲时穿的血衣。它的捐赠者是烈士的妻子谢清英。

杨士杰，出生于萍乡县彭高乡昙花村一个贫苦农民家庭，1909年来安源做工，由于他长得眉清目秀，聪明机灵，被矿警队队长招为勤务员。1921年，安源路矿工人运动在中国共产党的领导下轰轰烈烈地开展起来了，杨士杰在革命思想的熏陶下，阶级觉悟不断提高，成为党在矿警队从事

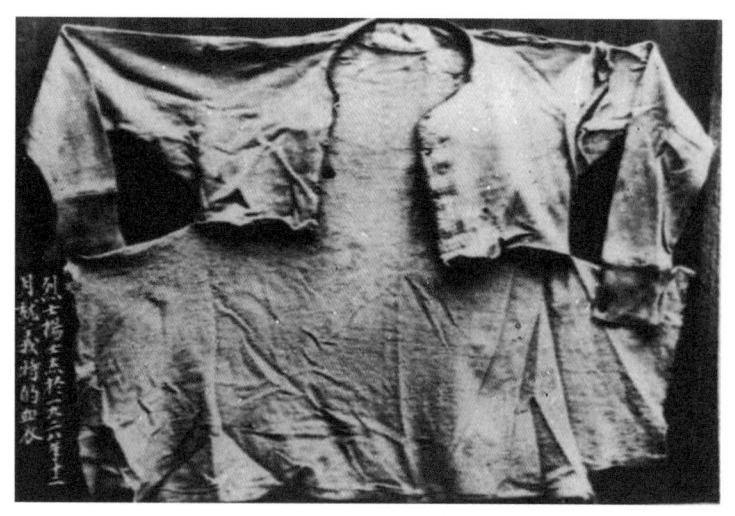

杨士杰牺牲时穿的血衣

革命活动的核心力量。他还积极向矿警队员讲述革命道理，在矿警队中建立秘密的党、团组织。后来，这支武装被我党完全掌握，在秋收起义中发挥了重要作用。1927年9月9日秋收起义爆发，杨士杰在战场上冲锋陷阵，敢打敢拼，在攻克浏阳的战斗中不幸中弹受伤，但依然坚持战斗。

秋收起义失利后，杨士杰带领部分战士，在湘赣边界坚持游击战争。当时，山上的生活条件十分艰苦，战士们只能靠挖野菜充饥。1928年1月的一天，杨士杰偷偷回到家中，想弄点干粮和咸菜给山上的同志们吃，却不幸被叛徒发现。叛徒带领反动武装包围了杨士杰的家。杨士杰痛骂叛徒："你这条狗，想从我身上发财，你发不成，共产党人是杀不尽的！"敌人一拥而上，企图捆绑他，杨士杰大喝一声："不用绑，我自己走！"说完，他亲了亲女儿，告别了妻子，挺起胸膛走了出去。

敌人抓到杨士杰如获至宝，妄图从他嘴里得到安源党组织和游击队的情况。敌营长亲自审讯，又是威胁引诱，又是严刑拷打，任凭敌人软硬兼施，杨士杰早已抱定坚定的信念，严守党的秘密，永不叛党。敌人恼羞成怒，拿来绳子捆住杨士杰的手指和脚趾把他悬在柱子上。手指和脚趾的筋骨被拉断了，杨士杰痛得死去活来。气急败坏的敌人用烧得通红的烙铁烙在他身上，冒出一股股的白烟，杨士杰昏死了过去。经过几天几夜的残酷折磨，杨士杰身上已经没有一块好肉，有的地方连骨头都露了出来。但敌人的严刑拷打只能损伤他的肉体，丝毫也不能动摇一个共产党人的坚强意志。杨士杰这样叮嘱妻子："我这一辈子生活清贫，没有给孩子们留下什么家产，请你把我在刑场上的血衣留给他们，让他们知道自己的父亲是一名坚贞的共产党员。"

经过七天七夜的折磨，杨士杰始终坚贞不屈，敌人无可奈何，只有对他下毒手了。1928年1月16日，风卷着大雪发出了阵阵哀鸣，树枝上挂满了朵朵雪花。杨士杰衣衫褴褛，遍体鳞伤，被押上了刑场，手铐脚镣的碰撞声，震撼着安源人民的心，"中国共产党万岁！"的口号声，回荡在安源山谷。

杨士杰和无数英烈的鲜血染红了安源大地，他们的光辉形象化作安源山上的苍松翠柏，四季常青，永远屹立；他们的浩气丹心化作安源山的脊梁，气势磅礴，亘古不变。

**12. 邓贞谦遗书——1928年4月18日早晨随手写出**

遗书纵32厘米，横63厘米，是原中共安源市委委员、湘东区委书记邓贞谦牺牲前在狱中写下的，充分表现了烈士对革命事业必胜的信念和在对敌斗争中大无畏的革命精神。

邓贞谦，又名邓中坚，萍乡市上栗县彭高镇茶源头村人，1907年出生于一个贫苦的农民家庭。

1921年，由于生活所迫，14岁的邓贞谦辍学来到萍乡县城谋生，先后在"顺兴和""翕记"商号当学徒。1923年，考入萍乡中学继续读书。当时，1.3万多安源路矿工人在毛泽东、刘少奇、李立三等同志的领导下，取得了罢工的胜利。这些消息给邓贞谦等萍乡中学的学生和近郊农民以深刻、巨大的影响。在校期间，邓贞谦和孔原、刘型等进步青年寻求革命真理，组织筹建了进步团体"互助社"。不久，"互助社"又改为"策群社"，积极从事爱国学生运动。从1924年起，中共安源地委陆续派共产党员到萍乡中学、达成师范等学校讲演，宣传马列主义的革命道理，启发学生和教师的觉悟。在安源党组织的领导和帮助下，萍乡中学的学生运动逐步开展起来。邓贞谦等人建立的"策群社"，实际上就成了萍乡青年团组织的前身。邓贞谦为萍乡学生进步团体及青年团组织的建立做了大量工作。

1926年，邓贞谦从萍乡中学毕业后，考入北京师范大学。在京读书期间，他亲眼目睹了军阀混战给中国人民带来的深重灾难。1927年大革命失败，中国革命形势转入低潮，面对反动势力疯狂屠杀的白色恐怖，邓贞谦毅然牺牲个人利益，弃学返乡，全力投身于革命洪流。

邓贞谦根据党的指示，回到萍乡与党组织取得联系，在萍乡东门伞铺里建立了党的秘密活动机关。随后，他积极恢复萍乡县农民协会，成立了筹备委员会，并负责后勤总务工作；同时他还利用主办《新萍周刊》的合法身份，进行广泛的社会联系，发展壮大党的组织。

1927年12月，邓贞谦担任中共安源市委委员、湘关区委书记。他与刘型、袁德生等人一道，在萍乡、湘东、老关、排上、下埠、东桥等地，广泛发动农民，组织农民赤卫队，开展农民武装斗争，向当地地主阶级特别是土豪劣绅发起了猛烈进攻，开创了萍乡小西路工农武装割据的新局面。

邓贞谦担任湘关区委书记的同时，还肩负了中共安源市委与井冈山根据地的联络任务。从萍乡

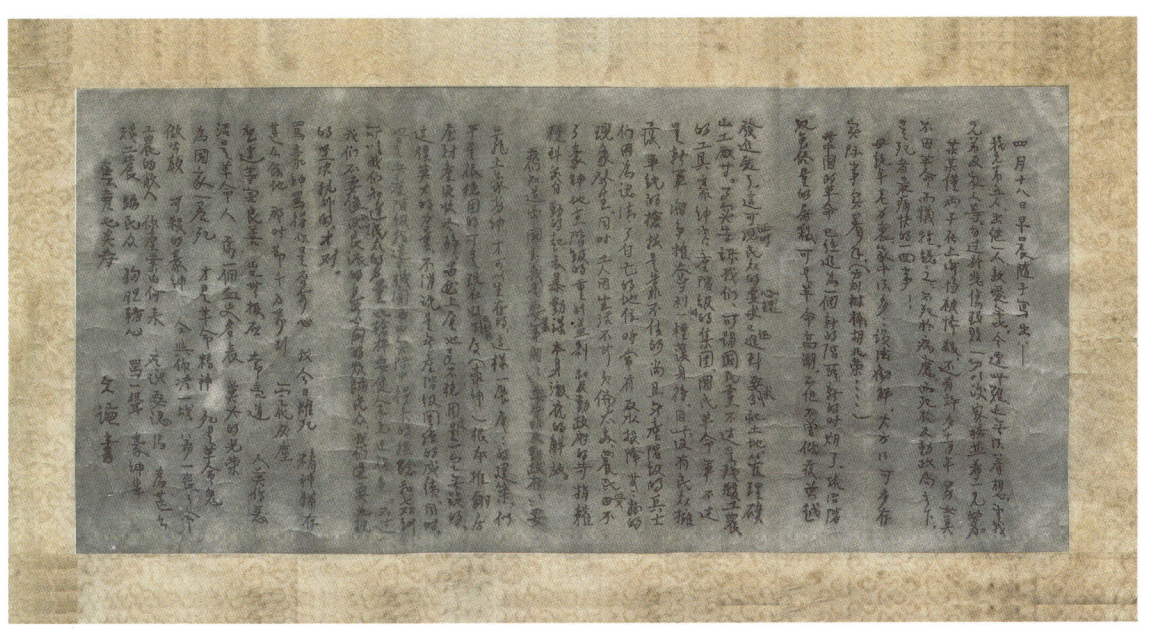

邓贞谦遗书

到井冈山，不仅要经受崎岖山路的艰难困苦的考验，更重要的是要冒着生命危险，越过一道道敌人的岗哨监控。邓贞谦冲破一道道难关，一次又一次往返传递文件，护送来往的革命同志，并多次见到毛泽东。

1928年4月上旬的一天，邓贞谦来到井冈山茨坪，将萍乡地区开展工农武装斗争，特别是上栗斑竹山起义失败的情况向毛泽东作了汇报。毛泽东对萍乡的革命斗争作出指示，并让其带些黄金下山作为党的活动经费。就在邓贞谦从井冈山返回萍乡南坑的街头时，突然从巷道里窜出几十个靖卫团的团丁，将他毒打一顿后，把他五花大绑捆了个严严实实，立即押送到县城监狱。邓贞谦早已将个人的安危置之度外，不管是敌人的花言巧语，还是严刑拷打，邓贞谦总是泰然自若。他的头被打破了，脸被打肿了，腿骨也被打断了，却没有把党的活动情况供出半个字来。在狱中，他自知难以活着出去，用敌人给他写自首书的纸笔写下了遗书：

我兄弟五人，出继一人，亲爱无比。今遭此难，止（只）无须着想，望我兄弟及家人等，勿过于悲伤残败一切以后家务并希二兄努力。

某某仅两子在上海均被惨杀，还有许多青年男女莫不因革命而牺牲。总之，不死于病魔，而死于反动政局之下，是死者最痛快的一回事！

母亲年老力衰，家中须多多设法劝解，大方乃可多存实际事实着手，（如刘树楠胡兆荣……）

中国的革命已经进为一个新的阶段，新的时期了。统治阶级虽尽量地屠杀，可是革命高潮，不但不曾低落，并越发进展了。这可证明民众的心理已经进到要求分配土地、管理矿山工厂等。事实告诉我们，所谓国民党不过是残杀工农的工具，豪绅资产阶级的集团，国民革命军不过是新军阀争权夺利的一种护身符。因此，没有民众拥护，单纯的枪枝（支）是靠不住的。尚且无产阶级的兵士们因为认清了自己的地位，时常有反水投降等等好的现象发生。同时，工人因生活不等，欠饷太多，农民受不了豪绅地主阶级的重利盘剥和反动政府的苛捐杂税□□自动地起来暴动谋本身彻底的解放。

我们知道帝国主义是要靠军阀，要靠反动政府，要靠土豪劣绅才可以生存的，这样一展层层的建筑，似乎是很稳固的。可是现在将反动的下层（豪绅）根本推翻房屋财产没收尽静（净），当它上层也不稳固这是一定无疑的。这种莫大的力量不消说是无产阶级团结的成绩。同时，也是无产阶级指导机关由实际中得来的经验和教训，所以我们知道民众的力量比枪杆要健全，充□（实）得多。不过我们不要像那些改良派的手段公开地欺骗民众，我们要兑现的坚决执行的才对。

骂豪绅骂得你是否安心？我今日虽死，精神犹存，甚么余地，那时节千刀万刮，一定化灰尘。

想这等害良善，岂无报应。常言道，人莫作恶，活是革命人，落一个血史名表，莫大的光荣。

为国家一□死，才是革命精神，死是革命鬼。做公敌，可杀的豪绅，今与你决一战，万一丧了命，工农的敌人，你产业由何来，应该要认清，为甚么残工农，骗民众，狗胆猪心，骂一声，豪绅辈。

贞谦书

1928年6月8日是邓贞谦罹难的日子。临刑前，他坚持不肯走路。刽子手强行将他绑在一张椅子上，抬着他游遍萍乡城东、南、西、北四门。游街途中，邓贞谦唱着《国际歌》，高呼"无产阶级联合起来！""共产党万岁！"等口号，从容就义于大西门外的一棵茶树下，年仅21岁。

### 13. 石碑对联："红旗飘扬五大洲，主义战胜全世界"

这副石碑对联长29厘米，宽250厘米，高9厘米，原刻于武功山麻田的蔡家乡苏维埃政府门框上，现藏于安源纪念馆。

1930年4月，中国共产党领导大安里春荒暴动之后，麻田境内一个星期之内成立了熊岭、蔡家、大江边、麻田、石溪、沈子、杨溪等七个乡苏维埃政府。蔡家乡苏维埃政府设在蔡家"德春堂"药房。"德春堂"药房的经营者姓皮，世代行医，在当地口碑甚佳。1930年担任大安区东江乡苏维埃政府文书的蔡涛书写了对联："红旗飘扬五大洲，主义战胜全世界"，字迹遒劲、工整，经石匠刻凿后镶嵌在蔡家乡苏维埃政府门框上。

据《萍乡英烈谱》记载：蔡涛（1903—1932），萍乡麻田蔡家人，出身中农家庭，生活清苦。萍乡中学毕业后，做过多年小学教员，屡受失业痛苦，因而对当时的社会制度深恶痛绝。1930年参加革命，不久加入中国共产党，担任大安区东江乡苏维埃政府文书。1931年调中共大安区委担任秘书。1932年秋，因打成"AB团"被错杀。

石碑对联："红旗飘扬五大洲，主义战胜全世界"

1934年湘赣主力红军撤离苏区后，国民党反动派卷土重来。为了使这副对联免遭敌人破坏，皮家人将对联上的字涂黑，再在上面贴上红纸写的对联进行覆盖，将这副对联保存了下来。1968年12月，皮耀南将这副石刻门框对联捐献给安源纪念馆。2003年9月，经江西省文物局文物鉴定组专家鉴定，被推荐申报为国家一级革命文物。2007年9月，被国家文物局批准为一级革命文物。

### 14. 萍乡七区十九乡二村儿童团团员张文泉1933年佩戴的飘带

儿童团员佩戴的红飘带长90厘米，宽6厘米，两头呈三角形。这条看似陈旧而普通的红飘带，却是中国共产党领导的第一个少年儿童组织——安源儿童团的标志，是今天我们少先队员佩戴的红领巾的雏形。

1922年9月安源路矿工人大罢工胜利后，安源工人的子弟

萍乡七区十九乡二村儿童团团员张文泉1933年佩戴的飘带

在父辈们的革命熏陶下，也在茁壮成长。他们纷纷学着大人们的样子，积极参加安源路矿工人俱乐部组织的各项革命活动。工人集会游行，他们跟在队伍后面挥动小旗，高呼口号；工人与资本家斗争，他们呐喊助威；工人贴标语、散传单，他们总是抢着干。看到安源少年儿童中蕴藏着极大的革命积极性，中共安源地委负责人想到，只要将这些孩子们组织起来，经受革命斗争的锻炼和考验，定能成为一支生龙活虎的革命力量。于是，指示青年团安源地委和安源路矿工人俱乐部青年部负责，尽快在安源筹建一个少年儿童组织。

1922年4月，党组织把这些在斗争实践中经受锻炼的好苗子召集起来，成立了中国共产党领导下的第一个少年儿童革命组织——安源儿童团，并宣布了三条纪律："保守秘密，不许打架，完成任务"。第一批参加的有王耀南、刘玉汉、张正等7人。安源儿童团的团员是7至15岁之间的孩子，他们遵循"九人一队，两队一团"的编制；严守"诚实不虚假、帮扶他人、保守秘密、完成任务"的职责，胸前佩戴一条红色的飘带。团员们在子弟学校汲取知识，学习革命道理；承担了站岗、放哨、宣传演讲、散发传单、秘密接送等任务；配合俱乐部开展游行和纪念活动。

随着工人俱乐部学校教育的快速发展，学校由1922年的1所，扩充到1924年的7所，小矿工和矿工子女的入学数量也大幅增加。1924年5月，为适应安源工运发展和少年儿童革命成长的需要，安源儿童团扩大规模，组建了安源童子团（又称安源劳动童子军）。安源童子团以安源小矿工和工人俱乐部小部员为基础，将少年儿童组织起来，共64人，分3个分队、8个排，分驻三校。青年团安源地委农工部委员、工人俱乐部青年部部长黄五一任军长。童子军统一穿蓝色衣服、黄色西装短裤，戴黄色帽子，手持木棒，脖子上系一根红飘带。

劳动童子军有自己的宗旨，这就是："顺应社会需要，发展儿童本能，以培养健全的国民基础，训练工人子弟，养成其活泼勇敢的精神和有纪律有组织的行动。"

劳动童子军制定条规，实行严格的纪律，定期举行操练。其主要任务是：协助安源工人俱乐部纠察团站岗放哨，遵照工人俱乐部的决定，开展革命宣传活动。据当年在安源参加儿童团的吴运铎回忆："学校里还成立了儿童团，常常组织儿童团上街宣传。我记得有个女同学名叫朱运贞，是我们这个班年纪较大的学生，她父亲是俱乐部的干部，她本人也很有胆量，对宣传很积极。上街宣传的时候，常常是我和一些小伙伴吹喇叭，吸引听众。听的人集合得差不多了，就到附近店铺里借一条凳子，朱运贞就站在凳子上讲演。"1925年五九国耻纪念日，安源儿童团不仅参加游行示威、散发传单和讲演，还到各商店搜查洋货。同年9月安源路矿工人俱乐部被北洋军阀武力解散后，儿童团员们冒着生命危险，到监狱给被捕的俱乐部干部送饭，并张贴革命标语。

1924年到1927年大革命时期，中国共产党在广泛发动群众开展工农运动的同时，又在上海、武汉、天津、唐山、广东、湖南、江西、海南岛等地先后建立了劳动童子团，并把领导儿童组织的任务委托给青年团。1927年到1936年土地革命时期，中国共产党在各革命根据地恢复发展了劳动童子团，后来改名为共产主义儿童团。1937年到1945年抗日战争时期，中国共产党在各抗日民主根据地发展了各类名称的抗日儿童团组织。1946年到1949年解放战争时期，在中国共产党的领导下，解放区建立了儿童团，国民党统治区也建立了地下少先队。1949年10月13日，中国共产党缔造的、全国统一的少年儿童组织——中国少年儿童队建立。1953年6月改名为中国少年先锋队。

中国共产党创立和领导的中国革命少年儿童组织，诞生在轰轰烈烈的革命运动中。他的成长始终和革命斗争紧密联系在一起。

如今，在安源纪念馆还陈列着一根红飘带和一个红袖章。它们是萍乡县苏维埃七区十九乡二村儿童团团长张文泉1933年佩带的标志。和今天的红领巾一样，红飘带曾经召唤和激励了许许多多少年儿童为着理想、向着胜利勇敢前进。2020年5月，经专家评审，红飘带由三级文物晋升为二级文物。

### 15. 刘少奇给范明庆同志并转安源镇工会的信

安源，是刘少奇同志最早从事革命活动的地方。1922年9月至1925年春，他在安源先后担任安源路矿工人俱乐部全权代表、窿外主任、代理总主任兼窿内主任、总主任和汉冶萍总工会临时执行委员会委员长等职。新中国成立后，刘少奇担任党和国家的重要领导职务，尽管日理万机，却仍然十分关心安源的生产建设和安源人民的生活情况。正如王光美同志1980年1月写给《工人日报》和《中国青年》杂志社的信中所指出的："少奇同志对安源的感情非常深厚"。

新中国成立之初，地处江西省萍乡县的安源煤矿正在筹备恢复。范明庆等安源老工人出于对煤矿生产建设的关心，于1951年4月8日写信给国家领导刘少奇，建议在安源修建铁路，并恢复安源路矿工人俱乐部等革命旧址。信的全文如下：

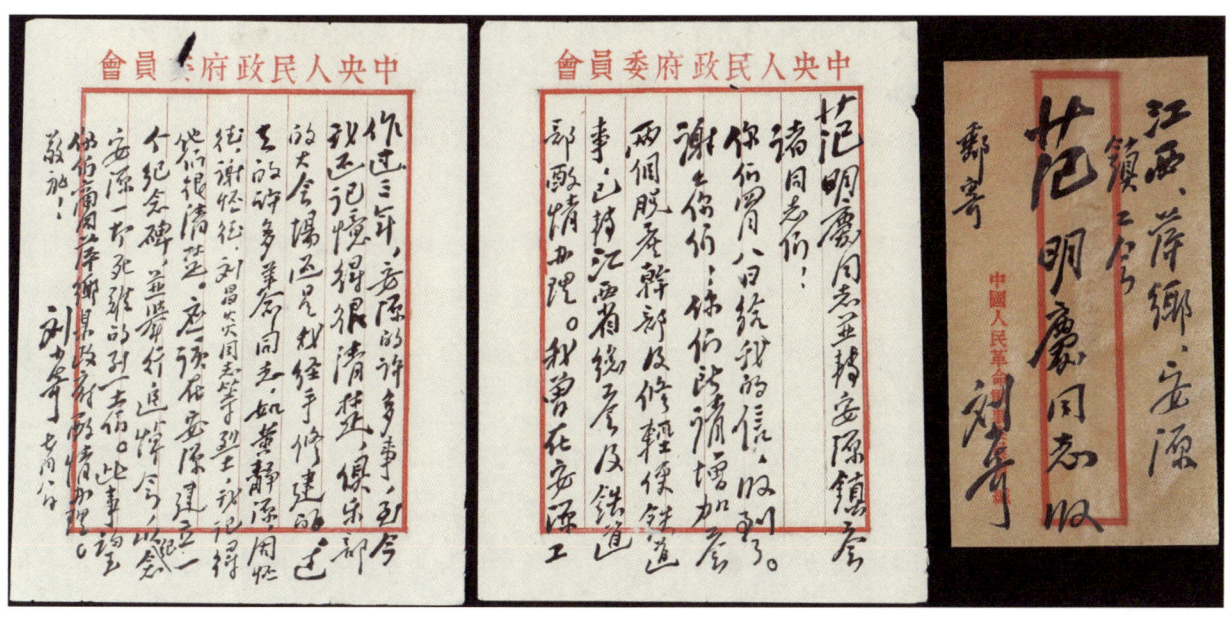

刘少奇给范明庆同志并转安源镇工会的信

刘副主席：

阔别已二十五年了，在漫长的岁月中，我们无时地不在想念着你。今日中国的革命基本上取得了胜利，革命的摇篮——小莫斯科——安源也在解放战争的全面胜利下获得解放。我们过着幸福、自由、快乐的主人翁的生活将两年了。首先我们得感激自己的党——中国共产党和人民的领袖毛主席，以及你们各位革命的领导者。如今：每当工作暇余的时候，我们还回忆过去的工作与生活。记得在二十五年前你曾领导我们路矿两局的数万工人弟兄们，组织了路矿两局总工会。在总工会的领导下向敌人进行了文娱活动和政治斗争。在文娱活动方面当时我们的俱乐部真够健全，给了我们文化教育和政治教育。在政治斗争方面，我们采取了数万人的总罢工等方式，的确，我们向敌人的斗争是何等英勇与顽强呵！反动派为了想稳固他的统治，永远来剥削工人，当时采取了强大的武装镇压。因此黄静源、周怀德、王毅、刘昌炎诸位同志，就此壮烈地牺牲了，而且摧毁了我们的组织，破坏了我们的革命工作。不但如此，反动派政府的官僚和地主，反勾结日本帝国主义，全部拆毁了我们数万工人的家——萍矿，把那些钢铁机器化为私有，来满足他们极其奢淫的生活，使整个繁荣而驰名中外的安源矿区变为颓墙败壁，到处瓦砾成堆，他们那里还会顾到什么祖国的工业化和我们数万工人的生活，使我们在解（放）前，你走了后，这十多二十年的中间过着非人的生活，没有工作，没有家，到处流浪，甚至还要受到敌人的逮捕、坐牢。事实上因生活被迫及敌人继续残害而死的工人同志真不知道多少，这就是反动政府的官僚地主勾结日本帝国主义所给予我们的痛苦！

尽管反动派的手段惨无人道，还是摧毁不了我们的革命力量，相反的是日益壮大，结果事实证明了我们的理想。一九四八年六月安源获得解放，我们这些流浪异乡多年的丧家之人，又一批一批，先后回到了我们的革命的摇篮——小莫斯科——安源。一年多来在党和政府的领导下，我们又组织了安源镇工会，会址在原来的俱乐部内。目前全安源共有职工三千多人（包括店员及手工业），正式为会员的有一半以上，而且成立了夜学，举办了福利事业。在生产方面我们也有成绩，全安源计有东平巷及其他二十八个煤井（土采）每天产煤在一千吨以上，而且各方面支持了农人完成安源区的土改。

我们是胜利了，但我们国内的敌人还未完全消灭，蒋匪仍盘踞在台湾，国外以美帝国主义为首的侵略者正在朝鲜侵略，而且更狂妄地扶助日帝，想发动更大范围的战争。因此我们还要提高警惕，防止匪特破坏，加强团结，巩固人民革命统一战线，我们安源全体职工誓以下面四项实际行动来答复帝国主义的侵略和匪特的阴谋。

一、搞好保安工作，订出生产计划，减低成本，增加产量，来响应"爱国主义的生产竞赛运动"，向破坏生产和怠工者作无情斗争。

二、加强政治学习，提高政治觉悟与阶级觉悟，加强文化与业务学习，提高自己的文化水平和熟练业务。

三、协助行政和资方，改善业务，改善经营的方式方法。

四、搞好工会内部组织，把剥削工人的把头和破坏组织的落后反动分子开除出去。

为了安源的恢复，为了工会工作的推进，为了纪念你过去对我们的领导，我们全安源区的工人有下面三个要求：

一、请你给张照片使我们悬挂，朝夕瞻仰。

二、安源过去革命历史很多，工会会务也跟着非常地多，经常办公的人员非四个不能展开工作，现在呈请两个脱产干部，上级工会还未批准，这点请刘副主席帮助解决。

三、安源的煤虽比不上过去的产量，但每日也可产一千余吨，煤质非常纯净，可是交通不便运输困难，使成本无形提高，所以销路不畅，可否请刘副主席转咨交通部修条轻便铁路。

以上三点要求，我们恳切盼望刘副主席示覆，这封信写得非常冒昧，请原谅我们知识浅陋吧。

此致

敬礼

萍矿老工人代表 范明庆 罗才早 陈润霞 陈文琪 段仲贤<br>胡时书 段承琳 段芹文 彭裕琳 段汝林<br>安源镇全体工人 仝启<br>一九五一年四月八日

1951年7月8日，北京中南海夜深人静，中央人民政府副主席刘少奇仍在书房伏案工作着。这是一间极为普通的书房，一组分格式的大书柜靠墙而立，书柜里大大小小的书摆放得整齐有序。一套红木转角沙发在书柜前围了半圈，书桌上叠着一些信件，这里既是刘少奇的书房，又是会客室。

刘少奇上穿一件白衬衣，下着一条浅灰色西裤，浓密的黑发中夹杂着几根白发，特别醒目，双眼布满了血丝。身为党和国家领导人的刘少奇日夜操劳，鞠躬尽瘁。此时，他正细心地看着一封封来信来函。突然，刘少奇看到了一份以范明庆等安源老工人名义写来的信。这封信不仅反映了安源工人的需求与愿望，而且也表达了安源工人对刘少奇的深切思念。

刘少奇急切而认真地看完信，情不自禁地想起了自己当年在安源领导工人运动的峥嵘岁月。自1925年离开安源，一别就是30年，但这些年来，刘少奇对安源的深厚感情并未随时间的流逝而稍减。他对安源的发展变化，对安源工人的生活、工作等各个方面，都十分关心和重视。他多么想到安源走一走、看一看啊。只是国事繁忙，一直没抽出时间。刘少奇还清楚地记得，安源路矿工人俱乐部是由他经手修建起来的。1922年安源路矿工人大罢工取得圆满胜利后，安源工人纷纷加入俱乐部，俱乐部部员由700多人迅速发展到1.3万余人，并建立了紫家冲、湘东、株洲、醴陵四个分部。随着工人队伍的逐渐壮大，俱乐部各种机构也逐步得到健全和完善，原有的办公地点陈旧、窄小，已不适合俱乐部组织发展的需要。为此，刘少奇提议由工人自己捐款修建一座工会大厦。这样既能解决工人学习、开展革命活动的场所，对外又能扩大俱乐部的影响力。刘少奇的提议获得了工友们的一致赞同。1923年10月18日，安源路矿工人俱乐部讲演厅在半边街广场动工兴建。在刘少奇主持下，经过数月夜以继日的奋战，1924年5月1日，由工人自行集资、设计建造的俱乐部讲演厅建成。它是全国最早、规模最大、最具特色的工会大厦。

刘少奇还清晰地记得当年他亲自登台演文明戏,深受安源工人欢迎的情景,工友们都亲切地称呼他"工人代表"。想到安源,刘少奇还忘不了与他一起生活、工作过的黄静源、周怀德、谢怀德、刘昌炎等革命烈士。

黄静源是安源路矿工人俱乐部副主任,安源路矿工人运动中第一位死难的工人领袖。1925年9月,汉冶萍公司总经理盛恩颐勾结湘赣两省军阀武装袭击俱乐部,黄静源为掩护革命同志脱险不幸被捕。面对敌人惨绝人寰的血腥屠杀,他坚强不屈地高呼"打倒帝国主义!""打倒军阀!""打倒资本家!"等口号凛然就义。周怀德、谢怀德、刘昌炎是安源工人中的杰出代表,在安源党组织的培养和教育下,从一名普通的煤矿工人成长为对党忠诚、意志坚定的无产阶级革命战士。他们对安源路矿工人运动都作出了很大的贡献。

革命胜利来之不易。无数革命先烈为了今天的幸福生活,献出了宝贵的生命,是他们用生命换来了新中国,用血肉筑起了社会主义大厦。英雄的事迹可歌可泣,流芳百世。

刘少奇沉浸于安源的往事,不知不觉已是深夜两点了,他不知疲倦,长舒了一口气,带着对往事的怀念和对未来的期望,心系着安源的发展与建设,感慨万分地拿起毛笔,给安源镇工会回信:

范明庆同志并转安源镇工会诸同志们:

你们四月八日给我的信,收到了。谢谢你们!你们所请增加工会两个脱产干部及修轻便铁道事,已转江西省总工会及铁道部酌情办理。我曾在安源工作过三年,安源的许多事,至今我还记忆得很清楚,俱乐部的大会场还是我经手修建的。过去的许多革命同志,如黄静源、周怀德、谢怀德、刘昌炎同志等烈士,我记得他们很清楚。应该在安源建立一个纪念碑,并举行追悼会,以纪念安源一切死难的烈士们。此事望你们商同萍乡县政府酌情办理。

敬礼!

刘少奇

七月八日

在刘少奇的亲切关怀下,安源煤矿很快恢复生产;萍乡到安源的铁路和安源路矿工人俱乐部等革命旧址也得到了修复。

**16. 刘少奇1955年题写"萍矿工人报"报名的铁文木印章**

刘少奇1955年题写"萍矿工人报"报名的铁文木印章,横、竖排版各一块,大小尺寸一致,长12厘米,宽3.7厘米,高2.2厘米。

1955年9月,萍乡煤矿工人郭清泗赴北京出席第一届全国人民代表大会第二次会议。首都北京秋高气爽,艳阳高照。中南海怀仁堂里,1000多名全国人大代表带着各族人民的重托,汇聚一堂,与党和国家领导人一起讨论国家大事,行使人民当家作主的权利。

江西代表席上,来自江南最大煤都——萍乡煤矿工人代表、曾创造过手镐落煤班产最高全国纪录的采煤工人郭清泗非常激动。这是他第二次进京参加这样隆重的大会。会上,当毛泽东、刘少奇、周恩来、朱德等党和国家领导人步入主席台时,郭清泗和全体代表同时站立起来,使劲鼓掌,久久

刘少奇 1955 年题写"萍矿工人报"报名的铁文木印章

凝视着,心中油然升起"老乡"的亲切感。

1954 年,也是这个时候,当选为全国人大代表的郭清泗第一次进京参加第一届全国人民代表大会。会议期间,毛泽东、刘少奇、周恩来、朱德等中共中央领导特意在中南海草坪,接见了来自各条战线的著名劳动模范。毛泽东等走到劳模面前,与他们一一握手。"毛主席好!"毛泽东听到郭清泗一口纯正的湖南湘潭口音,便问他是哪里人,在哪里工作。郭清泗答道:"我是湖南湘潭人,在萍乡矿务局高坑煤矿做工。"毛主席听了非常高兴,紧紧握着郭清泗的手说:"我也是湖南湘潭人,曾经到过萍乡安源,那我们是老乡啰。少奇同志也是湖南人,也在安源工作过,他也是老乡。"接着,毛主席又笑着说:"在萍乡当煤矿工人真光荣!"这次与党和国家领导人充满深情的会见,让郭清泗终生难忘。"我们是老乡"这句话,更是深深地镌刻在他的脑海里。

今天,郭清泗又一次在庄严的人民大会堂见到共和国领袖中的"老乡",这次他带着万余安源工人的嘱托,请当中央领导的"老乡"毛泽东、刘少奇,为安源矿工自己办的报纸《萍矿工人报》题写报头。

《萍矿工人报》系萍乡矿务局(后改为萍乡矿业集团有限责任公司)党委机关报,从 1950 年 1 月 18 日创刊起,安源工人就热切盼望着毛泽东、刘少奇题写报头,这是万余安源工人多年来的夙愿。郭清泗此次启程赴京参加全国人民代表大会前夕,萍矿党委负责同志千叮咛,万嘱咐,委托他一定要请中央首长了却安源工人这个共同的心愿。

到了北京,除了开好会外,郭清泗就想着该如何当面请毛泽东、刘少奇为《萍矿工人报》题写报头。机会终于来了。一天会议中途休息时,郭清泗见毛泽东主席、刘少奇委员长、周恩来总理、朱德总司令在中南海怀仁堂外的草坪上一起交谈,便立即走上前。郭清泗打断几位中央首长的交谈,满面笑容地对毛泽东说:"毛主席,您好!"毛主席一听口音便记起了他,回答道:"你好,老乡!"郭清泗随即开门见山地说明来意。毛泽东沉思片刻说:"少奇同志在安源搞工运的时间长,还是请少奇给你们题写吧。"刘少奇听说郭清泗是从萍乡来的,便拉着他的手,与毛泽东一道关切地询问解放后安源煤矿的生产和工人生活情况,并爽快地接受了题写报头的请求。他对郭清泗说:"我写好就告诉你。"

当天晚上回到家,饭后不久,刘少奇来到办公室,想起了郭清泗的请求,想起了安源,心情久久不能平静。30多年前,他与安源工人们一起出生入死,义无反顾地开展罢工斗争,谋取工人权利,捍卫工人俱乐部,扩充工人消费合作社,举办安源党团校……安源往事历历在目。刘少奇沉思许久才平静下来,拿出文房四宝,铺纸提笔,凝神屏息,认真地为《萍矿工人报》书写报头。

作为国家领导人,刘少奇日理万机,有许多国家大事等着他去处理。然而为安源工人的报纸题写报头,他觉得同样是件大事,他的眼前仿佛看到了安源工人一双双期盼的眼神,因此他格外细致、用心。书写了一份,怕工人们没有挑选的余地,再书写了一份;书写了两份,还怕工人们不满意,又重写一次,一连书写了好几份才停下笔,舒了一口气。他认真地从中挑选了几份横排版和竖排版的报头交给秘书,才开始处理其他公务。第二天一早,刘少奇就吩咐秘书将写好的报头送给郭清泗,并交代说有好几份,由他们自己去挑吧。

郭清泗接过刘少奇亲笔题写的报头,感动万分,不知说什么好,只是一个劲地连声说:"我代表安源工人感谢中央首长,感谢中央首长!"

1955年10月1日,由全国人大常委会委员长刘少奇题写的《萍矿工人报》报头正式启用。这期报纸以独特的形式隆重、热烈发行,并派专人送到萍乡各个单位,甚至还送到江西、湖南、北京等地,受到广大群众的追捧和一致好评。特别是安源工人捧着报纸,激动不已,爱不释手,仿佛又看到了昔日他们心目中"一身是胆"的英雄。

受"文化大革命"影响,《萍矿工人报》于1968年10月被迫停刊。党的十一届三中全会后,经中共江西省委宣传部批准,《萍矿工人报》于1979年8月1日正式复刊。同时,江西省出版事业管理局批准《萍矿工人报》在国内公开发行。1980年3月1日,《萍矿工人报》重新启用刘少奇题写的报头,公开发行。刘少奇的夫人王光美为此特意复信给萍矿工人报编辑部表示热烈祝贺。刘少奇题写的《萍矿工人报》报头一直沿用至今。

2003年9月,经江西省文物局文物鉴定组鉴定,刘少奇题写"萍矿工人报"报名的铁文木印章被定为二级文物。

**17. 李立三1965年写给朱少连烈士之女、安源路矿工人运动纪念馆负责人朱子金的信**

李立三1965年写给朱少连烈士之女、安源路矿工人运动纪念馆负责人朱子金的信,信笺为中共中央华北局专用,纵26.5厘米,横18.7厘米,信笺上方有时任中共萍乡市委书记肖烈的批复:"市委意见照立三同志意见办理。"另有一个信封,左上方贴有一张"人民大会堂"图案的邮票,右下方印有红色的"中共中央华北局"七个大字,信封中间为蓝墨水钢笔书写的"江西省萍乡县安源路矿工人俱乐部朱子金同志亲启"的字样。

1964年11月安源纪念馆正式成立后,为了解安源路矿工人运动史实,该馆副馆长、朱少连烈

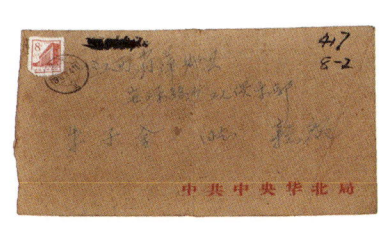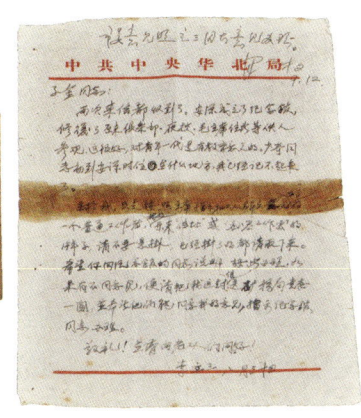

李立三 1965 年写给朱少连烈士之女、安源路矿工人运动纪念馆
负责人朱子金的信

士之女朱子金写信给李立三，请他回忆刘少奇当年在安源的住处。因为信息不通，只听人说李立三是国家劳动部部长。于是，1965 年 6 月，朱子金给李立三写了一封信，寄往北京的中华人民共和国劳动部。信发出后月余不见回音。1965 年 8 月，朱子金从一位来安源参观的中央首长那儿打听到李立三已调离劳动部，现仍在北京任中共中央华北局书记处书记，便再次给他写信。

1965 年 8 月 30 日，天高云淡，微风拂面。66 岁高龄的李立三带着妻子和儿女们经上海、杭州、南昌等地专程到井冈山考察学习回京。刚进家门不久，他就提出要到办公室去。

"立三，怎么刚进门也不休息就要去办公室？"李立三的夫人李莎递上茶杯，关切地问。

"这次承蒙组织关照，让我带着全家人专程到南方学习考察，在井冈山避暑整整休息了三个月。这么久不在家，肯定有很多事情着急处理。"李立三喝完水，拿起公文包就走。

中共中央华北局机关办公大楼。李立三办公桌前的文件分门别类，摆得整整齐齐。李立三坐在办公桌前，一件一件地仔细阅读。突然，有两封信把他吸引住了。这两封信都是从安源发出的。

安源，这个多么亲切而熟悉的地方。40 多年前，李立三在那里工作了近两年时间，与路矿工人结下了深厚情谊。他十分惊喜地拿起信封，急切地将封口撕开，只见安源纪念馆信笺上写着工工整整的钢笔字，两封信的内容大致相同："尊敬的李立三同志：为了对青年一代进行革命传统教育，安源现已正式建立了路矿工人运动纪念馆，修复了俱乐部、夜校等革命旧址。安源路矿工人运动的三位主要领导人中，毛主席和您在安源的住址早已恢复并陈列展出，唯独刘少奇主席在安源的住址，虽经多方调查，迄今仍未落实，不知您是否记得刘主席当年在安源是住在什么地方，敬请回信告之。此致敬礼！安源路矿工人运动纪念馆朱子金"。

李立三一口气看完来信，顿时心潮澎湃，思绪万千，在安源领导工人革命斗争的许多往事一幕一幕浮现在他的脑海：那是 1921 年 12 月，在法国勤工俭学的李立三因闹学潮，被反动当局驱逐回国后，遵照湖南党组织负责人毛泽东的指示，到安源从事工人运动，创办工人夜校，建立党支部，组织工人俱乐部，领导路矿工人大罢工……在安源这块红色土地上，洒满了革命烈士的鲜血。如今，党和政府在安源建立了纪念馆，对青年一代进行革命传统教育，确是很有必要。他看到信中说安源恢复并陈列了他当年的住址时，心里很是不安。他觉得自己当年在安源发动和组织工人运动，只是履行了一个普通党员应尽的职责和义务，怎么能陈列宣传自己在安源的住处呢？安源纪念馆应该宣传毛主席、少奇同志领导安源工人运动的丰功伟绩，宣传黄静源、朱少连、周怀德、谢怀德、杨士杰等安源革命先烈的光辉事迹。

李立三越想越觉得应该把这些意见和想法向安源纪念馆的同志说清楚。想到这里，他毫不犹豫地拿出纸和笔，给安源纪念馆负责人朱子金写回信，内容全文如下：

子金同志：

两次来信都收到了，安源成立了纪念馆，修复了原来的俱乐部、夜校、毛主席住处等供人参观，这很好，对青年一代是有教育意义的。少奇同志初到安源时住在什么地方，我已经记不起来了。至于我，只是按照主席指示和工人群众意见办事的一个普通工作者，我的原来住处或秘密工作处的牌子，请不要悬挂，已经挂了的都请取下来，希望你向纪念馆的同志说明，按此办理。如有不同意见，便请把我这封信送矿务局党委一阅，并希望他们能同意我的意见，指示纪念馆同志办理。敬礼！并请向老工人们问好！

李立三 八月三十日

朱子金收到李立三的回信后，立即向全馆同志作了传达。大家在讨论中一致认为，李立三同志的来信，体现了他谦虚谨慎、高风亮节的崇高品质。根据李立三来信的意见和萍乡市委书记肖烈的批复，安源纪念馆将李立三在安源秘密工作处旧址的说明牌取下。

1967年，李立三在"文化大革命"中被迫害致死。李立三写给朱子金的信，被朱子金个人收藏。中共十一届三中全会以后，1980年3月20日，中共中央为李立三同志平反昭雪，恢复名誉。朱子金将李立三的来信捐赠给安源纪念馆。2003年9月18日，江西省文物鉴定组李科友、刘品三、吴水存、王宁、胡丹、余普保、彭适凡、杨后礼等专家认为，李立三现存的亲笔信件极少，特别是写给安源革命烈士后代的，信中还提到毛泽东、李立三在安源工作的事，是证实安源工运史的重要史料，十分珍贵，被推荐申报为国家一级革命文物。2007年9月，经国家文物局批准为一级文物。

### 18. 1969年2月刘春华《毛主席去安源》油画

诞生于1967年的著名油画《毛主席去安源》，是刘春华以毛泽东1921年秋第一次来安源进行考察工人运动的历史史实为题材而创作的。1969年2月，应安源路矿工人运动纪念馆之邀，他在北京亲手临摹自己1967年创作的油画《毛主席去安源》后邮寄托运捐赠给安源路矿工人运动纪念馆收藏。油画用木质外框裱，长2.15米，宽1.755米，背面框架的正中间用红色涂料写着"北京中央工艺美术学院""毛主席在安源革命活动纪念馆""1969年2月"字样。2004年被鉴定为国家一级文物。

1921年秋，为贯彻中共一大关于组织工人运动的决议，毛泽东以考察平民教育为名，身穿蓝布长衫，手持雨伞，跋山涉水，昂首阔步，第一次来到安源。作品构图细腻，润色流畅，采用左右对称的图式构成，青年毛泽东占据了画面中心位置，身后是翻滚的乌云，沉降的地平线使群山显得低矮。为了突出主题，毛泽东的每个细微动作都蕴含深义：稍稍扬起的头和稍微扭转的颈部，表现毛泽东不畏艰险、不畏强暴、敢于斗争、敢于胜利的大无畏精神；紧握的左手，表现毛泽东争取解放全中国全人类的雄心壮志和必胜信念；右手挟着一把油纸伞，说明毛泽东风里来，雨里去，为革命不辞辛苦，到处奔波的艰苦工作作风；迈着稳健的步伐，走在崎岖的路上，表明毛泽东披荆斩棘，踏平了前进的道路，引导胜利的方向；秋风吹起了由于工作紧张而没有时间打理的长发，衣衫被风吹得飘了起来，表明这是一个革命风暴即将到来的不平常的时刻。

刘春华《毛主席去安源》油画

刘春华在创作这幅油画的时候还是大三的学生，他的创作之路充满了故事。

早在1967年，为宣传毛主席领导安源工人运动的历史，要在北京革命博物馆开办一个展览，可主办方在艺术院校找好的创作人员因放暑假提前回家，临时决定让留在中央工艺美术学院装潢系的学生刘春华担任此工作。刘春华回忆说："去报到的时候，屋子里已经坐了不少人，正在开出发之前的动员会。展览会一共定了七个创作主题，我的主题是创作一幅毛主席第一次到安源的美术作品。"

开完会的第二天，参加创作的人员就坐上了去安源的火车。给伟人作画，这让大家心里很是激动。到了安源，刘春华通过访问当年参加工运的老工人和翻阅历史资料，在脑海中进行了很多次构图，最终毛主席走在路上的形象逐渐出现，而在构图安排上，将毛泽东居于画面中央，背后水墨升腾，脚下乱云飞渡。

这时有些老师，提出了批评意见："毛主席是伟大领袖，是红太阳，毛主席出现时，要阳光普照大地，画满天乌云不行！""这幅画背景阴沉，且画面上就毛泽东一个人，是不是影射毛主席脱离群众？"

面对如此激烈的批评意见，刘春华进行了深刻的思想斗争。原来是因为在采访中工人们说，当时南方的天气阴晦多雨，毛泽东是傍晚到的安源，天色不可能是艳阳高照，所以带着雨伞比较贴切。在毛主席没来之前，安源反动势力的猖獗，翻滚的云彩就是为了渲染当毛主席到来时，要掀起革命风暴的气氛。而将毛主席安排在画面中间的位置，镇定自若地朝观众走来，就是像太阳带给人民希望。刘春华认为，毛主席去安源干革命是为了人民开辟工人运动，是一条前所未有的、敢为人先的路，自己作品要真实还原共产党人伟大的壮举就也要走敢为人先的路，这敢为人先的勇气，来自于群众的集中意见。刘春华顶住了压力，坚持创作了这幅作品。

油画《毛主席去安源》一经问世受到了社会各界高度关注，因此也创造了众多的奇迹，这幅作品是世界上印数最多的油画之一，共印刷了9亿多张，而当时全国仅有7亿多人。几乎每个城市的公共场所，都有根据它临摹复制的巨幅壁画和大型塑像，这在当时中国美术界乃至全社会都是前所未见的。

### 19. 刘少奇1959年任国家主席时穿过的呢子中山服

1992年，为纪念安源路矿工人大罢工胜利70周年，安源纪念馆进行了全面整修。整修后的安源纪念馆，新增了上百件文物。其中有一套灰色中山装礼服特别引人注目。凡是观展者，无一不在陈设礼服的文物柜前伫立观看。这礼服的主人是谁？是何人所珍藏？又是怎样来到了安源纪念馆的呢？

那是1992年6月中旬，根据萍乡市委研究决定，时任市委副书记、市安源路矿工人大罢工胜利70周年纪念活动筹备领导小组副组长的余鼎革，率领当时的市委常委、市委宣传部部长许志锐，副部长刘锋，外宣科副科长解苏卫，市总工会副主席胡幸民，市委党史办主任杨桂香等一行6人，带着萍乡人民的重托，赶赴北京联络接洽70周年大庆的有关事宜。因为刘少奇曾是安源工人运动的开拓者和领导者，所以在北京少不了要去向刘少奇的夫人王光美汇报有关情况。

刘少奇1959年任国家主席时穿过的呢子中山服

6月15日，晴空万里，阳光明媚。萍乡的同志们一下车，就去拜访王光美同志。王光美的秘书王小苏马上下楼迎接。她举止文雅，一脸娟秀，高鼻梁上架着一副漂亮的眼镜。除杨桂香外，其他同志都是初次见面，但不知怎的，同志们和她一见如故，分外亲切。她热情地引导大家步入了王光美的客厅。

不大宽敞的客厅陈设简朴大方。厅里的陈设匠心独具，给人以别致亲切的感觉。厅堂左边墙壁上悬挂的两幅照片，一是刘少奇与小女儿潇潇在一起的生活照，一是刘少奇和王光美访问印尼，受到印尼人民热烈欢迎的情景照。厅堂右边墙上挂着刘少奇为国为民殚精竭虑、鞠躬尽瘁伏案工作的英容。大家的视线此时似乎停滞、凝固了，顷刻间无比崇敬之情油然而生：在那艰难困苦的20年代，刘少奇同志在安源从事工运，拖着病体，每天工作在深夜，拒绝每月200洋元的工资，只拿15元生活费，没有钱买烟，就吸烟头；没有袜底，只剩袜筒子的烂袜子仍穿着；没有菜下饭，就用开水泡饭……大家看着、想着，眼睛湿润了。

"大家好！欢迎你们！"王光美的亲切问候，把大家从万千思绪中拉了回来。王光美身穿黑底白点的普通套装衣裙，脚着圆口黑色布鞋，满脸慈祥、精神矍铄地从内屋出来，和大家一一握手，表示欢迎。同志们站起身来，伸出双手，一边握手，一边问候："王大姐好！"

王光美与大家握手后，在厅堂的中央小圆桌的沙发椅上坐了下来。她刚坐下似乎又发现了什么，马上站起来，一边用手指着身旁环绕小圆桌摆放的布沙发椅，一边用恳切的口气说："哎，你们坐过来呀！你们为什么都挤在前面的藤沙发和凳子上呢？不要紧的，我身边的几张沙发都可以坐，坐过来呀！快坐过来吧！"余鼎革、许志锐等赶紧凑到圆桌前的沙发上就坐，王光美才满意地笑了。接着，她又热忱地招呼大家："你们喝水呀！""你叫什么名字呀？多大年纪呀？担任什么工作呢？"王光美随和地问话、亲热地请茶、诚挚地让坐，自家人似的温馨与亲情，沁入了每个人的心田，刚进屋时的紧张神情，已烟消云散，厅堂气氛逐渐活跃起来。

余鼎革从容不迫地开始向王光美汇报安源大罢工胜利70周年纪念活动的筹备情况，并热切地邀请王光美赴萍乡参加纪念活动。王光美舒展笑容，用手理了理银丝，高兴地答应："好的，只要没有什么特殊情况，我一定争取去。""谢谢王大姐！谢谢王大姐对我们工作的关心与支持，安源工人、萍乡人民在期盼着您的到来！"余鼎革提高声音，感激地说。说完继续汇报，当讲到安源纪念馆正在进行陈列修改，充实了不少文物资料，但遗憾的是刘少奇的文物太少了时，王光美马上问："你们是不是想让我给点文物？"

杨桂香马上说道："是的，我们早就想向您提这个要求了，宁乡纪念馆的文物那么多，而我们安源纪念馆实在太少了，陈列展出的少奇同志用过的坎肩，还是一张照片。刘主席在安源从事革命活动长达三年之久，但展出的文物与刘主席在安源从事革命活动的内容相比，太不相称了。"王光美一边听，一边点头。

听完杨桂香的话，王光美沉思片刻后说："能给的东西，以前都给了宁乡纪念馆，那只好将我们家留作纪念的一套制服给你们吧。"

"那太好了，太谢谢您了！"大家异口同声地说。

"您不是说仅存的这套制服要留作纪念吗？给了我们怎么办呢？"坐在一旁的王小苏疑惑不解地说。

"算了吧！我想还是给安源纪念馆好，这是宣传安源历史的需要，少奇同志对安源还是很有感情的！"王光美饱含觉悟地回答。是的，王光美早已把自己的情感和安源工人交融在一起了。她曾在安源路矿工人俱乐部里对安源的干部和工人讲过："共同把咱们这里的事情办好。"她把自己也当成了工人中的一员。

王光美毫不犹豫地起身回到自己的卧室，很快将刘少奇穿过的那套灰色呢料中山装礼服找了出来，双手依恋地捧着走入厅堂。大家情不自禁地站了起来，高兴地凑上前去观看，都想用手去摸摸礼服，但又怕手上的汗渍玷污了礼服，大家的手又缩回了。刘锋用颤抖的双手接过礼服，连连鞠躬表示深深的谢意。

杨桂香问："大姐，这是刘主席什么时候穿的呢？"

"大概是少奇1959年当国家主席时穿过的吧，具体时间我也说不太准，你们回去后，可以与少奇同志的画册对一对，画册上是什么时候穿的，就是什么时候穿的。"王光美又兴致勃勃地从书房里拿出两本刘少奇精装画册，一本大的为16开本，一本小的为32开本，放在小圆桌上，笑眯眯地说："这两本画册就送给安源纪念馆吧。"

"王大姐对我们的工作这么关心、支持，我们从心底里感谢您！"余鼎革万分激动地说。

"大姐，我们想请您在画册上签字留念，可以吗？"刘锋见气氛十分融洽，便进一步向王光美提出请求。

"不用题吧，我的字写得不好。"王光美谦和地说。

"关键是您写的字意义与分量不同。您是谦虚，您的字写得很漂亮。"大家又一次请求。王光美爽快地答应了，立即在画册上题签："赠给安源纪念馆留念王光美1992年6月15日"。

王光美签字后，又关切地问到安源煤矿的生产和安源工人的生活情况。本来只安排了一个小时的会见，不知不觉两个多小时过去了，仍然是话犹未尽。厅堂里的光线渐渐暗淡起来，天色已晚。与王光美合影留念后，大家依依不舍地离去。

安源纪念馆的同志们收到刘少奇的礼服后，个个高兴万分，将其当作"镇馆之宝"，一方面进行特殊的保护珍藏，一方面按照王光美的吩咐，将其与刘少奇画册仔细对照，结果验证礼服就是刘少奇1959年任国家主席时穿的。同时，萍乡市委党史办的同志从中央电视台播放的《祖国的记忆》大型纪录片中得到印证，1959年国庆十周年时，刘少奇在天安门城楼检阅游行队伍时，穿的就是这套礼服。

2003年9月，经江西省文物局文物鉴定组专家鉴定，刘少奇的呢子中山服被推荐申报为国家一级文物。2007年9月，这套呢子中山服被国家文物局批准为一级文物。

**20. 王志雄冒险保存的《刘少奇头像》瓷盘**

在安源纪念馆陈列大楼，展示着一只珍贵的画有刘少奇头像的搪瓷盘。它的直径为20厘米，盘子正中画有刘少奇解放初期的一帧黑白头像，画像中的刘少奇面目慈祥，精神抖擞，和蔼可亲。头像上方有一圈环形楷体黑字，从右到左为"刘少奇主席"；头像下方从左至右为环形黑色小楷"公私合营萍乡真真瓷像部技术革新室1964年"。由于历经岁月的洗刷，瓷盘的边缘有些搪瓷已经剥落。然而，就是这只看上去并不起眼的瓷盘，背后却蕴藏着一个感人至深的故事，饱含了萍乡人民对刘少奇同志的无限崇敬和怀念之情。

这只不同寻常的搪瓷盘，是萍乡市青

王志雄冒险保存的《刘少奇头像》瓷盘

年照相馆（即现东方红照相馆的前身）真真瓷像部职工王志雄冒着莫大的政治风险保存下来的，也是这批瓷盘中幸存的绝品。王志雄工作认真吃苦，照相技术也全面精湛，喜欢搞点技术革新。1964年，他运用自己当时创造的一项照片拓印技术，精心制作了一只印有刘少奇主席肖像的艺术瓷盘。刘少奇从1922年至1925年，在安源工作过近三年，与安源工人结下了浓厚的感情。但自从1925年离开安源后，刘少奇同志再也没有回过萍乡。为了表达思念之情，王志雄代表萍乡人民制作了这只瓷盘，这在当时影响很大。可是也正是这只瓷盘，给王志雄一家带来了灾难。

在"文化大革命"期间，时任国家主席的刘少奇受到错误批判。造反派三番五次地逼王志雄交出瓷盘。可王志雄坚信刘少奇是好人，于是，他冒着危险把这只瓷盘保存了起来。尽管造反派再三追问瓷盘下落，但他拒不交出。1968年王志雄老人被下放到农村，为了不发生意外，他用油纸将瓷盘包好，悄悄地藏在照相馆里的下水道中，才使这只瓷盘免遭毁损，得以完整地保存下来。

1978年党的十一届三中全会以后，刘少奇同志彻底平反昭雪，这只瓷盘也重见天日。王志雄老人一直精心地保管着瓷盘，经常拿出来擦拭，看到它仿佛刘主席的音容笑貌还历历在目。他用这只瓷盘教育儿女，常常说："安源这块热土，洒满了刘少奇同志的心血和汗水，沐浴着刘少奇同志无微不至的关怀。这个瓷盘就是刘少奇同志的化身，你们一定要好好保存。"他将儿子王子国送到安源照相馆工作，就是为了让儿孙们永远继承和弘扬安源革命传统，好好工作，报效祖国。

1992年9月18日，是安源路矿工人大罢工胜利70周年纪念日。萍乡举行大型纪念活动，并邀请刘少奇的夫人、全国政协常委王光美出席。王志雄夫妇得知这个消息，几夜都没睡好。他们萌发了这样一个心愿：将这只画有刘少奇同志画像的瓷盘作为礼物，亲手赠送给王光美，以表达萍乡人民对刘少奇的思念与爱戴。

这天下午，王志雄从收音机里听到王光美来萍乡的消息，再也抑制不住内心的激动。这位70多岁的老人在老伴的搀扶下，克服了高度近视、行动不便的困难，带着珍藏了28年的艺术瓷盘，从距离萍乡城几公里外的郊区，走了一个多小时，来到了王光美住的萍乡宾馆。王志雄向当时参加接待的萍乡市委党史办负责人说明来意后，提出面见王光美同志的请求。市委党史办负责人与王光美的秘书联系后，两位老人终于和王光美见了面。王志雄夫妇亲手将瓷盘交给了王光美。王光美接过瓷盘，十分激动地说："太感谢你们了！这瓷盘虽小，却体现了安源人民对少奇同志的热爱和崇敬。"接着，王光美与王志雄夫妇合影留念。纪念活动结束后，王光美把这只瓷盘转送给了安源纪念馆。2003年9月18日，《刘少奇头像》搪瓷盘经江西省文物鉴定组推荐申报为一级文物。2007年9月，搪瓷盘经国家文物局批准为一级文物。

## 二、馆藏文物清单

### 一级文物清单

| 序号 | 藏品总登记号 | 文物名称 | 年代 | 质地类别 | 尺寸（厘米） |
|---|---|---|---|---|---|
| 1 | 00001 | 左万魁手抄安源路矿工人大罢工歌谣《劳工记》 | 1925年 | 纸 | 横26.0，纵14.3 |
| 2 | 00002 | 朱兰腾手抄安源路矿工人大罢工歌谣《劳工记》 | 1925年 | 纸 | 横25.4，纵24.0 |
| 3 | 00003 | 安源路矿工人俱乐部出版的《安源旬刊》（第20期） | 1925年4月17日 | 纸 | 纵13.0，横9.6 |
| 4 | 00004 | 安源路矿工人俱乐部出版的《安源旬刊》（第22期） | 1925年5月10日 | 纸 | 纵15.5，横10.0 |
| 5 | 00008 | 安源工人肖春苟认购的安源路矿工人消费合作社股票 | 1923年12月30日 | 纸 | 纵25.0，横13.0 |
| 6 | 00009 | 安源工人孙岳清和赵俊清合购的安源路矿工人消费合作社股票 | 1923年2月11日 | 纸 | 纵23.7，横13.0 |
| 7 | 00016 | 张海秋认购的安源路矿工人消费合作社股票 | 1923年2月13日 | 纸 | 纵24.6，横12.8 |
| 8 | 00021 | 安源路矿工人大罢工时印发的《俱乐部全体工人泣白》 | 1922年9月14日 | 纸 | 纵28.0，横30.7 |
| 9 | 00022 | 安源路矿工人大罢工时工人俱乐部与安源路矿两局签订的《十三条协议》 | 1922年9月18日 | 纸 | 纵30.0，横47.5 |
| 10 | 00038 | 萍乡大安区蔡家乡苏维埃政府石对联"红旗飘扬五大洲，主义战胜全世界" | 1932年 | 石 | 长29.0，宽250.0，高9.0 |
| 11 | 00040 | 《萍乡工人第一次全县代表大会宣言》 | 1927年2月9日 | 纸 | 横37.0，纵25.0 |
| 12 | 00044 | 李延瑞与盛宣怀家人编订的《愚斋存稿初刊》 | 1939年 | 纸 | 纵28.6，横17.6 |
| 13 | 00047 | 安源路矿工会教育股编印的《小学国语教科书》 | 1924年 | 纸 | 纵20.2，横13.5 |
| 14 | 00048 | 中央委员朱少连使用的公文皮包 | 1922—1929年 | 皮革，其他金属 | 横30.0，纵26.0，高5.0 |
| 15 | 00056 | 《萍乡全县第一次工农代表大会宣言提议案》 | 1927年2月8日 | 纸 | 横23.0，纵14.5 |
| 16 | 00068 | 安源路矿工人俱乐部颁发给彭春元的部员证 | 1924年10月19日 | 纸 | 纵12.0，横10.0 |
| 17 | 00069 | 留法学生彭树敏的《江西留法勤工俭学学生会会员录》 | 1920年 | 纸 | 纵22.0，横14.5 |
| 18 | 00071 | 株萍铁路管理局编辑出版的《株萍铁路旅行指南》（第三期） | 1920年 | 纸 | 纵22.4，横15.3 |
| 19 | 00222 | 红一方面军总政治部宣传科长董师固写给其父母的信 | 1930年1月 | 纸 | 纵30.5，横20.0 |
| 20 | 00361 | 吴烈使用的皮箱 | 1938年 | 皮革 | 纵52.0，横29.0 |

续表

| 序号 | 藏品总登记号 | 文物名称 | 年代 | 质地类别 | 尺寸（厘米） |
|---|---|---|---|---|---|
| 21 | 00362 | 吴烈使用的加拿大造军用望远镜 | 解放战争时期 | 其他金属 | 长18.8，宽15.7，高9 |
| 22 | 00363 | 吴烈使用的皮钱包 | 1946年 | 皮革 | 横13.0，纵9.8 |
| 23 | 00364 | 解放战争时期吴烈荣获陕甘宁边区第二届农工业展览会劳动英雄奖状 | 解放战争时期 | 纸 | 横38.0，纵25.5 |
| 24 | 00365 | 解放战争时期吴烈使用的指南针 | 解放战争时期 | 其他金属 | 直径3.5 |
| 25 | 00366 | 解放战争时期吴烈使用的测距仪 | 解放战争时期 | 其他金属 | 长11.0，直径3.5 |
| 26 | 00367 | 吴烈的东北解放纪念铜章 | 1948年 | 铜 | 直径2.0 |
| 27 | 00368 | 吴烈的第十八集团军第八路金属章 | 1938年 | 其他金属 | 直径3.1 |
| 28 | 00369 | 吴烈的红军成立十周年纪念铜章 | 1937年 | 铜 | 直径3.7 |
| 29 | 00648 | 全国人大常委会副委员长郭沫若手书安源工人歌谣《忽然雾散见青天》纸本轴 | 1969年7月22日 | 纸 | 纵82.0，横150.0 |
| 30 | 00653 | 吴运铎为萍乡革命烈士纪念馆题词"向革命先烈学习"纸本轴 | 1984年9月 | 纸 | 纵66.5，横33.0 |
| 31 | 00775 | 刘少奇任国家主席时穿的呢子中山衣 | 1959年 | 棉麻纤维 | 衣长72.0，袖长64 |
| 32 | 00776 | 刘少奇任国家主席时穿的呢子中山裤 | 1959年 | 棉麻纤维 | 裤长110.0，腰围92.0 |
| 33 | 00821 | 刘春华《毛主席去安源》油画 | 1969年2月 | 纸 | 长215.0，宽175.5 |
| 34 | 00837 | 吴烈将军戎装彩照 | 1998年10月 | 纸，木 | 纵66.2，横51.0 |
| 35 | 00838 | 国务院授予吴烈公安军少将军衔的少将服 | 1955年 | 棉麻纤维 | 衣长72.0，袖长64.0，裤110.0，腰围92.0 |
| 36 | 00839 | 国务院授予中国人民解放军公安司令部参谋长吴烈公安军少将军衔命令 | 1955年9月27日 | 纸 | 纵39.3，横28.4 |
| 37 | 00840 | 国务院授予吴烈北京卫成司令员的任命书 | 1960年1月1日 | 纸 | 纵43.0，横28.0 |
| 38 | 00841 | 国务院任命吴烈为中国人民武装警察部队副司令员兼参谋长的任命书 | 1961年12月8日 | 纸 | 纵40.7，横28.2 |
| 39 | 00842 | 中央革委会委任吴烈为中国人民解放军公安司令部参谋长的任命书 | 1950年9月29日 | 纸 | 纵36.5，横29.0 |
| 40 | 00843 | 中华人民共和国颁发给吴烈的勋章证书 | 1955年9月27日 | 纸 | 纵9.5，横7.1 |
| 41 | 00844 | 中华人民共和国国防部颁发给吴烈的军官身份证 | 1961年5月1日 | 纸 | 纵9.5，横6.7 |
| 42 | 00845 | 中华人民共和国国防部颁发给吴烈的军官身份证 | 1965年5月1日 | 纸 | 纵9.5，横6.7 |
| 43 | 00846 | 国家卫生部保健局颁发给吴烈的医疗证 | 1964年9月25日 | 纸 | 横9.0，纵6.5 |
| 44 | 00847 | 吴烈参加北京军区学雷锋训练考核评比会议的出席证 | 1977年12月 | 纸 | 纵10.2，横7.5 |
| 45 | 00848 | 吴烈出席北京军区第四届代表大会的代表证 | 1978年 | 纸 | 纵10.2，横7.5 |
| 46 | 00849 | 吴烈出席北京卫成区第四次代表大会的代表证 | 1980年11月25日 | 纸 | 纵10.2，横7.3 |

续表

| 序号 | 藏品总登记号 | 文物名称 | 年代 | 质地类别 | 尺寸（厘米） |
|---|---|---|---|---|---|
| 47 | 00850 | 开国将军吴烈的出席证 | 1950—1960年 | 纸 | 横9.0，纵6.0 |
| 48 | 00851 | 开国将军吴烈参加会议的名签 | 1953—1957年 | 纸 | 横9.7，纵5.4 |
| 49 | 00852 | 毛主席、刘主席等党和国家领导人接见公安部队四好连队、五好战士代表会议全体代表合影 | 1964年6月26日 | 纸，木 | 横76.0，纵38.5 |
| 50 | 00853 | 毛主席、刘主席等党和国家领导人接见公安部队党委扩大会议全体同志合影 | 1964年1月8日 | 纸，木 | 横35.0，纵18.3 |
| 51 | 00854 | 吴烈将军佩戴的八一铜帽徽 | 1958年 | 铜 | 直径3.9 |
| 52 | 00855 | 吴烈的华北解放纪念铜章 | 1950年 | 铜 | 直径3.7 |
| 53 | 00856 | 吴烈的华北军区秋季运动会纪念铜章 | 1949年10月15日 | 铜 | 直径2.9 |
| 54 | 00857 | 吴烈的中华人民共和国中央人民政府成立纪念铜章 | 1949年 | 铜 | 直径2.5 |
| 55 | 00858 | 吴烈的第一届中国人民政治协商会议纪念铜章 | 1949年 | 铜 | 直径3.0 |
| 56 | 00859 | 中央军委授予吴烈的中华人民共和国二级独立自由勋章 | 1955年 | 其他金属 | 直径2.8 |
| 57 | 00860 | 中央军委授予吴烈的中华人民共和国二级八一勋章 | 1955年 | 其他金属 | 直径2.7 |
| 58 | 00862 | 中央军事委员会授予吴烈的中国人民解放军一级红星功勋荣誉章 | 1988年 | 其他金属 | 直径4.0 |
| 59 | 00863 | 李立三写给朱少连之女朱子金的信 | 1965年8月30日 | 纸 | 纵26.5，横18.7 |
| 60 | 00967 | 上海顺必搪瓷厂和萍乡真真瓷相部生产的《刘少奇头像》搪瓷盘 | 1964年 | 瓷，铁 | 直径24.0 |
| 61 | 01368 | 侯一民油画《毛主席下矿井》 | 1979年 | 棉麻纤维，木 | 纵195.0，横270.0 |
| 62 | 00010 | 安源工人刘正春认购的安源路矿工人消费合作社股票 | 1923年2月13日 | 纸 | 纵25.0，横12.5 |
| 63 | 00011 | 安源工人陈秋生认购的安源路矿工人消费合作社股票 | 1923年2月13日 | 纸 | 纵25.0，横12.5 |
| 64 | 00012 | 安源工人梁德生认购的安源路矿工人消费合作社股票 | 1923年2月13日 | 纸 | 纵25.0，横12.5 |
| 65 | 00013 | 安源工人陈运生认购的安源路矿工人消费合作社股票 | 1923年2月13日 | 纸 | 纵25.0，横12.5 |
| 66 | 00019 | 安源工人周承年认购的安源路矿工人消费合作社股票 | 1923年2月11日 | 纸 | 纵25.0，横12.5 |
| 67 | 00020 | 安源工人刘子杰认购的安源路矿工人消费合作社股票 | 1924年11月7日 | 纸 | 纵25.0，横12.5 |
| 68 | 00033 | 黄天禄加入安源路矿工人俱乐部的入部费收条 | 1922年10月7日 | 纸 | 纵24.0，横10.5 |

续表

| 序号 | 藏品总登记号 | 文物名称 | 年代 | 质地类别 | 尺寸（厘米） |
|---|---|---|---|---|---|
| 69 | 00034 | 何春生加入安源路矿工人俱乐部的入部费收条 | 1922年10月19日 | 纸 | 纵24.0，横10.2 |
| 70 | 00035 | 肖春苟加入安源路矿工人俱乐部的入部费收条 | 1923年9月17日 | 纸 | 纵24.0，横13.0 |
| 71 | 00039 | 萍乡县总工会发布的《敬告商界同胞》 | 1927年2月21日 | 纸 | 纵25.0，横48.0 |
| 72 | 00045 | 刘昌炎在莫斯科东方劳动者共产主义大学学习时使用的藤条箱 | 1924—1925年 | 其他植物质，皮革 | 纵72.0，横45.0，高20.0 |
| 73 | 00051 | 萍乡第二区第十六乡农民协会木会牌 | 1930年 | 木，铁 | 纵204.0，横27.0 |
| 74 | 00054 | 安源路矿工人俱乐部开具给安源工人何春生捐献年终夹薪的收条 | 1923年6月8日 | 纸 | 纵17.0，横9.0 |
| 75 | 00055 | 安源路矿工人俱乐部湘东分部开具给安源工人肖春苟捐献年终夹薪的收条 | 1923年 | 纸 | 纵17.0，横9.0 |
| 76 | 00058 | 萍乡煤矿首任总办张赞宸《萍矿节略》手稿 | 1909年3月1日 | 纸 | 纵26.0，横15.5 |
| 77 | 00060 | 萍乡苏区干部为湘赣省委运送物资的竹箩筐 | 第二次国内革命战争时期 | 竹，棉麻纤维 | 长31.0，宽31.0，高46.0 |
| 78 | 00063 | 交通部直辖株萍铁路管理局开具给车务处职工赵桂生的存饷证 | 1927年 | 纸 | 纵22.0，横29.0 |
| 79 | 00067 | 萍乡麻山桐田乡钟冬华为红军运送药材时使用的竹扁担 | 1928年 | 竹，铁 | 长140.0，宽6.0，高2.3 |
| 80 | 00077 | 萍乡煤矿总局发给程功明工头名下工人陈阜春的存饷证 | 1928年4月5日 | 纸 | 纵10.5，横24.0 |
| 81 | 00141 | 江西省政府萍乡煤矿管理处发行的《萍矿创刊号》 | 1934年 | 纸 | 纵26.0，横29.0 |
| 82 | 00147 | 广州中英印务局编印的《政治讲习同学录》 | 1926年6月 | 纸 | 纵20.0，横15.0 |
| 83 | 00151 | 中华苏维埃共和国经济建设公债叁圆券 | 1936年10月 | 纸 | 纵7.8，横13.5 |
| 84 | 00152 | 中华苏维埃共和国经济建设公债叁圆息票 | 1934—1940年 | 纸 | 纵7.8，横14.0 |
| 85 | 00153 | 《汉冶萍公司外债总表》 | 1914年6月 | 纸 | 纵26.0，横43.0 |
| 86 | 00215 | 中共安源地委书记刘昌炎使用的竹帽筒 | 1926年 | 竹 | 高29.0，底径10.0 |
| 87 | 00225 | 中央委员朱少连使用的木书柜 | 1922—1928年 | 木 | 长61.0，宽44.0，高55.0 |
| 88 | 00229 | 赣西采运处蓝福光运送物资上井冈山时使用的木箱 | 1928年 | 木，铁 | 长49.0，宽43.0，高43.0 |
| 89 | 00232 | 肖华湘的红军十周年纪念铜章 | 1937年 | 铜 | 直径4.6 |
| 90 | 00252 | 萍乡煤矿设立的"官矿局界"石碑 | 1898年 | 石 | 长49.0，宽11.0 |
| 91 | 00313 | 《汉冶萍煤铁厂矿有限公司商办第一届帐略》 | 1908年 | 纸 | 纵26.5，横15.5 |
| 92 | 00314 | 《汉冶萍煤铁厂矿有限公司商办第二届帐略》 | 1909年 | 纸 | 纵26.5，横15.5 |

续表

| 序号 | 藏品总登记号 | 文物名称 | 年代 | 质地类别 | 尺寸（厘米） |
|---|---|---|---|---|---|
| 93 | 00315 | 《汉冶萍煤铁厂矿有限公司商办第三届帐略》 | 1910 年 | 纸 | 纵 26.5，横 15.5 |
| 94 | 00316 | 《汉冶萍煤铁厂矿有限公司商办第四届帐略》 | 1911 年 | 纸 | 纵 26.5，横 15.5 |
| 95 | 00317 | 《汉冶萍煤铁厂矿有限公司商办第五届帐略》 | 1912 年 | 纸 | 纵 26.5，横 15.5 |
| 96 | 00318 | 《汉冶萍煤铁厂矿有限公司商办第六届帐略》 | 1913 年 | 纸 | 纵 26.5，横 15.5 |
| 97 | 00319 | 《汉冶萍煤铁厂矿有限公司商办第七届帐略》 | 1914 年 | 纸 | 纵 26.5，横 15.5 |
| 98 | 00320 | 《汉冶萍煤铁厂矿有限公司商办第八届帐略》 | 1915 年 | 纸 | 纵 26.5，横 15.5 |
| 99 | 00321 | 《汉冶萍煤铁厂矿有限公司商办第九届帐略》 | 1916 年 | 纸 | 纵 26.5，横 15.5 |
| 100 | 00322 | 《汉冶萍煤铁厂矿有限公司商办第十届帐略》 | 1917 年 | 纸 | 纵 26.5，横 15.5 |
| 101 | 00323 | 《汉冶萍煤铁厂矿有限公司商办第十一届帐略》 | 1918 年 | 纸 | 纵 26.5，横 15.5 |
| 102 | 00324 | 《汉冶萍煤铁厂矿有限公司商办第十二届帐略》 | 1919 年 | 纸 | 纵 26.5，横 15.5 |
| 103 | 00325 | 《汉冶萍煤铁厂矿有限公司商办第十四届帐略》 | 1921 年 | 纸 | 纵 26.5，横 15.5 |
| 104 | 00326 | 《汉冶萍煤铁厂矿有限公司商办第十六届帐略》 | 1923 年 | 纸 | 纵 26.5，横 15.5 |
| 105 | 00360 | 韩伟使用的皮箱 | 抗日战争时期 | 皮革 | 长 64.0，宽 45.0，高 21.0 |
| 106 | 00370 | 萍乡煤矿生产的往复式水泵 | 1921 年 | 铁 | 长 118.0，宽 55.0，高 67.0 |
| 107 | 00371 | 萍乡煤矿使用的俄罗斯造钢轨 | 1897 年 | 铁 | 长 220.0，宽 10.2，高 18.0 |
| 108 | 00373 | 安源路矿工人大罢工谈判时使用的矿徽木椅 | 1916 年 | 木 | 长 53.0，宽 50.0，高 103.0 |
| 109 | 00585 | 彭树敏同志追悼大会挽联哀辞抄本 | 1926 年 10 月 | 纸 | 纵 27.0，横 14.5 |
| 110 | 00808 | 中央军委发给王耀南的少将服 | 1955 年 | 棉麻纤维 | 裤长 102.5，腰围 45.0，衣长 76.0，袖长 50.0，衣宽 47.5 |
| 111 | 00809 | 中央军委授予王耀南的中华人民共和国二级八一勋章 | 1955 年 | 其他金属 | 直径 5.4 |
| 112 | 00810 | 中央军委授予王耀南的中华人民共和国一级独立自由勋章 | 1955 年 | 铜 | 直径 6.0 |
| 113 | 00811 | 中央军委授予王耀南的中华人民共和国一级解放勋章 | 1955 年 | 其他金属 | 直径 5.3 |
| 114 | 00861 | 中央军委授予吴烈的中华人民共和国一级解放勋章 | 1955 年 | 其他金属 | 直径 2.4 |

续表

| 序号 | 藏品总登记号 | 文物名称 | 年代 | 质地类别 | 尺寸（厘米） |
|---|---|---|---|---|---|
| 115 | 01267 | 《进军井冈》石膏像 | 1968年 | 其他无机质 | 通高231.0；基座：纵344.0，横134.0 |
| 116 | 01375 | 施绍宸油画《刘少奇领导安源路矿工人大罢工》 | 1979年 | 棉麻纤维，木 | 纵247.0，横309.0 |
| 117 | 01400 | 刘春华油画《沉雷在地下滚动——毛主席去安源》 | 2011年6月 | 棉麻纤维，木 | 纵193.0，横169.0 |
| 118 | 刘春华1270 | 刘春华国画《求索》 | 1986年 | — | — |
| 119 | 刘春华1271 | 刘春华油画《红太阳》 | 1977年 | — | — |

二级文物清单

| 序号 | 藏品总登记号 | 文物名称 | 年代 | 质地类别 | 尺寸（厘米） |
|---|---|---|---|---|---|
| 1 | 00007 | 安源路矿工人消费合作社制作的木购物证 | 1923年 | 木 | 纵8.0，横5.0 |
| 2 | 00037 | 萍乡九区十七乡农民协会执行委颁发给温冬生的银证章 | 1927年 | 银 | 纵4.0，横2.5 |
| 3 | 00043 | 安源路矿工人庆祝国际劳动节游行时佩带的部员布符号 | 1923年5月1日 | 棉麻纤维 | 纵11.0，横7.0 |
| 4 | 00046 | 安源路矿工人俱乐部副主任黄静源使用的木箱 | 1924—1925年 | 木，铁 | 纵61.0，横38.0，高48.0 |
| 5 | 00052 | 安源路矿工人俱乐部会计股使用的铁印鉴盒 | 1922—1925年 | 铁，其他金属，木 | 纵22.0，横30.5，高11.8 |
| 6 | 00053 | 萍乡东桥农民自卫军战士袁发元使用的铁剑 | 1928年 | 铁，木 | 纵10.0，横59.0 |
| 7 | 00075 | 萍乡煤矿总局发给周桂庭工头名下工人张良臣的存饷证 | 1928年12月30日 | 纸 | 纵24.0，横10.5 |
| 8 | 00112 | 株萍铁路工人使用的信号灯 | 1899年 | 铁，玻璃 | 纵26.0，横12.0 |
| 9 | 00217 | 安源妇女职业学校使用的织布木梭 | 1927年 | 木，铁 | 纵35.0，横12.0 |
| 10 | 00226 | 萍乡煤矿工人使用的矿灯 | 1898年 | 铁 | 高9.6，底径9.7 |
| 11 | 00253 | 株萍铁路设立的"株萍铁路"石碑 | 1899年 | 石 | 长22.0，10.2 |
| 12 | 00263 | 萍乡煤矿工人李大有等工食表 | 1924年 | 纸 | 纵31.0，横52.3 |
| 13 | 00286 | 湘赣省委保卫局长周道益指挥大安地区反蒋反"围剿"时使用的土手枪 | 1933年 | 铁，木 | 纵26.0，横35.0，口径1.2，腹围2.3 |
| 14 | 00343 | 萍乡县苏维埃政府制药厂制白釉眼药水瓷瓶 | 1930年 | 瓷 | 长2.5，宽2.0，高3.5 |
| 15 | 00372 | 萍乡煤矿使用的手提式弯轨机 | 1898年 | 铁 | 长91.0，宽11.0，高63.5 |

续表

| 序号 | 藏品总登记号 | 文物名称 | 年代 | 质地类别 | 尺寸（厘米） |
|---|---|---|---|---|---|
| 16 | 00649 | 中央统战部部长李维汉为《安源路矿工人大罢工胜利六十周年纪念画册》题词纸本轴"胜利的经验，失败的教训，都不可忘记，都要从中汲取教益" | 1982年5月12日 | 纸 | 纵22.7，横17.3 |
| 17 | 00650 | 肖劲光大将为纪念安源路矿工人大罢工六十周年题词"团结 斗争 胜利"纸页 | 1982年4月1日 | 纸 | 纵19.0，横26.5 |
| 18 | 00655 | 开国上将萧克为纪念秋收起义六十周年题词"人民的国家来自昔日的星星之火"纸本轴 | 1986年8月24日 | 纸 | 纵69.0，横34.0 |
| 19 | 00671 | 开国中将唐延杰为萍乡革命烈士纪念馆题词纸本轴 | 1984年9月21日 | 纸 | 纵33.5，横66.0 |
| 20 | 00674 | 最高人民法院院长江华为纪念秋收起义六十周年题写七言诗词纸本轴"秋收暴动义旗扬，工农并肩上战场，红色割据创伟业，星火燎原耀武装" | 1987年6月 | 纸 | 纵68.5，横33.0 |
| 21 | 00675 | 开国上将杨得志题写"卢德铭烈士纪念碑"纸本轴 | 1987年8月1日 | 纸 | 纵137.0，横68.0 |
| 22 | 00678 | 开国少将罗华生题词"安源路矿工人运动是中国革命的光辉篇章"纸本轴 | 1987年12月17日 | 纸 | 纵99.0，横54.0 |
| 23 | 00825 | 中央政治局委员、全国人大常委会副委员长李锡铭题词"安源工人革命传统代代相传"纸本轴 | 1995年6月8日 | 纸 | 纵135.0，横69.0 |
| 24 | 00864 | 开国少将王耀南题写的七言诗词纸本轴 | 1973年9月1日 | 纸 | 纵24.0，横29.5 |
| 25 | 01263 | 泥塑《离乡背井》像 | 1968年 | 泥 | 通高203.0；底座：纵180.0，横210.0 |
| 26 | 01264 | 泥塑《窿中劳作》像 | 1968年 | 泥 | 人最高110.0，最矮40.0 |
| 27 | 01265 | 泥塑《地火烈焰》像 | 1968年 | 泥 | 人最高185.0，最矮80.0 |
| 28 | 01266 | 泥塑《祈望光明》像 | 1968年 | 泥 | 最高人167.0，最矮人135.0 |
| 29 | 00005 | 安源路矿工人消费合作社制作的木购物证 | 1923年 | 木 | 纵8.0，横5.0 |
| 30 | 00006 | 安源路矿工人消费合作社制作的木购物证 | 1923年 | 木 | 纵8.0，横5.0 |
| 31 | 00014 | 安源工人何仁元认购的安源路矿工人消费合作社股票 | 1923年2月12日 | 纸 | 纵25.0，横12.5 |
| 32 | 00036 | 文云魁加入安源路矿工人俱乐部的入部费收条 | 1922年12月20日 | 纸 | 纵23.0，横10.5 |
| 33 | 00057 | 萍乡七区十九乡二村儿童团团员张文泉佩带的布袖章 | 1933年 | 棉麻纤维 | 纵18.0，横9.0 |
| 34 | 00059 | 萍乡七区十九乡二村儿童团团员张文泉佩带的飘带 | 1933年 | 棉麻纤维 | 纵99.0，横4.5 |

续表

| 序号 | 藏品总登记号 | 文物名称 | 年代 | 质地类别 | 尺寸（厘米） |
|---|---|---|---|---|---|
| 35 | 00061 | 株萍铁路管理局开具给车务处职工刘才华的存饷证 | 1926年7月21日 | 纸 | 纵22.0，横29.0 |
| 36 | 00062 | 株萍铁路管理局开具给车务处职工凌鸿秋的存饷证 | 1927年 | 纸 | 纵22.0，横28.0 |
| 37 | 00065 | 萍乡县县长罗运磷佩带的围巾 | 1927年 | 棉麻纤维 | 纵134.0，横15.0 |
| 38 | 00104 | 安源理发庆祝公会铜证章 | 1924年 | 铜 | 直径4.2 |
| 39 | 00142 | 中共萍乡县委印发的《县委第二十六次常会决案》 | 1931年8月31日 | 纸 | 纵17.0，横13.0 |
| 40 | 00143 | 中共萍乡县委印发的《坚决接受和实际执行湘赣边界苏区省委三个月工作计划的决议》 | 1931年9月1日 | 纸 | 纵6.5，横12.5 |
| 41 | 00145 | 中华苏维埃共和国湘赣省革命战争公债壹圆券 | 1933年7月1日 | 纸 | 纵6.7，横12.0 |
| 42 | 00146 | 萍乡县第三区第三乡赤卫军袖章"全世界无产阶级联合起来" | 1930年 | 棉麻纤维 | 纵21.0，横18.0 |
| 43 | 00148 | 中共萍乡县委印发的《关于群众工作指示的一封信》 | 1932年6月15日 | 纸 | 纵17.5，横12.5 |
| 44 | 00154 | 萍乡农民协会开展清仓斗争时使用的竹量升 | 1927年 | 竹 | 直径9.5，高20.0，厚0.4 |
| 45 | 00161 | 萍乡县第一区第二乡农民协会圆形木印 | 1927年 | 木 | 直径6.5，高2.7 |
| 46 | 00165 | 萍乡第六区第二十一乡黄叔全的苏维埃政府布符号 | 1931年 | 棉麻纤维 | 纵11.0，横8.0 |
| 47 | 00166 | 萍乡第六区苏维埃政府布代表证 | 1931年 | 棉麻纤维 | 纵14.0，横4.7 |
| 48 | 00167 | 萍乡店员工会布袖章 | 第一次国内革命战争时期 | 棉麻纤维 | 纵14.0，横9.7 |
| 49 | 00168 | 萍乡大安区石溪乡赤卫队布袖章 | 第二次国内革命战争时期 | 棉麻纤维 | 纵20.0，横34.5 |
| 50 | 00169 | "萍乡七区赤色纸业十八支分工会"木印 | 第二次国内革命战争时期 | 木 | 长10.02，宽2.3，高3.4 |
| 51 | 00170 | "萍乡第二乡第一村苏维埃政府"木印 | 第二次国内革命战争时期 | 木 | 长10.05，宽12.5，高3.7 |
| 52 | 00171 | "中华苏维埃共和国湘鄂赣省宜萍县桐木区后坑乡苏维埃政府"木印 | 第二次国内革命战争时期 | 木 | 长10.04，宽2.5，高3.1 |
| 53 | 00172 | "宜萍县赤卫军第一团团部"木印 | 第二次国内革命战争时期 | 木 | 长9.0，宽2.4，高3.4 |
| 54 | 00173 | "萍乡七区劳动联合第二十支分工会"木印 | 第二次国内革命战争时期 | 木 | 长9.0，宽2.5，高2.8 |
| 55 | 00174 | "中华苏维埃共和国萍乡县新安区苏维埃执行委员会"木印 | 第二次国内革命战争时期 | 木 | 长9.9，宽2.5，高3.0 |
| 56 | 00210 | 飞鸟形东北解放纪念铜章 | 1948年 | 铜 | 直径4.6，厚度0.1 |

续表

| 序号 | 藏品总登记号 | 文物名称 | 年代 | 质地类别 | 尺寸（厘米） |
|---|---|---|---|---|---|
| 57 | 00212 | 安源市鞋业工会铜证章 | 1927年 | 铜 | 直径3.3 |
| 58 | 00216 | 资源委员会萍乡煤矿整理局发给工人罗福生的遣散证明书 | 1939年4月 | 纸 | 纵17.5，横12.5 |
| 59 | 00227 | 彭树敏赴法国和苏联留学时使用的木箱 | 1920—1924年 | 铁，木 | 长70.5，宽34.5，高39 |
| 60 | 00231 | 萍乡县总工会厨业工会铜证章 | 1927年 | 铜 | 直径3.1 |
| 61 | 00251 | 萍乡县总工会雇工联合会银证章 | 1926年 | 银 | 直径2.5 |
| 62 | 00354 | 抗日战争时期余波生使用的英国造军用望远镜 | 抗日战争时期 | 其他金属 | 纵12.5，横16 |
| 63 | 00355 | 余波生使用的布马驮 | 解放战争时期 | 棉麻纤维 | 长142.5，宽85.5，高0.6 |
| 64 | 00356 | 余波生使用的帆布箱 | 解放战争时期 | 木，纸 | 长76.8，宽43.7，高23.3 |
| 65 | 00357 | 余波生使用的子弹袋 | 抗日战争时期 | 棉麻纤维 | — |
| 66 | 00358 | 余波生使用的子弹夹 | 抗日战争时期 | 其他金属 | — |
| 67 | 00522 | 刘昌炎在安源工作时制作的恭贺年禧卡片 | 1926年 | 纸 | 纵12.3，横8.22 |
| 68 | 00523 | 刘昌炎在安源工作时制作的恭贺年禧卡片 | 1926年 | 纸 | 纵12.3，横8.22 |
| 69 | 00524 | 刘昌炎在安源工作时记录的《来往信件便登》 | 1926年 | 纸 | 纵18.5，横23.6 |
| 70 | 00724 | 高自立使用的皮手套 | 1945—1950年 | 皮革 | 纵25.0，横14.0 |
| 71 | 00789 | 中共中央宣传部部长何克全穿过的中山服 | 1950—1955年 | 棉麻纤维 | 衣长70.0，裤长110.0，腰围90.0，腰围98.0，臀围121.0 |
| 72 | 00790 | 孔原使用的工艺品银盘 | 1960年 | 银 | 直径28.5 |
| 73 | 00792 | 王耀南的华北解放纪念金属章 | 1950年 | 其他金属 | 直径3.6 |
| 74 | 00793 | 王耀南的绥远军区第一届代表会纪念金属章 | 1951年 | 其他金属 | 直径3.4 |
| 75 | 00797 | 王耀南的庆祝十月革命四十周年纪念金属章 | 1957年 | 其他金属 | 纵2.5，横2.2 |
| 76 | 00801 | 王耀南的庆祝国庆十周年纪念金属章 | 1959年 | 其他金属 | 纵2.2，横1.7 |
| 77 | 00803 | 王耀南的全国第一届运动会纪念金属章 | 1959年 | 其他金属 | 纵2.5，横1.3 |
| 78 | 00805 | 王耀南的辛亥革命五十周年纪念金属章 | 1961年 | 其他金属 | 横1.6，纵2.3 |
| 79 | 00814 | 北京地质学院院长刘型写给董师固女儿董翠萍的信 | 1956年9月27日 | 纸 | 纵26.0，横20.0 |
| 80 | 00815 | 国家主席刘少奇题写"萍矿工人报"报名的铁文木印章 | 1955年 | 木，铁 | 长12.0，宽3.7，高2.2 |
| 81 | 00891 | 陕甘宁边区政府主席高自立写给女儿高馥英的信 | 1950年11月31日 | 纸 | 纵20.5，横14.5 |
| 82 | 01006 | 中共中央宣传部部长何凯丰穿过的布袜子 | 1945—1949年 | 棉麻纤维 | |

续表

| 序号 | 藏品总登记号 | 文物名称 | 年代 | 质地类别 | 尺寸（厘米） |
|---|---|---|---|---|---|
| 83 | 01007 | 中共中央宣传部部长何凯丰使用的砚台 | 1945—1949年 | 石 | 长宽11.4 |
| 84 | 01009 | 中共中央宣传部部长何凯丰使用的塑料三角板 | 1945—1949年 | 其他有机质 | |
| 85 | 01377 | 油画《霹雳一声暴动》 | 1969年 | 棉麻纤维，木 | 纵245.0，横334.0 |

## 三级文物清单（节录）

| 序号 | 藏品总登记号 | 文物名称 | 年代 | 质地类别 | 尺寸（厘米） |
|---|---|---|---|---|---|
| 1 | 00015 | 安源工人田海清认购的安源路矿工人消费合作社股票 | 1923年2月13日 | 纸 | 纵25.0，横12.5 |
| 2 | 00017 | 安源工人何春生认购的安源路矿工人消费合作社股票 | 1923年2月13日 | 纸 | 纵25.0，横12.5 |
| 3 | 00018 | 安源工人周星仁认购的安源路矿工人消费合作社股票 | 1923年2月12日 | 纸 | 纵25.0，横12.5 |
| 4 | 00023 | 汉冶萍煤铁厂矿有限公司萍矿壹圆兑换券 | 1915年 | 纸 | 纵14.0，横8.6 |
| 5 | 00024 | 汉冶萍煤铁厂矿有限公司萍矿伍圆兑换券 | 1915年 | 纸 | 纵10.0，横15.5 |
| 6 | 00025 | 汉冶萍煤铁厂份有限公司萍矿伍圆兑换券 | 1915年 | 纸 | 纵10.0，横16.0 |
| 7 | 00026 | 汉冶萍煤铁厂份有限公司萍矿伍圆兑换券 | 1915年 | 纸 | 纵10.0，横15.5 |
| 8 | 00027 | 汉冶萍煤铁厂份有限公司萍矿伍圆兑换券 | 1915年 | 纸 | 纵10.0，横15.5 |
| 9 | 00028 | 汉冶萍煤铁厂份有限公司萍矿伍圆兑换券 | 1915年 | 纸 | 纵10.0，横15.5 |
| 10 | 00029 | 汉冶萍煤铁厂份有限公司萍矿伍圆兑换券 | 1915年 | 纸 | 纵10.0，横15.5 |
| 11 | 00030 | 汉冶萍煤铁厂份有限公司萍矿伍圆兑换券 | 1915年 | 纸 | 纵10.0，横15.5 |
| 12 | 00031 | 汉冶萍煤铁厂矿有限公司萍矿壹圆兑换券 | 1915年 | 纸 | 纵13.5，横8.5 |
| 13 | 00032 | 汉冶萍煤铁厂矿有限公司萍矿伍圆兑换券 | 1915年5月 | 纸 | 纵10.0，横16.0 |
| 14 | 00041 | 中华苏维埃共和国国家银行壹分铜币 | 1931年 | 铜 | 直径1.7 |
| 15 | 00042 | 中华苏维埃共和国国家银行伍分铜币 | 1931年 | 铜 | 直径2.6 |
| 16 | 00050 | 萍乡妇女职业学校学员吴家玉使用的织布木梭 | 1927年 | 木，铁 | 长35.0，宽3.5，高1.7 |
| 17 | 00064 | 革命烈士杨士杰使用的木箱 | 1923—1928年 | 木，铁 | 长59.3，宽42，高46.3 |
| 18 | 00066 | 安源园艺工会纠察队队员杨玉山使用的铁梭镖 | 1925年 | 铁，木 | 长52.0，宽4.3，高2.8 |
| 19 | 00072 | 萍乡煤矿工人徐焕文之子徐佑卿为其父被逼自杀致公司总经理的申诉书 | 1928年1月5日 | 纸 | 纵23，横23.5 |
| 20 | 00073 | 萍乡煤矿内窿外厂457名工人为恳请查办矿长李寿铨致汉冶萍公司的禀文 | 1919年10月11日 | 纸 | 纵24.5，横98.0 |
| 21 | 00074 | 萍乡煤矿总局发给周桂廷工头名下工人张良成的存饷证 | 1927年12月 | 纸 | 纵10.5，横24.0 |

续表

| 序号 | 藏品总登记号 | 文物名称 | 年代 | 质地类别 | 尺寸（厘米） |
|---|---|---|---|---|---|
| 22 | 00076 | 萍乡煤矿总局发给袁世全工头名下工人张良臣的存饷证 | 1927年12月 | 纸 | 纵10.5，横24.0 |
| 23 | 00078 | 萍乡煤矿总局发给谢敬吾工头名下工人朱方六的存饷证 | 1927年10月22日 | 纸 | 纵10.5，横24.0 |
| 24 | 00079 | 萍乡煤矿总局发给王发春工头名下工人张爱生的存饷证 | 1927年12月31日 | 纸 | 纵10.5，横24.0 |
| 25 | 00080 | 萍乡煤矿总局发给柳芳兴工头名下工人张爱生的存饷证 | 1929年10月31日 | 纸 | 纵10.5，横24.0 |
| 26 | 00081 | 萍乡煤矿总局发给事务股工人傅长龙的存饷证 | 1927年12月31日 | 纸 | 纵10.5，横24.0 |
| 27 | 00082 | 萍乡煤矿总局发给张凤生工头名下工人的存饷证 | 1928年9月18日 | 纸 | 纵10.5，横24.0 |
| 28 | 00083 | 萍乡煤矿总局发给李庭九工头名下工人周成年的存饷证 | 1927年12月底 | 纸 | 纵10.5，横24.0 |
| 29 | 00084 | 中华苏维埃共和国国家银行湘赣省分行壹角纸币 | 1933年 | 纸 | 纵5.2，横10.2 |
| 30 | 00085 | 中华苏维埃共和国国家银行湘赣省分行壹角纸币 | 1933年 | 纸 | 纵5.2，横10.2 |
| 31 | 00086 | 中华苏维埃共和国国家银行湘赣省分行壹角纸币 | 1933年 | 纸 | 纵5.2，横10.2 |
| 32 | 00087 | 中华苏维埃共和国国家银行湘赣省分行壹角纸币 | 1933年 | 纸 | 纵5.2，横10.2 |
| 33 | 00088 | 中华苏维埃共和国国家银行湘赣省分行壹角纸币 | 1933年 | 纸 | 纵5.2，横10.2 |
| 34 | 00089 | 中华苏维埃共和国国家银行湘赣省分行壹角纸币 | 1933年 | 纸 | 纵5.2，横10.2 |
| 35 | 00090 | 中华苏维埃共和国国家银行湘赣省分行壹角纸币 | 1933年 | 纸 | 纵5.2，横10.2 |
| 36 | 00091 | 中华苏维埃共和国国家银行湘赣省分行壹角纸币 | 1933年 | 纸 | 纵5.2，横10.2 |
| 37 | 00092 | 中华苏维埃共和国国家银行湘赣省分行壹角纸币 | 1933年 | 纸 | 纵5.2，横10.2 |
| 38 | 00093 | 中华苏维埃共和国国家银行湘赣省分行壹角纸币 | 1933年 | 纸 | 纵5.2，横10.2 |
| 39 | 00094 | 中华苏维埃共和国国家银行湘赣省分行壹圆纸币 | 1934年 | 纸 | 纵6.2，横10.2 |
| 40 | 00095 | 中华苏维埃共和国国家银行湘赣省分行拾枚纸币 | 1934年 | 纸 | 纵5.0，横8.5 |
| 41 | 00096 | 中华苏维埃共和国国家银行湘赣省分行拾枚纸币 | 1934年 | 纸 | 纵5.0，横8.5 |

续表

| 序号 | 藏品总登记号 | 文物名称 | 年代 | 质地类别 | 尺寸（厘米） |
|---|---|---|---|---|---|
| 42 | 00097 | 中华苏维埃共和国国家银行湘赣省分行拾枚纸币 | 1934年 | 纸 | 纵5.0，横8.5 |
| 43 | 00098 | 中华苏维埃共和国国家银行湘赣省分行贰角纸币 | 1933年 | 纸 | 纵5.0，横8.5 |
| 44 | 00099 | 安源路矿工人俱乐部纠察队执勤时使用的德国造马灯 | 1922—1925年 | 铁，玻璃 | 纵22.0，横15.0 |
| 45 | 00100 | 1919年7月10日德国人在萍乡煤矿虐待安源工人的外文报道照片 | 1968年复制 | 纸 | 纵19.0，横4.68 |
| 46 | 00101 | 萍乡煤矿工人食宿房使用的用膳木牌 | 1912年 | 木 | 长9.2，宽6.3，高1.3 |
| 47 | 00102 | 经济部核准的安源平民工厂金属证章 | 第一次国内革命战争时期 | 其他金属 | 直径3.0 |
| 48 | 00103 | 株萍铁路工人使用的信号灯 | 1899年 | 铁，玻璃 | 纵36.0，横12.5 |
| 49 | 00105 | 萍乡煤矿工人使用的矿灯 | 1898年 | 铁，棉麻纤维 | 纵12.0，横13.0 |
| 50 | 00106 | 萍乡煤矿工人使用的矿灯 | 1898年 | 铁，棉麻纤维 | 纵12.0，横13.0 |
| 51 | 00107 | 萍乡煤矿工人使用的矿灯 | 1898年 | 铁，棉麻纤维 | 纵12.0，横13.0 |
| 52 | 00108 | 萍乡煤矿工人使用的矿灯 | 1898年 | 铁，棉麻纤维 | 纵12.0，横13.0 |
| 53 | 00109 | 萍乡煤矿工人使用的矿灯 | 1898年 | 铁，棉麻纤维 | 纵12.0，横13.0 |
| 54 | 00110 | 萍乡煤矿工人使用的矿灯 | 1898年 | 铁，棉麻纤维 | 纵12.0，横13.0 |
| 55 | 00111 | 萍乡煤矿工人使用的矿灯 | 1898年 | 铁，棉麻纤维 | 纵11.0，横10.0 |
| 56 | 00113 | 北洋政府交通部路政司司长曾鲲化著《中国铁路史》 | 1924年 | 纸 | 纵22.5，横15.0 |
| 57 | 00114 | 浙赣铁路局车务处开具给站夫赵子荣应领存饷证的证明 | 1939年5月20日 | 纸 | 纵32.0，横20.0 |
| 58 | 00115 | 株萍铁路工人李大德和谢任要求发给存饷的呈义 | 1929年4月4日 | 纸 | 纵26.5，横20.5 |
| 59 | 00116 | 资源委员会萍乡煤矿整理局发给工人贺梅生的遣散证明书 | 1939年4月 | 纸 | 纵7.5，横12.5 |
| 60 | 00117 | 资源委员会萍乡煤矿整理局发给工人苏玉发的遣散证明书 | 1939年4月 | 纸 | 纵7.5，横12.5 |
| 61 | 00118 | 资源委员会萍乡煤矿整理局发给工人陈则高的遣散证明书 | 1939年4月 | 纸 | 纵7.5，横12.5 |
| 62 | 00119 | 资源委员会萍乡煤矿整理局发给工人张良臣的遣散证明书 | 1939年4月 | 纸 | 纵7.5，横12.5 |

续表

| 序号 | 藏品总登记号 | 文物名称 | 年代 | 质地类别 | 尺寸（厘米） |
|---|---|---|---|---|---|
| 63 | 00120 | 资源委员会萍乡煤矿整理局发给工人张星益的遣散证明书 | 1939年4月 | 纸 | 纵7.2，横12.5 |
| 64 | 00121 | 资源委员会萍乡煤矿整理局发给工人罗德富的遣散证明书 | 1939年4月 | 纸 | 纵7.5，横12.5 |
| 65 | 00122 | 资源委员会萍乡煤矿整理局发给工人张绪才的遣散证明书 | 1938年11月14日 | 纸 | 纵22.0，横29.0 |
| 66 | 00123 | 资源委员会萍乡煤矿整理局发给工人张良成的遣散证明书 | 1938年11月14日 | 纸 | 纵22.0，横29.0 |
| 67 | 00124 | 资源委员会萍乡煤矿整理局发给工人罗得富的遣散证明书 | 1938年11月14日 | 纸 | 纵22.0，横29.0 |
| 68 | 00125 | 萍乡煤矿工人挖煤使用的铁岩尖 | 1898年 | 铁，木 | 长38.5，宽2.7，高3.3 |
| 69 | 00126 | 萍乡工人政治学校第一期毕业纪念铜章 | 1949年 | 铜 | 直径2.9 |
| 70 | 00127 | 萍乡煤矿工人使用的壶形矿灯 | 1898年 | 铁，铜，棉麻纤维 | 纵12.0，横9.0 |
| 71 | 00128 | 中共萍乡县委翻印的《劳动法草案》 | 1931年9月5日 | 纸 | 纵16.5，横12.5 |
| 72 | 00129 | 中共萍乡县委印发的《关于举行援助医院运动的通告》（第十六号） | 1931年7月25日 | 纸 | 纵16.0，横12.0 |
| 73 | 00130 | 曾纪提的石印版《马克思主义浅说》 | 1930年 | 纸 | 纵18.5，横12.5 |
| 74 | 00131 | 上海书店印行的石印版《马克思主义浅说》 | 1925年8月4日 | 纸 | 纵18.5，横12.5 |
| 75 | 00132 | 汉冶萍煤铁厂矿有限公司萍乡煤矿局发行的代替铜圆拾枚的竹筹 | 1909年 | 木 | 纵9.5，横0.7 |
| 76 | 00133 | 刘洪辟和李有棻修纂的《昭萍志略》（卷二营建志） | 1935年 | 纸 | 长27.6，宽14.7，高0.8 |
| 77 | 00134 | 刘洪辟和李有棻修纂的《昭萍志略》（卷二营建志和卷三氏族志） | 1935年 | 纸 | 长27.6，宽14.7，高1.6 |
| 78 | 00135 | 刘洪辟和李有棻修纂的《昭萍志略》（卷三氏族志和卷四食货志） | 1935年 | 纸 | 长27.6，宽14.7，高1.3 |
| 79 | 00136 | 刘洪辟和李有棻修纂的《昭萍志略》（卷五官师志和卷六学校志） | 1935年 | 纸 | 长27.6，宽14.7，高1.6 |
| 80 | 00137 | 刘洪辟和李有棻修纂的《昭萍志略》（卷六学校志和卷七武备志） | 1935年 | 纸 | 长27.6，宽14.7，高0.7 |
| 81 | 00138 | 刘洪辟和李有棻修纂的《昭萍志略》（卷九人物志） | 1935年 | 纸 | 长27.6，宽14.7，高1.3 |
| 82 | 00139 | 刘洪辟和李有棻修纂的《昭萍志略》（卷十人物志） | 1935年 | 纸 | 长27.6，宽14.7，高1.2 |
| 83 | 00140 | 刘洪辟和李有棻修纂的《昭萍志略》（卷十一艺文志） | 1935年 | 纸 | 长27.6，宽14.7，高1.5 |
| 84 | 00144 | 中华苏维埃共和国湘赣省革命战争公债壹圆券 | 1933年7月1日 | 纸 | 纵6.7，横12.0 |
| 85 | 00149 | 萍乡桐木苏维埃政府特别杂用簿 | 1932年 | 纸 | 长20.5，宽15.0，高0.4 |

续表

| 序号 | 藏品总登记号 | 文物名称 | 年代 | 质地类别 | 尺寸（厘米） |
|---|---|---|---|---|---|
| 86 | 00150 | 萍乡苏区石印版《打倒国民党问答》 | 1930 年 | 纸 | 长 20.9，宽 13.4，高 0.3 |
| 87 | 00155 | 杨士杰打游击战时装咸菜使用的陶坛 | 1928 年 | 陶 | 口径 9.5，腹径 21.0，底座直径 13.0 |
| 88 | 00160 | 萍乡第六区苏维埃政府颁发的放行证 | 1931 年 3 月 13 日 | 纸 | 纵 21.1，横 11.9 |
| 89 | 00162 | 萍乡城区农民协会红色布袖章 | 1926 年 | 棉麻纤维 | 纵 17.6，横 12.0 |
| 90 | 00163 | 萍乡农民协会第一区第一乡农民协会布袖章 | 第一次国内革命战争时期 | 棉麻纤维 | 纵 19.0，横 16.0 |
| 91 | 00164 | 萍乡十五区第三乡农民协会布会员证 | 第一次国内革命战争时期 | 棉麻纤维 | 纵 12.5，横 8.6 |
| 92 | 00175 | 中共宜萍县委写给冷水支部的信 | 第二次国内革命战争时期 | 纸 | 纵 27.0，横 18.7 |
| 93 | 00176 | 中共萍乡县委印发的《纪念五·二一告劳苦群众书》 | 1931 年 5 月 19 日 | 纸 | 纵 28.0，横 38.0 |
| 94 | 00177 | 湘东南苏维埃政府翻印的中华苏维埃中央革命军事委员会编《革命标语》（二） | 1931 年 5 月 12 日 | 纸 | 纵 20.0，横 15.0 |
| 95 | 00178 | 油印版中共万载中心县委《审查萍乡县委执行临时省委三个月工作计划的决议后给宜萍县委一封信》 | 1932 年 5 月 6 日 | 纸 | 纵 19.0，横 14.0 |
| 96 | 00179 | 江西省总工会印发的"蒋介石违背中央命令强缴上海工人纠察队的枪械"标语 | 第二次国内革命战争时期 | 纸 | 纵 29.0，横 78.0 |
| 97 | 00180 | 江西省总工会印发的"军民一致起来遵奉中央命令捉拿反革命的蒋介石"标语 | 第二次国内革命战争时期 | 纸 | 纵 26.20，横 74.5 |
| 98 | 00181 | 江西省总工会印发的"蒋介石是屠杀重庆妇女小学生的凶手"标语 | 第二次国内革命战争时期 | 纸 | 纵 27.20，横 77.0 |
| 99 | 00182 | 江西省总工会印发的"拥护蒋介石的便是反革命"标语 | 第二次国内革命战争时期 | 纸 | 纵 29.0，横 78.0 |
| 100 | 00183 | 江西省总工会印发的"打倒任意逮捕革命同志的蒋介石"标语 | 第二次国内革命战争时期 | 纸 | 纵 29.0，横 78.0 |

# 第三章　陈列展览

## 第一节　基本陈列

安源纪念馆的基本陈列按馆的历史沿革分为四个时间阶段，第一阶段（1957年—1965年）：安源路矿工人俱乐部基本陈列；第二阶段（1965年—1967年）：安源路矿工人运动纪念馆基本陈列；第三阶段（1968年—1972年）：毛主席在安源革命活动纪念馆基本陈列；第四阶段（1972年—2022年）：安源路矿工人运动纪念馆基本陈列。

### 第一阶段（1957年—1965年）：安源路矿工人俱乐部基本陈列

1957年5月1日，为庆祝安源路矿工人俱乐部成立35周年，萍乡矿务局在安源路矿工人俱乐部旧址设立《安源路矿工人运动史》基本陈列，介绍20世纪20年代初期，刘少奇、李立三受湖南党组织委派，在安源建立共产党支部、组织安源路矿工人俱乐部、领导安源路矿工人大罢工的历史。

### 第二阶段（1965年—1967年）：安源路矿工人运动纪念馆基本陈列

1964年11月，安源路矿工人俱乐部更名为安源路矿工人运动纪念馆。1964年下半年，在安源路矿工人俱乐部旧址东侧兴建300余平方米的安源工人运动史陈列室。1965年9月14日，安源路矿工人运动纪念馆正式开馆。基本陈列分为四个部分：一、苦难的岁月；二、革命的风暴；三、黑暗中的明灯；四、扑不灭的火焰。主要展示安源路矿工人大罢工和二七惨案后安源工人运动坚持和发展的历史。展出了当年刘少奇办公室的用具、文件、图片、手稿和表现当时工人悲惨生活的实物共55件。1967年2月10日，受"文化大革命"影响，安源路矿工人运动纪念馆被封闭。

### 第三阶段（1968年—1972年）：毛主席在安源革命活动纪念馆基本陈列

1968年4月毛主席在安源革命活动纪念馆筹备期间，萍乡市宣传毛主席在安源革命活动委员会办公室聘请长沙军政干校党史教员马玉卿（曾任韶山陈列馆馆长）来安源帮助编制陈列方案。5月中旬，马玉卿主持编写陈列大纲和设计陈列小样，6月初完成了陈列方案。陈列内容共分六个部分：

一、安源工人盼救星；二、红太阳照亮了安源山；三、安源工人大罢工；四、唤起工农千百万；五、枪杆子里面出政权；六、敬祝毛主席万寿无疆。1969年4月4日，经江西省革命委员会政治部批准，纪念馆基本陈列对外展出。展线228米，陈列大型泥塑1组，中、小型雕塑5座，各类美术作品47幅，文物103件，文照30张，报照23张，照片112张，语录76条，歌谣4首，图表12块。

1969年9月23日至11月1日，纪念馆对基本陈列进行大修改。在省革委会宣传毛主席在江西革命活动委员会办公室的领导下，全馆职工奋战40天，完成了陈列大楼基本陈列的布展。陈列文物102件，语录72条，文照20张，报照18张，照片68张，歌谣7首，图表15块。

1971年6月5日至20日，按照全国外事工作会议关于"反对自吹自擂、强加于人的大国沙文主义，强调宣传马列主义，实事求是地宣传历史"的精神，纪念馆对基本陈列进行大修改，把原来的"请示厅"改为休息厅，增加马恩列斯语录18条，将馆内展出的36幅画撤下21幅。

1972年6月开始，纪念馆陆续派人携带陈列小样赴南昌修改。这次陈列修改以马恩列斯和毛泽东关于工人运动的论述为指导，力求客观全面地反映毛泽东、中国共产党领导安源路矿工人运动的历史。7月下旬，中共江西省委领导白栋才、黄知真、文道宏等在省展览馆审查纪念馆基本陈列小样。根据省委领导意见，基本陈列分为六个部分：一、中国共产党诞生前安源工人的苦难和斗争；二、毛主席亲自点燃安源革命烈火；三、毛主席、共产党领导安源路矿工人大罢工；四、毛主席、共产党领导安源工人运动深入发展；五、毛主席、共产党领导安源路矿工人运动与农民运动相结合；六、毛主席、共产党领导安源工人参加秋收起义，走工农武装割据道路。9月，省委领导决定将"毛主席在安源革命活动纪念馆"改称"安源路矿工人运动纪念馆"。

## 第四阶段（1972年—2022年）：安源路矿工人运动纪念馆基本陈列

### 1972年基本陈列大修改

1972年10月2日，纪念馆闭馆进行陈列修改，制作陈列版面264块，其中语录18条，照片95张，文照98张，绘画12幅，图表12块，歌谣7块，其他22块。11月20日，正式更换馆名为"安源路矿工人运动纪念馆"，重新对外开放。

### 1980年、1981年基本陈列大修改

1980年中共十一届五中全会前夕和1981年中共十一届六中全会以后，安源纪念馆按照"解放思想，实事求是"的思想路线，对基本陈列进行了两次大修改：1980年重点修改基本陈列二、三、四部分，1981年重点修改基本陈列一、五、六部分。新的基本陈列肯定了毛泽东领导安源工人运动的历史功绩，恢复了李立三、刘少奇在安源工人运动中应有的历史地位。这两次修改注重理论和实践的结合，准确、完整、精炼、生动地展示安源路矿工人运动历史。在阶级、政党、领袖个人的关系上，注重个人和集体作用辩证的统一；在介绍革命发展的进程时，注重既讲胜利和成功，又如实地讲挫折和失败，使观众从胜利和挫折、成功和失败的比较中获得真切的教益；在处理局部和整体的关系时，继承和发扬了过去的成功做法，注重全面反映历史背景，把重点放在叙述安源工运本身，

以突出地方特色。

**1992年基本陈列大修改**

1992年9月安源路矿工人大罢工胜利70周年前夕，安源纪念馆对基本陈列再次进行大修改。将1982年到1992年这十年间征集的一批珍贵文物和史料充实到陈列之中；根据近十年来安源工运史研究和中共党史研究所得理顺基本陈列思路，对各单元的内部结构作较大调整；改变单调的陈列形式。

1991年，安源纪念馆基本陈列修改小样，经过上级部门层层审查，最后确定陈列内容分为六个单元：一、苦难和早期斗争；二、组织起来；三、路矿工人大罢工；四、二七惨案后的坚持和发展；五、工农联合，支援北伐；六、秋收暴动，武装割据。

1991年8月，中国博物馆协会陈列艺术委员会副主任、中国革命博物馆研究馆员周士琦负责陈列设计。10月18日，周士琦专程到馆进行实地勘测，10月24日返京设计、绘制陈列施工图纸。

安源纪念馆成立了陈列展览指挥部，下设内容组、美工组、制作施工组、后勤组、保卫组。

陈列修改施工分三个阶段进行：

制作阶段（4月至6月）。共制作陈列版面320块；制作单元标题架、武器版面架共18件；拆除旧假墙，安装新假墙200余米；复制文物70余件，制作文物柜27个；洗放照片400余幅，制作图表14块；绘制油画、国画、版画、连环画12幅。

安装布展阶段（7月至8月）。钉挂版面300多块，装裱照片近1000幅（含说明条照片），装饰文物220件。

审查预展阶段（9月1日至13日）。9月5日，中共萍乡市委书记孙用和以及市有关部门领导专程来馆审查基本陈列。9月8日、9日，中共中央党史研究室刘少奇组副组长马济彬教授、解放军西安政治学院政治教研室主任马玉卿教授、中共江西省委党史征集委员会副主任桂玉麟研究员等来馆指导。9月10日至13日，根据上级领导和史学专家的意见，安源纪念馆对基本陈列再次作了局部修改和调整，9月14日正式开放。

**2002年基本陈列大修改**

为纪念安源路矿工人大罢工胜利80周年，安源纪念馆于2002年对基本陈列进行了大修改。这次陈列修改从6月24日开始，历时两个多月，耗资100万元。

新的基本陈列在形式方面作了重大变动：从序厅到各个单元的陈列版面均重新设计制作，照片、图片和说明词全部采用电脑喷绘，部分彩照采用灯箱形式表现；对总平巷采区工作面、工人夜校课堂、谈判大楼外景等重要历史场景作了复原陈列。在内容方面进行适当调整：减少文字版面，增加文物展示。如铸有"民国十年萍矿制造"字样的蒸汽机和铸有"郭克利1897"字样的铁轨等文物，首次与观众见面。新陈列中突出展示了安源路矿工人运动在中共党史上做出的开创性贡献。

**2007年基本陈列大修改**

为纪念湘赣边界秋收起义80周年，安源纪念馆于2007年6月1日开始进行基本陈列展陈提升，

9月初竣工，9月9日重新开放。

此次陈列大修改有以下四个特点：

一、内容为先，突出重点。以过程为线索，以事件为重点，紧紧围绕安源路矿工人运动的重要历史事件、重要历史人物、重要历史进程和重要历史转折，进行重点设计和多层次表现。序厅正面设计大型浮雕和一组群雕，反映安源路矿工人运动的恢宏气势和场面。正面两边设计六个壁龛，陈列大幅黑白照片，反映当年安源重大的历史事件。展览第二单元将毛泽东来安源考察的组雕放于展厅的入口处，组雕的背景是起伏的安源山形地貌并加以旭日初升的图案。第三单元陈列安源路矿工人大罢工的图片，周边设计孔壁龛展示罢工斗争的文物，展柜上悬挂"罢工"旗帜增强空间气氛。展台下方装有地灯，让展墙浮出地面，使效果简洁、大气、新颖。第五单元以20世纪20年代安源民居作为展墙造型，民居墙上悬挂农民协会会牌，将马灯、罚款条等有代表性的文物在场景中组合陈列。

二、注重手段，技术先进。在具体的方案设计上，注重采取先进的展陈技术，结合高科技的声光电手段，加强展品和场景的表现力，增强对观众的感染力。第一单元将安源矿工在井下劳动的雕塑做了艺术处理，增加了声光电的效果表现，如昏暗不定的灯光、滴水声、挖煤声、劳动号子声、煤车声等，以增加身临其境的艺术感染力。第二单元李立三在安源创办工人夜校、建立党组织的展陈部分增加工人夜校照片，下方增设触摸屏，观众可以点击查看工人夜校教科书的内容。第三单元增加《刘少奇一身是胆》大型复原场景，真实还原了当年刘少奇与敌人在矿局公务总汇谈判的情景。第六单元设置了沙盘和战斗影像相结合的高科技幻影成像展览项目《攻克醴陵》，展示工农革命军第二团在秋收起义中的战斗场景。

三、展厅空间，改造提升。展厅的天花板和地面进行了翻新处理。空间以灰色和局部红色为主，灰色体现地域特色，红色体现革命题材。窗帘改为遮光卷帘，既可控制户外自然光的强度，又便于对展厅效果进行调整并节省能源。

**2012年基本陈列大修改**

为纪念安源路矿工人俱乐部成立暨大罢工胜利90周年，安源纪念馆于2012年5月开始进行基本陈列展陈提升，6月底竣工，耗资近1000万元。7月1日重新开放。

此次陈列大修改有如下新的变化：

一、序厅推陈出新。增加中央的主雕塑和后面的大型浮雕墙《洪流》以及两侧六个有关安源的重大历史事件时间节点，并配备灯光照明系统。主雕塑由两只大手、红旗和岩石组成。大型浮雕墙《洪流》表现了从安源工人成长起来的无产阶级革命先驱，撕破沉寂的黑幕，融入到中国革命的洪流之中；安源工人在震撼中外的大罢工和秋收起义中，前仆后继，以势不可挡的"洪流"和革命豪情，谱写了中国革命史和人民军队建军史上的光辉篇章。

二、突出重大事件。全面展示刘少奇一身是胆与路矿两局谈判的场景。在谈判场景中增加以刘少奇为中心人物的6尊人物硅胶像，配备音效设备，展示了罢工时工人呐喊的场景。重现秋收起义战斗场景，将文物柜中的武器集中放入场景中，正面主墙上衬以芦溪山口岩战斗旧址山水照为背景图，配备灯光照明系统，形象地再现当年秋收起义部队向芦溪山口岩转移的激烈战斗情景。将原来的"攻克醴陵"幻影成像搬移至副展线上，扩大原幻影成像中展示人物和景象的比例，增大幻影视频窗口，重新拍摄、制作战斗情景的视频。

三、展陈内容新颖。在第七单元主墙增加大型LED显示屏，循环播放安源工人运动创造的十六个中国革命历史之"最"，配以音罩增强音效；展出从安源走出的领导人和将军的题词34幅。

四、展陈形式更新。将展厅所有PPC材质的展板全部更换成纳米展板，凸显立体感；在重要部位增设多台触摸屏，以方便观众查询，增强互动效果。

**2019年—2020年基本陈列大修改**

为庆祝新中国成立70周年，安源纪念馆于2019年、2020年对基本陈列进行大修改。这次展陈提升分两期进行：

**第一期** 2019年3月10日闭馆，9月1日正式对外开放。重点对第一部分至第六部分进行全面展陈修改。新的基本陈列的主题为《红色安源 工运旗帜——安源路矿工人革命斗争史展览》，按照历史发生的时间顺序分为六个部分：一、路矿工人，早期斗争；二、开创工运，建立团体；三、罢工斗争，成功范例；四、硕果仅存，坚持发展；五、工农联盟，支援北伐；六、秋收起义，武装割据。全面生动地展现了1921年至1930年，在毛泽东、刘少奇、李立三等老一辈革命家领导下开展英勇革命斗争，唤起工农千百万的英雄史诗。展线420米，展出文物205件（套）。

此次陈列大修改，重点是对硬件设施进行改造：一、吊顶全部采用铝方通，并新增了新风系统和安防、消防、烟道、空调等设备；二、将原有的自然采光改成了全封闭式轨道照明，以增强展览的氛围感、情境感；三、对陈列版面全部进行了改造，在展示安源煤矿建矿历史时，通过铁丝网边框装饰，突显工业文明的厚重感；四、增设《攻打醴陵》的半景画场景，通过背景油画、前台实景、硅胶人物塑像、武器道具等虚实结合的画面，并配以灯光、枪炮声和画外解说，生动地再现了战斗经过；五、复原李立三在工人夜校上课场景、消费合作社微缩场景，让观众沉浸于场景之中，感受真实氛围；六、新增观影厅，循环播放《燎原》《毛泽东来安源》等红色题材的影视作品。

**第二期** 2020年7月24日闭馆，9月8日正式对外开放。重点对第七部分进行全面展陈修改。新修改的陈展中辅助展品与文物展品密切配合，运用绘画、雕塑、场景、多媒体等多种辅助手段，营造展览氛围，突出展览重点，烘托渲染主题，讲好安源故事，增加展览趣味性和参与性。

此次陈列大修改，主要有下列变化：

一、增加声光电。利用专业照明系统整体提升序厅灯光效果，打造全息立体影像系统，使得氛围和音响效果更加真实。如"刘少奇与路矿当局谈判"硅胶像互动展区提升、"秋收起义第二团攻克醴陵"二维观景台提升等。

二、改变陈列形式。优化调整基本陈列第一部分至第六部分的部分版面，通过艺术设计增强立体层次效果；在第七部分进行红色主题展陈设计，整个展厅延续红旗与党徽相融合的色调，上端强化的空间层次造型与下端展陈内容相结合，营造出浓郁的历史氛围。

三、增设多媒体设备。6平方米智能魔墙让观众能够通过文字、图片和视频进一步了解安源路矿工人运动纪念馆展陈内容；大型弧形互动LED屏，循环播放《地火荣光》宣传片，展示安源革命历史功绩；立体造型墙展示安源开创的十六个历史之"最"；将原有的90平方米大型油画《工运圣地》进行展示提升，作为整个基本陈列的概括性总结。

该基本陈列入选中宣部、国家文物局联合推介庆祝中国共产党成立100周年精品展览、国家文物局"弘扬中华优秀传统文化、培育社会主义核心价值观"主题展览推介项目，并获全省博物馆（2020年度）陈列展览精品奖。

## 第二节　专题陈列

历年来，安源纪念馆先后举办和管辖的专题陈列主要有：萍乡革命烈士纪念馆、安源工运时期廉政建设陈列馆、中共湖南省委机关驻安源革命活动展览、刘春华书画馆等。

### 一、萍乡革命烈士纪念馆

萍乡革命烈士纪念馆位于安源路矿工人俱乐部（罢工后）旧址东侧，建筑面积300余平方米，由共青团萍乡市委、萍乡市民政局、中共萍乡市委党史办公室、安源纪念馆联合筹建。

1984年9月29日举行萍乡革命烈士纪念馆开馆仪式。中共萍乡市委、市政府和市直机关有关部门、单位的负责同志以及各界群众代表共计1100余人出席。

中共中央顾问委员会委员孔原为萍乡革

1984年9月29日举行萍乡革命烈士纪念馆开馆仪式

命烈士纪念馆题写馆名。该馆陈列内容共分三个单元：一、新民主主义革命时期。这一时期牺牲的革命烈士3885名，本单元陈列46名；二、社会主义革命和建设时期。这一时期牺牲的革命烈士251名，本单元陈列11名；三、缅怀烈士，继往开来。这一单元主要介绍党委和政府以及萍乡人民对革命烈士的缅怀和纪念。

1989年新中国成立40周年前夕，经中共萍乡市委批准，萍乡革命烈士纪念馆第三单元"缅怀先烈，继往开来"进行了修改，新增的30余幅照片从不同的角度反映了新中国成立40年来，特别是中共十一届三中全会以来，萍乡人民继承革命先辈的光荣传统，在工业、农业、文教、卫生等各条战线所取得的成就。1989年10月1日重新开放。

1996年10月，萍乡革命烈士纪念馆展览搬迁至安源路矿工人俱乐部旧址（罢工后）二楼。

## 二、安源工运时期廉政建设陈列馆

安源工运时期廉政建设陈列馆位于安源路矿工人俱乐部（罢工后）旧址东侧，由中共萍乡市纪律检查委员会、安源纪念馆共同举办，于2009年3月开始动工，6月底全面竣工，7月17日正式对外开放，总投资230余万元。展馆面积280平方米，展板近70块，展线160米，展出实物20余件。

安源工运时期廉政建设陈列馆

该陈列馆以翔实的史料、珍贵的文物，系统介绍了20世纪20年代中国共产党领导下的安源工人运动期间反腐倡廉建设的历史，深刻揭示出这段中国共产党历史上最早的廉政建设探索实践留下的教益和启示。展出内容共分五个单元。第一单元：蓬勃发展。在党的领导下安源的党、团、工会组织不断壮大，经济事业日益蓬勃。第二单元：腐败萌生。因为胜利，在俱乐部组织和少数工人干部中出现了腐化现象。第三单元：整顿治理。以刘少奇、毛泽民、朱少连等为代表的安源路矿工人俱乐部领导人审时度势，领导开展反对腐化行为的斗争，保证了安源工运朝着正确的方向前进。第四单元：崇高风范。展现安源工运领导人严于律己、艰苦朴素、舍生取义的品格和风范。第五单元：中共监察委员会成立。安源工运时期的廉政建设，为中共中央监察委员会的成立提供了成功的实践经验。该陈列馆采用场景、多媒体、声光电等先进的展陈手段予以展示。2009年9月该陈列馆被列为"江西省廉政建设教育示范基地"；2011年获全省博物馆十大陈展提升创新奖。

## 三、中共湖南省委机关驻安源革命活动展览

中共湖南省委机关驻安源革命活动旧址位于安源镇张家湾村，展览投资80余万元，2010年6月4日正式动工，8月初对外开放。整个展览以画廊展示、画轴表现、油画渲染的形式，集中展示了1928年中共湖南省委机关秘密移驻安源期间鲜为人知而又令人难忘的历史。展览共分为三个单元：一、择机移驻；二、险境抗争；三、顽强斗争。

1928年5月下旬，在革命形势处于危急时刻，中共湖南省委决定将省委机关迁往安源方家坳。此后在安源近三个月的中共湖南

中共湖南省委机关驻安源革命活动旧址

省委，领导和指挥湖南全省及湘赣边界的革命斗争，酝酿和策动平江、萍安、湘南三地暴动，改组和恢复所辖地区的党组织，并成立交通局，打通了安源、萍乡至井冈山的地下交通线，陆续向井冈山运送干部和物资，对井冈山革命根据地的巩固和发展起到了重要的领导和推动作用。

### 四、刘春华书画馆

刘春华书画馆位于安源纪念馆陈列大楼西侧，2021年开始筹建，2022年8月29日开馆。展厅面积400平方米，展线200米，分上、下两层，阶梯中间为艺术沙龙区，两侧为上、下通道，形成动、静分区，使空间使用率最大化，并配备大型LED屏、大型触摸屏、滑轨触摸屏等多媒体设备。展览分为"序厅"和"国画精品展""油画精品展""书法精品展"三个单元，共展出70余幅代表性作品，其他艺术作品通过轮展和触摸屏的形式全面展示。

刘春华书画馆

刘春华（1944—），辽宁新金人，国家一级美术师。1968年毕业于中央工艺美术学院（现清华大学美术学院）。历任北京出版社副总编辑，北京画院副院长、院长，北京美术家协会副主席等。长期从事中国画创作，擅长人物兼及花鸟、山水。创作油画《毛主席去安源》《敬爱的周总理永远活在我们心中》，国画《屈子求索图》《春必将至》等。其作品参加第七、八、九届全国美展等国内外重要展览，多次举办联展和个人作品展，在国内外获得好评。2000年被日本《美术手贴》评选为"20世纪世界百年百件美术作品作者"（中国仅有徐悲鸿等3人入选）。2016年4月，刘春华将其各个时期创作的1272幅艺术作品与手稿无偿捐赠给安源纪念馆。2014年刘春华被萍乡市人民政府授予"荣誉市民"称号。

## 第三节　辅助陈列

安源纪念馆历来重视旧址的展示和利用，征集八仙桌、书桌、陶罐、木床等民俗家具，充实到所辖各旧址复原陈列之中。通过还原安源工运时期历史场景，让观众在参观过程中产生身临其境之感，使其对旧址的历史有完整、清晰的认知。先后完成了安源党组织决定大罢工会议旧址、安源路矿工人补习夜校旧址、安源路矿工人消费合作社旧址、秋收起义安源军事会议旧址、安源工农兵政府旧址、安源路矿工人大罢工谈判处旧址、安源路矿工人俱乐部旧址等的辅助陈列布展。

### 一、《安源党组织决定大罢工会议历史展》

《安源党组织决定大罢工会议历史展》于2008年在安源党组织决定大罢工会议旧址内展出。展览通过照片、文字、图表介绍了大罢工前夕安源的政治形势、决策罢工的安源党组织会议的参加者和主要内容以及这次会议所产生的重大影响。其中有《安源党、团、工会组织成立图表》、报照《香港海员罢工》《汉阳铁厂工人罢工》《萍安罢工五日记》以及毛泽东、朱少连、蒋先云、蔡增准、李涤生、周镜泉等人的照片和简历等内容。

## 二、《安源路矿工人补习夜校历史展》

《安源路矿工人补习夜校历史展》于2011年在安源路矿工人补习夜校旧址内展出。展览通过照片、文字、图表介绍安源路矿工人补习学校筹建和发展的历史。展出了安源路矿工人补习学校部分教师和学员名单、安源路矿工人俱乐部教育股编印的《补习教科书》《工人读本》《小学国语教科书》等课文节选（150张）、安源工人补习学校教唱的歌曲歌谣（15首）等史料，还展出了《毛泽东派李立三来安源》《"游学先生"》《自己的学校自己办》《夜校的明灯》等工人夜校的故事。

夜校的开办为建立和发展安源的党、团、俱乐部组织创造了条件，培养了干部。到1924年底，安源党、团组织成为全国规模最大、产业工人成分最多的地方组织。

## 三、《红色金融事业的先河——安源路矿工人消费合作社历史展览》

《红色金融事业的先河——安源路矿工人消费合作社历史展览》于2015年在安源路矿工人消费合作社旧址展出。

安源路矿工人消费合作社是20世纪20年代初由安源路矿工人俱乐部创办的工人经济事业。它通过出售日常生活用品和进步书刊，抵制奸商的中间剥削，维护工人利益。合作社发行了中国共产党历史上最早的股票、纸币，创办了最早的工人储蓄。消费合作社的发展壮大，为安源路矿工人运动积累了雄厚的基金，从而使安源成为当时中国共产党活动基金的两个重要储备点之一。展览共分三个单元：一、工人消费合作社的筹备与建立；二、工人消费合作社独设门面正式营业；三、工人消费合作社的整顿与发展。

## 四、《湘赣边界秋收起义历史展览》

《湘赣边界秋收起义历史展览》于2017年在秋收起义安源军事会议旧址一楼展出。

1927年9月初，毛泽东在安源张家湾召开军事会议，组建工农革命军第一军第一师（下辖3个团）。9月9日至11日，起义部队分别从修水、安源、铜鼓出发，向敌人发起进攻。起义失利后，毛泽东毅然决定放弃攻打长沙的计划，命令工农革命军第一、二、三团到浏阳文家市会师。9月21日，毛泽东率秋收起义部队从文家市出发，经上栗、芦溪、莲花、三湾，向井冈山进军，创建了第一个农村革命根据地，开辟了"农村包围城市，武装夺取政权"的中国革命新道路。展览共分五个单元：一、审时度势，力挽狂澜；二、招兵买马，集结待命；三、整编部队，酝酿起义；四、霹雳暴动，威震湘赣；五、开辟道路，引兵井冈。

## 五、《中国共产党的第一所党校——中共安源地委党校历史展览》

《中国共产党的第一所党校——中共安源地委党校历史展览》于2017年在秋收起义安源军事会议旧址二楼展出。

1924年12月，中共安源地委根据安源工运的蓬勃发展和党员队伍建设的实际需要，贯彻执行中共中央"设立党校养成指导人才"的重大决议，创办了中国共产党历史上第一所党校——中共安源地委党校。1925年9月，因北洋军阀镇压，安源党校被迫停办。在创办的9个多月里，安源党校认真贯彻党的路线方针政策，用马克思主义科学理论武装学员头脑，体现了党校姓党的根本方向，形成的联系实际办党校、围绕中心搞培训、培养干部过硬本领的经验和做法，至今仍是办好新时期党校教育事业的一笔宝贵精神财富。展览分为两个单元：一、蓬勃发展，各方筹备；二、开创先河，培养干部。中共安源地委党校的创办，培养了一批党团干部，训练了工人从事革命工作的能力，增强了党组织的凝聚力和战斗力，开创了中国共产党培训干部、提高党团员马克思主义理论水平的先河，达到了中共中央所希望的"养成指导人才"的初衷，为中国共产党日后创办党校积累了丰富而宝贵的经验。

## 六、《唤起工农千百万——毛泽东和安源》展览

《唤起工农千百万——毛泽东和安源》展览于2021年在安源工农兵政府旧址展出。展厅面积220平方米，展线110米，照片220余幅。展览2022年分别在瑞金中央革命根据地纪念馆和中国共产党长沙历史馆等地进行交流展出。

安源是块火红的热土，是中国共产党创建初期的重要革命活动实践地。毛泽东作为中共一大代表、湖南党支部书记、中国劳动组合书记部湖南分部主任，怀揣着"拯救中国"的梦想来到安源考察调研，播撒无产阶级革命火种，组织闻名全国的安源路矿工人大罢工，开展轰轰烈烈的农民运动，发动湘赣边界秋收起义，吹响进军井冈的集结号角。

展览共分五个部分：一、求学立志，救国救民；二、调查研究，筹建小组；三、工运摇篮，秋收烈焰；四、饮水思源，情系安源；五、安源荣光，薪火相传。

## 七、《中国工人运动的杰出领袖刘少奇》展览

《中国工人运动的杰出领袖刘少奇》展览于2021年在安源路矿工人大罢工谈判处旧址展出。展厅面积230平方米，展线120米。

刘少奇与中国人民、中国共产党、中华人民共和国波澜壮阔的奋斗历史紧密相连。在安源，他让工运的火种燃起熊熊烈焰，即使在工运低潮时也"巍然独存"；在广州，他筹备组建中华全国总工会，尔后辗转上海、武汉等地，为党的工运事业呕心沥血，积劳成疾；在白区，他披荆斩棘，领导白色恐怖下的工人运动，开辟职工运动的正确路线；在苏区，他抵制"左"倾，依靠群众，致力于建立

真正群众的阶级工会。新中国成立后，他依靠工人，发展生产，维护工人利益，为提升工人职业教育和文化水平殚精竭虑；他善于把领导工人运动的实践转化为闪耀真理光辉的理论篇章，犹如理论的巨人树立起耀眼的灯塔，为工运、工会工作廓清迷雾、指明方向。刘少奇是我国工人运动和工会事业的开拓者、奠基者、创新者、理论集大成者，中国工人运动的杰出领袖。

展览共分六个单元：一、一身是胆的刘代表；二、工人阶级最奋发的战士；三、受误解的"机会主义"；四、建立真正群众的阶级工会；五、一针见血的医生；六、全总唯一一位名誉主席。刘少奇在半个多世纪的革命生涯中，艰辛开拓党领导下的工运事业和工会工作，探索了一条符合中国实际的工运工会道路。他的工运思想和实践，丰富和发展了马克思主义关于工人运动的理论。

## 八、《红色审计之源——安源路矿工人运动审计工作历史展》

《红色审计之源——安源路矿工人运动审计工作历史展》于2022年在安源路矿工人俱乐部旧址（罢工后）展出。展出照片、文献、图表、报刊等版面50余块。

安源路矿工人俱乐部经济委员会审查部和经济审查委员会，是中国共产党领导设立的最早的审计监督机构，其开展的审计监督工作，是中国共产党领导下最早开展审计监督的实践探索，开创了中国共产党审计监督的历史先河，为以后中国共产党领导的审计监督制度的建立和审计事业的发展提供了宝贵的经验。展览共分三个部分：一、创设机构，审账查弊；二、改革机制，开拓创新；三、红色审计，薪火相传。

## 九、《投笔效班侯 工运领先锋——李立三生平事迹展览》

《投笔效班侯 工运领先锋——李立三生平事迹展览》于2022年在安源路矿工人补习夜校旧址展出。展厅面积90平方米，展线55米。

李立三是中国共产党早期的重要领导人之一、无产阶级革命家、中国工人运动的杰出领导人之一。他为中国人民的解放事业和伟大的共产主义事业，贡献了自己的毕生精力。1921年12月，李立三受毛泽东的委派来安源开展工人运动，相继开办安源路矿工人补习学校、成立中共安源支部、筹建安源路矿工人俱乐部和创办安源路矿工人消费合作社，领导闻名全国的安源路矿工人大罢工；曾任中共安源支部书记、安源路矿工人俱乐部总主任、安源路矿工人消费合作社总经理、汉冶萍总工会执行委员长等职。

展览共分四个部分：一、渌水孕育，忧国青年；二、工人运动，杰出领导；三、耿耿忠心，为国为民；四、铮铮铁骨，风范永存。通过100余张珍贵图片，生动形象地展示了李立三同志一生不忘初心、忠诚为党的革命生涯和历史功绩。

## 第四节　临时展览

为了纪念重要历史人物和重大历史事件及安源路矿工人运动历史，安源纪念馆自建立以来举办了一系列临时展览。其中大部分是由安源纪念馆独立举办的，也有由上级部门主办、安源纪念馆承办的，还有部分是从兄弟纪念馆引进、与安源纪念馆联合举办的。现精心挑选出部分展览作如下介绍。

### 一、《毛主席永远活在我们心中》图片展览

1976年12月，在安源纪念馆陈列大楼序厅举办《毛主席永远活在我们心中》图片展览。展出内容为毛泽东在各个历史时期的照片和与周恩来、朱德、任弼时、陈云等老一辈无产阶级革命家的合影。陈列内容共分八个部分：一、青少年时代；二、中国共产党创建时期；三、第一次国内革命战争时期；四、第二次国内革命战争时期；五、抗日战争时期；六、解放战争时期；七、社会主义革命和社会主义建设时期；八、与老一辈无产阶级革命家在一起。

### 二、《纪念刘少奇诞辰90周年展览》

为了缅怀伟大的马克思主义者、杰出的无产阶级革命家刘少奇同志一生的伟大革命业绩，表达萍乡人民对他的深切怀念和敬仰之情，安源纪念馆于1988年11月在安源路矿工人俱乐部旧址举办《纪念刘少奇诞辰90周年展览》，展出照片108幅，内容共分六个部分：一、走上革命道路；二、领导早期工运和苏区建设；三、参与领导抗日战争；四、参与领导夺取全国胜利；五、领导社会主义革命和建设；六、历史是人民写的。展览以较多的篇幅介绍了刘少奇20世纪20年代领导安源路矿工人运动、新中国成立后关心安源人民的史实。

### 三、《中国历代货币展》

由安源纪念馆引进、萍乡市钱币学会举办的《中国历代货币展》于1990年10月至11月在安源纪念馆陈列大楼展出。展览分古泉、铜元、纸币、银币、人民政权币、外币六个部分，详细介绍了中国历代货币铸造、流通的情况和种类，其中有珍贵的商周贝币、西汉五铢钱、北宋纸币"交子"等。

### 四、《萍乡市改革开放30周年成果展览》

为庆祝我国改革开放30周年，全面展示萍乡市在新的历史起点上实现新崛起、新跨越的辉煌成就，由中共萍乡市委、萍乡市人民政府主办，中共萍乡市委宣传部、安源纪念馆承办的《萍乡市改革开放30周年成果展览》于2008年10月在安源纪念馆陈列大楼展出。

展览记录了萍乡市改革开放30年的光辉历程，反映萍乡市改革开放30年来的辉煌成就，以图文并茂的形式展现全市各行各业的光辉业绩和成功经验。这是全面展示萍乡经济社会发展成果的一

个重要平台,也是萍乡市庆祝改革开放30周年的一项重大活动。

### 五、《纪念中国共产党建党90周年大型综合展览》

为庆祝中国共产党成立90周年,安源纪念馆于2011年6月在安源路矿工人俱乐部旧址举办《纪念中国共产党建党90周年大型综合展览》。综合展览由五个专题展组成:一、纪念建党90周年"光辉的历程"专题展;二、毛泽东等老一辈革命家开创安源路矿工人运动90周年专题展;三、纪念建党90周年书法和美术作品展;四、纪念建党90周年"永远的丰碑"专题展;五、安源纪念馆发展历程专题展。

### 六、《人民领袖毛泽东——毛泽东专职摄影师钱嗣杰作品展》

为纪念安源路矿工人大罢工胜利90周年和秋收起义85周年,深切缅怀以毛泽东为代表的老一辈无产阶级革命家的丰功伟绩,安源纪念馆于2012年9月在安源工农兵政府旧址举办《人民领袖毛泽东——毛泽东专职摄影师钱嗣杰作品展》。

钱嗣杰是我国著名的摄影师、新华社记者,1965年至1970年担任毛泽东随身摄影记者。钱嗣杰将他珍藏多年的摄影作品无偿捐赠给安源纪念馆,并亲临安源为展览剪彩。陈列内容共分四个部分:一、工作;二、生活;三、视察;四、外事。展出的内容是从钱嗣杰担任毛泽东专职摄影记者期间拍摄的照片中,精心挑选的180余幅作品。

### 七、《他们镜头中的毛泽东——毛泽东专职摄影师摄影作品展》

2013年12月26日是人民领袖毛泽东诞辰120周年纪念日。为深切缅怀以毛泽东为代表的老一辈无产阶级革命家的丰功伟绩,安源纪念馆于2013年12月在安源工农兵政府旧址举办《他们镜头中的毛泽东——毛泽东专职摄影师摄影作品展》。展厅面积260平方米,展线133米。

展览共分四个部分:一、闲暇怡情之间;二、与人民群众在一起;三、与外国友人在一起;四、纵览天下风云。展出了毛泽东的专职摄影师侯波、吕厚明、钱嗣杰从1949年至1970年拍摄的500余幅作品,集中表现了毛泽东参加政治外事活动、重上井冈山、回韶山等经典历史片段,其中大部分作品为首次与观众见面。三位摄影师将自己珍藏多年的摄影作品无偿捐赠给安源纪念馆。

### 八、《苏区精神 永放光芒——苏区精神图片史料展览》

为大力弘扬苏区精神,在全国深入开展党的群众路线教育实践活动之际,《苏区精神 永放光芒——苏区精神图片史料展览》于2014年3月至4月在安源工农兵政府旧址展出。

陈列内容共分七个部分:一、坚定信念;二、求真务实;三、一心为民;四、清正廉洁;五、艰苦奋斗;六、争创一流;七、无私奉献。展览从多个角度详细介绍了中央苏区形成与苏区精神内涵以及苏区干部的优良作风等内容。

## 九、《伟大贡献——中国与世界反法西斯战争专题展览》

为纪念中国人民抗日战争暨世界反法西斯战争胜利70周年,《伟大贡献——中国与世界反法西斯战争专题展览》于2015年6月至10月在安源工农兵政府旧址展出。展厅面积260平方米,展线133米。

展览分为五个部分:一、中国率先揭开了世界反法西斯序幕,开辟了第一个大规模反法西斯战场;二、中国抗战打破德意日瓜分世界图谋,保障同盟国"先欧后亚"战略实施;三、亚太地区盟军重要的战略支柱,盟军对日作战重要的后方基地;四、倡导和推动国际反法西斯统一战线,成为反法西斯四强,参与联合国创建;五、捍卫世界反法西斯战争胜利成果,坚持和平发展道路,维护世界和平。展出珍贵照片321幅,以及《南京受降》《东京审判》等4个珍贵视频。全面回顾了自1931年日本军国主义入侵中国后,中国人民万众一心、浴血奋战14年,为实现民族解放、维护世界和平,最终赢得抗战胜利的历史,彰显了中华民族伟大的抗战精神,激励人们自强不息、团结奋斗,为实现中华民族伟大复兴的中国梦而不懈努力奋斗,以坚持和发展中国特色社会主义的新成就,告慰为中国人民抗日战争和世界反法西斯战争胜利献出生命的所有先烈。

## 十、《萍乡抗战历史专题展览》

为弘扬中华民族伟大的抗战精神,激励人们铭记历史、自强不息、团结奋斗,为实现中华民族伟大复兴的中国梦而不懈奋斗,《萍乡抗战历史专题展览》于2015年8月在安源工农兵政府旧址展出。

展览设有三个展室,分为序厅和萍乡危急、日军暴行、团结抗战、历史胜利四个单元,共展出照片130余幅,真实再现了70年前的萍乡,日军所到过处,生灵涂炭、家园破碎、山河喋血、大地生悲,以及萍乡人民在中国共产党抗日民族统一战线旗帜的指引下,拿起武器保家卫国,与日本侵略者浴血奋战的历史。

## 十一、《纪念毛泽民诞辰120周年书法展》

为庆祝5·18国际博物馆日暨中国共产党成立95周年,深切缅怀毛泽民烈士的光辉业绩,《纪念毛泽民诞辰120周年书法展》于2016年5月至7月在安源工农兵政府旧址展出。

安源是毛泽民早期进行革命活动的地方。1922年11月,他到安源参与扩充工人消费合作社,先后任安源路矿工人消费合作社兑换股经理、总经理,为建立和发展我国工人阶级最早的经济组织及其事业作出了重要贡献,并创造和积累了经济工作的最初经验。他兼任工人俱乐部建筑委员会采办处处长,为建造中国工人自筹资金自行设计建造的第一座工会大厦作出了贡献。1924年秋,他因病离开安源后,一直从事经济工作,成为中华苏维埃共和国国家银行第一任行长、国民经济部部长。

毛泽民是忠诚的共产主义战士,杰出的无产阶级革命家,中国共产党的优秀党员,红色财经工作的开拓者，2009年入选"100位为新中国成立作出突出贡献的英雄模范人物"。本次展览从北京新宇世霖毛体书法文化艺术有限公司引进，展现了毛泽民的光辉一生和他为中国革命作出的历史贡献，突出了毛泽民在革命斗争中表现的无产阶级革命家的崇高品格和革命精神。

### 十二、《雄鹰出击 共捍和平——纪念中国人民抗日战争胜利70周年抗日空战图片展》

为纪念中国人民抗日战争全面爆发80周年，传承和弘扬航空将士的爱国主义和国际主义精神，《雄鹰出击 共捍和平——纪念中国人民抗日战争胜利70周年抗日空战图片展》于2017年6月至7月在安源工农兵政府旧址展出。展厅面积260平方米，展线133米，历史照片80余幅。

展览共分四个部分：一、敌强我弱；二、奋勇抗战；三、救助感恩；四、胜利受降。展现了抗日战争时期中国空军和来自美国、苏联、韩国等国际航空战士舍生取义、英勇抗战，用宝贵的青春和热血，为赢得抗战胜利所作出的特殊贡献。

### 十三、《从一大到十九大——中国共产党全国代表大会主题展》

为庆祝中国共产党成立97周年，《从一大到十九大——中国共产党全国代表大会主题展》于2018年6月在安源工农兵政府旧址展出。

展览通过300多幅珍贵历史图片、翔实的文字，真实生动地再现了中国共产党从诞生到发展壮大的辉煌历程。陈列内容共分十九个部分，详细介绍从1921年7月中国共产党成立以来，中国共产党召开过十九次全国代表大会。这十九次全国代表大会，都是在党处于历史发展的关键时刻召开的，是党的重大历史节点的集中缩影，是中国共产党历史的重要组成部分。全国党代会记录了党在领导全党和全国各族人民进行革命、建设和改革的历程中所谱写的光辉篇章，体现了党从小到大、由弱到强，不断发扬成绩、纠正错误，永葆生机和活力的前进历程。

### 十四、《刘少奇在安源——纪念刘少奇同志诞辰120周年》专题展览

为纪念刘少奇诞辰120周年，《刘少奇在安源——纪念刘少奇同志诞辰120周年》专题展览于2018年11月在安源路矿工人大罢工谈判处旧址展出。通过图文并茂的形式，展示刘少奇参与领导安源路矿工人革命斗争的辉煌历史。展厅面积230平方米，展线90米。

展览共分三个部分：一、临危受命，组织罢工；二、卓越领导，坚持斗争；三、情系安源，殷切关怀。全面展示了刘少奇在安源工作期间，始终将人民群众的根本利益和革命大局放在首位，为安源路矿工人运动的坚持和发展作出了突出贡献，建立了不朽的历史功勋。诠释了刘少奇为坚守初心使命、坚定信念、无私奉献、艰苦奋斗的革命精神和严于律己、清正廉洁的崇高风范。

## 十五、《家和万事兴——家教家风主题展》

为深入学习贯彻习近平总书记重要指示精神,传承中华优秀传统文化,弘扬正确的家庭伦理和家庭美德,《家和万事兴——家教家风主题展》于2019年2月至3月在安源纪念馆陈列大楼展出。展厅面积210平方米,展线80米。

展览共分为家范传世、风范长存、和合新风三个部分,以图文并茂的形式,展示孔子、裴度、包拯等古代历史人物,林则徐、梁启超、陶行知等近现代名人,毛泽东、周恩来、朱德、任弼时等老一辈无产阶级革命家的家教家风故事,并展现了当代全国以及萍乡涌现的优秀家庭事迹。通过展现家庭文明风采,凝聚和传递家庭美德正能量,引导人们为社会和谐贡献力量,推动形成爱国爱家、相亲相爱、向上向善、共建共享的社会主义家庭文明新风尚。

## 十六、《那些年 那些人 那些书——连环画中的红色经典》专题展览

为庆祝中华人民共和国成立70周年,缅怀革命历史,传承红色基因,《那些年 那些人 那些书——连环画中的红色经典》专题展览于2019年10月在安源工农兵政府旧址展出。

展览通过100余幅珍贵的图片,展现红色题材连环画作品中呈现的苦难辉煌岁月、革命先驱以及少年英雄的故事,追忆连环画承载的童年记忆与红色经典,在寻找中华民族传统文化永久魅力和时代风采的同时,追忆童年时光,弘扬革命精神,坚定文化自信,汇聚复兴力量。展厅还设有读书角,上百册红色连环画可供观众阅览。

## 十七、《从南昌起义走出的共和国将帅》专题展览

为缅怀革命先烈,传承红色基因,《从南昌起义走出的共和国将帅》专题展览于2020年5月在安源工农兵政府旧址展出。

展览分为"从南昌起义中走出的共和国将帅""永远的缅怀"两个部分,展出近300幅珍贵照片,生动再现了从南昌起义走出的将帅们的成长经历和战斗生涯中的精彩片段,激励人们紧密团结在以习近平同志为核心的党中央周围,为实现中华民族伟大复兴的中国梦而努力奋斗。

## 十八、《人民总理周恩来》专题展览

为了追思和缅怀周恩来总理的丰功伟绩和崇高风范,《人民总理周恩来》专题展览于2020年9月至11月在安源工农兵政府旧址展出。周恩来是伟大的马克思主义者,伟大的无产阶级革命家、政治家、军事家和外交家,是以毛泽东同志为核心的中国共产党第一代中央领导集体的重要成员,中国共产党的主要领导人之一,中国人民解放军主要创建人之一,中华人民共和国的开国元勋。

展览分为"求学立志""革命历程""建设伟业""晚年岁月""风范永存""周恩来在上海""周恩来在江苏""周恩来在浙江"八个篇章,全面再现了周恩来伟大而不平凡的光辉一生,集中展示

了周恩来为党、人民、国家和军队建立的卓著功勋，生动展现了周恩来身上所凝聚的中华民族的传统美德和优秀品德。他的卓著功勋和崇高精神，在人民心中矗立起一座不朽的丰碑，感召和哺育着一代又一代中国共产党人，已经成为推进党和国家事业的一种巨大力量，将永远激励着中华儿女紧密团结在以习近平同志为核心的党中央周围，在习近平新时代中国特色社会主义思想指引下继续奋勇前进，为实现中华民族伟大复兴的中国梦而努力奋斗。

### 十九、《中国劳动组合书记部的光辉历程》专题展览

为纪念中国共产党领导工人运动的第一个公开机关——中国劳动组合书记部成立100周年，《中国劳动组合书记部的光辉历程》专题展览于2021年2月至3月在安源工农兵政府旧址展出。

1921年8月成立的中国劳动组合书记部，是中国共产党领导工人运动的起点和第一个公开机关，从此揭开了中国工人运动的新篇章。展览共分为五个部分：一、光荣起点；二、宣传教育；三、领导和支援工人运动；四、发起召开第一次全国劳动大会；五、共创辉煌。通过图文并茂的形式，展现了中国劳动组合书记部在中国共产党的领导下，组织产业工会，开展工人运动的峥嵘岁月。

### 二十、《中国共产党治国理政的伟大开端——中华苏维埃共和国历史》展览

为进一步深入开展党史学习教育，传承红色基因，发挥红色资源的重要作用，引导广大干部群众从党的奋斗历史中汲取前进力量，《中国共产党治国理政的伟大开端——中华苏维埃共和国历史》展览于2022年2月至3月在安源路矿工人俱乐部（罢工后）旧址展出。展厅面积260平方米，展板60块，展线133米。

展览分为五个部分：一、开展武装斗争，建立苏维埃区域；二、中华苏维埃共和国的诞生；三、中华苏维埃共和国在曲折中巩固发展；四、中国共产党治国理政的伟大实践；五、中华苏维埃共和国的战略转移"。通过大量图片史料，展示了以中央革命根据地和中华苏维埃共和国历史为主线，涵盖了全国13块革命根据地的历史，重点展现了中国共产党领导开展的治国理政的伟大实践和探索，反映中华苏维埃共和国是中华人民共和国的雏形、人民共和国从瑞金走来的主题。

### 二十一、《力量——百年来中国共产党领导下的资本市场实践和发展历程展》

为纪念安源路矿工人运动100周年，重温红色证券历史，赓续红色血脉，讲好党领导下的资本市场故事，《力量——百年来中国共产党领导下的资本市场实践和发展历程展》于2022年9月在安源路矿工人人罢工谈判处旧址展出，展板42块，图片100余张。

展览分为"开端——新民主主义革命时期""探索——社会主义革命和建设时期""发展——改革开放和社会主义现代化建设新时期""跨越——中国特色社会主义新时代"四个部分，系统回顾了自1921年中国共产党成立以来，在党的领导下，经过一代代开拓者、建设者的不懈努力，中国资本市场从无到有、从小到大，为革命、建设、改革和发展融通资本、凝聚力量，走出了一条具有

中国特色的资本市场发展之路，取得了举世瞩目的成就、实现了跨越式发展的光辉历程，全方位展现了中国资本市场百年来筚路蓝缕、攻坚克难、奋楫笃行、波澜壮阔的历史画卷。

## 二十二、《喜庆二十大 奋进新征程——纪念安源路矿工人运动100周年 范阳国画艺术巡展》

为纪念安源路矿工人运动100周年，共同追忆光荣历史，感悟红色力量，《喜庆二十大 奋进新征程——纪念安源路矿工人运动100周年 范阳国画艺术巡展》于2022年10月在安源纪念馆陈列大楼西侧展出，并在萍乡市图书馆、安源中小学校等地巡回展览。

画展主要包括人物画与山水画两大部分，皆是当代著名国画艺术家范阳近年来情系安源、心念武功山、梦素天地山水的力作。通过21块展板、40余幅珍贵画作，独具匠心地将安源革命历史场景描绘得气势磅礴，人物刻画得惟妙惟肖，既让观者感受到特定历史时代的冲击，又能体会到革命人物的内心世界。他还致力于将中国山水画"寄情山水"的艺术特质注入安源红色旧址的精神气质当中，笔下的《工人俱乐部》《总平巷》，深墨重染出鲜活的革命岁月，犹如一部凝固的史诗，可歌可泣。

# 第四章 参观瞻仰

## 第一节 国内外观众

建馆以来，安源纪念馆共接待国内外观众达 8000 余万人次，其中来自世界 100 多个国家和地区的外宾及港澳台同胞 200 余万人次，陈云、王震、乔石、余秋里、邓力群、倪志福、张劲夫、吴官正、李锡铭、曾庆红、贾庆林、俞正声、赵乐际、吉炳轩等党和国家领导人先后来馆参观指导。

1956 年安源纪念馆（当时称安源路矿工人俱乐部）建成到 1966 年上半年，约有 13 万观众前来参观瞻仰。1969 年 4 月 4 日，新建成的毛主席在安源革命活动纪念馆开始预展。第一批观众是萍乡市革命委员会领导干部和各机关、人民团体、企事业单位职工及学校师生。全市各级部门和单位纷纷组织干部、群众，高举红旗和毛主席画像，手持《毛主席语录》前来参观瞻仰，还有一些省、自治区、直辖市的观众来安源参观学习，平均每天观众多达数千人。到 5 月 17 日止，共接待来自全国 28 个省、自治区、直辖市的观众 9 万余人。

从 1969 年 4 月至 1973 年 6 月，安源纪念馆接待世界五大洲 41 个国家和地区的国际友人 109 批，1391 人；接待港澳同胞 69 批，2110 人。国际友人主要是来自阿尔巴尼亚、越南、日本等亚非拉美国家的马列主义政党和组织的代表，其中有两批东南亚国家的外宾（每批 50 人）曾在安源张公祠居住 3 个月。他们来安源除参观纪念馆外，还与纪念馆的同志座谈，学习毛泽东当年在安源开展工人运动、发动组织农民运动和参加秋收起义、支援井冈山革命斗争的做法和经验。

1984 年 8 月 31 日，中共中央政治局常委、中央顾问委员会主任、中央军委主席邓小平为我馆题写馆名。从 1984 年到 1988 年，来馆参观总人数逐年上升，许多单位邀请安源纪念馆派员去讲革命故事或作安源工人运动专题报告，听众共计 4 万余人。安源附近各地，如湖南株洲、长沙、醴陵、浏阳，江西宜春、新余、南昌等地单位、企业和学校经常组织来馆参观学习。

据安源纪念馆群工部《1990 年清明节宣传接待工作小结》记载："与去年同期相比，今年清明节观众明显增多。3 月 15 日至 4 月 15 日，仅陈列大楼就接待观众 26784 人。从观众的构成来看，有两个特点：一是成人参观团体多；二是本市农村和外省市来参观的增多。一个月中，共接待参观团体 30 余批次，学生参观团体 130 余批次。成批参观团体中，属于党政机关和企事业单位的有 18 个，属于外省外市的有 14 个。外省、外市的单位有株洲电机修配厂、宜春市委宣传部、九江炼油厂等。130 多批学生参观团体中，属于本市城区的有 43 个，属于本市农村的有 57 个，来自外省外市的有 12 个，如长沙中南工大、浏阳文家市里仁小学、株洲二中等。收回的 68 份《观众评议意见单》中，对讲解员的工作给予了热情的鼓励和表扬。观众对讲解员的基本看法是：服务态度好，仪表端庄大方，普通话标准，内容重点突出，采用启发式讲解，有吸引力和感染力。

2007 年 11 月 5 日，安源纪念馆实行免费开放，是全省首批向社会免费开放的全国爱国主义教育示范基地。从 2008 年起，观众人数逐年上升。

受新型冠状病毒感染疫情的影响，安源纪念馆自 2020 年 1 月 24 日至 3 月 24 日闭馆。同年 7 月 24 日至 9 月 7 日又因展陈提升闭馆。2020 年全年接待观众 52.9 万人次，其中未成年人数 15.8 万人次。讲解批次 1004 批，讲解接待工作好评率达 99% 以上。2022 年 11 月 6 日至 20 日，因再次受新型冠状病毒感染疫情的影响，萍乡实行静态管理。安源纪念馆自 11 月 6 日闭馆后，直到 12 月 13 日才全面恢复对外开放。

2007 年 11 月 5 日在全国率先面向社会公众免费开放后至 2022 年底，安源纪念馆共接待观众 1260.6 万人次。

## 第二节　省部级以上领导和部队军级以上将领及著名人士（1969 年—2022 年）

| 时间 | 姓名 | 时任职务 |
| --- | --- | --- |
| 1969 年 1 月 8 日 | 杨栋梁 | 江西省革命委员会副主任、江西省军区司令员、大校 |
| 1969 年 7 月 17 日 | 程世清 | 江西省革命委员会主任、江西省军区政治委员、少将 |
| 1970 年 2 月 10 日 | 文道宏 | 江西省革命委员会副主任、江西省军区副政治委员兼政治部主任、上校 |
| 1970 年 10 月 11 日 | 罗桂华 | 解放军总后勤部西安办事处政委、少将 |
| 1971 年 2 月 14 日 | 陈永贵 | 中共中央委员、山西省昔阳县大寨大队党支部书记 |
| 1971 年 4 月 | 王震 | 中共中央委员、农垦部部长、上将 |
| 1971 年 5 月 22 日 | 高峰 | 大庆代表团团长、大庆革委会副主任 |
| 1971 年 9 月 18 日 | 陈云 | 中共中央委员、国务院副总理 |
| 1972 年 3 月 | 余波生 | 辽宁省军区抚顺军分区副司令员、大校 |
| 1972 年 10 月 21 日 | 王耀南 | 解放军工程兵副司令员、少将 |
| 1973 年 4 月 | 王震 | 中共中央委员、农垦部部长、上将 |
| 1973 年 6 月 25 日 | 徐彬如 | 中国革命博物馆副馆长 |
| 1974 年 5 月 | 乔石 | 中联部副部长 |
| 1975 年 2 月 13 日 | 幸元林 | 新疆军区副司令员、少将 |
| 1975 年 5 月 15 日 | 江渭清 | 中共江西省委第一书记 |

续表

| 时间 | 姓名 | 时任职务 |
| --- | --- | --- |
| 1975年11月 | 罗华生 | 解放军铁道兵副司令员、少将 |
| 1977年4月21日 | 李敏 | 毛泽东之女 |
| 1977年11月27日 | 信俊杰 | 江西省军区司令员、大校 |
| 1978年10月1日 | 肖望东 | 济南军区政委 |
| 1983年11月20日 | 胡绳 | 中共中央党史研究室主任 |
| 1983年12月3日 | 熊飞 | 山东省军区政治委员、少将 |
| 1983年12月6日 | 王光美 | 全国政协常委、原国家主席刘少奇夫人 |
| 1984年8月13日 | 赵增益 | 江西省省长 |
| 1984年9月16日 | 吕良 | 江西省政协副主席 |
| 1984年10月24日 | 李兴元 | 江西省政协主席 |
| 1984年11月15日 | 李莎 | 全国政协委员、北京外国语学院教授、李立三夫人 |
| 1984年11月16日 | 孙国治 | 湖南省人大常委会主任 |
| 1984年12月2日 | 许勤 | 中共江西省委书记 |
| 1985年1月 | 肖华湘 | 原安源工人、广州市政府顾问 |
| 1985年4月12日 | 赵力之 | 山西省委常委、副省长 |
| 1985年4月27日 | 苏星 | 《红旗》杂志总编辑 |
| 1985年6月9日 | 吴烈 | 原安源工人、北京军区副政委、少将 |
| 1985年10月1日 | 宋侃夫 | 中华全国总工会副主席 |
| 1985年10月24日 | 王昭荣 | 中共江西省委常委、政法委书记 |
| 1985年12月4日 | 黄友若 | 水电部副部长 |
| 1985年12月6日 | 赵苍壁 | 公安部原部长 |
| 1985年12月 | 彭寿生 | 江苏省军区副参谋长 |
| 1986年4月5日 | 张宝顺 | 共青团中央书记处书记 |
| 1986年4月9日 | 刘岱 | 江西省人大常委会副主任 |
| 1986年4月10日 | 安志文 | 国家体改委党组书记 |
| 1986年5月12日 | 冯文彬 | 中共中央党史征集委员会主任 |
| 1986年5月12日 | 马石江 | 中共中央党史征集委员会副主任 |
| 1986年6月1日 | 黄民伟 | 中华全国总工会副主席 |
| 1986年7月11日 | 邓力群 | 中共中央书记处书记 |
| 1986年7月24日 | 吴瑞山 | 武汉军区副司令员、少将 |
| 1986年11月10日 | 孔原 | 中共中央顾问委员会委员 |
| 1986年11月26日 | 李士英 | 最高人民检察院副检察长 |
| 1987年3月13日 | 向守志 | 南京军区司令员、上将 |
| 1987年3月13日 | 付奎清 | 南京军区政委、上将 |
| 1987年5月6日 | 张明 | 南京军区副司令、中将 |

续表

| 时间 | 姓名 | 时任职务 |
|---|---|---|
| 1987年5月19日 | 李克 | 最高人民法院党组成员、政治部主任 |
| 1987年6月12日 | 谢家晃 | 江西省人大常委会副主任 |
| 1987年9月9日 | 孙希岳 | 江西省副省长 |
| 1987年10月30日 | 毛岸青 | 毛泽东之子 |
| 1987年12月18日 | 钟富华 | 老红军 |
| 1988年4月2日 | 余秋里 | 国务院副总理、中将 |
| 1988年4月 | 于桑 | 公安部副部长 |
| 1988年12月6日 | 倪志福 | 全国人大常委会副委员长、中华全国总工会主席 |
| 1988年12月6日 | 毛致用 | 中共江西省委书记 |
| 1988年12月6日 | 刘玉娥 | 中共湖南省委常委、湖南省总工会主席 |
| 1989年8月16日 | 邓福全 | 解放军第十三集团军参谋长、少将 |
| 1990年6月12日 | 谷红 | 上海警备区政治部原主任、南京军区顾问（正军级） |
| 1990年11月1日 | 张劲夫 | 中共中央顾问委员会常委 |
| 1992年8月1日 | 方志纯 | 中共江西省委原第一书记 |
| 1992年9月17日 | 毛致用 | 中共江西省委书记 |
| 1992年9月17日 | 吴官正 | 江西省省长 |
| 1992年9月18日 | 李莎 | 全国政协委员、北京外国语学院教授、李立三夫人 |
| 1992年9月19日 | 王光美 | 原国家主席刘少奇夫人、全国政协常委 |
| 1992年11月5日 | 李真 | 解放军总后勤部副政委、少将 |
| 1993年4月18日 | 陈俊生 | 国务委员兼国务院秘书长 |
| 1993年6月23日 | 罗通 | 济南军区装甲兵政治委员、少将 |
| 1993年10月 | 陈明枢 | 最高人民检察院副检察长 |
| 1994年4月 | 胡之光 | 中纪委常委、公安部纪委书记 |
| 1994年7月 | 韩英 | 煤炭部副部长 |
| 1994年9月14日 | 刘伦贤 | 南京军区副司令员、中将 |
| 1994年9月14日 | 郭洪祥 | 解放军装甲兵学院院长、少将 |
| 1994年11月24日 | 熊飞 | 开国少将 |
| 1994年11月24日 | 袁学之 | 湖南省政协副主席 |
| 1995年6月8日 | 李锡铭 | 中共中央政治局委员、全国人大常委会副委员长 |
| 1995年11月 | 张宗银 | 解放军报社总编辑、少将 |
| 1995年12月 | 韩杼滨 | 铁道部部长 |
| 1996年5月13日 | 滕一龙 | 中华全国总工会副主席 |
| 1996年11月 | 张克迅 | 中共江西省委常委、宣传部部长 |
| 1996年11月25日 | 杨贤足 | 邮电部副部长 |
| 1997年9月8日 | 李永海 | 中国老区建设促进会副会长、中华全国总工会书记处原书记 |

续表

| 时间 | 姓名 | 时任职务 |
| --- | --- | --- |
| 1997年9月8日 | 卢匡衡 | 浙江省军区原副政委、少将 |
| 1998年4月 | 张太恒 | 济南军区司令员、上将 |
| 1999年8月11日 | 李继松 | 南京军区副政委、中将 |
| 1999年11月19日 | 李英男 | 李立三之女 |
| 2000年4月10日 | 刘爱琴 | 刘少奇之女 |
| 2000年4月19日 | 梁光烈 | 南京军区司令员、上将 |
| 2000年6月 | 夏文义 | 农业部副部长 |
| 2000年8月27日 | 刘精松 | 解放军军事科学院院长、上将 |
| 2001年6月 | 孟建柱 | 中共江西省委书记 |
| 2001年7月 | 刘伦贤 | 济南军区副司令员、上海市人大常委会副主任、中将 |
| 2002年4月29日 | 朱文泉 | 南京军区司令员、中将 |
| 2002年4月29日 | 王长贵 | 南京军区政治部副主任、少将 |
| 2002年5月 | 张全景 | 中共中央组织部原部长 |
| 2002年9月4日 | 文选德 | 中共湖南省委副书记 |
| 2003年1月20日 | 陈威 | 中共中央党史研究室副主任、中国中共党史学会常务副会长 |
| 2003年4月3日 | 柳斌 | 原国家教育委员会副主任、总督学 |
| 2003年8月29日 | 王霙 | 电影《毛主席去安源》毛泽东扮演者 |
| 2003年8月29日 | 康健民 | 电影《毛主席去安源》导演 |
| 2003年9月3日 | 卢立银 | 江西省军区副司令员、少将 |
| 2003年10月30日 | 赵武军 | 全国少工委副主任 |
| 2004年2月18日 | 张发强 | 全国政协常委、国家体育总局副局长 |
| 2004年6月11日 | 王一桃 | 世界华文文学家协会会长 |
| 2004年10月18日 | 曾庆红 | 中共中央政治局常委、国家副主席 |
| 2006年10月21日 | 宋举甫 | 解放军总参谋部副政委、少将 |
| 2007年4月9日 | 俞正声 | 中共中央政治局委员、原湖北省委书记 |
| 2007年4月9日 | 罗清泉 | 湖北省原省长 |
| 2007年4月25日 | 方祖岐 | 南京军区政委、上将 |
| 2007年5月27日 | 李殿仁 | 国防大学副政委、中将 |
| 2008年9月26日 | 张瑞 | 二炮副司令员、中将 |
| 2008年11月29日 | 刘源 | 解放军军事科学院政委、中将 |
| 2008年11月29日 | 刘爱琴 | 刘少奇之女 |
| 2009年4月16日 | 邱文明 | 二炮基地司令员、少将 |
| 2009年8月12日 | 孔丹 | 中信集团董事长 |
| 2009年10月2日 | 张春贤 | 中共湖南省委书记 |
| 2009年10月11日 | 陈国令 | 南京军区政委、上将 |

续表

| 时间 | 姓名 | 时任职务 |
|---|---|---|
| 2009年12月8日 | 郭金龙 | 北京市委副书记、市长 |
| 2010年6月13日 | 朱向前 | 解放军艺术学院副院长、少将 |
| 2010年10月16日 | 刘春华 | 油画《毛主席去安源》作者、国家一级美术师 |
| 2010年12月24日 | 朱虹 | 江西省副省长 |
| 2011年4月27日 | 杨建华 | 南京军区党委常委、联勤部部长、少将 |
| 2011年6月9日 | 罗东进 | 第二炮兵原副政委、中将 |
| 2011年6月14日 | 贾庆林 | 中共中央政治局常委、全国政协主席 |
| 2011年9月22日 | 于天明 | 南京军区联勤部副部长、少将 |
| 2011年9月29日 | 王永庆 | 全国政协常委、民建中央副主席 |
| 2011年10月18日 | 李讷 | 毛泽东之女 |
| 2011年10月18日 | 田云毓 | 毛泽东贴身卫士 |
| 2011年10月18日 | 吴连登 | 毛泽东生活管理员 |
| 2011年11月11日 | 赵克石 | 南京军区司令员、上将 |
| 2012年1月11日 | 李滨生 | 中华全国总工会书记处书记、党组成员、研究室主任 |
| 2012年3月31日 | 任正晓 | 国家粮食局局长 |
| 2012年4月3日 | 黄信生 | 南京军区原副司令员、中将 |
| 2012年4月5日 | 李介车 | 吉林省人大常委会原副主任 |
| 2012年4月8日 | 吴刚 | 南京军区副政委、中将 |
| 2012年4月16日 | 胡德平 | 全国政协常委、经济委员会副主任委员 |
| 2012年4月20日 | 沈荣骏 | 国防科工委原副主任、中将 |
| 2012年4月20日 | 怀国模 | 国防科工委原副主任、中将 |
| 2012年4月20日 | 沈椿年 | 国防科工委原副主任、中将 |
| 2012年4月20日 | 王统业 | 解放军总装备部副部长、中将 |
| 2012年4月20日 | 张学东 | 国防科工委原副主任、中将 |
| 2012年4月20日 | 陈达植 | 解放军总装备部原副部长、中将 |
| 2012年5月19日 | 王文涛 | 中共江西省委常委、南昌市委书记 |
| 2012年5月19日 | 符凤春 | 黑龙江省人大常委会副主任 |
| 2012年5月30日 | 朱治宏 | 江西省政协原主席 |
| 2012年7月2日 | 朱虹 | 江西省副省长 |
| 2012年7月2日 | 刘金平 | 国家旅游局党组成员、纪检组长 |
| 2012年7月2日 | 李讷 | 毛泽东之女 |
| 2012年7月2日 | 刘春华 | 油画《毛主席去安源》作者、国家一级美术师 |
| 2012年8月3日 | 郑惠强 | 全国政协常委、民盟中央副主席、上海市人大常委会副主任 |
| 2012年8月3日 | 刘晓庄 | 全国政协常委、江西省政协副主席 |
| 2012年9月9日 | 杨衍银 | 中央和国家机关工委原副书记 |

续表

| 时间 | 姓名 | 时任职务 |
|---|---|---|
| 2012年10月1日 | 郭洪祥 | 解放军装甲兵学院原院长、少将 |
| 2012年10月16日 | 金烈 | 重庆市人大常委会原党组书记、副主任 |
| 2012年12月4日 | 周泽民 | 中共江西省委常委、江西省纪委书记 |
| 2013年4月 | 李捷 | 中国社会科学院副院长 |
| 2013年5月14日 | 黄跃金 | 江西省政协主席、党组书记 |
| 2013年5月27日 | 冷溶 | 中共中央文献研究室主任 |
| 2013年10月16日 | 刘晓榕 | 全国政协常委、解放军总后勤部副政委、中将 |
| 2013年10月20日 | 李炳军 | 江西省副省长 |
| 2013年10月25日 | 丁一平 | 原安源工人丁秋生之子、海军副司令员、中将 |
| 2013年11月6日 | 秦卫江 | 南京军区副司令员、中将 |
| 2013年11月10日 | 马培华 | 全国政协副主席、民建中央常务副主席、中华全国总工会副主席 |
| 2013年11月15日 | 任建华 | 中纪委信访室主任 |
| 2013年11月22日 | 张茅 | 国家工商总局党组书记、局长 |
| 2013年11月22日 | 胡幼桃 | 江西省副省长 |
| 2014年5月14日 | 赵中权 | 国家粮食局党组成员 |
| 2014年5月18日 | 刘兰芳 | 全国政协委员、全国文联副主席 |
| 2014年5月27日 | 张晓明 | 国务院港澳事务办公室副主任、党组副书记 |
| 2014年5月13日 | 赵兴发 | 政协第十一届全国委员会委员、海军原副司令员、中将 |
| 2014年5月13日 | 苏希胜 | 解放军国防大学党委常委、科研部部长、少将，中国延安精神研究会副会长兼秘书长 |
| 2014年5月13日 | 杨建华 | 原安源工人杨得志之子、南京军区联勤部部长、少将 |
| 2014年5月13日 | 刘建 | 朱德外孙、解放军装备学院副院长、少将 |
| 2014年5月13日 | 李永平 | 中共中央办公厅机关原党委副书记、中共中央办公厅人事局原副局长、少将 |
| 2014年5月13日 | 沈克恒 | 海军航空兵原副参谋长、少将 |
| 2014年10月12日 | 谢茹 | 江西省副省长 |
| 2014年11月8日 | 库热西·买合苏提 | 国土资源部副部长 |
| 2014年12月4日 | 马家利 | 中共江西省委常委、江西省军区政委、少将 |
| 2015年5月12日 | 强卫 | 中共江西省委书记 |
| 2015年5月12日 | 朱虹 | 江西省副省长 |
| 2015年5月4日 | 王平 | 南京军区副政委、中将 |
| 2015年6月11日 | 蔡英挺 | 中共中央委员、南京军区司令员、上将 |
| 2015年6月18日 | 吴启庆 | 江西省武警总队司令员、少将 |
| 2015年6月25日 | 陈晋 | 中共中央文献研究室副主任 |
| 2015年7月9日 | 杨笑祥 | 江西省军区政委、少将 |

续表

| 时间 | 姓名 | 时任职务 |
| --- | --- | --- |
| 2015年9月17日 | 季允石 | 全国政协社会和法制委员会副主任 |
| 2015年9月17日 | 宋育英 | 全国政协社会和法制委员会副主任 |
| 2015年9月17日 | 王新宪 | 全国政协社会和法制委员会副主任 |
| 2015年9月17日 | 高全立 | 中国社会科学院原副院长、党组成员 |
| 2015年9月17日 | 鉴保卫 | 国家机关事务管理局党组成员、副局长 |
| 2015年11月10日 | 张常韧 | 最高人民检察院副检察长 |
| 2015年11月27日 | 汪超群 | 全国人大常委会原常委、环资委副主任，空军原副司令员、中将 |
| 2015年11月27日 | 赵锦安 | 北京军区空军政治部原副主任、少将 |
| 2016年 | 宫蒲光 | 民政部副部长 |
| 2016年 | 刘新成 | 北京市人大常委会副主任、首都师范大学教授 |
| 2016年 | 郑必坚 | 中央党校原副校长 |
| 2016年 | 刘婷婷 | 刘少奇之女 |
| 2016年 | 刘奇 | 中共江西省委副书记、省委党校校长 |
| 2016年 | 陈俊卿 | 中共江西省委常委、宣传部部长 |
| 2016年 | 尹建业 | 江西省副省长 |
| 2016年 | 刘昌林 | 江西省副省长 |
| 2016年 | 葛晓燕 | 江西省高级人民法院党组书记、院长 |
| 2016年 | 吴长海 | 南京军区副政委、中将 |
| 2016年 | 袁树友 | 原解放军总参谋部测绘局局长、少将 |
| 2016年 | 胡浩 | 中国工商银行总行副行长 |
| 2017年 | 杨春光 | 中国国际经济技术合作促进会会长 |
| 2017年1月22日 | 雷鸣球 | 南京军区原政委、上将 |
| 2017年2月14日 | 孙新阳 | 中共江西省委常委、江西省纪委书记 |
| 2017年2月23日 | 潘瑞吉 | 沈阳军区原副政委、中将 |
| 2017年3月9日 | 赵力平 | 中共江西省委常委、宣传部部长 |
| 2017年3月30日 | 黎明 | 国家邮政局副局长 |
| 2017年4月23日 | 李世明 | 全国政协委员，中华全国总工会副主席、书记处书记 |
| 2017年7月7日 | 姚增科 | 中共江西省委副书记、省委党校校长 |
| 2017年7月12日 | 赵惠令 | 中央纪委驻国家安全生产监督管理总局纪检组组长 |
| 2017年7月9日 | 何平 | 新华社总编辑、党组副书记 |
| 2017年7月21日 | 任组林 | 新疆军区政治部原副主任、少将 |
| 2017年8月19日 | 瞿怀明 | 全国工商联原副主席、党组副书记 |
| 2017年8月19日 | 李敏宽 | 台盟中央原副主席 |
| 2017年8月19日 | 贺铿 | 全国人大财经委原副主任、九三学社中央原副主席 |
| 2017年8月19日 | 李惠东 | 民革中央专职副主席兼秘书长 |

续表

| 时间 | 姓名 | 时任职务 |
| --- | --- | --- |
| 2017年9月19日 | 李利 | 江西省副省长 |
| 2017年9月25日 | 王晋 | 湖北省人民检察院党组书记、检察长 |
| 2017年9月25日 | 刘铁流 | 江西省人民检察院党组书记、检察长 |
| 2017年9月26日 | 吴昌元 | 海南省人大常委会原副主任 |
| 2017年10月11日 | 陈兴超 | 中共江西省委常委、统战部部长 |
| 2018年1月26日 | 许振超 | 中华全国总工会副主席、全国劳动模范 |
| 2018年3月15日 | 励小捷 | 中国文物保护基金会理事长 |
| 2018年3月27日 | 秦义 | 江西省副省长、省公安厅厅长 |
| 2018年3月29日 | 吕丁文 | 广州军区原副司令员、中将 |
| 2018年4月24日 | 吴亚非 | 江西省军区司令员、少将 |
| 2018年5月3日 | 陈昊苏 | 陈毅之子、中国人民对外友好协会原会长 |
| 2018年6月11日 | 刘奇 | 中共江西省委书记、江西省省长 |
| 2018年8月28日 | 郭长江 | 中国红十字会副会长、党组副书记、中国红十字会基金会理事长 |
| 2018年9月7日 | 易炼红 | 中共江西省委副书记、代省长 |
| 2018年10月14日 | 周遇奇 | 广州军区原副政委、中将 |
| 2018年10月30日 | 吴德刚 | 中共中央党史和文献研究院副院长 |
| 2018年11月2日 | 刘源 | 刘少奇之子、全国人大财经委副主任委员、上将 |
| 2018年11月2日 | 汤建人 | 江西省政协副主席 |
| 2018年11月2日 | 王效芝 | 毛泽东外孙 |
| 2018年11月2日 | 刘建 | 朱德外孙、解放军装备学院原副院长、少将 |
| 2018年12月14日 | 刘强 | 中共江西省委常委、江西省副省长 |
| 2018年 | 翟振发 | 解放军总后勤部物资油料部原副部长、少将 |
| 2018年 | 宋庆生 | 解放军军事科学院战略部副部长、少将 |
| 2018年 | 吴忠琼 | 江西省副省长 |
| 2018年 | 齐骥 | 住房和城乡建设部副部长、党组成员 |
| 2019年2月23日 | 黄跃金 | 全国政协人口资料环境委员会副主任 |
| 2019年2月23日 | 郑惠强 | 全国政协常委、上海市人大常委会原副主任、民盟上海市委主委 |
| 2019年3月18日 | 徐根初 | 解放军军事科学院原副院长、中将 |
| 2019年4月1日 | 赵乐际 | 中共中央政治局常委、中央纪律检查委员会书记 |
| 2019年4月20日 | 徐海斌 | 中共中央政法委员会副部级干部、中央扫黑除恶第15督导组副组长 |
| 2019年9月1日 | 朱秉发 | 江西省人大常委会原副主任、省苏区精神研究会会长 |
| 2020年5月4日 | 秦义 | 江西省副省长、省公安厅厅长 |
| 2020年10月27日 | 马森述 | 中共江西省委常委、省纪委书记、省监察委员会代理主任 |
| 2020年11月18日 | 肖凯 | 肖劲光之女、中国海洋画研究院院长 |
| 2020年12月24日 | 任少波 | 浙江大学党委书记 |

续表

| 时间 | 姓名 | 时任职务 |
|---|---|---|
| 2021年4月10日 | 吉炳轩 | 全国人大常委会副委员长 |
| 2021年4月10日 | 刘奇 | 中共江西省委书记 |
| 2021年4月14日 | 李华栋 | 江西省政协副主席 |
| 2021年4月14日 | 谢茹 | 江西省政协副主席 |
| 2021年4月14日 | 陈俊卿 | 江西省政协副主席 |
| 2021年4月14日 | 张勇 | 江西省政协副主席 |
| 2021年4月14日 | 刘卫平 | 江西省政协副主席 |
| 2021年4月14日 | 雷元江 | 江西省政协副主席 |
| 2021年4月22日 | 任珠峰 | 江西省副省长 |
| 2021年4月24日 | 叶建春 | 中共江西省委副书记 |
| 2021年4月28日 | 吴浩 | 江西省副省长 |
| 2021年8月23日 | 胡世忠 | 江西省人大常委会副主任 |
| 2021年9月14日 | 鲍泽敏 | 江西省军区政委、少将 |
| 2021年10月27日 | 张茂华 | 中华全国总工会书记处书记 |
| 2021年10月28日 | 王伟 | 中华全国供销合作总社党组成员、理事会副主任 |
| 2021年11月10日 | 庄兆林 | 中共江西省委常委、宣传部部长 |
| 2022年1月12日 | 黄喜忠 | 中共江西省委常委、统战部部长 |
| 2022年1月13日 | 王晓峰 | 文化和旅游部原党组成员、中国非遗保护协会会长 |
| 2022年3月1日 | 刘强 | 江西省人大常委会副主任、省总工会主席 |
| 2022年5月28日 | 毛伟明 | 中共湖南省委副书记、湖南省省长 |
| 2022年5月28日 | 叶建春 | 中共江西省委副书记、江西省省长 |
| 2022年9月13日 | 张弓 | 江西省军区司令员、少将 |
| 2022年9月14日 | 魏地春 | 中华全国总工会副主席、书记处书记 |
| 2022年9月15日 | 刘卫萍 | 江西省政协副主席 |
| 2022年9月29日 | 陈小平 | 江西省副省长 |

# 第三节　国际友人（1957年—1987年）

| 时间 | 国籍 | 团体或个人名称 |
|---|---|---|
| 1957年4月 | 越南 | 越南铁路工作者代表团 |
| 1970年5月20日 | 亚非等国 | 亚非作家协会总书记查禾多率记者协会访问团一行22人 |
| 1970年5月22日 | 日本 | 日中友好协会（正统）青年访华团一行20人 |
| 1970年6月28日 | 阿尔巴尼亚 | 阿尔巴尼亚人民军军医学习团 |

续表

| 时间 | 国籍 | 团体或个人名称 |
|---|---|---|
| 1970年7月6日 | 日本 | 日本反修青年访华团新谷明生等一行4人 |
| 1970年7月17日 | 乌拉圭 | 拉丁美洲左派革命运动学习团一行4人 |
| 1970年7月31日 | 印度 | 沙克上校率东南亚参观团一行3人 |
| 1970年8月1日 | 锡兰（现称斯里兰卡） | 锡兰共产党（马列）学习团一行4人 |
| 1970年8月8日 | 马尔加什 | 马尔加什农运主席 |
| 1970年8月10日 | 多米尼加 | 多米尼加青年协会主席张沙鹰 |
| 1970年8月22日 | 日本 | 日中友好协会（正统）青年访华团一行20人 |
| 1970年8月28日 | 法国 | 法中友好协会旅行团一行7人 |
| 1970年9月14日 | 日本 | 亚非记者协会学习团一行4人 |
| 1970年9月18日 | 越南 | 越南人民军工程干部实习生代表团 |
| 1970年9月25日 | 玻利维亚 | 玻利维亚共产党（马列） |
| 1970年10月7日 | 挪威 | 挪威马列主义组织访华团一行15人 |
| 1970年10月14日 | 越南 | 越南人民军军事留学生参观团一行39人 |
| 1970年8月7—8日 | 日本 | 日本反修青年访华团 |
| 1970年8月28日 | 法国 | 法中友好协会旅行团一行7人 |
| 1970年9月13日 | 伊朗 | 伊朗人民党在国外革命组织学习团一行3人 |
| 1970年10月17日 | 阿根廷 | 阿根廷革命共产党一行3人 |
| 1970年10月25日 | 日本 | 东海林清、吉野洋子夫妇及儿女一行4人 |
| 1970年10月29日 | 印度尼西亚 | 亚非法律工作者协会维扬多 |
| 1970年11月3日 | 泰国 | 泰国革命青年参观团 |
| 1970年11月9日 | 日本 | 土肥、土肥种子夫妇及女儿小红 |
| 1970年11月27日 | 坦桑尼亚 | 坦桑尼亚阿里 |
| 1971年 | 澳大利亚 | 澳中友好五月访华团 |
| 1971年 | 印度尼西亚 | 印度尼西亚共产党参观团 |
| 1971年 | 阿尔巴尼亚、朝鲜、越南 | 阿尔巴尼亚、朝鲜、越南记者访问团 |
| 1971年 | 日本 | 日中友好学生友好访华团 |
| 1971年10月12日 | 日本 | 日本大阪工人友好访华团 |
| 1971年 | 泰国 | 泰国共产党学习参观团 |
| 1972年4月24日 | 美国 | 美国著名记者埃德加·斯诺夫人路易斯偕妹妹、儿子一行3人 |
| 1972年5月29日 | 安哥拉 | 安哥拉人民解放运动学习团团长卡托塔 |
| 1972年 | 美国 | 美国对华政策代表团 |
| 1972年 | 巴勒斯坦 | 巴勒斯坦学习参观团 |
| 1972年 | 缅甸 | 缅甸共产党参观团 |
| 1972年 | 阿根廷 | 阿根廷共产党代表团 |
| 1972年 | 洪都拉斯 | 洪都拉斯共产党代表团 |

续表

| 时间 | 国籍 | 团体或个人名称 |
|---|---|---|
| 1972 年 | 马尔加什 | 马尔加什共产党负责人 |
| 1973 年 5 月 6 日 | 阿根廷 | 阿根廷共产党代表团团长阿基雷一行 5 人 |
| 1974 年 5 月 17 日 | 泰国 | 泰国共产党参观团团长陈权等一行 20 人 |
| 1975 年 | 外籍 | 北京外语学院外籍教师参观团 |
| 1975 年 | 玻利维亚 | 玻利维亚共产党访华团 |
| 1975 年 | 巴拉圭 | 巴拉圭共产党访华团 |
| 1975 年 | 哥斯达黎加 | 哥斯达黎加劳动党代表团 |
| 1975 年 | 海地 | 海地劳动党代表团 |
| 1975 年 | 英国、奥地利、秘鲁、乌拉圭、法国、巴勒斯坦、巴基斯坦、坦桑尼亚、西德、哥伦比亚等 | 在京专家参观团 |
| 1976 年 | 伊拉克 | 伊拉克共产党中央领导代表团 |
| 1976 年 4 月 20 日 | 委内瑞拉 | 委内瑞拉革命党代表团 |
| 1976 年 | 智利 | 智利共产党代表团 |
| 1976 年 | 瓜德罗普 | 瓜德罗普劳动党代表团 |
| 1976 年 | 秘鲁 | 秘鲁共产党红色祖国访华团 |
| 1976 年 | 泰国 | 泰国共产党参观团 |
| 1976 年 | 西德 | 西德共产党代表团 |
| 1976 年 | 哥伦比亚 | 哥伦比亚马列党第一书记卡拉瓦略 |
| 1976 年 | 东帝汶 | 东帝汶国防部长 |
| 1977 年 3 月 5 日 | 日本 | 日本学生友好访华团一行 19 人 |
| 1977 年 3 月 26 日 | 多米尼加 | 多米尼加"无产阶级旗帜"访问团 |
| 1977 年 5 月 14 日 | 牙买加 | 牙买加争取民族解放青年力量代表团一行 5 人 |
| 1977 年 5 月 14 日 | 朝鲜 | 朝鲜友好访华团 |
| 1977 年 5 月 24 日 | 伊朗 | 伊朗人民革命党代表团 |
| 1977 年 6 月 14 日 | 朝鲜 | 朝鲜友好参观团一行 20 人 |
| 1977 年 7 月 10 日 | 缅甸 | 缅甸共产党人民军参观团一行 30 人 |
| 1977 年 7 月 13 日 | 多米尼加 | 多米尼加"六一四"革命运动红色路线代表团 |
| 1977 年 7 月 31 日 | 哥斯达黎加 | 哥斯达黎加劳动党（马列）总书记塞尔达斯一行 5 人 |
| 1977 年 8 月 3 日 | 玻利维亚 | 玻利维亚共产党（马列）总书记西涅尼 |
| 1977 年 8 月 12 日 | 葡萄牙 | 葡萄牙共产主义青年代表团一行 7 人 |
| 1977 年 8 月 14 日 | 尼加拉瓜 | 尼加拉瓜"人民行动运动"访华团一行 2 人 |
| 1977 年 8 月 15 日 | 荷兰 | 荷兰王国共产党统一运动代表团 |
| 1977 年 8 月 29 日 | 缅甸 | 缅甸共产党参观团一行 16 人 |
| 1977 年 9 月 5 日 | 缅甸 | 缅甸共产党参观团一行 16 人 |

续表

| 时间 | 国籍 | 团体或个人名称 |
|---|---|---|
| 1977年9月17日 | 巴西 | 巴西民族解放行动驻外代表克里斯丁 |
| 1977年9月19日 | 缅甸 | 缅甸共产党参观团一行18人 |
| 1977年9月23日 | 德国 | 德国共产党访华团一行5人 |
| 1977年9月26日 | 缅甸 | 缅甸共产党参观团 |
| 1977年10月10日 | 哥伦比亚 | 哥伦比亚卡米洛运动（马列）总书记奥兰多·卡里斯一行5人 |
| 1977年10月31日 | 日本 | 日本大阪青年活动家友好访华团一行18人 |
| 1977年11月8日 | 法国 | 《中国建设》特邀核稿专家卡特琳娜 |
| 1977年11月21 | 泰国 | 泰国社会主义党访华团凯胜一行2人 |
| 1978年1月12日 | 洪都拉斯 | 洪都拉斯学生代表团一行5人 |
| 1978年1月31日 | 日本 | 日本茨城县工会第五次访华团一行22人 |
| 1978年3月6日 | 缅甸 | 缅甸共产党参观团一行5人 |
| 1978年3月31日 | 泰国 | 泰国妇女参观团一行20人 |
| 1978年4月13日 | 泰国 | 泰国教师代表团一行21人 |
| 1978年6月8日 | 泰国 | 泰国医务学员参观团 |
| 1978年7月8日 | 埃塞俄比亚 | 埃塞俄比亚人民革命党军事代表团团长泽鲁等一行3人 |
| 1978年7月16日 | 日本 | 日本（开发）日中友好大学生访华团一行16人 |
| 1978年7月23日 | 泰国 | 泰国医务人员参观团一行4人 |
| 1978年7月27日 | 澳大利亚 | 南京大学澳大利亚籍英语教师雷金庆夫妇 |
| 1978年8月8日 | 津巴布韦 | 津巴布韦非洲联盟第三批参观团 |
| 1978年8月29日 | 马来西亚 | 马来亚共产党子女参观团一行23人 |
| 1978年9月15日 | 哥伦比亚 | 哥伦比亚马列主义联盟参观团一行3人 |
| 1978年10月3日 | 缅甸 | 缅甸共产党参观团一行20人 |
| 1978年10月10日 | 缅甸 | 缅甸共产党参观团一行15人 |
| 1978年10月15日 | 印度 | 印度共产党（马列）安得拉邦检查委员会副主席米特拉 |
| 1978年10月34日 | 缅甸 | 缅甸共产党参观团一行12人 |
| 1978年11月15日 | 哥伦比亚 | 哥伦比亚"无产阶级革命组织"政治书记弗罗伊兰·里继拉一行2人 |
| 1978年12月25日 | 巴勒斯坦 | 巴勒斯坦"法塔赫"参观团一行29人 |
| 1979年3月6日 | 泰国 | 泰国东源机械有限公司董事李衍强、经理李庆鸣、工程师曾奇生 |
| 1979年8月6日 | 泰国 | 泰国共产党赏访华团一行19人 |
| 1979年8月20日 | 法国 | 法国共产党（马列）出版代表团 |
| 1979年10月27日 | 缅甸 | 缅甸共产党参观团（一团）一行14人 |
| 1979年11月3日 | 缅甸 | 缅甸共产党参观团（二团）一行16人 |
| 1979年11月10日 | 缅甸 | 缅甸共产党参观团（三团）一行18人 |
| 1979年11月13日 | 泰国 | 泰国爱国民主力量协调委员会一行4人 |

续表

| 时间 | 国籍 | 团体或个人名称 |
| --- | --- | --- |
| 1979年12月4日 | 孟加拉国 | 孟加拉国共产党（马列）纳伊姆派总书记穆什塔、书记处书记阿巴斯组成的孟共代表团 |
| 1980年4月25日 | 缅甸 | 缅甸克钦族独立组织参观团一行18人 |
| 1980年4月26日 | 挪威 | 挪威云龙焰花公司华裔外贸商何士麟 |
| 1980年5月10日 | 柬埔寨 | 柬埔寨空军学员参观团一行54人 |
| 1980年5月17日 | 加拿大 | 加拿大太平洋航空公司外籍华人程恩荣夫妇 |
| 1980年5月28日 | 老挝 | 老挝将军参观团一行5人 |
| 1980年 | 埃塞俄比亚 | 埃塞俄比亚人民革命党干部参观团 |
| 1980年6月7日 | 印度 | 印度共产党（马列）中央政治局委员哈克、拉希德，中央委员阿明、萨迪克一行4人组成印共中央代表团 |
| 1980年7月3日 | 尼泊尔 | 尼泊尔共产党（马列）总书记阿索卡、中央委员阿南德 |
| 1980年8月21日 | 柬埔寨 | 柬埔寨留学生斯莱林姆一行2人 |
| 1980年8月26日 | 阿富汗 | 阿富汗人民革命小组军事干部学习团一行9人 |
| 1980年9月25日 | 缅甸 | 缅甸共产党参观团一行4人 |
| 1980年10月4日 | 南非 | 南非泛非主义大会代表团马克一行3人 |
| 1980年10月7日 | 缅甸 | 缅甸共产党代表团一行21人 |
| 1981年1月14日 | 印度 | 印度共产党（马列）中央委员会访华团团长、中央书记维位斯·丸米 |
| 1981年3月5日 | 日本 | 日本电视广播公司北京支局艾桥茂易、东京中日新闻北京支局浅川健次 |
| 1981年6月 | 老挝、日本、英国 | 老挝、日本、英国等国外宾 |
| 1982年10月11日 | 日本 | 日本千页县劳动友好访华团 |
| 1983年10月11日 | 日本 | 日本千叶县劳动组合联合协议会友好访华团一行21人 |
| 1984年4月13日 | 阿富汗 | 阿富汗解放组织一行12人 |
| 1985年1月4日 | 美国 | 美国中学教育专家威廉邓·哈庆逊 |
| 1985年2月9日 | 英国 | 英国伦敦奥布里·赫德斯 |
| 1985年5月11日 | 美国 | 厂长吐尔上校率F-6飞机大修厂代表团 |
| 1985年8月25日 | 英国 | 彭莉、格林、英格兰、兰恩伯费利吉、卢任安斯杜等7人 |
| 1985年11月17日 | 日本 | 柏木裕雄 |
| 1986年5月30日 | 日本 | 日本太洋商会白士浩 |
| 1986年7月30日 | 日本 | 铃木理雄 |
| 1986年12月4日 | 朝鲜 | 朝鲜民主主义人民共和国煤炭工业考察团 |
| 1987年2月10日 | 日本 | 大川厚志、大川荣子 |
| 1987年8月1日 | 日本 | 京都市冈田美佐子 |

# 第四节  观众留言选录

安源纪念馆对外开放以后，有大量国内观众和国际友人前来参观瞻仰，并以座谈或留言的方式，留下了参观后的感慨和想法，对中国共产党领导的安源路矿工人运动予以高度评价，对安源纪念馆的发展充满了热情和期待，一字字、一句句发自肺腑的感言，洋溢着满满的正能量，表达了观众对毛泽东等老一辈无产阶级革命家领导安源路矿工人运动光辉历史的无限崇敬和景仰之情。

## 一、国内观众留言

### 毛主席去安源

1968年7月1日，油画《毛主席去安源》在全国公开发表。陈毅同志看后，从过来人的角度对那一段历史作了回顾性的歌颂。

清末修建汉冶萍，
工人阶级应运生。
历史不走循环路，
人民革命日日新。
冶铁炼钢造兵器，
电气纺织同时升。
安源煤矿独突出，
有热有光动力根。
煤层如山无量数，
潜力万丈埋得深。
何年何月谁为此？
何人点火天地崩？
赫赫煤矿强有力，
日夜下井建功勋。
舍己为人不辞劳，
革命意志铁铮铮。
远见卓识毛主席，
一次大会定沪滨。
会后决心上安源，
实践马列最认真。
太平辛亥成往事，

五四风云何处奔？
论坛争鸣过稷下，
谁愿发动工农兵？
我不发动谁发动？
我不献身谁献身？
我若能往人亦往，
做出榜样转乾坤。
秋阳未曝起身早，
布衣飘飘伴晨星。
撑开雨脚一把伞，
踏破山头布鞋蹬。
白云清风来相送，
修竹茂林两边分。
独行踽踽为何事？
闯开时代斩荆榛。
无亲无故如何办？
军警林立难插针。
意志坚决不可挡，
艰难困苦豪气吞。
一到安源作调查，
访问工友访乡亲。
群众找着好领袖，
领袖先作好学生。
众志成城无畏惧，
罢工发动全国惊。
罗霄山脉播火种，
一点起爆万点跟。
秋收暴动大发展，
井冈山上建红军。
白色恐怖被突破，
土地革命播福音。
直抵长城真好汉，
一柱撑天非虚声。

八年恶战敌伪顽，
抗日神州万国欣。
一九四九号炮响，
毒龙被逐虎就擒。
世界高唱东方红，
欢呼东方太阳升。
工人阶级是领导，
青年结合工农兵。
安源点火四七年，
条条教训是黄金。

陈毅 1968 年 7 月

多少年啊多少代，
矿工日夜盼解放。
盼呀盼，望呀望，
忽然东方现曙光。
毛主席登上安源山，
安源山升起红太阳。
拿起红画笔，
敬绘红太阳，
把安源工人对毛主席无限热爱的深情，
融合着油彩交织在画面上。
画出毛主席的伟大形象光耀天地，
画出亿万人民对伟大领袖的无限敬仰。

油画《毛主席去安源》作者：刘春华 1968 年 7 月 24 日

看宝画，想当年，
毛主席来到咱安源。
山山水水齐欢呼，
黑暗的安源亮了天。
毛主席来到工人中，
革命道理细宣传，
受苦不是命注定，

团结力量大无边。

参加安源路矿工人大罢工和秋收起义的老工人：陈康立 1968 年 7 月 26 日

日出东方红彤彤，

安源来了毛泽东。

高举红旗闹革命，

"炭古佬"做了主人翁。

参加安源路矿工人大罢工的老工人：冯月庭、刘家彬 1969 年 4 月 4 日

东方太阳格外红，

安源盼来毛泽东。

矿井工棚播火种，

罢工浪潮天地动。

秋收时节举战旗，

扭转乾坤靠工农。

万里征途昂首过，

万里山河红彤彤。

安源煤矿工人：周月初 1969 年 4 月 6 日

金色太阳照安源，

矿工心里亮闪闪。

罢工号角震天响，

凯歌高唱红旗展。

斧头岩尖当空舞，

枪杆子里面出政权。

紧跟导师毛主席，

革命烈火映红天。

安源煤矿工人：冯光明 1969 年 4 月 20 日

来了靠山毛委员，

安源工人志更坚。

霹雳一声齐暴动，

高举红旗夺政权。

安源山连着井冈山，
五湖四海紧相连。
有了靠山毛主席，
红旗一展天下都红遍。

安源煤矿工人：曾纪招 1969 年 4 月 24 日

金色的太阳驱散了雾，
毛主席指出了解放的路。
安源道路红又红，
安源工人朝前迈大步。

安源煤矿工人：易达煌 1969 年 5 月 1 日

毛主席亲自来安源，
领导工农搞斗争。
挥镐扬锄闹革命，
坚决打倒帝、官、封。
铁拳砸烂旧世界，
劳苦大众掌乾坤。

安源镇贫农：罗日祥 1969 年 5 月 3 日

毛主席安源山上立，
风雷滚滚呼声急。
百万工农揭竿起，
天南海北飘红旗。

安源煤矿工人：康宁 1969 年 5 月 12 日

青松长在高山岩，
斗霜傲雪迎春来。
安源青松千万棵，
全是毛主席亲手栽。

毛主席在安源革命活动纪念馆：娄向东 1969 年 5 月 17 日

安源的煤呵装车上，

安源的火种运四方。
五湖四海燃烈火，
毛泽东思想红旗天下扬。

萍乡铁路工人：平凡 1969 年 5 月 23 日

万物生长靠太阳，
太阳不出苗不长。
要不是来了救星毛主席，
安源工人哪能得解放？！

参加安源路矿工人大罢工的老工人：金在荣 1969 年 6 月 1 日

安源山高，
没有毛主席的恩情高；
萍河水深，
不如毛主席的恩情深。
安源工人翻身当主人，
毛主席的恩情永远记在心。

安源煤矿工人：文启圣 1969 年 6 月 10 日

站在总平巷，望到天安门，
毛主席和我们心连心。
万水千山隔不断，
红太阳永远照矿井。
安源工人想念救星毛主席啊，
红心永向北京城！

安源煤矿工人：李元泉 1969 年 7 月 1 日

石榴花开朵朵红，
毛主席最爱我工人。
毛主席为我来撑腰，
我要做毛主席的好工人。

安源煤矿工人：罗运德 1969 年 7 月 25 日

讲解员态度自然，口齿清楚，声音洪亮，讲得较详细；陈列内容丰富、美观、整洁。

安源中心小学教师：张福田 1989 年 4 月 2 日

感谢贵馆对我校参观安源路矿工人运动纪念馆热情接待！感谢讲解员的详细讲解。

萍乡上埠中学教师：袁善明 1989 年 5 月 1 日

讲解员能根据小学生年龄特点进行讲解，使小朋友都能听懂，很好，谢谢你们！有些历史事实能否用故事形式讲给小朋友听？这样效果更好。

萍乡芦溪小学教师：黄萍、李家根 1989 年 5 月 4 日

安源纪念馆工运史资料丰富，像安源纪念馆那么专业、学术水平那么高的展览，我是第一次见到。

中国史学会理事、中国社会科学院近代史研究所<br>《近代史资料》编辑室副主任：庄建平 1989 年 10 月 25 日

讲解员热情大方，普通话标准，热情支持我校的实践活动。微笑服务的态度，是该馆留给我们的第一印象，建议最好能有一部反映安源工人罢工的录像片。

南昌市第二十二中学老师：黄昊等十七人 1989 年 10 月 30 日

你们的讲解很有针对性。如对学生讲解时，能帮助组织好队伍，并采取念歌谣、提问题等形式活跃学生思想。这些做法值得我们借鉴。

井冈山革命博物馆群工科副科长：郭安 1990 年 3 月 26 日

讲解员态度好，普通话标准，讲解细致耐心，态度和蔼，仪表大方、朴素。

分宜白云矿职工子弟学校：赖日珍 1990 年 4 月 5 日

讲解员同志对安源工人在党的领导下进行斗争的历史进行简练、精辟的介绍，使我们听了之后，又重温了党的斗争历史，激励我们克服当前暂时的困难，坚定必胜的信心。

国家煤炭工业委员会：丁焜 1990 年 4 月 7 日

今天我们走进安源路矿工人运动纪念馆和安源工运时期廉政建设陈列馆参观学习，认真聆听讲解员的介绍。通过革命传统教育和红色精神洗礼，大家更加深刻地理解了"义无反顾、团结奋斗、勇于开拓、敢为人先"安源精神的丰富内涵和精神实质，接受了一次深刻的廉政教育和党

性教育。

市教育局党员职工 2012 年 6 月 7 日

铭记党的历史，赓续红色血脉，传承红色基因，走好新时代的长征路。

萍乡学院学生：刘婷 2012 年 9 月 6 日

虽然退休了，但共产主义的信仰毫不动摇。在党爱党，在党为党，党的恩情和教诲永不忘。人老志不衰，仍将责任扛在肩上，用有限的生命为党再添荣光，这是我永恒的追求和向往。

退休工人：丁爱国 2012 年 10 月 1 日

通过参观展览，我对安源这片红色热土有了更加深刻的认识。我要用红色精神与力量充实自己。将来我也要成为那些为祖国效力的人们中的一员。

安源区第二学校：罗毅 2013 年 3 月 5 日

作为一名教师，将把今天参观后的所见所闻带回我的课堂，告诉孩子们，今天他们的美好生活，承载了前人的苦难和无数革命先烈的英勇付出。

不忘国耻，奋力拼搏！让咱们的祖国日益强大！

城区小学教师：王黎 2013 年 8 月 23 日

没有无数革命前辈的抛头颅，洒热血，建立新中国，哪有我们幸福的生活？在此，我们深切地缅怀，愿他们的精神永存，激励着后来人不断前进！

安源中学：张桑 2013 年 11 月 8 日

从安源走出了无数位开国将军，我也想像他们一样，成为一个顶天立地、有责任、有担当的军人。

登岸小学：黎涵宇 2014 年 2 月 5 日

毛泽东同志等老一辈无产阶级革命家在安源创造的历史伟业永远牢记在中国人民的心中，永远值得中国人铭记！

百年沧桑事竟成，今朝辉煌仍努力！

退休职工：佐楠 2014 年 5 月 8 日

为中国共产党所取得的伟大成就感到骄傲！

为中国繁荣发展的今天感到骄傲!

为先烈们取得的辉煌成就感到骄傲!

不忘初心,牢记使命,永远跟党走!

萍乡中学:郭文 2014 年 9 月 11 日

祝福祖国繁荣昌盛!世界和平!

争做好青年,强国有我!

请党放心,强国有我!

在校大学生:李莉 2015 年 7 月 1 日

公益志愿活动开展得非常好,也很用心,给中小学生提供了一个很好的学习教育平台和交流平台,也是一种爱国主义教育。

非常感谢纪念馆宣传科的各位工作人员及志愿工作者!

研学团队 2015 年 8 月 24 日

安源精神,历久弥新,薪火相传。

新青年:王凯 2015 年 11 月 20 日

铭记历史,缅怀先烈,浩气长存,饮水思源。

一兵 2016 年春节

大力宣传红色圣地安源,弘扬老一辈先烈精神!

赣东北地质队:余长龙、杨爱珍 2016 年 2 月 11 日

深受教育,倍感震撼,心灵洗礼,灵魂升华。

鄱阳县志愿者 2016 年 4 月 9 日

重温党的历史,坚定共产主义信念。

河南:程昌龙 2016 年 5 月 5 日

革命圣地,激励后代,奋发图强。

傅洁禄 2016 年 5 月 19 日

今天带着孩子们来参观安源路矿工人运动纪念馆,感受一下革命先辈打下的江山,让下一代过

着幸福美好的生活，缅怀革命先烈热血奋战的精神，要让孩子们懂得现在的美好生活来之不易，要告诉孩子们爱祖国，长大后为祖国多作贡献。

游客：李峰 2016 年 7 月 5 日

瞻仰历史，不忘初心，铭记伟业，继续前行。

贵溪四中党支部：廖芳 2016 年 7 月 7 日

看着祖国的历史变迁感慨万千，是以前辛劳的人民和奋斗的战士，为我们如今安康的生活撑起了一片天，再次重温这些历史，有感动，也有力量，向人民军队和主席致敬！

萍乡观众 2016 年 9 月 1 日

我爱祖国，我是中国人，我自豪！听党指挥，永远跟随党的脚步！

段佳鑫 2016 年 10 月 1 日

感谢先辈用生命换来今天的幸福生活，我们会加倍珍惜我们的祖国，爱我们的家园。

李玉梅 2017 年 10 月 26 日

没有前辈的流血牺牲，就没有今天美丽、富强的中国梦。

共青城胡耀邦陵园：雷之存 2017 年 12 月 1 日

此生无悔入华夏，来世还生中华家。

邵景仪 2017 年 12 月 24 日

五十年前的今天，萍师附小许多学生参加了建馆劳动，苦干多天，挑灯夜战，接力搬砖，不知疲倦。我很荣幸，当时也在其中。时过多年，记忆犹新，倍感温暖。祖国日益强大，人民越来越富足。这就是革命的意义和宝贵的代价。

萍乡市北星小学老师：龙岚 2018 年 2 月 14 日

不忘初心，勇往直前，紧跟共产党走，建设中国特色社会主义国家，为实现共产主义而努力奋斗！

援越抗美老兵：廖荣华 2018 年 5 月 19 日

安源精神，永放光芒。

罗时万 2018 年 5 月 23 日

传承红色基因,感受安源精神,向老一辈无产阶级革命家致敬!

普通观众 2018 年 8 月 12 日

努力学习,为国争光;捍卫祖国,为国效忠。

江苏常州局前街小学:陈玺羽 2018 年 10 月 1 日

怀着万分激动的心情,来到日夜思念的红色安源纪念馆,重温历史,不忘初心,永远跟着共产党,将革命进行到底!

北京知青:孙艳堂 2018 年 11 月 22 日

新年第一天,来到安源路矿工人运动纪念馆参观,是意义非凡的一天,也是很有意义的活动。让小朋友们感受前辈先烈们革命工作的艰辛,以及那种对理想、自由美好向往的不屈精神,对我们现在的工作和生活都有启发。

萍乡上栗:谢福安 2019 年 2 月 5 日

重温历史,再次接受红色教育,感受共产党人成长历程,对国家的巨大贡献。我爱共产党,我爱中国!

张根民 2019 年 9 月 12 日

在国庆节来临之际,来到安源纪念馆参观学习,中国工运策源地。当时中国南方最大的近代化煤矿,在中国共产党领导下举行大罢工,"从前是牛马,现在要做人"的口号永远激励着我们奋勇前进!

萍乡农民 2019 年 9 月 28 日

今天是我们夫妻结婚 23 周年纪念日,因我工作原因,今天到萍乡出差,顺带妻子一同过来。值此祖国 70 周年前夕,我们夫妻二人特意前来瞻仰安源纪念馆,学习和缅怀革命先辈的英雄事迹,祝愿我们的祖国更加强大,祝愿我们的人民更加幸福。

宜春:童书政、晏芬 2019 年 9 月 30 日

每隔一段时间,周怀德烈士的后裔都会来此馆看望先辈。此次探望发现有不少周怀德烈士的资料可以补充齐全,比如刘少奇主席亲笔信和周怀德亲弟周冀庭烈士的材料。革命先烈精神应当完整传承和展示,不忘初心,牢记使命,新时代万岁!

周怀德烈士的后裔 2019 年 9 月 30 日

从工人运动到农民运动，及武装起义到解放全中国，中国共产党带领中华儿女从站起来、富起来到强起来的道路越走越远。抬眼看，通途大道；挺起胸，阔步向前。我为祖国的繁荣昌盛而由衷地感到骄傲和自豪。啊！中国，愿你生日快乐，不忘初心，牢记使命，永葆青春与活力，带领大家继续向前不断迈进！

陈冉、周泉存 2019 年 10 月 1 日

不忘初心，牢记使命，革命先烈英名永留史册。祖国一定会在中国共产党的领导下，更加繁荣昌盛，人民更幸福。

祖国万岁！

中国共产党万岁！

中国人民万岁！

张建萍 2019 年 10 月 2 日

接受革命传统教育，不忘初心，牢记使命，踏实履行党员义务，做一个合格的共产党员。

江西水边中村科技：徐自强 2020 年 11 月 7 日

参观二次受教育，牢记革命先烈创建新中国之不易，牢记毛主席领导工运、农运，举行秋收起义，创建新中国的伟大历史功绩。参观烈士陵园，见到无数为建立新中国而牺牲的烈士名录。我们要珍惜今天幸福、美好的生活，更要牢记毛主席、习主席的谆谆教导，对腐败分子要坚决打击，保证国家永不变色。

萍乡湘东黄堂村：欧雪萍 2020 年 11 月 10 日

我们单位在这里做了红色家书朗读活动，很好！还为我们提供了场地，感谢！

汇丰银行：刘 2020 年 12 月 5 日

最好的纪念馆，太震撼了，谢谢安源人民留下珍贵的历史记忆！我要介绍家乡人民来安源旅游，在这里接受爱国主义教育，谢谢你们！

郭华丽 2021 年 5 月 1 日

好好学习，天天向上，让祖国变得越来越强大，我的希望是我们的祖国永远和平。

萍师附小二（1）班：吴紫雨 2021 年 6 月 24 日

来到安源纪念馆了解到很多平时不了解的历史细节，感受到了前辈们艰苦卓绝的革命精神，现

场观看，比历史书上的更加详细生动，更加坚定了我想要入党的信念。

萍乡学院小学教育学院：张华 2021 年 10 月 5 日

今日小雨，我来到安源纪念馆祭扫黄静源烈士墓碑，带了一枝白菊花，用于赠予烈士，今日的纪念馆是沉重肃穆的。新中国的成立，离不开老一辈先烈的默默付出，让我们铭记历史，致敬先烈。

廖君 2022 年 4 月 5 日

一代一代的青年人，肩负国家的使命，去奔走、去呐喊，敢担当、不畏难，事情自然就成了！我们要有理想、有本领、有担当，国家就有希望！

萍乡工业学校团委 2022 年 6 月 11 日

今天来到安源纪念馆参观，进馆就看到了红领巾讲解员在讲解，讲得很棒！展览内容也很不错，能感受到革命志士的伟大！

江西农业农村局：刘可 2022 年 12 月 3 日

带孩子来安源纪念馆参观，听到讲解员生动细致地讲解，引导孩子们树立正确的历史观、民族观、国家观，让孩子们增强爱国意识和爱国情感，增强民族自豪感和自信心，让爱国主义精神在他们心中牢牢扎根。

萍乡邮储银行：章莉 2023 年 1 月 11 日

"不忘初心，牢记使命，永远跟党走。"通过这次参观感受到了老一辈无产阶级革命家艰苦奋斗、一心为民的革命精神，祝伟大的祖国蒸蒸日上，人民生活更加美好！

江西百新电瓷：李木欣 2023 年 2 月 14 日

安源纪念馆的陈列大楼十分雄伟，进馆就能看到一组组精美生动的泥塑群，馆内标语也十分贴心，我们这次还带了老人来馆参观，讲解员主动并且及时帮我们提供了轮椅等物品，让我们心里感受到了温暖。

游客：黎伟涵 2023 年 3 月 30 日

## 二、国际友人留言

通过参观，我们清楚地看到了毛泽东主席在进行革命活动的时候，如何充分依靠广大人民群众，如何坚持武装夺取政权的马克思列宁主义基本原则。

在我们参加集会（指萍乡市庆祝毛主席"五二〇"声明发表群众大会）时，脑子里边展现出中国城市和乡村集会的情况，人民都充满了革命精神，支持全世界人民的革命斗争。我们也支持亚非拉人民的革命斗争。今天萍乡人民举行群众集会，坚决支持声明，也看到中国人民的革命精神。

亚非作家协会总书记：查禾多 1970年5月20日

**站在安馆看山下夜景**

英雄安源，

山上下，

火炬熊熊焦天。

当年主席亲自点，

迅速成为燎原。

工农团结，

紧跟领袖，

打击帝修反。

挺身而出，

坚持武装夺权。

日本：澳村一男 1970年5月22日

我代表最近这次学习访问的亚非记协和亚非作协常设局以及广大的朋友，对你们并通过你们对其他有关的同志们表示最诚挚的感谢，感谢你们竭尽全力，使我们的学习访问获得巨大成功。

我们对湖南、江西、江苏三省的访问，进一步加深了我们对中国革命各阶段许多重大问题的理解，使我们更具体地了解了毛泽东主席的光辉革命实践和卓越的革命思想，从而鼓舞我们去更深刻地学习和牢固地掌握毛主席在各个重大问题上的根本教导和伟大战略思想，更好地为我们各国人民和世界的革命斗争服务。

摘自《亚非作家协会总书记查禾多给安源纪念馆革命委员会的信》（1970年6月30日）

参观了安源，更加认识到毛主席的伟大。……我们在安源，在学习毛泽东思想上学到了很好的经验。我们一定要更好地学习毛泽东思想，把毛泽东思想与日本实际结合起来进行斗争。今天，美帝国主义在日本搞了140多个军事基地，军事上控制日本，美帝复活日本军国主义，企图对亚洲进行侵略战争。美帝至今霸占中国的领土台湾，对印度支那进行野蛮的侵略战争。我们必须为在世界上消灭帝国主义，消灭人剥削人的制度而斗争。让我们紧密地团结在毛泽东思想的旗帜下，为世界革命而斗争。

日本反修青年访华团：新谷明生 1970年7月6日

中国和乌拉圭两国人民紧密团结在一起，两国人民的斗争互相支持，互相学习。毛泽东思想照亮了我们革命的道路，谁也不能使我们分离，两国人民共同走向共产主义，任何情况也不能阻止我们前进。感谢中国工人革命运动发源地安源的同志们给我们的教育，致以亲切的革命敬礼！

拉丁美洲左派革命运动学习团：卡维苏多 1970 年 7 月 17 日

在你们的展览馆里，我们可以看到，你们为什么能打倒帝国主义和反动派。我们要设法尽到最大的努力，把毛主席的伟大革命实践告诉国内的人民，也要尽最大努力打倒帝国主义和国内反动派。……我们来到中国，来到这里参观后，学到了很多东西。对你们的接待表示深切的感谢。同时，我们对讲解员的解说，表示深切的感谢。我们永远不会忘记他们。

东南亚参观团（印度）：沙克上校 1970 年 7 月 31 日

参观安源，使我们认识到，毛主席亲自在工人群众中去调查访问，找出解决工人痛苦的办法，为启发工人反对三大敌人、反矿山主，毛主席以惊人的革命性，到最危险的工作面上，去了解工人的情况。通过参观，我们看到工人在旧社会的痛苦生活，受残酷的压迫剥削，是毛主席为工人找到了解放的道路。……毛主席亲自领导了安源大罢工。罢工胜利以后，毛主席教育工人，罢工的胜利只是斗争的开始，我们的目的是要推翻三大敌人；教育安源工人，单靠工人阶级进行斗争，不能获得自身的解放，要取得胜利，必走与农民相结合的道路。……在我们锡兰，广大人民受三大敌人剥削和压迫。为了取得独立解放，我们目前只搞工人中的工会斗争。通过参观，使我们懂得只从事工会斗争、经济斗争，锡兰人民是不可能获得独立和解放的。我们感到，要从经济斗争转变到政治斗争，要把工人运动与农民相结合，必须在党的领导之下，到农村中去，建立巩固的工农联盟，团结一致，对武装的敌人去进行武装的斗争。除了毛主席所指引的道路，除了武装去夺取政权，是没有其他道路的。毛泽东主席的光辉思想对我们国家是适应的。

锡兰共产党（马列）学习团团长：阿里亚蒂·拉克 1970 年 8 月 1 日

这个纪念馆非常好，全面详细地作了介绍，在这里不仅看到了安源的工人运动，而且看到了全国革命的历史。毛主席教导说："千万不要忘记阶级斗争。"我们有机会参观这样的博物馆，受到了很深的阶级教育。要好好地保存下来，使中国人民永远不忘阶级斗争，不忘世界的劳苦大众，不致倒退到旧中国的那种社会，使中国担负起世界革命的领导作用。

多米尼加青年协会主席：张沙鹰 1970 年 8 月 10 日

我们来到毛主席亲自开辟的工人运动发源地安源参观学习，非常高兴。对于你们看待我们这样热情，表示感谢。现在日本人民正在进行打倒美帝、日本军国主义，进行解放日本人民的斗争。今天看到安源工人阶级斗争的重要性。回国以后，一定要开展工人斗争，重建日本工人运动。日本修正主义背叛了日本工人运动，我们一定要粉碎修正主义。我们在安源看到小孩拿《语录》向我们挥动，太好了！不愧是全世界人民革命的堡垒。我们一定在毛泽东的领导下，为争取日本人民的斗争而战斗。

日中友好协会（正统）青年访华团：汇村文滨野胜 1970 年 8 月 22 日

从安源地区的学习参观，有一点感到很突出，就是毛泽东在做每一件事情上都看得很全面，从长远的利益出发，从各个方面都做好准备。在过去我们的组织中，对待农民问题有两条路线斗争。有的人不重视农民，看不起农民，在这里我们起来与他们作斗争，在这方面是取得了一些胜利。通过参观讲解，认识到在搞农民运动时，也要注意工人的工作。

伊朗人民党在国外革命组织学习团团长 1970 年 9 月 13 日

毛主席在安源的政治活动，领导安源工人开展革命运动，过去我是没有听说过的。今天来到安源，我是第一次听说。这次来安源参观访问，通过学习才知道安源与秋收起义的关系，与井冈山的关系。以前听说过秋收起义，也听说过井冈山的革命斗争，但是，它们和安源的关系都不知道。安源的工人运动在秋收起义、井冈山革命斗争和其他斗争中的作用是很大的。这一切都是毛主席领导的，也是通过这次的学习才知道。这次你们给我们安排了这么好的机会，使我们学到很多东西，感谢你们！

亚非记者协会：北泽正雄（日本）1970 年 9 月 15 日

今天，两位老人（指安源老工人徐胜远、金在荣）来看望了我们，我们表示感谢！中国共产党两位无产阶级老战士介绍的经验，给我们留下了深刻的印象。中国共产党和中国无产阶级长期坚持斗争，对我们的组织，对我们的党，都有很大的鼓舞。……我们将以最大的努力，把刚才讲到的经验传达到我们党中央，这些对确定我们的立场、路线都很有用的。我们很感谢安源的同志热情地接待，对两位老人介绍的经验表示感谢！

阿根廷革命共产党中央政治局委员、访华团团长：拉切尔 1970 年 10 月 17 日

一九二一年秋，毛主席来安源唤起工农千百万，号召团结起来，敢于斗争，善于斗争，从此红太阳的光芒照亮了安源山。在全世界革命人民的伟大领袖、无产阶级的伟大导师的英明领导下，从前是牛马的安源工人，如今得到翻身解放，不仅享受做人的权利，而且光荣地成了国家的主人。我们泰国人民要得到解放，当国家的主人，就要坚决走毛主席所指引的道路。我们要牢记毛主席的伟大教导："弱国能够打败强国，小国能够打败大国，小国人民只要敢于起来斗争，敢于拿起武器，掌握自己国家的命运，就一定能够战胜大国的侵略。"我们相信，在泰国共产党的领导下，高举马列主义、毛泽东思想伟大旗帜，坚决进行人民战争，我们泰国人民一定会取得最后胜利。

泰国革命青年参观团 1970 年 11 月 5 日

我们昨天看了展览馆，今天参观了毛主席的旧居，下午听了三位老工人（指金在荣、朱新和、刘桂山）的讲话，受了很深刻的教育。特别是三位老工人讲了自己的亲身经历，讲得很生动，我很受感动。把昨天、今天看的讲的结合起来，更加深刻认识到毛主席在安源革命活动的伟大意义。……三位老工人讲了旧社会安源工人很苦，现在生活很幸福。我有五个儿子，老四是男孩子，今年23岁。他是在中国出生的，中国长大的，在北京二七车辆厂做工，现在回国了，在一个工厂里做工。他来信说，他回到日本以后，更加体会到生活在中国的人是最幸福的。他说，他们的工厂有十几个工人，一天工作九小时，修理机械，一天只能吃两顿饭。日本资本主义很发达，是很富裕的，但工人很苦，一天只能吃两顿饭。他表现还不错，他说，生活越苦，越要跟着毛主席干革命。今年国庆节前，九月三十日的晚上，他一晚没有睡觉。他说，国庆节到来了，我更加思念把我养大成人的国度。所以我说中国工人阶级、中国人民是最幸福的。

日本：土肥1970年11月10日

参观安源给我们上了一堂难忘的政治课，联想到今天苦难的非洲，我是多么希望更多的非洲人民也能像我一样得到这样的机会，受到毛泽东思想的教育，按照毛主席指引的革命道路——武装夺取政权，彻底推翻帝、修、反、殖的反动统治，建立一个像中国一样巩固的无产阶级专政的政权。

坦桑尼亚：阿里1970年11月27日

今天听了安源老工人的回忆。老工人哭的时候，我们也哭了。在旧中国，工头打老工人；在安哥拉，工头还在打我们的父老们。我们要为这些人复仇。

今天，老工人哭了，我们的国家也还在哭泣，我们的父老们在哭泣，我们的儿女在哭泣，这表现了我们对帝国主义的仇恨。我们哭的办法，就是要拿起武器，打倒殖民主义。

安哥拉人民解放运动学习团团长：卡托塔1972年5月29日

我们这次主要是来学习的，通过学习很有收益。来到这里学到了开展工运的丰富经验，是很重要的学习。我们一路所了解的中国革命斗争经验，对我们革命很有益处。回去后，一定把中国特殊的革命斗争经验，富有普遍意义地运用到我国革命的实践中去，对委内瑞拉革命将有指导作用，贡献很大。

委内瑞拉革命党代表团团长：阿里1976年4月20日

安源工农运动结合，建立统一战线，对我们有很大的参考价值，这些宝贵的经验，我们一定要带回去，很好地开展斗争。

哥斯达黎加劳动党（马列）总书记：塞尔达斯1977年7月31日

通过参观，我们对那段革命有了更多了解。加上老工人介绍，我们非常满意。通过介绍、座谈二者结合，了解更清楚，帮助更好地吸收经验。向同志们表示感谢！在这参观，我们学习了毛主席的伟大革命实践，也感谢陪同我们参观的同志们，再向老工人表示感谢。他的历史是一个革命者的历史，我们作为一个革命者，要永远不断前进。

尼加拉瓜"人民行动运动"总书记、访华团团长：亚历格德罗 1977 年 8 月 15 日

通过今天的参观，使我十分清楚、幸福地了解中国革命的过程。这个过程是中国革命的一个杠杆。这个展览馆以及展览馆里丰富的材料，形成了对"四人帮"斗争强有力的武器，它也是建设社会主义、教育人民强有力的武器。这个展览馆和其他展览馆一样，有很高的价值。……我作为拉丁美洲和巴西的一名战士，需要好好学习中国伟大革命斗争。我认为这个展览馆是世界革命的展览馆，也是教育巴西和拉丁美洲人民的展览馆。中国和巴西相隔遥远，但共同的革命目标把我们联系在一起，在本世纪一定要建立友谊桥梁，在中国和巴西人民中间建立友谊桥梁，这个桥梁是共同学习、互相支援的桥梁。

巴西民族解放行动驻外代表：克里斯彬 1977 年 9 月 17 日

我们每到一个地方，都觉得是到了自己的家一样。听了同志们的介绍，使我们了解到了英雄的安源人民在毛主席的领导下进行革命斗争的经验。这将对我们今后的斗争有很大的帮助。向同志们表示感谢！

缅甸共产党参观团团长：肯纽 1978 年 3 月 6 日

我们来到安源参观访问感到非常满意。参观安源这个地方，我们有很大的兴趣。通过介绍了解毛主席怎样把工人运动和农民运动结合，并把各种斗争形式结合起来、组织起来，为各方面斗争提供了各种各样的宝贵经验，特别感谢解说员同志的介绍，希望纪念馆以后能更好地发展。

哥伦比亚马列主义联盟参观团团长：约翰逊 1978 年 9 月 15 日

这次来安源参观学习，同志们介绍的经验和情况，使我们学到了很多东西。我们主要是开展农运工作的，这次来学习毛主席当年来安源开展工人运动的伟大革命实践，对我们教育很大。回去后，我们一定把毛主席当年开展工运的好经验同缅甸的工作结合起来，很好地开展工作。在这里，我代表全体同志，对陪同接待我们的同志们表示感谢！

缅甸共产党参观团团长：蒋志明 1978 年 10 月 10 日

这次我们来到你们这里参观，学到了不少知识，了解了在非常艰苦的条件下，毛泽东同志深入工人群众，发动和组织工人开展斗争的情况。这对我们是非常宝贵的。我们在这里表示，把毛泽东

同志从事革命斗争的经验带到我们缅甸去，运用到实际斗争中去。对同志们的热情接待表示感谢！

缅甸克钦族独立组织参观团团长：早潘 1980年4月25日

  我对工人运动很感兴趣，我很想了解一些工人的斗争情况。看到过去安源工人的苦难和斗争，就使我想起了我早期参观挪威抗击德国法西斯的地下阵线的情景。我觉得人活着就要斗争。不斗争，活着没意思。

挪威云龙焰花公司华裔外贸商：何士麟 1980年4月26日

  我们今天到中国工人运动重地安源参观访问，感到非常高兴。通过讲解员的详细介绍，我们上了一堂生动的政治课，了解了安源工人运动的史实。看到了安源工人在受着帝国主义、封建势力、官僚资本家三大敌人的压迫剥削下，怀着巨大的仇恨进行了艰苦的斗争；看到了安源工人为保卫自己已经取得的胜利和利益而进行了英勇的斗争。这正是安源工人运动能够发展壮大的重要原因；看到了毛泽东同志、刘少奇同志在强大的武力统治下领导工人进行艰苦斗争的情况；看到了安源工人运动与农民联合起来进行斗争，取得了胜利；看到了解放后安源工人积极支援农民。在进行四个现代化时，安源工人一定能和全国人民一道取得胜利。我们为安源工人的胜利而感到高兴。我国工人阶级正和农民联合起来进行武装斗争。中国工人阶级克服千难万险取得了胜利。我国人民也一定能经过艰苦斗争取得胜利。

柬埔寨驻华大使、空军学员参观团团长：毕姜 1980年5月10日

  我们这次来参观，主要了解党如何发动工人参加革命，了解刘少奇同志、李立三同志在这里的革命活动。毛主席的革命活动已从书本上看过。"文化大革命"中反对刘少奇、李立三，恢复名誉后，知道一些他们的情况，在这里看了以后更清楚了。通过参观，了解到安源工人受苦最深。党在艰苦的条件下发动工人进行革命。中国共产党领导充分发挥智慧，把马列主义原则具体运用到革命中来，为了革命目标进行坚决斗争，采取灵活机动的策略，促使工人晓得自己的处境，激发革命觉悟，在工人运动中培养了工人的政治干部、农民干部、军事干部，在红军中加强无产阶级成分，在中国革命中起了领导作用。……昨天来萍，受到同志们的热情接待，尤其是纪念馆的同志不辞辛苦作详细介绍，唱革命歌曲，我们听了很高兴，给了我鼓舞。不久就要回国从事工人运动。在领导工运中，回顾在安源参观20多个小时的活动情况，以及在中国的60天，是我们黑暗中的一盏明灯。回去后在革命活动中，我们一定把学到的东西运用到实践中去。

尼泊尔共产党（马列）总书记：阿索卡 1980年7月3日

  馆内陈列介绍很好，使我进一步了解了中国革命，特别是安源工人运动。安源工人运动发展到工农结合，对我们当前革命有极为重要的教育作用。中国共产党领导中国人民进行革命斗争的策略

和方法是有教育意义的。通过在这里参观,我们尽管斗争形式不一样,但实质是一样的。不同的形式采取不同的方法,这是我们所学到的根本点。要了解工人当中的问题,然后针对这些问题提出解决的办法,即要通过社会现象看到本质,找到问题的终结,也就是说要了解这个地方的情况,然后进行分析研究,这些对于我们进行地下活动都是有意义的。

南非泛非主义大会代表团团长:马克 1980年10月4日

## 第五节　题词墨宝

1951年7月8日,原安源路矿工人俱乐部总主任、汉冶萍总工会委员长,时任中共中央政治局委员和书记处书记、中华人民共和国中央人民政府副主席刘少奇复安源镇工会的信:

范明庆同志并转安源镇工会诸同志们!

你们四月八日给我的信,收到了。谢谢你们!你们所请增加工会两个脱产干部及修轻便铁道事,已转江西省总工会及铁道部酌情办理。我曾在安源工作过三年,安源的许多事,至今我还记忆得很清楚,俱乐部的大会场还是我经手修建的。过去的许多革命同志,如黄静源、周怀德、谢怀德、刘昌炎同志等烈士,我记得他们很清楚,应该在安源建立一个纪念碑,并举行追悼会,以纪念安源一切死难的烈士们。此事望你们商同萍乡县政府酌情办理。

敬礼!

刘少奇<br>七月八日

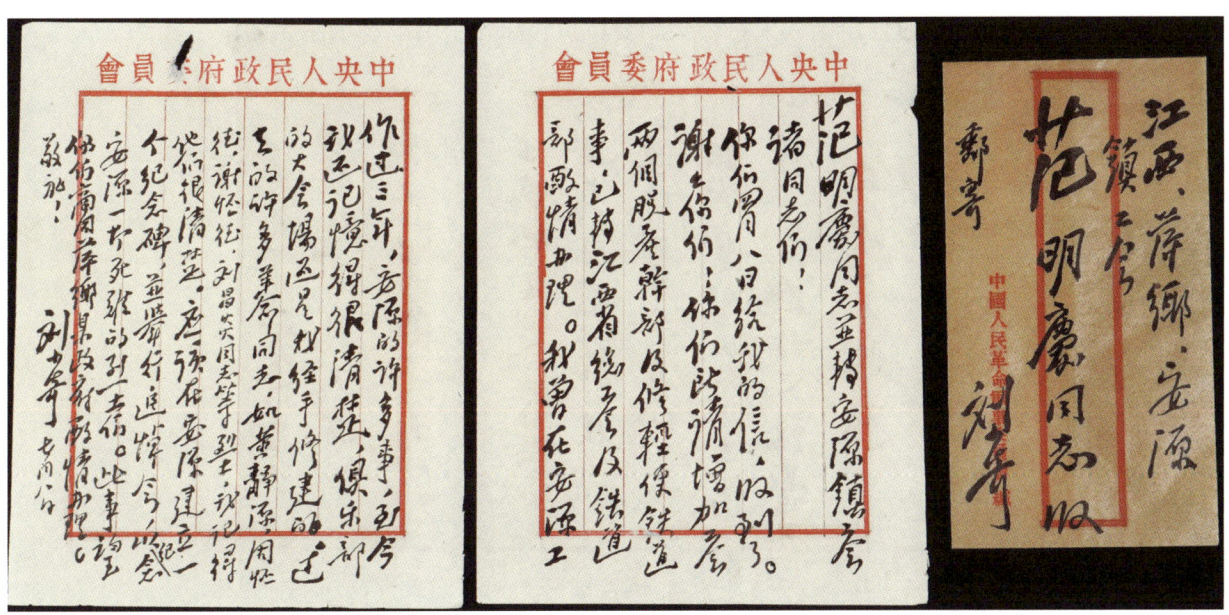

1957年9月8日，原中共安源支部书记、安源路矿工人俱乐部总主任、汉冶萍总工会委员长，时任中共中央委员、劳动部部长李立三为纪念安源路矿工人大罢工胜利35周年题词：

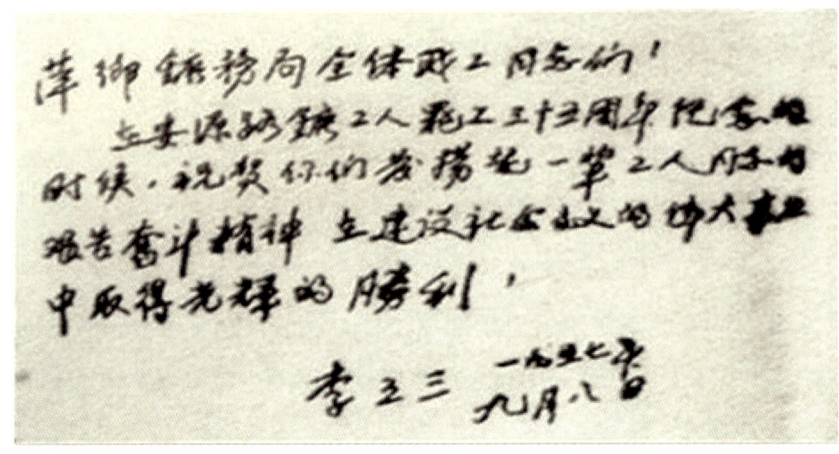

1984年8月31日，时任中共中央政治局常委、中央军委主席、中央顾问委员会主任邓小平题词：

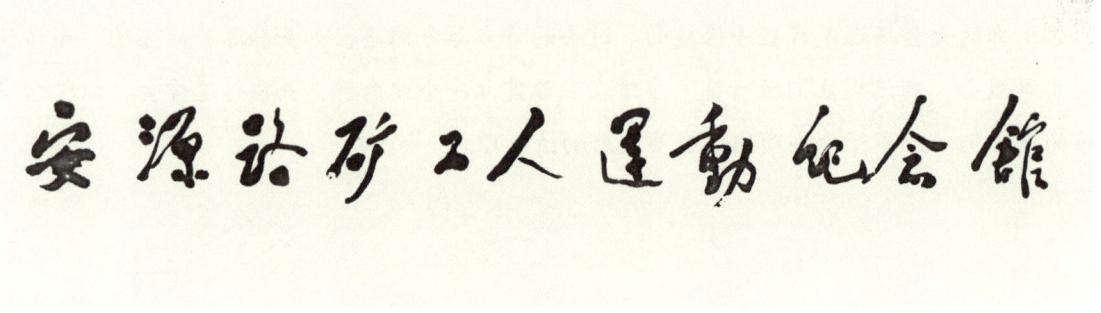

1969年7月22日，时任全国人大常委会副委员长郭沫若手书歌颂毛主席的诗：

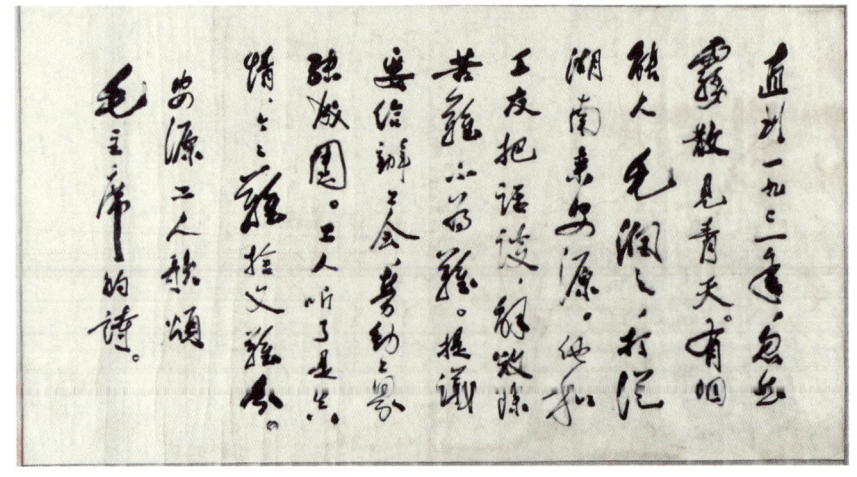

1973年9月1日，原安源工人、时任解放军工程兵副司令员王耀南少将题词：

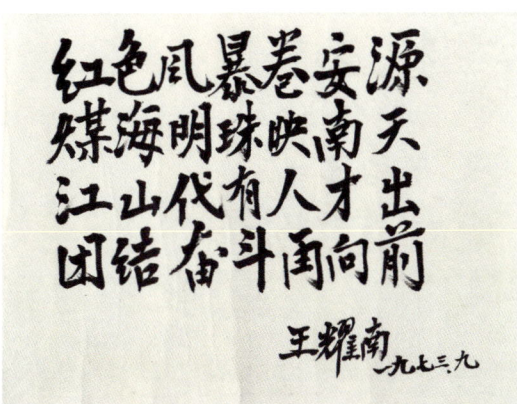

1982年4月1日，原安源路矿工人俱乐部游艺股长、时任第五届全国人大常委会副委员长肖劲光大将为纪念安源路矿工人大罢工60周年题词：

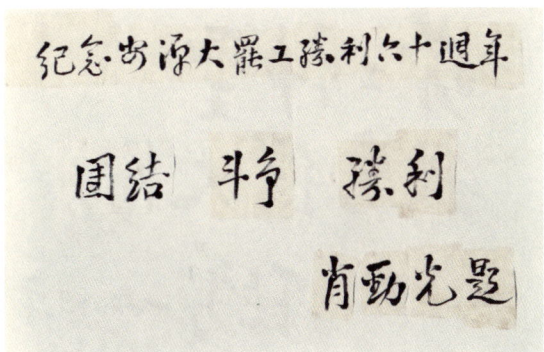

1982年5月12日，原中共湘区委员会书记、时任政协第五届全国委员会副主席李维汉为《安源路矿工人大罢工胜利六十周年纪念画册》题词：

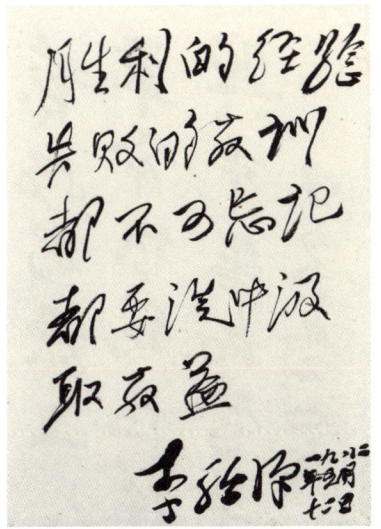

1983年12月3日，原安源工人、时任山东省军区政治委员熊飞少将题词：

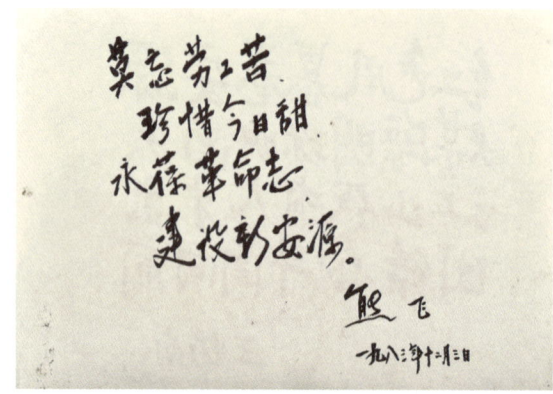

1983年12月7日，原国家主席刘少奇夫人、时任全国政协常委、中国社会科学院外事局局长王光美题词：

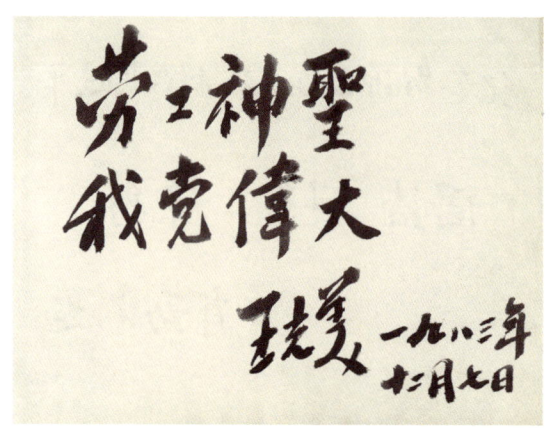

1984年12月，福州军区原政治委员、中共中央顾问委员会委员李志民上将题词：

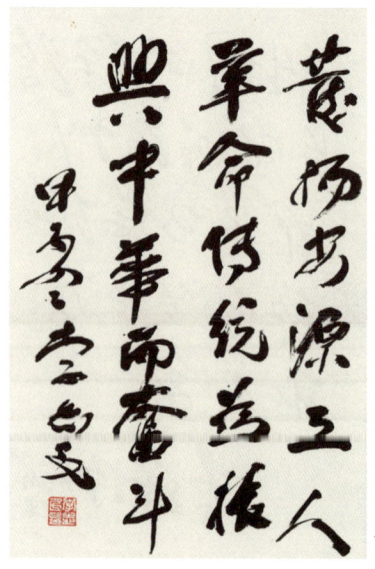

1984年11月16日，时任河北省人大常委会副主任、党组副书记孙国治题词：

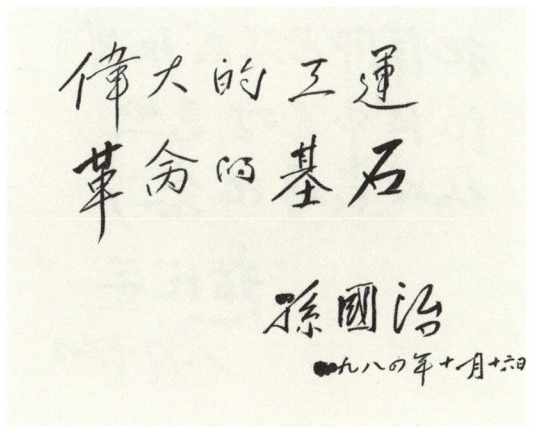

1984年12月，中国人民解放军工程兵原政治委员王六生少将题词：

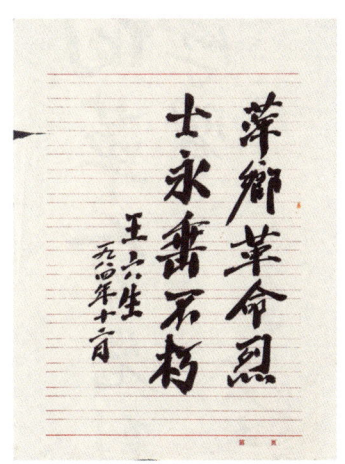

1984年12月3日，原安源工人、时任中国人民政治协商会议第六届全国委员会委员幸元林少将题词：

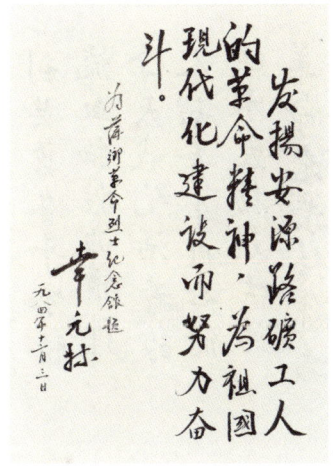

1984年8月13日,时任江西省省长赵增益为萍乡革命烈士纪念馆题词:

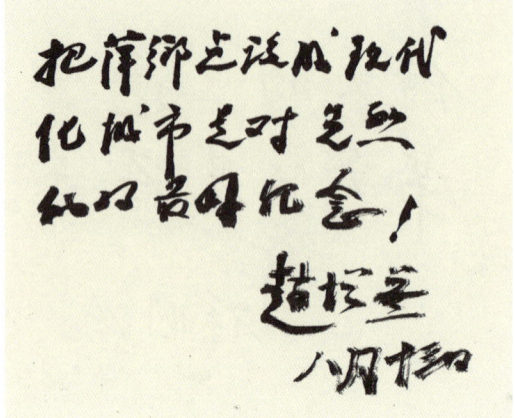

1984年9月,被誉为"中国的保尔·柯察金"的吴运铎为萍乡革命烈士纪念馆题词:

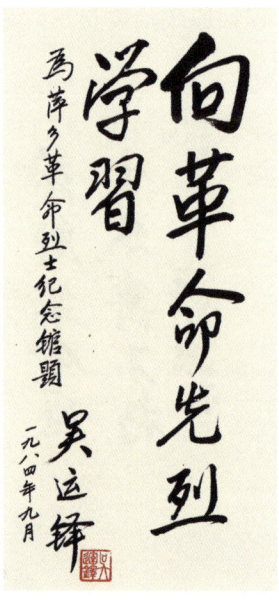

1984年9月21日,原安源工人、时任中国共产党中央委员会委员唐延杰中将题词:

> 安源煤矿是我党领导的工人运动发源地之一,也是我少年劳动的场所。今天烈士馆建成,纪念无数革命前辈和长者为工人阶级谋解放、为革命求胜利英勇奋斗不怕流血牺牲的精神。今天我们活着的人和青年同志们继承发扬烈士的革命光荣传统为祖国四化建设做出更大的贡献,安源工人运动的革命烈士永垂不朽!
>
> 唐延杰
> 一九八四年九月

1984年12月,全国著名党史专家、中国人民大学教授胡华题词:

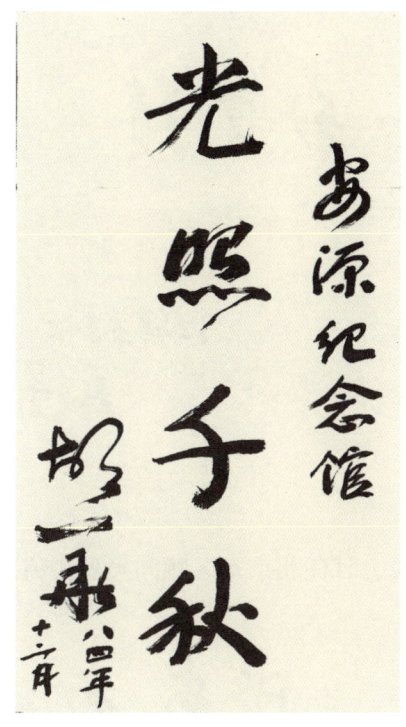

1985年1月,原安源工人、原北京军区副司令员韩伟中将题词:

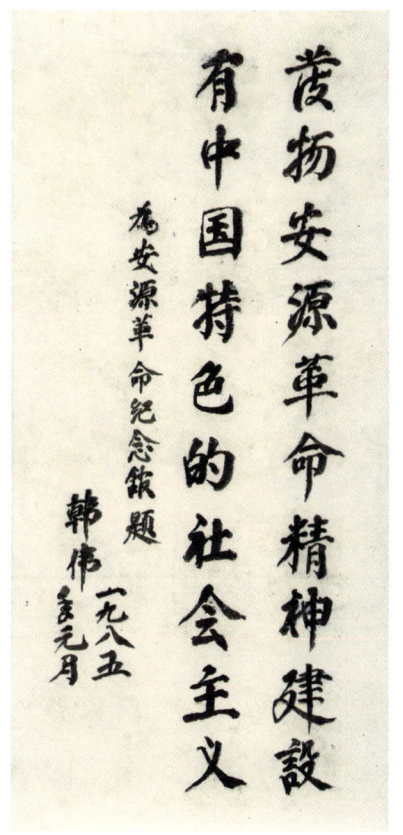

1985年4月27日，时任《红旗》杂志副总编辑苏星题词：

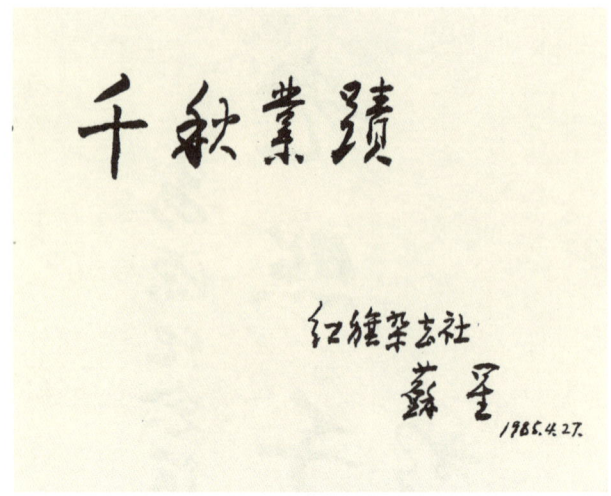

1985年6月9日，原安源工人、时任北京军区顾问吴烈少将题词：

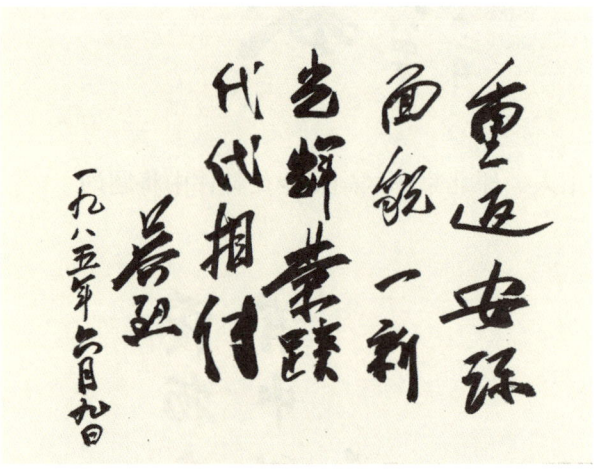

1985年10月1日，中华全国总工会原副主席宋侃夫题词：

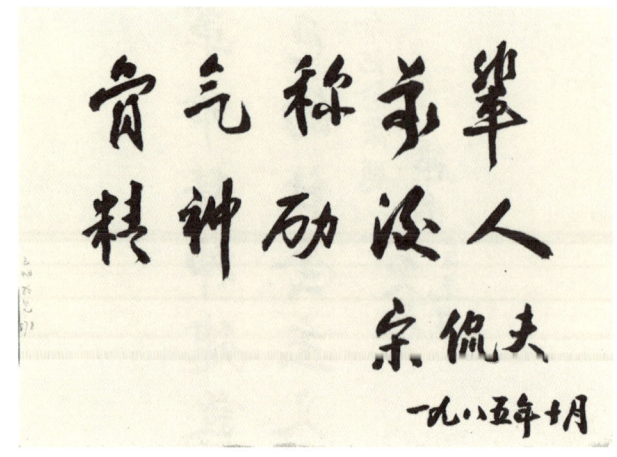

1985年12月6日,公安部原部长赵苍璧题词:

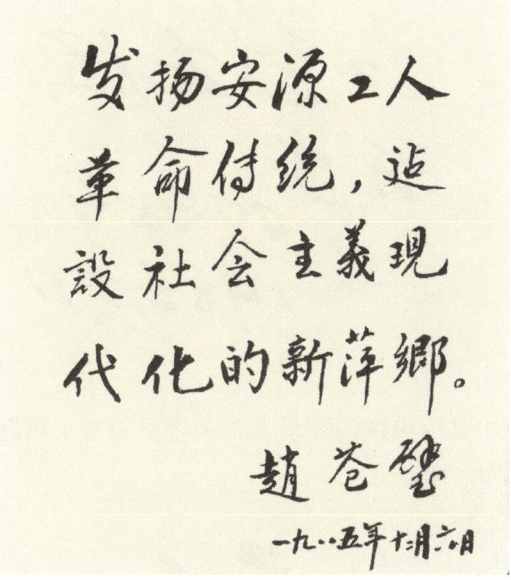

1986年4月10日,时任国家体改委党组书记安志文题词:

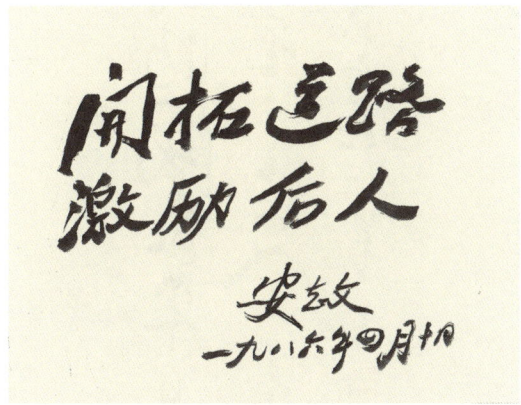

1986年5月12日,时任中共中央党史资料征集委员会主任冯文彬等题词:

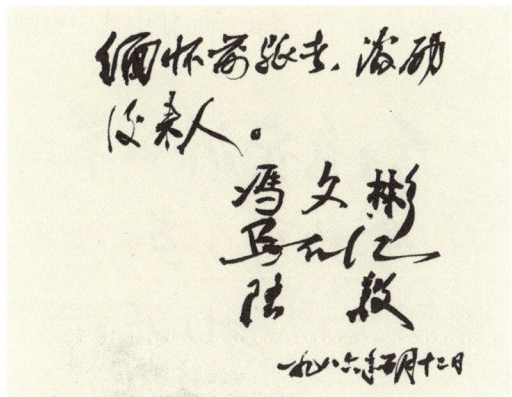

1986年7月11日,时任中共中央书记处书记邓力群题词:

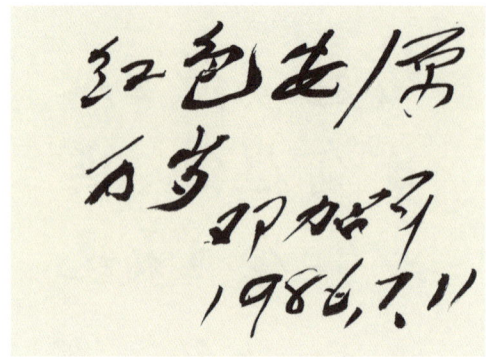

1986年8月24日,时任中共中央顾问委员会常务委员萧克上将题词:

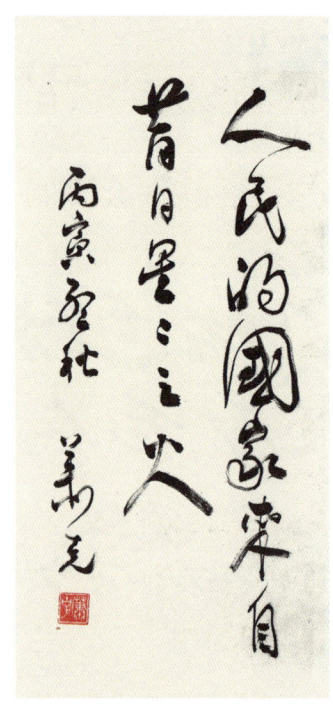

1986年11月10日,新中国海关总署首任署长、时任中共中央顾问委员会委员孔原题词:

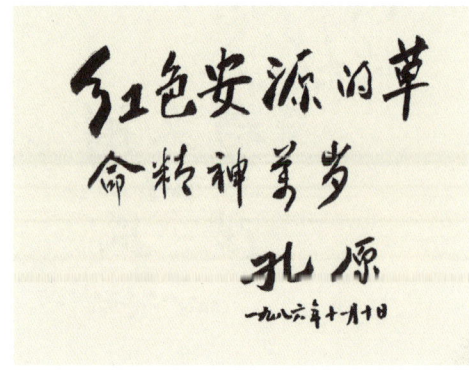

1987年6月,最高人民法院原院长江华题词:

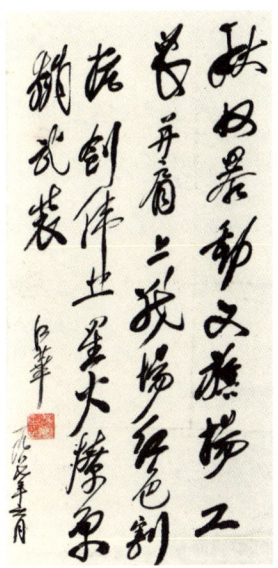

1987年12月17日,原安源工人、解放军铁道兵原副司令员罗华生少将题词:

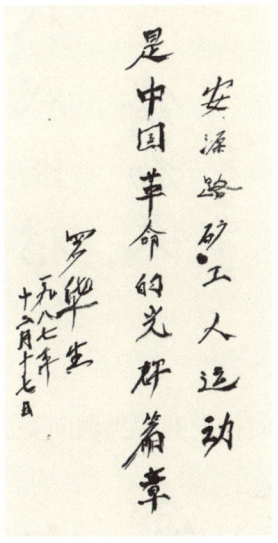

1988年4月2日,时任中共中央顾问委员会常委余秋里中将题词:

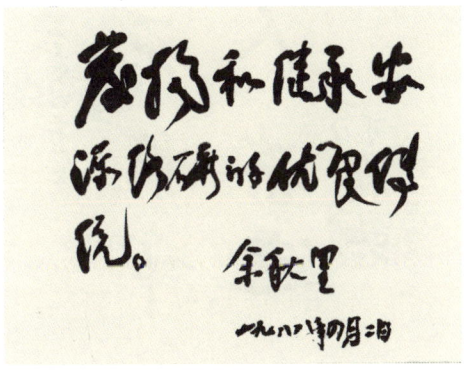

1988年12月6日,时任全国人大常委会副委员长、中华全国总工会主席倪志福题词:

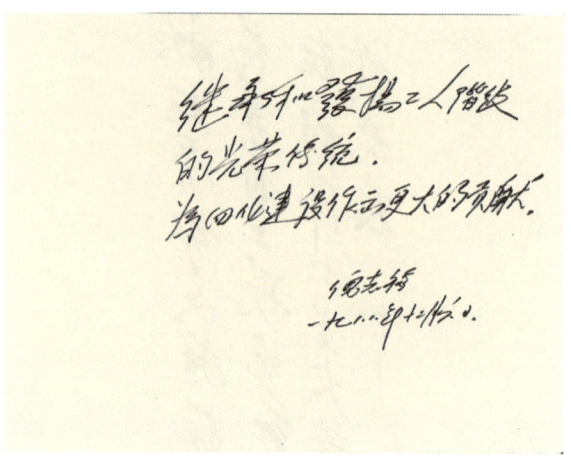

1990年11月1日,原国务委员张劲夫题词:

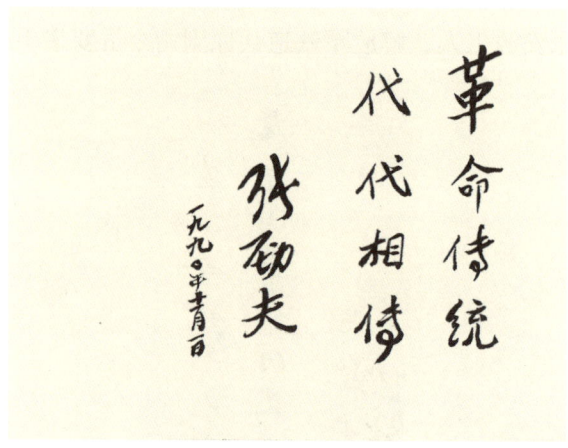

1992年6月15日,原安源工人、时任中共中央顾问委员会常务委员杨得志上将题词:

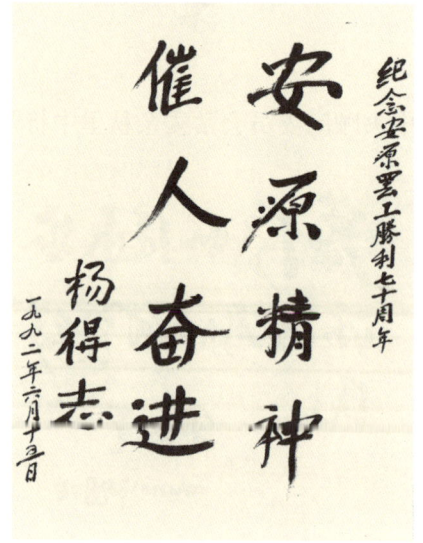

1992年6月18日,李立三夫人李莎题词:

安源路矿工人大罢工是中国工人运动史上的里程碑,它指出了中国新民主主义革命时期工人运动的正确方向和发展途径。安源工人阶级作出了坚定不移的意志和斗争勇气的示范。安源工人的光荣传统应一代一代相传,促进有中国特色的社会主义建设胜利前进。

李莎<br/>1992年6月18日

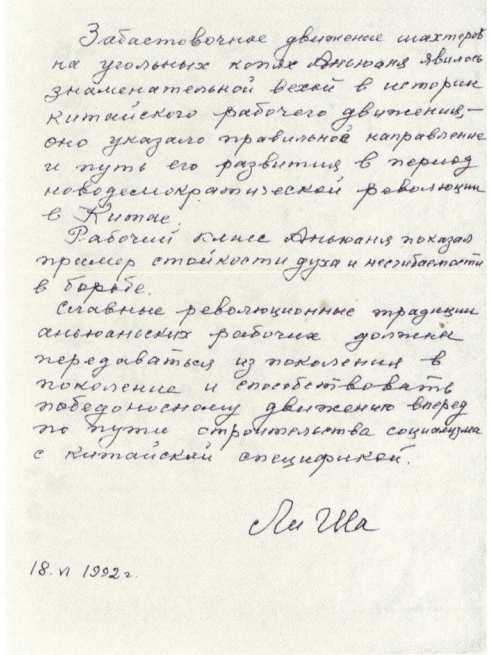

1992年7月,时任中共江西省委书记毛致用题词:

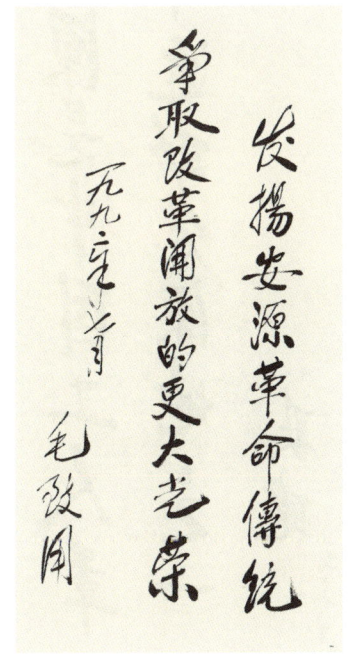

1992年7月8日，原安源路矿工人消费合作社总经理、全国政协原常务委员会委员易礼容题词：

纪念安源路矿工人大罢工胜利70周年题词：

一九二二年九月，安源路矿工人罢工大胜利，不仅震动了安源煤矿和株萍铁路，还震动了湖南各地、湖北大冶铁矿和汉阳枪炮厂，以及汉冶萍总公司上海机构。革命作用和革命影响很大！

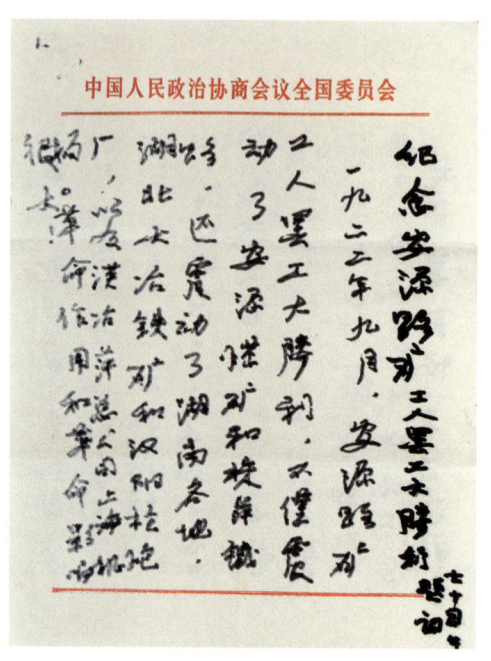

1992年8月1日，中共中央原顾问委员会常务委员耿飚题词：

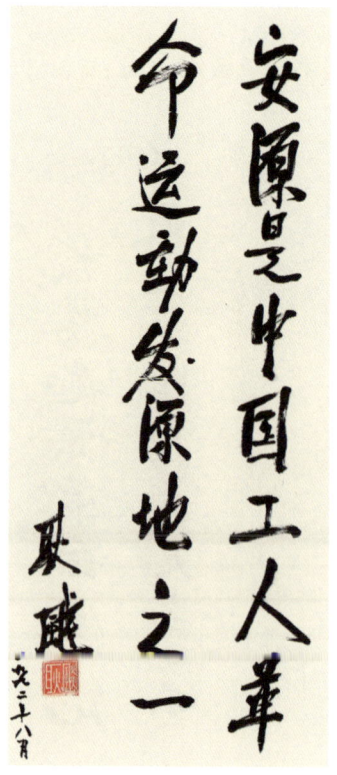

1992年11月5日,解放军总后勤部原副政委李真题词:

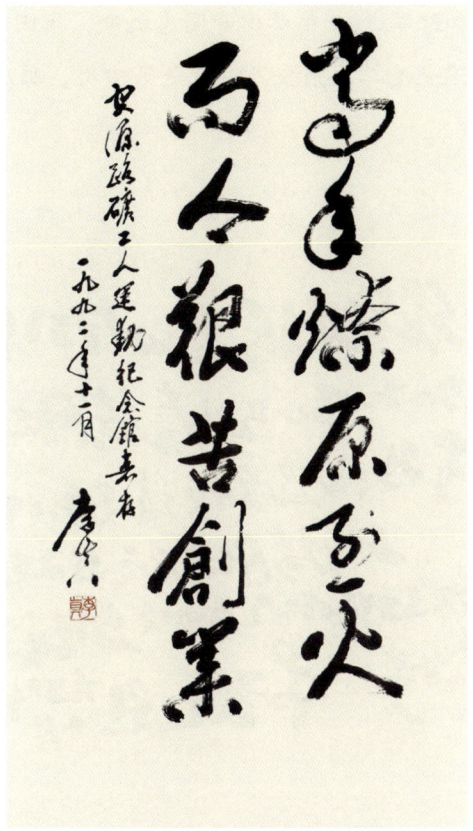

1994年7月14日,时任南京军区副司令员刘伦贤中将题词:

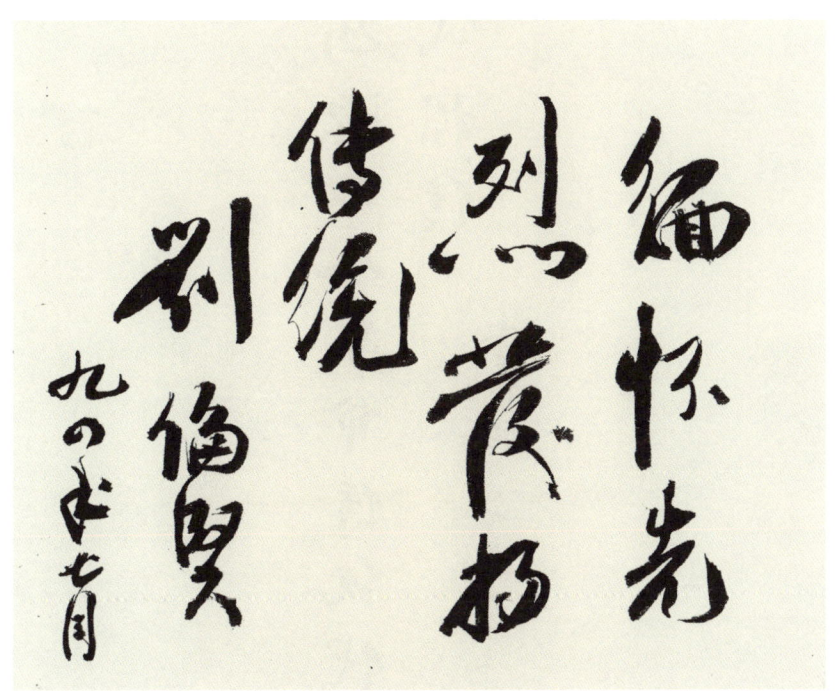

1994年11月,原安源工人、湖南省政协原副主席袁学之题词:

我是安源生的,1930年参加红军,38年奉少奇同志之命,我回安源恢复党和工会。

80年少奇同志平反后,与王光美二次来安源,就是第四次,每次展览有进步。

袁学之题<br>一九九四年十一月

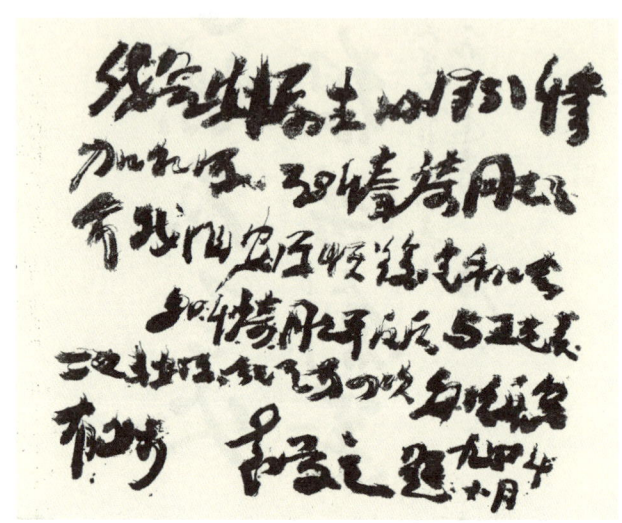

1995年6月8日,时任全国人大常委会副委员长李锡铭题词:

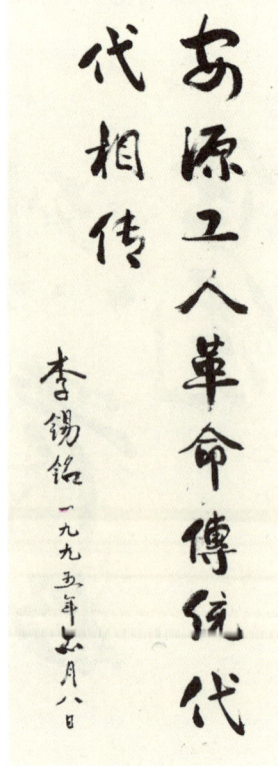

1995 年 12 月，时任铁道部部长韩杼滨题词：

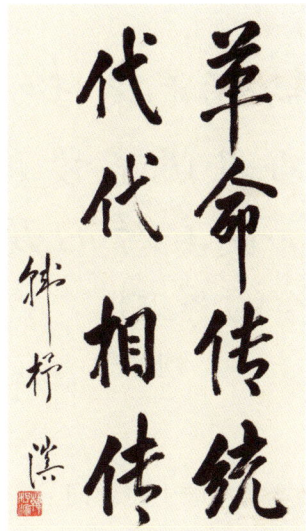

1999 年初夏，全国政协原常务委员会委员张太恒上将题词：

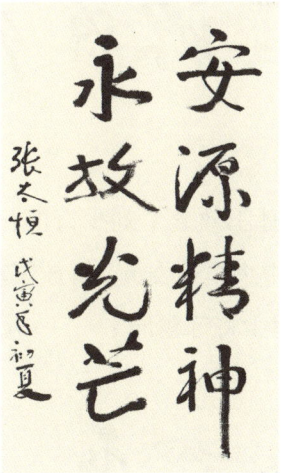

2002 年 7 月，时任上海市人大常委会副主任刘伦贤中将题词：

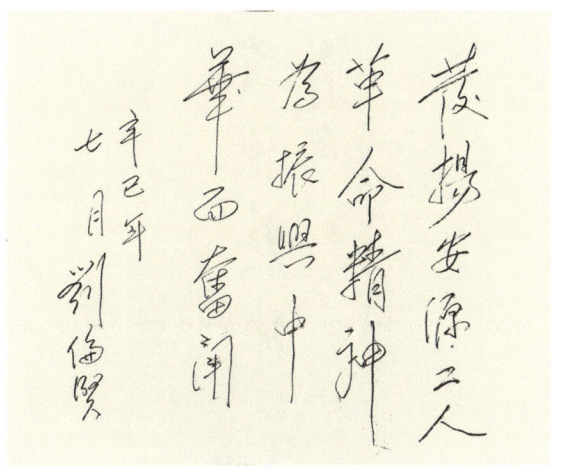

2003年4月3日，原国家教委副主任、国家总督学、第十届全国人大常委会委员柳斌题词：

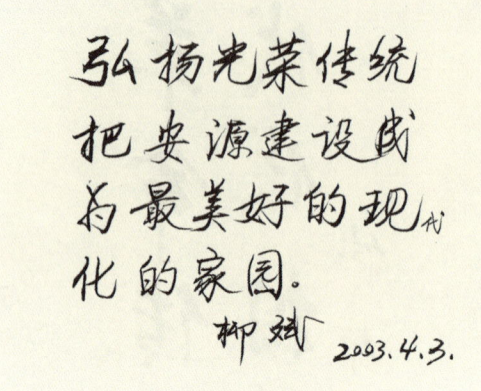

2007年4月25日，原南京军区政委方祖岐上将题词：

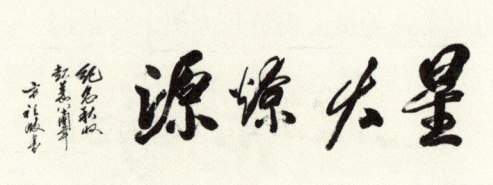

2008年11月29日，毛泽东的外孙王效芝；刘少奇的长女，原中国人民警官大学外语系俄语专业副教授刘爱琴；刘少奇之子，时任中央军委委员、解放军军事科学院政委刘源中将；朱德的外孙，中国人民解放军装备学院原副院长刘建少将等题词：

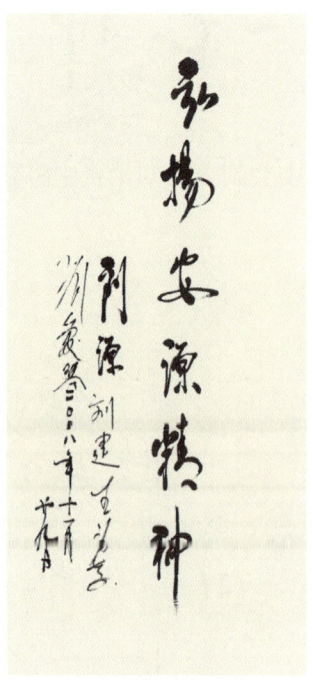

2009年8月12日，孔原之子、时任中信集团董事长孔丹题词：

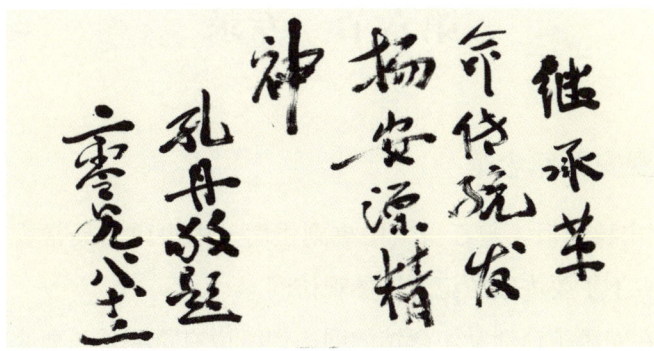

2010年10月16日，油画《毛主席去安源》作者刘春华题词：

2011年10月18日，毛泽东之女李讷题词：

# 第六节 专录

## 一、陈云同志参观安源纪念馆

1971年9月，正值中秋前后。曾任中共中央副主席、中央政治局常委、国务院副总理的陈云在萍乡考察调研，当然少不了要去安源纪念馆参观访问。

9月18日，毛主席在安源革命活动纪念馆的同志们听说有重要首长要来馆视察工作，万分高兴，早早就在馆门前等候。大家正在猜测：这位"一级保卫"接待规格的首长究竟是谁呢？上午9时许，两辆伏尔加小轿车缓缓驶入安源纪念馆广场，停在陈列大楼门前。黑色小轿车车门开了，出现在大家面前的是一位面带笑容、白发苍苍的老人。出于保密考虑，陪同人员未向纪念馆同志作任何介绍。但是，曾在北京中国人民大学学习和工作过的安源纪念馆资料组组长刘善文一眼就认出了眼前这位老人就是陈云同志。

陈云步履轻快地走进展览厅第一室——"安源工人的苦难和自发斗争"，静静地听着讲解员解说。当讲到民族矛盾和阶级矛盾在安源表现很突出时，他点头表示赞同。当讲到旧安源煤矿简直像一座人间地狱，工人过着牛马不如的生活时，他深沉地叹着长气。当讲到工人在经济上怎样受剥削时，他紧锁双眉，似乎心里还在算着什么细账——原来他敏锐的目光早已发现了版面上一段引人注目的文字。他抬起头，凑近陈列版面，仔细地看了起来。他用手指着文字说明，回头询问他女儿："你知道一吊钱是多少吗？"女儿听到问话后，忙上前一步，又认真地看了看父亲指着的文字说明，显出疑惑不解的神情。陈云瞅了女儿一眼，说："一吊钱就是一百文钱，当时一吊钱能买一斗米。旧社会工人卖掉一个儿子才得到一吊钱，多惨啊！千万不要忘记过去。"陈云的话不仅是对他女儿的教诲，也是对年轻一代的谆谆教诲。

陈云看完陈列馆以后，又兴致勃勃地参观了安源煤矿井口总平巷、安源工人夜校、路矿工人俱乐部和秋收起义军事会议召开地等革命旧址。

安源八十间房子旧址，既是当年中共安源地委办公的地方，又是1930年9月毛泽东、朱德率领红一方面军来安源的住处。当他看到厅堂里陈列着当年红军用过的干粮袋、雨伞、文件、行李箱等文物时，饶有兴趣地指着那个铁质的行李箱说："我们以前打仗行军时，到哪都是这样的一担。"他说完走上前，伸手将挂在墙上的干粮袋取下，利索地往脖子上一套，敏捷熟练地把干粮袋挎到了身上，然后把油纸雨伞夹在腋下，又挺挺身子，笑嘻嘻地对在场的同志们说："我们当年行军就是这样。"他边说边示范着行军、扛枪、背行李的动作。经过他这么一表演，活生生地再现了当年红军艰苦行军的情景，引得人家开心地笑了。

陈云同志在安源纪念馆虽然只逗留了半天时间，但他谈笑风生的形象一直在大家脑海中萦绕。

## 二、王震同志参观安源纪念馆

1973年4月，已是仲春时节。温暖的阵阵春风把浓郁的花香吹进了安源牛形岭，小喜鹊发出清脆的喳喳叫声，像是为安源纪念馆报喜来了。这天，中共中央委员、国家农垦部长、后任国家副主席的王震同志率中央五七干校干部及其子女到安源体验生活。

王震同志是湖南浏阳人，1908年4月11日出生在一个贫苦的农民家庭。他是一位叱咤风云、战功卓著的战将。他1924年参加革命，1927年1月加入中国共产主义青年团，同年5月转为中国共产党，1955年被授予上将军衔。在中国革命的各个时期都显示了他的政治敏锐性和革命坚定性。

安源纪念馆接到王震同志来馆视察工作的通知，全馆职工脸上都露出了笑容。安源纪念馆革命委员会副主任漆继生以及该馆接待组的同志早早就在馆前迎候。

上午9时左右，一辆黄色大巴车缓缓驶进了安源纪念馆中广场。首先大家以为王震同志是位军人，一定很威严。可是他一下车，大家见到的是一位衣着朴素、满脸笑容、举止随和的老人，活脱脱像个普通的农村老大爷，毫无官架子，显得格外亲切。本来接待组的同志安排要用小车把他送至上广场的安源纪念馆大门口，但他硬是不肯，在中广场下车后，迈着矫健的步子，沿着水泥踏步拾级而上。虽说当时他已年近古稀，但由于有历经战争磨砺过的硬朗身板，136级水泥阶梯都被他征服了！他精神抖擞，脸上挂满微笑。

接着，王震同志在中共中央委员、萍乡市委副书记潘世告以及萍乡矿务局、安源纪念馆革委会负责同志陪同下，饶有兴趣地参观安源纪念馆。讲解员姚地莎为他讲解。他端坐在方形小木凳上，认真地听着，不时点点头，不时站起来凑近陈列版面细看，似乎在沉思着什么……

看完展厅后，王震同志来到贵宾休息室与安源纪念馆的同志们座谈。他一边喝茶，一边谈笑风生地回忆起20年代在安源的往事。他说："我当时是粤汉铁路的工人，毛主席在安源开展工人运动期间，我曾经常开着火车到安源拉煤，住在老后街一带的小饭店里。所以我对安源工人俱乐部比较熟悉，对安源工人运动也很了解。"

## 三、王光美同志首次安源之行

自从1925年春离开安源，刘少奇一直未回过安源，在他的心底，始终揣着一个魂牵梦萦的愿望，那就是："要专门去安源一次，看望安源的同志们，参观矿井的建设，了解老工人生活得如何，夜校是否还继续办……"据王光美回忆："在日常接触中，经常会感觉到他不管工作多忙，也会经常想到安源，想到萍乡。"

但是，1969年11月，刘少奇不幸匆匆离世！他的夙愿只好由夫人王光美和他的儿女们为他实现。

1983年12月，王光美偕同女儿刘爱琴、儿子刘源，载着刘少奇对安源工人的牵挂，风尘仆仆专程来到刘少奇久久依恋的中国工人运动策源地——安源。

7日早上，乳白色的晓雾在山间浮动，微风显得格外温柔，冬阳也露出了和煦的笑脸。

上午9时许，三辆黑色小轿车，轻盈地驶入安源路矿工人运动纪念馆上广场。车刚停稳，车内出来一个中等个子的女同志，她身材苗条，满脸慈祥，和蔼可亲，身穿藏青色旧呢大衣，脚穿灯芯绒圆口布鞋。早早迎候在馆前的安源纪念馆的同志们一眼就认出，是刘少奇的夫人王光美，大家情不自禁地热烈鼓掌欢迎。

王光美和同志们一一亲切握手后，由中共萍乡市委副书记吴怀亮陪同步入纪念馆陈列大厅。纪念馆负责人杨桂香一边引导前进，一边介绍展出内容。王光美一边听，一边看，一会儿凑近陈列版面认真仔细地看着文字、照片，一会儿低下头入神地端详着文物柜里的文物，一会儿又似乎在思考着什么，还不时向陪同人员提出一些与陈列内容相关的问题。原打算半个小时看完陈列馆，结果不知不觉看了一个小时。王光美深有感触地说："安源工人运动确实了不起，1923年二七惨案后，全国的工人运动暂时转入了低潮，安源工人运动却逐步地走向了高潮，创造了硕果仅存的奇迹，我记得好像说安源当时被称为'中国的小莫斯科'，对吗？""是的，是的，大姐的记忆力真好！"杨桂香连忙答道。王光美接着又说："经过斗争的洗礼，安源还培养了一大批人才。"王光美离开陈列馆，兴致勃勃地去参观旧居旧址。

在中共萍乡市委书记刘冠卿、副书记吴怀亮陪同下，王光美一行来到安源路矿工人大罢工谈判处旧址。

谈判处旧址是反映安源工人斗争史实的历史见证，20世纪20年代是萍乡煤矿局办公大楼，当年被称为"公务总汇"。1922年9月14日，在刘少奇、李立三的领导下，1.3万多安源路矿工人举行了震撼全国的大罢工。16日，刘少奇作为俱乐部全权代表，在这里与反动的路矿当局进行谈判，挫败了敌人的阴谋。几十年来，每当看见这幢房子，人们便会想起"一身是胆"的刘代表。

王光美来到谈判室，特意在刘少奇当时谈判时坐过的椅子上坐了下来，用手轻轻地抚摸着桌椅，沉思片刻后说："在当时非常险恶的情况下，少奇只身进入虎穴谈判，而能安然返回，是工人保护了他。因为工人在外面呼喊，要求刘代表每隔十分钟出来见一次面，所以敌人无法下手。"

今天集聚在外面的群众，也盼望着与王光美见面。王光美来到阳台上，即当年刘少奇在谈判室每隔十分钟出来和工人见面的地方，扶着栏杆，向大家招手致意。大家情不自禁地鼓起掌来，有的把头上帽子举起来致意。

此时此刻，楼上楼下融为一体，激动的心潮像大海的波涛一浪接着一浪。王光美激动而哽咽地一再说："谢谢！谢谢！谢谢同志们对少奇的怀念！"

此情此景，使在场的几位记者也呆呆地站着，仿佛忘了自己手中捧着的相机是干什么的！职业的理智与敏感，又终使他们很快醒悟过来，拍下了这感人的画面。

刘少奇1951年给安源镇工会的信中写道："我曾在安源工作过三年，安源的许多事，至今我还记忆得很清楚，俱乐部的大会场还是我经手修建的。"这里说的"大会场"就是安源路矿工人俱乐部讲演厅，坐落在安源半边街广场。俱乐部讲演厅是罢工胜利后，在刘少奇亲自主持下，于1923年10月动工兴建，1924年5月1日竣工的。这是全国第一个由工人自己设计、自己捐资、自己修建的工会大厦，是毛泽东、刘少奇宣传革命道理，启发工人觉悟的场所，也是工人开展各项斗争的活动中心，现在是全国重点文物保护单位。

王光美来到俱乐部旧址，先是在大楼前深情地站立片刻，仔细地端详楼房的全貌，然后自言自语地说："这楼房确实建得不错！"接着侧过头来问身旁的杨桂香："这大门两边的对联是当时的吗？"

"是的，这是刘少奇同志亲自制定的俱乐部的宗旨，上联是'联络感情，涵养德性'，下联是'互相帮助，共谋幸福'。这也是一种斗争策略，可以广泛地团结一切可以团结的力量。"

王光美又将对联字斟句酌地念了一遍，才迈步进入俱乐部前厅。迎面矗立在厅中央的是一尊古铜色的刘少奇半身雕像，塑像的背景是用一首当年的俱乐部部歌衬托。这一有机的组合，显得很有特色。杨桂香在一旁介绍："据老工人回忆，少奇同志曾亲自撰写了部歌的歌词，亲自教唱了这首部歌。"王光美痴痴地站在那里纹丝不动，浸渍在往事的回忆里。刘源凑上前瞅着部歌，似乎在轻轻地哼着部歌的曲子。杨桂香灵机一动，索性大声唱起来："创造世界一切的，惟我劳工；被人侮辱压迫的，惟我劳工。世界兮我们当创造，压迫兮我们须解除。造世界兮除压迫，团结我劳工。"歌声刚落，王光美兴奋地说："这首部歌很好听，坚强有力。"说完即缓缓步入俱乐部讲演大厅。此时厅内灯光通明闪亮，与室外的阳光交相辉映，更显美丽动人。

王光美兴致勃勃地询问俱乐部的建筑与保护情况。杨桂香一边指点，一边介绍："这座大厅是仿照莫斯科大剧院的样式建造的，三层重檐顶，三面包厢，但又有中国的风格，楼顶内呈八角形。据老工人回忆，少奇同志亲自参加过大楼的建筑设计和建筑事务。厅内的几根大木柱子，还是少奇同志亲自到湖南买回来的。""是哪几根柱子？"王光美忙问。杨桂香走到柱子前用手扶着柱子说："就是这些柱子。"王光美点了点头。然后，杨桂香接着介绍："大厅建成后，少奇同志就住在楼上，常常在这个讲台上演讲，还演过戏……"刘源听了介绍，赶紧拿起相机，咔嚓咔嚓，郑重地拍了厅内具有特别意义的实景。王光美慢步走到木柱子前，用手轻轻地抚摸，脸庞轻轻地贴近木柱。朴实无华的屋柱注入了刘少奇的辛劳与汗水，深深地烙上了刘少奇在安源难忘的岁月。她还走到一排木凳子的中间，像当年工人聆听刘少奇演讲那样舒眉仰首地坐在那里，双目凝望着演讲台。王光美深沉地踏着板梯上楼，进入刘少奇的卧室，说："呵，当年少奇同志就住在这里？"说完，慢慢地挪动脚步，仔细地端详刘少奇曾经挂过的蚊帐、盖过的棉被、睡过的木板床。转过身来，她又仔细地打量刘少奇办公用过的桌椅。这房里的每件东西，她以前从未见过，却是那样的熟悉和亲切。刘爱琴静静地在床上坐下，然后依恋地躺了一会儿。

王光美带着绵绵情思，在俱乐部门口和陪同人员及纪念馆的部分工作人员合影留念。

看护俱乐部旧址的工人黄包生的儿子黄建华恰好这天结婚。旧址厢房门框上贴的对联和"喜"字吸引了王光美。她执意要进去看看，恭贺新婚。新娘新郎大出意外，不知所措。

王光美和新娘新郎握手，亲切地祝福道："祝你们新婚美满，全家幸福！"接着又平易谦和地和他们攀谈。

"你们结婚做了酒吗？"

"没有做酒，我们的婚事办得很简单。"黄建华用不大流利的普通话回答。

"这样好，新事新办。"王光美用赞扬的口气说，接着又问："你们都是干什么工作的？"

"我们全家都是普通的工人，爸爸是木工，我也是木工，妈妈是炊事员，我爱人小袁也是工人。"黄建华回答道。

"你们家的生活过得怎么样？"

"生活还是过得不错，因为爸爸的木工手艺不错，另外我们都有工资收入。"

"那就好！那就好！"王光美一手高兴地轻抚着新娘的头发，一手拍拍新郎的肩膀。王光美的平易与慈祥，使两位普通工人变得轻松活跃起来。新郎麻利地端起果盘，请王光美等客人吃喜糖、吃果子，腼腆的新娘急忙递上热气腾腾的茶水。满屋亲情，满屋甜蜜。

王光美左手拉着新郎，右手拽着新娘，对摄影师说："来给我们合影一张。"新郎新娘做梦也没想到国家主席夫人会跟普通百姓合影留念，一时感动得热泪盈眶。第二天，王光美委托陪同人员，给新郎新娘送去一本1984年的"恭贺新禧"挂历，作为恭贺新婚的礼物。封面上有"王光美赠"的亲笔题签。

王光美一行参观了牛角坡俱乐部旧址后，已经快11点了，太阳露出了笑脸，给安源寒冬的大地带来了几分春天的暖意。途经安源幼儿园时，园内传出了朗朗的儿歌念读声和甜蜜的稚童嬉闹声。王光美精神振奋而饶有兴趣地用手指向幼儿园问："前面是不是一所幼儿园？"

"是的，是安源镇幼儿园。"在一旁的杨桂香马上回答。

"我们进去看看怎么样？"王光美用征询的口吻说。这是计划中没有安排的参观内容，王光美提出来，吴怀亮马上心领神会："昔日少奇同志在安源创办了七所工人子弟学校，白天让工人的子弟上学读书，晚上让工人上夜校学习文化，接受革命的道理。今日，王光美来到安源还愿，能不去幼儿园看看孩子们吗？"他毫不犹豫地表态："那咱们就去看看吧。"大家穿过小巷进入了幼儿园。

穿着各色鲜艳衣裳、活泼可爱的孩子们，面对突如其来的陌生客人不知所措，只是惊奇地呆看着。经教师介绍指教后，几十双水汪汪的小眼睛都转向了这位慈祥可亲的奶奶，高兴的连连齐呼："王奶奶好！王奶奶好！"接着，孩子们像快乐的小白鸽，在《没有共产党就没有新中国》乐曲声中翩翩起舞。王光美一边无比喜悦地和唱着，一边打着节拍。她弯下腰，用手捧着孩子们苹果似的小脸，鼓励说："好好学习，长大当矿工。"在陪同人员的催促下，在孩子们的欢笑声中，王光美挥手依依告别。孩子们恋恋不舍地喊着："王奶奶再见！王奶奶再见！王奶奶再见！"王光美不断地回头，不停地挥手。她似乎把心化在了幼儿园，把爱融进了幼儿们的心里。因为这些孩子们是煤城的希望、安源的未来，是安源革命传统的延续和发扬光大的希望之所在。

8日上午，王光美一行到安源煤矿八方井44号，参观毛泽东1921年秋来安源的住处，并看望老工人邓佑满。见到邓佑满，王光美便满脸笑容，热情地伸出双手说："邓老，我代表少奇来看望您了！"

邓佑满高兴地回答："我们也盼望已久了，今天终于见到了您，真是三生有幸啊！谢谢！"

两人一见如故，格外亲切地进行交谈。王光美问邓佑满说："您今年高寿？"

邓佑满忙说："我已经80岁了，我14岁就在矿上做童工，参加了安源路矿工人大罢工和秋收起义。大罢工以后，我是俱乐部的十代表和青年部的委员。……我现在生活和身体都很好。"王光美一边听，一边满意地点头，微笑着说："祝您健康长寿，晚年幸福！"

邓佑满深情而激动地说："当年少奇同志在安源和我们在一起时，非常关心我们，和我们心贴心，他为我们工人是吃了苦的啊！今天您又在百忙之中特意代表少奇同志来看望我们这些普通老百姓，确实使我们万分感动！"

第二天，王光美一行来到位于高坑的萍矿敬老院，一到敬老院门口，早已迎候在厅堂的老工人报以热烈的掌声，亲昵地拥向王光美。王光美站在他们中间，从容地向大家挥手致意，并深情地说："我代表少奇同志看望你们，向大家问好！"说完，和老同志们一一握手问候。在场的老工人个个热泪盈眶，连声道谢。

这时，王光美让老工人们都坐下来，和他们促膝交谈。当她问到老工人谭福生时，谭福生说："我从小就在萍矿，受尽了资本家的剥削与压迫，是少奇同志领导我们与资本家斗，进行罢工，并取得了胜利，我们这些炭古佬，就扬眉吐气了。正是那次罢工，少奇同志一身是胆的故事，深深地印在了安源工人的心田里，至今我们还记忆犹新。后来我在党的领导下，又参加了秋收起义，加入了中国工农红军，长征北上抗日时，我与王首道等人留在后方打游击。"说着，伸出了他那饱经风霜的手，用一个手指抠进了他自己的一个假眼睛里，情绪激昂地说："你们看，我的这个眼睛连眼珠都没有了，里头是空的，我就是因为受伤后又生病才离开了部队。"

王光美听着，听着，眼睛湿润了，忙关切地说："您辛苦了！"在座的人都流下了泪水。

王光美站立起来问道："你们现在在这里过得怎么样？"

一位老人抢先回答："谢谢，我们现在一切都蛮好！"

谭福生又兴奋地拉大嗓门说："现在党和政府把我们安排在这里，安享晚年，今天您又代表少奇同志来看望我们，我们从心底感激党和政府，也深深地感谢您！"这时陪同的同志提醒王光美："大姐，走吧，时间不早了，咱们还要去看看萍矿疗养院。"在一种话犹尽情未了的亲情中，王光美恋恋不舍地告别老工人，来到了萍矿疗养院，和疗养院的工人促膝谈心，并亲口尝了工人们吃的饭菜。

刘少奇生前将烈士和烈士的后代常系于心中。他曾在给安源镇工会的信中写道："过去的许多革命同志，如黄静源、周怀德、谢怀德、刘昌炎等烈士，我记得他们很清楚。应该在安源建立一个纪念碑，并举行追悼会，以纪念安源一切死难的烈士们。"这是一份多么浓烈的亲情啊！

王光美带着这份深深的亲情，一来到安源就瞻仰黄静源烈士纪念碑及其在安源的住处；一到萍乡就迫不及待地打听朱少连烈士女儿朱子金的情况，询问当年萍矿洋炉炼焦处工人总代表袁品高的儿子袁白成近况，并说要亲自去看望他们。

朱子金闻讯来到宾馆，遵照领导安排，全程陪同王光美一行。

见到王光美，朱子金眼前立刻浮现出1957年11月13日见到刘少奇的情景。刘少奇曾亲口答应过她,要来安源看看,并在她的笔记本上写下如何解决救济老工人困难的指示。如今老工人的困难已逐步得到了解决,而敬爱的刘主席却永远不能来了!想到这里,她的泪水像断了线的珠子滚落下来,颤抖的双手紧紧握住王光美的手,半晌说不出一句话来。

王光美像慈母抚摸自己的孩子一样轻抚朱子金的后脑,安慰她说:"好了,现在一切都好了!"接着又关切地问:

"你现在干什么工作呀?"

"我在安源矿小任党支部书记兼校长。"

"你现在家里生活过得怎么样?"

"谢谢大姐!我们生活过得很好,爱人在新华书店工作,儿子从事文艺创作……"朱子金高兴地回答。

在安源参观过程中,朱子金虽已近50岁的人了,但王光美却像关照自己的小孩一样,总是让她贴近自己站着,还不时用手拉拉朱子金,吃饭时不时往朱子金碗里夹菜。她尽量把刘少奇对烈士和烈士后代的爱,全部融化在朱子金的身上。

参观八方井44号时,袁品高的儿子袁自成闻讯赶到。一见面,王光美就认出了小袁,因为1981年王光美在办公室曾亲切会见过他。所以没等袁自成开口,王光美亲昵地打招呼:

"小袁,你来了,不是说你出差了吗?"

"是的,我特意赶回来与您见面。"袁自成激动地说。王光美与他亲切交谈。袁自成陪同王光美一块到高坑工人疗养院和工人敬老院等地访问。

事后,袁自成感慨万千地说:"王光美暖如春风、爱如慈母的品格,就是当年少奇同志关心工人、爱护工人、爱民如子的革命风范的再现。"

时间无情,如水逝去,不知不觉两天就要过去了。当王光美一行要离开安源的时候,工人群众都不约而同地赶来送行。黑压压的人群,形成了一堵一堵的人墙,致使汽车一时不能开动。王光美微笑地下车步行,一边频频向大家挥手告别,一边激动地说:"谢谢,谢谢大家!请回吧,甭送了!"

王光美用力地握了握几位老工人的手,毅然转身上车,打开车窗,将手伸出窗外不停挥动,两眼含着泪水,怀着依依惜别的心情离开安源。工人目送远去的轿车,直到小车的影子隐没在茫茫的冬雾里,一点也看不见了,仍伫立在原处,瞪大眼睛望着小车消失的地方,许久许久才慢慢地挪动脚步。

安源工人与刘少奇的这份浓厚的情缘像源远流长的江河之水,永远也没有尽头。

**四、倪志福同志参观安源纪念馆**

1988年12月,全国人大常委会副委员长、全国总工会主席倪志福,在湖南参观了毛泽东的故乡韶山和刘少奇的故乡花明楼之后,随即沿湘赣公路追寻这两位伟大无产阶级革命家当年的足迹,来到了著名的中国工人运动的策源地——安源。

第四章　参观瞻仰

12月6日是个万里无云的晴天。虽然已是冬季，却依然暖和。安源山苍松翠柏，一片葱郁。高大的安源路矿工人运动纪念馆陈列大楼屹立在山腰中间，显得格外壮观。

上午9时许，倪志福由中共江西省委书记毛致用，萍乡市委副书记、代市长孙用和等同志陪同，从萍乡城首先来到安源。

站在陈列大楼前面的广场上，居高远眺，只见鳞次栉比的厂房、剧院、商店、学校，以及川流不息的汽车尽收眼底，十里矿区就像一幅宽阔而美丽的画卷。倪志福面对这生机盎然的景象，心里特别高兴。他感受到这座在中国近现代史上享有盛誉的老矿区，如今正在改革开放的大潮中焕发着青春。

在陈列大楼的大门前，安源纪念馆馆长杨桂香立即迎上前与倪志福热情握手，并对他说："欢迎首长来安源纪念馆指导工作。"倪志福爽朗地笑着说："我们到这里参观学习来了！"

他站在大门口，抬起头，久久凝望着挂在大门上面的"安源路矿工人运动纪念馆"横匾。杨桂香连忙介绍说："这是1984年8月31日由邓小平同志亲笔题写的。"倪志福微笑着点点头。

走进纪念馆，倪志福一边仔细观看各种图片、照片、文物，一边认真地听讲解员的介绍。当讲解员讲述安源工人的苦难生活和早期斗争，特别是听了当年流传的"少年进炭棚，老来背竹筒，病了赶你走，死了不如狗"等歌谣时，倪志福说："那时，安源工人的生活真苦。"当介绍到安源党组织和工人俱乐部的建立，讲述到毛泽东1921年秋来安源考察时，他弯下身子，仔细地观看了文物柜中毛泽东当年下矿井时使用过的矿灯。

当介绍到李立三创办工人夜校、在工人中发展党员、建立中国产业工人中第一个党支部——安源路矿支部、朱少连是我党最早的工人出身的中央委员时，倪志福说："这都是中国工人中最早的了。"

倪志福认真地观看了李立三、刘少奇领导一万余路矿工人大罢工，舌战资本家和反动军阀，取得完全胜利的图片和照片。观看时，他不住地点头，流露出对老一辈无产阶级革命家的敬佩之情。

来到陈潭秋烈士照片前，倪志福站了很久。他对烈士在安源创作的《五一纪念歌》很感兴趣，一字一句地轻声念着："五一节，真壮烈，世界劳工大团结。发起芝加哥，响应遍各国。西欧东亚与美洲，年年溅满劳工血。不达成功誓不休，望大家齐努力，切莫辜负五一节。"他又说："这首诗，非常通俗易懂。"

当他看到1926年9月北伐军中的安源工人在江西新余活捉和处决了安源矿总监工王鸿卿，工人们写的一副对联时，很感兴趣。对联的上联是"在安源横行一世"，下联是"在安源连中三元（即三颗子弹）"。倪志福称赞说："这副对联写得好，写得好！"

参观完陈列大楼，倪志福和毛致用等领导都称赞整个展览内容生动，形象地反映了在党的领导下，安源工人团结、斗争并取得胜利的光辉历史。倪志福在留言簿上写道："继承和发扬工人阶级的优良传统，为四化建设作出更大的贡献。"杨桂香馆长代表安源纪念馆向倪志福赠送了《安源路矿工人罢工胜利六十周年纪念画册》。他接过画册说："我要拿回去好好看看。"

接着，倪志福瞻仰了毛泽东、刘少奇、李立三等老一辈革命家的故居，安源矿工和红军曾经战斗和生活过的旧址；瞻仰了萍乡革命烈士纪念馆，刘少奇一身是胆、舌战资本家的谈判大楼，表达了对老一辈革命家无限崇敬的深厚感情。

之后他又来到安源煤矿，与干部、工人和劳动模范亲切见面和交谈。一方面赞扬安源是中国工人运动的策源地，安源工人为中国革命和建设做出了贡献；一方面勉励他们努力继承和发扬光荣革命传统。同时，他对安源工人的生产、生活极为关注。他问安源煤矿矿长杨云华："当年参加过罢工斗争的老工人健在的还有多少？"杨矿长回答："还有三人。"倪志福听后，一再叮嘱："一定要好好关心和照顾好这些健在的老工人。"

当倪志福了解到现在煤矿工人劳动强度大，工资偏低，有些矿工找不到老婆时，倪志福说："要关心煤矿工人，特别是煤矿工人找不到老婆，这个问题要引起大家关心重视。我以前呼吁不少，今后还要继续呼吁。要广泛宣传煤矿工人的贡献，为煤矿工人牵线搭桥。工会、妇联、共青团要当好'红娘'。"他还对解决家在农村的矿工家属户口问题，以及建造安源煤矿工人俱乐部等问题非常关心，要求有关部门积极帮助解决。在安源煤矿工会办公室里，倪志福看到室内正中挂着中华全国总工会授予安源矿工会"模范职工之家"的锦旗特别醒目，他指着锦旗笑着说："这是你们的光荣啊！"

当倪志福等同志和工人们握手道别时，他一再表示请向工作在生产第一线的全体工人同志们问好。汽车徐徐离开了安源，渐渐消失了，但倪志福对安源和安源工人的深情却永远留在人们的心里。

## 五、余秋里同志参观安源纪念馆

1988年仲春，安源牛形岭上苍翠的松柏树枝繁叶茂，绿荫匝地。小喜鹊喳喳地叫着，穿荫飞过，像是报喜事来了。

4月2日下午，一辆乳白色的面包车向安源驶来。在几辆小轿车护卫下，井然有序的小车队缓缓驶入安源路矿工人运动纪念馆上广场。从面包车上走下一位中等身材、身体壮实的老人。粗硬的头发上攒着几星白霜，两道浓浓的眉毛下，闪耀着一双炯炯有神的眼睛，脸庞上堆满了笑容。他就是时任中共中央顾问委员会常委的余秋里。他这次是专程来江西视察的。在江西省委副书记、省长吴官正，省顾问委员会主任赵增益以及萍乡市委书记王文才、市长方正平的陪同下，余秋里来到安源纪念馆参观。馆党支部书记李秀达、馆长杨桂香等同志参加接待。

余秋里是江西吉安人。1929年参加中国工农红军，同年加入中国共产主义青年团，1930年转为中共党员。从此，他在党的领导下，在中国新民主主义革命时期立下了汗马功劳，用他自己的话说是"一个九死一生的人"。他身经百战，在战斗中痛失左臂，被誉为"独臂将军"。新中国成立后，他曾任中国石油工业部部长、国务院副总理、中共中央书记处书记、中共中央军委副秘书长、解放军总政治部主任等职。1955年被授予中将军衔。

余秋里健步来到纪念馆大门口，久久凝视着邓小平题写的"安源路矿工人运动纪念馆"馆名，然后缓缓步入贵宾室稍事休息。讲解员给首长递上茶水后，杨桂香馆长简单介绍了安源纪念馆的历史沿革和安源路矿工人运动史的基本陈列内容。余秋里同志一边喝茶，一边听介绍，并不停地点头。

接着，余秋里进入展厅观看展览。他对展出的历史照片和文物等展览内容很感兴趣，不时凑近展版和文物柜俯看，并询问当时的情况。尤其是对毛泽东、刘少奇、李立三在安源从事革命活动的文照、文物看得更细致。当看到展厅第四单元陈列着1924年6月15日刘少奇与安源路矿工会工人学校教职员的合影时，他驻足在展版前凝视良久，似乎在回忆着什么。当他参观到最后一个单元，听说安源工人有5000多人参加红军时，他连声赞扬："了不起！安源工人对中国革命作出的贡献不可磨灭。"

参观结束后，他回到贵宾室休息了一会儿。纪念馆工作人员拿出事先准备好的题词本，杨桂香馆长双手接过来对余秋里说："请首长为我们安源纪念馆题个词作为留念吧。"余秋里拿起毛笔，欣然题写了"发扬和继承安源路矿的优良传统"十四个大字。大家报以热烈的掌声向首长表示感谢。

走出纪念馆大门，余秋里招呼纪念馆的工作人员和他一道合影留念，当时没有直接参加接待的同志有点害羞，还待在那里不动。余秋里一边招手，一边一个劲地叫："来呀！来呀！大家一块来合影呀！"于是大家站在余秋里和省、市领导的身后，摄影师拍下了这个难忘的瞬间。

接着，余秋里参观了毛泽东1921年来安源的旧居八方井44号、毛泽东考察过的矿井总平巷井口、刘少奇与路矿当局和戒严司令谈判的大楼公务总汇、部署湘赣边界秋收起义军事会议会址张家湾、安源路矿工人夜校旧址五福斋巷、安源路矿工人俱乐部旧址半边街、安源路矿工人消费合作社旧址老后街等革命遗址。一路上，他谈笑风生，连连称赞："你们的工作做得很不错，这么多的遗址，你们都保护得这么好，真不容易啊！""希望你们继续把这些革命文物保护好，让它更好地教育下一代。"最后，余秋里与安源纪念馆负责人和讲解员一一握手告别。作为一名高层领导，如此谦逊，如此和蔼可亲，给安源纪念馆的同志们留下了深刻的印象。大家至今仍记忆犹新。

### 六、曾庆红同志参观安源纪念馆

2004年10月18日上午，中共中央政治局常委、国家副主席曾庆红一行在省委书记孟建柱，省委副书记、省长黄智权，省委副书记王君，省委常委、省委组织部部长董君舒和萍乡市领导有关同志的陪同下，先后来到萍乡市高新技术工业园、秋收起义广场、安源世纪广场、安源路矿工人运动纪念馆等地，了解工业经济发展、城市建设情况以及人文历史。

上午10时35分，曾庆红参观安源路矿工人运动纪念馆。

曾庆红一下车便朝安源纪念馆走去，边走边说："我是第一次来安源，萍乡、安源当年的革命，为中国革命作出了重大贡献。"

当看到纪念馆门口悬挂的邓小平题词匾额时，曾庆红说："哦，邓小平写的。"

当看到第一单元"路矿规模"的版面时，曾庆红饶有兴趣地点点头，说："哪年开的矿呢？"听到讲解员介绍是1898年后，又自答："1898年。"看到1921年萍矿自制的水泵时，曾庆红驻足观看良久，说："水泵。"

当看到总平巷井口复原陈列时，曾庆红说："当年毛主席、刘少奇、李立三也从这里下过井。"

看到井下工人挖煤的雕塑群时，曾庆红说："这很好。"

看完第一单元在上楼梯时，曾庆红问彭云秋馆长："杨得志是安源工人，是湖南人吧？"彭答："是。"

走到《工农联盟歌》版面前，讲解员说"我来唱一遍"时，曾庆红高兴地说："好。"听后他带头鼓掌。

看到党旗和入党誓词时，曾庆红一字一句地念道："努力革命，遵守党纪，牺牲个人，永不叛党。"

当看到第一届安源路矿工人俱乐部全体职员合影时，曾庆红问："哪一位是刘少奇？"当讲解员说"是中间那位"时，曾庆红说："哦，是第几排中间那个？"讲解员答："第二排右起第六人。"

看到中共安源地委党校的照片时，曾庆红说："是哪一年？"讲解员答："1924年。"曾庆红说："哦，是1924年。"当讲解员介绍安源党校是中共最早的地方党校时，曾庆红说："中央党校最早是在瑞金。"他接着说："1923年北洋军阀吴佩孚镇压京汉铁路工人二七大罢工后，全国工人运动处于低潮，唯独安源，工运很蓬勃，硕果仅存。"稍停后又说："林育英、陈潭秋、贺昌、涂正楚都来安源工作过，陈潭秋是一大代表。"

当看到安源路矿工人俱乐部工人学校教职员合影时，曾庆红说："这个刘少奇看得很清楚。"当讲解员介绍照相的人所站的位置很像幅中国地图时，曾庆红看了看说："像中国地图，有台湾，很宝贵，是宝贝，在北京还没看到听到。"

看到安源路矿工人消费合作社股票时，曾庆红高兴地笑了起来说："毛泽民在安源就管理财务，后来当了财政部部长。"

当看到秋收起义组织系统表时，曾庆红说："秋收起义是第一军，后来有四军。毛泽东是湖南省委领导，秋收起义在安源，后来秋收起义部队上井冈山了。"

当看到曾山照片的版面时，曾庆红高兴地笑着说："老头子来过这。"讲解员接着说："这里请首长给我们讲就好。"曾庆红说："我只知道他来过，具体做什么我不知道。"看到版面说明词时，曾庆红说："哦，新四军第一支队。"

听着讲解员的介绍，看着一幅幅反映毛泽东、刘少奇、李立三等老一辈无产阶级革命家战斗和生活的珍贵照片，曾庆红神情庄重。他深情地说："安源是毛泽东、刘少奇、李立三等老一辈无产阶级革命家工作和战斗过的地方，具有光荣的革命传统，革命传统不能丢，要代代相传，要继续艰苦奋斗。"

听完讲解，曾庆红应安源纪念馆馆长彭云秋之邀欣然签名留念。

视察中，曾庆红还和中央组织部、中国井冈山干部学院的负责人商量，把安源定为中国井冈山干部学院的教学点。

参观结束后，曾庆红亲切地看望了老红军、老干部、老工人代表和刚刚荣获"全国十佳少先队员"荣誉称号的曾斯或同学。曾庆红一一握住老同志的手，称赞他们为中国革命和建设作出的重大贡献。他代表党中央、国务院，向老同志表示亲切问候，祝他们健康长寿、幸福安康。曾庆红说："现在的改革开放、小康生活来之不易,我们要牢记革命传统,牢记老一辈无产阶级革命家的丰功伟绩。"曾斯或是江西省第一个获得"全国十佳少先队员"荣誉的少先队员。曾庆红亲切询问曾斯或的学习、生活情况,鼓励她打好基础,练好本领,立志为国家建设奉献自己的力量。曾庆红指出,全社会都要高度重视和关心青少年的健康成长,培养有理想、有道德、有文化、有纪律、全面发展的社会主义建设者和接班人。

走出安源纪念馆,曾庆红高兴地与老红军、老干部、老工人代表以及安源纪念馆的同志合影。合影后,曾庆红握着彭云秋的手说:"辛苦了!"又握着讲解员漆忠的手说:"讲得好。"

上午11时45分,曾庆红离开安源纪念馆。

## 七、贾庆林同志参观安源纪念馆

2011年6月14日下午,中共中央政治局常委、全国政协主席贾庆林,在江西省党政主要负责人陪同下参观安源路矿工人运动纪念馆。

2011年是中国共产党成立90周年,也是毛泽东等老一辈无产阶级革命家开创安源路矿工人运动90周年。贾庆林首先来到陈列大楼,参观安源路矿工人运动史基本陈列。走进序厅,他立即来到大厅中央摆放着的刘春华于1969年2月专门为安源纪念馆临摹的第二幅《毛主席去安源》的油画前,驻足观看,脸上充满着对一代伟人的崇敬之情。

安源,是党领导的中国工人运动的摇篮,曾在中国共产党早期历史和中国工人运动历史上写下了辉煌的篇章。在一块块记录着峥嵘岁月的陈列板前,在一件件见证革命历史的珍贵文物旁,贾庆林一边认真仔细地听讲解,一边不时停下脚步在文物柜前注视观看,询问有关历史细节。当看到毛泽东在安源深入矿井和工人促膝谈心、刘少奇只身赴约同敌人谈判、李立三争取洪帮同情工人罢工时,他时而神情凝重,时而含颔点首。参观结束后,他在留言簿上欣然写下自己的名字,并在陈列大楼前与纪念馆的工作人员合影留念。

随后,贾庆林驱车来到位于半边街广场的安源路矿工人俱乐部旧址。当看到这幢于1923年8月动工兴建的安源工运标志性建筑时,他既为这座造型独特、气势不凡的历史建筑而赞叹,又为80多年后它仍然保持完好而频频点头。他缓步来到讲演大厅,又拾级而上参观俱乐部的办公场所,边看边问,兴致勃勃。参观完毕后,他在俱乐部旧址前照相留念,并与纪念馆工作人员一一握手告别。

## 八、马培华同志参观安源纪念馆

2013年11月10日下午,全国政协副主席、民建中央常务副主席、中华全国总工会副主席马培华,在江西省政协副主席孙菊生等同志的陪同下,来到安源路矿工人运动纪念馆参观调研。

在陈列大楼参观时,马培华认真聆听着讲解员的详细介绍,仔细观看着展板内容,不时在展柜前驻足停留,端详展出的珍贵文物。在刘春华创作的著名油画《毛主席去安源》前,他凝望良久,脸上充满着对伟人的无限崇敬。随后,马培华还冒雨参观了全国重点文物保护单位——安源路矿工人俱乐部旧址。

参观结束后,安源纪念馆向马培华赠送了两本关于安源革命历史研究的书籍《安源路矿工人运动史新论》和《中国工运的旗帜》,马培华拿着书,高兴地说:"你们馆办得很好,这两本书我一定会认真拜读!"

### 九、赵乐际同志参观安源纪念馆

2019年3月31日至4月3日,中共中央政治局常委、中央纪委书记赵乐际到江西省调研。他强调,各级纪检监察机关要深入学习贯彻习近平新时代中国特色社会主义思想,认真落实中央纪委三次全会部署,增强"四个意识"、坚定"四个自信"、做到"两个维护",坚持党中央重大决策部署到哪里、监督检查就跟进到哪里,履职尽责、担当作为,督促落实党和国家重大战略任务,为全面建成小康社会收官打下决定性基础。4月1日,赵乐际专程到安源路矿工人运动纪念馆,参观了安源工运时期廉政建设陈列馆,了解我们党早期廉政建设的探索实践,缅怀革命先辈的崇高风范和历史功绩。

2019年4月19日,在中央纪委国家监委网站,发布了题为《批评和自我批评、严惩贪腐——安源路矿工人运动开创了我党廉政建设的先河》的文章。文章指出:"在安源路矿工人运动时期,全面从严治党意识就已经融入党的管理之中。""安源工运时期反腐倡廉工作的有益探索与成功尝试,为党的五大成立中央监察委员会提供了成功的实践经验,对于新时期全面从严治党、推进党风廉政建设工作,仍具有重要的历史借鉴与现实启示。"

### 十、吉炳轩同志参观安源纪念馆

2021年4月10日,全国人大常委会副委员长吉炳轩率调研组莅临萍乡,围绕加强和改进新时代人大工作、巩固拓展脱贫攻坚成果同乡村振兴有效衔接、加强种质资源保护和育种创新,开展专题调研。

吉炳轩率调研组来到安源路矿工人运动纪念馆开展党史学习教育。怀着敬仰和缅怀之情,调研组一行走进陈列大楼。在一幅幅历史照片、一件件历史实物、一份份历史资料、一幕幕真实图景前,吉炳轩驻足观看,认真聆听讲解,回顾毛泽东、刘少奇、李立三等老一辈无产阶级革命家领导安源路矿工人大罢工和秋收起义那段峥嵘岁月,深情缅怀革命先烈的丰功伟绩。吉炳轩说,萍乡作为中国工人运动的发源地,秋收起义的策源地,孕育了"义无反顾、团结奋斗、勇于开拓、敢为人先"的安源精神,对我们深刻了解党史,更好接受党史教育具有非常重要的意义。安源路矿工人运动纪念馆具有很深的教育意义,要结合开展党史学习教育,突出学党史、悟思想、办实事、开新局,充分发挥纪念馆红色教育阵地作用,深入开展革命传统教育,讲好党史故事,传承红色基因。

# 第五章　宣传教育

## 第一节　组织机构

安源纪念馆宣传科是纪念馆工作的第一线,是联系纪念馆与观众的桥梁与纽带。宣传科是由宣传队、宣传排、工人报告团、群工部、宣传接待科演变而来,后改名宣传科。近年来,宣传科不断完善工作职责、讲解员队伍建设、社会教育活动和志愿者日常培训和管理等工作,先后获评全国巾帼文明岗、江西省三八红旗集体、萍乡市第十二届文明窗口、2014—2015年度萍乡市青年文明号、2022—2023年度江西省青年文明号等称号。

### 一、宣传队

1957年5月1日在俱乐部旧址设立安源工人运动史基本陈列后,配备2名兼职人员负责管理和讲解。1964年11月安源路矿工人俱乐部更名为安源路矿工人运动纪念馆后,调入3名专职讲解员。

宣教队伍的真正形成是在1968年6月毛主席在安源革命活动纪念馆建立之时,从全市各地选调20名男女青年组成宣传队,担任讲解员。其中女同志16名(王良玉、王美兰、龙兰芳、刘新元、朱雪珍、吕爱兰、陈远萍、吴宗蓉、周绍珍、罗素英、姚继红、陶润妹、黄慰萍、傅金秀、彭云秋、谢春玲),男同志4名(刘义胜、李昌学、张玉山、施合祖)。这是毛主席在安源革命活动纪念馆第一代讲解员。宣传队后改称宣传排,是宣传科的前身。

### 二、工人报告团

1968年8月,工人报告团成立,从萍乡市各企业抽调王国琪(萍乡电瓷厂)、刘奉和(青山煤矿)、李汉虎(萍乡铁路)、陈志华(安源煤矿)、陈志国(江西矿山机械厂)、李忠昌(萍乡铁路)、杨水春(安源煤矿)、林芝茂(安源无线电厂)、唐树林(安源煤矿)、贾庆萍(萍乡电厂)、黄祖光(江西机床厂)、彭雪堂(安源煤矿)、谢元藻(江西发动机厂)、黎乐柏(青山煤矿)、黎志萍(萍乡钢铁厂)等23名工人组成,主要任务是向各地群众作《毛主席在安源伟大革命实践》专题报告。1万多字的讲稿,由纪念馆资料编写组提供,刘善文撰写。报告团成立9个月来,共作报告222场,观众达25万人次。

1969年3月报告团撤销。

### 三、宣传科

宣传科曾称群工部、宣传接待科，是一支"重责任、讲道德、强业务、优服务、争先锋"的讲解队伍。讲解员基本都保持在10人以上。每次新招收的讲解员都要接受培训，除了学习专业知识外，还要到安源煤矿体验生活，牢固树立服务群众的思想。讲解员集讲解、保卫、保洁、服务、演出等职责于一身。1983年10月，安源纪念馆全体讲解员参加全市"转干"考试，转为"国家干部"。从2008年开始，安源纪念馆下大气力从年龄结构、知识结构、专业结构上做好讲解员的选聘工作。一是向市人事部门提出有针对性的录用方案，经统一考核录用在编讲解员；二是自主举办培训班，先训后录，从学员中择优聘用合同制讲解员；三是对讲解员实行定量管理和业绩管理相结合的考核方法，规定每位讲解员每月讲解的最低批次，提出业务考核的具体指标，形成了一支年纪轻、素质高、业务强、作风好的讲解队伍。2016年起，讲解员实行等差管理办法。根据业务考核，将讲解员分为金牌、五星、四星、三星四个等差，每年一次，能上能下。截至2022年底，宣传科共有讲解员12名，其中女同志11名，均为大专及以上学历，平均年龄25岁。

为了提高讲解水平和服务技能，安源纪念馆对讲解员经常进行业务考核，并选派到外地参加各种学习培训。例如，1989年12月，群工部对讲解员的讲解进行全面审查；2000年10月，安源纪念馆举办讲解员培训班；2001年7月，选派3名讲解员赴南昌参加由省文物局举办的"全省讲解员提高班"学习；2015年6月，选派8名讲解员赴西安参加由秦始皇帝陵博物院举办的讲解员培训班；2017年11月，组织讲解员从外出交流学习、阵地交流学习、随车导游式讲解、才艺交流四个阶段，开展宣教冬季培训活动。上述学习培训已形成规范化、制度化、长效化机制。为了在有限的时间里，把陈列内容讲述得细致而准确、生动而形象，讲解员针对自身的不同特点，制定了详细的训练计划。近年来，讲解员在全国、省、市各级业务比赛中屡获佳绩，取得了"全国文明导游员""全国红色旅游五好讲解员""江西红色旅游金牌讲解员""全省十佳讲解员大赛团体第一名"等荣誉称号。

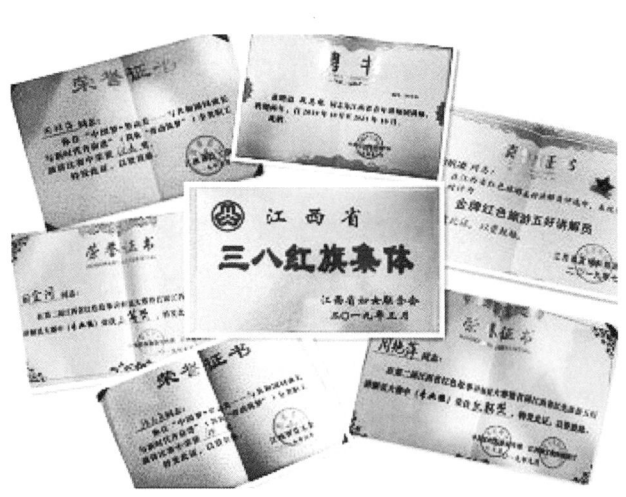

宣传科及讲解员的荣誉证书

## 第二节　讲解接待工作

### 一、工作要求

2007年11月5日面向社会免费开放后，安源纪念馆努力探索服务接待工作新路径，提出"免费开放　服务不打折"的承诺，建立和健全服务设施，美化环境，尽可能给观众提供方便，为来馆举行活动的单位免费提供会场和讲解服务。

**（一）坚持优质服务为先、主动服务为上、人性服务为本的原则**

一是增强服务的主体性、全面性、多样性和细微性，既要照顾重点和特殊的参观群体，又要顾及广大的一般性参观群体；

二是整个服务接待工作，根据不同的参观对象，相应设定了规范化的工作流程；

三是对讲解员提出要做"六大员"的总要求，即讲解员在工作中应该成为合格的讲解员、宣传员、安全员、保洁员、服务员和管理员。

**（二）各种服务项目公示化，自觉接受广大观众监督**

一是将讲解员职责、观众服务咨询、当日讲解员相片等，以"今日我们为您服务"的形式告知观众；

二是将观众参观须知、开闭馆时间、定时讲解时间等公示于馆区大门的显著位置；

三是扩大服务范围，设立服务热线电话和服务监督电话，主动上门将服务项目和服务方式，以"热心服务卡"的方式，向社会和观众广为散发和传递；

四是通过馆区广播系统将每日闭馆时间提早半个小时告知观众，对已经入馆的观众，不作时间上的限制，留下值班人员守候陪同；

五是实行讲解与服务相结合，主动迎送观众，做到有"三声"（即迎接声、介绍声、道谢声），有问必答，热情服务，实行定时讲解、预约讲解、即时讲解。除每日的定时讲解外，各团体参观可提前电话预约，如遇20人以上的参观团队，为他们提供即时讲解服务，最大限度地满足观众需求。

### 二、阵地讲解

安源纪念馆过去基本上是限于通过陈列和解说进行宣传，渠道狭窄，形式和方法较为单一，难以满足新形势下观众日益增长的精神需求。为了改变这种状况，安源纪念馆作了多方面的努力。结合多年的工作实践，归纳为四句话：热情主动，内容丰富，形式多样，讲求实效。以热情主动的态度贯穿于具体工作的各个方面和各个环节，利用厚重的历史文化资源，创造多样的宣传形式和方法，讲究宣传的实际效果。

为了提高服务质量，1994年6月，安源纪念馆制定了《优质服务方案》，其中规定："全馆职工要牢固树立'观众是上帝''观众是亲人'的职业道德思想，竭力为观众提供'三优'，即优秀的工作、优良的服务、优美的环境。"近年来，宣传科在工作实践中不断探索和改进，创新讲解形式，积累了一系列切实可行的做法和经验。

### （一）"因人施讲"

讲解员面对的观众数量庞大，职业多样。在工作实践中讲解员探索了一套"因人施讲"的宣教方法，即针对不同的对象采取不同的讲解方式。

一是汇报式：针对老同志和领导干部采取的讲解方法。把陈列内容按事件或时间分组，只需解说每组的中心思想和大概内容，对观众感兴趣或亲身经历的史实详细介绍，其余的突出重点简要概括。

二是启发式：针对中小学生采取的讲解方法。结合学校教学内容，多讲一些安源红色故事。讲解要富有表情，善于提示或富有启发性。一些年龄小的学生注意力不能长时间集中，所以讲解时采取边讲解边提问和齐声朗读陈列板上的内容等方式，使他们集中注意力，加深印象。

三是请教式：针对史学工作者和大学生采取的讲解方法。探讨式讲解，多讲观点，少讲具体细节，注意把当前史学界有争议的问题提出来，抛砖引玉，请他们发表意见和看法。

四是报告式：针对参观团体采取的讲解方法。这种讲解基本上是我讲你听，观众处于受教育的对象，不便于讲解员与观众交流。但语气上要因人而异。如对待普通观众的讲解，要尽量朴实自然，通俗易懂；对青少年的讲解，语言要有趣味性和鼓动性，最好能由远及近，把历史和现实结合起来，引导他们思考。对老年观众的讲解，声音要洪亮，语速要慢些，必要时可用方言。

五是交谈式：对零散观众采取的讲解方法。要尽量口语化，自然、亲切，便于观众理解，提高参观兴趣。

这种"因人施讲"的宣教方法，着实能吸引不少观众。一位每年清明节前后都带学生来安源参观的小学老师深有感触地说："讲解员的讲解，绘声绘色，娓娓动听，仿佛让我们看到了当年安源工人斗争的烈火，闻到了秋收起义战争的硝烟。参观一次纪念馆，就等于给学生上了一场生动的政治课。"

### （二）解说与演唱革命历史歌曲相结合

为了活跃现场气氛，讲解员在讲解过程中通过演唱《安源路矿工人俱乐部部歌》《五一纪念歌》《工农联盟歌》等红色歌曲的形式，以吸引观众、提高观众的注意力。尤其是在观众等候参观和现场教学时，多采取这种演唱方式。

### （三）利用多媒体等手段讲解

随着纪念馆展览设备的更新，高科技信息技术、多媒体等现代化手段的运用，给讲解提出了新的要求。讲解员通过播放短片或3D视频再现历史画卷，让观众产生身临其境的感觉。例如，安源纪念馆第八单元《攻克醴陵城》3D视频，在介绍秋收起义部队第二团战士一举攻克醴陵县城的场景时，通过画外音向观众讲解。此外，安源纪念馆官方网站http//www.aymuseum.com和微信公众号开通了720°VR全景虚拟展厅、展厅语音讲解、旧址旧居线上讲解、精彩视频等多种形式的展览内容。

观众在手机上就可以看到上述内容，并能听到讲解。

**（四）情境式讲解**

将安源工人运动历史故事编成短剧，通过带入式情景、互动叙事手法等方式，让现场讲解和情景演绎融为一体，增加讲解的可听性、展览的可看性、观众的参与性。例如，反映毛泽东在安源革命活动的情境式讲解《毛主席去安源》、反映刘少奇在安源革命活动的情景剧《母爱情怀》、反映工运领袖黄静源革命活动的情境式讲解《使命》、反映安源工运杰出代表杨士杰英勇就义的情景剧《承诺》，均备受观众欢迎。

**（五）沉浸式讲解**

在安源路矿工人俱乐部、工人夜校、安源路矿工人消费合作社等革命旧址，安排讲解员在现场"化装表演"，从历史细节入手，再现当年历史情景，观众不再是旁观者，而是通过互动演绎参与其中，真正感受到静态历史"活起来"。例如：安源纪念馆和安源景区共同推出沉浸式演出《风从安源起》，在旧址中还原了20世纪20年代安源工人俱乐部领导工运斗争的情景，观众移步换景，在一个个真实故事、历史场景中感受安源工运的百年成果。

从2012年至2019年，来馆参观的观众年均突破100万人次。特别是2019年3月10日至8月30日，安源纪念馆基本陈列提升改造闭馆期间，讲解员采用丰富多彩的形式，向游客积极推介各个旧址旧居点。2019年，安源纪念馆共接待社会各界观众120万余人次，提供讲解服务1994批，举办各类社教活动近200场次。在2020年至2023年新型冠状病毒感染疫情防控常态化背景下，每年来馆参观的人数仍有50万左右。

## 三、外宾接待

安源纪念馆建馆以来，共接待来自100多个国家和地区的外宾及港澳台同胞200余万人次。宣传科不断提升宣教人员的服务水平和接待能力，努力达到文明、优质、规范化的服务水平，更好地展现纪念馆的良好形象。

20世纪60—70年代，安源纪念馆接待外宾较为频繁。1970年5月20日，以亚非作家协会总书记查禾多为团长的亚非作家协会访华团一行22人来馆参观。这是毛主席在安源革命活动纪念馆首次接待外宾。解说员听说外宾要来，都非常激动，也感到很紧张。因为这些十七八岁的年轻人从未与外宾打过交道，深恐出问题。一位平时待人接物颇有经验的解说员（22岁），对如何在外宾面前"热情谨慎，不卑不亢"也感到心中无数。一位讲解员在给外宾倒开水时，由于心情过于紧张，一不小心把一只茶杯掉在地上，摔得粉碎。通过首次接待外宾，一位讲解员在总结会上深有感触地说："只有实践才能出真知。原来我们没有接待过外宾，所以第一次接待觉得很紧张、很害怕。通过实践才深深懂得接待外宾并不可怕，外宾也是人。我们称他们为外国人，他们也称我们为外国人。他们来我国参观学习，我们是主人，他们是客人，哪有主人怕客人的道理呢？"讲解员你一言、我一语，说得大家豁然开朗。每批外宾来安源参观，翻译是从外交部、中联部等外事部门派来的。讲解时，讲解员讲一段，翻译译一段。因此，讲解速度相当慢，外宾参观所费的时间比内宾多一倍。在对外接待中，如果你能说上一两句外语，外宾会对你特别友好。

为了对外接待工作的需要，安源纪念馆成立了对外接待组，接待组成员也适当学一些外语，如英、日、朝、葡等国语言。当然只会一般性的文明礼貌用语，如"早上好""下午好""再见"等。如果对外语一窍不通，在与外宾接触时，感情便难以融洽。特别是碰上意外情况，有时会使中外双方处于尴尬境地，甚至会闹出笑话。有一次，一批外宾来安源纪念馆参观，翻译乘坐的小车在途中出了故障，外宾的车先到馆。纪念馆工作人员把外宾迎进休息室，给他们递烟泡茶后，由于翻译未到，接待人员无法致欢迎词，讲解员也无法讲解，只好在那里傻愣愣地坐着。

在对外宣传接待中，最能给外国朋友留下深刻印象的是讲解员。一些国际友人经常向讲解员赠送锦旗、明信片、纪念章等，还和讲解员合影留念。最喜欢照相的是日本朋友，他们照相时往往喜欢拉着讲解员一起合影。但外事纪律规定，讲解员不能单独与某一外宾合影。因此，当外宾盛情邀请某位讲解员与其合影时，几位讲解员会不约而同地来到外宾的镜头前。有的外宾回国后，还给讲解员写信，寄送照片和明信片等。不过讲解员会把这些信件转给省、市外事办公室，由该办同志酌情处理。

### 四、接待预案

为做好接待服务工作，使其进一步规范化、制度化，更好地树立单位品牌形象，安源纪念馆制定了接待预案，由各个科室密切配合。具体分为四个阶段进行：

**（1）准备阶段**

办公室：①通知各科室所有人员必须统一着馆制服（夏秋装统一），佩戴好工作证，女性要求发型整洁干练、化淡妆、穿黑色高跟鞋。男性需穿黑色皮鞋。②及时排查参观路线内卫生、绿化等问题。③根据实际情况安排陪同人员所需车辆。④安排专人负责宣传报道，并投至各新闻媒体。

宣传科：①确定担负接待任务的人选（包括讲解、引导、题词等）。②讲解员根据上级要求，确定讲解内容、时间及地点。

保卫科：①按参观路线，安排专人维护各处旧居秩序。②对各参观点周边环境进行安全检查，排除隐患。③安排专人负责各处出入口，保证出入畅通。④安排专人负责巡查展厅内的安全及其他情况。

资料科：①根据来宾身份，提供相应讲解资料，与讲解员一起调整讲解内容。②安排专人负责记录整理。③根据来宾的具体情况，准备宣传科指定讲解材料；准备好赠送的书籍或视频资料。

陈列科：①安排专人负责全程跟随摄像。②安排专人负责全程跟随拍摄。③管理设备的工作人员提前检查所有灯光、设备，发现问题及时处理。

**（2）检查阶段**

办公室：①检查参观路线的卫生情况，确保馆区内卫生干净、整洁，草坪修剪整齐，洗手间干净无异味。②确保接待时着装统一。③验收上级要求准备接待室所需物品。④再次确认陪同人员所需车辆的安排。⑤根据实际情况安排合影或会议室座次安排。

宣传科：①审查讲解员的讲解内容。②检查其他所需物品是否备齐（包括宣传资料、题词用具等）。

保卫科：①按参观路线，检查各个参观点及沿途，确保安全及陈列均正常有序。②检查周边环境进行安全，排除隐患，发现其他特殊情况应及时上报领导取得指示并即刻处理。

陈列科：①检查摄像机、照相机是否正常。②检查赠送的书籍或视频资料是否准备齐全。③验收欢迎牌是否准确无误。④检查所有灯光、设备是否正常运转。

（3）实施阶段

办公室：①所有人员必须统一着馆制服（夏秋装统一），佩戴好工作证，女性要求发型整洁干练、化淡妆、穿黑色高跟鞋。男性需穿黑色皮鞋。②安排陪同人员所需车辆并及时通知司机。③指派专人负责宣传报道，并投稿至各新闻媒体。

宣传科：①管理设备的讲解员打开所有灯光、设备，关好窗帘。②讲解员跟随我馆主陪到指定位置等候客人到来。③按事先安排，由两人在主馆发送宣传资料。④讲解员按照既定程序进行讲解。⑤负责来宾题词的工作人员在题词台前等候，随时添补墨汁、纸张等消耗品。宾客题词后及时更换纸张，妥善收藏好题词作品。结束后清洗毛笔、砚台，保管好所有工具，留备下次使用。⑥各旧居点及廉政馆的工作人员做好接待准备，随时待命。

保卫科：①配合公安做好安全保卫工作。②安排专人负责车辆的有序停放。③按参观路线，每处旧居安排专人维护秩序。④对周边环境进行监管，严禁车辆违停。⑤专人负责每处出入口，确保出入畅通。⑥安排专人负责巡查展厅内的安全及其他情况。

资料科：①陪同讲解，及时补充与跟进讲解员在讲解中遇到的疑难问题。②根据实际情况记录整理，形成音频及文字资料。

陈列科：安排专人负责全程跟随摄像，记录整理，形成视频、图片资料。

（4）总结阶段

接待完成后，各科室召开总结会议，对此次接待归纳总结。

# 第三节　志愿服务队伍

## 一、工人讲解员

工人讲解员是安源纪念馆成立以来的第一批志愿服务人员。1969年4月毛主席在安源革命活动纪念馆开馆以后，宣传接待工作任务十分繁重。因此，同年6月，从萍乡市各企业抽调近20名青年工人到馆担任讲解员，在陈列馆内每个部分各分配3人负责协助讲解和维护展厅秩序，为缓解紧张的宣传接待工作作出了贡献。同年12月工人讲解员撤回原单位。

## 二、职工志愿服务队

安源纪念馆于2007年12月5日正式成立志愿者服务站。站长由主要领导担任，下设秘书处、策划部、活动部和宣发部，分别由宣传科业务骨干担任部门负责人。

安源纪念馆职工志愿服务队由本馆职工组成，主要开展下列工作：

（一）**立足本职做好志愿服务**。在安源纪念馆陈列大楼设立雷锋志愿服务站和志愿服务岗，向来馆参观的游客提供便民志愿服务。为更好地满足各地党员干部到安源纪念馆开展党员教育活动，志愿者为前来开展党员学习教育的部门和单位义务提供党旗、入党誓词等服务，在保障定时讲解的同时，安排预约讲解和即时讲解，极大满足了观众的讲解需求。他们还自编自导自演具有浓厚安源历史特色的红色文艺节目，加深各地党员干部对安源红色文化印象。

（二）**开展志愿服务"六进"活动**。组织专家志愿者进机关、进社区、进企业、进乡村、进学校、进部队开展安源革命历史专题授课，在五四青年节、六一儿童节等节日走进学校，生动讲述红色安源故事。如2017年4月组织全体志愿者赴湘东区长塘村开展"学雷锋送红色文化进山村"活动，将红色展览、红色书刊、红色故事、红色歌舞送进山村，为村民和小学生提供红色文化精神大餐，党员干部还带头开展扶贫济困，积极为当地留守儿童捐款捐物；2018年5月，组织志愿者赴莲花沿背村学习甘祖昌、龚全珍的先进事迹，接受党性教育，使大家深受教益；2019年8月组织本馆志愿者精心编排节目，开展"红色文化进社区"活动等。

（三）**配合全国文明城市创建工作**。投入近20万元在馆区醒目位置设置多块"文明守礼萍乡人"和"学雷锋志愿服务"等公益广告，增设无障碍设施，开展环境整治，提供防暑降温药品、免费讲解等便民志愿服务，派出多名志愿者在市区主干道和人流量大的路口开展文明劝导活动，在人口密集的公园、广场开展清洁环境志愿服务活动。

## 三、社会志愿者

社会志愿者是从大中小学校中选拔一批优秀学生以及社会各界爱心人士组成的志愿者服务队，服务范围包括讲解、导览、组织观众、教育项目推广等。2007年安源纪念馆志愿者服务站刚成立时，社会志愿者人数为26人，到2017年11月发展到245人，提供讲解6287批次，讲解时间近1万小时，服务观众50余万人次。到2018年，通过社会招募，志愿者发展到400余人，为观众提供讲解10382批次，讲解时间近1.5万小时，累计服务观众近100万人次。到2022年12月，安源纪念馆招募的志愿者将近900人，累计服务达1.8万小时，惠及公众总数达120万人次。

社会志愿者的招募、培训、考核、奖惩等管理工作均由宣传科承担。

（一）**招募条件**

1. 年龄在65周岁以下，身心健康，有自由支配的时间；
2. 品行端正，有奉献精神，愿意利用自己的业余时间无偿为公众服务；

3. 具备一定的历史文化知识，有历史、文物、考古、美术、外语（口语）等专长者优先录用；

4. 口齿清楚，普通话标准，具有良好的沟通能力；

**（二）权利与义务**

志愿者权利：

1. 参加纪念馆相关志愿服务活动；

2. 使用纪念馆提供的业务书籍及学习资料；

3. 参加纪念馆提供的业务培训；

4. 对纪念馆或志愿者组织工作提出建设性意见；

5. 请求志愿者组织帮助解决在志愿服务中遇到的困难；

6. 其他应当享有的权利。

志愿者义务：

1. 维护志愿者及志愿者组织的形象和声誉；

2. 履行志愿服务承诺；

3. 尊重志愿服务对象的意愿，不得损害志愿服务对象的合法权益；

4. 不得向志愿服务对象收取或者变相收取报酬；

5. 不得以志愿者身份从事营利性活动；

6. 志愿者工作时间要求一次服务时间不少于 2 小时，有特殊情况要提前和志愿者商量，方可增加服务时间；对公众服务一年累计时间不少于 48 小时；

7. 服务中注意礼仪礼节；

8. 自觉遵守我馆志愿者服务章程；

9. 其他应当履行的义务。

**（三）考核与奖励**

1. 志愿者服务签约期限为一年，年终对志愿者进行审核，通过审核且愿意继续服务者续签下一年的合约；

2. 对全年出勤率 100% 且圆满完成工作任务的志愿者，给予一定的奖励，颁发优秀志愿者证书，评选出"年度服务之星"；

3. 在纪念馆从事志愿服务累积满 100 小时，可申请开具志愿服务证明或社会实践证明；满 600 小时，可免费获赠我馆编撰的书刊；满 1000 小时且圆满完成工作任务者，授予"安源纪念馆金牌志愿者"称号，可享受更多的优惠待遇。

**（四）资格取消**

有下列情形之一者，取消其志愿者资格：

1. 主动申请中断志愿服务，办理核销手续，收回志愿者证件；

2. 在签约期内一个月以上无故不参加志愿服务，撤销其志愿者资格，证件作废；

3. 有损害我馆及志愿者形象的行为，撤销其志愿者资格，证件作废；

4. 有违法行为，受到公安机关处罚，我馆将撤销其志愿者资格，证件作废。

**（五）志愿者教育培训**

纪念馆每年组织开展志愿者教育培训，培训的形式呈现出全面性、多元性、内外结合的特点。内容涉及理论教学、技能实训和对外交流。理论课程包含：讲解基本功（包括普通话及发音技巧）、讲解员仪容仪表（包括讲解中的服饰、站姿、妆容、手势、姿态等）、讲解员综合素质（包括对讲解词的理解、编写以及文物研究方面的内容等）。技能实训是指针对不同的观众群体，运用不同的讲解方法来进行"因人施讲"。对外交流包括定期开展学习交流，不仅和馆里的专职讲解员互相学习，还要走出去，和其他博物馆、纪念馆的讲解员和志愿者进行交流，学习先进的经验和方法。在基础培训结束后，新进志愿者还会进行为期两个月的上岗实习。实习期满并通过考核者，为其颁发志愿者工作证。

2009年12月11日至18日，安源纪念馆第一次面向全省招收学员举办讲解员、导游员培训班。来自南昌大学、江西师范大学、萍乡学院、江西旅游商贸学校的学员参加培训。2011年3月15日至17日，安源纪念馆举办"志愿者招募"活动。前来报名者络绎不绝，主要是大中小学校学生。2012年5月3日，宣传接待科与本馆共建单位及青年志愿者开展"青年心向党·咏动安源山——红色经典诗歌咏颂会"主题教育活动。2017年3月，安源纪念馆举办培训班，从讲解技巧、文明劝导、讲解礼仪等方面对大学生志愿者进行培训；5月19日，安源纪念馆在萍乡市四所中小学举办"小小讲解员培训班"活动；5月31日，安源纪念馆与安源区第二学校联合举办"红色文化进校园，小小讲解员"比赛，选拔优秀选手担任讲解志愿者；9月17日，安源纪念馆与共青团萍乡市委、市少工委共同举办的萍乡市首届红领巾讲解员风采大赛在安源路矿工人俱乐部旧址举行；10月，宣传科从普通话语言基础、情感表达、礼仪姿态等方面对萍乡学院大学生志愿者进行专业培训。2018年5月26日，安源纪念馆举办志愿者培训班。2019年6月2日，安源纪念馆再次举办志愿者培训班，2018年度优秀志愿者为受训人员进行了创伤急救、心肺复苏等方面的培训。2022年1月1日至3月19日，由共青团萍乡市委、市少工委主办，安源纪念馆承办的萍乡市红领巾讲解员培训班在馆开班，参训学员102人，培训内容包括讲解概论、接待礼仪、讲解实践等。7月13日，联合萍乡市关工委、共青团萍乡市委开展为期10天的"全省青少年游基地、学党史"活动暨安源纪念馆志愿讲解员培训班，旨在培养一批信仰坚定、综合素质强的志愿者讲解员，成为安源故事的传播者，赓续红色血脉，传承安源精神。

**（六）志愿服务活动**

纪念馆工作日新月异的变化，给志愿者服务领域的拓展创造了新的条件。近年来，安源纪念馆不断发掘志愿者个人潜能与才干，使志愿者有效融入到纪念馆宣传、教育、推广等各个领域。

宣传与推广：网络直播讲解和线上志愿活动是近年来志愿者工作的亮点之一，安源纪念馆推出了线上宣教品牌红色文化志愿者系列活动《百年党史听我讲》《红领巾讲解员线上诵读》《诵读红色

家书　贡献青春力量》等，志愿者们还积极参与"红色基因代代传"百馆百讲少年儿童讲述党史故事等活动，配合新媒体宣传参与直播讲解，反响良好，还斩获相关荣誉：红领巾讲解员袁添祺获评"江西省革命文物十佳讲述人"，付豪忠获评"江西省革命文物百佳讲述人"；在中国儿童中心等组织开展的"红色基因代代传"百馆百讲少年儿童讲述党史故事活动中，红领巾讲解员龙安姗、袁添祺录制的视频获评"优秀讲述视频"，安源纪念馆也被评为建党百年"红色基因代代传"百馆百讲少年儿童讲述党史故事活动优秀组织单位。

演出与策划：志愿者先后参与大型节假日舞台策划、文案撰写、宣传物料制作、平面设计、文艺演出等，以主人翁的姿态深入到纪念馆工作的方方面面，展示出良好的精神面貌，树立了一张崭新的团队名片。近年来，安源纪念馆志愿服务站研发了独具特色的品牌志愿服务活动，如"志愿者讲红色安源"、"文物守护人"主题宣教活动、"志愿者心声"等，让志愿者为社会公益和教育文化事业贡献力量。2018年，安源纪念馆志愿服务站被评为萍乡市优秀学雷锋志愿服务站。

附：

**安源纪念馆志愿者人数统计表（2007年—2022年）**

| 年份 | 志愿者累计人数 | 年份 | 志愿者累计人数 |
| --- | --- | --- | --- |
| 2007年 | 26人 | 2015年 | 224人 |
| 2008年 | 48人 | 2016年 | 230人 |
| 2009年 | 96人 | 2017年 | 245人 |
| 2010年 | 120人 | 2018年 | 421人 |
| 2011年 | 148人 | 2019年 | 650人 |
| 2012年 | 168人 | 2020年 | 730人 |
| 2013年 | 180人 | 2021年 | 822人 |
| 2014年 | 202人 | 2022年 | 897人 |

## 第四节　宣教活动

安源纪念馆自成立起，就组建了宣教队伍开展专题座谈、巡回宣传等宣教活动。2017年以来，安源纪念馆的宣传教育逐渐走向社会，并且打造了形式多样、有影响力的宣教品牌，平均每年开展70场次，其中主要有"祝福祖国　唱响安源"主题特色活动、"红色文艺轻骑兵"宣讲活动、"争做新时代接班人"红色主题教育活动、"百年党史听我讲"主题宣教活动。2020年12月31日，安源纪念馆"红色文艺轻骑兵"、"争做新时代接班人"红色主题教育活动被评为"2020江西省文博场馆十佳红色主题社会教育示范项目"；"祝福祖国　唱响安源"主题宣教活动被评为"2021江西省文博场馆十佳红色主题社会教育示范项目"。

## 一、宣教队伍

### （一）创作演出队

毛主席在安源革命活动纪念馆建设时的第一支文艺演出队伍叫创作演出队，成立于1968年7月，是一支专业演出队伍。宜春歌舞团的编剧张瑞松、董明道和萍乡歌舞团的黄连和、许金焰、黄茂震、王庆国等人撰写反映安源工人运动历史题材的剧本。8月5日，创作人员写出七场歌剧《红太阳照亮安源山》剧本初稿。8月23日第一次修改；9月15日第二次修改，特邀湖南省歌舞团国家一级作曲家白诚仁为剧本作曲。

1968年8月，演出队从宜春专区各市、县剧团和萍乡铁路地区、萍乡矿务局、江西矿山机械厂、丰城矿务局等52个企事业单位的歌舞团、宣传队中，挑选73名文艺骨干，经过面试和政审后担任演职员，开始组织排练。歌咏队导演：王戈；舞蹈队导演：张锤；乐队指挥：黄牛。男一号演员、矿工总代表、共产党员安向东由吴品文扮演；工人夜校教员、党组织负责人江浩源由王举章扮演；铁路工人总代表、共产党员路方明由尹文树扮演；老矿工、共产党员铁老倌A角由李忠兴扮演，B角由夏太泳扮演；矿工、工人纠察队长、共产党员牛古由雍开泉扮演；共产党员安向东的母亲由冯桂蓉扮演；铁路工人、纠察队副队长、共产党员大强由黎刚扮演；铁老倌的孙女火妹子A角由朱青扮演，B角由邓斌扮演；安山冲农民协会副委员长、共产党员春嫂由曹国珍扮演；春嫂之父、农会积极分子、共产党员杜大伯由张隆斌扮演；矿长余镜平由熊增明扮演，总监工王三胡子由刘长青扮演。所有参演人员吃住都在萍乡师范学校。

1968年11月，歌剧《红太阳照亮安源山》在萍乡工人俱乐部礼堂进行首场演出。12月20日剧本进行第三次修改，定为九场歌剧《红太阳照亮安源山》。第一场：点火；第二场：罢工；

《红太阳照亮安源山》剧照

第三场：义无反顾的斗争；第四场：斗群魔；第五场：痛批××；第六场：工农联盟；第七场：上山；第八场：部署；第九场：暴动。演员们冒着严寒，争分夺秒进行排练。随后，在全省各地、市的工厂、机关、学校、部队巡回演出，共计90余场，观众达13.6万余人次。创作演出队所到之处，受到群众夹道欢迎。1969年春节期间，参加樟树空军基地慰问演出。随后，又到南昌艺术剧院演出，江西省革命委员会主要负责人出席观看，并在演出结束后接见了全体演职员。1969年5月中旬，创作演出队撤销，全体演职员（除谢家俊、谭熔姣外），全部调离安源纪念馆。

**附：创作演出队演职员名录**

指导员：张惠文　副指导员：谢家俊

队　　长：祖文礼

副队长：雍开泉（兼演员）　李忠兴（兼演员）　夏太泳（兼演员）

编　　剧：张瑞松　董明道　黄连和　黄茂振　许金焰　王庆国

作　　曲：白诚仁　邓宣凯（协助）

导　　演：王　戈（歌咏）　张　锤（舞蹈）

演　　员：邓　斌　邓年生　王举章　申　跃　田冬英　冯桂蓉　刘长青　刘友胜　刘伯蓉
　　　　　刘利章　刘细枝　刘艳玲　朱　青　李忠兴　李瑞华　陈自若　吴伟基　吴品文
　　　　　吴铭莲　辛采英　杨日怀　张　军　张隆斌　邹文节　郑孝莉　周文杰　姜红梅
　　　　　胡传金　胡景德　夏太泳　袁　丹　袁青春　黄洪图　梁习珍　曹国珍　雍开泉
　　　　　彭锦尧　程志若　赖小根　曾圣和　熊宗民　谭熔姣　黎　刚

乐队指挥：黄　牛

乐队成员：邓寿华　叶　军　刘玉春　刘献文　刘熙祥　陈文琳　沈三三　陆有勤
　　　　　姚发佑　高文生　龚瑞玉　谢　练　谢友芬

剧　　务：周柏华

舞　　美：李景春　谢　牛

服　　装：谌长根

灯　　光：李伯光　彭　齐

### （二）文艺宣传队

纪念馆文艺演出队于1968年成立，是一支以讲解员为主体的业余演出队伍。组建这支队伍，首先是为来馆参观的首长休息期间演唱安源革命历史歌曲活跃气氛，其次是与来馆参观的外宾和兄弟馆同仁联欢。演唱的革命历史歌曲有：《安源路矿工人俱乐部部歌》（又称《劳工歌》）、《五一纪念歌》、《工农联盟歌》、《伟大的劳工》等。这些歌曲都是根据安源老工人的回忆录音整理的。之后因为参加各种文艺汇演，又排演了舞蹈《红太阳照亮了安源山》。这是根据华东师范大学音乐学院师生在安源创作的组歌《红太阳照亮了安源山》改编的。《矿工苦》《毛主席来安源》《张家湾的红灯》等脍炙人口的歌曲均出自其中。1971年12月31日，在安源地区迎春文艺晚会上，纪念馆讲解员表演了舞蹈《红太阳照亮了安源山》，深受观众喜爱。1973年元旦，纪念馆与驻军部队在俱乐部旧址联欢。文艺宣传队除演唱革命历史歌曲外，还表演了舞蹈《敬祝毛主席万寿无疆》和小组唱《浏阳河》等节目。

"文化大革命"期间，演出队的演出一般都不化妆，也没有演出服。演出人员穿的是馆统一制发的工作服（绿色军帽、军装配蓝色裤子）。

20世纪90年代以后，安源纪念馆参加的各种演出活动不断增多。演出人员开始化妆，并使用道具，配备服装。1990年6月20日，安源纪念馆30名职工组成合唱队，参加萍乡市文化系统革命歌曲演唱比赛获一等奖。1992年11月12日至14日，安源纪念馆文艺演出队表演的《历史的回忆》《歌曲联唱》在全省文博系统首次文艺调演中获三等奖和鼓励奖。2010年11月15日，安源纪念馆选派讲解员参加"全省博物馆音乐、舞蹈、曲艺大赛"，获优秀组织奖。刘纤（二胡独奏）获一等奖，张梦蕾等八人（集体舞）、叶佳（独舞）获二等奖，彭娅桐（琵琶独奏）获三等奖。

为了扩大宣传教育效果，安源纪念馆对宣教方式进行了创新。自2004年起，在宣传讲解的基础上，结合展览内容，精心收录安源革命历史歌曲，自编自演了一台反映安源工运历史的舞台剧，曾为中国井冈山干部学院、江西干部学院等40多个学习班演出，获得学院领导和广大学员的好评。

2011年2月15日，安源纪念馆红色文化宣传队到芦溪县京口村，通过讲、唱、演等多种形式开展红色文化巡展。宣传队将安源革命历史编成《母爱情怀》《毛泽东下矿井》《夜校的明灯》《工兵专家王耀南》《红色股票》五个宣讲节目。这些节目集知识性、教育性和趣味性于一体，让村民了解安源工运历史，感悟红色文化魅力。歌曲小合唱《万泉河水》、舞蹈《张家湾的红灯》、诗朗诵《有一页历史》，让村民们对安源红色历史有了直观、深刻的了解。

2011年5月18日，为庆祝第35个国际博物馆日，安源纪念馆在安源广场举行"共同走过，共同见证"馆史成果展，并表演文艺节目；5月19日，为庆祝中国第一个旅游日举行"走进张家湾社区"文艺演出活动；5月创作的新编渔鼓词《劳工记》节目参加"西柏坡杯"中国纪念馆宣教形式创新展示活动，获"最佳创作奖"；8月1日，安源纪念馆与中国人民解放军73871部队共同举行庆祝八一建军节联欢会。

2012年7月31日，安源纪念馆红色文化宣传队赴萍乡市消防支队安源中队开展"八一"拥军慰问活动。2015年12月25日，讲解员田金河、刘帆凌、张冰子、段志能表演的节目《安源别子》，参加中国井冈山干部学院举办的2015年现场教学点讲解员才艺比赛获一等奖。2017年8月25日，安源纪念馆红色文化宣传队走进安源区花冲社区，开展"创建全国文明城市，红色文化进社区"文艺演出。12月3日，安源纪念馆红色文化演出队参加萍乡学院"2050我们奋斗之志愿青春晚会"演出。12月18日，在中国井冈山干部学院现场教学点讲解员才艺大赛中，安源纪念馆选送的节目渔鼓说唱《劳工记》获二等奖。2018年1月，安源纪念馆红色文化宣传队更名为"红色文艺轻骑兵"宣讲团。2018年4月13日，"红色文艺轻骑兵"宣讲团到萍乡市"乐晚晴"养老护理中心，与百余名老人共同开展"心手相牵，情满安源——带上爸妈感受春天"公益宣教活动。2019年6月11日，"红色文艺轻骑兵"宣讲团赴武功山华云学校开展"不忘初心，牢记使命"特色品牌活动。

## 二、社会教育活动

### （一）专题讲座

专题讲座，亦称专题报告会，最初是对外接待中回答外宾提问的一种座谈会。外宾在参观安源纪念馆时，对一些史实不了解或不理解，会向讲解员和陪同人员提问。由于语言障碍，也由于对一些提问缺乏即席回答的能力与水平，馆里决定外宾参观时有问题先记在纸上，参观结束后召开专门会议集中解答。

在接待国内观众（特别是接待中小学生）时，对方希望讲解员能够教唱安源革命历史歌曲，多讲述红色历史故事。于是，就有了红色报告会。由于观众身份不同，在参观时所作的报告侧重点亦不同，对工人是重点介绍安源工人革命斗争史，对农民是重点介绍安源工人运动与农民运动相结合，对军人是重点介绍安源工人运动中的武装斗争，对青少年则是重点介绍安源红色儿童团。资料人员将上述问题分成专题，并配上课件（电脑制作的幻灯片），分别与观众座谈，这就是"专题报告会"。一些部门和单位的党团组织生活、干部培训班或大专院校开门办学时，往往要请馆里的专家学者作专题报告。报告的标题有：《安源路矿工人运动史》《毛泽东与安源》《刘少奇领导安源工人运动的历史功绩》《学习秋收起义历史，弘扬秋收起义精神》《安源路矿工人运动中的初心与使命》等。

为拓宽安源红色文化的宣传范围，安源纪念馆开设"红色大讲堂"，2016年以来共开讲20余场。除选派本馆专业技术人员外，还从中共党史学会、萍乡学院、萍矿集团公司安源精神研究会、中共萍乡市委等单位聘请专家授课。参加授课的专家有：安源纪念馆馆长、文博研究馆员黄仂，萍乡学院教授文倪，萍乡学院安源红色文化研究中心主任、博士凌焰，萍乡学院安源红色文化研究中心副主任、硕士张辉海，安源煤矿党委副书记、萍矿集团公司安源精神研究会秘书长孙正风，萍矿集团公司安源精神研究会特聘研究员、长篇历史小说《安源安源》作者李小建，中共萍乡市委党校教授黄爱国，中共萍乡市委党校副教授晏海涛，中共萍乡市委党校理论研究室主任陈晓莉，上栗县党史爱好者柳习文，江西省作家协会会员、萍乡市作家协会副秘书长赖咸院等。他们走进萍乡学院、萍乡市武警支队、中共萍乡市委党校、萍乡市图书馆、73871部队、江苏镇江工兵红一连、安源张家湾村等地，讲述《安源工运在中国革命中的地位与作用》《安源精神》《毛泽东等在安源的工运实践与青年精神研究》《从安源到井冈山》《李寿铨与萍乡煤矿》等专题，获得良好的社会效益。

**（二）巡回宣传**

安源纪念馆组织流动宣传队，坚持"走出去"为广大群众服务，把展览送到社区、企业、机关、学校，进行巡回宣传。

1971年3月，安源纪念馆讲解员携带《伟大领袖毛主席在安源革命活动巡回展览》展板，乘坐卡车在新余、清江、宜春等地进行巡回宣传，历时一个月，接待观众5万余人次。

1990年5月11日至17日，安源纪念馆组织文物保护流动宣传队，携带《文物保护法》流动展板、文物保护电视录像片、《燎原》电影片和文物宣传资料，到萍乡市湘东区的腊市、广寒寨、排上、下埠等乡镇巡回展出。宣传队每到一个乡镇，便在人群聚集之处挂起陈列展板，进行《文物保护法》知识问答，并向各乡镇政府干部和有关群众送发宣传材料。经过反复宣传，澄清了群众对文物工作的一些模糊认识。宣传队的同志不辞劳苦，跋山涉水，步行10余里来到偏僻山村，访问当年参加过苏维埃运动的老同志，记录整理回忆材料9份，收集当年赤卫队员用过的马刀等革命文物5件，拍摄红军留下的《中国共产党十大政纲》《国民党十罪状》等墙头标语10余幅。

文物保护流动宣传队同志的敬业精神，受到当地党委、政府的好评。他们纷纷在《安源纪念馆流动宣传队信息反馈表》上留言。麻田乡党委的留言写道："贵馆流动宣传队前来我乡大江边、石溪、苍老、蔡家村进行革命文物宣传，并收集4件革命文物。我们认为，这次活动既收集了革命文物，又在我乡广大群众中进行了一次文物保护的宣传活动。"华云乡政府的留言写道："安馆下乡宣传小组的同志到我乡进行文物保护法等宣传，使我乡人民群众得到了很大的教育，提高了对文物保护的认识。特别是小组的同志不怕辛苦，冒雨走十几里泥路，下乡走访，收集文物，精神可贵，望今后多多开展类似活动。"万龙山乡政府的留言写道："安馆宣传小组的同志深入农村，深入老区，开展文物保护法等宣传活动，使我乡人民开阔了视野，增强了文物保护意识，受到了教育，老区人民深表感谢。五个小伙子不辞劳苦，翻山越岭走访老革命，收集资料和革命文物，晚上还坚持整理资料，工作到深夜。表现了中国青年勤劳勇敢、诚实好学、奋发向上的精神。从他们身上看到了九十年代中国青年的风范。"新泉乡政府的留言写道："安源纪念馆的几位同志深入老区山区开展文物收集和文物保护法宣传，使我乡的广大人民群众开阔了视野，提高了保护文物的法律意识，使山区人民受到了教育和鼓舞，受到山区人民的好评，望今后多到老区山区宣传。"

为纪念刘少奇100周年诞辰，1998年11月，安源纪念馆举办《纪念刘少奇同志诞辰100周年》巡回展览。讲解员携带展板参与萍乡市文化局组织的文化下乡活动。随后，在萍乡市各企事业单位和乡村、社区巡回展出，并到井冈山革命博物馆、吉安市博物馆等地巡展。

2011年2月15日，安源纪念馆红色文化宣传队到芦溪县京口村进行文艺演出，并带去《八临安源创伟业，工运华彩耀千秋——纪念毛泽东同志开创安源工运90周年》流动展板，向广大村民展现一代伟人毛泽东与安源的悠远情缘。

为庆祝湘赣边界秋收起义90周年，由安源纪念馆倡导发起，并联合八七会议会址纪念馆、秋收起义铜鼓纪念馆、秋收起义文家市会师纪念馆、卢德铭烈士陵园、莲花一支枪纪念馆、三湾改编纪念馆、井冈山革命博物馆、秋收起义萍乡陈列馆共同举办《湘赣边界秋收起义历史》巡回展览。经过4个多月的筹备，2017年4月29日，九馆（地）相关负责人齐聚井冈山，参加第八届秋收起义系列纪念馆（地）工作协作会暨巡回展览开幕式。此次巡展的路线为：井冈山→安源→莲花→芦溪→铜鼓→武汉→萍乡→文家市→三湾，各地巡展时间15至20天，历时近6个月。

2019年5月18日，安源纪念馆在萍乡市博物馆举办《不忘初心，牢记使命——安源革命文物介绍》巡回展览，通过介绍安源革命文物，展示毛泽东、刘少奇、李立三等老一辈无产阶级革命家"不忘初心，牢记使命"的责任担当，展览在萍乡各县区巡回展出。

为庆祝中国共产党成立100周年，由中共萍乡市委宣传部主办，安源纪念馆和萍乡安源钢铁有限公司承办的《唤起工农千百万——毛泽东和安源》巡回展览于2021年6月24日在安源工农兵政府旧址开展。展览分为固定展和巡回展，固定展在安源工农兵政府旧址展出，巡回展第一站从安源钢铁有限公司开始，历时8天后陆续到萍乡市各企事业单位和部队、乡村、广场巡回展出。

### (三)"国庆七天乐"系列阵地宣教活动

为营造爱国主义教育氛围,厚植爱国主义情怀,安源纪念馆于2017年开始,推出"国庆七天乐"系列阵地宣教活动并一直延续至今。

这是一项独具特色的线上、线下主题宣教活动,让广大市民在平安喜乐的国庆假期乐享文化生活。讲解员深挖文物故事,活跃线上传播形式,在国庆期间开展"云游安源,云讲文物"线上展览互动,增加沉浸式观展体验;丰富线下活动,打造拓展式教育空间。结合特色优势,安源纪念馆精心组织开展"红领巾讲解员迎国庆 颂经典 念初心"主题活动、"闪闪的红星"折纸互动游戏、"红歌唱响安源山"教育活动等,每年都吸引近万名市民尤其是未成年人参与,触摸历史脉搏,感知文化魅力,积极传播践行社会主义核心价值观,营造国庆欢乐、喜庆、祥和、文明、健康的节日氛围。

### (四)"红色文艺轻骑兵"宣讲活动

2018年1月,安源纪念馆精心打造的"红色文艺轻骑兵"宣讲团致力于创新宣教方式,拓展服务途径,编排具有浓厚安源历史特色的专场演出,更好地弘扬安源精神,传承红色基因。"红色文艺轻骑兵"宣讲团以宣传接待科人员为主体,并吸纳了两支社会艺术团体:一支由15名退休干部组成的萨克斯铜管乐队,一支由21名中老年组成的"安源红"舞蹈队。宣讲团以开展"三送四进"(即送专题展览、送红色演出、送党史资料,进学校、进部队、进乡村、进社区)为主要内容,活跃在生产生活第一线,扎根基层,服务人民,传承红色基因,唱响主旋律,传递正能量。目前已开展"三送四进"活动50余场次,每逢节假日在馆区内开展快闪活动达百余场次。"红色文艺轻骑兵"宣讲团在传统节日和重要纪念日,运用舞蹈、合唱、春锣、朗诵、情景讲解等多种形式,为观众演出自编、自导、自演的安源红色文艺节目,全年共开展活动20余次。2020年12月31日,安源纪念馆"红色文艺轻骑兵"被评为"江西省文博场馆十佳红色主题社会教育示范项目"。

### (五)"争做新时代接班人"主题教育活动

2018年6月起,安源纪念馆联合共青团萍乡市委创新推出了"争做新时代接班人"主题教育活动并持续开展。讲解员分别走进南昌市、湘东职业中学等专业学校开展宣讲,将红色历史融入到团课、队课中,通过红歌互动、听红色故事、体验工人补习学校课堂等喜闻乐见的形式,提升学生的爱国情怀,打造未成年人思想道德建设特色教育。

活动以"开学第一课"的形式进行,覆盖了萍乡市的100多所中心学校2万多名学生,通过"学红色课程、诵红色故事、践红色之旅",加强青少年理想信念教育,引导青少年传承红色基因,践行社会主义核心价值观,争做新时代接班人。该项目被评为"江西省文博场馆十佳红色主题社会教育示范项目"。

### (六)"百年党史听我讲"主题宣教活动

2021年是中国共产党成立100周年,为深入学习贯彻习近平总书记重要指示精神,深入开展党史学习教育,让更多的观众领悟安源精神,安源纪念馆特推出红色文化志愿者系列主题宣教活动——"百年党史听我讲"。

"百年党史听我讲"主题宣教活动的主讲人为安源纪念馆的红色文化志愿者。他们是我馆在"红色文艺轻骑兵"的基础上，扩充并吸纳广大社会热心人士组建的志愿者服务队伍。他们当中有全国优秀少先队员，有"中国好人""萍乡好人"，还有文化系统离退休的老干部。安源纪念馆以中共党史和安源工运史为主线，以录制短视频的方式讲述安源红色故事，用这种特殊的方式向党的百年华诞献礼，让广大群众更加了解安源红色历史，做到学史明理、学史增信、学史崇德、学史力行。该活动获评"2021年江西省优秀红色主题社会教育项目"。

**（七）"全省青少年游基地、学党史"主题教育活动**

为贯彻落实习近平总书记关于关心下一代工作的系列指示批示，安源纪念馆于2022年联合萍乡市关工委、共青团萍乡市委开展"全省青少年游基地、学党史"主题教育活动。2022年7月13日，萍乡市关工委、共青团萍乡市委和安源纪念馆举办了为期10天的"全省青少年游基地、学党史"活动暨安源纪念馆志愿讲解员培训班，旨在培养一批信仰坚定、综合素质强的志愿者讲解员。

本次活动在抓好党史教育的基础上，依托全国爱国主义教育基地安源纪念馆的资源，通过线上线下联动、参观游览爱国主义教育场馆、听爱国主义教育故事、走访慰问英模人物，将学党史活动融入课堂教学，融入学校课外活动，让广大青少年从红色传统、红色文化中汲取前行的力量，树立为祖国为人民永久奋斗、赤诚奉献的坚定理想。

**（八）线上主题教育活动**

2020—2022年新型冠状病毒感染疫情防控期间，安源纪念馆坚持红色教育"不掉线"，创新宣教载体，利用微信公众号、抖音、微信等媒体，传播红色文化，讲述安源故事，不断丰富线上红色宣教内容，在抗疫硬仗中彰显文旅担当。

1. 推出手指舞《天使的微笑》，歌颂不畏疫情、战疫逆行的无私奉献精神，激励、鼓舞人们走出困境。

2. 建成红色文化网络直播室，开展抖音文创产品带货直播，并在全省博物馆文化创意产品直播大赛中，安源纪念馆获"十佳场馆"称号；段志能、金月获评"十佳主播"称号；三件文创产品被评为"百佳产品"。

3. 常态化开展红色故事、红色影视、红色歌曲线上展播活动。"三八"妇女节红上社教活动——讲述巾帼英雄故事；清明线上祭扫活动；"红五月，诵劳动""五一"劳动节线上诵读活动；志愿线上培训课堂；"我是国宝守护人"红领巾讲解员线上宣讲活动等，让广大群众足不出户就可以看藏品、观展览、听解说，受到线上观众一致好评。截至2022年底，安源纪念馆网站综合浏览量699560次，新媒体访问量399450次。安源纪念馆在2021年、2022年多次入选全国热搜革命类博物馆纪念馆50强；在2022年第三季全国热搜革命历史类博物馆纪念馆榜单中位列第11位。

**附：2017—2022年度宣传科部分宣教活动**

## 2017年

4月14日，赴湘东区东桥镇长塘村举行安源纪念馆党员学雷锋"送红色文化进乡村"文艺演出。

5月18日，在安源镇上湾社区开展党员志愿活动。

5月31日，组织"小小讲解员"讲解大赛。

6月11日，为中共萍乡市委宣传部工作人员现场教学。

6月13日，为中国井冈山干部学院师生现场教学。

6月15日，为中国建工集团员工现场教学。

6月16日，举行红色诗文朗诵会。

7月5日，为中共萍乡市委中心组领导现场教学。

7月10日，为安源区四套班子"两学一做"学习教育现场教学。

7月18日，为萍乡市文广新局机关党员现场教学。

8月23日，为萍乡市纪委中心组领导现场教学。

8月25日，赴安源镇花冲社区开展"创建全国文明城市，红色文化进社区"演出活动。

12月3日，编排《母爱情怀》节目参加萍乡学院"志愿者晚会"演出。

## 2018年

1月26日，到萍乡市公安消防支队特勤中队开展"贯彻十九大精神，红色文化进军营"迎春联欢活动。

1月31日，到萍乡经济技术开发区万龙湾社区开展"扎根红色土地，做好红色文艺轻骑兵"主题活动。

3月8日，与芦溪县万龙山乡长岭村百名女村民开展欢度国际妇女节活动。

3月9日，"红色文艺轻骑兵"宣讲团组织萍乡学院体育系大学生志愿者开展"传承红色基因，践行雷锋精神"红色精品团队拓展活动。

3月11日，邀请萍乡学院材料与化学工程学院近60名大学生志愿者和安源区第二学校师生联合开展"大手牵小手，走进红色安源，感受绿色家园"主题宣教活动。

3月20日，参加萍乡学院青年志愿者协会举办的"红色故事会"宣教活动。

3月23日，为来馆开展"学习雷锋精神，争做文明少年"研学活动的栗江小学与茶亭小学师生进行精品宣教。

4月3日，联合杨岐乡中心小学开展"寻访红色足迹"研学旅行活动，并对师生进行精品宣教。

4月13日，到萍乡市"乐晚晴"养老护理中心，与百余名老人共同开展"心手相牵，情满安源——带上爸妈感受春天"公益宣教活动。

4月18日，为江西师大附中2017级高一师生300余人进行研学旅行精品宣教活动。

4月27日，安源纪念馆举办"诵读红色家书，贡献青春力量"为主题的五四青春纪念活动。

## 2019年

2月5日至10日，在馆区开展七场"迎新纳福辞旧岁，齐聚安源贺新年"特色品牌活动。

3月29日，在黄静源烈士殉难处纪念碑前开展"青春心向党，建功新时代"清明节特别主题团日活动暨红色诗文咏诵会特色品牌活动。

5月1日至4日，在馆区开展"五一"劳动节系列活动、百年五四特别活动，演出文艺节目共4场次。

6月11日，赴武功山华云学校开展"不忘初心，牢记使命"特色品牌活动。

8月30日至11月30日，"红色文艺轻骑兵"宣讲团每日上午10时在馆区开展"安源红"系列快闪特色品牌活动，共计75场次。

10月1日至7日，每日上午10时在馆区开展"壮美中国，唱响安源"——庆祝新中国成立70周年红歌唱响安源山特色品牌活动。

## 2020年

3月21日，开展线上手指舞《天使的微笑》活动。

3月25日，开展与游客爱心互动"致敬抗疫前线人员"活动。

3月27日，开展《云游安源》线上问答活动。

4月5日，开展线上祭扫——直播《云游安源》清明特别节目"革命先烈永不忘，清明时节寄哀思"活动。

5月1日，开展"革命精神永不忘，五一FUN心游安源"活动。

5月18日，开展国际博物馆日宣教活动。

6月1日，开展线上红色故事展播活动。

6月25日，开展"育传统美德，扬爱国之心——安源纪念馆端午节寻宝"活动。

7月1日，开展"初心践行地庆党的生日·革命红安源忆伟人英姿"活动。

8月1日，开展"国防教育强民心，安源精神永留存"活动。

10月1日，开展"中秋佳节迎国庆，歌声响彻红安源——第三届红歌唱响安源山"活动、"感受美丽安源，发现户外精彩——安源纪念馆国庆期间线上活动"。

10月25日，开展"重阳登高日，革命安源红"活动。

## 2021年

1月1日至3日，开展庆"双百"（即建党百年、安源工运开创百年）系列活动之"我为安源送祝福"。

春节期间，开展庆"双百"系列活动之"我是文保守护人""诵读红色经典，传承革命精神"等宣教活动。

2月26日，开展"纪念馆里猜灯谜，开开心心闹元宵"宣教活动。

3月12日，红色文化志愿者系列活动《百年党史听我讲》线上活动开启。

4月清明期间，开展"清明特别节目——讲述英烈故事"线上活动。

4月3日至5日，开展"清明祭扫英灵，永葆使命初心"宣教活动。

4月17日，与共青团萍乡市委共同开展"党的故事我来讲，争做红色讲解员"实践体验活动。

5月1日起，开展"铭记初心学党史——安源纪念馆党史学习教育"专题活动。

5月1日至5日，开展"劳动最光荣"主题作品征集活动和"青春就这YOUNG"短视频作品征集活动。

5月18日，开设"聆听安源故事，感悟先辈初心"5.18国际博物馆日特别微党课。

6月1日，开展"童心向党，欢度六一"宣讲活动。

6月10日，开展"早安，红土地"晨读党史直播活动。

6月12日，开展"粽叶飘香，红歌传情"线上红歌征集活动。

6月26日、27日，与萍乡市中医院共同开展"传承安源精神，医心为民服务——礼赞建党100周年大型公益活动"。

6月29日至7月4日，开展"百年征程鉴初心，安源精神永留存"党史学习教育。

7月30日至8月5日，开展"追忆往昔峥嵘，牢记英雄使命"影视放映宣教活动和"国防教育强民心，安源精神永留存"宣教活动。

7月1日，开展"永远跟党走——庆祝中国共产党成立100周年"活动。

9月2日，开展"开学第一节党史课"爱国主义教育主题宣教活动。

9月13日，开设情景微党课《毛泽东与安源》。

9月17日至9月30日，举办中秋学党史特别展览《毛泽东与安源》。

9月18日，志愿者秋季培训班开班仪式。

9月19日，开展中秋佳节手工文创制作活动。

9月19日至21日，举办安源红歌学唱《安源红色记忆》。

9月21日，开展"庆团圆佳节，品红色安源——安源纪念馆中秋学党史"系列活动。

10月1日，举办"建党百年迎国庆，唱支心歌给党听——国庆主题活动暨第四届红歌唱响安源山"活动。

## 2022年

1月1日，与萍乡市文化馆、团市委红领巾讲解员一起开展歌曲《领航》传唱活动，新华社、萍乡传媒中心现场报道。

1月3日，与安源区团委、安源二小联合开展"红领巾高高飘扬"少先队主题活动，萍乡电视台报道。

2月1日至6日，推出两项新春活动。一是"龙骧虎视"找文物，纪念馆里过大年：邀请游客在馆内寻找指定文物，在收获奖品的同时也能学习相关知识；二是"追寻工运印记，打卡红色圣地"：邀请来馆参观的家庭拍摄全家福。

2月15日至20日，开展"龙虎欢腾猜灯谜，纪念馆里闹元宵"活动。

3月8日至15日，开展"讲述巾帼英雄故事，传承安源革命精神"活动。

4月3日至5日，举行"缅怀革命先烈，传承红色基因"云祭扫活动、"传承红色基因，强国复兴有我"网上诵读活动、"重温红色电影，赓续红色血脉"红色电影放映活动。

5月1日，开展"首届致敬劳动节特别活动"。

5月18日，开展"5.18国际博物馆日"《江西省革命文物保护条例》普及推广活动。

6月1至11日，开展"端午＋六一"系列宣教活动：一是"喜迎二十大 争做好队员"系列主题队课；二是"民俗课堂走进翠湖学校"；三是线上线下开展"传承红色基因，强国复兴有我"主题活动；四是"红领巾高高飘扬——2022自然文化遗产日"。

7月1日，开展"传承安源精神"建党宣教活动：一是开展党员教育活动；二是开展安源路矿工人运动经典曲艺作品展播；三是开展"全市青少年游基地、学党史"活动暨安源纪念馆志愿红领巾讲解员培训班。

7月26日，和萍乡传媒中心993交通文艺频道开展关于百年工运活动的宣传合作，提供讲解技术支持。

9月3日至10日，开展"喜迎二十大，童心画中秋""中秋月圆'抖'在安源——抖音直播参观""参观刘春华书画馆"系列宣教活动。

9月，配合萍乡市社联开展"江西省社科普及宣传周"活动。

10月1日至7日，开展"红歌唱响安源山"、博物馆之夜暨喜迎二十大读书朗诵会、"喜迎国庆，夜游安源"系列宣教活动。

# 第六章 史料编研

## 第一节 编研概况

安源路矿工人运动史作为中国革命史学的一个课题，由史学工作者进行研究，是新中国成立以后的事。1951年7月，庆祝中国共产党成立30周年之际，《江西日报》等报刊分别发表文章，介绍党领导安源路矿工人革命斗争的史实。这是新中国成立后研究和宣传安源工运史的第一批著述。此后，这一历史事件逐渐引起各方面注意和重视。

1955年，根据萍乡全国人大代表的议案，由内务部拨款修复了安源路矿工人俱乐部旧址，同时，创设了征集和保护安源工运文物、研究和宣传安源工运史的专门机构——安源路矿工人俱乐部（后来改名为安源路矿工人运动纪念馆）。从那时候起，陆续征集到一批文物和史料，研究和宣传工作不断取得进展。

1958年，由中共萍乡矿务局委员会组织、安源纪念馆工作人员参与编写的《红色安源》一书出版并在国内外发行，使人们对安源工运史有了初步的了解。但是，在"文化大革命"开始之前，研究和宣传尤其是文艺形式的宣传，在运动的内容方面一直着重于运动前期工人的组织和斗争，特别是1922年9月的安源大罢工；关于运动的领导，则着重于领袖个人的活动。20世纪50年代末60年代初，反映安源大罢工这一历史事件的戏剧、美术和其他文艺作品相继问世，特别是电影《燎原》的上映和戏剧《安源大罢工》的公演，使安源大罢工声名大振，而安源工人开展农民运动、参加秋收起义、支援井冈山等革命根据地的斗争，以及大举参加红军等壮丽的史实，则鲜为人知；刘少奇在安源大罢工中临危不惧、孤身赴戒严司令部谈判等史迹被广泛传颂，而李立三主持安源工运的开创工作和担任罢工总指挥，毛泽东和党的其他著名活动家在安源的革命活动等等，不大为人们所了解。

1966年"文化大革命"开始以后，安源工运史的研究和宣传便同所谓"两个司令部"的问题直接联系在一起，成为激烈争论的一个重大政治问题。1968年，油画《毛主席去安源》发表和大量印制发行，中央报刊为此发表重要消息和文章；随后，又用这幅油画发行纪念邮票，制作像章，使安源和安源工运在全国家喻户晓，闻名海外。这时，一方面由于大量新史料的发现、研究和宣传的内容由运动前期扩展到了后期，特别重要的是开始涉及安源在湘赣边界秋收起义中的重要地位以及安源工运对井冈山斗争和红军建设的重要贡献；另一方面由于与所谓"两个司令部"问题联系，刘少奇在安源的革命活动受到批判，而李立三则被错误地斥责批判为安源工运中"左"倾机会主义代表。党领导的安源工运的历史，实际上被描绘成毛泽东在安源的活动史，安源路矿工人运动纪念馆并因此于1968年更名为毛主席在安源革命活动纪念馆（1972年恢复原名）。由于存在以上种种复杂的情况，自然很难谈到对安源工运史进行科学的研究。从20世纪50年代末起，安源路矿工人运动纪念馆曾多次组织力量编写安源工运史专著，北京大学、中国人民大学和省内外其他几所高等院校的历史系师生亦曾试图撰写，但都告搁浅。

1979年下半年，安源纪念馆先后组织人员赴北京、武汉、上海、南京等地调查征集刘少奇、李立三领导安源工人运动的历史资料。同年11月，安源纪念馆编印了《刘少奇在安源活动资料汇编》；12月，又编印了《李立三在安源活动资料汇编》，为恢复刘少奇、李立三在安源路矿工人运动史应有的历史地位做了大量工作。

1980年至20世纪末，安源路矿工人运动史的研究出现了一个高潮。《人民日报》《光明日报》《江西日报》《党史研究资料》等报刊陆续发表了一批安源路矿工人运动史方面的论文和史考。1983年萍乡市委党史办公室成立和1985年萍乡市中共党史学会成立以后，组织开展了一系列学术活动。1987年8月，萍乡市委党史办、市社联、市党史学会联合举办纪念秋收起义60周年学术研讨会。1988年11月，萍乡市委党史办、市党史学会举办纪念刘少奇同志诞辰90周年学术研讨会。1990年11月，萍乡市党史学会举办纪念毛泽东同志第一次到萍乡考察70周年和安源市苏维埃政府成立60周年学术研讨会。1991年6月，萍乡市委宣传部、市委党史办、市社联、市委党校、市委讲师团联合举办庆祝中国共产党成立70周年暨党开创安源路矿工人运动70周年学术研讨会。1992年9月，市委宣传部、市委党史办、市文化局、市总工会、市社联、安源纪念馆联合举办纪念安源路矿工人大罢工胜利70周年学术研讨会。1993年12月，萍乡市委宣传部、市委党史办、市委党校、市委讲师团、市教育局、市社联、市政协文史办、市党史学会联合举办纪念毛泽东同志诞辰100周年理论研讨会。1997年，萍乡市社联组织专人、拨出专款，集中力量研究安源在湘赣边界秋收起义中的地位和作用，先后在《萍乡日报》《萍乡社会科学》《江西日报》《江西社会科学》发表一批纪念秋收起义70周年的论文。

进入21世纪以来，安源路矿工人运动史的研究迈向新的阶段。2001年10月至2002年1月，萍乡市委宣传部、萍乡日报社联合举办"弘扬安源精神，加快萍乡发展"征文活动。2002年9月，萍乡市委宣传部、市史志办、市委党校、市社联、市委讲师团联合举办"进一步弘扬安源精神 加快萍乡发展暨邓小平理论研讨会"。2021年6月，中共萍乡市委、萍乡市人民政府举办"安源精神学术研讨会"。2022年7月13日，由中共萍乡市委举办，市委组织部、市委宣传部、市委史志研究室承办的"红色堡垒·百年荣光——纪念中共安源路矿支部成立100周年"研讨会在萍乡举行。2022年7月26日至27日，中华全国供销合作总社举办的安源路矿工人消费合作社成立100周年合作经济理论与实践交流会在萍乡举行。2022年9月13日，由中央党史和文献研究院第七研究部、中共江西省委宣传部、中共江西省委党史研究室、江西省总工会、全国红色基因传承研究中心、江西省社会科学院、江西省投资集团有限公司、中共萍乡市委、萍乡市人民政府联合举办的纪念安源路矿工人运动100周年学术研讨会在萍乡举行。以上学术活动从不同的方面推动了安源路矿工人运动史研究的开展。

建馆以来，安源纪念馆组织职工对馆藏资料进行编辑整理，编撰了一批书籍，撰写了大量史料介绍、史实考证和研究论文在报纸杂志上发表，并参加各类学术研讨会，有的获得了国家级、省级、市级科研奖励。

## 第二节　史料编辑

建馆以来，经过走访调查，收集了大批安源路矿工人运动史料。1972年5月安源纪念馆陈列修改闭馆期间，组织全馆职工对本馆历史资料分专题进行全面整理。首先将有关专题史料（包括历史文献、报刊资料和回忆录）集中摘录出来，然后根据所掌握的史料，归纳、分析出事件的起因、过程、结果，以及没有搞清、需要进一步调查的问题。这次整理的专题资料有：《毛主席在安源陈列宣传资料依据总索引》《二十年代安源路矿的概况》《农民的破产》《三大敌人对安源工人的剥削和压迫》《安源工人的苦难生活》《安源工农在党成立前的反抗斗争》《毛主席1920年来萍乡》《毛主席1921年秋来安源》《毛主席1921年冬来安源》《毛主席1922年5月来安源》《毛主席1921—1922年9月罢工前的安源党及其领导的群众组织》《毛主席1922年9月来安源》《1922年9月安源路矿工人大罢工》《毛主席1922年冬来安源》《毛主席1923年4月来安源》《毛主席1925年来安源》《1922年9月—1925年9月的安源党及领导的群众组织合作社情况》《安源党团组织建立时间及工人夜校情况》《毛主席领导安源工人为准备建立工农联盟而斗争（1925年9月以前）》《安源工农参加广州农讲所，两省代表大会和毛主席考察湖南农运时的调查会情况》《安源工人在湖南开展农运》《安源工人在萍乡开展农运》《大革命时期安源工人在厂内斗争和到各地开展工人运动情况》《大革命时期安源在萍乡和各地组织统一战线》《1925年9月—1927年4月的安源党及其领导的群众组织》《安源工人为保卫革命而斗争（四一二反革命政变至秋收起义）》《秋收起义的领导机关和部队概况》《秋收起义的战斗经过》《秋收起义以后安源工人的斗争》《毛主席1930年来安源》《大革命时失败后的安源党及其领导的群众组织》等30多个专题。

1973年5月，为了迎接中联部对安源纪念馆陈列宣传的审查，资料组编印了《毛主席多次来安源和萍乡陈列宣传资料依据》，主要摘录了毛泽东多次来安源、萍乡的历史记载和相关回忆，以及毛泽东著作和革命活动中与安源工人运动有直接关系的其他历史事件的资料依据。随后，又编印了《毛主席多次来安源和萍乡资料选编》。

为了便于资料的完整保存和研究利用，从1975年起，开始有计划地对馆藏资料进行编辑打印。

1975年编印《安源路矿工人运动史料汇编第三辑回忆录第一册》；1976年编印《安源路矿工人运动史料汇编第二辑历史文献第一册》；1977年编印《安源路矿工人运动史料汇编第二辑历史文献第二册》；1979年编印《刘少奇在安源活动史料汇编》《李立三在安源活动史料汇编》；1980年1月编印《安源路矿工人运动史料》《李寿铨日记（1922年1月—1923年11月）》；1981年编印《刘少奇与安源工人运动》；1983年编印《安源路矿工人运动史料汇编第二辑历史文献第三册党组织文件（续）》《安源路矿工人运动史料汇编第二辑历史文献第四册团组织文件（续）》《安源路矿工人运动史料汇编第二辑历史文献第五册报刊资料》；1984年编印《安源工人运动歌谣歌曲选》《安源路矿工人运动史料汇编第二辑历史文献第六册〈湖南全省清乡总报告书〉摘录》《安源路矿工人运动史料汇编第二辑历史文献第七册〈愚斋存稿〉〈盛宣怀未刊信稿〉》《安源路矿工人运动史料汇编第四辑专题资料第三册安源路矿工人消费合作社》。1991年编印出版《安源路矿工人运动》（上、下册）；1993年编印出版《秋收起义在江西》；2013年编印出版《中国工人运动旗帜》（安源工运史研究文选）；编辑出版《博物馆学论文选编——基于安源路矿工人运动纪念馆的研究》。馆藏资料的编印出版，为安源路矿工人运动史研究奠定了坚实的基础。

## 第三节　史实研究

安源纪念馆创建初期的陈列宣传，只限于还原革命历史，即将安源路矿工人运动历史原原本本地告诉大家，而不能从理论高度引导观众认真学习和深刻认识安源路矿工人运动重大作用和伟大意义。当时安源纪念馆没有专业研究人员，工作人员既无能力水平、也无时间精力从事史学研究。

随着观众的增多，人们对安源路矿工人运动历史的了解也日益深入。马克思主义与安源工人运动是怎样结合的？安源路矿工人运动有什么特点和经验？什么是安源精神？一连串的问题，迫使资料人员不得不认真进行思考和研究。

党的十一届三中全会以后，为了完成陈列宣传的拨乱反正任务，安源纪念馆组织工作人员讨论如何对基本陈列进行修改。大家根据研究所得，围绕安源工人运动历史中的一些因历史原因搞乱的问题各抒己见。例如，党的十一届三中全会以前的陈列宣传中，诬蔑刘少奇"反对安源大罢工、压制工人"，其所谓根据是1923年8月刘少奇和朱少连写的《安源路矿工人俱乐部略史》中，有"铤而走险的大罢工""俱乐部此时已成骑虎之势""俱乐部迫不得已，乃断然发出罢工命令"的话，还有罢工期间工人行动"当比平时更加文明"的话。资料人员认为，刘少奇这些话与罢工前俱乐部向当局提出三项条件、当局不答应等情况联系起来看，是没有什么错误的。这样做有利于争取社会同情，使工人俱乐部在政治上处于有理有利的地位。《略史》中说的"当比平时更加文明"，是工人代表刘少奇向俱乐部提出的保证。意思是说，罢工时工人的纪律应当比平时更好。强调纪律，怎么能说是对工人革命行动的压制呢？说罢工是"铤而走险"，在一定程度上反映了刘少奇在罢工前对罢工能否取胜还无十分把握的思想。但是，这绝不能因此就扣上"反对罢工"的帽子。当时我们党才建立一年多，刘少奇和李立三也只是入党不久的青年党员，还没有领导这样一场斗争的实践经验，因而没有十足的把握。但是，他们在斗争中学习，把斗争引向胜利，就当时的领导水平来说是难能可贵的。又如，关于安源罢工十七条改为十三条的问题。资料人员认为，安源大罢工时提出了十七条协议，最后签订时改为了十三条，有的完全实现了罢工宣言中提出的条件；有的条款俱乐部作了让步。如工资增加的幅度，根据工种有所调整，矿局欠工人的工资分期发给，不是一次发清等。"四人帮"横行时期，把这种让步当作刘少奇出卖工人利益的"罪证"，是毫无道理的。这种让步是在不损害革命利益的原则下，为了取得全局的胜利而做出的让步，是革命的妥协。十三条协议是斗争的成果，绝不是什么投降的产物。把"不许妥协"、全部实现罢工条件，作为衡量一次罢工的领导者是马克思主义还是机会主义的标准，是十分荒唐的。经过讨论研究，大家一致认为，刘少奇在安源不但没有出卖工人阶级利益，而且建立了不朽的历史功绩，应该理直气壮地进行陈列宣传。

为了回答"马克思主义与安源工人运动是怎样结合的"问题，长期在馆里从事资料工作的刘善文1982年撰写了《科学社会主义和安源路矿工人运动的初期结合》（载《江西社会科学》1982年第6期）。文章指出："调查研究，思想教育，建立和健全组织，开展斗争，是马克思主义与工人运动赖以不断克服相互脱节倾向而实现相互结合的四个基本环节。其中调查研究是思想理论的准备；思想教育是中心环节；组织工作是物质保证；开展斗争既是这一结合的出发点和归宿，又是实现这种结合的强大杠杆。这相互依存、相互渗透、相互促进的四个基本环节循环往复，以至无穷，构成了马克思主义与工人运动相互结合的全部过程。"安源纪念馆资料人员经过研究认为，安源路矿工人运动的最大特点和经验是体现了中国革命胜利的"三大法宝"，即党的建设、统一战线、武装斗争，这是安源路矿工人运动能够坚持长达十年之久的重要原因。据此，撰写了《安源路矿工人运动党的建设》《安源路矿工人运动的统一战线》《安源路矿工人运动的武装斗争》等研究论文。

进入社会主义现代化建设新时期，在改革开放和发展社会主义商品经济的新形势下，革命传统还有没有价值？革命传统教育还有没有必要？常常听到人们发问：现时的改革开放、发展商品经济、承包、租赁等等，与革命年代的组织工会农会、举行罢工斗争、武装起义、游击战争、打土豪分田地有什么相干？怎样继承和发扬这些革命传统？在新形势下要做好革命传统宣传工作，关键在于揭示历史与现实的本质联系，从历史发展中引出科学的结论，让人们从中获得真切的教益和启迪。那么，历史和现实的本质联系何在？经过多年探讨，安源纪念馆资料人员认为，这种联系就在于科学社会主义与中国的实践和时代发展的结合。从根本上说，建设有中国特色的社会主义，是科学社会主义与当代中国建设实践的结合；而安源路矿工人革命运动，则是科学社会主义与20世纪20年代中国的实践，尤其是与安源路矿工人的斗争实践的结合。就其根本任务来说，现在是发展社会生产力，过去是把社会生产力从三大敌人压迫下解放出来；就其基本原则和根本动力来说，无论是现在还是过去，都是依靠工人阶级和全体人民在科学社会主义学说指导下的不断实践和不断探索。由此不难明白，历史和现实的种种事件与现象，从表面上看来似乎毫不相干，实则存在着内在的本质联系。因此，革命历史的借鉴作用，革命传统的价值，是不会丧失的。安源革命传统之所以能产生如前所说的教育鼓舞力量，根本原因也正在于此。

进入新世纪以来，资料人员对安源路矿工人运动史继续深入进行研究和探讨，推出了安源路矿工人运动在中共党史中作出的一系列开创性贡献，并对安源精神内涵作出了新的提炼，先后出版了《安源路矿工人运动研究文汇》《安源路矿工人运动新论》《安源路矿工人运动研究》等专著，为安源路矿工人运动史陈列宣传注入了新的活力。

## 第四节　学术成果

### 一、馆编书目

**《安源路矿工人俱乐部修复竣工纪念册》**

此书为1956年内部刊印。萍乡矿务局工会编，胡尘白执笔。扉页选有刘少奇1951年7月8日给安源镇工会的信手迹、安源路矿工人俱乐部筹备委员会委员合影、安源工人大罢工文件、安源路矿工人俱乐部旧址等6帧照片，刊载了全国人民代表大会代表、萍乡矿务局工人郭清泗写的《一件提案》和《安源路矿工人俱乐部简史》。

**《红太阳照亮安源山》（九场歌剧）**

此书为32开本，12万字，由毛主席在安源革命活动纪念馆建设领导小组创作演出队编撰，1968年12月内部刊印。1968年8月5日完成初稿。8月23日第一次修改；9月15日第二次修改；12月30日第三次修改并定稿。九场歌剧为：第一场，点火；第二场，罢工；第三场，义无反顾的斗争；第四场，斗群魔；第五场，痛批××；第六场，工农联盟；第七场，上山；第八场，部署；第九场，暴动。剧本仅供领导审查和排练用。

### 《毛主席在安源革命活动纪念馆陈列大纲》

此书为 32 开本，8 万字，毛主席在安源革命活动纪念馆建设领导小组资料组编写，1969 年 1 月内部刊印。1968 年 7 月毛主席在安源革命活动纪念馆动工兴建以来，陈列大纲先后进行了五次修改，直至年底才最后定稿。陈列中共有毛主席语录 70 条，歌谣 3 首，画 70 幅（其中油画 19 幅，国画 11 幅，版画 23 幅，漫画 16 幅，宣传画 1 幅），大型泥塑 1 组，群雕 5 座，图表 13 张，各种照片 146 张，文物 258 件。

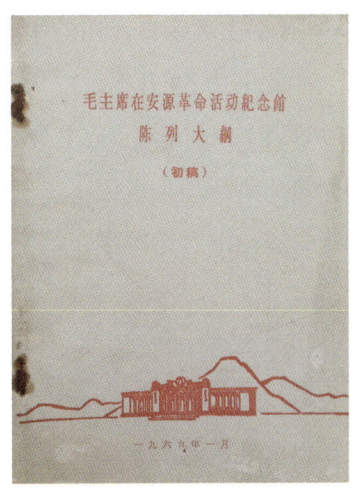

### 《毛主席在安源革命活动纪念馆讲解词》

此书为 32 开本，6 万字，毛主席在安源革命活动纪念馆建设领导小组资料组编写，1969 年 1 月内部刊印。讲解内容共分七个部分：请示厅和六个馆。请示厅正面正中央是《毛主席来安源》巨幅画像。第一馆：《安源工人盼救星》；第二馆：《红太阳照亮了安源山》；第三馆：《安源工人大罢工》；第四馆：《唤起工农千百万》；第五馆：《枪杆子里面出政权》；第六馆：《敬祝毛主席万寿无疆》。

### 《红日照安源》

此书为 32 开本，14 万字，江西人民出版社 1969 年出版。毛主席在安源革命活动纪念馆领导小组与安源煤矿革命委员会、萍乡铁路地区革命委员会、安源镇革命委员会，在人民解放军的大力支持下，联合组织安源工农兵诗歌编选小组，负责收集、整理和编辑。该书收录安源工农兵诗歌 54 首，表达了安源人民紧跟伟大领袖毛主席誓将无产阶级革命事业进行到底的坚强决心。

**《毛主席亲自开拓的中国工人革命运动发源地安源》**

此书为64开本，12万字，毛主席在安源革命活动纪念馆编印，1969年内部刊印。全书分为四个部分：一、伟大领袖毛主席在安源的革命活动大事记；二、安源革命旧居旧址；三、毛主席在安源革命活动纪念馆内容介绍；四、编印说明。

**《红太阳照亮了安源山》**

此书为32开本，10万字，由安源路矿工人运动纪念馆编印，1978年内部出版。该书收录了中共萍乡市委工农写作组撰写的《红太阳照亮了安源山》《大罢工的风暴》《走工农武装割据的道路》和军史资料《秋收起义》以及中共湖南省委撰写的《沿着秋收起义的革命道路胜利前进》《日出韶山，光照千秋——缅怀毛主席早期在湖南的伟大革命实践》等文章。

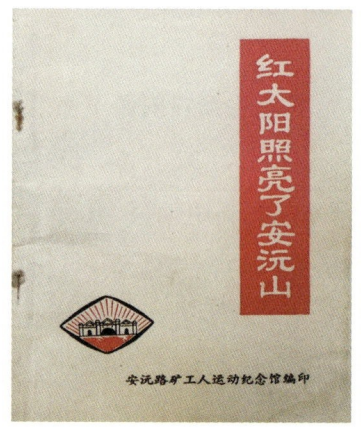

**《安源路矿工人运动史料》**

此书为32开本，全书51万字，由安源路矿工人运动纪念馆与长沙革命纪念地办公室合编，湖南人民出版社1980年出版。该书汇集了安源路矿工人运动相关历史文献、历史报刊、文物资料和敌伪档案等史料，是研究安源路矿工人运动史的重要参考书，是党的十一届三中全会以后出版最早的安源工人运动史料集。

### 《刘少奇与安源工人运动》

此书为 32 开本，全书 16.6 万字，由安源路矿工人运动纪念馆与中国社会科学院历史研究所合编，中国社会科学出版社 1981 年出版。该书收录了刘少奇在安源写的 6 篇著作、给安源镇工会的信，以及反映刘少奇在安源革命活动的历史文献、回忆录、文物、报刊资料等，是学习和研究刘少奇在安源革命活动的珍贵史料。

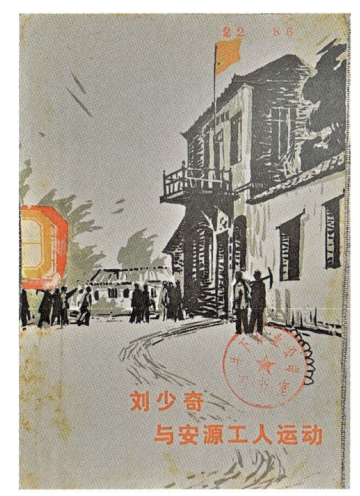

### 《安源路矿工人运动纪念馆内容介绍》

此书为 32 开本，15 万字，1982 年内部刊印。该书由"前言""安源工人运动展出旧址""安源路矿工人运动纪念馆内容介绍""安源路矿工人运动大事记"四个部分组成，是对广大群众进行爱国主义教育和革命传统教育的教材。

### 《安源路矿工人大罢工胜利六十周年纪念画册》

画册的尺寸为 230 mm×260 mm，安源路矿工人运动纪念馆与萍乡市总工会合编，1982 年内部刊印。原中共湘区委员会书记、政协第五届全国委员会副主席李维汉题写书名。该书收录了毛泽东、刘少奇、李立三及其领导的安源路矿工人运动的历史照片、旧址、文物，安源工运烈士照片，刘少奇写给安源镇工会的信以及接见安源老工人袁品高的照片，原安源路矿工人俱乐部游艺股股长、第五届全国人民代表大会常务委员会副委员长肖劲光和李维汉为纪念安源路矿工人大罢工 60 周年的题词等。

### 《安源工人运动歌谣歌曲选》

此书为32开本,全书12万字,安源路矿工人运动纪念馆与萍乡教育学院中文系合编,1984年内部刊印。该书由概述、歌谣、歌曲、后记四个部分组成。其中收录歌谣34首,歌曲11首。20世纪20年代至30年代,伴随着安源路矿工人运动而产生和传唱的安源工人歌谣歌曲,是我国无产阶级革命文化遗产的重要组成部分。它长期在安源工人中流传,为广大群众喜闻乐见。它不仅对安源工人运动起过积极的推动作用,而且对我国无产阶级文艺运动的发展也产生过一定影响。

### 《安源路矿工人运动》(上、下册)

此书为32开本,全书120万字,是中共中央党史资料征集委员会1984年4月下达的科研项目,中共党史资料出版社1991年出版。中共萍乡市委《安源路矿工人运动》编纂组编纂,邓启沛、刘善文主编,是在全馆职工大力支持、广泛征集史料的基础上,历时6年精编而成。上册主要是党、团、工会文献,共243篇,其中105篇属于首次公开发表。下册包括历史文献8篇,报刊资料23篇,回忆资料63篇,其中56篇属于首次公开发表,参考资料137篇。全书收录人物照片和革命遗址照片22幅。为了便于读者阅读,撰写了《安源路矿工人革命运动概述》,作为全书卷首篇;撰写了《重要人物简介》《安源路矿工人革命运动大事记》和《史实考证》,编制了安源路矿工人运动时期党、团、工会组织状况统计表、有关资料目录索引等作为附录,置于下册卷尾。该书是迄今为止史料最全面、内容最丰富、篇幅最多的安源路矿工人运动史研究参考书。1993年4月,被江西省中共党史学会、江西省中国现代史学会评为1990—1992年度优秀论著一等奖。

### 《纪念安源路矿工人大罢工胜利七十周年学术讨论会论文选编》

此书为32开本,20余万字,由安源路矿工人运动纪念馆与中共萍乡市委宣传部、中共萍乡市委党史办公室、萍乡市文化局、萍乡市总工会、萍乡市社联合编,1992年内部刊印。该书收录了1992年9月召开的"纪念安源路矿工人大罢工胜利七十周年学术讨论会"入选论文40余篇,通过回顾和研究安源大罢工的光辉历史,论证安源路矿工人运动在中国革命史上的地位、作用和意义,阐明马克思主义理论与中国工人运动相结合是中国革命胜利的根本经验以及新的历史条件下,继承和弘扬"义无反顾,团结奋斗,开拓进取,乐

于奉献"的安源革命传统,对于加快改革开放步伐、促进萍乡市经济发展有现实意义。

### 《安源路矿工人运动史》

此书为32开本,30万字,安源路矿工人运动纪念馆著,刘善文主编,上海社会科学出版社1993年出版。被誉为"中国的保尔·柯察金"的全国劳动模范吴运铎题写书名。该书共分八章:第一章,三种压迫下的路矿工人及其早期组织与斗争;第二章,登上革命舞台;第三章,初露锋芒;第四章,巍然独存,继续前进;第五章,"小莫斯科"的盛况;第六章,唤起工农千百万;第七章,霹雳一声暴动;第八章,走上革命新道路。该书吸收了数十年来安源工人运动史研究和宣传工作正反两方面的经验教训,坚持唯物史观和实事求是的原则,以严谨的结构和翔实的史料,从理论和实践的结合上准确、全面、系统、精练地叙述了安源路矿工人革命运动发生和发展的历史过程,恰如其分地反映了运动的主要成就和历史地位,深刻地揭示了运动的发生发展规律和基本经验。1995年1月,该书获江西省第六次社会科学优秀成果三等奖。

### 《秋收起义在江西》

此书为32开本,20万字,安源路矿工人运动纪念馆与江西省文化厅文物处、秋收起义铜鼓纪念馆、秋收起义修水纪念馆合编,文物出版社1993年出版。该书收录了宋任穷、江华、萧克、张宗逊、孔原等老同志、老将军为秋收起义60周年的题词和秋收起义旧址、文献资料照片,正文分为三个部分:一、文献部分;二、回忆录部分;三、参考资料部分。该书对了解中共江西省委对秋收起义的领导以及秋收起义在江西的活动颇有参考价值。

### 《唤起工农千百万:安源路矿工人运动纪念馆》

此书为32开本,是由中共中央宣传部统一组织编撰的百个爱国主义教育示范基地丛书,安源路矿工人运动纪念馆集体撰写,李建军主编,中国大百科全书出版社1998年出版。该书由"概述""中国工人运动策源地""历史的见证""开拓者轶事""高举爱国主义旗帜,争创一流教育基地""后记"六个部分组成;简要介绍了安源路矿工人运动历史、文物和故事,图文并茂,印刷精美。

### 《湘赣边界秋收起义史》

此书为16开本,25万字,是为庆祝湘赣边界秋收起义80周年,由安源路矿工人运动纪念馆与萍乡市中共党史学会、萍乡矿业集团公司合著的，中共萍乡市委书记谢亦森作序，刘善文、杨桂香、黄爱国主编，江西人民出版社2007年出版。1927年发生的秋收起义和南昌起义、广州起义一样，是中国共产党领导的革命战争进入创造红军新时期的重要标志，在中国革命史上占有十分重要的地位。该书共十章：第一章，中共中央的决定；第二章，酝酿、策划、准备；第三章，湘赣边界秋收暴动的历史准备；第四章，各路武装队伍云集湘赣边界；第五章，安源会议；第六章，完成军队组建，发布军事命令和起义命令；第七章，起义开始，截断敌人交通，各地民众暴动；第八章，工农革命军向平浏直进；第九章，会师文家市；第十章，退往萍乡，进军井冈山。该书是一本比较全面系统地研究湘

赣边界秋收起义史的专著，填补了中共党史研究的一项空白，吸收了党的十一届三中全会以来秋收起义史研究的最新成果，挖掘了一批新史料，提出了一些新观点。譬如对秋收起义决策的经过，起义中打什么旗帜的问题的认识，对安源会议的认识和评价、行动委员会在秋收起义中的作用和贡献等问题都有新的见解。该书的出版，是对秋收起义80周年的极好纪念，也为党史研究、宣传教育和社会主义精神文明建设提供了一份珍贵的礼物。

**《安源路矿工人运动史新论》**

此书为16开本，黄仂撰，全书22万字，收录论文和史实介绍42篇，由中央文献出版社2011年出版。作者在履职行政工作的同时，多年来潜心下力对安源工人运动史进行研究，发现和发掘出许多新的史料和文献，从一个更为全面、独特而新颖的高度，拓宽了安源工运史的研究领域，突破了安源工运史研究的历史局限，取得了一定的阶段性的富有学术价值的研究成果。该书2013年获中共萍乡市委、萍乡市人民政府授予的"2012年萍乡市首届优秀理论成果奖"。

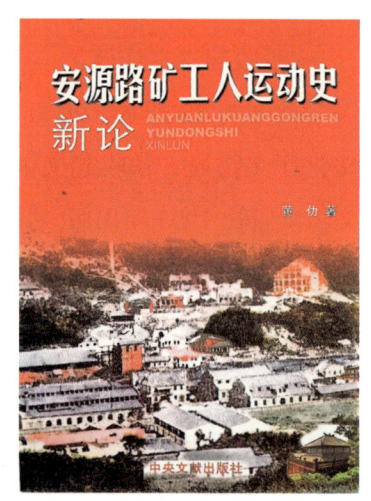

**《中国工运旗帜》（安源工运史研究文选）**

此书为16开本，是为迎接全国毛泽东纪念馆联谊会2013年年会在安源路矿工人运动纪念馆举行而组织编撰，黄仂主编，中央文献出版社2013年出版。全书22万字，收录论文34篇，是安源纪念馆近5年来科研成果的汇集，是新一代安馆人集体智慧的结晶。该书吸收了安源工运史研究的最新成果，挖掘了一批新史料，提出了一些新观点。譬如，对毛泽东、刘少奇等无产阶级革命家在安源的领导方略，毛泽东在安源部署秋收起义组建工农革命军，萍乡煤矿在近代工业文明的历史地位，以及安源工运时期的廉政建设、经济建设、统一战线等问题都作了新的探索。该书还收录了与纪念馆建

设相关的论文,包括对纪念馆类型、陈列展览、发展红色旅游等新时期纪念馆热点问题的思考与探索。

### 《刘春华中国画集》

该画集由安源路矿工人运动纪念馆编辑,江西美术出版社2017年出版。刘春华是我国当代著名画家、国家一级美术师,代表作有:油画《毛主席去安源》《敬爱的周总理永远活在我们心中》、中国画《屈子求索图》《春必将至》《滚烫的冬季》等。2016年4月,刘春华将自己亲手绘制的1272幅艺术作品无偿捐赠给安源纪念馆。这些作品是他从艺以来孜孜不倦的艺术实践精华,用笔自然舒展,境界清新高雅,文人情怀、志士意气、典雅格调融为一体。为了使大家从作品中充分感受刘春华艺术世界的隽永魅力和高尚的人文主义,安源纪念馆挑选了194幅精粹结集出版。该画集分"人海沧桑""乡村纪事""都市风情""古风远怀""正义之剑""河山秀美"等10个部分,由雅昌文化有限公司精致印刷。这些中国画作,笔精墨妙,清雅独特,风神灼灼,以颇具时代精神、人文情怀的雅致,描绘了多彩的现实生活,展示了刘春华多方面的艺术修养才华和高远的艺术理想。该画集图文并茂,内容丰富,印刷精美,极具艺术鉴赏和研究价值,是一部艺术性和思想性俱佳的名家画作选集。

### 《刘春华——用画笔书写历史》

此书为16开本,白璐撰,安源路矿工人运动纪念馆编印,2017年内部出版。2016年4月,当代著名画家、国家一级美术师刘春华将自己亲手绘制的1272幅艺术作品无偿捐赠给安源纪念馆。这一善举引起了社会各界的广泛关注和一致称赞,更引发大众对这位德高望重的老艺术家传奇一生的故事求知若渴。1967年,闻名遐迩的大幅油画《毛主席去安源》问世后,安源纪念馆一直与刘春华保持着密切的联系和沟通,并互相达成了一种默契。可以说,观其画、识其人、知其心。在油画《毛主席去安源》发表50周年之际,安源纪念馆特邀《北京广播电视报》中国书画人物专题《书画名人汇》总策划白璐撰写此书,共46章,25万字,介绍了刘春华的坎坷经历和艺术生涯,是走近刘春华、认知刘春华的一部佳作。

### 《安源路矿工人运动人物志》

此书为16开本,黄洋撰,安源路矿工人运动纪念馆编纂,当代中国出版社2020年出版,是学习和研究安源路矿工人运动历史的重要工具书。该书共收录人物简介277条,其中,来安源巡视指导工作的干部简介11条;外地派往安源从事工人运动的干部简介70条;

安源路矿工人运动中成长的干部简介40条；安源路矿工人中走出的共产党高级干部和解放军将领简介21条；安源英烈简介112条；安源工人运动历史事件相关人物简介23条。该书的出版，是作者在从事安源路矿工人运动史料征集和研究宣传的过程中积累的结果，它填补了中共党史研究中的一项空白。

**《刘少奇与安源》**

此书系"追寻刘少奇足迹"系列丛书，为16开本，是为纪念伟大的马克思主义者和杰出的无产阶级革命家、政治家、理论家刘少奇诞辰120周年，由安源路矿工人运动纪念馆与中国中共文献研究会刘少奇思想生平研究分会合编，黄洋主编，安源路矿工人运动纪念馆集体撰写，中共党史出版社2021年出版。全书23万字，分为"风华正茂到安源""领导第一次安源路矿工人大罢工""促进工团联合""领导二七惨案后安源工人的斗争""建设'中国的小莫斯科'""务实为民好公仆""廉洁自律典范""心系安源"八章，并附有《刘少奇与安源大事记》《刘少奇在安源的著述》。该书主要介绍刘少奇领导安源路矿工人运动的伟大革命实践，以及新中国成立后关心萍乡安源生产建设和人民生活的事迹。

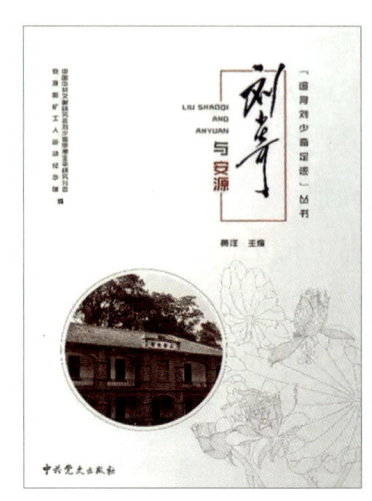

**《博物馆学论文选编——基于安源路矿工人运动纪念馆的研究》**

此书为16开本，是为庆祝中国共产党成立100周年暨党开创安源路矿工人运动100周年所著，安源路矿工人运动纪念馆编辑，丁煊淼主编，江西高校出版社出版。全书22.6万字，收录工作研究、陈列展览、文物保护、宣传教育四个方面的论文。"工作研究"从博物馆管理、数字博物馆建设、文创产业的创新发展等方面进行研究，为新时代博物馆承担新使命、实现文旅融合指明了路径；"陈列展览"围绕博物馆陈列设计的通俗性、馆际合作陈列策展、临展策划等方面进行研究，使陈展真正做到"有所得、有所思、有所见、见精神"；"文物保护"系统总结了文物征集保管、文物保护修复、文物利用、

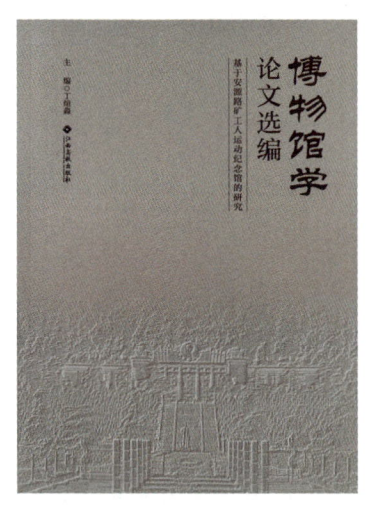

安全保卫的成功经验与做法，体现了革命文物作为思想教育、传播知识的真实性和形象性的特点；"宣传教育"回顾了运用形式多样的宣教途径开展革命传统教育、廉政教育、志愿服务和研学之路，总结和概括了安源纪念馆在创新宣教方面的行之有效的做法。

**《红安源》**

此书系安源路矿工人运动纪念馆馆刊，创办于2008年，不定期编印出版，以介绍工运历史、交流馆务信息、进行学术探讨、开辟宣教阵地为宗旨，设有"学术园地""工作论坛""史海钩沉""宣传教育""志愿风采""红色游记""馆讯荟萃""大事聚集"等栏目，到2022年共编印出版16期。

## 二、个人著述（以作者姓氏笔画为序，调离纪念馆以后的科研成果不统计）

**丁运梅**：党史专题《一九二二年九月安源路矿工人联合大罢工》（1983年）；《震惊中外的安源大罢工》，载《萍乡文史资料》1984年第1辑。

**丁煊淼**：《点亮萍乡红色文化的高光时刻——安源路矿工人运动纪念馆高质量发展纪实》，载《红安源》2020年第1期；《安源工运中的斗争精神及时代价值》，载《红安源》2021年第1期；《新时代博物馆（纪念馆）高质量发展探索与研究——安源路矿工人运动纪念馆发展纪实》，载《红安源》2021年第1期；《最早、最具特色的工会大厦——安源路矿工人俱乐部旧址》，载《建筑》2021年第12期；《安源工运中的斗争精神及时代价值》，入选由2021年中共萍乡市委、萍乡市人民政府、光明日报编辑部、中共江西省委党史研究室、江西省投资集团有限公司主办，中共萍乡市委宣传部承办的《"安源精神"学术研讨会论文集》；与李安萍合著《安源路矿工人俱乐部旧址的故事》，载2021年11月12日《中国文物报》；与黄领合著《中国产业工人的党组织中共安源支部》，载2022年3月15日《中国文物报》；《传承红色基因，砥砺初心使命》，载《当代江西》2022年第4期；《毛泽东等革命者在安源工运实践中的精神品格及启示》，载《党史文苑》2022年第8期；主编《博物馆学论文选编——基于安源路矿工人运动纪念馆的研究》，江西高校出版社出版。

**文支佐**：与黄仂合著《论毛泽东在安源工运时期的领导方略与现实启示》，载《党史文苑》（学术版）2012年第11期；《小型陈列展览尝试与探索》，载《萍乡高等专科学校学报》2013年第2期；《试论毛泽东战略思想初创时期形成与发展》，载《萍乡高等专科学校学报》2013年第4期；《试论安源路矿工人罢工的统一战线启示》，载《党史文苑》（学术版）2013年第7期；《基层文博职能与文化创意产业可持续发展路径初探》，载《博物馆发展论丛》2014年第10期；与黄仂合著《安源工人运动时期的革命斗争文物》，载《党史文苑》（纪实版）2015年第3期；与黄仂合著《表现安源工人运动历史的艺术作品》，载《党史文苑》（纪实版）2015年第8期；与黄仂合著《红军三次到安源》，载《红安源》2017年第1期；与李京合著《建筑结构创意的主观表达——以安源路矿工人运动纪念馆及张之洞武汉博物馆为例》，载《陈列艺术》2018年第14期；《文旅融合　陈列创新——以纪念馆革命历史陈列旧址改扩建为例》，载《陈列艺术》2019年第15期；参与编撰《红色安源之最》，中共中央党校出版社2020年出版；与张立南合著《观看百年党史　构造艺术创意　弘扬安源精神——以"安源路矿工人革命斗争史展览"为例》，载《东南文化》2021年第7期；参与撰写《博物馆学论文选编——基于安源路矿工人运动纪念馆的研究》，江西高校出版社出版；《安源党组织对党员干部教育培训的探索实践——以安源党校为例》，载2022年7月15日《江西日报》。

**文培良**：《整合红色资源，提升旅游形象，繁荣文化产业——以安源的红色旅游红色资源的开发为例》，载《红安源》2015年总第9期。

**孙建平**：《略述毛泽东领导秋收起义对中国革命的独特贡献》，入选萍乡市纪念秋收起义60周年学术研讨会；《浅谈提高博物馆的社会效益》，载《中国博物馆通讯》1987年第10期。

**田金河**：《青春与初心为伴》，载《红安源》2018年第1期；《我的初心，我的使命——担任团市委兼职副书记体验感悟》，载《红安源》2018年第2期。

**江　贞**：《一首脍炙人口的经典京剧名段——〈家住安源〉》，载《红安源》2020年第1期；《预防性保护技术在藏品文物库房中的应用方略——以安源路矿工人运动纪念馆为例》，载《文物鉴定与赏析》2022年第12期（上）。

**刘　丽**：《文物场馆展览陈列中智能交互体验的设计探讨》，载《城市情报》2020年第8期；《安源路矿工人运动纪念馆油画影像文物库房管理实践》，载《赢未来》2020年第26期；《安源路矿工人运动主题图书馆建设实践与思考》，载《魅力中国》2021年第23期；参与编撰《博物馆学论文选编——基于安源路矿工人运动纪念馆的研究》，江西高校出版社出版；参与编辑馆刊《红安源》；与李安萍合著《传播马克思主义的精神驿站——纪念安源路矿工人补习夜校创办100周年》，载2022年3月6日《萍乡日报》；《纪念馆文物征集和保护工作探讨》，载《中国民族博览》2022年第6期；《新时期博物馆文化遗产保护策略》，载《中国民族博览》2022年第15期。

**刘义胜**：《不屈的人》，载《安源文艺》1979年第3期；整理王耀南回忆《工程兵的脚印》，载《安源文艺》1981年第3期；《安源第一个工会》，载1980年1月19日《萍矿工人报》；《刘少奇同志亲自主持兴建的安源路矿工人俱乐部讲演厅》，载1980年2月2日《萍矿工人报》；《中国工人阶级第一个商店》，载1980年3月4日《萍矿工人报》；与刘善文合著《一九〇六年萍浏醴起义》，载《江西社会科学》1981年第5—6期合刊；与刘善文合著《辛亥革命的一次演习——萍浏醴起义》，载《江西文史资料选辑》1981年第6期；《安源怒涛——刘少奇同志在安源的革命活动》，载江西《支部生活》1982年第2期；与刘善文合著《毛泽东同志一九二一年秋到安源史料考》，载《江西工运研究资料》1982年第3辑，与刘善文合著《试论安源工人运动的历史意义和基本经验》，载《社会科学论文选编》(1982年)；与杨桂香、杨放萍合著《试论1925年9月安源工人运动受挫的原因与教训》，载《江西社会科学》1983第4期；《毛泽东同志1921年秋来安源考察》，载《萍乡文史资料》第1辑；

与刘善文合著《安源路矿工人运动史》(纲要)——为江西省中共党史讲习会作(1984年3月);《论安源会议》,载《萍乡教育学院学报》1985年第1期;《钢筋铁骨的共产党人——杨士杰传略》,载《萍乡英烈》1986年第1辑。

**刘善文**:《毛泽东同志到安源》,载江西《支部生活》1981年第2期;与刘义胜合著《一九〇六年萍浏醴起义》,载《江西社会科学》1981年第5—6期合刊;与刘义胜合著《辛亥革命的一次演习——萍浏醴起义》,载《江西文史资料选辑》1981年第6期;与刘义胜合著《毛泽东同志一九二一年秋到安源史料考》,载《江西工运研究资料》1982年第3辑;《科学社会主义和安源路矿工人运动的初期结合》,载《江西社会科学》1982年第6期;与刘义胜合著《试论安源工人运动的历史意义和基本经验》,载《社会科学论文选编》(1982年);《科学社会主义与安源工人运动相结合的独特道路》,载《湘潭师专学报》1983年第3期;与胡自国合著《浅谈党在的罢工中的策略》,载《湖南工运史研究资料》1983年第6期;与胡自国合著《安源路矿工人大罢工记事》,载《江西工运研究资料》1984年第11辑;与支国华合著《一九二一年毛泽东同志是同谁到安源考察》,载《江西工运研究资料》1984年第12辑;《中华全国总工会的成立与安源工人运动》,载《萍乡教育学院学报》1985年第2期;《全国总工会的成立与安源工人运动的发展》,载1985年5月1日《萍乡报》;《中华全国总工会与安源工人运动纪事》,载《江西工运研究资料》1985年第15辑;与邓启沛合著《论湘赣边界秋收起义党的领导问题》,载《萍乡教育学院学报》1987年第4期;《湘赣边界秋收起义第二团组织和战斗经过》,载《萍乡党史通讯》1987年第3期;《中共安源路矿支部组织状况初探》、与杨桂香合著《毛泽东到萍乡和安源从事革命活动史料述略》,载《萍乡党史通讯》1988年第2期;与施合祖合著《刘少奇在安源革命活动史料述略》,载《萍乡党史通讯》1988年第3期;与杨桂香、黄爱国合著《安源路矿工人运动纪念馆是怎样适应新形势宣传革命传统的》,载《中国博物馆通讯》1989年第10期;《安源会议与工农革命军第一军第一师的组建》,载《萍乡教育学院学报》1989年第1期;与黄爱国合著《李立三在安源史料述略》,载《工运理论政策研究资料》1989年第11期;完成中央党史征集委员会下达的党史专题《中共安源路矿党组织的建立、发展和主要活动》(1990年5月);《萍安八月失败简述》,载《萍乡党史通讯》1990年第2—3期合刊;主编《安源路矿工人运动》上、下册,中共党史资料出版社1991年出版;《关于安源会议决定组建工农革命军第一军第一师问题的考证》、与杨桂香合著《毛泽东到萍乡和安源从事革命活动究竟是几次》,载《安源路矿工人运动》下册,中共党史资料出版社1991年出版;《毛泽东来萍乡考察史实的新发现》,载《萍乡党史通讯》1992年第1期;与黄爱国合著《安源路矿工人运动纪念馆陈列大修改纪实》,载《江西文艺史料》1992年第13期;主编并撰写《安源路矿工人运动史》,上海社会科学院出版社1993年出版;参与编辑《毛泽东在萍乡》(任副主编,1993年内部版);主编并撰写《湘赣边界秋收起义史》,江西人民出版社2007年出版;《安源工人运动与西欧工人运动之比较》、《中国共产党创建史上一件鲜为人知的史实——毛泽东1920年"游览到萍"研究》《中国农民问题最早的马克思主义文献——毛泽东考察安源路矿周边和湘赣边境农村所著〈告中国的农民〉研究》,载《安源路矿工人运动研究》,

江西人民出版社 2013 年出版。

**刘传政**：与裘之倬合著《刘少奇同志在安源大罢工中的历史功绩》，载 1980 年 3 月 14 日《江西日报》；与裘之倬合著《李立三在安源工运中的功绩》，载《新湘评论》1980 年第 11 期；参与编辑《刘少奇与安源工人运动》（安源路矿工人运动纪念馆与中国社会科学院历史研究所合编），中国社会科学出版社 1981 年出版；《周怀德小传》，载《江西工运研究资料》1982 年第 3 辑；与唐纯良合著《李立三是安源路矿工人大罢工的主要领导者》，载《北方论丛》1982 年第 2 期；《一部工人运动的史诗——劳工记》，载 1982 年 4 月 13 日《工人日报》；《陈潭秋与五一纪念歌》，载 1982 年 4 月 25 日《工人日报》；与胡自国合著《我党最早的工人中央委员——朱少连》，载 1982 年 9 月 11 日《萍矿工人报》；与胡自国合著《安源旬刊介绍》，载《江西工运研究资料》1983 年第 8 辑；《究竟是谁代表萍乡煤矿总局与李立三谈判并签订十三条协议的》，载《江西工运研究资料》1984 年第 11 辑。

**刘帆凌**：《参加全省讲解员大赛获奖感言》，载《红安源》2010 年总第 6 期；《我在北京为贺国强同志讲解》，载《红安源》2012 年总第 8 期；《学无止境，奋力前行——2015 年赴西安学习培训心得》，载《红安源》2015 年总第 9 期；《基于互联网 + 的纪念馆公共服务数字化建设》，载《红安源》2021 年总第 15 期。

**刘靖宇**：与徐鹏合著《革命旧址类文物建筑的保护与利用——以罢工后的安源路矿工人俱乐部旧址为例》，载 2022 年 1 月 11 日《中国文物报》。

**刘磊胡**：《数字交互在革命纪念馆展陈设计中的应用分析》，载《红安源》2021 年总第 15 期；与黄洋合著《一张珍贵的历史照片——写在安源路矿工人俱乐部成立 100 周年之际》，载 2022 年 2 月 15 日《中国文物报》；与徐鹏合著《历史的见证——刘少奇与路矿当局谈判处旧址》，载 2022 年 7 月 8 日《中国文物报》。

**李　京**：《毛泽东的调查研究与安源路矿工人运动策源地的诞生》，载《红安源》2011 年总第 7 期；与王俊民、黄领等合著《不朽的丰碑，旌旗飘飘——安源路矿工人运动纪念馆》，吉林出版集团 2012 年出版；《罗华生的儿女对父亲的回忆》，载《红安源》2012 年总第 8 期；《论秋收起义对安源工运的历史影响》，载《党史文苑》（学术版）2013 年 6 期；《毛泽东安源调查研究及其意义》，载《党史文苑》（学术版）2013 年 8 期。

**李　鹏**：参与撰写《唤起工农千百万：安源路矿工人运动纪念馆》，中国大百科全书出版社 1998 年出版。

**李万安**：《再谈安源工运中的青年精神》，载《红安源》2020 年第 1 期。

**李安萍**：《汉冶萍公司的发展历程及其启示》，载《第三届"汉冶萍"国际学术研讨会论文集》（2018 年 11 月）和《萍乡党校》2018 年第 3 期；《浅析近代工业初期劳资关系与工人运动——以近代萍乡煤矿为例》，载《第三届"汉冶萍"国际学术研讨会论文集》（2018 年 11 月）；《安源工运与中华全国总工会的联系》，分别载 2019 年 5 月 12 日《萍乡日报》和 2020 年 2 月 20 日"学习强国"江西平台;《安源路矿工人补习学校的创办经过》,载 2020 年 6 月 21 日《萍乡日报》;《试论安源精神归属中国共产党"精神谱系"的理论依据和现实意义》(上、下),分别载 2021 年 5 月 29 日和 2021 年 7 月 31 日《萍乡日报》;与丁煊淼合著《最早、最具特色的工会大厦》,载《建筑》2021 年第 12 期;《红色旧址显初心,革命精神永传承》,载 2021 年 9 月 14 日《中国文物报》"文物之声";与丁煊淼合著《安源路矿工人俱乐部旧址的故事》,载 2021 年 11 月 12 日《中国文物报》;《聆听安源路矿工人俱乐部旧址的故事》,载国家文物局《文博中国》2021 年第 12 期;《利用革命旧址开展教育活动》,载 2021 年 12 月 3 日《中国文物报》;《试论安源精神归属中国共产党精神谱系的理论依据和现实意义》,入选由 2021 年中共萍乡市委、萍乡市人民政府、光明日报编辑部、中共江西省委党史研究室、江西省投资集团有限公司主办,中共萍乡市委宣传部承办的《"安源精神"学术研讨会论文集》;与张立南合著《浅谈博物馆(纪念馆)文物藏品档案管理工作》,载《文物鉴定与鉴赏》2022 年第 3 期;与刘丽合著《传播马克思主义的精神驿站》,载 2022 年 3 月 6 日《萍乡日报》;《一根红飘带,见证革命童子军少年风采》,载 2022 年 4 月 15 日《中国文物报》;《安源精神:中国工人运动史上的精神坐标》,载 2022 年 4 月 19 日江西红色文化旅游网;《馆藏油画保护研究和修复策略》,载《中国民族博览》2022 年第 9 期;与张立南合著《革命纪念馆临时展览的策划和实施》,载《文物鉴定与鉴赏》2022 年第 8 期;《古籍里的旅行攻略——记国家一级文物〈株萍铁路旅行指南〉》,载 2022 年 8 月 16 日《中国文物报》;与刘丽合著《新时期博物馆文化遗产保护策略》,载《中国民族博览》2022 年第 15 期;《博物馆在全面建成小康社会中的作用》《博物馆学视角下的科学精神与人文精神融合的研究述略》等多篇论文被《博物馆学论文选编——基于安源路矿工人运动纪念馆的研究》收录;参与编辑馆刊《红安源》;参与编撰《博物馆学论文选编——基于安源路矿工人运动纪念馆的研究》,江西高校出版社出版;参与编撰《安源路矿工人运动》(上、下册),中共党史出版社 2022 年出版。

**李昌学**:《二七失败后安源工会存在和发展的原因》,载《江西工运研究资料》1982 年第 3 辑;《工人阶级的胜利壮举——纪念安源大罢工胜利六十周年》,载 1982 年 9 月 15 日《江西日报》;与邓启沛合著《刘少奇同志〈救护汉冶萍公司〉一文的浅析》,载《社会科学论文选编》(1982 年);《安源路矿工人运动史》,载《江西工运研究资料》1984 年第 10 辑;《小莫斯科时期的工运歌谣》,载《萍乡教育学院学报》1985 年第 1 期;参与编辑《安源工人运动歌谣歌曲选》(安源路矿工人运动纪念馆与萍乡教育学院中文系合编),1984 年内部刊印;《卢德铭与芦溪战斗》,载《萍乡党史通讯》1986 年第 1 期;党史专题《安源路矿工人俱乐部》,载《萍乡党史通讯》1986 年第 3 期;《秋收起义在萍乡》载《萍乡党史通讯》1986 年第 3 期;与杨放萍、钟丁祥合著《工运先驱,斗敌勇士——黄静源传略》,载《萍乡英烈》1986 年第 1 辑;载《湘赣边界秋收起义前后的安源工人》,载《江西工运研究资料》1987 年第 3 辑;《秋收起义和井冈山斗争中的安源工人》,载《萍乡党史通讯》1987 年第 3 期;《工人运动与农民运动结合的典范》,载《萍乡社会科学》1987 年第 3 期;《安源工人运动是中国工人运动的典范》,载《萍乡教育学院学报》1987 年第 3 期;《保护和利用革命遗址,为社会主义精神文明建设服务》,载 1989 年 8 月 4 日《中国文物报》;参与编辑《安源路矿工人运动》上、下册，中共党史资料出版社 1991 年出版；与杨桂香合著《继承和发展安源革命传统》，载《萍乡党史通讯》1992 年第 1 期；参与撰写《安源路矿工人运动史》，上海社会科学院出版社 1993 年出版；与黄爱国合著《毛泽东指挥和统率革命军队之始》，载《文博研究》1996 年第 1、2 期合刊。

**李建军**：参与编辑《安源路矿工人运动史料》（安源路矿工人运动纪念馆与长沙革命纪念地办公室合编），湖南人民出版社 1980 年出版；《中共安源地委党校史料考》，载《萍乡党史通讯》1990 年第 1 期；参与编辑《安源路矿工人运动》上、下册，中共党史资料出版社 1991 年出版；《安源工运时期的出版发行工作》，载《江西出版史志》1992 年第 2 期；参与撰写《安源路矿工人运动史》，上海社会科学院出版社 1993 年出版；参与编辑《秋收起义在江西》（安源路矿工人运动纪念馆与江西省文化厅文物处、秋收起义铜鼓纪念馆、秋收起义修水纪念馆合编），文物出版社 1993 年出版；参与编辑《毛泽东在萍乡》（1993 年内部版）；《毛泽东工农联盟思想在萍安工农斗争中的运用》，载《萍乡社会科学》1993 年第 3—4 期合刊；参与撰写《毛主席八次来安源》，载中国革命博物馆《革命文物》1997 年第 3 期；主编并参与撰写《唤起工农千百万：安源路矿工人运动纪念馆》，中国大百科全书出版社 1998 年出版；《工人心中的丰碑》，载 1998 年《萍乡文物报》；《土弹土炮打敌人》，载 2000 年 4 月 1 日四川《少儿百科知识报》第 13 期；《工人运动的叙事歌谣》，载 2000 年 7 月 8 日四川《少儿百科知识报》第 13 期。

**肖　晓**：参与撰写《唤起工农千百万：安源路矿工人运动纪念馆》，中国大百科全书出版社 1998 年出版。

**肖冬梅**：《安源萍乡女界联合会简述》，载《萍乡党史通讯》1990 年第 2、3 期合刊；《浅谈弘扬安源革命传统》，载萍乡市委党校《新的思考与探索》；《安源萍乡女界联合会》，载《萍乡文史资料》总第 11 期。

**肖雪涛**：参与撰写《唤起工农千百万：安源路矿工人运动纪念馆》，中国大百科全书出版社 1998 年出版。

**陈　斌**：《一个青年党员的廉洁思考》，载《红安源》2018 年第 1 期。

**杨桂香**：与刘善文、杨放萍合著《试论 1925 年 9 月安源工人运动受挫的原因与教训》，载《江西社会科学》1983 第 4 期；参与编辑《安源工人运动歌谣歌曲选》（安源路矿工人运动纪念馆与萍乡教育学院中文系合编），1984 年内部刊印；《关于提高博物馆经济效益问题》，载国家文物局泰安培训中心编《博物馆管理论丛》，山东出版总社泰安分社 1988 年出版；《博物馆财务管理初探》，载《中国博物馆通讯》1990 年第 3 期；与刘善文、黄爱国合著《安源路矿工人运动纪念馆是怎样适应新形势宣传革命传统的》，载《中国博物馆通讯》1989 年第 10 期；与刘善文合著《毛泽东到萍乡和安源从事革命活动史料述略》，载《萍乡党史通讯》1988 年第 2 期；参与编辑《安源路矿工人运动》上、下册，中共党史资料出版社 1991 年出版。

**杨放萍**：《安源路矿工人消费合作社》，载《江西工运研究资料》1982 年第 3 辑；与刘善文、杨桂香合著《试论 1925 年 9 月安源工人运动受挫的原因与教训》，载《江西社会科学》1983 第 4 期；

《黄静源烈士传略》，载《萍乡文史资料》1984年第1辑；《安源矿警队琐谈》，载《萍乡文史资料》1984年第2辑；参与编辑《安源路矿工人运动》上、下册，中共党史资料出版社1991年出版。

**何入军**：与张丹合著《油画＜毛主席去安源＞降温并非"画错"》，载《北京文献》2016年第9期；与黄洋合著《革命纪念馆如何将绩效考核制度落到实处》，载《中国纪念馆研究》2017年第12期；与文侃合著《议"引兵井冈"新论——以"莲花决策说"为考察点》，载《党史文苑》2018年第7期；《秋收起义：中共道路自信的起点》，载《红安源》2018年第1期；与黄洋合著《馆际联合举办展览的有益尝试——以湘赣边界秋收起义历史巡回展览为例》，载2018年6月8日《中国文物报》。

**张　丹**：《毛泽东"三大法宝"在安源的早期成功实践》，载《江西青年职业学院学报》2015年第5期；与黄仂合著《毛泽东开创安源工运》，载《红安源》2015年总第9期；《青年要争做传承红色基因的先锋》，载2016年5月9日《江西日报》；与黄仂合著《安源工运时期共产党人对实现民族复兴的探索》，载《党性党风党纪研究》2016年第4辑；《基于认知视角的纪念类博物馆发展困境解读》，载《中国纪念馆研究》2016年下半年刊；与何入军合著《再谈油画〈毛主席去安源〉》，载《青春期健康》2016年第12期；与黄仂合著《安源工运时期早期共产党人对实现民族复兴的探索与现实启示》，载《红安源》2018年第1期；《基于认知理论的纪念类博物馆体制发展困境与对策分析解读》，载《中国博物馆》2017年第1期；《安源革命中的青年精神》，载《青年发展论坛》2018年第1期；《探索红色宣教新模式，打造研学旅行新业态》，载《红安源》2018年第1期；《〈共产党宣言〉与安源工人革命斗争的结合》，载中共一大会址纪念馆、中共创建史研究中心编辑的《马克思主义在中国早期传播与中国共产党的创建"学术研讨会论文集》（2018年6月）；《革命纪念馆对弘扬革命精神的时代意义》，入选"中国纪念馆——革命精神的家园研讨会"（2018年11月）；《安源工人俱乐部创办的〈安源旬刊〉》，载《中国纪念馆珍贵文物故事》，中共党史出版社2018年出版；《〈共产党宣言〉与毛泽东领导安源革命斗争》，入选由中国中共文献研究会毛泽东思想生平研究分会、中共浙江省委党史和文献研究室共同主办的"毛泽东与中国共产党人的初心和使命"学术研讨会（2018年12月）；主编《红色斑竹山》，江西科技出版社2019年出版；主持研究江西省教育厅2020年度研究生创新基金课题"中共早期工运模式、经验及启示再研究——以安源为考察中心（1921—1927）"立项（主持人，编号YC2020-B071）；主持研究2020年江西省文化艺术科学规划项目"'一带一路'背景下江西红色文化对外传播研究"立项（主持人，编号YG2020188）；《从五四运动到安源工运看青年毛泽东世界观的转变与飞跃》，载《萍乡学院学报》2020年第1期；与张立南合著《基于财务分析的革命纪念馆发展困境与对策解析》，载《文物鉴定与鉴赏》2020年第8期；《工矿型城市工业化研究的缘起、进展与前瞻》，载《萍乡学院学报》2020年第5期；与张立南合著《革命纪念馆对弘扬革命精神的新时代意义》，载《中国民族博览》2020年第11期；《传承百年安源工运红色基因》，载《江西日报》2021年2月22日；《〈共产党宣言〉与毛泽东领导安源工人革命斗争》，载《毛泽东与中国共产党人的初心使命》，陕西人民出版社2021年出版；与贺卓合著《照亮工人革命道路的一扇窗——〈安源旬刊〉》，载2021年6月15日《中国文物报》；《安源精神的内涵和价值探析》，载《党史文苑》2021年第7期；参与编著《刘少奇与安源》（撰写第一、二、三章），中共党史出版社2021年出版；《安源精神是我们党的宝贵精神财富》，载2021年10月11日《江西日报》；《安源是中国工人运动摇篮的历史由来》，载《湘潮》2021年第11期；主持完成2021年度江西省委组织部党建研究会《中共早期全过程人民民主探索研究》课题（2021年11月）;《血性将军罗桂华》，载《党史文苑》2021年第12期；与张贝伊合著《唤起工人觉醒的精神武器——〈小学国语教科书〉》，载2021年12月14日《中国文物报》；《牢记根本问题，奋进新的征程》，载2022年1月27日《光明日报》；参与编辑馆刊《红安源》；参与撰写《博物馆学论文选编——基于安源路矿工人运动纪念馆的研究》，江西高校出版社出版。

**张立南**：《秋收起义——安源工运发展的新里程碑》，载《人物画报》2020年第5期；《探析博物馆发挥宣传教育职能的路径与方法》，载《人物画报》2020年第6期；《博物馆讲解员专业能力提升之我见》，载《人物画报》2020年第7期；《基于财务分析的革命纪念馆发展困境与对策解析》，载《文物鉴定与鉴赏》2020年第8期；《浅谈精神激励对于调动员工积极性的作用》，载《花溪》2020年第11期；《浅谈纪念馆馆藏资料数字化转化的必要性方法》，载2021年1月26日《中国文物报》第3版；《革命纪念馆文创产业发展概况及其启示》，载《文物鉴定与鉴赏》2021年第5期；与贺卓合著《浅析革命类博物馆陈列展览的知识性与通俗性》，载《文物鉴定与鉴赏》2021年第6期；《浅析文旅融合下革命纪念馆会计监督面临问题与解决对策》，载《文物鉴定与鉴赏》2021年第7期；与徐鹏合著《浅议革命纪念馆人事管理制度改革的困境与挑战》，载《红安源》2021年第1期；《浅谈小型革命纪念场馆陈列大纲的筹划与编撰》，载2021年8月10日《中国文物报》第7版；与徐鹏合著《新时代革命纪念馆人事管理制度改革的方向》，载2021年9月18日《中国文物报》第3版；《博物馆学和文化遗产学视角下的革命建筑展陈设计》，载《卷宗》2021年第3期；参与撰写《博物馆学论文选编——基于安源路矿工人运动纪念馆的研究》，江西高校出版社出版。

**张贝伊**：《博物馆志愿服务的规范化与特色化发展探析》，载《魅力中国》2020年第12期；《探析博物馆发挥宣传教育职能的路径方法》，载《卷宗》2021年第8期；《关于多媒体技术在博物馆中的应用研究》，载《新思路》2021年第12期；《刍议新时期纪念馆宣教工作的创新与发展》，载《视界观》2021年第10期；与贺卓合著《讲解提问框架在红色纪念馆研学中的作用——以安源路矿工人运动纪念馆研学课程"毛主席去安源"为例》，载2021年10月26日《中国文物报》；与张丹合著《唤起工人觉醒的精神武器——〈小学国语教科书〉》，载2021年12月14日《中国文物报》；《刍议新时期革命类博物馆宣教工作的创新与发展——以安源路矿工人运动纪念馆为例》，载《博物馆学论文选编——基于安源路矿工人运动纪念馆的研究》，江西高校出版社出版；《百年老照片：见证安源路矿工人大罢工胜利》，载2022年5月31日《中国文物报》；《革命文物鉴赏思考——以安源路矿工人运动纪念馆为例》，载《时代报告》2022年第8期；《资料管理在博物馆工作中的作用研究》，载《文苑》2022年第8期。

**张冬秀**：参与撰写《唤起工农千百万：安源路矿工人运动纪念馆》，中国大百科全书出版社

1998年出版。

**张松林**：《安源路矿工人消费合作社》，载《党史研究资料》1986年第1期；《第一个工人商店——安源路矿工人消费合作社》，载1990年2月15日《江西工商报》；《旧萍矿使用过的竹钱》，载《钱币研究》1990年第3期；摄影作品《安源路矿工人运动纪念馆》《安源路矿工人俱乐部旧址》，载1989年8月4日《中国文物报》；摄影作品《安源路矿工人俱乐部旧址》，载《江西》画册，江西人民出版社1989年出版；摄影作品《王光美参观安源纪念馆》，载《江西画报》1990年第3期；萍乡橱业工会证章等5帧照片，载《萍乡文史资料》总第11期；参与撰写《唤起工农千百万：安源路矿工人运动纪念馆》，中国大百科全书出版社1998年出版；《世纪之光：萍乡百年历史见证》照片，载2000年12月31日《萍乡日报》。

**张梦蕾**：《爱岗敬业献青春——参加全省博物馆讲解员培训班有感》，载《红安源》2010年总第6期。

**周小建**：《蒋介石到安源》，载《萍乡文史资料》总第11期；《保卫安源，功勋不朽——程昌仁传略》，载《萍乡英烈》1986年第1辑；参与撰写《唤起工农千百万：安源路矿工人运动纪念馆》，中国大百科全书出版社1998年出版；参与撰写《湘赣边界秋收起义史》（萍乡市中共党史学会、安源路矿工人运动纪念馆、萍乡矿业集团公司合著），江西人民出版社2007年出版；与黄仂、虞文华合著《萍乡煤矿在汉冶萍公司发展中的历史地位与作用——纪念萍乡煤矿创办110周年暨汉冶萍公司成立100周年》，载《江西师范大学学报》（哲学社会科学版）2008年第6期；与黄仂、黄洋合著《萍乡煤矿在汉冶萍公司中的历史地位与作用——纪念萍乡煤矿创办110周年暨汉冶萍公司成立100周年》，载《萍乡高等专科学校学报》2009年第1期；《化装讲演显奇效》，载《红安源》2010年总第6期；《填补空白，特色鲜明——安源工运时期廉政建设陈列馆陈列设计浅论》，载《红安源》2012年总第8期；《论山口岩战斗》，载《红安源》2012年总第8期；《安源路矿工人消费合作社开业》，载《红安源》2012年总第8期。

**贺　卓**：与黄仂合著《革命纪念馆国际化走向的思考》，载《中国博物馆协会纪念馆专业委员会2015年年会暨纪念类博物馆国际化问题研究高峰论坛论文集》；《锤炼磨砺在路上——芦溪县源南乡挂职回想》，载馆刊《红安源》2018年第2期；《论中小博物馆志愿服务发展方向》，载《艺术大观》2019年第7期；《浅析革命历史纪念馆的陈列展览工作》，载《文物鉴定与鉴赏》2020年第7期；与黄洋合著《论博物馆（纪念馆）文物藏品管理现状与完善方法》，载《中文科技期刊数据库（全文版）社会科学》2020年第11期；《浅析中小博物馆志愿服务发展的价值与方向》，载《红安源》2020年第1期；与张立南合著《浅析博物馆陈列展览的知识性与通俗性》，载《文物鉴定与鉴赏》2021年第6期；与张丹合著《照亮工人革命道路的一扇窗——〈安源旬刊〉》，载2021年6月15日《中国文物报》；与张立南合著《革命纪念馆文创产业发展概况及现实启示——基于安源路矿工人运动纪念馆的实践思考》，载《文物鉴定与鉴赏》2021年第9期；与张贝伊合著《讲解提问框架在红色纪念馆研学中的作用——以安源路矿工人运动纪念馆研学课程"毛主席去安源"为例》，载2021年10

月26日《中国文物报》；《浅谈新时代博物馆创新发展模式——以安源路矿工人运动纪念馆为例》《历史博物馆陈列展览存在的问题及改进策略浅析》等多篇论文被《博物馆学论文选编——基于安源路矿工人运动纪念馆的研究》收录，江西高校出版社出版。

**钟　妮**：《2015年安源纪念馆游客满意度调查分析报告》，载《红安源》2015年总第9期；与徐鹏合著《中国共产党领导的第一个工人阶级经济事业组织——纪念安源路矿工人消费合作社成立100周年》，载2022年3月25日《中国文物报》；与徐鹏合著《现代化安全防范系统为革命文物保驾护航》，载2022年6月17日《中国文物报》。

**段志英**：参与编辑《安源路矿工人运动史料》（安源路矿工人运动纪念馆与长沙革命纪念地办公室合编），湖南人民出版社1980年出版；《安源路矿工人补习学校》，载《萍乡文史资料》总第2辑；《浅谈民间钱币收藏的历史与现状》，载《江西钱币通讯》1992年第2期（总第25期）；《安源工人在秋收起义中的历史地位和作用》，1992年入选萍乡市纪念安源路矿工人大罢工胜利70周年学术研讨会；参与编辑《秋收起义在江西》（安源路矿工人运动纪念馆与江西省文化厅文物处、秋收起义铜鼓纪念馆、秋收起义修水纪念馆合编），文物出版社1993年出版；《浅谈毛泽东领导中国革命道路的开辟与秋收起义》，1993年入选萍乡市纪念毛泽东诞辰100周年学术研讨会；参与撰写《唤起工农千百万：安源路矿工人运动纪念馆》，中国大百科全书出版社1998年出版；《八十年前的小学语文书》，载2000年4月29日《少年百科知识报》；提供《世纪之光：萍乡百年历史见证》照片，载2000年12月31日《萍乡日报》；《收藏的几大乐趣》，2000年入选江西省钱币学会学术研讨会；《论博物馆在弘扬民族优秀文化中的地位和作用》，2001年入选江西省博物馆学会学术研讨会；《安源路矿工人大罢工的历史地位和特点》，2002年入选萍乡市纪念安源路矿工人大罢工胜利80周年学术研讨会；《汉冶萍公司矿票发行使用初探》，2003年入选江西省博物馆学会学术研讨会；《浅谈博物馆的群众教育工作》，2004年入选江西省博物馆学会学术研讨会。

**段志能**：视频《中国共产党最早的党校——安源党校》，2021年播于江西省社科大讲堂；视频《中国共产党最早发行的股票》，2021年播于江西省文化和旅游厅平台；红色故事《刘和盛饭店践初心》，载《初心永恒——五好讲解员红色旅游故事汇》，人民出版社2021年出版；视频《安源路矿工人消费合作社股票》，2021年被《博物馆说》馆藏精品专题节目（"学习强国"学习平台）收录；参与撰写《博物馆学论文选编——基于安源路矿工人运动纪念馆的研究》，江西高校出版社出版；《梦想照亮前进的路》，载《中国工人报》2022年；与白杨合著《刍议青少年讲解比赛的若干思考——以江西省红领巾讲解员大赛为例》，载《红安源》2021年总第15期；与黄洋合著《照亮工人心灵的一缕阳光——纪念安源路矿工人补习学校创办100周年》，载于2022年1月18日《中国文物报》。

**胡自国**：与刘传政合著《我党最早的工人中央委员——朱少连》，载1982年9月11日《萍矿工人报》；与刘善文合著《安源路矿工人大罢工记事》，载《江西工运研究资料》1984年第11辑；与刘善文合著《浅谈党在的罢工中的策略》，载《湖南工运史研究资料》1983年第6期；《北伐战争中的安源青年团员》，载《江西青运史研究》1985年第3期；与刘传政合著《赣北逞英豪，彭山树丰碑——张源健传略》，载《萍乡英烈》1986年第1辑。

**徐　鹏**：《加强管理，落实责任，努力构建文博单位安全管理体系——安源路矿工人运动纪念馆安全工作发展纪实》，载《红安源》2018年第1期；与张立南合著《浅议革命纪念馆人事管理制度改革的困境与挑战》，载《红安源》2021年第1期；《革命旧址类文物建筑的保护利用——以罢工后安源路矿工人俱乐部旧址为例》，载《红安源》2021年总第15期；与张立南合著《纪念馆馆藏资料数字化转化的必要性与方法》，载2021年1月26日《中国文物报》；与张立南合著《新时代革命纪念馆人事管理制度的改革方向》，载2021年9月18日《中国文物报》；与刘婧宇合著《革命旧址类文物建筑的保护与利用——以罢工后的安源路矿工人俱乐部旧址为例》，载2022年1月11日《中国文物报》；与钟妮合著《中国共产党领导的第一个工人阶级经济事业组织——纪念安源路矿工人消费合作社成立100周年》，载2022年3月25日《中国文物报》；与钟妮合著《现代化安全防范系统为革命文物保驾护航》，载2022年6月17日《中国文物报》；与刘磊胡合著《历史的见证——刘少奇与路矿当局谈判处旧址》，载2022年7月8日《中国文物报》；《新时代纪念馆弘扬革命精神的时代意义和实践思考》，载2022年9月9日《中国文物报》。

**黄　仂**：与谢家俊合著《安源工运："三个代表"重要思想科学揭示党的历史基本经验的光辉例证》，载《萍乡高等专科学校学报》2004年第2期；与黄洋合著《安源工运时期红色教育的兴起、发展与特点》，载《萍乡高等专科学校学报》2005年第1期；《中共党校发展历史上的重大创举——纪念中共安源地委党校创办80周年》，载《萍乡高等专科学校学报》2005年第2期；与贺文赞、熊轶欣合著《党在安源工运期间的反腐倡廉工作》，载《中国井冈山干部学院学报》2006年第4期；《我党反腐倡廉历史上最早的成功探索——论安源工运时期的反腐倡廉工作》，载《党史文苑》2007年第2期；《论安源和安源工人为创建新型人民军队所作出的历史贡献——纪念湘赣边界秋收起义80周年》，载《萍乡高等专科学校学报》2007年第4期；与周小建、虞文华合著《萍乡煤矿在汉冶萍公司发展中的历史地位与作用——纪念萍乡煤矿创办110周年暨汉冶萍公司成立100周年》，载《江西师范大学学报》（哲学社会科学版）2008年第6期；与周小建、黄洋合著《萍乡煤矿在汉冶萍公司中的历史地位与作用——纪念萍乡煤矿创办110周年暨汉冶萍公司成立100周年》，载《萍乡高等专科学校学报》2009年第1期；《汉冶萍公司的发展历史与现实启示》，载《南方文物》2009年第4期；《汉冶萍公司兴衰之路的思考》，载《萍乡高等专科学校学报》2009年第5期；《新形势下纪念馆发展路径的思考》，载《理论导报》2009年第7期；《萍乡英烈谱》副主编，江西人民出版社2010年出版；《兴建秋收起义纪念馆，构筑三大起义的完整纪念》，载《红安源》2010年总第6期；《安源——党的红色体育的发祥地》，载《红安源》2010年总第6期；《参加南昌"八一"起义的萍乡人》，载《红安源》2010年总第6期；专著《安源路矿工人运动史新论》，中央文献出版社2011年出版；《近十五年来刘少奇在安源革命实践活动研究情况述评》，载《萍乡高等专科学校学报》2011年第1期；《安源对新型人民军队创建的历史贡献》，载《中国井冈山干部学院学报》2011年第3期；《探索新路径，谋求新发展》，载《红安源》2011年总第7期；《以优质服务为抓手，以提升环境为依托，精细化地做好免费开放的服务接待工作》，载《红安源》2011年总第7期；《中共七大代表中的萍乡人》，载《红安源》2011年总第7期；《毛泽东在安源工运期间的领导方略与现实启示——纪念安源路矿工人大罢工胜利90周年》，载《萍乡高等专科学校学报》2012年第5期；与文支佐合著《论毛泽东在安源工运期间的领导方略与现实启示》，载《党史文苑》2012年第22期；主编《中国工运旗帜——安源工运史研究文选》，中央文献出版社2013年出版；《安源路矿工人运动研究》副主编，江西人民出版社2013年出版；与段廉廉合著《建设中国式生态博物馆的思考》，载《萍乡高等专科学校学报》2013年第1期；与漆明合著《工运领袖朱少连的成长历程及其对当前干部成长的启示》，载《党史文苑》2013年第12期；《做好依靠工人阶级为主题的教育工作——以安源纪念馆工运史教育实践为例》，载中国博物馆协会纪念馆专业委员会2013年年会暨"革命纪念馆（地）在民族复兴中的地位与作用——纪念馆（地）人的实践与思考论坛"文集（2013年11月）；《刘少奇领导安源工运的领导方略与历史贡献》，载《党史文苑》2014年第24期；《怀念如歌——追忆汪东兴同志》，载《红安源》2015年总第9期；与张丹合著《毛泽东开创安源工运》，载《红安源》2015年总第9期；与文支佐合著《安源工人运动时期的革命斗争文物》，载《党史文苑》2015年第5期；与黄领合著《革命火种：莲花一支枪》，载《红安源》2015年总第9期；《秋收起义之魂融进井冈山精神之体》，载《党史文苑》2015年第12期；与文支佐合著《表现安源工人运动历史的艺术作品》，载《党史文苑》2015年第15期；《毛泽东与战友们在安源的伟大开创与对当代青年的启示》，载《湘潮》（下半月）2015年第9期；《当下纪念馆发展路径的思考》，载《中国纪念馆研究》2015年第2期；《毛泽民在安源经营"工人的红色店铺"》，载《湘潮》2016年第7期；《李寿铨与萍乡煤矿》，载《萍乡学院学报》2016年第5期；与张丹合著《安源工运时期共产党人对实现民族复兴的探索》，载《党性党风党纪研究》2016年第4期；与文支佐合著《红军三次到安源》，载《红安源》2017年第1期；《在整合提质中走向新天地——江西省国家一级博物馆持续发展的思考》，载《红安源》2018年第1期；与黄领合著《安源儿童团——中国少年先锋队的先驱组织》，载《红安源》2018年第1期；与张丹合著《安源工运时期早期共产党人对实现民族复兴的探索与现实启示》，载《红安源》2018年第1期；《安源工运与刘少奇的初心》，载《萍乡学院学报》2018年第5期；《近六年来刘少奇领导安源工运历史研究情况述评》，载《党史文苑》2018年第11期；与彭香萍、张丹合著《工矿型城市工业化研究的缘起、进展与前瞻》，载《萍乡学院学报》2020年第5期；《毛泽东开创安源工运》，载《红安源》2020年第1期；《毛泽东在安源的初心奋斗与现实启示》，载《红旗文稿》（北大核心CSSCI）2021年第7期；参与中央电视台《旗帜》《安源往事》《刘少奇》《安源党校》等历史政论篇的主讲、编撰工作；在江西卫视《红色故事汇》等专栏担任主讲。

　　**黄　洋**：参与撰写《毛泽东刘少奇李立三在安源的故事》，中共党史出版社1998年出版；参与撰写《唤起工农千百万．安源路矿工人运动纪念馆》，中国大百科全书出版社1998年出版；参与撰写《萍乡英烈谱》，江西人民出版社2010年出版；与黄仂合著《安源工运时期红色教育的兴起、发展与特点》，载《萍乡高等专科学校学报》2005年第1期；与黄爱国合著《潘世告沉浮录》，载《党史文苑》（纪实版）2007 年第 8 期；《马克思主义的普遍原理同中国革命具体实践相结合的光辉典范——纪念湘赣边界秋收起义 80 周年》，载《党史文苑》（学术版）2007 年第 10 期；与黄仂、周小建合著《萍乡煤矿在汉冶萍公司中的历史地位与作用——纪念萍乡煤矿创办 110 周年暨汉冶萍公司成立 100 周年》，载《萍乡高等专科学校学报》2009 年第 1 期；《"劳工"的心声与新生》，载《北京支部生活》2009 年第 2 期；《毛泽东早期统一战线思想与萍安革命斗争》，载《萍乡高等专科学校学报》2010 年第 2 期；《毛泽东成为军队统帅之始》，载《研究与交流——第二届全国毛泽东纪念馆联谊会论文集》；《一封珍贵的信函》，载《党史文苑》2010 年第 8 期；与黄爱国合著《坚持实事求是的光辉典范》，载《萍乡高等专科学校学报》2011 年第 3 期；《王耀南将军与〈地雷战〉、〈地道战〉》，载《新湘评论》2011 年第 8 期；与杨桂香合著《工农革命军是安源会议决定组建的》，载《党史文苑》2012 年第 4 期；《安源会议在秋收起义中的历史地位与历史作用》，载《红源——秋收起义 85 周年学术研讨会论文集》（2012 年 9 月）；《安源路矿工人运动对中共三大确立统一战线策略的影响》，载《中共三大 90 周年赴会论文集》（2013 年）；《中国最早的红色儿童团——安源儿童团研究》，载《萍乡高等专科学校学报》2013 年第 2 期；《我军第一个工兵连诞生记》，载 2013 年 11 月 7 日《安源周刊》；《安源路矿工人运动中的统一战线》《安源青年团组织研究》《安源路矿工人运动与农民运动相结合》《中国最早的红色儿童团——安源儿童团研究》，载《安源路矿工人运动研究》，江西人民出版社 2013 年出版；与杨桂香合著《中国共产党早期革命活动经费的重要储备点——安源路矿工人运动中的经费研究》，载《萍乡高等专科学校学报》2014 年第 4 期；《试论井冈山精神与安源精神的有机联系》，载《道路·精神·力量——井冈山精神研究会论文集》（2014 年 10 月）；《安源路矿工人学校教职员合影中的黄钢》，载 2014 年 12 月 18 日《安源周刊》；《中共安源地委党校创办成因初探》，载 2014 年 12 月 25 日《萍乡日报》；与黄爱国合著《一位工运骨干的蜕变》，载《党性党风党纪研究》（2015 年）；《莲花农军"九一八"攻城》，载 2015 年 3 月 19 日《安源周刊》；完成由中共江西省委宣传部、省文明办、省社会科学界联合会共同下达的科研课题《安源镇张家湾村历史与文化研究》（2015 年 8 月）；《莲花一支枪的由来》，载 2015 年 8 月 19 日《安源周刊》；《日本侵略军在萍乡的暴行》，载 2015 年 9 月 3 日《萍乡日报》；《与刘春华相处的那些日子》，载 2016 年 6 月 12 日《萍乡日报》；《安源路矿工人运动与农民运动相结合》，载《萍乡学院学报》2016 年第 3 期；《浅谈博物馆陈列内容设计中的主要问题和对策》，载《中国纪念馆研究》2017 年第 2 辑；《安源纪念馆首次接待外宾轶事》，载 2017 年 5 月 5 日《安源周刊》；《学习王六生将军廉洁自律的崇高风范》，载 2017 年 5 月 17 日《萍乡日报》；与杨桂香、黄爱国合著《安源路矿工人运动与安源精神》，载《红流激荡——江西红色文化资源荟萃》，江西人民出版社 2017 年出版；《革命纪念馆如何将绩效考核制度落到实处》，载《中国纪念馆体制与管理创新论文集》（2017 年 9 月）；《卢德铭烈士遗骸是怎样找到的》，载《党史文苑》2018 年第 1 期；《中共六大与安源工人》，载 2018 年 6 月 3 日《萍乡日报》；与何入军合著《馆际联合举办展览的有益尝试——以湘赣边界秋收起义历史巡回展览为例》，载 2018 年 6 月 8 日《中国文物报》；《高擎革命文化大旗，打造宣传教育阵地》，载《中国纪念馆专业委员会年会论文汇编》

（2018年11月）；与黄仂合著《凝心聚力将革命烈士陵园打造成红色文化宣教的重要阵地》，载《英雄烈士与初心使命研讨会论文集》（2018年11月）；《安源红色股票》，载《中国纪念馆文物》（2018年11月）；《论汉冶萍公司企业性质的演变》，载《第三届"汉冶萍"国际学术研讨会论文集》（2018年11月）；《刘少奇廉洁自律二三事》，载2019年1月6日《萍乡日报》；《毛泽东从激进民主主义者转变为马克思主义者的重要标志》，载《马克思主义在中国早期传播与中国共产党的创建学术研讨会论文集》（2019年4月）；《新时期党性教育的深入开展给革命纪念馆带来的机遇与挑战》，载《纪念馆与党性教育学术研讨会论文集》（2019年10月）；与贺卓合著《新媒体艺术影响下的博物馆展陈设计研究》，载2020年2月1日《艺术大观》；《安源路矿工人运动纪念馆珍贵纸质文物保护修复的探索》，载2020年6月22日《中国文物报》；与贺卓合著《论博物馆（纪念馆）文物藏品管理现状与完善方法》，载《社会科学》2020年第11期；专著《安源路矿工人运动人物志》，当代中国出版社2020年11月出版；《星火燎原——从安源走出的我党重要干部和高级将领》，载2021年7月2日《萍乡日报》；参与编撰《博物馆学论文选编——基于安源路矿工人运动纪念馆的研究》，江西高校出版社出版；参与编撰《安源路矿工人运动》（上、下册），中共党史出版社2022年再版；与段志能合著《照亮工人心灵的一缕阳光——纪念安源路矿工人补习学校创办100周年》，载2022年1月18日《中国文物报》；与刘磊胡合著《一张珍贵的历史照片——写在安源路矿工人俱乐部成立100周年之际》，载2022年2月15日《中国文物报》；《江西安源：党领导的工人运动的摇篮》，载《时代主人》2022年第10期。

**黄　领**：与王俊民、李京等合著《不朽的丰碑，旌旗飘飘——安源路矿工人运动纪念馆》，吉林出版集团2012年出版；与黄婷合著《毛泽东开创安源革命运动的伟大实践及其意义》，载《党史文苑》2013年第18期；与黄仂合著《革命火种：莲花一支枪》，载《红安源》2015年总第9期；《一次思想与灵魂的升华》，载《红安源》2017年第1期；与黄婷合著《馆藏旧书画的装裱——以郭沫若书画〈忽然雾散见青天〉为例》，载2017年3月31日《中国文物报》；《安源路矿工人消费合作社股票的保护修复》，载2017年11月24日《中国文物报》；与徐建中合著《安源儿童团——中国少年先锋队的先驱组织》，载2018年6月1日《中国纪委监察报》；与王森华、凌焰等完成江西省社会科学"十三五"（2018年）规划课题《移民、地方社会与中共革命——以江西省萍乡县为例》（2018年7月2日）；参与编撰《安源红色家书》，江西人民出版社2018年出版；《安源路矿工人大罢工的胜利成果〈十三条协议〉》，载《中国纪念馆珍贵文物故事》，中共党史出版社2018年出版；与黄婷合著《张赞宸创办萍乡煤矿及其意义》，载《萍乡学院学报》2018年第5期；与黄婷合著《赏析反映安源革命的经典油画〈秋收起义〉》，载《文物鉴定与赏析》2018年10月总第142期；《张赞宸开创萍乡煤矿的实践及其意义》，载《第二届汉冶萍国际学术研讨会论文集（中国·武汉）》，武汉出版社2018年出版；与叶继辉、黄群合著《刘少奇清廉二三事》，载2018年11月30日《中国纪委监察报》；与黄婷合著的《画家笔下不朽的传奇——赏析侯一民油画〈刘少奇与安源矿工〉》，载《文物鉴定与赏析》2018年11月总第144期、《党史文苑》2019年第1期；《红色文化之花绚丽绽放——安源路矿工人运动纪念馆改革开放40周年发展纪实》，载2018年12月18日《萍乡日报——纪念改革开放40周年特刊》；与黄婷合著《1908年汉冶萍公司第一届账本的保护修复》，载2018年12月21日《中国文物报》；与黄婷合著《汉冶萍公司账本研究及其启示意义——以汉冶萍公司第一届至第三届账本为例》，载《青年时代》2018年第12期、《萍乡学院学报》2019年第1期；与黄婷合著《经典油画〈秋收起义〉赏析》，载《党史文苑》2019年第4期；与黄婷合著《毛泽东开创安源革命运动的伟大实践及其意义》，载《萍乡学院学报》2019年第5期；《中国产业工人中第一个党组织的创建发展及对周边地区的影响》，载《南方文物》2021年第2期；与黄婷合著《96年前中国共产党发行的第一张红色股票——安源路矿工人消费合作社股票》，载2019年10月18日《中国文物报》；《中国共产党发行的第一张股票》，载2021年6月13日《赣西都市报》；参与撰写《刘少奇与安源》，中央党史出版社2021年出版；《十三条协议：安源路矿工人大罢工的胜利成果》，分别载《党课》（教参版）2021年第3期、2021年7月25日《赣西都市报》；与张蕾、张永其等完成2020年度萍乡市社会科学规划课题《依托萍乡百年红色故事开展红色资源融入高校实践育人的实证研究》，2021年8月3日结项；与张蕾等申报的2021年度萍乡市社会科学规划课题《高校思政课开展党史教育，用好用活萍乡市红色资源，助推最美城市转型建设实践研究》立项（项目编号：21SWQH01），2021年8月3日结项；参与编撰《博物馆学论文选编——基于安源路矿工人运动纪念馆的研究》，江西高校出版社出版；《浅谈革命纪念馆文物库房建设——以安源路矿工人运动纪念馆文物库房改造为例》，载2022年1月4日《中国文物报》；与丁煊森合著《中国产业工人的党组织中共安源支部》，载2022年3月15日《中国文物报》；《中共安源支部的创建和发展》，载《党史文苑》2022年第3期；《创办经济事业，服务工人群众——纪念安源路矿工人消费合作社创办100周年》，载《党史文苑》2022年第7期；《百年党史·安源记忆——安源路矿工人大罢工》，载《党史文苑》2022年第9期；《十三条协议：罢工斗争胜利的标志——纪念安源路矿工人大罢工胜利100周年》，载《南方文物》2022年第5期。

**黄　婷**：与黄领合著《毛泽东开创安源革命运动的伟大实践及其意义》，载《党史文苑》2013年第18期；《弘扬革命传统，传承红色精神——赴福建龙岩参观学习有感》，载《红安源》2017年第1期；与黄领合著《馆藏旧书画的装裱——以郭沫若书画〈忽然雾散见青天〉为例》，载《中国文物报》2017年3月31日；《新形势下如何做好革命纪念馆宣传讲解工作——以安源路矿工人运动纪念馆宣传讲解为例》，载《青年时代》2018年第18期；与黄领合著《张赞宸创办萍乡煤矿及其意义》，载《萍乡学院学报》2018年第5期；与黄领合著《赏析反映安源革命的经典油画〈秋收起义〉》，载《文物鉴定与赏析》2018年总142期；与黄领合著的《画家笔下不朽的传奇——赏析侯一民油画〈刘少奇与安源矿工〉》，载《文物鉴定与赏析》2018年总144期、《党史文苑》2019年第1期；与黄领合著《1908年汉冶萍公司第一届账本的保护修复》，载2018年12月21日《中国文物报》；与黄领合著《汉冶萍公司账本研究及其启示意义——以汉冶萍公司第一届至第三届账本为例》，载《青年时代》2018年第12期、《萍乡学院学报》2019年第1期；与黄领合著《经典油画〈秋收起义〉赏析》，载

《党史文苑》2019年第4期；与黄领合著《毛泽东开创安源革命运动的伟大实践及其意义》，载《萍乡学院学报》2019年第5期；与黄领合著《96年前中国共产党发行的第一张红色股票——安源路矿工人消费合作社股票》，载2019年10月18日《中国文物报》；《以保护旧址为依托传承红色基因》，载《红安源》2021年总第15期；参与撰写《博物馆学论文选编——基于安源路矿工人运动纪念馆的研究》，江西高校出版社出版。

**黄海鹰**：参与撰写《唤起工农千百万：安源路矿工人运动纪念馆》，中国大百科全书出版社1998年出版。

**黄爱国**：《安源路矿工人的杰出代表》，载1982年12月11日《工人日报》；《朱少连简历》，载《党史研究资料》1983年第4期；《安源"九月惨案"之经过》，载《党史研究资料》1984年第3期；《朱少连烈士生平大事记》，载《萍乡党史通讯》1985年第2期；《我军第一个工兵连创建时间考证》，载《萍乡党史通讯》1985年第6期；《〈安源旬刊〉介绍》，载《江西革命文物》1986年第1期；《〈中国工人运动史话〉一书若干问题的探讨》，载《萍乡党史通讯》1986年第3期；《我国产业工人中的第一个党支部若干问题的考证》，载《江西工运研究资料》1986年第18辑；《一次成功的示威运动》，载《湖南工运史研究资料》1987年第2期；《安源路矿工人运动纪念馆》，载《中国博物馆通讯》1987年第7期；《安源路矿工人读书处》，载《江西工运研究资料》1987年第4辑；《谢怀德传略》，载《湖南工运史研究资料》1989年第1期；《中国工人第一所工会大厦》，载1989年3月3日《中国文物报》；《谁是第三届安源路矿工人俱乐部总主任》，载《江西党史研究》1989年第6期；《安源园艺工会述略》，载《萍乡党史通讯》1990年第2—3期合刊；《国民党安源市党部》，载《萍乡文史资料》总第11期；《萍乡煤矿产业工会》，载《萍乡文史资料》总第12辑；《安源路矿工人俱乐部》，载《党史文苑》1990年第4期；《刘少奇在安源若干任职质疑》，载《湖南工运史研究资料》1991年第1期；《略述安源工运在中国革命中的地位和贡献》，载《萍乡党史通讯》1992年第1期；《我国产生工人中的第一个党支部》，载《党史文苑》1992年第4期；《安源路矿工人运动纪念馆史况》，载《江西文艺史料》1992年第12期；《油画〈毛主席去安源〉今昔录》，载《江西文艺史料》1992年第13期；与刘善文合著《安源路矿工人运动纪念馆陈列大修改纪实》，载《江西文艺史料》1992年第13期；《革命纪念馆序厅设计的新尝试》，载《文博研究》1992年3—4期合刊；《毛泽东谈油画〈毛主席去安源〉》，载1993年1月1日《党史信息报》第169期第2版；《严惩叛徒》，载《党史文苑》1993年第3期；与刘善文合著《革命纪念馆陈列工作浅谈》，载《文博研究》1993年第4期；《安源对外接待秘闻》，载1993年5月30日《萍乡报》星期刊第1版；参与撰写《安源路矿工人运动史》，上海社会科学院出版社1993年出版；参与撰写《江西现代革命史辞典》，华东师范大学出版社1993年出版；参与编辑《毛泽东在萍乡》（1993年内部版）；《安源路矿工人消费合作社发行的股票》，载1994年5月15日《中国文物报》第4版，与杨桂香合撰《一片甘霖——纪念邓小平同志为安源路矿工人运动纪念馆题词10周年》，载1994年8月24日《江西日报》；《安源路矿工会教育股编印的〈小学国语教科书〉》，载《文博研究》1994年第3—4期合刊；《毛泽东浏阳遇险记》，载1994年9月10日《萍矿工人报》周末版；《铁骨铮铮，一身正气——记安源煤矿老工人袁品高》，载1994年9月24日《萍矿工人报》周末版；《枪毙王鸿卿》，载《党史文苑》1994年第5期；《安源九月惨案》，载1995年1月5日《萍乡报》第3版；《一位老同志的革命本色》，载江西《老干部之友》1995年第1期；《一幅油画引起的风波》，载《湖南党史》1995年第1期；《安源是湘赣边界秋收起义的重要地区之一》，载《党史研究资料》1995年第4期；《牛形山阻击战》，载1995年6月10日《萍乡日报》周末版；《中共第一所地方党校》，载《江西党建》1995年第9期；《安源精神的继承和发展》，载《萍乡社会科学》1995年第3期；《熊飞参军》，载1996年11月30日《萍矿工人报》周末版。

**黄慰媛**：参与编辑《安源工人运动歌谣歌曲选》（安源路矿工人运动纪念馆与萍乡教育学院中文系合编），1984年内部刊印；《爱护文物，人人有责》，载1989年5月22日《萍乡报》；参与撰写《安源路矿工人运动史》，上海社会科学院出版社1993年出版；《讲解收费，势在必行》，载《中国博物馆通讯》1993年第1期；《安源工人运动中的群众文化述评》，载《江西文艺史料》1992年第13期；《中国工人阶级第一个经济组织——安源路矿工人消费合作社》，载《文博研究》1993第3期；《深刻的教训，伟大的转折》，载《萍乡社会科学》1997年第3期；与黄爱国合著《安源纪念馆兴建始末》，载1998年9月12日《萍乡日报》；撰写《唤起工农千百万：安源路矿工人运动纪念馆》概述，中国大百科全书出版社1998年出版；与黄洋合著《继承发扬秋收起义革命精神》，载1999年11月30日《萍乡日报》；《安源路矿工人大罢工》，载2001年6月24日《萍乡日报》；《萍乡革命遗址》，载《萍乡文史资料》总第13辑；《萍乡的苏维埃运动》，载2001年7月1日《萍乡日报》；《以安源精神为先导，拓宽旅游新途径》，载2002年1月12日《萍乡日报》；《大罢工胜利的标志和直接成果——珍贵的十三条协议》，载2002年9月29日《萍乡日报》。

**施合祖**：与刘善文合著《刘少奇在安源革命活动史料述略》，载《萍乡党史通讯》1988年第3期。

**高　飞**：《落一个血史名表，莫大光荣》，载1980年6月17日《萍矿工人报》；《枪毙大恶霸地主叶紫屏》，载《萍乡文史资料》总第2辑；《革命的中坚，血史留人间——邓贞谦传略》，载《萍乡英烈》1986年第1辑；参与编辑《安源路矿工人运动》上、下册，中共党史资料出版社1991年出版。

**彭云秋**：主持编写《萍乡历史文物》丛书，1989年内部刊印；《远古的图腾与萍乡傩》，载萍乡市政协文史办公室编印《远古的遗存》；《萍乡发现古脊椎动物化石和哺乳动物化石》，载中科院《古脊椎动物与古人类研究》杂志1983年第2期；《萍乡古文化遗址》，载《萍乡文史资料》总第13辑；《加强博物馆自身建设》，载《江西文博》1993年第5期；参与撰写《唤起工农千百万：安源路矿工人运动纪念馆》，中国大百科全书出版社1998年出版；《在萍乡建立傩文化馆思考》，载《赣博论坛》，2003年内部刊印；与黄慰媛合著《安源工人运动是中国共产党领导的最早的争取人权的斗争》，载《赣博论坛》，2003年内部出版；参与撰写《湘赣边界秋收起义史》，江西人民出版社2007年出版。

**彭娅桐**：《一部再现伟人传奇经历的红色电影——〈毛泽东去安源〉》，载《红安源》2020年第1期。

**曾利国**：《浅析人脸识别技术在博物馆安防管理中的运用》，载《红安源》2021年总第15期。

谢　玥：《从实践中汲取养分》，载《红安源》2010年总第6期。

谢　霞：《萍乡煤矿矿警队的组织及活动》，载《萍乡文史资料》总第12辑。

谢名杰：与谢家俊合著《秋收起义的独特历史贡献和现实启示》，2007年9月入选萍乡市社联、市党史学会纪念秋收起义80周年理论研讨会；与谢家俊合著《秋收起义与安源工人运动》，载2001年8月26日《萍乡日报》。

谢家俊：《安源路矿工人俱乐部裁判委员会》，载《江西工运研究资料》1985年第16辑；《最初的司法尝试》，载《江西司法》1987年第1—2期合刊；《暴风骤雨中诞生的第一个劳动介绍所》，载《江西劳动人事》1989年第12期；《浅谈机关应该建立什么样的档案室》，入选1989年萍乡市档案协会学术研讨会；《安源路矿工人俱乐部禁赌》，载《萍乡党史通讯》1990年第1期；《浅谈安源路矿工人大罢工的策略问题》，入选1992年纪念安源路矿工人大罢工70周年学术研讨会；《锅炉房里播火种》《"血要流得有价值"》，载《毛泽东刘少奇李立三在安源的故事》，中共党史出版社1998年出版；与谢明杰合著《秋收起义与安源工人运动》，载2001年8月26日《萍乡日报》；《安源路矿工人运动与"三个代表"》，载2002年9月17日《萍乡日报》；《以"三个代表"重要思想为指导，积极推进博物馆人事制度改革》，载《赣博论坛》，2003年内部刊印；与黄仂合著《安源工运："三个代表"重要思想科学提示党的历史基本经验的光辉例证》，载《萍乡高等专科学校》2004年第2期；与谢明杰合著《秋收起义的独特历史贡献和现实启示》，2007年9月入选萍乡市社联、市党史学会纪念秋收起义80周年理论研讨会；《我亲身经历的社会主义教育运动》，载萍乡市政协文史学习委员会编《萍乡人民公社纪实》，2016年内部刊印。

谭　琦：《陈列展览过程中馆藏文物的保护》，载《租售情报》2021年第43期。

廖　霞：《安源路矿工人运动纪念馆志愿服务工作总结》，载《红安源》2017年第1期。

漆　明：《上埠陶瓷工人的斗争》，载《萍乡文史资料》第2期；与漆忠合著《浅论安源路矿工人运动对井冈山革命斗争的贡献》，载《萍乡高等专科学校学报》2011年第2期；《我和工人是一家——刘少奇在安源的故事》，载《红安源》2012年总第8期；与文正再合著《安源路矿工人运动迅速兴起的秘密之一——中国共产党在安源路矿工人运动中的民生工程》，载《萍乡高等专科学校学报》2013年第3期；与黄仂合著《工运领袖朱少连的成长历程及其对当前干部成长的启示》，载《党史文苑》2013年第12期；与张丹合著《刘春华：安源是我的第二故乡》，载《红安源》2015年总第9期。

漆　忠：与漆明合著《浅论安源路矿工人运动对井冈山革命斗争的贡献》，载《萍乡高等专科学校学报》2011年2期；《安源和安源工运与秋收起义的关系》，载《党史文苑》（学术版）2011年5期；《红色股票》，载《红安源》2012年总第8期。

漆继生：主编《江西省萍乡市地名志》，1985年内部刊印。

### 三、科研奖励（以作者姓氏笔画为序，调离安馆以后的获奖成果不统计）

**丁煊淼**：《论安源工运在全国工运中的独特作用和历史地位》，2022年9月获纪念安源路矿工人运动100周年学术研讨会优秀奖；参与撰写的课题《1922—1925安源工人代表会议制度对发展全过程人民民主的历史启示》，被评为江西省社会科学2022年度优秀课题。

**文支佐**：《安源党组织对党员干部教育培训的探索实践——以安源党校为例》，2022年7月获"红色堡垒，百年荣光——纪念中共安源路矿支部成立100周年研讨会"征文评选二等奖。

**刘善文**：主编《安源路矿工人运动》上、下册（中共党史资料出版社1991年出版），1993年4月被江西省中共党史学会、江西省中国现代史学会评为1990—1992年度优秀论著一等奖；主编并撰写《安源路矿工人运动史》（上海社会科学院出版社1993年出版），1995年1月获江西省第六次社会科学优秀成果三等奖。

**李建军**：《中共安源地委党校史料考》，获江西省中共党史学会、江西省中国近代史学会1990年度优秀论文三等奖；《霹雳一声暴动》，2000年9月获萍乡市纪念秋收起义73周年学术研讨会三等奖。

**张　丹**：完成2020年度江西省党建研究会"构建党员发挥作用体制机制的探索研究"课题，并获优秀成果奖（第一参与人，编号20DJWT029）（2021年3月）；获由中共萍乡市委、萍乡市人民政府、光明日报编辑部、中共江西省委党史研究室、江西省投资集团有限公司联合主办的"安源精神"学术研讨会征文三等奖（2021年6月）；课题《安源路矿工人俱乐部裁判委员会研究》荣获2021年江西省高级人民法院专题研究三等奖（2021年6月）；执笔课题《苏维埃的预演：中共领导工人代表会议制度的实践探索与现实启示——以20世纪20年代萍乡安源工人俱乐部为考察中心》被评为江西省人大2021年度研究课题优秀课题（2021年10月）；《安源工人运动研究（1921—1930）》获江西省委宣传部、省委教育工委（省教育厅）和省社联2021年度江西省青年马克思主义者理论研究创新工程（简称"青马工程"）项目资助（主持人，项目编号：21QM24）（2021年10月）；《安源精神内涵的考证报告》2022年1月7日，获江西省委常委、宣传部部长庄兆林同志批示；《全国第一个产业工人支部——中共安源路矿支部党员史考》，2022年7月获"红色堡垒，百年荣光——纪念中共安源路矿支部成立100周年研讨会"征文评选二等奖；《基于回忆史料的分析：中共安源支部最早的党员再考》，2022年9月获纪念安源路矿工人运动100周年学术研讨会三等奖。

**贺　卓**：《安源工运时期共产党人精神品格的形成与现实启示》，2022年7月获"红色堡垒，百年荣光——纪念中共安源路矿支部成立100周年研讨会"征文评选优秀奖。

**黄　仂**：与谢家俊合著《安源工运："三个代表"重要思想科学提示党的历史基本经验的光辉例证》，2003年12月获中共萍乡市委宣传部理论研讨会优秀论文一等奖；《中共党校发展变化历史上的重大创举》，2004年12月获江西省委党校、萍乡市委党校主办的纪念中共安源地委党校诞生80周年理论研讨会优秀论文二等奖；专著《安源路矿工人运动史新论》（中央文献出版社2011年出版），被中共萍乡市委、萍乡市人民政府授予2012年萍乡市首届优秀理论成果奖；2012年主持《詹天佑修建湘东大桥》电视讲座，获中国广电协会历史栏目三等奖。

**黄 洋**：参与撰写的《安源路矿工人运动研究》，2013年11月获全省党校系统第十届（2012—2013年）优秀科研成果一等奖，2014年3月获江西省党校系统优秀科研成果著作类一等奖；《弘扬秋收起义革命精神，为实现中华民族伟大复兴的中国梦而努力奋斗》，2017年12月14日在萍乡市社联、安源区委宣传部主办的"纪念秋收起义，弘扬安源精神，喜迎党的十九大胜利召开"征文活动中获二等奖；《安源工运时期的妇女运动历史及其基本经验》，2022年9月获纪念安源路矿工人运动100周年学术研讨会优秀奖。

**黄 领**：《文明婚礼续新风》，2011年5月"获四明山杯·全国革命廉政故事征文大赛"三等奖；《全国产业工人中第一个党组织——安源党组织名称和党员证的历史考证》，2022年9月获纪念安源路矿工人运动100周年学术研讨会优秀奖。

**黄爱国**：《谁是第三届安源路矿工人俱乐部总主任》，获江西省中共党史学会、江西省中国近代史学会1990年度优秀论文三等奖；《略述安源路矿工人运动在中国革命中的地位和对中国的贡献》，1991年7月获萍乡市纪念建党70周年暨安源工运开创70周年理论研讨会优秀论文一等奖；《浅论安源路矿工人大罢工的特点》，1992年9月获萍乡市纪念安源路矿工人大罢工70周年理论研讨会优秀论文二等奖；《安源纪念馆整治火灾隐患纪实》，1995年7月获萍乡市"119奏鸣曲"征文三等奖。

**黄慰媛**：《安源工人运动中的群众文化述评》，1992年9月获萍乡市纪念安源路矿工人大罢工70周年理论研讨会优秀论文二等奖；《无产阶级革命领袖在安源罢工中的地位和作用》，1992年9月获萍乡市纪念安源路矿工人大罢工70周年理论研讨会优秀论文三等奖；1998年度文化系统科级干部理论考试成绩第一名；《安源工人运动历史经验的昭示》，2001年获萍乡市纪念中国共产党成立80周年学术研讨会优秀论文奖、萍乡市文化系统纪念建党80周年暨反腐倡廉理论研讨会三等奖；《以安源精神为先导，拓宽旅游新途径》，获萍乡市委宣传部、萍乡日报社、市房管局联合举办的"房管杯"安源精神征文活动三等奖；《营造良好文化环境是深入反腐倡廉的需要》，被评为2002年度文化系统纪检监察优秀论文；与彭云秋合著《安源大罢工是中国共产党领导的最早的争取人权的斗争》，2005年12月获萍乡市第六次社会科学优秀成果二等奖。

**彭云秋**：与黄慰媛合著《安源大罢工是中国共产党领导的最早的争取人权的斗争》，2005年12月获萍乡市第六次社会科学优秀成果二等奖。

**谢家俊**：《安源路矿工人运动与"三个代表"》，2002年9月获萍乡市委宣传部等四部门主办的"进一步弘扬安源精神 加快萍乡发展暨邓小平理论研讨会"优秀论文二等奖；与黄仂合著《安源工运："三个代表"重要思想科学提示党的历史基本经验的光辉例证》，2003年12月获中共萍乡市委宣传部理论研讨会优秀论文 等奖。

**漆 明**：《刘少奇在安源的故事·我和工人是一家》，2011年获中纪委、国家旅游局举办的四明山杯·全国革命廉政故事征文大赛优秀奖。

# 第七章　党政管理

## 第一节　隶属关系

安源纪念馆创建于1956年，初称安源路矿工人俱乐部，隶属萍乡矿务局安源煤矿工会兼管。1964年11月28日，萍乡市人民委员会研究决定，安源路矿工人俱乐部更名为安源路矿工人运动纪念馆，由萍乡矿务局移交给萍乡市文化教育局管辖。1967年2月10日，受"文化大革命"影响，安源路矿工人运动纪念馆被封闭。

1968年6月下旬，宜春地区、萍乡市党政军领导在安源召开会议，宣布成立"毛主席在安源革命活动纪念馆"建设领导小组。7月1日正式动工兴建毛主席在安源革命活动纪念馆。1969年初毛主席在安源革命活动纪念馆建成后，隶属萍乡市革命委员会办公室领导。1972年9月，恢复"安源路矿工人运动纪念馆"馆名。1973年4月至1979年，安源纪念馆的业务和财务划归江西省革命委员会文教办管辖，行政关系仍属萍乡市革命委员会办公室管辖。1979年至1990年，安源纪念馆的业务划归江西省文化局文物处管辖，财务划归江西省文化局计财处管辖，行政关系先由中共萍乡市委宣传部管辖，1984年划归萍乡市文化局管辖。1990年江西省文化局文物处改为江西省文物局后，安源纪念馆业务归江西省文物局管辖，财务归江西省文化厅计财处管辖，行政关系仍归萍乡市文化局管辖。根据省委办公厅、省政府办公厅《关于印发〈南昌八一起义纪念馆等四馆管理体制理顺工作实施方案〉的通知》（赣办字［2019］8号）和萍乡市委办公室、市政府办公室《关于印发〈安源纪念馆管理体制理顺工作实施方案〉的通知》（萍办字［2019］42号）精神，2019年11月14日中共萍乡市委机构编制委员会下发《关于明确安源路矿工人运动纪念馆隶属关系的通知》（萍编办发［2019］57号），明确安源路矿工人运动纪念馆为市委宣传部下属事业单位，原萍乡革命烈士纪念馆2名编制划转至市退役军人事务局下属事业单位市安源烈士陵园管理处，调整后，安源路矿工人运动纪念馆编制数为58名，内设机构数和领导职数维持不变。2022年12月14日，中共萍乡市委机构编制委员会办公室下发《关于核减市安源路矿工人运动纪念馆编制的通知》（萍编办发［2020］85号），明确指出："经2022年市委编委第二次会议审定，核减安源路矿工人运动纪念馆事业编制3名。调整后，安源路矿工人运动纪念馆事业编制55名，其中领导职数：馆长（副县级）1名，副馆长

3 名（正科级），内设机构正职 5 名（副科级）。其他机构编制事项维持不变。"

## 第二节　党支部

1969 年下半年，安源纪念馆开始恢复党组织，成立临时党支部，廉明德任书记，陈启棠、邓志良任委员。1970 年 6 月正式成立安源纪念馆党支部，担负教育党员、管理党员、监督党员和组织群众、宣传群众、凝聚群众、服务群众的职责。

### 一、安源纪念馆历届党支部班子成员

第一届党支部成员（1970 年）：

书　记：廉明德

委　员：杨桂香　施绍明　韩垂良　杨政华　刘忠焕

第二届党支部成员（1971 年）

书　记：廉明德

副书记：杨桂香

委　员：刘忠焕　施绍明　漆继生

第三届党支部成员（1972 年）

书　记：廉明德

副书记：漆继生　杨桂香

委　员：施绍明　刘义胜　刘善文　施合祖

第四届党支部成员（1976 年）

书　记：刘忠焕

委　员：漆继生　杨桂香　施绍明　刘义胜　刘善文　施合祖

第五届党支部成员（1979 年）

书　记：刘忠焕

委　员：杨桂香　施绍明　刘义胜　施合祖

第六届党支部成员（1982 年）

书　记：李秀达

副书记：杨桂香

委　员：丁运梅　吴桂生　王冬梅

第七届党支部成员（1984年）

书　记：李秀达

副书记：杨桂香

委　员：李昌学　漆继生　李建军

第八届党支部成员（1990年）

书　记：李秀达

副书记：李昌学

委　员：李民甫　刘善文　谢家俊

第九届党支部成员（1994年）

书　记：李振德

委　员：李昌学　李民甫　谢家俊　黄慰媛

第十届党支部成员（1997年）

书　记：李昌学

副书记：彭云秋

委　员：李民甫　刘明和　谢家俊

第十一届党支部成员（2003年）

书　记：黄　仂

副书记：彭云秋

委　员：刘明和　吴直安　李荣安

第十二届党支部成员（2007年）

书　记：彭安保

副书记：黄　仂

委　员：李荣安　周小建　漆　忠　徐　鹏

第十三届党支部成员（2011年）

  书　　记：文培良

  副书记：黄　仂

  委　　员：李荣安　周小建　漆　忠　徐　鹏

第十四届党支部成员（2015年）

  书　　记：黄　仂

  副书记：何入军

  委　　员：徐　鹏　黄　洋　贺　卓　田金河（2016年增补）

第十五届党支部成员（2020年）

  书　　记：李万安

  副书记：丁煊淼

  委　　员：徐　鹏　黄　洋　贺　卓

第十六届党支部成员（2022年）

  书　　记：丁煊淼

  委　　员：徐　鹏　黄　洋　贺　卓　刘磊胡

## 二、安源纪念馆党支部主要工作

（一）宣传和贯彻落实党的理论和路线方针政策，宣传和执行党中央、上级党组织及本党支部的决议。讨论决定或者参与决定本地区本部门本单位重要事项，充分发挥党员先锋模范作用，团结组织群众，努力完成本单位所担负的任务。

（二）组织党员认真学习马克思列宁主义、毛泽东思想、邓小平理论、"三个代表"重要思想、科学发展观、习近平新时代中国特色社会主义思想，推进"两学一做"学习教育常态化制度化，学习党的路线方针政策和决议，学习党的基本知识，学习科学、文化、法律和业务知识，做好思想政治工作和意识形态工作。

（三）对党员进行教育、管理、监督和服务，突出政治教育，提高党员素质，坚定理想信念，增强党性，严格党的组织生活，开展批评和自我批评，维护和执行党的纪律，监督党员切实履行义务，保障党员的权利不受侵犯。加强和改进流动党员管理。关怀帮扶生活困难党员和老党员。做好党费收缴、使用和管理工作。依规稳妥处置不合格党员。

（四）密切联系群众，向群众宣传党的政策，经常了解群众对党员、党的工作的批评和意见，了解群众诉求，维护群众的正当权利和利益，做好群众的思想政治工作，凝聚广大群众的智慧和力量。

领导本单位工会、共青团、妇女组织等群团组织，支持它们依照各自章程独立负责地开展工作。

（五）对要求入党的积极分子进行教育和培养，做好经常性地发展党员工作，把政治标准放在首位，严格程序、严肃纪律，发展政治品质纯洁的党员。发现、培养和推荐党员、群众中间的优秀人才。

（六）监督党员干部和其他工作人员严格遵守国家法律法规，严格遵守国家的财政经济法规和人事制度，不得侵占国家、集体和群众的利益。

（七）实事求是对党的建设、党的工作提出意见建议，及时向上级党组织报告重要情况。教育党员、群众自觉抵制不良倾向，坚决同各种违纪违法行为作斗争。

（八）按照规定，向党员、群众通报党的工作情况，公开党内有关事务。

建馆以来，杨桂香（1986年）被中共江西省委授予"全省先进思想政治工作者"称号；2021年6月以来，安源纪念馆党支部向党龄50年以上的老共产党员李秀达、漆继生、谢家俊、吴直安、施合祖、张冬秀、余章松、彭云秋、张松林颁发"光荣在党50年"纪念章。

# 第三节　群团组织

## 一、工会

1980年10月15日，萍乡市总工会批复同意建立"安源路矿工人运动纪念馆工会委员会"。1984年2月，正式选举安源纪念馆工会委员会组成人员。此后，孙建平、谢家俊、李荣安、贺卓、徐鹏等同志先后负责工会工作。

（一）安源纪念馆历届工会班子成员

第一届工会委员会（1984年）

副主席：孙建平（主持工作）

委　员：李荣安　肖冬梅

第二届工会委员会（1989年）

副主席：谢家俊（主持工作）

委　员：李荣安　肖冬梅　梅晓竹　江　英

第三届工会委员会（1998年3月）

主　席：李荣安

副主席：江　英

委　员：谢家俊　黄慰媛　周小建

第四届工会委员会（2014年6月）

主　席：李荣安

副主席：江　英

委　员：刘磊胡　张冰子


第五届工会委员会（2018年）

主　席：贺　卓

副主席：黎　海

委　员：张贝伊　张　丹


第六届工会委员会（2022年）

主　席：徐　鹏

副主席：张贝伊

委　员：金　月　韩高平

（二）安源纪念馆工会主要工作

1.根据《中华人民共和国工会法》和《工会章程》，在馆党支部和上级工会的领导下完成工会各项工作。

2.认真履行维护、建设、参与、教育四项社会职能，充分发挥工会组织的桥梁、纽带的作用，组织干部职工积极参与单位的民主管理、民主监督。

3.定期召开会员大会或会员代表大会，总结年度工作，讨论来年计划，审议工会的经费收支情况。

4.搞好工会组织建设和思想建设。组织工会干部的学习培训，做好新会员的接收和教育工作。

5.协助纪念馆党支部、馆务会，贯彻执行党的各项方针、政策。围绕中心工作，积极配合党支部开展多种形式的宣传教育活动，配合单位开展业务、技能培训，促进职工队伍的素质提升。

6.发挥工会宣传阵地和俱乐部的作用，积极开展健康向上的文体活动，活跃职工文化生活。自1984年以来，每年开展一次职工体育运动会，并定期组织文艺联欢会。活动项目有：吹蜡烛、钓鱼、"瞎子"打锣、套圈、乒乓球进篮、"拐子"接力赛，以及象棋、跳棋、拔河比赛等。

7.建立困难帮扶体系，帮助解决职工的实际困难，及时探望慰问患病职工、离退休老干部、老党员，酌情开展"冬送温暖、夏送清凉"活动。

## 二、共青团

中国共产主义共青团是中国共产党领导的先进青年的群团组织，是广大青年在实践中学习共产主义的学校，是中国共产党的助手和后备军。中国共产主义青年团安源纪念馆支部委员会于1971年初成立，在中共安源纪念馆支部委员会和上级团组织领导下，坚定不移地贯彻党在社会主义初级阶段的基本路线，以经济建设为中心，坚持四项基本原则，坚持改革开放，在建设中国特色社会主义的伟大实践中，造就有理想、有道德、有文化、有纪律的接班人。

（一）安源纪念馆历届团支部班子成员

第一届团支部委员会（1971年）

书　记：张冬秀

副书记：刘义胜

委　员：杨放萍　吴金华　黄慰媛

第二届团支部委员会（1973年）

书　记：刘义胜

副书记：李建军

委　员：杨放萍　张丽华　黄慰媛

第三届团支部委员会（1975年）

书　记：刘义胜

副书记：张丽华

委　员：杨放萍　王慧敏　黄慰媛

第四届团支部委员会（1982年）

书　记：胡自国

委　员：罗春玲　谢　霞

第五届团支部委员会（1990年）

书　记：肖　晓

副书记：漆　萍

委　员：李荣安　周小建　文支佐

第六届团支部委员会（1995年）

书　记：文支佐

委　员：刘凤霞　李　磊

第七届团支部委员会（2000年）

书　记：刘凤霞

委　员：黄　洋　李　鹏

第八届团支部委员会（2006年）
书　记：曾利国
委　员：贺　卓　黄　婷

第九届团支部委员会（2010年）
书　记：彭　姿
委　员：黄　领　谢　维

第十届团支部委员会（2011年）
书　记：黄　领　刘磊胡（2017年起）
委　员：廖　霞　谭　琦

第十一届团支部委员会（2018年）
书　记：张莉娟
委　员：谭　琦　廖　霞

第十一届团支部委员会（2022年）
书　记：段志能
委　员：房文君　刘　欣　姚心仪　喻密斯

（二）安源纪念馆团支部主要工作

1. 定期召开支部委员会和支部团员大会。结合团支部的具体情况，认真传达党组织和上级团组织的决议和指示，研究安排团支部的工作，将支部工作中的重要问题提交支委会和支部团员大会讨论决定。

2. 了解掌握团员的思想、工作和学习情况，发现问题及时解决，做经常性的思想政治工作。

3. 检查支部的工作计划、决议的执行情况，按时向支部委员会、团员大会、同级党组织和上级团组织报告工作。

4. 同有关部门和组织保持密切的联系，交流情况，互相支持，促进团的工作。

5. 加强支委会的自身建设，认真学习，按时开好民主生活会，加强团结，充分发挥支委会集体领导的作用。

2016年4月，共青团安源纪念馆支部获萍乡市"五四红旗团支部"称号；2021年7月31日，安源纪念馆团支部获 2019—2020 年度省级"青年文明号"称号。

### 三、女职工委员会

工会女职工委员会是在同级工会委员会领导下和上一级工会女职工委员会指导下的女职工组织，根据女职工的特点和意愿开展工作，依法表达和维护女职工的合法权益和特殊利益、竭诚服务女职工。

（一）安源纪念馆女职工委员会组成人员

1990 年 10 月 10 日，安源纪念馆工会委员扩大会议推选肖冬梅、丁小兰、黄慰媛为女职工委员会委员，肖冬梅负责；并推选肖冬梅为萍乡市文化局妇女委员会委员候选人。10 月 16 日，肖冬梅出席萍乡市文化局女职工代表大会，并当选为市文化局妇女委员会委员。

（二）安源纪念馆女工委员会工作

1. 围绕本馆的中心工作和工会的重点工作，对女职工进行爱国主义、社会主义、集体主义教育，引导女职工树立自尊、自信、自主、自强的精神，努力提高女职工的政治思想和文化业务素质，在学校的各项工作中发挥主人翁作用。

2. 协助并监督本馆及有关科室贯彻有关女职工切身利益的政策和制度，组织女职工参加各项活动和民主管理。

3. 维护女职工的特殊利益和合法权益，保护女职工的身心健康。做好计划生育工作。

4. 开展适合女职工特点的各项活动，做好女职工的评先推优工作及巾帼文明岗的创建工作。

5. 组织三八妇女节活动，适时召开女职工座谈会，及时反映女职工的心声。

建馆以来，先后有李建军（1978 年）、黄慰媛（1990 年）、刘帆凌（2018 年）、田金河（2010 年）、黄洋（2012 年）等同志被萍乡市妇联授予"三八红旗手"称号；彭娅桐 2010 年被江西省妇联授予"巾帼建功标兵"称号。2011 年 3 月，安源纪念馆被中华全国妇女联合会、全国妇女"巾帼建功"活动领导小组授予"巾帼文明岗"称号。2019 年 3 月 8 日，宣传接待科在江西省各界妇女纪念"三八"国际妇女节 109 周年大会上获"江西省三八红旗集体"称号。

### 四、民兵

毛主席在安源革命活动纪念馆建设期间，成立了政保组，下辖一个武装民兵排，由萍乡矿务局抽调的 18 名民兵组成，专门负责建馆期间的安全保卫工作，防止阶级敌人破坏。安源纪念馆陈列大楼建成后，武装民兵排撤销，站岗放哨职责由该馆职工兼任。当时安源纪念馆只有两支老式七九步枪和两支苏式冲锋枪。站岗放哨一般安排在五一劳动节、国庆节、春节等节假日通宵值班，单位不定期地组织全馆民兵打靶。1972 年下半年，福州军区《前线民兵》杂志刊登了安源驻军指战员帮助安源纪念馆民兵进行军事训练的照片。

1972 年 12 月，分管民兵工作的江西省军区副司令员熊占武到安源纪念馆参观，向馆革委会负责同志了解安源纪念馆民兵武装情况后,决定划拨一批现代化武器装备给安源纪念馆。一个月后,下发了12支全自动步枪。从此,安源纪念馆民兵持全自动步枪站岗。

1975年12月,安源纪念馆民兵组织进行调整,正式公布了武装基干民兵和普通民兵名单。武装基干民兵排由漆继生、李民甫、杨放萍、刘传政、何世清、谢敬辉、吴新民、郭江萍、郭淑秋、王慧敏、吴北萍、何春华共12人组成,漆继生、李民甫先后任排长;普通民兵排则由除武装基干民兵之外的全馆职工组成,下设三个班。

1976年9月9日毛泽东逝世,全国进入一级战备状态。安源纪念馆、安源煤矿的民兵按照上级的部署和安排,昼夜持枪站岗,并护卫设在安源纪念馆陈列大楼序厅的毛泽东灵堂,维护安源地区社会治安。

20世纪70年代末,随着全党工作重心的转移,安源纪念馆不再单独设立民兵组织。

## 第四节　总务后勤

### 一、旧址修复

安源纪念馆历来重视旧址的保护和维修,自成立以来,严格按照文物保护规定和上级主管部门要求,对所辖旧址逐步进行恢复和修缮。

1955年1月,内务部拨款3亿元(旧币,相当于新币3万元)修复安源路矿工人俱乐部旧址。1955年8月22日修复工程动工,12月13日竣工,整个旧址修葺一新。1956年1月1日,中共萍乡县委、萍乡矿务局党委隆重举行"安源路矿工人俱乐部修复竣工典礼",并出版《安源路矿工人俱乐部修复竣工纪念册》。

1963年9月14日,中共萍乡市委召开工作会议,研究安源革命旧址修缮问题。修缮的范围为:安源路矿工人俱乐部旧址(罢工后)、安源毛泽东旧居、安源路矿工人补习夜校旧址等。修缮费用由江西省总工会拨款解决,并成立了由萍乡市委领导和相关部门负责人组成的修缮委员会。

1968年毛主席在安源革命活动纪念馆兴建期间,加强了对安源革命旧址的修缮和恢复力度。按照原貌恢复了总平巷矿井口,毛泽东、李立三1921年冬来安源旧居,安源路矿工人补习夜校旧址,安源党组织决定大罢工会议旧址。1970年,按照原貌恢复秋收起义安源军事会议旧址。1973年,在保持原貌的基础上,对安源路矿工人消费合作社旧址进行修缮。1980年,国家文物局拨款修缮安源路矿工人俱乐部旧址(罢工后)。1985年11月,江西省文化厅拨款10万元维修安源路矿工人大罢工谈判处旧址。

进入新世纪以来,安源纪念馆通过各种渠道采取有效措施,抓紧抓好革命旧址的保护和维修。争取国家资金,先后完成了安源路矿工人消费合作社旧址,安源毛泽东旧居,秋收起义安源军事会议旧址,安源工农兵政府旧址,安源党组织决定大罢工会议旧址,安源路矿工人大罢工谈判处旧址,安源路矿工人补习夜校旧址，毛泽东、李立三1921年冬来安源旧居，安源路矿工人俱乐部旧址（罢工前），盛公祠，总平巷矿井口的本体修缮。

党的十八大以来，安源纪念馆按照"保护第一、加强管理、挖掘价值、有效利用、让文物活起来"的新时代文物工作方针，认真贯彻习近平总书记关于文物保护工作的系列重要指示批示精神，坚持守正创新、开拓进取，探索新时代文物保护利用之路，在上级主管部门的高度重视和指导下，对安源各处革命旧址进行维修和保护，取得了显著成效。

2014年，安源路矿工人消费合作社旧址修缮工程，改造排水沟，修缮墙面屋顶，油漆木质结构，增设护栏。

2016年，秋收起义安源军事会议旧址修缮工程，恢复旧址前操场青石板，平整三合土地面，铺设屋顶瓦片，改造排水系统，对周边环境进行绿化，增设旅游公共厕所。安源毛泽东旧居周边环境整治工程，铺设草皮，栽种名贵树木，修建游步休闲小道。

2017年，安源工农兵政府旧址修缮工程，油漆木栏杆、修复红砖墙面，屋面进行防漏处理，更换屋顶破损瓦片。

2018年，安源党组织决定大罢工会议旧址修缮工程，恢复三合土地面，翻新屋顶瓦片，改造排水系统。

2019年，安源路矿工人补习夜校旧址修缮工程，修整围墙，平整庭院地面，全面维修木栏杆和木地板，改造排水系统。毛泽东、李立三1921年冬来安源旧居修缮工程，平整三合土地面，屋面进行防漏处理，更换屋顶破损瓦片，改造排水系统。黄静源烈士殉难处纪念碑周边环境改造工程，铺设花岗岩地面，添设花岗岩栏杆，绿化周边环境。安源路矿工人大罢工谈判处旧址修缮工程，恢复两侧附属楼倒塌的墙体，重新铺设地面，翻修屋面，更换被腐蚀的门窗，对木质构件进行防潮防白蚁处理，整治周边环境，改造排水系统。

2021年，安源路矿工人俱乐部旧址（罢工后）讲演厅修缮工程，加固破损开裂的立柱，拨正倾斜屋架，木质结构进行防潮防白蚁处理并重新油漆。盛公祠修缮工程，粉刷外墙恢复原貌，更换破损木地板、木质栏杆，并做防潮防白蚁处理，更换屋面破损瓦片。总平巷矿井口修缮工程，整治周边环境，清除牌坊后方杂草树木，铺设水泥硬化地面，修建水沟完善排水系统。

2022年，安源路矿工人俱乐部旧址（罢工前）修缮工程，修复地面，改造排水系统，更换屋顶破损瓦片，并对屋面进行防漏处理。

## 二、馆区建设

1971年，安源纪念馆在陈列大楼西侧依山兴建砖瓦结构的二层职工宿舍，坐南朝北，建筑面积400平方米。

1973年，安源纪念馆在半边街广场以东兴建两栋家属住宅，坐东朝西，均为二层砖瓦结构楼房，建筑面积650平方米，每栋可住8户（楼上4户，楼下4户）。

1979年，安源纪念馆在职工宿舍以东兴建钢筋混凝土结构的二层办公楼房，坐南朝北，建筑面积800平方米。除大小会议室外，一楼10间为馆领导和各科室的办公室，二楼10间为文物资料库房和行政办公室仓库等。

1989年6月30日，安源纪念馆中广场池塘开凿工程竣工。

2002年，为了迎接安源路矿工人大罢工胜利80周年，安源纪念馆美化馆区环境，整修馆内沥青路面3000平方米，栽种花木6000余株，修建大小花池30余处。

2003年8月，安源纪念馆与施工队签订合同，馆正大门兴建工程动工，12月竣工。

2003年，安源纪念馆以职工个人集资的方式，在半边街广场以东依山兴建一栋钢筋混凝土结构二层家属住宅。坐北朝南，建筑面积1040平方米。1973年兴建的家属住宅被拆除。

2008年11月，馆区铺设沥青。

2008年12月，安源纪念馆（文物库房）办公大楼拆迁动工重建，2010年完工，为行政文物综合大楼。坐北朝南，是钢筋混凝土框架结构，建筑面积3396平方米，共三层。

2009年3月，安源工运时期廉政建设陈列馆动工建设，同年5月完工。

2014年12月，启动安源纪念馆中广场及安源党组织决定罢工会议旧址周边改造与绿化工程。在安源党组织决定罢工会议旧址周边修建挡土墙、游步道、休闲栈道、木制护栏，增植树木；在中广场修建游步道等。

2015年12月，馆区供水系统提升改造。

2016年3月，完成罢工后的安源路矿工人俱乐部旧址周边环境改造与绿化工程。修建游步道、休闲栈道、木制护栏、挡土墙，铺设草皮、增植树木。7月，按照国家3A级旅游厕所标准，在下广场改建1座占地面积120平方米的旅游厕所。

2017年，陈列大楼安装空调。

2018年4月，陈列大楼1、2、3号门提升改造；5月，中广场池塘修建栏杆、休息亭。

2019年9月，下广场黄静源烈士殉难处周边环境提升整治。

2020年6月，陈列大楼安装电梯。

2021年10月，刘春华书画馆动工建设。

2022年7月16日，根据安源景区项目建设规划要求，安源纪念馆下广场所有围墙、栏杆开始拆除，在广场东侧兴建中共安源地委党校陈列馆，周边栽种树木花草，修建游步道；广场地面全面铺设水泥板，2023年5月竣工。

## 三、财务资产

**财务制度**

1956年至1964年，安源纪念馆（当时称安源路矿工人俱乐部）是挂靠安源煤矿工会，没有单独的资金和账户。1964年正式更名为安源路矿工人运动纪念馆后，馆里所需事业经费和行政经费由萍乡市文教局按规定下拨，市文教局设有安源路矿工人运动纪念馆的专项账目，安源纪念馆自身建立明细账。

1968年毛主席在安源革命活动纪念馆建成后，馆里所需经费江西省革命委员会文教办（1979年后改为由省文化厅计财处）下拨到萍乡市财政局，再由市财政局下拨到安源纪念馆。为了严格财经纪律，加强财务管理，安源纪念馆逐年订立财务管理规章制度。到2005年，已形成了一系列相应固定的管理制度。

《预算业务管理制度》共分三十七条，对预算管理委员会和预算业务管理工作机构的组成人员和工作职能作了具体规定：

第一条　成立预算管理委员会，作为专门履行预算管理职能的决策机构，成员包括：单位领导，财会人员，各业务部门负责人。

第二条　预算管理委员会职能：1.审定预算业务内部管理制度。2.确定单位预算管理的政策、办法和要求。3.审定年度预算编制总体目标和总体要求。4.研究审定单位预算草案，特别是重大项目立项和经费分配使用计划。5.协调解决预算编制和执行中的重大问题。6.听取预决算执行情况分析报告，组织召开预算执行分析会议，督促各执行机构按照进度执行预算并改进预算执行中存在的问题。7.审批预算追加调整方案。8.审定单位决算和绩效评价报告 9.其他相关决策事项。

第三条　预算业务管理工作机构设在财会部门，由财会部门负责人组织领导，成员包括：财会人员，政府采购人员，人事管理人员，其他人员。

第四条　预算业务管理工作机构职能：草拟预算业务内部管理制度，报预算管理委员会审定后，督促各相关部门和岗位落实预算业务内部管理制度。拟定年度预算编制程序、方法和要求，报预算管理委员会审定。组织和指导各预算业务管理执行机构开展预算编制工作。汇总审核各预算业务管理执行机构提交的预算建议数，进行综合平衡，形成预算草案报经预算管理委员会审定后对外报送同级财政部门审批。组织各预算业务管理执行机构根据职能分工和工作计划对同级财政部门下达的预算控制数进行指标分解、细化调整。将单位按照法定程序批复的预算分解细化后的预算指标报经预算管理委员会审批后，下达至各预算管理执行机构。汇总审核各预算业务管理执行机构提交的预算追加调整申请，形成预算调整方案，报预算管理委员会审议。协调解决预算编制和执行中的有关问题。"

《收支业务管理制度》（共四十一条）、《政府采购业务管理制度》（共十七条）分别对馆里的收支业务管理和政府采购业务管理等工作做了具体规定。

**财务工作**

1968年以前，安源纪念馆没有单独的资金和账户，因而没有设立专职财务人员。从1968年开始，安源纪念馆办公室下设财务室，由会计、出纳、保管共3人组成，由行政负责人（馆革命委员会主任，后称馆长）按照有关规章制度管理全馆的财务。安源纪念馆属全额拨款事业单位，每年的财政预算上报到江西省革命委员会文教办（1979年后改为上报省文化厅计财处），再由文教办或计财处上报到省财政厅。在财务包干以前，安源纪念馆的经费来源主要有三项：一、省财政厅下拨的包干经费；

二、国家文物局或省文物局按照文物保护级别下拨的文物维修保护专项经费；三、展厅门票收入。1996年9月萍乡市物价局［1996］52号文件规定，安源纪念馆参观门票成人每票5元，学生每票1.5元，停车每辆4元。2001年7月经萍乡市物价局批准，安源纪念馆参观门票调整为成人每票15元，中、小学生每票5元。2005年6月，经萍乡市物价局批准，安源纪念馆参观门票调整为成人每票30元，中、小学生每票10元。门票收入主要用于加强文物保护和旧址维修，改善参观景点的周边环境，发展各项文博事业。

财务管理实行日结月清，坚持向省文化厅计财处做好月报和年终结算。安源纪念馆的财务账目有条不紊，并能及时上报，曾多次获得上级财务部门表彰。

**资产管理**

安源纪念馆对资产实行分类管理。该馆资产分为货币资金、应收款项、实物资产、无形资产、对外投资五类。安源纪念馆制定的《资产管理制度》对上述五类资产如何进行管理都作了明确规定：

第三条 货币资金的管理。1.不得由一人办理货币资金业务的全过程，确保不相容岗位相分离。2.货币资金支付的审批和执行，货币资金的保管和收支账目的会计核算，货币资金的保管和盘点清查，货币资金的会计记录和审计监督岗位不得由同一个人担任。3.出纳不得兼管稽核、会计档案保管和收入、支出、债权、债务账目的登记工作。出纳岗位不得由临时人员担任。4.严禁一人保管收付款项所需的全部印章。财务专用章应当由专人保管，个人名章应当由本人或其授权人员保管。负责保管印章的人员要配置单独的保管设备，并做到人走柜锁。5.按照规定应当由有关负责人签字或盖章的，应当严格履行签字或盖章手续。6.银行账户的开立应符合国家有关规定的要求，不得随意开立，不得违反规定开立和使用银行账户。7.财会部门应当对已开立未使用或长期不使用的账户及时做出销户处理，银行账户销户按规定操作，经过适当授权并正确反映在会计记录中。对已销户的银行账户，应在办理销户后一个月再由经办人员以外的会计人员向银行核实销户情况，确保销户已得到执行。8.财会部门应当做好银行账户开户、销户情况的记录。每月与银行核对，确保所记录的银行账户与实际相符。9.银行预留印鉴应当分开由不同人员保管，严禁一人保管所有支付预留印鉴，网上银行的管理员U盾和操作员U盾由不同人员保管，防范网上银行支付风险。10.出纳人员应当每天清点库存现金，登记库存现金日记账，做到账实相符，账账相符；11.指定不办理货币资金业务的会计人员定期和不定期对库存现金进行抽查盘点。12.不办理货币资金业务的会计人员定期和不定期对库存现金进行抽查盘点时，重点关注：（1）账款是否相符；（2）有无白条抵库；（3）有无私借挪用公款；（4）有无账外资金。13.不办理货币资金业务的会计人员定期和不定期对库存现金进行抽查盘点时，发现账款不符，应当及时查明原因，做出相应处理：（1）由于一般工作失误造成的，可由财会部门负责人按照规定做出处理；（2）如果属于违法行为，应当向单位负责人报告，并按照规定依法移交相关部门处理。14.由不办理货币资金业务的会计人员每月对银行存款日记账和银行对账单进行一次核对。按月编制银行余额调节表并调节相符。15.对调节不符，可能存在重大问题的未达账项及时查明原因，并按规定报告财会部门负责人、单位分管领导和单位负责人进行处理。

第四条  应收款项（应收账款、预收账款、其他应收款）的管理。1.每月初由会计人员对应收款项与对方进行核对，每年末编制账龄分析表，根据账龄分析结果对应收款项采取不同措施；2.及时督促相关业务人员对应收账项进行催收和报账，对催收形成催收记录并妥善保管；3.安排另外人员对应收款项进行催收并形成催收记录；4.及时了解对方单位的财务状况、经营情况、现金流量情况；5.法律部门或办公室对不能收回的债权进行研究分析，提起仲裁或诉讼。

第五条  实物资产和无形资产的管理。1.实物资产和无形资产管理应结合预算编制和政府采购业务管理制度进行。2.实物资产和无形资产由资产管理处（办公室或联合工作小组，根据单位具体情况确定）实施归口管理。3.资产管理处（办公室或联合工作小组）的职能：（1）根据国家有关国有资产管理的法律法规和政策规定、单位的实际情况，制定单位资产内部管理制度；（2）负责资产的产权登记、资产记录、日常保管、清查盘点、统计分析等工作，协调处理资产权属纠纷；（3）提供资产增减变动和存量信息，配合财会部门和政府采购部门开展政府采购预算和计划的编制及审核工作；（4）督促业务部门按照资产内部管理制度的规定使用资产，每年检查资产使用情况，确保资产得到有效使用；（5）按照国家有关规定办理资产处置工作；（6）负责对投资项目的追踪管理；（7）每季度与财会部门等相关部门核对资产信息，确保资产安全完整。4.明确资产使用人和保管责任人，落实资产使用人在资产管理中的责任。5.贵重资产、危险资产、有保密等特殊要求的资产，指定专人保管、专人使用，并规定严格的接触限制条件和审批程序，并对重要资产进行投保。6.将国有资产处置的，包括无偿转让、出租、出借、出售、置换、报损、报废，按照财政部令第35号、36号、第71号、第68号的规定执行。7.资产管理处（办公室或联合工作小组）建立资产台账，详细登记资产信息。台账内容包括：（1）资产目录和卡片；（2）资产编号；（3）资产名称；（4）资产种类；（5）资产所在地点；（6）资产使用部门；（7）资产负责人；（8）资产使用年限；（9）资产来源；（10）资产验收情况；（11）资产使用地点；（12）资产责任人；（13）资产维护情况；（14）资产增减变动情况。8.资产管理处（办公室或联合工作小组）每年组建资产清查小组对单位的资产进行清查盘点，填写资产盘点表，与资产台账记录核对，发现不符的，应当及时查明原因。9.盘点完成后形成盘点报告，由相关工作人员签字确认。10.清查盘点中发现的问题应当及时报告资产管理部门的单位分管领导和相关部门负责人，按照相关规定进行处理。11.资产管理处（办公室或联合工作小组）每年与财会部门、资产使用部门进行一次对账。12.对于盘盈盘亏情况，财会部门应当根据审批结果及时进行账务处理。13.建立资产信息管理系统，逐实现资产信息管理系统与财务管理系统和政府采购业务管理系统的对接，实现信息共享，保障资产安全，提高资源配置的效率。

第六条  对外投资的管理。1.行政单位不得以任何形式用占有、使用的国有资产举办经济实体。2.事业单位利用国有资产对外投资应当进行必要的可行性论证，并提出申请，经主管部门审核同意后，报同级财政部门审批。3.单位进行对外投资的，应合理设置岗位，明确相关岗位的职责权限，确保对外投资的可行性研究与评估、对外投资决策与执行、对外投资处置的审批与执行等不相容岗位相互分离。4.单位进行对外投资，应当由单位领导班子集体研究决定。5.单位应当对投资项目进行严密充分的论证,必要时组织专家或者聘请中介机构参与论证,包括投资行为是否合法合规、投资项目是否符合国家政策和单位发展要求进行论证,并对投资项目所需资金、预期现金流量、投资收益及投资的安全性等进行测算和分析。6.财会部门应当详细记录投资决策过程、各方面意见,与可行性论证报告的相关资料一同由资产管理部门妥善归档保管。7.对未经批准的投资行为,无论投资行为是否造成经济损失,单位都应当进行调查、追究责任,及时作出处理。8.确定投资方案后,财会部门应当编制投资计划,严格按照计划确定的项目、进度、时间、金额和方式投出资产。投资过程中需订立合同的,应当按照合同业务管理的相关规定执行。9.财会部门为对外投资的归口管理部门,应当加强对投资项目的追踪管理:(1)股权投资应当及时掌握被投资单位的财务状况和经营状况,对被投资单位的重大经营事项和问题,应当及时报告单位负责人、财会部门分管领导、办公室(或联合工作小组)分管领导;(2)债权投资应当及时关注发行债券单位的财务信用状况和投资债券的风险情况;(3)及时足额收取投资收益。10.财会部门应当建立对外投资台账。11.财会部门应妥善保管对外投资的可行性研究报告、审批文件、投资合同或协议、投资计划书、对外投资处置文件等资料,妥善保管对外投资的权益证书。12.财会部门按照国家统一会计制度的规定,及时、全面、准确地记录对外投资的价值变动和投资收益情况。13.对外投资收回时,应及时足额收取,提前或延期收回的,应经单位领导班子集体研究决定。14.财会部门正确进行对外投资资产处置的相关会计处理,保证收回资产的安全和完整。15.对外投资处置完成后形成总体评价报告,报告内容主要包括投资概况、投资结果、投资结果分析、投资评价等。16.对在对外投资中出现重大决策失误、未履行集体决策程序和不按规定执行对外投资业务的部门及人员,按照法律法规追究相应的责任。

### 四、文化产业

1970年11月10日经萍乡市革命委员会同意,纪念馆建立敬制毛主席像章厂。市革委会的批复:"希望你们更高地举起毛泽东思想伟大红旗,走毛主席指引的光辉的五七道路,艰苦奋斗、自力更生办厂,发扬革命传统,争取更大光荣,为中国革命和世界革命作出新的更大的贡献。"纪念馆抽调数名工作人员在像章厂工作,所制像章一律赠送,是一个不以营利为目的的馆办企业。1973年像章厂停办。

安源纪念馆负责文化产业的机构最初叫劳动服务公司,又称劳动服务部。经萍乡市劳动人事局批准,于1988年1月28日成立。行政上由安源纪念馆领导,业务上接受萍乡市劳动服务公司指导,其性质为自负盈亏、独立核算的城镇集体企业。主要经营舞厅、照相、小卖部、录像室、幼儿园,之后与馆外经济实体合作经营黑陶厂。馆里抽调5名职工参与经营活动,另外招录数名本单位待业青年协助。舞厅是主要经营项目,首先设在陈列大楼西面的办公大楼会议室,营业时间是晚上7时至9时。1994年舞厅、小卖部、录像室先后停办,劳动服务公司随之解散。

2008年1月24日,安源纪念馆下属的萍乡市赣兴文化发展有限公司成立。由3名职工组成,主要经营展览业务、研学旅行、文产开发、专题党课等业务。公司下设文产营销部,主要销售纪念品、纪念章、红色书籍和矿泉水、副食品等旅游物品。先后负责卢德铭烈士纪念馆、孔原生平事迹展览馆、铜鼓毛泽东浏阳遇险纪念馆和萍乡市检察工作发展史展览等制作工程；设计创作了以油画《毛主席去安源》为主题的 IP 系列产品，有瓷质画盘、精品丝绸画、油纸伞、矿工小夜灯等游客喜爱的文创产品。2009 年 9 月至 2010 年，安源纪念馆团支部组织青年团员集资开办"阳光屋"小卖部，售卖纪念品、矿泉水、副食品等旅游物品。

2010 年 12 月，选送秋收起义纪念章、《毛主席来安源》像章、《毛主席来安源》瓷盘，参加全省博物馆文化产品展示博览会，均获优秀奖；2016 年 5 月，与湖南醴陵丹青窑达成开发《毛主席去安源》瓷盘、瓷板画、胸章的合作意向，新开发的各类文创产品使安源纪念馆的文创内容更为丰富；同年 9 月，选送"安源红"文创系列产品参加在南昌国际展览中心举办的 2016 年江西旅游产业博览会。2022 年 4 月 15 日，安源纪念馆拍摄视频参加由江西省博物馆学会主办的"最 in 的文创 battle——全省博物馆文化创意产品直播大赛"。4 月 30 日，江西省博物馆学会公布终评结果：安源纪念馆获此次大赛十佳场馆，段志能、金月被评为十佳主播，3 件文创产品被评为百佳产品。

## 第五节　安全保卫

### 一、队伍建设

1968 年 7 月 1 日，毛主席在安源革命活动纪念馆建设时设有政保组，由 17 人组成，其中有 3 名专职保卫干事，其余人员从事政治宣传工作。1970 年安源纪念馆革命委员会成立后，政保组继续保留，仅有 1 名工作人员负责安全保卫。1973 年政保组并入办公室统一管理。1982 年成立人事保卫科，有 2 名工作人员。1995 年 11 月，安源纪念馆人事保卫科被江西省公安厅评定为"达标保卫科"。2012 年 2 月，人事保卫科改为保卫科，有 5 名工作人员。2016 年为加强安全保卫力量，保卫科引入社会化服务。截至 2022 年底安保人员总数配备 20 人，其中日夜带班长及日常管理 5 人（由正式员工担任）、门卫 4 人、馆区巡查 3 人、监控中心值班 2 人、陈列大楼巡查 3 人、晚间值班监控室及巡查 3 人（由聘用人员担任）。

### 二、安保制度

1994 年 2 月，按照《文物系统博物馆风险等级和安全防范级别的规定》，安源纪念馆被江西省公安厅、江西省文化厅认定为一级风险单位。在工作实践中建立和健全了一系列行之有效、操作性强的安全保卫制度。主要有：《安全保卫管理制度》《安全检查制度》《安全隐患整改制度》《安全用电管理制度》《保密制度》《陈列展厅文物安全保管制度》《安全保卫岗位具体工作职责流程》《消防工作考评和奖惩制度》《消防设施、器材维护管理制度》《重点部位值班制度》等，形成了安全工作有规划、有布置、有检查、有专人负责的工作格局，确保了馆区平安、和谐、稳定。

（一）《安全保卫管理制度》共计九条，对安源纪念馆安全保卫工作的方针、任务、原则、做法和工作职责都作了具体内容：

1. 本馆的安全保卫工作，贯彻"预防为主，确保重点，打击敌人，保障安全"的方针。全馆安全保卫工作任务是：认真贯彻执行国家有关安全保卫工作的政策法令，加强内部治安管理，确保馆藏文物、地面文物、公私财务安全，维护内部政治稳定和馆区治安，维护参观秩序，做好防火、防盗、防破坏，防治安灾害事故的防范工作。

2. 按照国家的有关规定和本馆的实际情况，分别建立健全并执行下列安全保卫制度：安全检查、安全用电、重点部位保卫、安全防火、文物资料管理、门卫值班、消防器材管理等制度。经常性检查贯彻执行情况，督促实施，防止流于形式。随着本馆工作需要和业务活动的开展，应及时修改、补充完善，建立新的安全管理制度，使之日益健全。

3. 根据"谁主管谁负责"的原则，全馆实行安全保卫岗位责任制。每年年初，馆主要领导与分管领导、分管领导与各科室负责人、各科室负责人与本科职工分别签订安全保卫、防火安全责任状。工程项目实施单位、聘用员工均应签订安全责任状。全馆的安全保卫工作应责任到人，落实到岗。实行中层以上领导干部轮流值班负责制。

4. 全馆的安全保卫工作由主要领导负主要责任，分管领导负直接责任，各科室按各自的职责范围，做好日常的安全保卫工作。保卫科监督、检查安全保卫制度和责任状的执行、落实情况，负责各种安全保卫责任状的签订工作；担负重要团体和人员来馆参观的安全保卫，担任馆区的治安巡逻值勤、全馆重点部位的安全检查，在保卫科职权任务的范围内，积极做好本馆的安全保卫工作。

5. 搞好内部治安管理，建立健全群防群治组织。充分发挥保卫科在维护本馆治安秩序工作中的骨干作用；积极调解、疏导内部矛盾纠纷，防止矛盾激化；在全馆组织开展综合治理的相关活动，确保单位工作正常有序。

6. 做好重点部位的安全防范工作。管理重点部位的科室及工作人员，要认真执行以岗位责任制为中心的各项安全管理制度，保卫科协助实施，检查落实并建立重点部位档案。为确保重点部位安全，要制定周密可行的防火、防盗应急预案，采取必要的技术预防措施，以防火为重点，同时做好防盗、防自然灾害等工作。在本馆范围内所发生的事故、案件，应立即报告上级主管部门和公安机关，有关科室要积极协助。

7. 加强对保卫工作的领导。馆班子要把安全保卫工作纳入全馆重要的议事日程，定期听取安全保卫工作汇报，部署落实各项安全防范措施；解决安全保卫工作中的必要经费；组织各种形式的安全检查，发现隐患，督促有关科室认真整改，及早消除。全馆的安全保卫工作，做到有计划、有安排、有检查、有总结、有评比。

8. 积极开展安全保卫的宣传教育。经常组织学习《中华人民共和国文物保护法》《中华人民共和国消防法》等法律法规。通过宣传教育，提高广大职工的安全防范意识，增强对法律观念和安全管理的认识，夯实安全保卫工作思想基础。安全宣传教育形式应灵活多样、生动活泼、坚持经常，注重实效。

9. 建立安全保卫工作奖惩制度。将安全工作与责任人的绩效考核、职称聘用、职务提升、评先评优挂钩，实行安全工作一票否决。根据《博物馆安全保卫工作规定》第二十五条、二十六条的规定和本馆制定的《安全保卫奖惩制度》，对在安全保卫工作中做出成绩或造成事故者，给予奖惩。

（二）《安全检查制度》共计六条，具体内容：

1. 在本馆范围内开展安全检查，及时发现和整改各种事故隐患，消除不安全因素，检查督促全馆各项安全管理制度和责任状贯彻落实情况。通过安全检查和整改隐患，达到提高全体职工的安全意识和防范意识，确保全馆各部位安全的目的。

2. 安全检查的组织形式有：联合检查、专项检查、自检自查三种。联合检查，由馆领导带领各科室负责人及有关人员成立检查组，对全馆各部位进行全面的安全检查；专项检查，由保卫科组织人员对重点部位进行检查；自检自查，由各科室组织工作人员在责任区内进行安全检查。

3. 安全检查的时间：联合检查每季度组织一次；专项检查每星期进行一次；自检自查每天进行。在火灾多发季节、重大节假日、治安情况严峻时，应对重点防范部位进行不定期检查。值班保卫人员每天对文物库房、陈列展厅进行两次交接班检查。每年对馆区的防雷系统运行情况进行不少于一次防雷装置检测。保卫科要积极参与、配合上级主管部门和公安消防部门进行的各种安全检查。

4. 在安全检查当中发现的问题、火险、事故隐患，保卫科要详细记录，存档备查，及时向馆领导汇报检查情况，提出整改的措施和意见供领导参考，并协助有关部门研究制定整改措施。

5. 本馆所进行的各种安全检查，都要按时认真检查，不能走过场，要边查边改，狠抓整改落实。对检查发现的各种隐患，要及时整改，尽早消除；因条件限制暂不能解决的，要采取临时安全防范措施，避免出现问题；对长期解决不了的重大隐患应列为专项，向上级主管部门报告，争取尽快解决。

6. 针对检查中发现的安全隐患，由保卫科发出限期整改通知书，督促有关科室认真整改。对无故拖延或拒绝整改的有关人员，给予相应处罚，由此造成事故者，按规定给予处理。

（三）《安全隐患整改制度》共计六条，具体内容：

1. 发现火灾隐患应立即改正，不能立即改正的，应按程序逐级报告；

2. 对下列违反安全规定的行为，应当责成有关人员当场改正并督促落实：（1）违章进入生产、储存易燃易爆危险场所的；（2）违章使用明火作业或在具有火灾、爆炸危险的场所吸烟、使用明火等违反禁令的；（3）将安全出口上锁、遮挡，或占用堆放物品影响疏散通道畅通的；（4）消火栓、灭火器材被遮挡影响使用或被挪作他用的；（5）消防设施管理、安防安全巡查人员脱岗的；（6）违章关闭消防设施、切断消防电源的；（7）其他可以当场改正的行为。

3. 对不能当场改正的安全隐患，管理职能部门或安防管理人员应当根据管理分工，及时将存在的安全隐患向安全管理人或安全责任人报告，提出整改意见。

4. 安全管理人或安全责任人应当确定整改的措施、期限以及负责整改的部门、人员，并落实整改资金。

5. 在安全隐患消除之前，责任科室和保卫科应当制定临时防范措施，确保隐患消除前的安全。

不能确保安全的，随时可能引发安全事故或一旦发生安全事故将严重危及人身安全的，应当将危险部位停产停业进行整改。

6.对公安机关或消防机构责令改正的火灾隐患或消防安全违法行为，应在规定的期限内改正，并将火灾隐患整改情况函复公安机关消防机构；

（四）《安全用电管理制度》共计八条，具体内容：

1.电器设备和线路的安装．维修必须遵守电工操作规程和《电器安装维修标准》，严禁超负荷运行。

2.对电气设备线路要定期进行检查，发现不安全因素，必须立即整改。

3.各部门需要增加电器设备时，必须填写临时用电申请单，报办公室批准后，由办公室指派电工按规定安装。

4.电器设备不准直接安装在可燃材料上，照明灯具须与可燃物保持一定的间距。

5.临时用电线路下和附近不得堆放可燃物，安装临时电灯时要牢固，不得使灯泡与可燃物接触，以防起火。临时用电线路用完后，要及时拆除，防止发生事故。各科室在使用电热器具时，都必须严格遵守安全用电制度。各种电热器接通电源后，要有专人看管，用完后必须拉闸断电，停电时要及时切断电源。

6.坚持安全用电检查制度。办公室组织专业人员必须每月不少一次对馆区重点部位、旧居旧址、办公大楼进行检查维修，消除一切电器火灾隐患。春雨季节前量测避雷设备，测量接地电阻情况，如果发现防雷装置有断损、熔化或接地电阻不符合要求等，要及时予以维修。每次检查都要留有详细的记录和整改情况。

7.馆办公室应定期组织专业人员检查配电房的所有开关、变压器、接地保护线、电源进线。检查变压器湿度应按规定先停高压。保持配电房整洁干净、不准堆放任何可燃物。非工作人员，严禁进入配电房。配电房检查，应有两人以上同行并严格按操作程序进行工作。

8.非专业电工人员不得安装电器设备和线路。

（五）《保密制度》共计五条，具体内容：

1.全馆干部职工应认真学习和严格执行《中华人民共和国保守国家秘密法》的规定，遵守保密纪律，做到不该问的不问，不该听的不听，不该看的不看。

2.做好接待中的保密工作。在对内外接待中，所有参加接待工作的人员都应遵守接待纪律，严格遵守上级的保密要求。

3.担任文物库房、接待讲解、财务、保卫岗位的工作人员，应严守秘密，不泄露馆藏文物、物资、资金账务、安全防范等情况。陈列展厅、文物库房、旧居旧址、安全消防等设计图纸，属保密范围，不对外提供。

4.做好文件管理。做到不丢失、不泄密。每月进行一次文件检查和归卷，在检查、清理中发现丢失文件和泄密现象要及时向领导汇报，并迅速追查。

（六）《陈列展厅文物安全保管制度》共计八条，具体内容：

1. 陈列展厅是对外展示文物、资料的主要场所，是本馆安全防范的重点部位，为确保安全，根据《中华人民共和国文物保护法》和《博物馆安全保卫工作规定》的有关规定，特制定本安全管理制度。

2. 陈列展厅的安全管理工作，必须认真执行以安全岗位责任制为中心的各项安全管理制度，落实各项安全保卫措施，强化管理，确保文物、陈列展品的安全。

3. 做好陈列展厅在开放期间的安全管理。保卫科和宣传科要加强日常安全保卫工作，严禁参观人员携带宠物、易燃易爆物品进入展厅，严禁在展厅内吸烟和使用闪光灯拍摄等。

4. 做好展厅的防火、防盗、防破坏工作。办公室对陈列展厅的门窗要经常检查、加固，发现破坏应及时进行修理。展厅在安全防范措施不够完善的情况下，不得陈列珍贵文物。陈列修改、展厅维修或巡回展出均应加强安全保卫，明确分工，专人负责，保障安全。

5. 陈列展厅安保人员，必须严格遵守岗位责任制，忠于职守，坚守工作岗位，熟悉展品数量及展放位置，上下班要检查展厅内的展品情况，换班换岗要履行展品移交手续。

6. 保卫科和宣传科要认真做好开馆前和闭馆后的安全检查和清馆净场工作。夜间值班人员应加强巡逻检查，遵守重点部位值班制度，坚持交接班时的两次安全检查，认真填写值班记录和交接班安全记录，发现问题及可疑迹象，应立即报告。

7. 陈列的文物、展品，既要注意防人为破坏，也要注意预防自然损坏，做好防潮、防霉、防晒的预防工作。展厅工作人员要及时关启窗户、窗帘，避免阳光直照文物、展品和雨淋等造成损坏。闭馆时，应关闭展厅的所有窗户窗帘。

8. 陈列展厅各部位工作人员、夜间值班人员应严格遵守岗位责任制，认真执行安全管理制度，落实各项安全措施，做好陈列展厅的安全保卫工作。有章不循，玩忽职守，造成文物、展品被盗、损坏或发生事故者，视情节给予处分。

（七）《岗位具体职责、要求、流程》共计三条，具体内容：

1. 门卫岗位

（1）具体职责：①做好参观人员和来访人员的登记、统计和传达等工作；②负责出、入馆区货运车辆所运物资的核对、登记等工作；③做好参观车辆的停车费的收取工作；④做好闭馆前的清场工作；⑤负责管理区域内的参观秩序和环境卫生。

（2）岗位要求：①礼貌待人，热情服务，着保安服、佩戴"文明劝导员"袖章上岗；②遵守作息制度，按时开、关馆门和交接班；③负责维护本辖区内的参观秩序和环境卫生并做好下班前的清场工作。

（3）工作流程：8时30分到达工作岗位—打扫辖区卫生、准备参观登记事项—9时开馆—对来馆参加人员进行登记并按照参观须知工作—16时30分劝阻参观人员进入 17时关闭大门。

2. 主馆及馆区巡查岗位

（1）具体职责：①负责管辖区域内的安全巡查工作，维护参观秩序；②负责对馆区内不文明行为劝导和进馆车辆的指挥、停放工作；③发现突发事件时，能在第一时间内到位，按照馆突发事件预案程序进行处理，并及时向领导汇报；④安检人员严格按照要求对入馆游客大小包按程序进行检测、严禁带火种入馆参观；⑤负责闭馆前的清场工作。

（2）岗位要求：①保持好良好的精神面貌，着保安服、佩戴"文明劝导员"袖章上岗；②做好管辖区内的安全、消防工作，进行不定时的巡查，并按要求进行记录当天值、交接班情况；③做好下班前参观人员的清场工作。

（3）工作流程：8时30分到达工作岗位—交接班记录登记—对上、中、下广场、后山、门卫、陈列大楼等重点部位进行安全巡查—16时45分进行陈列展厅和馆区的清场工作—17时进行交接班—进行全天巡查情况登记。

3. 监控消防控制中心岗位

（1）具体职责：①发现所监控区域内有安全问题应立即反映给该部位相关部门、巡查人员，及时处理并向科领导汇报；②加强对监控消防设备的专业操作、学习和维护，出现设备问题应及时处理并向科领导汇报；③严禁非本科室工作人员进入监控室浏览、动用监控设备，未经相关领导批准，任何人不得随意查阅监控录像；④值班人员应保持好监控室内环境卫生，排除各类安全隐患。

（2）岗位要求：①按时交接班，不迟到、早退，工作期间着保安服，不脱岗、串岗，确因特殊情况，需临时离岗的，应向科室负责人报告并批准后，等替岗人员到位后方可离开；②负责接听值班室电话，并做好电话记录。值班期间如遇突发事件，应采取必要的应急措施并及时向领导和有关部门报告；③严格交接班制度，值班人员上、下班时，必须办理好交接手续，认真填写当天巡查等情况的值班记录，并签好本人姓名；④值班人员在工作时间内严禁饮酒和举行各类娱乐活动等与值班工作无关的行为；⑤监控室内严禁吸烟，严禁存放易燃易爆等危险物品；⑥严禁在监控室内睡觉、玩游戏、干私活等影响工作的事情。

（3）工作流程：①日班：8时到达工作岗位—交接班记录登记—进行设备检查—打扫室内卫生—8时30分进行监控—11时30分进行交接班—交接班记录登记—交接班、进行监控—16时50分进行全天监控情况记录登记—17时进行交接班—夜班值班人员至次日8时；②晚班：17时到达工作岗位—与监控值班人员进行交接班—对馆各重点部位进行安全检查—值班期间每2小时不少于一次安全巡查—在次日8时与监控值班人员进行交接班并记录好值班情况。

（八）《消防工作考评和奖惩制度》共计六条，具体内容：

1. 为表彰先进、惩处违章，强化我单位的消防安全管理，特制定本规定。

2. 消防安全责任人或管理人组织有关人员对各部门全年的消防工作进行综合考核，由保卫科具体负责实施。

3. 保卫科负责制定《消防工作考核细则》。

4. 考核的主要内容包括：（1）消防安全责任制的落实情况；（2）防火检查（巡查）的开展情况；（3）消防宣传教育培训情况；（4）火灾隐患的整改情况；（5）使用明火的消防管理情况；（6）消防

器材、安全疏散设施的维护管理情况；（7）遵守消防法规情况；（8）火灾事故情况等。

5. 根据考核结果，对相关科室及个人进行奖励或处罚。

6. 消防安全领导小组对有下列先进事迹的个人，给予表彰、奖励：（1）热爱消防工作，积极参加消防培训，成绩优秀，工作表现突出的；（2）模范执行消防法规、制度和岗位消防安全责任制的。

7、对违反消防安全管理制度或管理不善，造成火灾事故的按《行政奖惩管理办法》规定处罚，构成犯罪的按照国家法律规定移送司法机关处理。

（九）《消防设施、器材维护管理制度》共计三条，具体内容如下：

1. 为加强单位消防设施、器材维护管理，预防和减少火灾危害，根据《机关、团体、企业、事业单位消防安全管理规定》及有关消防法规，制定本规定。

2. 建筑自动消防设施（主要指自动喷水、二氧化碳、干粉等固定灭火系统、自动报警系统和排烟系统等）的维护管理：（1）建筑自动消防设施投入运行后，应及时选择维修保养企业，与之签订维修保养合同，对系统进行定期的维修保养；（2）应将建筑自动消防设施列入防火检查、巡查的内容；（3）负责运行和维护的部门每日应对建筑自动消防设施进行巡查，同时做好记录；（4）保卫科应定期对建筑自动消防设施的各项功能进行检查试验，并填写记录；（5）点型感温、感烟探测器投入运行二年后，应每隔三年对探测器进行清洗。

3. 小型灭火器材（主要指灭火器、消火栓、消防桶、消防斧、消防锹等器材）的维护管理：（1）严禁购置不符合国家消防技术标准的灭火器材。对购置的器材应建立详细的器材台账，并报归口部门备案；（2）消防工作归口职能部门根据有关消防规范要求对灭火器材进行合理布置，并登记造册；（3）各部门应指定专人管理辖区内的灭火器材，灭火器材管理应做到"三定"（定位、定人、定责）；（4）各部门灭火器材管理人每周检查一次灭火器材的数量和定位情况，每月检查一次灭火器压力表指针是否在正常区域。在寒冷、炎热、潮湿季节，要对消火栓、灭火器采取防冻、防晒、防潮措施；（5）保卫科每半年对所有的小型灭火器材进行一次检查，对缺少的灭火器材进行补充，对锈蚀严重、压力不足、干粉结块的灭火器送具备法定资质的灭火器维修厂家进行维修；（6）因管理不善，造成灭火器材丢失、损坏的，管理人应赔偿损失，并根据情况对责任部门进行绩效考核；（7）因扑救本单位或友邻单位火灾而使用了灭火器，有关部门应立即报告保卫科，及时补充灭火器材。

（十）《重点部位值班制度》共计六条，具体内容：

1. 重点部位值班人员，要认真履行职责，遵守本馆的各项安全保卫制度，忠于职守，尽职尽责，坚守岗位，发现问题及可疑情况，及时处理和报告。

2. 重点部位值班人员，要加强对辖区内的安全巡逻，加强重点部位周围的检查，认真做好值班记录和履行好交接手续。

3. 重点部位值班人员在夜间值班期间，严禁携带其他无关人员进入重点防范部位。本馆工作人员因公需晚上进入重点部位，应经馆领导批准，并进行登记，值班人员要详细记录进入时间和离开时间。除保卫值班人员外，严禁其他任何人进入监控消防控制室。

4.重点部位值班人员要熟悉监控设备和防火、防盗报警器的操作使用程序，及对报警器发出的报警信息要有高度的鉴别能力，夜间严禁关机。

5.重点部位值班人员在值班时，严禁喝酒、打牌和影响值班的一切娱乐活动，遵守保密纪律，不对任何人泄露控制室的设施设备及值班巡逻的活动规律。加强对警械器具的管理，防止丢失、损坏。

6.重点部位值班人员要严格遵守以上制度，如有违反或玩忽职守造成事故者，视情节轻重，予以相应处分。

### 三、保卫工作

安源纪念馆保卫科坚持贯彻执行"保护第一、加强管理、挖掘价值、有效利用、让文物活起来"的新时代文物工作方针，进一步完善和落实各项文物安全工作及保卫工作制度，确保文物安全和馆区安全。

（一）高度重视，加强技防建设

安源纪念馆班子对安全保卫工作高度重视，定期召开文物消防安全隐患整治和自查自纠工作会议，对文物安全消防工作进行全面部署。一是成立了由馆长任组长，副馆长任副组长，各科室负责人为成员的馆文物消防安全隐患整治工作小组；二是对馆区各重点部位进行全面排查，进一步规范本单位消防安全管理，及时整改消防安全隐患，提高本单位的防灾综合能力；三是利用宣传栏、微信公众号等多种形式开展消防安全知识宣传，组织全体职工进行消防知识学习，并组织进行实战消防疏散及灭火演练，切实增强应急处理能力。

近年来，争取国家文物局安防专项资金，对分散的安防、消防、防雷系统进行统一管理。2000年，对全国重点文物保护单位安源路矿工人俱乐部等革命旧址安装自动消防报警器。2014年，安装了视频监控系统、防报警系统和人员管理门禁系统等，建立高科技化的监控指挥中心，并且与萍乡市公安局并网安装了110联网报警系统，充分发挥安防系统的联动作用。2018年，争取防雷专项资金，对我馆的全国重点文物保护单位及江西省文物保护单位安装了防雷系统。2019年，争取安源路矿工人俱乐部旧址消防工程专项资金，在4处全国重点文物保护单位安装了火灾自动报警、消防联动控制系统及自动喷淋系统。2022年，全国重点文物保护单位盛公祠旧址，防雷、消防进行提升。全国重点文物保护单位安源路矿工人补习夜校旧址申报到国家文物保护专项资金对旧址进行安防、消防提升。工程建设后管理人员可以通过中心控制平台得到各种安全信息，大大提高了安防、消防、防雷系统的管理水平。

（二）建立体系，落实制度

安源纪念馆制定了监控室值班、重点部位巡查岗位、门卫岗位、夜间值班等工作岗位的职责和工作流程，并根据上级部门要求和馆内实际需要进行完善。根据重点部位数量多、分布广的特点，实行了安全保卫工作分片按组管理，对工作岗位进行合理分工，通过组长责任制，将各项安全工作落到实处。建立完善了安全巡查、检查管理和隐患整改体系，各科室负责人是日常安全检查的第一责任人，保卫科是日常安全检查的第一责任科室，负责做好日常检查、巡查，并对检查出的各类安全隐患限期整改。安源纪念馆委托专业机构对馆区的安防、消防和防雷设施设备的进行保养维护，形成了点、线、面一体的全天候安全检查体系。

（三）制定预案，开展演练

按照上级文物主管部门的有关要求，制定了安源纪念馆突发事件紧急处置预案，并根据常见的突发事件，制定了灭火和紧急疏散预案、防盗防破坏应急预案、恶劣天气应急预案、客流高峰应急预案和传染病疫情应急预案等各种应急预案。

安源纪念馆职工参加消防演练

《安源路矿工人运动纪念馆灭火应急疏散预案》共分六条：1.组织机构；2.火情预想；3.报警程序和接警处置程序；4.应急疏散组织程序和措施；5.救初起火灾；6.其他工作要求。其中特别提到："安源路矿工人运动纪念馆是国家一级博物馆，馆内存放了大量重要历史文物，确保文物的安全是全体工作人员义不容辞的责任。为贯彻《消防法》及落实'安全第一，预防为主，消防结合'的消防安全方针，全馆上下必须充分认识到火灾的危害性，做好火灾防范工作和应急灭火疏散预案，一旦发生火险，做到及时灭火、疏散人员和抢救文物，并能及时有序地处理好可能发生的紧急情况，使损失减少到最低限度。""火灾扑灭后，保卫科要负责保护好火灾现场，配合公安消防部门进行火灾事故的调查，按照'三不放过'的原则（即原因查不清不放过，责任人和群众没有受到教育不放过，没有采取安全防范措施不放过），查明原因，划清责任，整理有关材料，写出火灾事故调查报告，并提出对直接责任人和相关责任人的处理意见。并针对火灾事故开展消防安全教育活动，提高全馆干部职工的安全意识，馆相关科室采取有效措施，整改火灾隐患，加强消防安全管理，做到警钟长鸣，常抓不懈。"

《安源路矿工人运动纪念馆安全防盗应急预案》共六条。为了做好本馆文物、公私财物的安全防范工作，除平时加强预防工作外，一旦发生被盗案件，应及时采取如下应急措施：1.值班保卫人员一旦发现被盗案件，应立即向馆领导报告、并向公安机关报警；2.值班保卫人员，如遇犯罪分子正在作案，应及时制止；如犯罪分子已离开作案现场，应准确判断逃离方向、路线，及时组织人员追捕；3.现场保护。值班保卫人员接到报案赶赴现场后，应根据现场的具体情况，立即划定保护范围，组织保卫人员和群众，布置警戒，维护现场秩序；4.协助现场调查了解。在部署现场保护工作的同时，立即向现场第一发现人，周围群众进一步了解案件的大致情况，注意听取群众对案件的分析意见；5.详细介绍案情。当公安机关现场勘察人员到达后，应详细介绍案件发现，发生的经过和失盗物品，现场保护情况，以便勘察人员顺利实施现场勘查和决定是否采取通缉、追捕、通报等紧急措施；6.一般案件，本馆保卫力量可以承担侦破的，应尽量侦破。本馆无法侦破的，应积极配合公安部门进行侦破，尽最大努力减少损失。

《安源路矿工人运动纪念馆客流高峰应急预案》共五条。其中规定："参观人数达到3000人、估计总人数超过5000人时，由应急小组发布指令，报主要领导批准后启用应急预案""各科室在收到应急预案启用的指令后，应根据指令的日期调整作息时间，提前到岗，无特殊情况不得安排员工休假"。

（四）应急处理

安源纪念馆定期组织全体职工进行消防安全知识培训学习，每年两次以上应急预案的协同演练。主要有：1.联合萍乡市安源区消防救援大队的消防演练和培训；2.联合萍乡市安源区萍安大道消防救援站在陈列大楼进行消防演练；3.邀请了江西省全员防火技术宣传中心专家对安源纪念馆全体职工进行消防安全知识讲座，并举行消防演练和消防器材使用培训；4.邀请建设单位对旧址管理部和保卫科全体人员进行新设备的操作培训演练；5.邀请物业公司组织馆保卫科及旧址旧居守护人员进行防爆处置演练；6.联合萍乡消防救援支队在馆区召开消防工作布置会，并进行消防演练培训；8.定期对全馆职工进行消防演练实战培训。通过培训和演练，进一步增强了保卫人员处置突发事件的能力和各科室各岗位的协同能力。

安源纪念馆成立以来，未发生重大安全事故，安全保卫工作多次受到上级部门的表彰。1990年4月，在江西省文化厅、公安厅联合召开的"1989年文物安全年"电话表彰会上被授予"先进集体"称号。1996年11月，被江西省文化厅授予"江西省文物安全先进单位"称号。1999年12月，被江西省公安厅授予"全省文化保卫系统优秀单位"称号。

### 四、疫情防控

2020年初，新型冠状病毒感染疫情发生以来，安源纪念馆在上级部门的领导下，按照防疫要求，积极应对，多措并举，加强防控。

（一）加强领导

安源纪念馆在第一时间成立了以馆长为组长、副馆长为副组长、各科室负责人为成员的馆新型冠状病毒感染疫情防控领导小组，并制定《安源纪念馆应对新型冠状病毒感染疫情应急方案》，建立防疫工作机制，切实履行抗疫防疫工作职责。

（二）闭馆防疫

为了做好新型冠状病毒感染疫情的防控工作，避免人员聚集引发交叉感染，根据萍乡市疫情防控指挥部要求，安源纪念馆于2020年1月24日至3月24日和2022年11月6日至12月12日两次实行闭馆。展览厅、旧居旧址全部暂停开放，并在馆官方网站、微信公众号、馆区各入口处公布《闭馆公告》。

## （三）场馆消杀

疫情期间，全馆工作重心从宣传接待转移到疫情防控、疫情教育、防控宣传、馆区安全等工作上来，全面实施一系列防控措施。从环境消毒、物资配备、制度落实、内部管控等方面，全力以赴做好疫情防控。

## （四）严格管控

安源纪念馆严格按照疫情防控要求开展工作，馆领导带班，及时检查、了解各重点部位疫情防控工作开展情况；保卫人员上岗，确保馆区安全、文物安全；严格落实通风、消毒等举措，加强内部清洁卫生管理，排查并消除病毒传播隐患；严控馆区人员出入，无关外来人员和车辆一律谢绝进入馆区；对于进入馆区人员要求佩戴口罩，对每天值班人员进行体温检测，无异常者方可上岗履职；针对全体职工，按照疫情要求进行彻底排查，对家中有从疫情高发地回萍人员，要求在自家隔离观察，制定表格登记造册，并严格执行"健康状况日报告"制度。

## （五）战胜疫情

2022年11月6日至20日，受新型冠状病毒感染疫情的影响，萍乡实行静态管理。全馆职工居家办公，馆领导和保安人员组织突击队，在馆区坚持岗位昼夜值班。安源纪念馆居家职工响应组织号召，积极参加社区疫情防控志愿服务队，帮助社区站岗执勤、坚守卡点、维护秩序、核酸采样、搬运药品、分发蔬菜、网上采购、上门服务，为萍乡实行静态管理、抗击疫情做出了应有的贡献。

# 第六节　安源路矿工人运动纪念馆及其党群组织和科室荣誉称号

## 一、安源纪念馆荣誉称号一览表

| 荣誉称号 | 颁奖部门 | 获奖时间 |
| --- | --- | --- |
| 档案工作先进单位 | 萍乡市档案局 | 1985年10月12日 |
| 全国文博战线先进单位 | 国家文物局 | 1985年12月 |
| 文明单位 | 中共萍乡市委、萍乡市人民政府 | 1987年6月 |
| 全省文博系统先进集体 | 江西省文化厅 | 1988年12月 |
| 全市城镇园林绿化工作先进单位 | 萍乡市绿化委员会 | 1990年3月 |
| 文物工作先进单位 | 萍乡市文化局 | 1990年1月 |
| 安全保卫工作先进单位 | 萍乡市文化局 | 1990年12月 |
| 全国文化工作先进集体 | 中华人民共和国人事部、文化部 | 1991年11月 |
| 文化工作先进集体 | 萍乡市文化局 | 1991年11月 |
| 全市文化工作先进集体 | 中共萍乡市委、萍乡市人民政府 | 1991年12月 |
| 全省园林化单位 | 江西省绿化委员会、江西省城乡建设环境保护厅、江西省林业厅 | 1991年12月 |
| 1992年度全市宣传思想工作先进单位 | 中共萍乡市委宣传部 | 1993年1月 |

续表

| 荣誉称号 | 颁奖部门 | 获奖时间 |
| --- | --- | --- |
| 1992年度纪检、监察工作先进单位 | 萍乡市文化局 | 1993年2月 |
| 萍乡市中小学生德育基地 | 萍乡市人民政府 | 1993年10月 |
| 省级文明单位 | 江西省人民政府 | 1994年8月 |
| 江西省爱国主义教育基地 | 中共江西省委、江西省人民政府 | 1994年11月 |
| 1994年度全国优秀社会教育基地 | 国家文物局 | 1995年1月 |
| 全国中小学爱国主义教育示范基地 | 国家教育委员会、民政部、文化部、国家文物局、共青团中央、解放军总政治部 | 1996年9月 |
| 1996年度创优工作二等奖 | 萍乡市文化局 | 1997年4月 |
| 全国百个爱国主义教育示范基地 | 中共中央宣传部 | 1997年6月 |
| 1997年度文化系统创优工作先进单位 | 萍乡市文化局 | 1998年4月 |
| 文物保护先进单位 | 萍乡市文化局 | 1998年6月 |
| 省级文明单位 | 中共江西省委、江西省人民政府 | 1998年8月 |
| 江西省第六届（1996—1997年度）文明单位 | 中共江西省委、江西省人民政府 | 1998年 |
| 全省文博系统先进集体 | 江西省文化厅 | 1999年3月 |
| 1998年度市文化系统工作目标管理考评一等奖 | 萍乡市文化局 | 1999年4月 |
| 1998年文明单位复查验收合格 | 萍乡市精神文明建设指导委员会 | 1999年 |
| 1999年度工作综合考评一等奖 | 萍乡市文化局 | 2000年4月 |
| 第七届（1998—1999年度）文明单位 | 中共萍乡市委、萍乡市人民政府 | 2000年5月 |
| 萍乡市第四次社会科学优秀成果奖 | 萍乡市社会科学学会联合会 | 2001年4月 |
| （萍乡市）第八届（2000—2001年度）文明单位 | 中共萍乡市委、萍乡市人民政府 | 2002年5月 |
| 全国文物系统先进集体 | 中华人民共和国人事部、国家文物局 | 2002年12月 |
| 三八先进集体 | 萍乡市妇女联合会 | 2003年2月 |
| 2002年度全市文化工作先进单位 | 萍乡市文化局 | 2003年3月 |
| 2001—2002年全市工会财务工作先进单位 | 萍乡市总工会 | 2003年 |
| 江西省第九届（2002—2003年度）文明单位 | 中共江西省委、江西省人民政府 | 2004年 |
| 江西省青少年科技教育基地 | 江西省科技厅、中共江西省委宣传部、江西省教育厅、江西省科协 | 2004年11月15日 |
| 萍乡市第三次文物普查工作先进单位 | 萍乡市人民政府 | 2004年12月 |
| 全省第三次文物普查工作先进单位 | 江西省文物保护管理委员会、江西省文化厅 | 2005年1月 |
| （江西省）国防教育基地 | 江西省人民政府 | 2007年4月 |
| 萍乡市青少年革命传统教育基地 | 萍乡市关心下一代工作委员会 | 2008年5月 |
| 2007年度萍乡市文化系统先进基层党组织 | 中共萍乡市直属机关工作委员会 | 2008年6月 |
| 2008年度萍乡市导游员大赛组织奖 | 萍乡市导游员大赛组委会 | 2008年7月 |
| 中国红色旅游十大景区 | 中国红色旅游网、中宣部《党建》杂志社、红旗出版社 | 2008年12月 |
| 江西省党性党风党纪教育基地 | 中江西省纪律检查委员会、中共江西省委组织部、中共江西省委宣传部 | 2009年4月 |

续表

| 荣誉称号 | 颁奖部门 | 获奖时间 |
| --- | --- | --- |
| 国家二级博物馆 | 中国博物馆协会、国家文物局 | 2009年5月 |
| 全省十佳讲解员讲解大赛团体一等奖 | 江西省文化厅 | 2009年9月 |
| 萍乡市消防支队思想政治教育基地 | 中国人民武装警察部队萍乡市消防支队 | 2009年10月 |
| 国家国防教育示范基地 | 国家国防教育办公室 | 2009年10月 |
| 江西省第十二届文明单位 | 江西省精神文明建设领导小组办公室 | 2009年12月 |
| 全国文物系统先进集体 | 国家文物局 | 2010年 |
| AAAA国家级旅游景区 | 全国旅游景区质量等级评定委员会 | 2010年 |
| 江西省讲解员才艺大赛二等奖（集体舞） | 江西省文化厅 | 2010年 |
| 全省博物馆质量建设先进集体 | 江西省文化厅 | 2010年12月 |
| 萍乡市文化系统"安源影视城杯"迎新春乒乓球团体赛 | 萍乡市文化局 | 2010年1月 |
| 中国井冈山干部学院现场教学点 | 中国井冈山干部学院 | 2010年7月 |
| 萍乡市第十二届文明窗口 | 中共萍乡市委、萍乡市人民政府 | 2010年8月 |
| 萍乡市讲解员大赛组织奖 | 萍乡市文化局、萍乡市旅游局 | 2010年9月 |
| 全省博物馆音乐、舞蹈、曲艺大赛集体舞二等奖 | 江西省文化厅 | 2010年11月 |
| 全省博物馆文化产品组织奖 | 江西省文化厅、江西省文物局 | 2010年12月 |
| 全省博物馆质量建设年先进集体 | 江西省文化厅、江西省文物局 | 2010年12月 |
| 2010年度全市A级旅游景区创建工作先进单位 | 萍乡市人民政府 | 2011年3月28日 |
| 2010年度全市文化工作先进单位 | 萍乡市文化广电新闻出版局 | 2011年3月 |
| 全国巾帼文明岗 | 中华全国妇女联合会、全国妇女"巾帼建功"活动领导小组 | 2011年3月 |
| 江西省文博系统"跟着红歌学党史"合唱展示活动三等奖 | 江西省文化厅 | 2011年6月10日 |
| 2010年度全市A级旅游景区创建工作先进单位 | 萍乡市文化广电新闻出版局 | 2011年 |
| 全国文明城市创建先进单位 | 中共萍乡市委、萍乡市人民政府 | 2012年8月 |
| 萍乡市未成人思想道德教育实践基地 | 萍乡市精神文明建设指导委员会 | 2012年8月 |
| 2012·中国红色旅游博览会筹办工作先进单位 | 2012·中国红色旅游博览会筹委会 | 2012年9月20日 |
| 2012年萍乡市文广新系统拔河比赛第一名 | 萍乡市文广新系统组委会 | 2012年9月24日 |
| 萍乡市第十三届文明单位、2012年萍乡市创建全国文明城市工作先进单位 | 萍乡市精神文明建设指导委员会 | 2012年10月31日 |
| 敬老文明号 | 萍乡市老龄工作委员会 | 2013年7月 |
| 全国工会系统爱国主义教育基地 | 中华全国总工会 | 2013年 |
| 全省博物馆（2011—2013年度）陈列展览"十大精品"项目 | 江西省文化厅、江西省文物局 | 2014年5月 |
| 全国青少年革命传统教育基地 | 全国关心下一代工作委员会 | 2014年5月 |
| 青少年革命传统教育基地 | 江西省关心下一代工作委员会 | 2014年5月 |
| 江西省优秀社科知识普及宣传基地 | 中共江西省委宣传部、江西省社会科学界联合会 | 2014年7月 |

续表

| 荣誉称号 | 颁奖部门 | 获奖时间 |
| --- | --- | --- |
| 江西省统一战线同心教育基地 | 中共江西省委统战部 | 2014年8月 |
| 萍乡市未成年人思想道德建设工作先进单位 | 中共萍乡市委、萍乡市人民政府 | 2014年9月 |
| 2014年度萍乡市十佳公共关系奖 | 萍乡市国际国内公共关系协会 | 2015年3月 |
| 2014—2015年青年文明号 | 共青团萍乡市委员会、萍乡市创建"青年文明号"活动组委会 | 2016年1月27日 |
| 2015年度先进单位 | 萍乡市文化广电新闻出版局 | 2016年1月 |
| 2015年度萍乡市十佳公共关系奖 | 萍乡市国际国内公共关系协会 | 2016年3月 |
| 全国旅游服务最佳景区 | 国家旅游局 | 2016年10月9日 |
| 公共贡献奖 | 萍乡市国际国内公共关系协会 | 2016年10月 |
| 2016年萍乡市讲解员技能大赛最佳组织奖 | 萍乡市旅游发展委员会 | 2016年11月 |
| 国家一级博物馆 | 中国博物馆协会、国家文物局 | 2017年1月 |
| 全国红色旅游经典景区 | 国家发改委、国家旅游局等14部门 | 2017年2月7日 |
| 2016年度先进单位 | 萍乡市文化广电新闻出版局 | 2017年2月 |
| 中国人民武装警察部队江西省总队红色教育基地 | 中国人民武装警察部队江西省总队 | 2017年3月 |
| 萍乡民兵思想政治教育基地 | 萍乡军分区 | 2017年5月 |
| 江西省第一次全国可移动文物普查先进集体 | 江西省文化厅、江西省文物局 | 2017年10月 |
| 萍乡市第十五届文明单位 | 中共萍乡市委、萍乡市人民政府 | 2017年12月 |
| 江西省总工会井冈山职工教育培训中心现场教学点 | 江西省总工会 | 2017年 |
| 萍乡市学雷锋活动示范点 | 中共萍乡市委宣传部、萍乡市精神文明建设指导委员会办公室 | 2018年3月 |
| 江西省总工会干部学校现场教学基地 | 江西省总工会 | 2018年9月18日 |
| 全国中小学生研学实践教育基地 | 教育部 | 2018年10月 |
| 江西省中小学生研学实践教育基地 | 江西省教育厅 | 2018年10月 |
| 萍乡市优秀学雷锋志愿服务站、优秀学雷锋志愿服务队 | 中共萍乡市委宣传部、萍乡市文明办 | 2018年12月 |
| 江西省三八红旗集体 | 江西省妇女联合会 | 2019年3月 |
| 2018年度先进单位 | 萍乡市文化广电新闻出版旅游局 | 2019年5月 |
| 全省博物馆融合发展示范单位 | 江西省文化和旅游厅 | 2020年5月 |
| 2019年度萍乡市十佳公共关系奖 | 萍乡市国际国内公共关系协会 | 2020年6月 |
| 全国关心下一代党史国史教育基地 | 中国关心下一代工作委员会 | 2020年10月 |
| 中国人民解放军31605部队红色教育基地 | 中国人民解放军31605部队政治部 | 2020年6月19月 |
| 中国华侨国际文化交流基地 | 中华全国归国华侨联合会 | 2020年11月 |
| 萍乡市党性教育现场教学点 | 中共萍乡市委组织部 | 2020年12月 |
| 全省文博场馆红色主题社会教育示范项目 | 江西省文化和旅游厅 | 2020年12月 |
| 江西省博物馆学会副理事长单位 | 江西省博物馆学会 | 2020年 |

续表

| 荣誉称号 | 颁奖部门 | 获奖时间 |
| --- | --- | --- |
| 首批全国职工爱国主义教育基地 | 中华全国总工会 | 2021年12月 |
| 江西生物科技职业学院红色教育实践基地 | 江西生物科技职业学院 | 2021年 |
| 江西省文化旅游系统"跟着红歌学党史"合唱比赛三等奖 | 江西省文化和旅游厅 | 2021年 |
| （江西省）红领巾讲解员实践教育基地 | 共青团江西省委员会、江西省少先队工作委员会 | 2022年6月 |
| 全国首批"大思政课"实践教学基地 | 教育部、国家文物局 | 2022年8月 |
| 全国法治宣传教育基地 | 全国普及法律常识办公室 | 2022年12月 |
| 江西省廉洁文化教育基地 | 中共江西省纪委机关、中共江西省委宣传部 | 2022年12月 |
| 萍乡市社会科学普及宣传周活动优秀组织单位 | 中共萍乡市委宣传部、萍乡市社会科学界联合会 | 2022年12月 |

## 二、安源纪念馆党群组织及科室荣誉称号一览表

| 获奖部门 | 荣誉称号 | 颁奖部门 | 获奖时间 |
| --- | --- | --- | --- |
| 党支部 | 1988年7月至1989年7月"创先争优"先进党支部 | 中共萍乡市委 | 1989年7月1日 |
| 党支部 | 1988年7月至1989年7月"创先争优"先进党支部 | 中共萍乡市文化局委员会 | 1989年7月1日 |
| 党支部 | 全市文化系统先进党支部 | 中共萍乡市文化局委员会 | 1993年2月 |
| 党支部 | 1998年度文化系统先进党支部 | 中共萍乡市文化局委员会 | 1999年7月 |
| 党支部 | 2001年度"创先争优"先进党支部 | 中共萍乡市文化局党组 | 2002年6月 |
| 党支部 | 2003年度先进党支部 | 中共萍乡市直属机关工作委员会 | 2004年7月 |
| 党支部 | 2004年度先进党支部 | 中共萍乡市直属机关工作委员会 | 2005年7月 |
| 党支部 | 2005先进基层党组织 | 中共萍乡市直属机关工作委员会 | 2006年1月 |
| 党支部 | 2006年度市文化系统先进基层党组织 | 中共萍乡市文化局机关委员会 | 2007年6月 |
| 工会 | 1989年全市先进基层工会 | 萍乡市总工会 | 1990年2月 |
| 文艺演出队 | 《历史的回忆》《歌曲联唱》获全省文博系统首次文艺调演三等奖和鼓励奖 | 江西省文化厅 | 1992年11月14日 |
| 宣传接待科 | 巾帼文明示范岗 | 萍乡市妇女联合会 | 1999年5月 |
| 宣传接待科 | 江西省"三八"红旗集体 | 江西省妇女联合会 | 2019年3月8日 |
| 宣传接待科 | 江西省青年文明号 | 江西省创建青年文明号活动组委会 | 2020年7月31日 |
| 宣传接待科 | 巾帼文明岗 | 中宣部、全国妇联等25个中央和国家部委 | 2011年3月23日 |
| 保卫科 | 达标保卫科 | 江西省公安厅 | 1995年11月 |
| 保卫科 | 全省文化保卫系统优秀单位 | 江西省公安厅 | 1999年12月 |
| 团支部 | 萍乡市五四红旗团支部 | 共青团萍乡市委员会 | 2016年4月 |

续表

| 获奖部门 | 荣誉称号 | 颁奖部门 | 获奖时间 |
|---|---|---|---|
| 团支部 | 萍乡市五四红旗团支部 | 共青团萍乡市委员会 | 2019年3月 |
| 团支部 | 2019—2020年度省级青年文明号 | 江西省创建青年文明号活动组委会 | 2021年7月31日 |
| 志愿服务站 | 萍乡市优秀学雷锋志愿服务站 | 萍乡市精神文明建设指导委员会办公室 | 2018年 |
| "红色文艺轻骑兵"宣讲团 | 全省文博场馆红色主题社会教育示范项目 | 江西省文化和旅游厅 | 2020年12月 |
| "红色文艺轻骑兵"宣讲团 | 江西省博物馆志愿服务优秀案例二等奖 | 江西省文物局 | 2022年 |

# 第七节　重大活动纪事

## 一、安源路矿工人大罢工胜利70周年纪念大会

1992年9月18日，中共萍乡市委、萍乡市人民政府在安源煤矿安源工人俱乐部召开"安源路矿工人大罢工胜利70周年纪念大会"。中共江西省委副书记、省长吴官正，原安源工人、北京军区原副政委吴烈，原国家主席刘少奇夫人、全国政协常委王光美，中华全国总工会书记处书记薛昭鋆，原安源工人、湖南省政协原副主席袁学之，中共萍乡市委书记孙用和出席会议并讲话。

吴官正在讲话中说，在安源路矿工人大罢工胜利70周年之际，我们今天在萍乡隆重集会，开展纪念活动，追忆党领导下的安源工人运动的光辉历程，缅怀老一辈无产阶级革命家的丰功伟绩，这对于发扬安源革命传统，加快改革开放和现代化建设步伐，推进建设有中国特色的社会主义伟大进程，是很有意义的。在此，我谨代表中共江西省委、省人民政府，对纪念大会表示热烈的祝贺，向莅临大会指导的各位老同志和中央国家机关有关部门的领导同志，以及湖南和我省有关地市与部门的代表和各界人士，表示热烈的欢迎和衷心的感谢！向在安源路矿工人运动中作出重要贡献的革命老前辈、路矿职工和广大人民群众致以崇高的敬意！吴官正指出，今天我们纪念安源路矿工人大罢工胜利70周年，就是要学习、继承当年安源工人运动的革命传统，在新的历史条件下不断发扬光大，在改革开放和现代化建设中争取更大光荣。

吴烈在讲话中说，历时十年的安源工人革命运动是马克思主义与我国革命实践相结合的第一次历史性飞跃中的重大历史事件；它是中国共产党最初领导工人革命运动的完备典型，代表了中国工人运动的正确方向，也是我国新民主主义革命初期发展的突出范例。她的魅力、她的光彩、她的光辉业绩，她给我党历史上留下的骄傲，都永远地留在人们的记忆里，我们应当珍惜。它的基本经验和革命传统，对于我们理解和贯彻执行中国共产党关于社会主义初级阶段的基本路线，推动我国的社会主义现代化建设，具有极其重要的作用。

王光美在讲话中说，作为少奇同志的亲人，我曾在他身边工作过相当长的时间，从他的言行中

我感觉到，他所以成为一个无产阶级革命家，是跟安源工人对他的培养分不开的。因为他来安源时，还不到24岁，入党才一年。那是1922年，他刚从苏联学习回来，上级根据工作的需要和他本人要求到工人当中去的愿望，于是就派他到了湖南，然后分配他到粤汉铁路工作。在很短的时间，毛主席就通知他，说安源大罢工就要爆发了，要他赶紧去安源协助李立三领导大罢工。从此，他就在工人中间与工人并肩战斗。谈到当前的形

安源路矿工人大罢工胜利70周年纪念大会

势时，王光美说，我相信安源矿区、安源镇、萍乡市、我们江西省，一定在我们新的党中央的领导下，第三代领导人的领导下，我们一定会振兴中华，使我们国家富强起来，作出更大的贡献。

薛昭鋆在讲话中说，今天，我受中华全国总工会书记处的委托，专程来参加安源路矿工人大罢工胜利70周年纪念活动。在这个纪念大会上，请允许我代表全国总工会，向具有光荣革命传统、为中国革命和建设作出重大贡献的江西萍乡安源的全体职工同志们，党政军领导和工会工作者致以崇高的敬意和亲切的问候。谈到安源大罢工的历史意义时，薛昭鋆说，当年安源路矿工人大罢工的胜利，是我们党领导的早期工人运动的一个光辉典范。它的胜利不仅给当时苦难中的安源路矿工人带来了实际的利益，更重要的是通过罢工斗争而组织起了一支有觉悟的阶级队伍，锻炼成长了一批骨干力量，能够在以后革命转入低潮的形势下，继续坚持斗争，不断巩固胜利成果，使安源工会成为我们党传播革命的一束火种，为以后全国工会运动的再度兴起和全国总工会的成立，为推动联合工农武装夺取政权的斗争，都作出了重要贡献。今天，我们每一个有觉悟的工人阶级队伍成员，应当站在新的历史高度，来继承和发扬安源路矿工人阶级的光荣传统，为振兴安源、振兴萍乡、振兴江西、振兴中华，作出我们应有的历史贡献。

袁学之在讲话中说，我作为一名20年代在安源当过矿工、参加过安源工人运动，30年代末又受组织派遣回萍乡进行过地下斗争的老战士，今天能同大家一起参加纪念安源路矿工人大罢工胜利70周年的活动，感到特别高兴。在简要地回顾了安源路矿工人运动的历史后，袁学之激动地说，我这次来萍乡和安源，看到到处都发生了许多新的变化，建设事业和各项工作取得了很大的成就，经济繁荣，社会稳定。我深深地感到，安源的革命传统正在这里得到弘扬。我们衷心地祝愿萍乡人民在建设有中国特色的社会主义道路上，迈出更大的步伐，取得更大的成就，作出更大的贡献，建设好现代化的新萍乡、新安源！

孙用和在讲话中说，今天，我们在这里隆重集会，纪念安源路矿工人大罢工胜利70周年，追思安源革命斗争的峥嵘岁月，重温安源革命斗争的光辉历史，缅怀在安源战斗过的老一辈无产阶级革命家和革命先烈为中国革命所建树的丰功伟绩。这对于激励我们继承革命传统，焕发革命精神，

积极投入今天的四化建设是十分有意义的。在谈到安源路矿工人运动的伟大意义时，孙用和说，历时十年的安源路矿工人运动，是马克思主义同中国革命实践相结合的一次成功的历史性重大事件，它代表了中国工人运动的正确方向，为新民主主义革命总路线的形成进行了积极的实践，提供了极其宝贵的经验。毛泽东、李立三、刘少奇等老一辈无产阶级革命家创立的光辉业绩，安源工人阶级和无数革命先烈为中国革命所作出的贡献和气壮山河的奋斗精神，光照千秋，永远为后世所景仰。孙用和指出，今天我们正在从事建设中国特色的社会主义的伟大事业。伟大的时代，伟大的事业，需要伟大的精神，党所培育的安源革命运动的光荣传统，就是鼓舞我们前进的一股巨大的精神力量。只要我们坚持不懈按照有中国特色的社会主义方向不断前进，创造性地工作，就一定能在本世纪内建设出一个社会主义现代化的新安源、新萍乡。

安源煤矿矿长杨云华、萍乡铁路机务段段长邹日华在大会上发言，表示决心继承和发扬安源光荣革命传统和主人翁精神，在邓小平同志南方谈话和中央政治局会议精神指引下，进一步解放思想，做社会主义现代化的主力军和改革开放的排头兵，为建设有中国特色的社会主义作出应有的贡献。

出席纪念大会的有：全国总工会、铁道部、中央党史征集委员会、中国统配煤矿总公司领导，湖南省政协领导，江西省委、省政府、省顾委、省纪委、省人大、省政协、省军区领导以及有关部门领导，还有当年在安源工作和战斗过的老前辈等。

## 二、安源路矿工人大罢工 80 周年纪念活动

2002 年 9 月 18 日是安源路矿工人大罢工 80 周年纪念日。萍乡市举行了一系列纪念活动。

应邀出席纪念活动的领导和嘉宾有：原国家主席刘少奇的女儿刘爱琴和女婿、刘少奇著作研究院执行院长沃宝田，李立三的女儿、北京外语大学俄语学院院长李英男和李亚男，韩伟将军的儿子韩京京和儿媳张薇薇，王耀南将军的夫人曾林和儿子、儿媳，吴烈将军的儿子吴时峰、吴源、吴东，刘型的女儿刘红延，许建国的女儿杜定棣、杜安琪；中共中央党史研究室第一研究部处长刘宋斌，中共中央文献研究室第二部副主任黄峥，中华全国总工会宣教部部长谷常生，中国煤炭工业协会副会长路德信，中国煤炭工业协会人事培训部主任孙之鹏，中国能源化学工会主席赵永金，北京画院院长刘春华；中共江西省委副书记王君，江西省人大常委会副主任卢秀珍，江西省政府副省长孙用和，江西省政协副主席梅亦龙，江西省军区副政委周日扬少将；中共江西省委宣传部副部长何庆怀，中共江西省委党史研究室主任苏多寿、副主任曾宪林，江西省文化厅副厅长曹国庆，江西省广播电视局副局长梁勇，江西省总工会副主任傅卓成，江西省煤炭安全监察局局长包尚贤，江西省煤炭集团公司总经理易光景、副总经理兰邦生等。

### "进一步弘扬安源精神、加快萍乡发展暨邓小平理论"研讨会

9 月 13 日上午，中共萍乡市委、萍乡市人民政府召开"进一步弘扬安源精神、加快萍乡发展暨邓小平理论"研讨会。

### 发表《弘扬安源精神，加快萍乡发展》署名文章

9月16日《人民日报》第5版刊载中共萍乡市委、萍乡市人民政府署名文章《弘扬安源精神，加快萍乡发展》；9月18日《萍乡日报》头版头条刊载中共萍乡市委、萍乡市人民政府署名文章《弘扬安源精神，加快萍乡发展——纪念安源路矿工人大罢工胜利八十周年》。

### 举行《安源路矿工人运动研究文汇》和《东方惊雷》首发式

9月16日上午，萍乡市史志工作办公室、萍乡市中共党史学会、萍乡矿业集团公司、萍乡市新闻出版局在萍矿办公大楼举行《安源路矿工人运动研究文汇》和《东方惊雷》首发式。萍乡市领导尹兆书、陈世国、唐湘萍、何建洋和萍乡矿务局党政负责同志出席。

### 《毛主席来安源》铜像迎接仪式

9月16日下午，《毛主席来安源》铜像迎接仪式在萍乡举行，萍乡市领导尹兆书、何建洋和萍乡矿务局党政负责同志出席。

### 《纪念安源路矿工人大罢工胜利80周年——萍乡市摄影书法作品展览》

9月17日上午，中共萍乡市委宣传部、萍乡市文化艺术联合会在秋收起义广场举办《纪念安源路矿工人大罢工胜利80周年——萍乡市摄影书法作品展览》，萍乡市领导尹兆书、何建洋、王开贵、黎恩荣等观看首日展。

### 纪念安源路矿工人大罢工胜利80周年暨"小灵通"江西省故事创作、讲演大赛

9月17日下午，江西省文化艺术联合会、江西省民间故事协会、萍乡市文化艺术联合会、萍乡市民间故事协会在黑天鹅宾馆举行"纪念安源路矿工人大罢工胜利80周年暨'小灵通'江西省故事创作、讲演大赛"，萍乡市领导尹兆书、何建洋、王开贵、黎恩荣等应邀出席。

### 《毛主席来安源》铜像揭幕庆典仪式

9月18日上午，出席安源路矿工人大罢工80周年纪念活动的领导和嘉宾来到安源胜利广场，出席《毛主席来安源》铜像揭幕庆典仪式。

铜像以著名画家刘春华创作的油画《毛主席去安源》为底稿，南京油画院院长吴显林设计雕塑，由曾经承制过香港回归的"紫荆花"、澳门回归的"盛世莲花"的南京晨光公司铸造。《毛主席来安源》铜像重3.7吨，高5.2米，加上基座的2.8米，整座雕像共8米高，象征着安源路矿工人大罢工胜利80周年。铜像采用的是芯块树脂砂技术，能确保雕塑千年不变形，并用优于紫铜、黄铜的锡青铜铸造，时间越久越自然越耐看。

### 安源路矿工人大罢工胜利80周年纪念大会

9月18日上午，中共萍乡市委、萍乡市人民政府召开安源路矿工人大罢工胜利80周年纪念大会。党中央、国务院相关部门的领导和有关嘉宾，萍乡市党政军负责同志以及萍乡铁路、煤矿工人代表参加纪念大会。

原国家主席刘少奇夫人、全国政协常委王光美向大会发来贺信，指出："在纪念安源路矿工人大罢工胜利80周年的日子里，我们缅怀80年前，那些在血雨腥风中开创中国工人运动先河的先烈们。

在毛泽东、刘少奇、李立三等老一辈无产阶级革命家的英明领导下,安源工人表现出了大无畏的英雄气概,成立了中国共产党第一个产业工人党支部,创建了第一支正规的工人武装,培养了一大批后来成为中国革命中坚力量的共产党员,取得了中国工运史上第一个伟大的胜利。安源在中国革命史上留下了浓墨重彩的一笔。我们缅怀先烈,纪念80年前的胜利,是为了更好地学习和发扬安源精神,努力开创新业绩,以现代化建设的成绩告慰先烈,在党中央的正确领导下,把我们的国家建设的更加美好。祝纪念大会圆满成功!"

中国煤炭工业协会副会长路德信和中国能源化学工会全国委员会主席赵永金在会上讲话。

路德信在讲话中代表中国煤炭工业协会和国家煤矿安全监察局向大会表示热烈祝贺。他说,安源路矿工人大罢工是中国共产党领导工人阶级运动的一次伟大的革命实践,是中国煤矿工人争取人权的一次伟大斗争,是第一次工人运动高潮中继香港海员罢工之后的又一次伟大胜利。它打击了帝国主义、封建军阀和官僚资本家,第一次显示了中国工人阶级的伟大力量,为中国共产党领导中国工人阶级开展反帝、反封建的斗争拉开了历史的序幕。安源路矿工人大罢工"不怕牺牲,不畏艰难,勇于实践,一往无前"的革命精神,是中国工人阶级,尤其是中国煤矿工人队伍的宝贵财富。当今,我国已经进入了全面建设小康社会、加快推进社会主义现代化的新的世纪、新的发展阶段。中国煤炭工业任重而道远,煤炭行业、煤炭企业、煤炭城市、煤炭职工面临着严重挑战和严峻考验。在这新的世纪、新的阶段,我们要按照江总书记关于"三个代表"的要求,发扬安源精神,不畏艰难,勇于实践,认真调整产业结构,规范煤炭市场秩序,提高科技水平。认真解决集中度低、产业链短、规模经济差的问题,加快补还安全、生产、生活欠账,逐步解决好制约煤炭工业发展的深层次矛盾,进一步推动煤炭工业的健康发展。

赵永金在讲话中说,安源这块富有光荣革命传统的热土,山山水水镌刻着老一辈无产阶级革命家的光辉足迹;安源,这座为中国新民主主义革命和社会主义建设作出过突出贡献的英雄矿山,是中国三代领导人关注的地方。这里,曾爆发了震惊中外的安源路矿工人大罢工;这里,诞生了中国共产党第一个产业工人党支部;这里,是秋收起义的策源地。安源,在中国工运史上,在中国共产党建党史上,在中国人民解放军建军史上都写下了浓墨重彩的一笔。安源,是个让人永远不能忘记的地方!毛泽东、刘少奇、李立三等老一辈无产阶级革命家,在他们早期的革命生涯中选择了安源作为践行革命理想的政治舞台,总平巷、八方井、张家湾……安源的每一处地方都留下了革命领袖许许多多的生动故事,留下了千古绝唱的革命英雄史诗。革命领袖在这座政治舞台上导演了一幕幕威武雄壮、轰轰烈烈的活话剧,表现了卓越的领导才干和无产阶级革命家的惊人胆略。今天,《毛主席去安源》的铜像耸立在高高的安源山下,刘少奇、李立三同志的塑像也熠熠闪光,交相辉映,这必将激励180万安源儿女永远高举毛泽东思想、邓小平理论伟大旗帜,紧紧团结在以江泽民同志为核心的党中央周围,在四个现代化建设的新长征路上与时俱进,奋发有为,开拓创新,不断进取,为江西在中国中部地区崛起作出新的更大的贡献,创造优异成绩,迎接党的十六大胜利召开。

中共中央党史研究室第一研究部一处处长刘宋斌、安源煤矿工人代表王湘萍在会上发言。

9月18日下午，出席纪念活动的领导和嘉宾参观了新修改的安源路矿工人运动纪念馆基本陈列和安源路矿工人俱乐部、总平巷、谈判大楼等革命旧址。

**中央电视台"心连心"艺术团来萍乡演出**

2001年10月29日，萍乡市委向江西省委递交了《关于安源路矿工人大罢工胜利80周年纪念活动的请示》；10月30日，向中央电视台发出《关于恳请中央电视台"心连心"艺术团前来我市举行专场演出的请示》。

之后，中央电视台《同一首歌》剧组王炳森导演和制片主任到萍乡实地踏看。他们经过调查研究，认为萍乡适宜举办"心连心"演出，时间最好是"五一"劳动节。按照这一建议，2002年1月22日，萍乡市委向省委宣传部发送《关于邀请中央电视台"心连心"艺术团举办纪念安源路矿工人大罢工胜利80周年"五一"专场晚会的请示》。

2002年3月28日，国家广播电视总局鉴于纪念安源路矿工人大罢工胜利80周年的宣传需要，同意在萍乡举办全国青年歌手电视大奖赛专业组颁奖晚会暨"心连心"演出活动。

5月20日，中央电视台副台长胡恩正式通知萍乡市委副书记尹兆书：中央电视台"心连心"艺术团将来萍乡演出。据了解，1996年，"心连心"艺术团在江西遂川慰问演出过，这是第二次来江西，也是该团的第40场演出。之所以第二次来江西，主要是因为2002年是安源路矿工人大罢工胜利80周年、秋收起义爆发75周年。

11月26日，萍乡市委主要负责人在检查筹备情况时对记者说："十六大之后的'心连心'首场演出放在萍乡，这是党中央、国务院对萍乡人民的关怀，也给了萍乡人民极大的鼓舞，是萍乡历史上的一件大事。这次活动，也充分展示了萍乡欣欣向荣的城市建设的新形象、萍乡对外开放的新形象，是进一步提高萍乡知名度，进一步对外宣传萍乡的一个大好机会。"

11月28日13时30分，中央电视台"心连心"艺术团赴萍乡慰问演出在秋收起义广场拉开序幕。带着嘱托，也带着祝福，1000余名文艺工作者与萍乡人民一起谱写着党心民心心连心的时代凯歌。

当"心连心"艺术团的艺术家们站在秋收起义纪念碑下的舞台上演出时，聚集了2万名观众的演出现场，顿时成了一片欢乐的海洋。一曲让江西人热血沸腾的《江西是个好地方》之后，主持人张政、周涛、文清、瞿弦和一声"萍乡的父老乡亲们，你们好吗？"道出了一份牵挂；而观众回应的"好"声，也自豪地告诉了全国人民，"好"的是江西人新形象，"好"的是江西正在崛起，"好"的是我们踏上了全面建设小康社会的新

中央电视台"心连心"艺术团来萍乡演出

航程。

当主持人周涛走下台来,特别介绍89岁的老红军龙德等4位老红军、老赤卫队员时,4名少先队员把鲜花献给了革命前辈们。这时,一首首大家熟悉的旋律再次在耳边响起:《苏区干部好作风》,《送郎当红军》,《毛委员和我们在一起》……

当年的"潘冬子"祝新运和"椿伢子"刘继忠走上了舞台。拍摄电影《闪闪的红星》时,祝新运只有10岁。30多年过去,他们对当初在江西拍片时的情景依然记得那样清晰。他们说:"对江西我们有一种特殊的感情,在这里我们迈出了艺术之旅的第一步,永远难忘江西。"祝新运和刘继忠合唱了《红星照我去战斗》,让年轻的观众领略了他们当年的风采。

站在庄严的秋收起义纪念碑下,著名歌唱家彭丽媛、关牧村为萍乡的父老乡亲送上了《报答》《多情的土地》等歌曲;来自美丽大草原的歌手腾格尔演唱了《怀念战友》;虹云、瞿弦和朗诵了方志敏的名篇《可爱的中国》《清贫》节选。当主持人周涛向观众介绍方志敏的孙子、南昌市西湖区副区长方华清时,方华清站起来说:"我很激动。我奶奶说我爷爷在牺牲前对新中国有一个憧憬:富裕代替贫穷。我爷爷的理想已逐渐变为现实。作为烈士的后代,我要继承爷爷的遗志,当好人民的公仆,为建设可爱的中国贡献自己的力量。"

赵炎等5人的群口相声《江西知多少》,在夸江西人杰地灵的同时,也激发了观众心中的自豪感。而一组具有萍乡地方特色的节目,也充分体现了萍乡人民意气风发、昂扬向上的精神风貌。十六大代表、中国戏剧梅花奖得主赵一青与其他"两朵梅花"陈俐、龙红演唱的萍乡采茶戏、赣剧、赣南采茶戏;萍乡煤矿工人、农民、武警官兵3支管乐队的演奏;著名二胡演奏家陈耀星、陈军父子与萍乡广电少儿艺术团合作表演、由萍乡籍音乐家黄海怀创作的二胡曲《赛马》等,都引起了观众强烈的反响。

整台演出在大型歌舞《中国永远收获着希望》中结束,那一声"哎呀嘞——,中国永远收获着希望!"在萍乡人心头久久回荡。

## 三、萍乡市纪念刘少奇同志诞辰110周年座谈会

2008年11月24日是刘少奇同志诞辰110周年。11月29日,萍乡市举行了刘少奇同志诞辰110周年纪念活动。当天下午,刘少奇之子刘源,刘少奇之女刘爱琴,毛泽东外孙、李讷之子王效芝,朱德外孙刘建等一行,来到刘少奇曾经战斗过的地方安源,参观安源路矿工人运动纪念馆、安源路矿工人俱乐部、毛泽东旧居、总平巷、安源路矿工人大罢工谈判处等旧址,并在伟人的塑像前敬献花蓝,缅怀老一辈无产阶级革命家的丰功伟绩。

11月30日,中共萍乡市委、萍乡市人民政府、萍乡军分区在安源区会议中心联合举行"安源儿女永远怀念您——纪念刘少奇同志诞辰110周年座谈会"。刘少奇之子、中共中央委员、解放军军事科学院政委刘源中将,中央文献研究室第二研究部副主任、研究员、刘少奇生前秘书黄峥,湖南省武警总队政委赵富栋少将,刘少奇长女、原河北师范大学教授刘爱琴,中共江西省委常委、省

军区政委王清葆,江西省武警总队政委陈伯春,中共江西省委党史研究室主任沈谦芳,萍乡市四套班子领导、安源工人代表、萍乡市中共党史学会全体会员等各界人士共130余人出席座谈会。

萍乡市纪念刘少奇同志诞辰110周年座谈会

座谈会上,黄峥作《刘少奇同志伟大革命实践》专题报告,王清葆和中共萍乡市委书记刘和平讲话,王湘萍代表安源工人发言。与会代表高度评价了刘少奇为中国人民的解放事业和新中国建设立下的卓著功勋。

萍乡市委书记刘和平在讲话中说,萍乡安源是刘少奇同志工作和战斗过的地方。1922年至1925年,刘少奇同志在领导安源工人运动期间,怀着坚定的共产主义理想和信念,为党的事业忘我工作,全心全意为工人阶级服务,密切联系群众,艰苦奋斗、廉洁自律,勇于批评和自我批评,表现了一个革命家的斗志、情怀、品德和作风。这是我们党优良传统的具体体现,是一笔能昭示后人的宝贵的精神财富。学习刘少奇同志在安源的革命精神和高尚品格,对于加强党的干部队伍建设,密切党群关系,永远保持谦虚、谨慎、不骄、不躁的作风和艰苦奋斗的作风,都具有十分重要的意义。我们纪念刘少奇同志,就要像他那样树立坚定的共产主义理想和信念。我们纪念刘少奇同志,就是要像他那样全心全意为人民服务,永做人民的勤务员。我们纪念刘少奇同志,就要像他那样艰苦奋斗、廉洁奉公,永葆革命青春。我们纪念刘少奇同志,就要像他那样以批评和自我批评为武器,向一切错误言行作坚决的斗争。总之,我们今天纪念刘少奇同志,就是要弘扬他的革命精神、高尚品格和全心全意为人民服务的公仆风范,使之成为推动干部队伍思想建设和作风建设的强大精神力量。

刘源代表刘少奇亲属在会上讲话。他说,安源是中国工人运动的策源地。从1922年9月开始,我父亲在这里为中国工人阶级的解放事业奋斗了三个春秋。他和李立三一道,领导了闻名全国的安源路矿工人大罢工。在罢工斗争中,父亲面对反动当局的威胁,毫不畏惧,正义凛然,代表工人与敌人进行针锋相对的斗争,迫使路矿当局接受了罢工条件。安源工人"未伤一人,未败一事",取得了大罢工的胜利。这是当时中国工人运动史上"绝无而仅有"的胜利。二七惨案后,我父亲与广大工人兄弟们灵活运用党的"弯弓待发"的斗争策略,不仅粉碎了路矿当局武力封闭工人俱乐部和瓦解工人团结的阴谋,还创造了很多个中国革命史和中共党史上的"第一",如全国产业工人中的第一个党支部、第一个工人消费合作社、中国共产党第一个党校,创建了第一个工人武装的雏形——工人纠察队,第一个在中国共产党领导的组织中提出反腐倡廉。所有这一切在今天看来都是非常有意义的。我父亲的革命起点在安源,他对安源充满了感情。今天,萍乡人民纪念刘少奇同志诞辰110周年,这不仅是对我父亲一个人的怀念,更是对老一辈无产阶级革命家的光辉思想、崇高风范和优秀品格的追思。刘源最后用刘少奇经常讲到的一句话作结尾:你的心中装着人民,人民才会信任你，人民心中就有你。少奇同志离开我们40年了，人民还是怀念他，为什么？就像父亲说的，因为心中永远装着人民，人民就会永远记住他们的好勤务员！

### 四、安源纪念馆陈列大楼兴建40周年纪念座谈会

2008年12月22日上午，入冬以来的第一场雪将安源路矿工人运动纪念馆扮得银装素裹。在这喜庆的日子里，该馆陈列大楼兴建40周年纪念座谈会，正在安源路矿工人俱乐部举行。萍乡市政协副主席邓斌，市人大常委会、市委宣传部、萍乡市文化局等部门负责人及在该馆工作过的各界人士近百人出席座谈会。

上午9时30分，在安源路矿工人俱乐部讲演厅内，一台由该馆职工自编自演的文艺表演拉开了座谈会序幕。天气虽然很冷，但同志们却统一着西装，跳舞的年轻姑娘们还换上了舞蹈裙。能在这个特别的日子登台表演，大家都觉得心里暖烘烘的，大家用心演唱、用真情表演，赢得了阵阵掌声。

演出后，座谈会正式开始，安源纪念馆馆长黄仂首先致辞。他说，安源纪念馆陈列大楼建成于1968年底，第二年初正式对外开放。40年来，宣传革命烈士事迹、弘扬安源精神一直是安源纪念馆每一位职工的神圣职责。安源纪念馆在革命文物的保护、搜集、整理及传播安源精神内涵等方面作出了突出成绩，共接待全国各地参观者7000多万人次。安源纪念馆还推出了《安源路矿工人运动》《秋收起义在江西》《唤起工农千百万》《湘赣边界秋收起义史》等以"安源精神"为标志的展览、图书、展演等系列精神产品。安源纪念馆先后被列为全国爱国主义教育示范基地、井冈山干部学院现场教学点等。去年底，安源纪念馆率先在全省实行向社会免费开放，并全面更新和完成了基本陈列，在展陈中适时运用声、光、电等高科技手段，增强了展陈艺术的表现力和感染力，使基本陈列达到了安源纪念馆历史上的最高水平。

随后，大家相互交流，共同回忆当年的点点滴滴。萍乡市建材行业管理处党组书记、主任孙建萍说："我这辈子共经历了三个11年，其中第一个11年就是在安源度过，虽然以后去过几个单位，调任了不同的领导岗位，但安源这段历史留给我的却是刻骨铭心的记忆。我是从这里起步，逐渐走向成熟的。"原中煤集团公司政研会主任刘义胜说："这次回来看到安源纪念馆的新变化，同志们精神抖擞，接待热情周到，让我真的有回家的感觉。"

最后，该馆向在安源纪念馆连续工作30年以上的同志授予了"荣誉馆员"的称号。

### 五、安源路矿工人运动纪念馆陈列大楼《毛主席去安源》瓷像恢复纪实

2012年7月1日，《毛主席去安源》瓷像落成庆典仪式在安源路矿工人运动纪念馆陈列大楼前隆重举行。安源山在欢呼，萍水河在歌唱。成千上万的人流涌向安源，见证《毛主席去安源》瓷像徐徐揭开的那一瞬间。安源镇人声鼎沸，鞭炮齐鸣，锣鼓喧天。许多群众当场流下了激动的泪水，并对瓷像恢复予以高度赞扬和充分肯定。是啊，为了做好此项工作，安源纪念馆在上级领导的正确指挥下，付出了太多太多的艰辛。

**恢复之路上下求索**

为了全面、真实、生动地反映毛泽东等老一辈无产阶级革命家在安源开创工人运动的辉煌历史，1968年兴建的安源纪念馆选定由刘春华创作的《毛主席去安源》油画中的主席头像为陈列大楼顶端的标志性图像。同年12月，由江西景德镇工艺美术品瓷厂精心烧制、工艺美术大师章文超等参与创作的《毛主席去安源》瓷像安装工程完成。安装后的瓷像与整幢陈列大楼的建筑风格和美术价值浑然天成、相映生辉，成为整栋大楼的点睛之笔和神采之处，也成为安源纪念馆的标志和独特人文景观。

随着时间的推移，几十年的风雨侵蚀，加上当时安装条件的局限，特别是安源纪念馆所处的特殊地理环境，从20世纪70年代后期开始，整个瓷像开始出现大面积的褪色、崩裂、流釉等问题。如果继续悬挂显得极不严肃，但当时受经费限制，无力烧制更换新的瓷板。为此，安源纪念馆于1986年用玻璃钢制作"安源路矿工人俱乐部部徽"覆盖于头像之上，拆除了瓷像下方的葵花部分，并用玻璃纤维板复制了十盏大火炬灯。

然而，恢复《毛主席去安源》瓷像却成为安源纪念馆人永远的心结。他们认为此事意义重大，首先能真实地反映以毛泽东同志为杰出代表的一批共产党人20世纪20年代初在安源开创中国工人运动辉煌篇章的历史，充分肯定安源作为中国共产党领导的工人运动策源地的重要历史地位；其次，这栋陈列大楼是一座已有40多年历史的纪念性建筑，已被列为市级文物保护单位，也是萍乡市20

"毛主席去安源"瓷像恢复落成庆典仪式

世纪 70 年代标志性建筑之一，具有较高的文物价值。恢复原有的瓷像，能使陈列大楼的建筑风格、色调、造型等更趋于自然和谐，有利于再现和保持这一建筑原有的风格和特色；再次，恢复瓷像是广大观众的要求和心愿，更能贴近实际、贴近生活、贴近群众，起到更好的宣传教育作用。

因此，从 2004 年开始，安源纪念馆便着手考虑恢复瓷像的工作。是年 5 月，该馆向江西省委宣传部请示，要求恢复陈列大楼屋顶正中的《毛主席去安源》瓷像。同年 7 月 9 日，获得了江西省委宣传部批准。但由于技术条件和资金不足等原因，瓷像恢复工程一直没有进展，一搁又是数年。

**浩瀚工程全面启动**

随着国家对文化事业投入的逐渐加大，安源纪念馆迎来了新的发展时机，恢复《毛主席去安源》瓷像又重新提到议事日程。从 2008 年开始，安源纪念馆开始恢复《毛主席去安源》瓷像的技术考察。考虑到原有瓷像是在景德镇烧制的，所以 2008 年 3 月考察的第一站就选择了景德镇。工作人员与景德镇陶瓷学院设计艺术学院、景德镇陶瓷博物馆、环宇文化传播策划有限公司等单位的领导、专家进行座谈，充分听取他们的意见。起初，专家们一致认为，景德镇具备烧制瓷像的技术条件，只是因为瓷像必须长年置于室外，昼夜温差大，雨水酸性较大，对瓷像烧制工艺要求较高，按照景德镇传统烧制技法，要达到瓷像 20 年以上不变色、不脱落的质量要求恐难保障，但很想一试。为此，安源纪念馆人员先后四次赴景德镇专题调研。在经过多方论证后，2010 年 7 月，景德镇专家认为事关重大，烧制技术上拿不准，最终放弃了此项业务，建议采用广东新型材料烧制瓷像，并推荐到广东佛山蒙娜丽莎陶瓷有限公司进行考察。

在综合专家意见和建议的基础上，2010 年 8 月上旬，安源纪念馆工作人员怀着忐忑的心情，专程赶赴广东佛山考察。听说是为烧制毛主席瓷像专程而来，蒙娜丽莎陶瓷有限公司负责人喜出望外，热情接待，并领着大家参观了公司的艺术瓷砖展示馆。一进展厅，大家便被眼前的一切惊呆了，在上千平方米的展厅内，陈列着用新型材料制作的油画、照片、书法等各种各样的瓷质艺术品，制作工艺精美、艺术效果逼真，完全超乎大家的意料。传统认识上瓷砖只能做成装修材料，没想到还可以演绎得如此出神入化。通过多天的参观走访，大家了解到该公司是一个拥有雄厚技术力量和经济实力的企业，瓷板画是该公司的主打产品之一，目前独有的新型材料烧制瓷像质佳瓷薄，能抗高温、酸雨，在室外摆放最佳的观赏效果达 30 年以上。该公司门口就露天摆放了一幅宽 9 米、高 10 米的巨型蒙娜丽莎瓷像。公司负责人对此事满怀热情且充满信心，表示宁可让利 50 万元，也一定要把瓷像烧制好。

经过充分的论证调查以后，安源纪念馆将瓷像恢复的基本情况上报萍乡市文广新局并转呈市领导。萍乡市委、市政府领导对瓷像恢复一事高度重视，于 2011 年 5 月成立了由市委常委、宣传部部长担任组长，有关部门和单位负责人组成的恢复安源纪念馆陈列大楼《毛主席去安源》瓷像工作领导小组，并派专人与广东佛山蒙娜丽莎陶瓷有限公司进行实质性的接触，对瓷画制作技术、成本费用、铺贴安装等各方面情况作了详细了解。

2011 年 12 月，安源纪念馆人员赴北京拜访《毛主席去安源》油画作者、国家一级美术师、北京画院原院长刘春华，聘请他作为该瓷像恢复工程的艺术顾问，对瓷像绘制进行艺术指导。双方商定：未经刘春华签字同意，瓷像不能投入制作。与此同时，瓷像的景观灯亮化工程也紧锣密鼓地开展。2011年12月，安源纪念馆相关人员赴河南安阳中国文字博物馆进行景观灯考察。之后，多次对亮化方案进行讨论修改，使方案日趋完善。

为了慎重起见，安源纪念馆让蒙娜丽莎陶瓷有限公司做了一些尝试。先是让公司将绘画大师张大千手绘的一幅山水画烧制成面积达45平方米的瓷板画，贴在馆办公大楼进门的正面墙上，效果确实不错。后来该公司又将刘春华创作的《毛主席去安源》油画烧制成面积近4平方米的瓷板画，也获得了我市艺术专家的认可。

2012年2月28日至3月6日，安源纪念馆受萍乡市委、市政府委托，开展了瓷像恢复的前期邀标工作，分别向佛山、景德镇、淄博、唐山等全国著名陶瓷生产基地的11家知名企业发出了瓷像恢复工程邀标函。最后，只有广东佛山蒙娜丽莎陶瓷生产有限公司明确表示具备该瓷像生产制作能力，愿意参加该项工程邀标。其他公司均表示因生产工期紧、工艺要求高、生产门类不同等原因，不参与该工程招标。3月23日，萍乡市政府召开《毛主席去安源》瓷像恢复工程招标事宜协调会议，认为蒙娜丽莎陶瓷有限公司具备承担瓷像恢复工程的独特优势，确定由该公司承担此项工程。该工程烧制、安装和亮化共计经费约200万元。4月5日至6日，萍乡市委宣传部领导率领瓷像恢复领导小组同志赴蒙娜丽莎陶瓷有限公司正式签订工程合同。

为了确保瓷像的清晰度和逼真的艺术效果，瓷像恢复领导小组聘请蒙娜丽莎公司艺术总监、著名画家陈捷，绘制了一幅直径两米的《毛主席去安源》头像油画。2012年3月，《毛主席去安源》油画作者刘春华专程赶到广东佛山进行现场指导。在得到刘春华的指点后，陈捷又对作品进行了修改。4月14日至15日，安源纪念馆人员携带创作好的作品，赴北京向刘春华汇报瓷像恢复事宜。4月21日，艺术顾问刘春华对陈捷绘制的《毛主席去安源》头像油画签字认可，瓷像正式投入制作。

**瓷像落成绽放异彩**

2012年5月中旬，《毛主席去安源》瓷像烧制完成。新烧制的瓷像直径为6.4米，面积32.15平方米，衬托在头像下方的是宽度为6.02米的五朵金黄色瓷质向日葵，头像两侧是宽度为24.1米的十面瓷质红旗。

此时的瓷像恢复工作已进入倒计时。为了确保瓷像迎运安装顺利隆重，安源纪念馆制定了瓷像迎运仪式、安装仪式、恢复落成庆典仪式三个活动方案。安源纪念馆全体员工从5月开始便不再休假，加班加点进行各项仪式的筹备排练。馆里成立了瓷像护卫组、迎宾礼仪组、场地布置组、宣传报道组、后勤保障组等，对所有人员和工作统一调度。特别是瓷像护卫组的同志们，将瓷像抬运的每个动作分解细化，一遍遍地演练，确保搬运的安全、精准、美观。

5月25日，佛山举行了隆重的《毛主席去安源》瓷像启运仪式，瓷像被装成两辆车，车身用彩旗、喷绘、鲜花装饰，在我市迎运队伍护卫下千里迢迢赶回萍乡。当时南方正处在大范围的雨区，但汽车从广东一路开来，经过的地方却滴雨未下，似乎雨水也因此而肃然起敬。在进入吉安市泰和县时，第二辆装载葵花和红旗瓷板的汽车抛锚了。第一辆装载主席瓷像的汽车于当晚8点左右先期抵达萍乡，下高速以后，途经迎宾南大道、秋收起义广场、滨河西路、北桥、公园路进入萍安大道，沿途各单位和各界群众纷纷燃放鞭炮夹道欢迎。特别是瓷像最后到达安源纪念馆时，整个安源都沉浸在鞭炮烟花声中，火光照亮了整个小镇，让在馆区等候迎接的市里各级领导激动不已。第二辆车在经过几个小时的抢修后于次日凌晨3点到达萍乡。

5月29日，《毛主席去安源》瓷像安装仪式在安源纪念馆举行。7月1日，《毛主席去安源》瓷像安装及陈列大楼景观亮化工程完成。

7月2日上午11时，《毛主席去安源》瓷像恢复落成庆典仪式在安源纪念馆上广场隆重举行。国家旅游局党组成员、纪检组长刘金平，副省长朱虹和毛泽东之女李讷为瓷像揭幕，中国红博会办公室常务副主任张坚钟，全国著名画家刘春华，省委宣传部常务副部长陈东有，省政府副秘书长蔡玉峰，省旅游局局长王晓峰，以及萍乡市六套班子领导出席。恢复后的《毛主席去安源》瓷像成为广大市民和游客关注的焦点。大家慕名而来，在瓷像前驻足拍照，留下永恒的记忆。而夜晚的瓷像成为安源红色旅游又一道亮丽的风景，在射灯、地标灯等灯光掩映下，《毛主席去安源》的瓷像更加光彩夺目，无比辉煌。

## 六、毛泽东同志诞辰120周年纪念活动

2013年，安源纪念馆为纪念毛泽东同志诞辰120周年举办了系列活动：

### 纪念《毛主席去安源》油画公开发表45周年座谈会

11月3日，纪念《毛主席去安源》油画公开发表45周年座谈会在安源纪念馆举行，萍乡市委常委、宣传部部长彭艳萍出席并讲话。她说："今年是人民领袖毛泽东同志诞辰120周年，也是油画《毛主席去安源》公开发表45周年，今天我们相聚在安源路矿工人运动纪念馆举行纪念油画《毛主席去安源》公开发表45周年座谈会，以表达萍乡人民对毛泽东同志的深切缅怀和无限崇敬之情。我谨代表市委、市政府对此次会议的召开表示衷心的祝贺，对各位嘉宾的到来，特别是刘春华先生不顾旅途劳顿远道而来，表示热烈的欢迎。"彭艳萍指出，反映毛泽东同志1921年秋天第一次来安源开创革命运动光辉历史的油画《毛主席去安源》，是一幅驰名中外的艺术作品。刘春华先生为此画倾注了大量的心血。鉴于刘先生一直以来对萍乡文化事业的关心与支持，市委、市政府决定授予他"萍乡市荣誉市民"的特殊称号。今年是该油画公开发表45周年，也正值刘春华先生70岁寿辰，在这里我们共同祝福您福如东海、寿比南山，艺术创作之树长青。

《毛主席去安源》油画作者刘春华和与会嘉宾共聚一堂，对这一作品进行了回顾与展望。《毛主席去安源》是以青年毛泽东到安源组织工人运动并举行安源路矿工人大罢工为表现题材的油画，充分表现毛泽东1921年来安源开展工人运动时上下求索、敢于斗争的精神风采，由画家刘春华执笔创作，于1968年7月正式公开发表并在全国引起轰动。安源因此而闻名遐迩。该画也创造了我国美术作品出版印刷数量的历史纪录，被认为是"世界印刷数量最多的一张油画"。油画发表45年来，

全国各地,特别是萍乡市以此为蓝本,相继开发了一系列文化旅游产品。《毛主席去安源》已成为萍乡市红色旅游的象征与标志。

座谈会上,与会者纷纷就《毛主席去安源》油画对萍乡市的意义和影响作了分析和回顾,并就如何继承发扬革命传统和影响广大党员干部,激励青少年健康成长进行了探讨。刘春华说,他当年为了创作油画,于1967年7月来到安源体验生活,寻找艺术创作灵感,并最终完成此画。油画为他个人和萍乡带来的影响是难以估量的,而他一直把萍乡当成第二故乡,未来一定会继续指导和支持萍乡文化事业的建设和发展,创作了更多属于萍乡的书画作品。

**第八届全国毛泽东纪念馆联谊会**

11月4日至7日,安源路矿工人运动纪念馆举办第八届全国毛泽东纪念馆联谊会。来自全国36家成员单位,130多位嘉宾参加会议。全国毛泽东纪念馆联谊会成立于2006年10月,每3年举办一次。

11月4日,在安源宾馆召开第八届毛联会预备会。萍乡市文化广电新闻出版局副局长、安源路矿工人运动纪念馆馆长黄仂主持。首先由毛联会秘书长黄建新将会旗授予活动举办单位安源纪念馆。黄仂介绍第八届毛联会的筹备情况以及会议的设想与安排,各馆代表对会议初步安排提出了意见和建议,并经过讨论共同签署了《安源共识》。

11月5日上午8时30分,毛联会与会嘉宾由萍乡市委宣传部、萍乡市文广新局领导及安源纪念馆馆务会成员陪同,向毛泽东主席塑像敬献花篮。

上午9时许,第八届毛联会年会开幕式在安源路矿工人俱乐部旧址举行,毛联会与会嘉宾、市委宣传部领导和萍乡市文广新局领导以及全馆工作人员参加。毛联会秘书长黄建新主持并宣布第八届全国毛联会年会开幕,黄仂副局长致辞,与会馆长代表和毛主席亲属先后发言,萍乡市委常委、宣传部部长彭艳萍讲话。

上午10时至12时,举行第八届全国毛泽东纪念馆联谊会"馆长论坛"。安源路矿工人运动纪念馆党支部书记文培良主持。与会的革命纪念馆馆长就革命纪念馆内部管理与持续发展等问题进行了交流。古田会议纪念馆馆长傅柒生作题为《加强纪念馆管理,实现可持续发展》的发言;武汉市博物馆馆长、党委书记高万娥作题为《浅析革命博物馆在党员干部教育实践活动中的特殊作用——以中共五大会址纪念馆为例》的发言;南昌八一起义纪念馆馆长王小玲作题为《精益求精,亮点纷呈——

第八届全国毛泽东纪念馆联谊会

南昌八一起义纪念馆开展纪念毛泽东同志诞辰120周年活动》的发言；安源路矿工人运动纪念馆馆长黄仂作题为《对纪念馆"四化"管理的思考》的发言。在会上发言的还有：延安革命纪念馆馆长、党委书记张建儒，中共一大纪念馆副馆长常卫建，井冈山革命博物馆旧居旧址管理办公室主任罗卫国等。

下午，毛联会与会嘉宾参观了安源路矿工人运动纪念馆、安源工运时期廉政建设陈列馆和毛泽东旧居、总平巷、安源路矿工人俱乐部、谈判大楼、张家湾秋收起义军事会议等旧址。

晚上，在安源宾馆举行第八届全国毛泽东纪念馆联谊会联欢会。与会嘉宾和安源纪念馆全体职工及其家属出席观看。井冈山革命博物馆讲解员表演了舞蹈《做军鞋》，瑞金纪念馆表演了舞蹈《征雁》，延安纪念馆表演了配乐宣讲《父子情深》和情境讲解《沁园春·雪》，萍乡博物馆讲解员表演了肚皮舞《东方神韵》，安源纪念馆的志愿者表演了现代京剧《杜鹃山》选段《家住安源》，安源纪念馆讲解员表演了女声小合唱《太阳最红，毛主席最亲》、舞蹈《张家湾的红灯》、男声小组唱《打靶归来》、情景讲解《奉献》、配乐诗朗诵《有一页历史》等精彩节目。

11月6日，毛联会与会嘉宾参观了湘东苏维埃政府旧址及武功山。

**《他们镜头中的毛泽东——毛泽东专职摄影师摄影作品展》**

12月10日，安源路矿工人运动纪念馆举办《他们镜头中的毛泽东——毛泽东专职摄影师摄影作品展》。展览展出了毛泽东的专职摄影师侯波、吕厚明、钱嗣杰从1949年至1970年拍摄的500余幅作品，集中表现了毛泽东参加政治外事活动、重上井冈山、回韶山等经典历史片段，揭示了人民领袖在特定时间内许多鲜为人知的故事，其中大部分作品都是首次与观众见面，受到社会各界好评。

附：

深化交流　密切合作　共谋发展
——第八届全国毛泽东纪念馆联谊会年会安源共识

值纪念人民领袖毛泽东同志诞辰120周年之际，全国毛泽东纪念馆、纪念地的代表于2013年11月4日至6日，如约相聚在安源路矿工人运动纪念馆，纪念伟人功业，回顾8年历程，共商合作之策，同谋发展之举，形成和达成以下共识：

一、以联谊会形式设立的合作与交流机制和运作方式，为全国毛泽东纪念馆之间搭建了一个很好有益的互动平台和互补架构。自2006年至今，这种机制在联络感情、加强合作、扩大交流、深入研讨等方面取得了实在而良好的进展和效果，已成为各馆普遍认可，共同接受，相互珍惜的一种新模式、新途径，我们应该在今后更加齐心合力的协作中，将以举办联谊会年会为主的工作机制坚持下去。

二、适时调整和确定联谊会的活动主体和活动主题，以推进各馆实际发展。文博工作的新形势需要对联谊会原有运转形式，作适宜的调整和改进。联谊会的发展需要建立一个以各纪念馆为主体，以探讨各纪念馆在管理建设发展中的共同问题为主题，用历史唯物主义的立场观点，围绕如何切实有效做好"热爱毛泽东、学习毛泽东、研究毛泽东、宣传毛泽东"的工作主线，谋划和推进联谊会各项工作的深入展开。

三、形成定题、定向、定人的工作机制，发挥年会平台作用，以相互间交流、探索、学习的方式，使之成为探讨和解决纪念馆发展中共性问题的又一新路径。可采取分片区、分专题召开成员单位负责人会议的形式，确定联谊会的年度计划和中长期工作设想，或分片区作区域性的交流探讨；也可提出一至两个共同关心的问题，确立为年会论坛的主题或主旨。设立联谊会秘书处，由各成员单位选派一名工作人员组成，负责具体落实、协调年会所确定的各项事宜。

四、不拘形式，注重实效，适时开展相互间分门类、分专题、分对象的交流活动。各馆之间愿意自主地为不同岗位人员提供相互学习、相互实习的便利机会和条件；对从事宣传讲解、行政管理、安全保卫、资料研究、陈列设计等工作人员，开展专题专门的交流和学习活动，使各馆在具体工作中得到力所能及的支持和帮助。

五、三年为一个周期，以一至两个单位为依托，有重点、有计划地规划、设计和实施相互间共同开展的学术研究、成果出版、联合展览、巡回宣讲等联合活动，努力扩大联谊会的影响力和影响面。更加真诚而紧密的平等尊重，合作交流，定将为我们迈向共同的目标和共同的事业，起到给力和助推的作用。

## 七、萍乡市纪念秋收起义90周年学术研讨会

2017年9月9日，是秋收起义90周年纪念日。当天上午，由萍乡市委、萍乡市人民政府主办，萍乡市委宣传部、萍乡学院承办的纪念秋收起义90周年学术研讨会在萍乡学院学术报告厅举行。来自中央、省、市的二十多位专家学者齐聚一堂，围绕秋收起义的重大意义和历史地位，进行深入的学术交流和谈论互动，回顾总结了秋收起义的历史贡献和经验。

省社会科学界联合会党组书记、主席吴永明在讲话中指出，秋收起义是我们党独立领导工农武装斗争的一次伟大实践，在中国革命史上有着重要的地位和影响，举办此次学术研讨会，是全面落实省委提出的"把共产党人的初心传承好，把红色优秀传统文化发扬好"的实际举措。希望各位专家学者勇立时代之潮头，努力为党和人民述学立论，围绕秋收起义的重大意义和历史地位，进行深入研讨和交流，同时紧密结合新时期新特点，不断赋予秋收起义以新的时代内涵，动员和激励广大干部群众为进行伟大斗争、建设伟大工程、推进伟大事业、实现伟大梦想而不懈奋斗。

萍乡市委副书记谢光华首先代表市委、市政府对各位老前辈、领导和专家学者表示热烈的欢迎和衷心的感谢。他说，萍乡作为秋收起义的策源地和主要爆发地之一，在中共党史、中国革命史和中国人民解放军军史上留下了浓墨重彩的一笔。秋收起义彰显出不屈不挠的顽强作风，彰显出敢为人先的英雄气概，彰显出为民奋斗的崇高品德，彰显出听党指挥的坚定信念，铸就了忠诚革命、坚持斗争、夺取胜利的精神支柱。要珍惜革命先烈和革命前辈用鲜血和生命换来的胜利果实，要学习

他们的革命精神和优秀传统作风;要大力弘扬、学习秋收起义的优良传统和革命精神,不忘初心,继续前进,以优异的成绩迎接党的十九大胜利召开,为实现"两个一百年"奋斗目标,实现中华民族伟大复兴的中国梦而努力奋斗。

会上,萍乡学院党委书记陈金印致欢迎辞;原秋收起义部队代表丁磊和参加过秋收起义的老一辈革命家后代代表王太和分别作了发言,带领大家追忆90年前那段战火纷飞的峥嵘岁月。

开幕式结束后,与会的部分专家学者结合自己的学术研究,阐述了自己的学术观点,为大家作了一场又一场精彩的学术报告。

在萍期间,与会的专家学者还先后参观了安源路矿工人运动纪念馆、秋收起义安源军事会议旧址、卢德铭烈士陵园、高滩行军会议旧址、莲花一支枪纪念馆等地,了解萍乡的革命历史传统和红色文化,并在安源大剧院观看了国家京剧院现代京剧《杜鹃山》。

## 八、第三届"汉冶萍"国际学术研讨会

2018年是汉冶萍公司成立110周年,也是萍乡煤矿建矿120周年。11月2日,由萍乡市委、市政府主办的第三届"汉冶萍"国际学术研讨会在萍乡学院举行。来自国内外的50余名"汉冶萍"学术研究的专家学者齐聚萍乡,共同研讨"汉冶萍"的光辉历史,进一步发掘、保护和利用"汉冶萍"历史文化,传承"汉冶萍"的红色基因,弘扬"汉冶萍"的当代价值。

全国人大常委会委员、全国人大财经委副主任委员刘源上将,省政协副主席汤建人出席开幕式并讲话。毛泽东的外孙王效芝,朱德的外孙、解放军装备学院原副院长刘建少将,解放军总后勤部物资油料部原副部长翟振发少将,解放军军事科学院战略部副部长宋庆生少将,部分安源老工人、老红军的后人,萍乡市党政领导,萍乡学院,萍矿集团,湖北师范大学、重庆市长寿区,重钢集团,"汉冶萍"学术联盟等单位领导以及汉冶萍公司创始人的后人出席开幕式。

刘源上将出席第三届"汉冶萍"国际学术研讨会并讲话

安源路矿工人运动纪念馆由馆长何入军带队,5名业务人员应邀以文赴会,撰写了《汉冶萍公司的发展历程及其启示》《汉冶萍公司账本研究》《论汉冶萍公司企业性质的演变》《萍乡煤矿对清末民初政治生态的影响》《萍乡煤矿国内外研究现状综述》《浅析近代工业初期劳资关系与工人运动——以近代萍乡煤矿为例》等6篇研究文章,并入选《第三届"汉冶萍"国际学术研讨会论文集》。

刘源在讲话时说,"汉冶萍"闪耀的工业文明,孕育和滋养了一大批先进的安源产业工人,成为我们党早期革命中坚定的阶级依靠和坚实的群众基础。深入研讨"汉冶萍"的精神内涵,致敬过

去光芒闪耀的工业文明，对于激励传承红色基因，秉持实业兴国，坚持艰苦创业，加快推进现代化工业强国建设具有重要的历史和现实意义。

汤建人在讲话中提出三点希望：一是希望以这次会议为新起点，将"汉冶萍"学术研究推向新境界，进一步挖掘"汉冶萍"学术研究的实用价值，将研究成果充分运用到新时代经济、社会、文化等领域的发展实践中，让宝贵的文化遗产焕发出新的生机和活力；二是希望以这次会议为新窗口，让大家全面深入地认识朝气蓬勃、多姿多彩的萍乡，进而走进江西、了解江西、领略江西；三是希望以这次会议为新纽带，搭建起参会各方交流合作的桥梁，在经济、社会、文化等各领域拓展合作，在砥砺初心、重整行装再出发的新时代新征程上携手前行，共创未来。

湖北师范大学副校长余涛介绍了"汉冶萍"历史演变情况，汉冶萍公司创始人、中国实业之父盛宣怀的曾孙盛承懋发表致辞。

开幕式结束后，与会的中外专家学者在萍乡学院学术报告厅开展集中研讨。大家围绕"汉冶萍"蕴藏的拼搏、坚韧、担当和自立自强的精神，推动汉冶萍申报世界工业文化遗产等课题开展深入研讨，其中专家学者就"萍乡煤矿在中国近代工业史上重要地位及启示""汉冶萍公司档案的搜集整理与研究""晚清民国萍乡煤矿产业契约与产权交易"分别发表主旨演讲。在本届研讨会上，形成了一批"汉冶萍"学术研究的最新成果，推动了"汉冶萍"研究历史价值和当代价值的有机融合。

萍乡学院党委书记陈金印向下一届主办方湖北省武汉市汉阳区交接会旗。

## 九、安源路矿工人运动100周年纪念活动

2022年5月19日，中共萍乡市委召开纪念安源路矿工人运动100周年、秋收起义95周年、喜迎党的二十大系列活动新闻发布会，宣布我市将围绕"百年安源，红色萍乡"主题，精心组织开展纪念安源工运100周年、秋收起义95周年、喜迎党的二十大系列活动，进一步擦亮"工运摇篮"品牌，为奋力推进"五区"建设、打造"最美转型城市"营造良好氛围、凝聚磅礴力量。

**纪念中共安源路矿支部成立100周年研讨会**

7月13日，"红色堡垒·百年荣光——纪念中共安源路矿支部成立100周年"研讨会在萍乡举行。来自省内外的领导、专家学者及各界代表60余人出席会议。会议深入探析、认真总结了中共安源路矿支部百年宝贵经验，以及对今天基层党组织建设的重要历史意义。

研讨会共收到中央党校和中国人民大学等省内外单位来稿129篇。萍乡组织省、市党史专家学者经过两轮评审，根据论文整体质量，共评出一等奖2篇，二等奖5篇，三等奖10篇，优秀奖18篇。

会议伊始，萍乡市委书记陈敏发表了热情洋溢的致辞。他说，萍乡是一片充满红色记忆的热土，拥有光荣的革命传统和厚重的红色文化，是党领导的工人运动的摇篮、秋收起义的策源地和主要爆发地之一，也是井冈山革命根据地的重要组成部分，开创了我党历史上"第一个产业工人党支部——中共安源路矿支部""全国最早的中共地方党校"等16个全国之最。萍乡将以此次研讨会为契机，把红色资源挖掘好，深入研究总结党领导安源路矿工人运动的历史地位和现实意义，焕发出安源路

矿工人革命精神的时代价值；把红色品牌塑造好，进一步提炼总结、拓展研究安源精神，不断擦亮"工运摇篮"品牌；把红色基因传承好，坚决把萍乡建设成为最讲党性、最讲政治、最讲忠诚、最讲担当的地方，切实凝聚起奋力推进"五区"建设、打造"最美转型城市"的强大精神动力，以实际行动和优异成绩迎接党的二十大胜利召开。

会议期间，与会代表参观了安源路矿工人运动纪念馆、安源路矿工人俱乐部旧址、总平巷等爱国主义教育基地，实地观看了百年前中国共产党成立的第一个产业工人党支部的地方，亲身感受了安源工人大无畏革命精神。研讨会上，专家学者围绕中共安源路矿支部成立的历史地位和重大意义各抒己见，一致认为，中共安源路矿支部的成立与发展，凝聚了毛泽东等老一辈无产阶级革命家的心血，推动了江西乃至全国工人运动的发展，对中国革命的历史进程起到了积极的推动作用，在中共党史、中国革命史上有着重要历史地位，其成立和发展过程中积累的宝贵经验，至今对基层党组织建设依然有着十分重要的借鉴意义。

### 纪念安源路矿工人运动100周年曲艺专场晚会

7月25日晚，由江西省文联、萍乡市委宣传部主办，江西省曲艺家协会、萍乡市文联承办的"安源红"纪念安源路矿工人运动100周年曲艺专场晚会在萍乡市安源大剧院举行。

整台晚会以原创作品为主，由《忆·初心》《话·传承》两个篇章组成，节目以江西曲种为主要表现形式，有鄱阳大鼓、永新小鼓、萍乡春锣、萍乡莲花落、萍乡渔鼓、南昌清音等。萍乡渔鼓《安源记》拉开了演出帷幕，萍乡春锣《毛主席来安源》、鄱阳大鼓《安源星火》等10个节目，演绎

"安源红"纪念安源路矿工人运动100周年曲艺专场晚会

了一个个鲜活的历史故事，气势恢宏。晚会深情歌颂党、歌颂祖国、歌颂人民，演员们精彩的演出获得观众阵阵掌声。著名评书表演艺术家刘兰芳、著名相声演员奇志来到现场表演，将晚会推向高潮。江西广播电视台都市频道对晚会进行了网络直播。

### 安源路矿工人消费合作社成立100周年合作经济理论与实践交流会

7月26日至27日，中华全国供销合作总社在萍乡市举办安源路矿工人消费合作社成立100周年合作经济理论与实践交流会。

全国政协委员，中华全国供销合作总社原党组成员、理事会副主任，中国供销集团有限公司原党委书记、董事长杨建平在交流会上讲话。江西省供销合作社联合社党组书记、理事会主任李晓刚出席交流会并作主旨发言。萍乡市委书记陈敏在交流会上致辞。

杨建平指出，一百年前，在中国共产党的领导下，安源路矿工人消费合作社正式成立。百年征程中，合作社在党的领导下发挥着组织群众、发动群众、服务群众的作用，在推动我国社会经济生

活发展中发挥着越来越重要的作用。回顾合作社百年发展历程,我们深刻认识到,发展合作经济,必须深刻理解党发展合作社事业的初心使命,必须深刻理解合作社这种组织形式对实现共同富裕的现实意义。要全面加强党对供销合作事业的领导,不断提高政治判断力、政治领悟力、政治执行力,把握供销合作社改革发展的正确方向,切实把习近平总书记的重要指示和殷切期望,转化为做好供销工作的强大动

安源路矿工人消费合作社成立100周年合作经济理论与实践交流会

力,转化为为农服务的实际行动,确保供销合作事业砥砺前行、行稳致远。要完整准确全面贯彻新发展理念,从根本宗旨上把握新发展理念,从问题导向上把握新发展理念,从忧患意识上把握新发展理念,聚焦为农服务主责主业,全面提升产业层次和水平,加快提高经济运行质量和效益,以新发展理念引领高质量发展。要融入农村改革,积极主动适应农业农村现代化要求,把持续深化综合改革作为中心任务,自觉放在乡村振兴战略中把握,重点突破、纵深推进,不断推动供销合作社治理体系和治理能力现代化。

李晓刚在主旨发言中表示,安源路矿工人消费合作社作为中国共产党领导下的第一个合作经济组织,在中国工人革命运动史和中国合作社运动史上具有十分特殊的历史地位。在新的历史时期,推进新时代供销事业高质量发展,必须始终坚持党对供销合作事业的全面领导,把准前行方向之舵,持续深化综合改革、加快创新跨越发展,真正把供销合作社打造成为党委政府抓得住、用得上的为农服务综合性合作经济组织;必须始终站稳人民立场,继续聚焦农民生产生活需求,进一步拓展服务领域、优化服务方式、完善服务功能,加快打造更加完备的为农服务体系;必须始终聚焦创新引领,走稳合作经济之路,把新发展理念贯穿改革发展全过程,坚定不移地壮大新兴主导产业、强化数字赋能、培育核心竞争力;必须始终突出固本强基,筑牢事业发展之本,不断加强党建引领,深化改革攻坚,落实从严治社,筑牢供销合作事业高质量发展的坚实根基。

陈敏代表萍乡市四套班子和200万萍乡人民,对交流会的召开表示祝贺,对各位领导、专家学者和嘉宾的到来表示欢迎,对大家长期以来给予萍乡的支持帮助表示感谢。

中华合作时报社党委书记、社长、总编辑查迎新,中国供销合作经济学会常务副会长袁启昌,各省、自治区、直辖市供销合作社负责同志,省委党史研究室、省社科院、萍乡市有关领导出席交流会。

与会代表观看了《百年合作,寻根安源》专题片,参观了安源路矿工人运动纪念馆、安源路矿工人消费合作社、安源路矿工人俱乐部旧址及江西供销(湘东)冷链物流园、萍乡市芦溪县"互联网+第四方物流"供销集配中心。交流会由中华全国供销合作总社办公厅、合作指导部指导,中华合作时报社、中国供销合作经济学会、中共江西省委党史研究室、江西省供销合作社联合社和中共萍乡市委、市政府等单位联合主办。

### 纪念安源路矿工人运动 100 周年学术研讨会

9 月 13 日，纪念安源路矿工人运动 100 周年学术研讨会在江西萍乡开幕，多名专家学者围绕安源路矿工人运动展开研讨交流。

纪念安源路矿工人运动 100 周年学术研讨会

江西省委常委、宣传部部长庄兆林表示，举办此次研讨会对于深入探讨安源精神的基本内涵和时代价值，具有十分重要的现实意义，希望各位专家学者深入研讨交流、发表真知灼见，以思想的启迪、观点的碰撞，共同推动安源精神在新时代绽放更加璀璨的光芒。谈及对红色资源的保护，庄兆林指出，红色资源是不可替代的珍贵资源，必须用心、用情、用力保护好、管理好、应用好。

萍乡市委书记陈敏强调，举办纪念安源路矿工人运动 100 周年学术研讨会等系列活动，是挖掘安源精神内涵的重要举措。陈敏介绍，自学术研讨会开始征文后，全国各地近 300 名专家学者投稿 250 余篇，共计 280 余万字。来稿作者包括中央机关国家部委的部领导专家、高校研究机构的学术专家、社会各界的研究人士等。

"一部安源工人运动史，就是一部安源工人阶级解放思想、勇于开拓、不断进取的创业史。"中央党史和文献研究院第七研究部副主任纪晓华通过线上致辞时表示，希望以此次研讨会为契机，凝聚专家学者的智慧和力量，深化对红色历史的研究和总结，加强对红色文化的挖掘和弘扬，强化对红色资源的保护和利用。

会上，江西省社科院党组书记蒋金法宣布了"纪念安源路矿工人运动 100 周年学术研讨会"征文评选结果。

### 中华全国总工会文工团文艺慰问演出

9 月 13 日晚上，安源大剧院灯火辉煌、歌声嘹亮。为了纪念安源路矿工人运动 100 周年，由江西省总工会、中共萍乡市委、萍乡市人民政府主办，中共萍乡市委宣传部、萍乡市总工会承办的"喜迎二十大 建功新时代"中华全国总工会文工团文艺慰问演出在这里举行。中华全国总工会副主席、书记处书记魏地春，中华全国供销合作总社党组成员、监事会主任蔡振红，省委常委、省委宣传部部长庄兆林，省委常委、省委秘书长史文斌，省人大常委会党组副书记、副主任、省总工会主席刘强，省军区司令员张弓，省政协副主席刘卫平，山东省政协副主席、山东师范大学党委书记唐洲雁，省人大常委会原党组书记、副主任周萌等出席活动。

感受历史的回音，百年前的声声誓言，为我们注入一往无前的坚定信仰；循着历史的足迹，百年前的铿锵步伐，为我们揭开劳工神圣的灿烂序章。"那一天，红星照耀安源，阳光洒满张家湾，萍水河畔那个伟岸的身影，迈着坚定的步伐，点亮了那片光辉灿烂的红灯——"情境表演《张家湾的红灯》拉开演出帷幕。整场晚会共分为《光辉工运路》《建功新时代》《奋进新征程》三个篇章，演出主题鲜明、内容丰富，通过独唱、合唱、舞蹈、情景朗诵等多种艺术形式，展现了安源工运孕育形成的革命精神，不断激励萍乡儿女在革命、建设和改革开放中取得一个又一个的胜利，抒发了爱党、爱国、爱家乡的真挚情怀，营造了喜迎党的二十大的浓厚氛围。演出最后，由全体演职人员合唱的《奋斗进行曲》气势磅礴，将整场演出推向高潮。活动现场的党员干部和先进模范在观看演出后深受感染，纷纷表示要继承革命先辈的遗志，永葆对党忠诚的政治本色，

中华全国总工会文工团文艺慰问演出

积极投身新时代、奋进新征程，以"五个一流"举措实现"六个江西"目标，奋力推进"五区"建设、打造"最美转型城市"，以优异成绩迎接党的二十大胜利召开。

曾经领导和参加安源工运的刘少奇、李立三、杨得志、孔原、王耀南等革命先辈的后代刘亭、李人扬、杨建华、孔丹、王太和等同志应邀观看演出。

中共中央宣传部、共青团中央、中华全国总工会文工团有关领导；省委组织部、省委宣传部、省总工会、共青团江西省委、省委党史研究室、省委党校、省供销联社、省社科院有关领导，市四套班子领导等观看演出。

**纪念安源路矿工人运动100周年座谈会**

9月14日，纪念安源路矿工人运动100周年座谈会在萍乡举行，会议深切缅怀革命先烈的崇高爱国情怀和伟大革命精神，总结回顾党团结带领安源路矿工人开展革命运动的光辉历史和宝贵经验，进一步弘扬光荣传统、赓续红色血脉、汲取奋进力量。

全国人大常委会副委员长、中华全国总工会主席王东明对举办好纪念活动提出要求。

江西省委书记、省人大常委会主任易炼红出席座谈会并讲话。中华全国总工会副主席、书记处书记魏地春，中华全国供销合作总社党组成员、监事会主任蔡振红分别讲话。山东省政协副主席、山东师范大学党委书记唐洲雁等党史专家；安源路矿工人运动部分革命后代代表毛新宇、刘亭、李人扬、孔丹作了发言，杨建华、王太和出席座谈会。

任珠峰、史文斌、刘强、张弓、刘卫平和周萌出席，庄兆林主持。

王东明指出，安源路矿工人运动是中国共产党第一次独立领导并取得完全胜利的工人斗争，在中国工人运动史上留下了光辉一页。新时代新征程上，全总和各级工会要始终坚持党的领导，深刻认识"两个确立"的决定性意义，增强"四个意识"、坚定"四个自信"、做到"两个维护"，把牢工会工作正确政治方向。王东明强调，要大力弘扬伟大建党精神，从党领导的百年工人运动史中汲取奋进力量，加强职工思想政治引领，发掘用好红色工运资源，团结引领广大职工坚定不移听党话、感党恩、跟党走。要牢牢把握工运时代主题，坚持全心全意依靠工人阶级的方针，认真履行维权服务基本职责，推动构建和谐劳动关系，切实维护劳动领域政治安全，组织动员亿万职工为全面建设

社会主义现代化国家、全面推进中华民族伟大复兴建功立业，以实际行动迎接党的二十大胜利召开。

易炼红指出，毛泽东、刘少奇、李立三等老一辈共产党人领导开展的安源路矿工人运动，是中国共产党坚持马克思主义基本原理同中国具体实际相结合，领导安源工人阶级团结自己和团结人民，反对帝国主义、封建主义和官僚资本主义，为人民谋幸福、为民族谋复兴而进行的不懈斗争。安源路矿工人运动，对建党初期的中国共产党争取工人群众、扩大阶级基础、领导工人运动、推动马克思主义与工人运动相结合，对指引中国工人运动的正确发展方向，对培养造就工人运动的骨干等重大问题都进行了开创性的艰辛探索，开启了党领导中国工人运动的新纪元。安源路矿工人运动孕育的安源精神内涵丰富、博大精深，义无反顾是政治灵魂、团结齐心是精髓要义、勇于斗争是本质特征、敢为人先是活力源泉，集中体现了革命先辈崇高的思想品质、道德风尚和理想信念，是伟大建党精神的传承弘扬，是中国工人运动史上的精神坐标，是激励我们不忘初心、牢记使命的不竭动力。易炼红强调，在新时代新征程大力传承弘扬安源精神，必须坚定信仰、对党忠诚，持续推动往深里走、往实里走、往心里走，坚决捍卫"两个确立"、做到"两个维护"；必须改革创新、敢为人先，紧紧扭住发展第一要务，坚持敢想敢干，勇于先行先试，善于创新创造，奋力推动高质量跨越式发展；必须牢记宗旨、一心为民，深入践行以人民为中心的发展思想，站稳人民立场，厚植人民情怀，顺应人民期待，努力让人民群众过上更加幸福美好的生活；必须勇于斗争、担当实干，永葆斗争精神，提高斗争本领，锤炼实干作风，勇于自我革命，广泛凝聚团结奋进的磅礴力量，全面建设社会主义现代化江西，用实干实绩实效告慰先辈、致敬英雄。

魏地春表示，安源路矿工人运动为中国工人运动探索了实践路径、创造了宝贵经验，值得认真总结、启迪借鉴。历史深刻表明，只有始终坚持以马克思主义为指导，坚持自觉接受党的领导，坚持发展工人阶级先进性，坚持以职工为中心、坚持维护工人阶级队伍团结统一，才能不断巩固党执政的阶级基础和群众基础，党和国家的事业发展才会有强大的力量支撑。迈上新征程，各级工会要切实加强思想理论武装，认真履行工会基本职责，持续深化工会改革创新，把工会组织建设得更加充满活力、更加坚强有力。

蔡振红表示，安源路矿工人消费合作社是中国共产党领导创办的第一家合作社，既为安源路矿工人运动夺取最终胜利提供了重要支撑，也为孕育形成安源精神提供了重要滋养，始终激励和鞭策着中国合作社事业不断发展壮大。传承红色基因、赓续精神血脉，凝聚奋进力量、锐意改革创新，加快成为服务农民生产生活的综合平台，努力在全面推进乡村振兴、加快农业农村现代化、促进共同富裕中作出新的贡献。

当代安源工人代表作了发言。中央宣传部、中央党史和文献研究院、共青团中央等中央部委及单位有关负责同志等参加座谈会。

# 第八章　职工队伍

## 第一节　人员编制

1956年1月1日安源纪念馆（初称安源路矿工人俱乐部）成立后，仅有2名兼职工作人员，隶属萍乡矿务局安源煤矿工会兼管。1963年12月7日，经江西省编制委员会批准，安源路矿工人俱乐部（1964年11月28日正式更名为安源路矿工人运动纪念馆），定编5人。1969年初毛主席在安源革命活动纪念馆建成后，定编50人。1986年3月31日，萍乡市编制管理委员会核定安源路矿工人运动纪念馆人员维持原定事业编制50人，含萍乡烈士纪念馆事业编制2人。2012年2月，萍乡市编制管理委员会决定安源路矿工人运动纪念馆增加事业编制数10人。增编后安源纪念馆编制数为60人。根据省委办公厅、省政府办公厅《关于印发〈南昌八一起义纪念馆等四馆管理体制理顺工作实施方案〉的通知》（赣办字〔2019〕8号）和萍乡市委办公室、萍乡市政府办公室《关于印发〈安源纪念馆管理体制理顺工作实施方案〉的通知》（萍办字〔2019〕42号）精神，2019年11月，经萍乡市委编委领导同意，明确安源路矿工人运动纪念馆为萍乡市委宣传部下属事业单位，内设机构数和领导职数均维持不变；原萍乡革命烈士纪念馆2名编制划转至萍乡市退役军人事务局下属事业单位安源烈士陵园管理处。安源路矿工人运动纪念馆编制由60人调整为58人。2022年12月14日，中共萍乡市委机构编制委员会办公室下发《关于核减市安源路矿工人运动纪念馆编制的通知》（萍编办发〔2020〕85号），核减市安源路矿工人运动纪念馆事业编制3人。调整后，安源路矿工人运动纪念馆事业编制55人，其中领导职数：馆长（副县级）1名，副馆长3名（正科级），内设机构正职5名（副科级）。其他机构编制事项维持不变。

# 第二节 历任党政主要领导和领导班子成员简介

## 一、历任党政主要领导

袁品高（1895—1975），湖南醴陵人。1910年参加工作，1922年9月担任萍乡煤矿洋炉炼焦处工作总代表。1923年3月加入中国共产党。1925年，到广州农民运动讲习所学习。1926年上半年，被任命为农民运动特派员。1927年9月，在醴陵参加毛泽东领导的湘赣边界秋收起义。1946年在醴陵北乡从事党的地下活动。新中国成立后，先后担任醴陵县枫树乡农协主任、县人民法庭陪审员、县搬运公司主任、县民政科副科长。1957年调萍乡矿务局工作，先后担任安源路矿工人俱乐部名誉主任、安源路矿工人运动纪念馆馆长、中共萍乡市委委员、市政协委员、萍乡矿区工会副主席、萍乡市总工会委员、江西省总工会委员等职。1964年4月30日和5月10日，两次受到国家主席刘少奇的亲切接见。"文化大革命"中遭到批斗。1972年，萍乡矿务局党委经过反复调查，证明袁品高历史清白，恢复组织生活。1973年退休，回到老家安度晚年。

朱子金（1927—1987），江西安源人。1949年8月参加工作，1951年加入中国共产党。1949年8月至1957年，在萍乡县人民政府民政科、萍乡县煤炭建设公司任干事。1957年，调任安源路矿工人俱乐部主任、安源煤矿工会宣传科科长。1965年1月，任安源路矿工人运动纪念馆副馆长、萍乡市文教局副局长。1967年6月至1968年，参加在北京中国革命博物馆举办的《毛泽东思想的光辉照亮了安源工人运动展览会》筹备工作。1969年至1982年，调任安源煤矿女工家属委员会主任、萍乡矿务局机关职工子弟小学党支部书记、安源煤矿职工子弟小学党支部书记兼校长。1982年离休。

张国震（1915—1987），山西沁源人。1938年加入中国共产党。曾任中共昔阳县委书记。1945年10月后到新组建的东北民主联军第二十五旅任政治部副主任、代主任。1946年春节过后，任地委宣传部部长，后兼任中共敦化县委副书记、书记等职。新中国成立后，历任中共江西省委政策研究室副主任、农村工作部副部长，宜春大学校长，中共南昌地委书记、中共宜春地委书记。1968年6月，任毛主席在安源革命活动纪念馆建设领导小组组长。1969年6月调离安源后，历任江西省农林办公室主任、副省长、第六届江西省人大常委会副主任。中共八大、十二大代表。

**石明之**（1914—2001），安徽太湖人。1937年7月加入中国共产党。1940年初在无为开城桥参加新四军。1937年至1945年，历任安徽省动委会直属十四团副团长，新四军江北游击纵队青年大队副大队长，新四军江北游击纵队大队长（正团长级），新四军淮南行署直属第四区区长，新四军淮南区党委党校整风队副队长，新四军淮南津浦路东地委江浦县委组织部部长，淮南党委党校副校长。1945年至1949年，先后任中共洮安县委书记、洮南中心县委副书记、书记。1953年5月，任中共江西省上饶专署党组书记、地区专署专员。1968年3月，任萍乡市革命委员会主任，并兼任宣传毛主席在安源革命活动委员会主任委员。6月，兼任毛主席在安源革命活动纪念馆建设领导小组组长。8月，兼任萍乡市革命委员会党的核心领导小组组长。1970年后，历任中共江西省革命委员会工业办公室党委书记、主任，江西日报社总编辑、代社长等职。1982年离休。

**廉明德**（1930—2011），辽宁丹东人。1949年1月加入中国共产党。1948年8月至1949年4月，任中共宜春县委机关警卫员。1950年7月至1952年11月，任宜春县委土改工作队队员、宜春县委组织部干部、袁州专区七分院政治处宣传股副股长、宜春县三阳区政府区长。1952年12月至1958年6月，任中共南昌地委建党工作组组长，中南有色金属局西华山钨矿重点坑党支部书记、机动车间党支部书记、矿机关党总支书记、矿团委书记。1958年7月至1960年5月，任井冈山钢铁公司计财处主要负责人，江西黑色矿山公司党委委员、宣传部主要负责人、团委书记。1960年6月至1963年3月，任江西省冶金厅地质勘探公司副经理、地矿处副处长，宜丰县人民检察院检察长。1963年4月至7月，在江西省委党校学习。1964年7月至1968年3月，任中共萍乡市委监察委员会副书记，中共萍乡市委社教工作队副队长、党委副书记。1968年3月，任萍乡市革命委员会常委，并兼任办公室主任。6月，任毛主席在安源革命活动纪念馆建设领导小组副组长。1970年3月，任安源纪念馆党支部书记、革命委员会副主任。1971年，任中共萍乡市委委员、萍乡市革命委员会办公室党委委员、萍乡市外事组组长。1984年，调任萍乡市博物馆副馆长。1990年离休。

**刘忠焕**（1934—），江西芦溪人。1953年参加工作，1954年加入中国共产党。1953年至1954年，任芦溪高楼乡文书、乡长。1955年调高坑区（十八区）任生产助理。1956年，调萍乡县农业水利局。1959年4月至7月，任萍乡市水利局副局长。1959年8月，调任萍乡市拖拉机站站长。1961年1月至11月，任萍乡市水利局副局长。1961年12月，任芦溪公社党委副书记。1963年，任芦溪古城公社党委书记。1966年，任沂源公社党委书记。1968年，任宣风公社（五社合并）党委书记。1970年

3月,调任安源纪念馆革命委员会副主任。1971年12月,调萍乡市政府农业办公室任科长。1972年,调萍乡市城关区安源镇任党委书记。1976年11月,调任安源纪念馆党支部书记、革命委员会主任。1982年至1987年,任萍乡市城关区党委副书记。1987年4月至1990年,任萍乡市安源区人大常委会主任,第八届、九届萍乡市人大常委会常务委员,当选江西省第七届人民代表大会代表。1990年从安源区人大退休后,曾任安源区人大离退休干部党支部书记、安源区关心下一代工作委员会主任、安源区老年大学校长。

李秀达(1933—),江西湘东人。1951年参军入伍。1951年1月至1953年8月,在装甲兵技术部任科员。1953年9月至1955年8月,在坦克二校(今中国人民解放军第二坦克学校)学习。1955年9月至1958年4月,在南京军事学院任教员。1958年5月至1965年2月,在装甲兵学院(今陆军装甲兵学院)任教员。1962年加入中国共产党。1965年3月至1979年6月,在中国人民解放军军事学院任研究员。1979年至1982年4月,在装甲兵学院任教员(正团级)。1982年5月转业到安源纪念馆工作。1982年8月至1984年5月,任安源纪念馆馆长。1984年至1992年,任安源纪念馆党支部书记。1994年,在安源纪念馆退休。

杨桂香(1944—),湖南常宁人。1964年7月至1968年6月,在萍乡师范学校任教,曾任中年级办公室主任、校团支部书记。1968年6月,调安源纪念馆工作,曾任建馆领导小组办公室政务秘书。1969年1月,任宣传队指导员。1970年3月,任安源纪念馆革命委员会委员、安源地区女民兵排排长。12月,任安源纪念馆革命委员会副主任。1971年3月,任安源纪念馆党支部副书记,仍兼任馆革命委员会副主任。1984年5月,任安源纪念馆馆长。1988年3月,获文博馆员任职资格。1989年5月至1990年7月,任萍乡市文化局党组成员、副局长。1990年7月至1994年12月,任中共萍乡市委党史工作办公室主任。1994年12月至2001年7月,任萍乡市妇联党组书记、主席,中共萍乡市委委员,江西省政协委员。2001年3月至2004年,任萍乡市人大常委会委员、常务委员、科教文卫委员会主任委员。1999年至2020年,兼任萍乡市中共党史学会会长。2004年在萍乡市人大常委会退休。

李昌学(1946—2002),江西上栗人。1968年参加工作,曾任安源纪念馆讲解员、资料员。1972年加入中国共产党。1973年7月,任安源纪念馆资料组副组长。1977年5月,任安源纪念馆资料组长。1983年9月至1985年7月,在萍乡教育学院进修并获大专学历。1985年至1989年5月,任安源纪念馆副馆长。1989年5月至1997年9月,任安源纪念馆馆长。1997年9月,任安源纪念馆党支部书记。2000年11月,获文博副研究馆

员任职资格。曾任江西省博物馆学会副会长、萍乡市中共党史学会副会长等职。2002年5月24日病逝。

**李振德**（1952—）江西上栗人。1971年参加工作，1971年加入中国共产党。1971年至1972年，在宣风共产主义劳动大学工作，任团委书记。1972年至1976年，在部队当兵。1976年至1978年，在萍乡市文化局办公室任干事。1978年至1981年，在萍乡市京剧团任政工组组长。1981年至1992年，调任萍乡市文化局组织人事科科长。1992年至1994年，调任安源纪念馆党支部书记。1994年至2012年，调任萍乡市文化局纪委书记、副局长、调研员。

**彭云秋**（1949—），江西湘东人。1968年7月，在安源纪念馆工作，曾任讲解员、资料员。1971年担任宣传队队长（后更名为宣传接待科）、资料科副科长、接待组组长。1971年9月加入中国共产党。1981年9月，调萍乡市博物馆工作，任资料员。1984年，任萍乡市博物馆副馆长。1989年，任萍乡市博物馆馆长、党支部书记。1989年至1992年，就读于中央党校函授学院萍乡分院。1992年12月，获文博馆员任职资格。1992年至1995年，就读于北京人文大学汉语言专业。1997年9月至2007年9月，调任安源纪念馆馆长。2001年12月，获文博副研究馆员任职资格。2003年至2007年，担任江西省博物馆学会理事、副会长。2009年入选文物出版社出版的《中国当代文博专家志》。2009年退休。

**黄　仂**（1962—），江西丰城人。1983年参加工作，1990年加入中国共产党。1983年在萍乡师范学校任教（期间1987年12月至1990年9月任萍乡师范学校团委副书记）。1990年9月，任萍乡市委宣传部科员。1990年11月至1992年8月，任萍乡市委宣传部副科级宣传员。1992年9月至1994年11月，任萍乡市宣传部理论科副科长。1994年12月至1997年6月，任萍乡市文化局文化产业科科长。1997年7月至2003年5月，任萍乡市文化局机关党总支专职副书记。2003年6月至2007年6月，任安源纪念馆党支部书记。2007年7月至2012年3月，任安源纪念馆馆长。2012年3月至2015年6月，任萍乡市文化广电新闻出版局副局长、党委委员，安源纪念馆馆长。2015年7月至2020年1月，任安源纪念馆党支部书记，并兼任江西省党史学会理事、井冈山精神研究会理事、萍乡中共党史学会副会长、萍乡市红色文化与党性教育研究中心副主任兼秘书长、全国刘少奇思想生平研究分会常务理事。2022年12月在安源纪念馆退休。

**彭安保**（1955—2012），湖南长沙人。1971年参加工作。1971年2月至1972年12月，分配在萍乡市毛泽东思想宣传站。1973年1月至1984年5月，在萍乡电影公司。1984年6月至1988年9月，在萍乡电影公司技术科。1988年10月至1991年2月，在萍乡电影公司放管技术科。1990

年加入中国共产党。1991年3月至1993年10月，任萍乡电影公司副经理。1993年11月至2001年10月，调任萍乡市图书馆党支部书记、馆长。2001年10月至2007年8月，调任萍乡市博物馆馆长、党支部书记、文博副研究馆员。2007年9月至2011年5月，任安源纪念馆党支部书记，续任萍乡市博物馆馆长。曾任萍乡市政协委员、萍乡市决策咨询委员会委员、萍乡高等专科学校客座教授。

**文培良**（1960—），江西湘东人。1991年加入中国共产党。1985年7月至1987年7月，在中共萍乡市委党校教员。1987年8月至1996年9月，任中共萍乡市委宣传部干部、副科级宣传员、副科长。1996年10月至2003年7月，任中共萍乡市委讲师团综合资料室主任。2003年8月至2011年4月，任萍乡市文化局监察室主任、文化产业管理科科长。2011年5月至2015年7月，任安源纪念馆党支部书记。2015年8月至2020年8月，任萍乡日报社副社长、副县级干部。2020年9月至2021年9月，萍乡市新闻传媒中心（新闻传媒集团）副县级干部。

**何入军**（1965—），江西湘东人。1985年在中共萍乡市委宣传部工作。1985年8月至1992年6月，任萍乡市委宣传部科员。1992年6月至1998年11月，任萍乡市广播电视局干部、办公室副主任、主任科员、宣传科科长。1993年9月至1998年7月，在南昌大学中文系学习并获本科文凭。1998年11月至2000年7月，任萍乡电视台副台长。2000年7月至2003年5月，任萍乡广播电视报总编辑。2003年5月至2004年8月，任萍乡日报社纪检组长。2004年8月到2009年9月，任萍乡日报社副总编辑。2009年9月至2015年7月，任萍乡日报社副社长。2015年7月至2018年6月，任安源纪念馆馆长。2018年7月，调任萍乡市工业学校党委书记。

**肖德军**（1961—），江西湘东人。1981年8月至1984年7月，任萍乡市上栗区长平中学教师。1984年8月至1984年12月，任萍乡市上栗区长平石溪中学校长。1984年12月至1990年5月，任萍乡市上栗区教育局干部、副局长。1990年5月至1992年1月，任上栗区委宣传部副部长。1992年1月至1997年1月，任上栗区委组织部副部长、组织员办公室主任。1997年1月至1998年3月，任上栗区赤山镇党委书记。1998年3月至2001年8月，任上栗县委办公室主任。2001年8月至2007年8月，任萍乡市上栗中学校长。2007年8月至2011年6月，任上栗县政府党组成员、县长助理。2011年6月至2020年9月，任萍乡市文化广电新闻出版局副局长、党委委员、调研员。其中2018年7月至2019年10月，代行安源纪念馆馆长职务。2020年9月，任萍乡市文化广电新

闻出版旅游局一级调研员。

**丁煊淼**（1973—），江西万年人。1991年，北京军区空军航空机务训练团战士。1992年，空军航空兵第二十四师七十团机务三中队机械员。1995年，在空军第一航空学院学习，并加入中国共产党。1997年，任空军航空兵第二十四师七十一团机务四中队座椅师。1998年至2000年，任北空训练基地某团军械师。2001年至2003年，先后任北空训练基地二团机务二中队副政治指导员、政治指导员。2004年转业后，分配到萍乡市文化局办公室任科员。2005年，任萍乡市文化局组织人事科副主任科员。2007年至2010年，任萍乡市文化局组织人事科副科长、正科级纪检监察员。2011年，任萍乡市文化广电新闻出版局组织人事编制科科长、正科级纪检监察员。2019年4月，任萍乡市文化广电新闻出版局人事教育科科长。2019年10月，任安源纪念馆馆长。2020年11月，当选为江西省博物馆学会第四届理事会副理事长。2022年12月，获文博副研究馆员任职资格。

**李万安**（1977—），江西上栗人，本科。1998年参加工作，在萍乡市上栗县东源中学任教。2004年加入中国共产党，并调萍乡市委宣传部工作，先后担任科员、副主任科员、宣传科副科长。2010年，任萍乡市委宣传部主任科员兼宣传科副科长。2012年至2014年，先后任萍乡市委宣传部党员教育科科长、舆情信息科科长、文化教育科科长。2016年，任萍乡市委宣传部办公室主任。2020年1月，调任安源纪念馆党支部书记。2021年，调任萍乡市湘东区委常委、宣传部部长。

## 二、历任领导班子成员

**漆继生**（1937—），江西安源人。1955年4月参加工作，在萍乡矿务局公安局中国人民经警大队看守所分队当民警。同年加入中国新民主主义青年团（后称共青团）。1956年7月在王家源煤矿民警队任民警。1957年，在河南省鹤壁矿务局下辖的第一矿民警队和陈家庆煤矿保卫科任民警、户籍员。1959年3月加入中国共产党。1963年7月在市公安局经保科任侦察员。1968年10月调安源纪念馆工作，曾任资料员、保卫干事、政保组组长。1972年2月，任安源纪念馆革命委员会副主任。1973年3月，任安源纪念馆党支部副书记，并继续兼任馆革委会副主任。1981年3月，借调萍乡市地名志办公室任负责人，主持修编《萍乡地名志》。1984年回安源纪念馆，任办公室主任、党支部委员。1997年在安源纪念馆退休。

**施绍明**（1937—2021），江西上栗人。1954年1月至1955年6月，任福田乡政府文书。1955年7月至1958年6月，任萍矿区政府（后改为高坑镇）文书、文教助理。1958年7月至1963年

12月，任高坑镇人民委员会文卫科长、宣传委员。1959年加入中国共产党。1964年1月至1968年12月，任福田公社党委监委书记、组织委员。1969年1月至1970年4月，任东源公社革命委员会常委、办公室主任。1970年6月调安源纪念馆工作，曾任资料组组长、办公室主任、党支部委员。1978年8月，任安源纪念馆革命委员会副主任（1980年3月以后称副馆长）。1981年5月，调中共萍乡市委宣传部宣传科代理负责。1982年，调萍乡市文化艺术联合会任秘书长。1997年在市文联退休。

**丁运梅**（1937—），湖南醴陵人。1958年2月至1960年7月，在萍乡市下埠完全小学工作，先后担任教师、语文教研组长、教导处副主任、团支部书记、公社团委副书记、总辅导员、副校长。1959年2月4日加入中国共产党。1960年2月至1963年12月，任萍乡下埠杞木中心完全小学校长、下埠公社文教卫生党支部书记。1963年12月至1965年12月，调任湘东区中心小学校长。1966年3月至12月，任中共萍乡市委支农工作组组长、市委文化革命领导小组办公室秘书。1967年1月至1973年10月，在萍乡人民广播站（后称广播电台），负责采访、编辑、播音工作。1973年10月至1982年上半年，调国家储备总局四五零工程处任组织、宣传干事，政工科科长，机关党支部书记。1982年上半年至1983年3月，调任安源纪念馆副馆长。1984年1月至1986年2月，调中共萍乡市委宣传部，先后担任宣传新闻科科长、文化教育科科长，并兼任萍乡市群众文化协会副会长。1986年2月至1989年4月，调任萍乡第三中学党总支书记。1989年4月至1993年3月，调任萍乡电视台台长、萍乡市广播电视局党组成员、萍乡市广告协会副会长。1993年3月至1997年，任萍乡市广播电视局副局长、党组成员，兼任萍乡电视台台长、萍乡市新闻协会副会长。1997年退休。

**李民甫**（1948—2009），江西上高人。1967年至1969年，在萍乡师范学校读书。1969年分配到安源纪念馆宣传排任讲解员。1971年调安源纪念馆资料组任资料员。1972年加入中国共产党，并调安源纪念馆办公室任文书。1973年至1981年，在安源纪念馆资料组工作。1981年至1989年任安源纪念馆办公室副主任、主任。1993年7月，获文博馆员任职资格。1989年8月至2003年4月，任安源纪念馆副馆长、党支部委员。2003年5月退居二线，2008年退休。

**刘明和**（1954—），江西永丰人。1971年参加工作，下乡在萍乡市宣风公社。1981年至1985年，在萍乡市水泥厂供销科工作。1986年，在萍乡市物资开发公司业务科主办科员。1989年，调萍乡市广告公司工作。1992年加入中国共产党。1994年至1996年5月，任萍乡市广告公司经理。

1996年至1999年11月，调安源纪念馆任馆长助理。1999年12月至2007年4月，任安源纪念馆副馆长。2007年5月退居二线，享受正科级待遇。2014年在安源纪念馆退休。

吴直安（1951—），江西湘东人。1969年，在中国人民解放军广西6872部队服役。同年11月加入中国共产党。1970年，调任中国人民解放军军乐团五队学员队副队长。1972年，调任中国人民解放军军乐团二队工作队队员。1978年至1979年，借调解放军总政治部直属政治部专业办公室工作。1980年，任中国人民解放军军乐团二队队长助理。1983年，转业至萍乡市博物馆工作。1984年，任萍乡市博物馆党支部副书记、副馆长。1996年5月，获文博馆员任职资格。1998年任萍乡市博物馆馆长、党支部书记。2001年，任萍乡市文艺学校党支部书记。2003年，任安源纪念馆副馆长。2006年11月退居二线，享受正科级待遇，2011年退休。

周小建（1962—）江西湘东人。1980年参加工作，1980年至1986年在安源纪念馆宣传接待科任讲解员。1983年至1986年，在安源纪念馆资料科任资料员。1986年9月至1988年7月，在江西师范大学历史系学习。1988年至1997年，任安源纪念馆资料征集室保管员、助理馆员。1993年加入中国共产党。1997年4月至1998年，在莲花县路口乡扶贫。1988年至2000年，任安源纪念馆资料征集保管科副科长。2000年至2004年，任安源纪念馆陈列研究室主任。2004年7月至2007年，任安源纪念馆馆长助理。2007年，任安源纪念馆副馆长，并兼任江西省三普专家组成员、江西省文物鉴定小组成员。2009年11月，获文博副研究馆员任职资格。2016年退居二线，2022年退休。

李荣安（1964—），湖北汉阳人。1984年参加工作，1984年1月至9月，在萍矿文工团任演员，1984年10月至1987年8月，在安源纪念馆宣传接待科任讲解员。1987年10月至1993年10月，在安源纪念馆政工科任干事。其间获中共中央党校函授学院党政管理专业进修班学历。1993年11月至1997年9月，任安源纪念馆创收办主任。1997年加入中国共产党。1997年10月至2002年2月，任安源纪念馆办公室副主任，主持工作。2002年3月至2004年10月，任安源纪念馆人事保卫科科长。2004年11月至2008年6月，任安源纪念馆馆长助理兼人事保卫科科长。2008年7月至2009年2月，任安源纪念馆副馆长。2009年3月至2013年3月，调任萍乡市群众艺术馆馆长。2013年4月至2017年6月，仼安源纪念馆副馆长，2017年7月退居二线，享受正科级待遇。

漆　忠（1968—），江西安源人。1987年3月至1996年12月，任安源纪念馆讲解员。1996年12月至2001年12月，任安源纪念馆聘用干部。2000年8月至2002年12月，参加中央党校函授

学院行政管理专业学习。2001年12月至2008年8月，任安源纪念馆宣传接待科科长。2008年8月至2009年12月，任安源纪念馆馆长助理兼宣传接待科科长。2009年12月至2013年3月，任安源纪念馆副馆长。2011年11月，获文博副研究馆员任职资格。2013年3月至2021年6月，任萍乡市图书馆党支部书记。2021年7月退居二线。

徐　鹏（1978—），江西芦溪人。1995年12月，在山西忻州57321部队服役。1996年2月至1998年12月，在北京总参三部政治部、后勤部任战士、副班长、班长。1998年2月加入中国共产党。1998年12月退伍。1999年12月，分配到安源纪念馆人事保卫科任干事。2003年5月至2005年8月，任安源纪念馆人事保卫科副科长。2005年8月至2008年3月，任安源纪念馆陈列研究室主任。2008年3月至2013年3月，任安源纪念馆人事保卫科科长。2013年3月至8月，任安源纪念馆办公室主任。2013年8月，任安源纪念馆副馆长。

黄　洋（1977—），江西安源人。1997年参加工作。2003年7月，任资料征集保管科副科长。2005年起，全面负责资料征集保管科工作，并担任萍乡高等专科学校安源工人运动研究所副所长。2006年加入中国共产党，并兼任馆藏文物保管员。2008年，任资料征集保管科科长。2010年12月，当选为萍乡市中共党史学会理事。2011年11月，获文博副研究馆员任职资格。2016年9月，任安源纪念馆副馆长。2020年12月，获中共江西省委党校中共党史专业研究生毕业证书。2022年12月，获文博研究馆员任职资格。

贺　卓（1980—），江西芦溪人。1998年参加工作。1998年至2005年，在萍乡市电影公司担任电影放映员。2005年，调安源纪念馆任讲解员、办公室文书。2006年至2010年，在莲花县太岭村扶贫。2008年，任安源纪念馆陈列设计室主任。2010年加入中国共产党。2011年至2013年挂职锻炼，任芦溪县源南乡副乡长。2013年，任安源纪念馆办公室主任。2017年，任安源纪念馆副馆长。2021年12月，获文博副研究馆员任职资格。

## 第三节 历任党政负责人变更情况

### 一、安源路矿工人俱乐部（1956年1月—1964年11月）

名誉主任：袁品高（1957年—1964年）

主　　任：朱子金（1957年—1964年）

### 二、安源路矿工人运动纪念馆（1965年1月—1967年2月）

馆　　长：袁品高

副馆长：朱子金

### 三、毛主席在安源革命活动纪念馆建设领导小组
### 　　（1968年6月—1970年2月）

组　　　长：张国震（1968年6月—1969年6月）

组　　　长：石明之兼任（1969年6月—1970年3月）

第一副组长：王福祥（1969年6月—7月）

副　组　长：廉明德（1969年8月开始主持工作）

### 四、毛主席在安源革命活动纪念馆革命委员会
### 　　（1970年3月—1972年9月）

主　任：石明之兼任（1970年3月—12月）

副主任：廉明德（主持工作）

副主任：刘忠焕（1970年3月—1971年12月）
　　　　杨桂香（1970年12月—1972年9月）

### 五、安源路矿工人运动纪念馆革命委员会
### 　　（1972年10月—1980年3月）

主　任：刘忠焕（1976年11月—1980年3月）

副主任：廉明德，主持工作（1973年—1976年11月）

副主任：漆继生（1972年2月—1978年12月）
　　　　杨桂香（1972年10月—1980年3月）
　　　　施绍明（1978年8月—1980年3月）

### 六、安源路矿工人运动纪念馆（1980年3月—现在）

馆　　长：刘忠焕（1980年3月—1982年5月）
　　　　　李秀达（1982年8月—1984年5月）
　　　　　杨桂香（1984年5月—1989年5月）
　　　　　李昌学（1989年5月—1997年9月）
　　　　　彭云秋（1997年9月—2007年5月）
　　　　　黄　仂（2007年5月—2015年7月）
　　　　　何入军（2015年7月—2018年7月）
　　　　　肖德军（2018年7月—2019年10月）
　　　　　丁煊淼（2019年10月—）

副馆长：杨桂香（1980年3月—1984年5月）
　　　　施绍明（1980年3月—1981年5月）
　　　　丁运梅（1982年上半年—1983年3月）
　　　　李昌学（1985年—1989年5月）
　　　　李民甫（1989年8月—2003年4月）
　　　　刘明和（1999年12月—2007年4月）
　　　　吴直安（2003年—2006年11月）
　　　　周小建（2007年6月—2016年8月）
　　　　李荣安（2008年7月—2009年2月、2013年4月—2017年6月）
　　　　漆　忠（2009年12月—2013年3月）
　　　　徐　鹏（2013年8月—）
　　　　黄　洋（2016年9月—）
　　　　贺　卓（2017年5月—）

## 第四节　内设机构及历任科室负责人

### 一、毛主席在安源革命活动纪念馆建设领导小组内设机构（1968年7月—1970年2月）

办公室主任：胡　广（1968年9月调离）
　　　　　　韩垂良（1968年9月起）
政保组组长：魏学忠（6013部队副教导员）

张国友（1968年9月起）

副组长：芦殿元

资料编写组组长：钟云彩（1968年7月至年底）

　　　　　　　　王水亮（1969年上半年）

　　　　　　　　张孝和（1969年下半年）

　　　　　　　　谭忠连（1970年起）

陈列设计组组长：唐芳琼

陈列施工组组长：叶有琪

工地指挥部指挥：杨　辉

报告团负责人：彭世荣

宣传队（解说员）队长：彭世荣

指导员：苏留雷（6013部队副指导员）

副指导员：高举忠（6013部队干部）

创演队队长：祖文礼　副队长：雍开泉　李忠兴　夏太泳

指导员：张惠文　副指导员：谢家俊

## 二、毛主席在安源革命活动纪念馆革命委员会内设机构（1970年3月—1972年9月）

办公室主任：韩垂良

　　　　　　施绍明（1970年8月起）

资料组组长：邓志良

　　　　　　施绍明（1970年6月）

　　　　　　刘善文（1971年起）

政保组组长：漆继生

宣传队（解说员）队长：王良玉　指导员：杨桂香

1971年，宣传队改为宣传排

宣传排（解说员）排长：傅金秀　指导员：龙兰芳

## 三、安源路矿工人运动纪念馆内设机构（1972年10月—现在）

1972年10月，安源纪念馆分四个科室。

办公室主任：施绍明

政保组组长：施合祖

资料组组长：刘善文

宣传排排长：彭云秋　　副排长：李建军　　指导员：龙兰芳

1973年7月，安源纪念馆科室由四个调整为三个：陈列设计、对外接待和资料组合编成资料陈列组，宣传排不变，政保组并入办公室。

资料陈列组组长：刘善文　　副组长：刘义胜　　李昌学

宣传排排长：彭云秋　　指导员：龙兰芳

办公室主任：施绍明　　副主任：吴桂生

1975年11月，安源纪念馆科室调整，陈列组与资料组合并，接待组与宣传组合并。

资料组组长：刘善文　　副组长：李昌学　　张冬秀　　张松林

宣传组组长：刘义胜　　副组长：彭云秋　　龙兰芳

办公室主任：施绍明　　协助：谢家俊

1980年3月各科室负责人

办公室主任：吴桂生　　副主任：谢家俊

宣传组组长：王冬梅　　副组长：彭云秋　　王慧敏

接待组组长：刘义胜

资料组组长：李昌学　　副组长：刘传政

照相组组长：张松林

1984年各科室负责人

办公室主任：漆继生　　副主任：李民甫

政工保卫科科长：谢家俊

宣传接待科科长：肖雪涛　　副科长：黄慰媛（1985年起）

资料陈列科科长：李建军　　副科长：张松林

1988年10月，安源纪念馆行政机构由原来的三科一室（宣传接待科、资料陈列科、政工保卫科和办公室）调整为五部二室（即陈列部、征集保管部、人事保卫部、群工部、服务部和研究室、办公室）。

办公室主任：李民甫

人事保卫部主任：谢家俊　　副主任：余章松

群工部主任：黄慰媛（1989年7月上任）

副主任：孙建平（主持工作，1989年7月离任）

　　　　谢　霞（1989年7月上任）

征集保管部主任：李建军

陈列部主任：张松林

研究室主任：刘善文　副主任：孙建平（1989年7月上任，1990年调离）

服务部经理：邱耀明　施合祖（1989年起）

1990年9月，经萍乡市编制委员会审定，安源纪念馆在编职工为50人（含萍乡革命烈士纪念馆），下设五个科室：宣传接待科、征集研究室、人事保卫科、保管陈列科、办公室。

办公室副主任：肖　晓（主持工作）

人事保卫科科长：谢家俊　副科长：余章松

宣传接待科科长：黄慰媛　副科长：谢　霞

征集研究室科长：李建军　副科长：周小建

保管陈列科科长：刘善文　副科长：张松林

1992年各科室负责人

办公室主任：谢　霞　副主任：肖　晓

人事保卫科科长：谢家俊　副科长：余章松

宣传接待科科长：黄慰媛　协　助：漆　萍　刘华英

征集研究室科长：李建军　副科长：周小建

保管陈列科科长：刘善文　副科长：张松林

1994年，经萍乡市编制委员会审定，安源纪念馆在编职工为50人（含萍乡革命烈士纪念馆），下设五个科室：宣传接待科、征集研究室、人事保卫科、保管陈列科、办公室。

办公室主任：谢　霞　副主任：肖　晓

人事保卫科科长：谢家俊　副科长：余章松

宣传接待科科长：黄慰媛　协　助：漆　萍　刘华英

征集研究室科长：李建军　副科长：周小建

保管陈列科科长：张松林　副科长：黄爱国（1993年3月起）

1995年，经萍乡市编制委员会审定，安源纪念馆在编职工为50人，下设五个科室：宣传接待科、征集研究室、人事保卫科、保管陈列科、办公室。

办公室主任：敖有胜　副主任：肖　晓

人事保卫科科长：谢家俊　副科长：余章松

宣传接待科科长：黄慰媛　协　助：漆　萍　刘华英

征集研究室科长：李建军　副科长：周小建

保管陈列科科长：张松林　副科长：黄爱国

1999年，经萍乡市编制委员会审定，安源纪念馆在编职工为50人，下设五个科室：宣传接待科、征集保管科、人事保卫科、陈列研究室、办公室。

办公室主任：彭无阻　副主任：李荣安

人事保卫科科长：谢家俊　副科长：谢敬辉

宣传接待科科长：黄慰媛　副科长：漆　忠

征集保管科科长：李建军　副科长：周小建

陈列研究室主任：张松林

2002年，经萍乡市编制委员会审定，安源纪念馆在编职工为50人，下设五个科室：宣传接待科、征集保管科、人事保卫科、陈列研究室、办公室。

办公室主任：黄慰媛　副主任：李荣安

人事保卫科科长：谢家俊　副科长：谢敬辉

宣传接待科科长：漆　忠

征集保管科科长：李建军

陈列研究室主任：周小建

2003年，经萍乡市编制委员会审定，安源纪念馆在编职工为50人，下设五个科室：宣传接待科、资料征集保管科、人事保卫科、陈列研究室、办公室。

办公室主任：黄慰媛　副主任：江　英

人事保卫科科长：谢家俊　副科长：徐　鹏

宣传接待科科长：漆　忠　副科长：廖永红

资料征集保管科科长：李建军　副科长：黄　洋

陈列研究室主任：周小建　副主任：张　波

2005年8月，安源纪念馆在编职工为50人，下设五个科室：宣传接待科、资料征集保管科、人事保卫科、陈列研究室、办公室。

办公室主任：李　鹏　副主任：江　英

人事保卫科科长：李荣安　副科长：谢敬辉

宣传接待科科长：漆　忠　副科长：廖永红

资料征集保管科科长：周小建　副科长：黄　洋

陈列研究室主任：徐　鹏　副主任：张　波

2007年5月，安源纪念馆在编职工为60人，下设五个科室：宣传接待科、资料征集保管科、人事保卫科、陈列研究室、办公室。

办公室主任：钟　妮　副主任：江　英

人事保卫科科长：李荣安　副科长：谢敬辉

宣传接待科科长：漆　忠　副科长：廖永红

资料征集保管科科长：黄　洋　副科长：李　京

陈列研究室主任：徐　鹏　副主任：张　波

2008年5月，安源纪念馆在编职工为60人，下设五个科室：宣传接待科、资料征集保管科、人事保卫科、陈列研究室、办公室。

办公室主任：钟　妮　副主任：江　英

人事保卫科科长：徐　鹏　副科长：谢敬辉

宣传接待科科长：漆　忠　副科长：田金河

资料征集保管科科长：黄　洋　副科长：李　京

陈列研究室主任：贺　卓　副主任：张　波

2011年7月，安源纪念馆在编职工为50人，下设五个科室：宣传接待科、资料征集保管科、人事保卫科、陈列研究室、办公室。

办公室主任：李如君　副主任：刘婧宇

人事保卫科科长：徐　鹏　副科长：曾利国

宣传接待科科长：钟　妮　副科长：田金河

资料征集保管科科长：黄　洋　副科长：李　京

陈列研究室主任：贺　卓　副主任：张　波

2012年2月，经江西省编制委员会赣编办函〔2011〕109号文件批准，萍乡市机构编制委员会审定，安源纪念馆编制数由50名调整为60名。科室职能重新划分，人事保卫科更名为保卫科，人事工作划归办公室管理。

办公室主任：李如君　副主任：张立南

保卫科科长：徐　鹏　副科长：曾利国

宣传接待科科长：钟　妮　副科长：田金河

资料征集研究室主任：黄　洋　副主任：李　京

陈列设计室主任：贺　卓　副主任：张　波

2013年3月，安源纪念馆在编职工为60人，下设五个科室：宣传接待科、资料征集研究室、保卫科、陈列设计室、办公室。

办公室主任：徐　鹏　副主任：张立南　文支佐

保卫科科长：李如君　副科长：曾利国

宣传接待科科长：钟　妮　副科长：田金河

资料征集研究室主任：黄　洋　副主任：黄　领

陈列设计室主任：贺　卓　副主任：张　波

2013年8月，安源纪念馆在编职工为60人，下设五个科室：宣传接待科、资料征集研究室、保卫科、陈列设计室、办公室。

办公室主任：贺　卓　副主任：张立南

保卫科科长：李如君

宣传接待科科长：钟　妮

资料征集研究室主任：黄　洋

陈列设计室副主任：文支佐（主持工作）

旧居旧址管理部主任（宣传接待科内设机构）：张　波

2017年5月，安源纪念馆在编职工为60人，下设五个科室：宣传接待科、资料征集研究室、保卫科、陈列设计室、办公室。

办公室主任：刘磊胡　副主任：彭　姿

保卫科科长：李如君　副科长：曾利国

宣传接待科科长：田金河　副科长：刘帆凌

资料征集研究室主任：黄　领　副主任：刘　丽

陈列设计室副主任：文支佐（主持工作）

旧居旧址管理部主任（宣传接待科内设机构）：张　波

2022年12月，经中共萍乡市委机构编制委员会第二次会议审定，安源纪念馆事业编制55名，其中领导职数：馆长（副县级）1名，副馆长3名（正科级），内设机构正职5名（副科级）。

办公室主任：刘磊胡　副主任：柳建朝

保卫科科长：曾利国　副科长：黎　海
宣传接待科科长：段志能　副科长：刘帆凌
资料征集研究室主任：黄　领　副主任：李安萍
陈列设计室主任：刘　丽　副主任：文支佐

## 第五节　职工名录

### 一、1965 年安源纪念馆职工（以姓氏笔画为序）

朱子金　刘斌生　李德萍　张冬秀　袁品高　黄荣虎

### 二、1980 年安源纪念馆职工（以姓氏笔画为序）

丁小兰　马丽娟　王冬梅　王慧敏　文志萍　左德肇　龙兰芳　刘小萍　刘义胜
刘　娟　刘少坤　刘传政　刘忠焕　孙建平　杜志兰　李民甫　李志辉　李国纯
李昌学　李建军　杨秀兰　杨放萍　杨桂香　肖冬梅　肖雪涛　肖福清　吴桂生
吴新民　何世清　余章松　张冬秀　张丽华　张秀兰　张松林　罗春玲　胡自国
段志英　施合祖　施绍明　姚地沙　高　飞　黄包生　黄爱国　黄慰媛　彭云秋
曾春燕　谢　霞　谢家俊　谢敬辉　廉明德　廖家虎　漆继生

### 三、2003 年安源纪念馆职工（以姓氏笔画为序）

丁小兰　王　佳　文支佐　文志萍　付　玲　向　菲　刘　伟　刘凤霞　刘华英
刘明和　刘宜萍　刘婧宇　江　英　杜志兰　李　丽　李　京　李　鹏　李　磊
李民甫　李杏花　李劲松　李建军　李荣安　李敬军　吴新民　何喜逢　余章松
张　波　张松林　周　丹　周小建　郑伯辉　段志英　施合祖　徐　鹏　高爱红
黄　仂　黄　洋　黄　婷　黄慰媛　梅晓竹　彭云秋　彭江宇　彭利民　曾利国
谢名杰　谢家俊　谢敬辉　廖永红　漆　明　漆　忠　漆　萍

### 四、2013 年安源纪念馆职工（以姓氏笔画为序）

丁小兰　文支佐　文培良　田金河　付　玲　刘　丽　刘　杨　刘凤霞　刘帆凌
刘华英　刘明和　刘宜萍　刘婧宇　刘磊胡　江　贞　江　英　李　京　李　臻
李如君　李杏花　李劲松　李荣安　李敬军　吴新民　何喜逢　张　波　张立南
张冰子　张江梅　张莉娟　陈　斌　周小建　郑　赟　郑伯辉　钟　妮　贺　卓
徐　俊　徐　鹏　徐文琪　高爱红　黄　仂　黄　洋　黄　领　黄　婷　梅晓竹

彭　姿　彭江峰　彭利民　彭娅桐　曾利国　谢敬辉　廖　珊　廖永红　漆　忠
漆　萍　漆　明　谭　琦　黎　海　潘　鹏

### 五、2022年安源纪念馆职工（以姓氏笔画为序）

丁煊淼　文支佐　付　玲　刘帆凌　刘　丽　刘　杨　刘　欣　刘凤霞　刘婧宇
刘磊胡　江　贞　李　京　李安萍　李如君　李劲松　李荣安　李敬军　张　波
张贝伊　张立南　张冰子　陈　斌　郑伯辉　房文君　柳建朝　钟　妮　段志能
贺　卓　徐　俊　徐　鹏　徐文琪　黄　洋　黄　领　黄　婷　梅晓竹　彭江峰
彭娅桐　韩高平　曾利国　廖　霞　廖永红　谭　琦　黎　海　潘　鹏　戴智超

### 六、2022年12月以前调离安源纪念馆的职工（以姓氏笔画为序）

丁学兴　丁　波　丁运梅　于清明　马利娟　尹炎轩　文　军　文秋圣　文培良
王　戈　王水亮　王冬梅　王庆国　王良玉　王　佳　王国琪　王举章　王惠兰
王谦祥　王慧敏　付世宜　冯桂蓉　卢殿元　叶　军　叶有琪　左朝阳　生宗慧
田冬英　田金河　申　跃　白诚仁　邓小安　邓年生　邓寿华　邓志兰　邓志良
邓宣凯　邓　斌　龙兰芳　龙远林　刘义胜　刘友胜　刘玉春　刘长青　刘　伟
刘传政　刘伯蓉　刘利章　刘沐阳　刘　京　刘奇萍　刘奉和　刘忠焕　刘细枝
刘　娟　刘晓萍　刘艳玲　刘斌生　刘新元　刘献文　刘遇春　刘熙祥　向　菲
吕爱兰　孙建平　朱子金　朱　青　朱继萍　汤立贤　许金焰　何入军　何世清
何春华　吴北萍　吴永坚　吴伟基　吴安萍　吴宗蓉　吴金华　吴品文　吴秋辉
吴桂生　吴铭莲　应如容　张　丹　张云芳　张玉山　张　军　张丽华　张孝和
张秀兰　张国友　张国忠　张国震　张莉娟　张惠文　张隆斌　张瑞松　张　锤
李万安　李汉虎　李汉虎　李安平　李　丽　李伯光　李志辉　李国洪　李忠兴
李忠昌　李　妍　李春兰　李春珍　李振德　李艳萍　李景春　李　辉　李瑞华
李　鹏　李德萍　李　磊　杜小平　杨日怀　杨水春　杨放萍　杨政华　杨桂香
沈三三　肖大俊　肖冬梅　肖　怡　肖　晓　肖福清　辛采英　周　丹　周文杰
周世林　周绍珍　周柏华　周海乐　易亚特　易洪光　林芝茂　欧阳德明　欧　健
罗务生　罗春玲　罗茂祥　罗素英　邱耀明　邹文节　陆有勤　陈文琳　陈自若
陈启棠　陈志华　陈志国　陈志萍　陈贤炳　陈述信　姚发佑　姚地沙　姚继红
姜红梅　施绍明　洪　虹　胡　广　胡传金　胡自国　胡金秀　胡洪孝　胡景德
赵美玲　郑孝莉　郑昌银　郑　赟　钟白生　钟绍荣　唐树林　夏太泳　祖文礼
袁　丹　袁青春　袁品高　贾庆萍　高　飞　高文生　敖有胜　曹国珍　梁习珍
梁炳海　谌长根　郭玉柱　郭江萍　郭淑秋　陶润妹　龚瑞玉　傅行炎　傅金秀

| 彭无阻 | 彭水秀 | 彭世荣 | 彭齐 | 彭姿 | 彭雪堂 | 彭雪梅 | 彭锦尧 | 曾少鹰 |
| 曾圣和 | 曾春艳 | 曾强泉 | 程志若 | 谢元藻 | 谢友芬 | 谢牛 | 谢名豪 | 谢明杰 |
| 谢练 | 谢淑芳 | 谢霞 | 韩垂良 | 黄牛 | 黄连和 | 黄青 | 黄建初 | 黄洪图 |
| 黄茂振 | 黄海鹰 | 黄爱国 | 黄祖光 | 黄祖昌 | 黄荣虎 | 黄尉萍 | 廉明德 | 廉萍 |
| 董明道 | 赖小根 | 赖广德 | 雍开泉 | 靳伏萍 | 廖家虎 | 漆忠 | 熊宗民 | 谭忠连 |
| 谭容姣 | 颜训志 | 黎乐柏 | 黎刚 | 黎志萍 | 黎晓荣 | 黎敏 | 戴继国 | 瞿明吉 |

# 第六节　参加各种学会人员名录

## 一、中国博物馆学会会员

杨桂香　李昌学　黄爱国

## 二、中国博物馆协会会员

| 彭云秋 | 黄仂 | 文培良 | 李民甫 | 谢家俊 | 张松林 | 李建军 | 张冬秀 | 肖雪涛 |
| 黄慰媛 | 刘明和 | 江英 | 漆明 | 谢敬辉 | 张波 | 谢名杰 | 李鹏 | 李敬军 |
| 丁小兰 | 文支佐 | 杜志兰 | 刘华英 | 施合祖 | 段志英 | 周小建 | 余章松 | 吴新民 |
| 廖永红 | 王美兰 | 漆萍 | 李荣安 | 肖晓 | 高爱红 | 黄海鹰 | 刘伟 | 刘凤霞 |
| 文军 | 梅晓竹 | 彭利民 | 刘宜萍 | 漆忠 | 付玲 | 李京 | 李杏花 | 向菲 |
| 何喜逢 | 黄洋 | 李磊 | 徐鹏 | 王佳 | 黄婷 | 郑伯辉 | 曾利国 | 周丹 |
| 彭江峰 | 彭江宇 | 刘婧宇 | 吴直安 | 黎海 | 贺卓 | 文志平 | 张立南 | 钟妮 |
| 田金河 | 潘鹏 | 刘帆凌 | 徐俊 | 彭姿 | 江贞 | 刘杨 | 刘丽 | 黄领 |
| 徐文琪 | 彭娅桐 | 李如君 | 张江梅 | 刘磊胡 | 张冰子 | 张莉娟 | 廖珊 | 廖霞 |
| 谭琦 | 陈斌 | 郑赟 | | | | | | |

## 三、中国摄影家协会会员

张松林

## 四、江西省博物馆学会会员

| 杨桂香 | 李昌学 | 彭云秋 | 李民甫 | 谢家俊 | 张松林 | 孙建平 | 黄爱国 | 周小建 |
| 刘遇春 | 曾春艳 | 黄慰媛 | 谢霞 | 周世林 | 廉萍 | 李建军 | 张冬秀 | 肖雪涛 |
| 刘明和 | 江英 | 文志萍 | 漆明 | 谢敬辉 | 张波 | 谢名杰 | 李鹏 | 李敬军 |
| 丁小兰 | 文支佐 | 杜志兰 | 刘华英 | 施合祖 | 段志英 | 余章松 | 吴新民 | 廖永红 |

王美兰　漆　萍　李荣安　肖　晓　高爱红　黄海鹰　刘　伟　刘凤霞　文　军
梅晓竹　彭利民　刘宜萍　漆　忠　付　玲　李　京　李杏花　向　菲　何喜逢
黄　洋　李　磊　徐　鹏　王　佳　黄　婷　郑伯辉　曾利国　周　丹　彭江峰
彭江宇　刘婧宇　吴直安　黎　海　黄　仂　贺　卓　张立南

### 五、江西省钱币学会会员

张松林　段志英

### 六、江西省中共党史学会会员

杨桂香　李昌学　刘善文　杨放萍　刘传政　李建军　黄爱国　黄　仂

### 七、萍乡市中共党史学会会员

杨桂香　李昌学　刘善文　张松林　谢家俊　李建军　黄爱国　周小建　漆　明
段志英　高　飞　王冬梅　孙建平　施合祖　肖冬梅　黄慰媛　刘遇春　曾春艳
黄　仂　彭云秋　漆　忠　黄　洋　刘宜萍　张　波　刘明和　谢明杰　李　鹏
李荣安　文支佐　丁煊淼　何入军　黄　领

### 八、江西博物馆协会纪念馆专业委员会会员

丁煊淼　贺　卓　黄　洋

## 第七节　培训教育

安源路矿工人运动纪念馆在文化和业务培训方面，不惜费大气力，花大本钱。1980年，全馆在编职工50人，从文化程度来看，高中7人，初中25人；从专业技术知识来看，虽然大多数已从事文博专业十多年，但无人系统地学过文博专业知识。

安源纪念馆首先狠抓了职工的文化补课。举办文化知识培训班，聘请外单位教师授课。到1985年，参加文化补习的专业人员全部通过了高中毕业课程的考试；其次是开设汉语拼音、英语、中国历史、中共党史等课程，并多次举办短期培训班，学习业务工作理论和礼遇礼貌、发音练声等知识；其三是选派馆领导和业务骨干参加国家文物局在北京、湖南板仓、山东泰安举办的文博专业干部培训班，江西省文化厅在南昌、新余、赣州举办的文博专业干部培训班；其四是鼓励和支持职工参加函授入学、成人高考、高等院校自学考试等专业进修。1981年至1991年，共有31名职工通过自学或进修，达到大专毕业水平，占职工总数的62%。对知识分子，在政治上、思想上充分信任和培养，在工作上、业务上让他们挑重担，在生活等方面尽量予以照顾，在政策允许范围内，想方

设法为他们解决入党入团、晋职晋级、子女入学、家庭住房等问题，使他们无后顾之忧，安心工作。到 2022 年 12 月，安源纪念馆有在编职工 55 名，其中共产党员 35 名；获得中级以上专业技术职称人员：研究馆员 1 名，副研究馆员 7 名，馆员 24 名；硕士研究生 1 名，本科以上学历占职工总数的 80%。从安源纪念馆调出后担任副县级以上干部者 29 名，获副高以上专业技术职称者 7 名。

附：

**2022 年前安源纪念馆职工培训一览表**

| 姓名 | 时间 | 学校、专业、培训班名称 | 备注 |
| --- | --- | --- | --- |
| 漆继生 | 1972 年 2—4 月 | 中共萍乡市委党校干部培训班 | 培训 |
| 李建军 | 1973 年 9 月 | 江西大学政治系马列主义基础专业 | 脱产学习 |
| 王慧敏、杜小平 | 1975 年 6 月 | 江西省革命纪念馆讲解员学习班 | 培训 |
| 杨桂香 | 1981 年 3—5 月 | 国家文物局承德党史培训班 | 培训 |
| 黄爱国 | 1982 年 9 月 | 全省文物保管员培训班 | 培训 |
| 杨桂香 | 1985 年 5—8 月 | 国家文物局泰安博物馆学培训班 | 培训 |
| 孙建平 | 1985 年 9 月 | 江西师范大学历史系文博专业 | 成人高考 |
| 曾春艳 | 1985 年 9 月 | 江西师范大学历史系文博专业 | 成人高考 |
| 漆明 | 1985 年 9 月 | 江西师范大学历史系文博专业 | 成人高考 |
| 黄慰媛 | 1985 年 10 月 | 国家文物局板仓培训中心 | 培训 |
| 刘义胜 | 1986 年 4 月 | 江西师范大学马列主义基础理论专业 | 自考大学 |
| 周小建 | 1986 年 9 月 | 江西师范大学历史系文博专业 | 成人高考 |
| 黄爱国 | 1986 年 9 月 | 江西师范大学历史系文博专业 | 成人高考 |
| 丁小兰、黄青、漆萍 | 1986 年 11 月 | 江西省文化厅举办的江西省群工培训班 | 培训 |
| 周世林 | 1987 年 9 月 | 江西师范大学历史系文博专业 | 成人高考 |
| 黄慰媛 | 1987 年 9 月 | 江西师范大学历史系文博专业 | 成人高考 |
| 谢霞 | 1987 年 9 月 | 江西师范大学历史系文博专业 | 成人高考 |
| 余璋松 | 1987 年 9 月 | 萍乡市委党校干部进修班 | 成人高考 |
| 谢家俊 | 1988 年 5—6 月 | 全省档案局领导干部培训班 | 培训 |
| 施合祖 | 1988 年 7 月 | 萍乡市委党校干部进修班 | 成人高考 |
| 肖冬梅 | 1988 年 7 月 | 中央党校函授学院党政管理专业 | 函授 |
| 段志英 | 1988 年 7 月 | 中央党校函授学院党政管理专业 | 函授 |
| 刘遇春 | 1988 年 9 月 | 江西省广播电视大学 | 电大 |
| 漆萍 | 1988 年 9 月 | 江西省广播电视大学 | 电大 |
| 谢家俊 | 1989 年 1 月 | 北京人文函授大专行政管理 | 函授大学 |
| 肖雪涛 | 1989 年 12 月 | 全省文物资料保管员培训班 | 培训 |
| 周小建 | 1990 年 5 月 | 全省文物"四有"学习班 | 培训 |
| 谢家俊 | 1994 年 1 月 | 辽宁刊授党校行政管理 | 函授 |
| 文支佐 | 1997 年 9 月 | 中共江西省委党校函授学院（大专） | 函授 |
| 文支佐 | 2000 年 9 月 | 中央党校函授学院（本科） | 函授 |

续表

| 姓名 | 时间 | 学校、专业、培训班名称 | 备注 |
|---|---|---|---|
| 刘凤霞、李磊、黄婷 | 2001年7月 | 全省博物馆（纪念馆）讲解员提高班 | 培训 |
| 业务人员 | 2007年11月 | 第三次全国文物普查培训班 | 培训 |
| 黄领 | 2010年2月 | 江西省文物调查及数据库管理系统建设项目培训班 | 培训 |
| 黄领 | 2011年 | 江西省博物馆保管员培训班 | 培训 |
| 全馆职工 | 2012年10月 | 萍乡市文博工作者培训班 | 培训 |
| 黄领 | 2014年 | 江西省第一次可移动文物普查培训班 | 培训 |
| 黄领 | 2015年 | 赣西边区第一次可移动文物普查培训班 | 培训 |
| 田金河、江贞、刘帆凌、张贝伊、段志能、彭姿、彭亚桐、廖霞、 | 2015年6月 | 秦始皇帝陵博物院讲解员培训班 | 培训 |
| 文培良 | 2015年7月 | 江西三区文化局长高级研修班 | 培训 |
| 黄领 | 2016年5月 | 江西省可移动文物普查主任座谈会暨普查数据审核与普查总结报告编制培训班 | 培训 |
| 田金河、段志能 | 2016年10月 | 全省爱国主义教育基地（革命场馆）讲解员培训班 | 培训 |
| 徐俊 | 2016年11月 | 全国博物馆陈列展览策划培训班 | 培训 |
| 何入军 | 2016年12月 | 全省博物馆馆长培训班 | 培训 |
| 贺卓 | 2017年9月 | 国家文物局国保单位保护管理机构负责人培训班 | 培训 |
| 何入军 | 2017年3月 | 全市县级干部学习贯彻党的十九大精神专题轮训班 | 培训 |
| 黄领 | 2017年4月 | 江西省红色基因教育模式创新与能力提升高级研修班 | 培训 |
| 何入军 | 2017年11月 | 中国博物馆"互联网＋博物馆"案例分析与信息化应用实践培训 | 培训 |
| 全体讲解员 | 2017年11月 | 宣教冬季培训活动 | 培训 |
| 黄仂 | 2018年4月 | 全市县级党员干部学习党的十九大精神专题研讨班 | 培训 |
| 谭琦 | 2018年5月 | 全国展览策划培训班 | 培训 |
| 何入军 | 2018年5月 | 全国重点文物保护单位保护管理机构负责人培训班 | 培训 |
| 黄领 | 2018年6月 | 全国博物馆藏品管理培训班 | 培训 |
| 黄洋 | 2018年8月 | 江西省委党校在职研究生班 | 进修 |
| 张丹 | 2018年8月 | 江西省社会科学院博士生班 | 进修 |
| 刘帆凌 | 2018年9月 | 国家文物局中荷博物馆教育培训班 | 培训 |
| 徐俊 | 2018年9月 | 江西省文创产品开发专题培训班 | 培训 |
| 肖德军 | 2018年10月 | 中宣部全国爱国主义教育示范基地工作培训班 | 培训 |
| 徐鹏 | 2018年10月 | 国家文物局文物保护与疫情应对培训班 | 培训 |
| 黄仂 | 2018年11月 | 中组部第二期革命根据地党史工作者"学习贯彻习近平新时代中国特色社会主义思想，加强党性教育"专题培训班 | 培训 |
| 肖德军、徐鹏 | 2018年11月 | 全省革命文物保护利用实施研修班 | 培训 |
| 黄仂 | 2018年11月 | 全市县级党员干部学习贯彻习近平新时代中国特色社会主义思想和党的十九大精神专题培训班 | 培训 |

续表

| 姓名 | 时间 | 学校、专业、培训班名称 | 备注 |
|---|---|---|---|
| 黄仂 | 2019年3月 | 江西干部学院红色文化和党性教育培训班 | 培训 |
| 讲解员 | 2019年10月22—25日 | 江西省博物馆融合发展培训班 | 培训 |
| 黄领 | 2019年10月 | 2019年度博物馆融合发展培训班 | 培训 |
| 田金河、周艳萍 | 2019年12月 | 中国井冈山干部学院"讲好党史、新中国史——2019年现场教学点负责人座谈会暨讲解员培训班" | 培训 |
| 黄领 | 2020年11—12月 | 江西省哲学社会科学教学科研骨干研修班 | 培训 |
| 黄婷 | 2021年12月—2022年1月 | 江西省哲学社会科学教学科研骨干研修班 | 培训 |
| 李万安 | 2021年4月 | 全国爱国主义教育示范基地党史专题培训班 | 培训 |
| 宣传科 | 2022年2月21—24日 | 2022年全国博物馆讲解员线上培训班 | 线上培训 |
| 文支佐、刘丽、江贞、李安萍、张贝伊、徐俊、黄领、谭琦 | 2022年3月22—28日 | 全国博物馆展览实践高级讲习班（第三期） | 线上培训 |
| 黄领 | 2022年4月2—4日 | 建筑遗产预防性保护技术培训 | 线上培训 |
| 刘丽、李安萍 | 2022年6月6—10日 | 2022年全国博物馆陈列展览线上高级研修班 | 线上培训 |
| 贺卓 | 2022年6月22日—7月1日 | 2022年全国革命文物管理培训班 | 培训 |
| 徐俊、刘欣 | 2022年7月27—29日 | 全省爱国主义教育基地骨干讲解员培训班 | 培训 |
| 金月、刘欣、姚心仪、姚嘉慧、刘丽 | 2022年8月22—26日 | 2022年文博短视频制作及直播研修班 | 线上培训 |
| 宣传科 | 2022年9月7—9日 | 全国博物馆金牌讲解员线上培训班 | 线上培训 |
| 刘丽 | 2022年9月18—24日 | 革命文物展览策划与展陈提升工作培训班 | 培训 |
| 段志能 | 2022年9月19日—28日 | 中共萍乡市委党校科干班培训 | 培训 |
| 贺卓 | 2022年11月7—12日 | 2022年全省文博管理人员业务培训班 | 培训 |
| 段志能、张冰子、廖霞、房文君、刘欣、金月、杨礼萍、邓唯、刘燚、李永豪、姚心仪、姚嘉慧、黄可、黎思雨 | 2022年12月5—7日 | 2022年江西省"文化人才专项"讲解员培训班 | 线上培训 |
| 江贞、李安萍、张贝伊 | 2022年12月12—15日 | 2022年江西省"文化人才专项"革命文物保护修复培训班 | 线上培训 |
| 黄洋 | 2022年12月12—30日 | 全省哲学社会科学教学科研骨干研修班 | 培训 |

# 第八节  中级及以上专业技术职称人员名录

## 一、高级职称

| 姓名 | 性别 | 专业技术职称 | 获得任职资格时间 |
| --- | --- | --- | --- |
| 黄仂 | 男 | 文博研究馆员 | 2009 年 11 月 |
| 黄洋 | 女 | 文博研究馆员 | 2022 年 12 月 |
| 刘善文 | 男 | 文博副研究馆员 | 1987 年 12 月 |
| 李昌学 | 男 | 文博副研究馆员 | 2000 年 11 月 |
| 李建军 | 女 | 文博副研究馆员 | 2000 年 11 月 |
| 彭云秋 | 女 | 文博副研究馆员 | 2001 年 12 月 |
| 黄慰媛 | 女 | 文博副研究馆员 | 2001 年 12 月 |
| 谢家俊 | 男 | 文博副研究馆员 | 2003 年 11 月 |
| 周小建 | 男 | 文博副研究馆员 | 2010 年 11 月 |
| 漆忠 | 女 | 文博副研究馆员 | 2011 年 11 月 |
| 李安萍 | 女 | 文博副研究馆员 | 2014 年 11 月 |
| 文支佐 | 男 | 文博副研究馆员 | 2017 年 12 月 |
| 黄领 | 男 | 文博副研究馆员 | 2019 年 12 月 |
| 黄婷 | 女 | 文博副研究馆员 | 2020 年 12 月 |
| 贺卓 | 男 | 文博副研究馆员 | 2021 年 12 月 |
| 张立南 | 女 | 文博副研究馆员 | 2021 年 12 月 |
| 张丹 | 女 | 文博副研究馆员 | 2021 年 12 月 |
| 丁煊淼 | 男 | 文博副研究馆员 | 2022 年 12 月 |

## 二、中级职称

| 姓名 | 性别 | 专业技术职称 | 获得任职资格时间 |
| --- | --- | --- | --- |
| 张松林 | 男 | 文博馆员 | 1988 年 6 月 |
| 张冬秀 | 女 | 文博馆员 | 1988 年 6 月 |
| 肖雪涛 | 女 | 文博馆员 | 1988 年 6 月 |
| 黄爱国 | 男 | 文博馆员 | 1989 年 12 月 |
| 李民甫 | 男 | 文博馆员 | 1993 年 7 月 |
| 段志英 | 女 | 文博馆员 | 1993 年 7 月 |
| 吴直安 | 男 | 文博馆员 | 1996 年 5 月 |
| 丁小兰 | 女 | 文博馆员 | 1996 年 5 月 |

续表

| 姓名 | 性别 | 专业技术职称 | 获得任职资格时间 |
| --- | --- | --- | --- |
| 杜志兰 | 女 | 文博馆员 | 1996年5月 |
| 张江梅 | 女 | 新闻记者 | 1997年7月 |
| 施合祖 | 男 | 技师 | 1998年6月 |
| 谢敬辉 | 男 | 技师 | 2001年7月 |
| 吴新民 | 男 | 技师 | 2001年7月 |
| 江英 | 女 | 文博馆员 | 2001年10月 |
| 刘宜萍 | 女 | 文博馆员 | 2001年10月 |
| 付玲 | 女 | 文博馆员 | 2001年10月 |
| 谢明杰 | 男 | 文博馆员 | 2003年11月 |
| 李京 | 女 | 文博馆员 | 2007年11月 |
| 李如君 | 男 | 三级演员 | 2007年11月 |
| 漆明 | 女 | 文博馆员 | 2009年11月 |
| 李杏花 | 女 | 文博馆员 | 2009年11月 |
| 梅晓竹 | 女 | 文博馆员 | 2009年11月 |
| 高爱红 | 女 | 文博馆员 | 2010年11月 |
| 廖永红 | 女 | 文博馆员 | 2010年11月 |
| 刘华英 | 女 | 文博馆员 | 2010年11月 |
| 徐鹏 | 男 | 文博馆员 | 2011年11月 |
| 彭利民 | 女 | 文博馆员 | 2011年11月 |
| 刘凤霞 | 女 | 文博馆员 | 2011年11月 |
| 彭江峰 | 女 | 文博馆员 | 2013年6月 |
| 钟妮 | 女 | 文博馆员 | 2013年6月 |
| 潘鹏 | 男 | 文博馆员 | 2013年6月 |
| 徐文琪 | 女 | 文博馆员 | 2014年6月 |
| 黎海 | 男 | 文博馆员 | 2014年6月 |
| 刘磊胡 | 男 | 文博馆员 | 2014年6月 |
| 刘丽 | 女 | 文博馆员 | 2014年6月 |
| 彭娅桐 | 女 | 文博馆员 | 2014年6月 |
| 刘帆凌 | 女 | 文博馆员 | 2014年6月 |
| 彭姿 | 女 | 文博馆员 | 2014年6月 |
| 田金河 | 女 | 文博馆员 | 2015年6月 |
| 刘婧宇 | 女 | 文博馆员 | 2015年6月 |
| 漆萍 | 女 | 文博馆员 | 2015年6月 |
| 江贞 | 女 | 文博馆员 | 2016年6月 |

续表

| 姓名 | 性别 | 专业技术职称 | 获得任职资格时间 |
|---|---|---|---|
| 张莉娟 | 女 | 文博馆员 | 2016年6月 |
| 谭琦 | 女 | 文博馆员 | 2016年6月 |
| 曾利国 | 男 | 文博馆员 | 2017年6月 |
| 廖霞 | 女 | 文博馆员 | 2017年6月 |
| 张贝伊 | 女 | 文博馆员 | 2017年6月 |
| 张冰子 | 女 | 文博馆员 | 2018年6月 |
| 柳建朝 | 男 | 文博馆员 | 2018年6月 |
| 陈斌 | 男 | 文博馆员 | 2018年6月 |
| 段志能 | 男 | 文博馆员 | 2018年6月 |

## 第九节　获省级以上奖励和表彰的先进个人名录

| 姓名 | 性别 | 荣誉称号 | 颁奖单位 | 获奖时间 |
|---|---|---|---|---|
| 杨桂香 | 女 | 福州军区优秀民兵积极分子 | 福州军区 | 1970年 |
| 杨桂香 | 女 | 全省先进思想政治工作者 | 中共江西省委 | 1986年12月 |
| 杨桂香 | 女 | 全省文物系统先进工作者 | 江西省文化厅 | 1989年6月 |
| 彭云秋 | 女 | 全省活学活用毛主席著作积极分子 | 江西省革命委员会 | 1971年3月 |
| 彭云秋 | 女 | 全省第三次文物普查先进个人 | 江西省文物局 | 2005年 |
| 彭云秋 | 女 | 全国文物保护工作先进个人 | 国家文物局 | 2006年5月 |
| 李建军 | 女 | 全省省级文保单位建档先进工作者 | 江西省文物局 | 1998年 |
| 李建军 | 女 | 全国爱国主义教育示范基地先进工作者 | 中宣部、民政部、人事部、文化部 | 2004年7月 |
| 李昌学 | 男 | 全省文物系统先进工作者 | 江西省文化厅 | 1985年 |
| 李昌学 | 男 | 全省旅游系统先进工作者 | 江西省旅游局 | 1987年 |
| 张冬秀 | 女 | 全省文物系统先进工作者 | 江西省文化厅 | 1985年 |
| 李妍 | 女 | 全省文物系统先进工作者 | 江西省文化厅 | 1985年 |
| 漆萍 | 女 | 全省"我爱家乡文物"讲解比赛获二等奖 | 江西省文物局 | 1992年7月 |
| 张松林 | 男 | 《王光美同志在安源纪念馆》获江西省首届新闻摄影三等奖 | 江西省摄影协会 | 1989年12月 |
| 谢敬辉 | 男 | 全国文物安全保卫先进工作者 | 国家文物局 | 1995年12月 |
| 黄婷 | 女 | 全国"机关之星"职工卡拉ok歌手赛三等奖 | 中华全国总工会 | 1999年 |
| 黄婷 | 女 | 江西省庐山"文博杯"全省文博讲解大赛优秀讲解员 | 江西省文化厅 | 2002年 |
| 李磊 | 女 | 全国革命纪念馆"延安杯"讲解比赛团体二等奖 | 国家文物局 | 2001年8月 |
| 漆忠 | 女 | 全国文明导游员 | 国家旅游局 | 2001年9月 |

续表

| 姓名 | 性别 | 荣誉称号 | 颁奖单位 | 获奖时间 |
|---|---|---|---|---|
| 刘凤霞 | 女 | 十佳旅游服务青年 | 共青团江西省委 | 2002年 |
| 黄洋 | 女 | 江西省文物数据库建设先进个人 | 江西省文化厅 | 2010年 |
| 黄仂 | 男 | 全省国防教育先进个人 | 江西省国防动员委员会 | 2009年7月 |
| 黄仂 | 男 | 中国文化遗产安全卫士 | 公安部、国家文物局 | 2009年9月 |
| 黄仂 | 男 | 中国文化遗产安全贡献者 | 中国文物保护基金会 | 2009年 |
| 黄仂 | 男 | 全国文化遗产日活动组织奖先进个人 | 国家文物局 | 2010年12月 |
| 黄仂 | 男 | 主讲《近代风云中的萍乡煤矿》获历史类栏目三等奖 | 中国广播电视协会 | 2012年8月 |
| 黄仂 | 男 | 江西省优秀社科普及专家 | 中共江西省委宣传部、江西省社会科学学会联合委员会 | 2013年 |
| 田金河 | 女 | "八一杯"全省讲解员大赛"十佳讲解员"第十名 | 江西省文化厅 | 2009年9月 |
| 刘帆凌 | 女 | "渊明杯"演讲比赛一等奖 | 江西省总工会 | 2009年 |
| 刘帆凌 | 女 | "八一杯"全省讲解员大赛"十佳讲解员"第二名 | 江西省文化厅 | 2009年9月 |
| 刘帆凌 | 女 | "庆祝新中国成立60周年全国文化遗产保护宣传讲解大赛"中文专业组优秀奖 | 中国博物馆学会 | 2009年 |
| 刘帆凌 | 女 | 中国井冈山干部学院现场教学点讲解员才艺比赛一等奖 | 中国井冈山干部学院 | 2015年 |
| 刘帆凌 | 女 | 全国红色故事讲解员大赛江西选拔赛专业组二等奖 | 中共江西省委宣传部、江西省文化和旅游厅 | 2018年11月 |
| 刘帆凌 | 女 | 江西省金牌红色旅游五好讲解员 | 江西省文化和旅游厅 | 2019年 |
| 刘帆凌 | 女 | "庆祝中国共产党成立100周年全国博物馆讲解员大赛"初赛（江西赛区）优秀讲解员 | 江西省文化和旅游厅 | 2021年 |
| 刘帆凌 | 女 | 江西省文旅厅"跟着红歌学党史"合唱比赛三等奖 | 江西省文化和旅游厅 | 2021年 |
| 刘丽 | 女 | 全国"纪念与传承——西柏坡杯中国纪念馆宣教形式创新展示活动"最佳创作奖（渔鼓） | 西柏坡纪念馆 | 2011年 |
| 刘丽 | 女 | 江西省文化厅文化文物统计评比工作一等奖 | 江西省文化厅 | 2012年 |
| 彭娅桐 | 女 | "八一杯"全省讲解员大赛"十佳讲解员"第十名 | 江西省文化厅 | 2009年9月 |
| 彭娅桐 | 女 | 江西省导游员大赛二等奖、全省旅游系统青年岗位能手、全省妇联巾帼建功标兵 | 江西省旅游局 | 2010年10月 |
| 彭娅桐 | 女 | 全省博物馆音乐、舞蹈、曲艺大赛琵琶独奏三等奖 | 江西省文化厅 | 2010年11月 |
| 刘纤 | 女 | 江西省导游员大赛二等奖、全省旅游系统技术能手 | 江西省旅游局 | 2010年10月 |
| 刘纤 | 女 | 全省博物馆音乐、舞蹈、曲艺大赛二胡独奏一等奖 | 江西省文化厅 | 2010年11月 |
| 叶佳 | 女 | 全省博物馆音乐、舞蹈、曲艺大赛独舞二等奖 | 江西省文化厅 | 2010年11月 |
| 漆明 | 女 | 四明山杯·全国革命廉政故事征文大赛优秀奖 | 中共中央纪律检查委员会、国家旅游局 | 2011年 |
| 张波 | 男 | 江西省文物调查及数据库管理系统建设项目先进个人 | 江西省文化厅 | 2011年 |
| 黄领 | 男 | 四明山杯·全国革命廉政故事征文大赛三等奖 | 中共中央纪律检查委员会、国家旅游局 | 2011年 |
| 黄领 | 男 | 江西省文物调查及数据库管理系统建设项目先进个人 | 江西省文化厅 | 2011年 |

续表

| 姓名 | 性别 | 荣誉称号 | 颁奖单位 | 获奖时间 |
|---|---|---|---|---|
| 黄领 | 男 | 江西省第一次可移动文物普查工作先进个人 | 江西省文化厅 | 2017年10月 |
| 江贞 | 女 | 江西省导游大赛二等奖 | 江西省旅游发展委员会 | 2017年3月 |
| 江贞 | 女 | 江西省导游大赛最佳素质奖 | 江西省旅游发展委员会 | 2017年 |
| 江贞 | 女 | 现场教学点讲解员培训班才艺比赛二等奖 | 井冈山干部学院 | 2017年 |
| 段志能 | 男 | 全国红色旅游故事大赛优秀奖 | 全国红色旅游工作协调办公室 | 2016年 |
| 段志能 | 男 | 全国导游大赛铜奖 | 国家旅游局、全国妇联、团中央、财轻纺烟草工会 | 2017年4月 |
| 段志能 | 男 | 江西省十佳红色导游员 | 江西省旅游发展委员会 | 2017年 |
| 段志能 | 男 | 全省导游大赛铜奖 | 江西省旅游发展委员会 | 2017年3月 |
| 段志能 | 男 | 全省红色故事讲解员大赛铜奖 | 中共江西省委宣传部 | 2018年11月 |
| 段志能 | 男 | 红色金牌五好讲解员 | 江西省文化和旅游厅 | 2019年 |
| 段志能 | 男 | 全省职工演讲比赛银奖 | 江西省总工会 | 2019年6月 |
| 段志能 | 男 | 五四青年演讲比赛银奖 | 江西省文化和旅游厅 | 2019年 |
| 段志能 | 男 | 文化发展巡礼展出色讲解员 | 中共江西省委宣传部 | 2020年 |
| 段志能 | 男 | 全省红色故事讲解员大赛铜奖 | 中共江西省委宣传部 | 2020年 |
| 段志能 | 男 | 全国职工演讲比赛优秀奖 | 中华全国总工会 | 2021年 |
| 段志能 | 男 | 全省职工演讲比赛金奖 | 江西省总工会 | 2021年 |
| 段志能 | 男 | "博物馆讲解大赛"江西赛区优秀讲解员 | 江西省文化和旅游厅 | 2021年 |
| 段志能 | 男 | 科普讲解大赛特等奖 | 江西省自然资源和规划厅 | 2022年6月 |
| 段志能 | 男 | 全省社联科普讲解大赛优秀奖 | 江西省社会科学联合会 | 2022年6月 |
| 段志能 | 男 | 第九届全国科普讲解大赛优秀奖 | 科技部 | 2022年12月 |
| 张冰子 | 女 | 第八届河南宝丰马街书会曲艺邀请赛一等奖 | 中国曲艺家协会、河南省文学艺术界联合会 | 2013年 |
| 张冰子 | 女 | 井冈山干部学院现场教学点讲解员才艺比赛一等奖 | 中国井冈山干部学院 | 2015年 |
| 张贝伊 | 女 | 江西省优秀共青团员 | 共青团江西省委员会 | 2015年5月 |
| 张贝伊 | 女 | 江西省"国庆中秋节假日旅游工作先进个人" | 江西省旅游发展委员会 | 2017年 |
| 廖霞 | 女 | 江西省优秀共青团员 | 共青团江西省委员会 | 2018年 |
| 廖霞 | 女 | 第三届江西省红色故事讲解员大赛优胜奖 | 江西省文化和旅游厅 | 2020年 |
| 廖霞 | 女 | 江西省银牌红色旅游五好讲解员 | 江西省文化和旅游厅 | 2021年 |
| 张丹 | 女 | "疫情无情党有情,社会主义是靠山"主题演讲比赛三等奖 | 江西师范大学 | 2020年 |
| 罗瑾 | 女 | 全省红色故事讲解员大赛志愿者组三等奖 | 中共江西省委宣传部 | 2018年11月 |
| 周艳萍 | 女 | 全省红色故事讲解员大赛志愿者组三等奖、优秀奖 | 中共江西省委宣传部 | 2018年11月 |
| 周艳萍 | 女 | 全省职工演讲比赛优秀奖 | 江西省总工会 | 2019年6月 |
| 房文君 | 女 | 江西省英烈讲解员大赛获得二等奖 | 江西省退伍军人事务局 | 2022年12月 |
| 金月 | 女 | 2022年全省博物馆文创直播十佳主播 | 江西省博物馆学会 | 2022年5月 |

## 第十节 从安源纪念馆走出的副县级以上干部

| 姓名 | 性别 | 离馆后最高职务或最高职称 |
| --- | --- | --- |
| 张国震 | 男 | 江西省副省长 |
| 石明之 | 男 | 江西日报社总编辑、代社长 |
| 易亚特 | 男 | 萍乡市人大常委会副主任 |
| 邓斌 | 女 | 萍乡市政协副主席 |
| 孙建平 | 男 | 萍乡市工业信息化局二级巡视员 |
| 胡广 | 男 | 中共萍乡市委党校党委书记 |
| 刘忠焕 | 男 | 安源区人大常委会主任 |
| 杨桂香 | 女 | 萍乡市人大科教文卫委员会主任 |
| 王良玉 | 女 | 萍乡市政府外事办公室主任、调研员 |
| 刘义胜 | 男 | 煤炭工业部政研会处长 |
| 杨放萍 | 男 | 萍乡市政府驻北京办事处主任 |
| 胡自国 | 男 | 萍乡市司法局局长 |
| 何入军 | 男 | 萍乡市工业学校党委书记 |
| 陈述信 | 男 | 中共萍乡市委老干部局局长 |
| 廉明德 | 男 | 副县级离休干部 |
| 谭忠连 | 男 | 萍乡市科学技术委员会副主任 |
| 易洪光 | 男 | 萍乡市对外经济技术合作办公室副主任 |
| 文秋圣 | 男 | 萍乡市政府外事办公室主任 |
| 吴金华 | 女 | 萍乡市总工会女工委员会主任、调研员 |
| 丁运梅 | 男 | 萍乡市广播电视局副局长、党组成员 |
| 王冬梅 | 女 | 萍乡高等专科学校纪委书记 |
| 李振德 | 男 | 萍乡市文化局副局长、调研员 |
| 黎敏 | 男 | 萍乡市史志工作办公室副主任、二级调研员 |
| 姚地沙 | 女 | 南昌市盐务局副局长 |
| 李万安 | 男 | 中共湘东区委常委、宣传部部长 |
| 周世林 | 男 | 萍乡市总工会党组成员 |
| 高飞 | 女 | 中国民主建国会中央组织部副县级调研员 |
| 罗春玲 | 女 | 中共萍乡市委办公室副调研员 |
| 谢霞 | 女 | 萍乡市文广新局副调研员、萍乡市图书馆副研究馆员 |
| 周海乐 | 男 | 苏州市政府顾问、研究员 |

# 附 录

## 一、历史文件

### 国务院关于公布第二批全国重点文物保护单位的通知

国发〔1982〕34号

各省、自治区、直辖市人民政府，国务院各部委、各直属机构：

国务院同意国家文物事业管理局提出的第二批全国重点文物保护单位（共计八十二处），现予公布。望各地根据《文物保护管理暂行条例》的规定，组织有关部门对本地区内的全国重点文物保护单位划出保护范围，作出标志说明，并逐步建立科学纪录档案。同时，还应督促有关县、市人民政府，做好所辖境内的全国重点文物保护单位的保护管理工作。

国务院

1982年2月23日

附件：

#### 第二批全国重点文物保护单位名单（共计62处）

（一）革命遗址及革命纪念建筑物（共10处）

| 编号 | 分类号 | 名称 | 时代 | 地址 |
| --- | --- | --- | --- | --- |
| 4 | 4 | 安源路矿工人俱乐部旧址 | 1922年 | 江西省安源市 |

### 国务院关于核定并公布第六批全国重点文物保护单位的通知

国发〔2006〕19号

各省、自治区、直辖市人民政府，国务院各部委、各直属机构：

国务院核定文化部确定的第六批全国重点文物保护单位（共计1080处）以及与现有全国重点文物保护单位合并的项目（共计106处），现予公布。

我国是历史悠久的文明古国，拥有极为丰富的文化遗产。文物是文化遗产的重要组成部分，蕴含着中华民族特有的精神价值、思维方式、想象力，体现着中华民族的生命力和创造力。保护和利用好文物,对于继承和发扬民族优秀文化传统,增进民族团结和维护国家统一,增强民族自信心和凝聚力,促进社会主义精神文明建设,都具有重要而深远的意义。

各地区、各部门要依照《中华人民共和国文物保护法》等法律法规和《国务院关于加强文化遗产保护的通知》(国发〔2005〕42号)的要求,进一步贯彻"保护为主、抢救第一、合理利用、加强管理"的工作方针,针对不同文化遗产的特点,采取切实可行的保护方式,科学规划,妥善处理文化遗产保护与经济发展、人民群众生活条件改善的关系,认真做好全国重点文物保护单位的保护、管理和合理利用工作。

国务院

2006年5月25日

附件:

## 第六批全国重点文物保护单位名单(共计1080处)

与现有全国重点文物保护单位合并的项目(共计106处)

| 序号 | 单位名称 | 时代 | 地址 | 备注 |
| --- | --- | --- | --- | --- |
| 92 | 秋收起义安源军事会议旧址 | 1927年 | 江西省萍乡市 | 归入第三批全国重点文物保护单位安源路矿工人俱乐部旧址 |
| 93 | 安源路矿工人大罢工谈判处旧址 | 1922年 | 江西省萍乡市 | 归入第三批全国重点文物保护单位安源路矿工人俱乐部旧址 |

## 国务院关于核定并公布第七批全国重点文物保护单位的通知

国发〔2013〕13号

各省、自治区、直辖市人民政府,国务院各部委、各直属机构:

国务院核定文化部确定的第七批全国重点文物保护单位(共计1943处)以及与现有全国重点文物保护单位合并的项目,共计47处,现予公布。

各地区、各部门要依照《中华人民共和国文物保护法》等法律法规和国务院《关于加强文化遗产保护的通知》(国发〔2005〕42号)的要求,进一步贯彻"保护为主、抢救第一、合理利用、加强管理"的工作方针,既要注重有效保护、夯实基础,又要注意合理利用、发挥效益,在保护利用中实现传承发展,认真做好全国重点文物保护单位的保护、管理和合理利用工作,努力开创文物工作新局面,为推进文化遗产强国、文化强国建设贡献力量。

国务院

2013年3月5日

附件：

### 第七批全国重点文物保护单位名单（共计1943处）

一、古遗迹（共计516处）

| 序号 | 编号 | 名称 | 时代 | 地址 |
|---|---|---|---|---|
| 1759 | 7-1759-5-152 | 盛公祠 | 1898 | 江西省萍乡市安源区 |
| 4760 | 7-1760-5-153 | 总平巷矿井口 | 1898 | 江西省萍乡市安源区 |

## 国务院关于核定并公布第八批全国重点文物保护单位的通知

国发〔2019〕22号

各省、自治区、直辖市人民政府，国务院各部委、各直属机构：

  国务院核定文化和旅游部、国家文物局确定的第八批全国重点文物保护单位（共计762处）以及与现有全国重点文物保护单位合并的项目（共计50处），现予公布。

  各地区、各部门要依照《中华人民共和国文物保护法》等法律法规和《国务院关于进一步加强文物工作的指导意见》（国发〔2016〕17号）的要求，进一步贯彻"保护为主、抢救第一、合理利用、加强管理"的工作方针，既要注重有效保护、夯实基础，又要注意合理利用、发挥效益，在保护利用中实现传承发展，认真做好全国重点文物保护单位的保护、管理和利用工作，确保文物安全特别是文物消防安全，努力开创文物工作新局面，走出一条符合国情的文物保护利用之路，为坚定文化自信、实现"两个一百年"奋斗目标和中华民族伟大复兴的中国梦作出更大贡献。

国务院<br>2019年10月7日

附件：

### 第八批全国重点文物保护单位名单（共计762处）

五、近现代重要史迹及代表性建筑（共计234处）

| 序号 | 编号 | 名称 | 时代 | 地址 |
|---|---|---|---|---|
| 613 | 8-0613-5-097 | 安源路矿工人补习夜校旧址 | 1922年 | 江西省萍乡市安源区 |

## 江西省人民委员会公布江西省文物保护单位名单

〔57〕会秘字第207号

赣南行署、各专署、庐山管理局，南昌、景德镇人民委员会，各县（市）人民委员会，鹰潭镇人民委员会：

  江西省第一批文物保护单位名单，业经本会批准，现随文颁发。上述公布文物保护单位所在县、市人民委员会，应责成有关乡、镇人民委员会将公布的文物，作出标志（标志为木质，款由县、市人民委员会的文化主管部门在文物事业费给予核销），并切实加以保护。对上述公布的文物，今后未经本会批准，一律不得任意拆毁和迁移。此外各地尚有需要和应该列为保护文物范围而现在尚未列入的，应由各有关县、市人民委员会和有关部门提出送省文化局审查研究，转报本会批准，以便陆续公布。

附件：文物保护单位名单

江西省人民委员会（章）

1957年7月1日

附件：

## 江西省文物保护单位名单第一批（94个单位）

第一部分　革命文物（单位30）

| 县（市）名称 | 文物名称 | 地点 | 时代 | 备注 |
|---|---|---|---|---|
| 萍乡 | 安源路矿工人罢工谈判处 | 安源公务总汇 | | 安源路矿工人罢工时，推举刘少奇为代表，与资方代表谈判于公务总汇楼上的矿长室，取得罢工的胜利 |
| 萍乡 | 安源路矿工人俱乐部 | 安源半边街 | | 系安源路矿工人为纪念罢工胜利集资所建，前后二栋，前栋为办公室，后栋为礼堂，1954年由省拨款修理 |
| 萍乡 | 安源工人运动秘密工作地点 | 安源牛角坡 | | 安源工人运动之前，李立三曾在牛角坡戴氏宅内秘密工作数月 |
| 萍乡 | 镰刀斧头徽帜 | 安源总平巷 | | 安源路矿工人罢工时，曾在总平巷口塑镰刀斧头徽帜一个，今尚完好 |

## 江西省文物保护单位名单第二批（61个单位）

（江西省人民委员会1959年11月30日秘字第569号文公布）

革命文物（15个单位）

| 县（市）名称 | 文物名称 | 地点 | 时代 | 备注 |
|---|---|---|---|---|
| 萍乡县 | 安源路矿工人罢工指挥部旧址 | 萍乡安源牛角坡52号 | 第一次国内革命战争时期 | 1922年安源路矿工人俱乐部、路矿工人罢工指挥部设此。俱乐部迁走后，此屋仍为路矿工人补习学校第二校。刘少奇、李立三同志常来讲课。房屋保存完好，现住社员 |

## 江西省人民政府关于公布第三批省级文物保护单位
## 和重新公布第一、二批省级文物保护单位的通知

省府发〔1987〕122号

各行政公署，省辖市人民政府，各县（市、区）人民政府，省政府各部门：

省政府曾于一九五七年、一九五九年先后公布了两批省级文物保护单位，共计一百五十五处。近年来，在全省文物普查的基础上，全省共发现各类文物六千六百余处，收集流散在社会上的文物

近万件。省政府对其中具有重要史料、文献价值和艺术、科学价值的文物一百四十处（名单附后）进行了审核，现予以公布，为第三批江西省文物保护单位。

二批省级文物保护单位公布以来，历经了近三十年的历史变迁，尤其是经过十年动乱之后，情况发生了很大的变化。两批共一百五十五处省级文物保护单位，现尚存九十五处（名单附后），经再次审核予以重新公布。

确立省级文物保护单位，对于保护祖国历史文化遗产，向人民群众进行爱国主义教育和革命传统教育，起着重要的作用。各级人民政府对辖区内的文物要精心保护，科学管理。要认真贯彻执行国家《文物保护法》，严厉打击盗墓、走私等破坏文物的活动，教育人民群众遵纪守法，共同为弘扬中华民族源远流长的历史文化做出贡献。

江西省人民政府（章）

一九八七年十二月二十八日

附一：

## 第三批江西省文物保护单位名单（140处）

革命遗址及革命纪念建筑物38处

| 文物名称 | 地点 | 时代 | 简介 | 保护范围 | 备注 |
|---|---|---|---|---|---|
| 安源路矿工人补习夜校旧址 | 萍乡市安源五福巷 | 1922年 | 1922年1月，李立三在这里开办平民小学，工人俱乐部成立后，改为工人补习学校，向工人讲授文化知识，传播马列主义 | 旧址东、西各3.5米，南10米 | |
| 安源路矿工人消费合作社旧址 | 萍乡市安源老后街 | 1923年 | 1922年9月，安源路矿工人罢工胜利后，俱乐部为工人谋福利，扩充消费合作社，号召部员投股集资。1923年2月7日，合作社正式营业 | 旧址东、西各3.5米，南7.5米，北至小伙铺南面墙 | |

附二：

## 重新公布省级文物保护单位名单（95处）

革命遗址及革命纪念建筑物（20处）

| 文物名称 | 地点 | 时代 | 简介 | 保护范围 | 备注 |
|---|---|---|---|---|---|
| 安源路矿工人罢工谈判处旧址 | 萍乡市安源煤矿 | 1922年 | 安源路矿工人罢工时，刘少奇代表工人与资方代表在此楼上进行谈判，使罢工取得了胜利 | 整个大楼四周各10米 | |
| 总平巷矿井口（原名镰刀斧头徽帜） | 萍乡市安源煤矿 | 1922年 | 毛泽东、李立三、刘少奇等同志深入总平巷，向矿工进行宣传组织工作 | 巷口四周各20米 | |

已列入国家重点文物保护单位名单（23处）

萍乡市：安源路矿工人俱乐部旧址（原名安源路矿工人罢工指挥部）、安源路矿工人俱乐部旧址（罢工后）

已毁的省级文物保护单位（32处）

萍乡市：安源工人运动秘密工作地点

## 江西省人民政府关于公布第五批江西省文物保护单位的通知

赣府发〔2006〕29号

各市、县（区）人民政府，省政府各部门：

第五批江西省文物保护单位以及与现有江西省文物保护单位合并的项目已经省政府第51次常务会议审议通过，现予公布。

江西历史悠久，人文荟萃，文物资源非常丰富。保护和利用好这份珍贵的历史文化遗产，对于促进我省"三个文明"建设有着重要而深远的意义。各级人民政府、各有关部门要根据《中华人民共和国文物保护法》《中华人民共和国文物保护法实施条例》《江西省文物保护条例》等法律法规要求，认真落实《国务院关于加强文化遗产保护的通知》（国发〔2005〕42号）的精神，进一步贯彻"保护为主、抢救第一、合理利用、加强管理"的文物工作方针，妥善处理文物保护与经济建设、社会发展的关系，按期完成各文物保护单位的保护范围和建设控制地带的相关工作，落实各项保护措施，确保文物安全，切实做好本行政区域内文物保护单位的保护、利用和管理工作。

2006年12月18日

附件：

### 第五批江西省文物保护单位名称（共计121处）

五、近现代重要史迹及代表性建筑（共计35处）

| 序号 | 编号 | 名称 | 时代 | 所在市 | 地址 | 备注 |
|---|---|---|---|---|---|---|
| 88 | V5 | 安源毛泽东旧居 | 1921年 | 萍乡市 | 安源镇八方井 | |
| 91 | V8 | 秋收起义二团出发地旧址——张公祠 | 1927年 | 萍乡市 | 萍乡市安源镇 | |
| 117 | V34 | 绛园张学良旧居 | 1937年 | 萍乡市 | 安源区凤凰街 | |

## 江西省人民政府关于公布第六批江西省文物保护单位的通知

赣府发〔2018〕14号

各市、县（区）人民政府，省政府各部门：

第六批江西省文物保护单位共计684处（含现有江西省文物保护单位合并的项目1处），已经省政府同意，现予公布。

江西是历史文物大省、革命文物强省，文物资源非常丰富。保护利用好这份珍贵的文化遗产，对开展爱国主义和革命传统教育，坚定文化自信，提升江西文化底蕴，促进江西经济社会发展均有重要意义。各地、各有关部门要根据《中华人民共和国文物保护法》《江西省文物保护条例》等法律法规要求，认真落实《国务院关于进一步加强文物工作的指导意见》（国发〔2016〕17号）、《江西省人民政府关于进一步加强文物工作的实施意见》（赣府发〔2017〕28号）等文件精神，进一步贯彻"保护为主、抢救第一、合理利用、加强管理"的工作方针，正确处理文物保护与城乡建设的关系，切实做好本行政区域内不可移动文物的保护、管理和合理利用工作，落实各项保护措施，确保文物安全，按期完成各文物保护单位保护范围和建设控制地带的相关划定工作，为推动江西文化强省建设作出新贡献。

2018年3月9日

附件：

## 第六批江西省文物保护单位名单（684处）

五、近现代重要史迹及代表性建筑（383处）

| 序号 | 编号 | 名称 | 时代 | 所在地 | 备注 |
| --- | --- | --- | --- | --- | --- |
| 461 | 6-5-163 | 安源党组织决定大罢工会议旧址 | 1922年 | 萍乡市安源区 | |
| 462 | 6-5-164 | 安源工农兵政府旧址 | 1930年 | 萍乡市安源区 | |
| 463 | 6-5-165 | 安源路矿工人运动纪念馆陈列大楼 | 1968年 | 萍乡市安源区 | |
| 464 | 6-5-166 | 黄静源烈士殉难处纪念碑 | 1926年 | 萍乡市安源区 | |
| 606 | 6-5-308 | 毛泽东、李立三1921年冬来安源旧居 | 1921年 | 萍乡市安源区 | |
| 607 | 6-5-309 | 中共安源地委旧址 | 1923年 | 萍乡市安源区 | |
| 680 | 6-5-382 | 中共湖南省委机关旧址 | 1928年 | 萍乡市安源区 | |

## 关于安源路矿工人俱乐部修复竣工典礼工作的建议

安源路矿工人俱乐部修复工程，由于上级党委和政府的关怀，各界人民的支持，全体修复工程的职工的努力，将在月底竣工。我们根据党和政府的指示、各界人民的要求，以严肃的态度来做好它的开幕工作。

安源路矿工人俱乐部今天的竣工典礼，在中国的工人阶级特别是在我们煤矿职工中具有特殊革命的历史意义，也是我们萍乡全县人民中一件光荣的大喜事。我们应在党的领导下，号召全县工农群众，深入开展劳动竞赛，大力组织农业合作化运动，用全面完成和超额完成一九五六年工农业生产计划，保证职工在元旦春节中的满勤的实际行动来迎接它的落成。

关于筹备工作，我们提出以下几点建议，请各有关领导研究并希提出具体意见。

一、在萍矿党委和中共萍乡县委的领导下，成立"安源路矿工人俱乐部修复竣工典礼筹备委员会"，由萍矿党委、矿务局、矿区工会、萍乡铁路工会、安源区人民委员会、安源镇、安源矿等负责同志和老工人代表组成。

1. 筹备委员会设正副主任，正副秘书长，下设秘书、宣传、资料调查、总务、设计布置等工作组。

2. 筹备工作是时间紧而且又要做到严肃隆重，合符党和政府的指示，满足群众要求。因此，就必须要有一批政治可靠、而又善于这一工作的专职干部来参与筹备工作。我们拟在萍乡矿务局、矿区工会、安源矿各抽调二人，并请萍乡县、铁路工会酌情抽调人员负责筹备工作。

3. 筹备委员会暂定本月三十日以前在安源或萍乡县召会成立。

二、俱乐部内外的布置：

1. 部内拟设下列各室、馆：阅览室、讲座室、广播室、陈列馆、图书馆。刘少奇委员长过去的办公室不作另用并加布置保持原样。其具体布置由设计布置组提出计划，筹委会批准。

2. 各室、馆家具、用品均已由矿区工会制订，一般用具还须请矿务局拨给。

3. 关于外部环境，拟发动义务劳动，把花园作一初步整理，并由总务组着手计划绿化环境、种植树苗。

三、庆祝活动

1. 暂定一九五六年元旦举行竣工典礼。元旦日的活动拟以安源为中心。

2. 向毛主席、刘委员长致电。

3. 聘请上级党、政府、工会首长，长沙、株洲市工会负责同志、老工人参加开幕典礼。

4. 组织祭扫烈士墓和向烈士家属慰问。

5. 请工人报、广播站在元旦日发表专刊和举行广播庆祝大会。

6. 组织政治报告，讲述安源俱乐部的历史。

7. 邀请萍乡地方剧团或国营剧团和组织本矿业余剧团的优秀节目举行庆祝晚会。

8. 建议请萍矿团委在开幕日组织一次团日活动。

中国煤矿工会萍乡矿区委员会（章）<br>十一月二十三日

中共萍乡县委宣传部、萍乡县人民委员会、萍乡县工会联合会、萍乡县安源区公所、萍乡县安源镇人民委员会、萍乡矿务局安源煤矿、中国新民主主义青年团萍矿安源矿总支委员会对上述建议均表示同意并签字盖章。

## 关于安源工人俱乐部有关问题的会议纪要

市委（63）综字第 008 号

五月三日和九月十四日，市委召开了有关部门的负责同志会议，由张国荣、赵凯、刘大夫同志主持，研究了安源工人俱乐部有关事宜。出席这次会议的有：市总工会主席赵凯，市委宣传部副部长刘大夫，民政局副局长肖占民，文教局局长贺锡九，城建交通局局长李锦兴，安源矿党委副书记彭永辉（请假），萍乡矿区工会副主席杨晴玫，矿区工会宣传部部长胡建周。现将这次会议研究的问题纪要如下：

安源工人俱乐部及敬老院的管理体制问题。萍矿管理的安源工人俱乐部改由市文教局直接管理，萍矿敬老院由市民政局直接管理，九月底办理好接管手续，十月份起分别由市文教局、民政局按规定拨给所需经费开支。

修缮俱乐部问题。

修缮的范围是：安源工人俱乐部，毛主席来安源居住过的一个住所，安源工人罢工指挥部，一所工人夜校和一所子弟学校的旧址。

修缮的具体规划：预计施工，由市城建交通局负责；设计文件，由萍矿负责；内部文物陈设，由市文教局负责。

修缮费用及修缮范围内的民房调整。俱乐部修缮费用由市总工会写报告，请省总工会拨款解决。属于修缮范围内已居住了居民和工人的房子，要求在动工修缮前空出来，居民由安源镇负责动员和调整，工人由安源矿负责安排，在安排好民房和工人住宅后，开始动工修缮。

为了加强修缮工作的具体领导，会议研究成立一个修缮委员会，由下列同志组成：范飞、韩伯龄、赵凯、刘大夫、杨晴玟、肖占民、贺锡九、李锦兴、袁品高、彭永辉、段先明。范飞同志为主任委员，韩伯龄、赵凯、刘大夫同志为副主任委员。

以上各项望有关部门贯彻执行。

中国共产党萍乡市委员会（章）<br>1963 年 9 月 14 日

## 关于请求筹建"安源路矿工人运动纪念馆"的报告

萍乡市委总号（63）613 号会文字第 25 号

省人委：

1922 年秋，毛泽东主席和刘少奇主席亲自领导了举世闻名的安源大罢工。这一大罢工是全国第一次工人运动高潮中最成功的范例。1926 年和 27 年安源工人阶级先后两次为支援北伐战争，参加秋收起义，作出了卓越贡献。

安源已成为今天向青年一代进行革命传统教育最好地区之一。

现在安源镇保存有当年的"路矿工人俱乐部""毛主席、刘主席和李立三同志等旧居""工人夜校""罢工指挥部"等革命旧址十余处。上述革命旧址，在解放后得到了党和政府的妥善保护，并且已经成为广大群众和国际友人经常参观的场所。鉴于上述情况，为了更好地保护安源的革命旧址，收集有关文物资料，系统宣传安源工人阶级的革命斗争史，我们认为有必要筹建"安源路矿工人运动纪念馆"，并作如下具体安排：

1964 年拟建立纪念馆，配备专职干部三至五人，并加以必要训练；根据刘主席 1953 年给安源镇工会信的指示，建立一座烈士纪念碑，与此同时，收集有关资料。

1965 年，建造纪念馆陈列室，布置陈列，并争取在罢工斗争胜利四十二周年，开放陈列，供人参观。

以上意见是否适当，请予审查，并望批复。

江西省萍乡市人民委员会（章）<br>一九六三年十一月二十九日

### 关于安源工人俱乐部及敬老院的管理体制问题的通知

萍乡市人委总号（63）218号会秘字第045号

萍乡矿务局，市民政局、文教局：

为有利于加强城镇建设和文化福利事业的统一管理，经研究决定：萍矿管理的安源工人俱乐部由市文教局直接管理，萍矿敬老院由市民政局直接管理。安源工人俱乐部的管理人员，除留用一名外，其余由市统一配备。有关交接手续，希有关单位直接协商办理。

江西省萍乡市人民委员会（章）<br>一九六四年四月二十一日

### 关于成立安源工人俱乐部修缮委员会的通知

萍乡市人委总号（64）230号会秘字第48号

萍乡矿务局，安源矿，安源镇人委，市总工会，市计委，市城交、文教、民政局，萍乡矿区工会：

为了加强安源工人俱乐部修缮工作的领导，经研究决定成立安源工人俱乐部修缮委员会，由王君义、韩伯龄、赵凯、刘大夫、元林、杨晴玟、聂嘉检、王一、袁品高、彭永辉、段先明等十一位同志组成，由王君义同志任主任委员，韩伯龄同志任副主任委员，王一同志兼修缮委员会办公室主任（办公室设城交局内）。

特此通知

江西省萍乡市人民委员会（章）<br>一九六四年四月二十五日

### 批转"关于接管安源路矿工人俱乐部和路矿工人敬老院的交接会议纪要"

萍乡市人委总号（64）588号会秘字第76号

萍乡矿务局、安源煤矿，市文教局、民政局：

市人民委员会同意1964年6月8日"关于接管安源路矿工人俱乐部和路矿工人敬老院的交接会议纪要"，现批转给你们，希认真贯彻执行。

江西省萍乡市人民委员会（章）<br>一九六四年八月五日

附件：

### 关于接管安源路矿工人俱乐部和路矿工人敬老院的交接会议纪要（摘录）

安源是我国革命发源地之一，在我国革命斗争史上写下了光辉的一页。路矿工人俱乐部是当时指导工人的指挥部，是国家的重要历史文物；参加罢工斗争的老工人，是我们革命的老前辈，党和政府为了使他们幸福地安度晚年，成立了路矿工人敬老院。这两个单位过去委托安源矿管理。根据中央指示，省委的决定，进一步加强路矿工人俱乐部和路矿工人敬老院管理和监督，是当地党政的责任。为此，市委、市人委遵照上级指示，由王君义副市长负责，于1964年6月8日，在安源路矿工人俱乐部召集有关负责同志和老工人代表进行了座谈研究。到会的有：市民政局王锡增局长，市总工会孙武副主席，市文教局元林副局长，萍乡矿务局工会袁品高、李芳国副主席，安源矿杨辉矿长，安源工会张德山主席，安矿工会宣传科朱子金科长以及老工人代表八名，通过协商、研究、解释，消除了一些误解，基本上求得了认识上的一致。现将会议研究解决的几个问题纪要如下：

关于路矿工人俱乐部的接交问题

安源路矿工人俱乐部由安源矿移交给市文教局管理。市接管后，安源路矿工人俱乐部的名称不予变动。

路矿工人俱乐部的财产、陈设、用具等全部列入移交。如产权、财权属安源矿，均已转账移交处理，安矿已拿回去的东西应全部交俱乐部。

省工会在1964年5月拨给路矿工人俱乐部的修缮经费三万二千元，已进入萍矿工会账户，由萍矿工会拨给市文教局，立即着手基建围墙，多余部分再安排其他项目开支。

俱乐部交市管后，不能继续居住干部。今后干部的住房问题，由安源镇负责调整解决。原路矿老工人将发给证件，作为出入俱乐部之用。

主席在安源的故居和罢工指挥部、消费合作社、工人夜校的房子，需要进行一次全面整修。在修理前要做好工作，动员住户搬走。如属安源职工，由安源矿负责做好工作；属城镇居民，则由安源镇负责动员处理好。这些房子修好后，不得再接纳职工、居民居住。对于被动员搬走的职工和居民的住房，必须做好妥善安置。

关于路矿工人敬老院的移交问题（略）

1964年6月15日

### 关于成立"安源路矿工人运动纪念馆"的通知

萍乡市人委总号（64）652会文字第23号

本会各工作部门、各区公所、镇人委、各乡（镇）人委：

安源工人运动是我国工人运动的发源地之一，为了纪念安源路矿工人革命斗争史迹，向广大人民群众进行社会主义教育和革命传统教育，并为科学研究服务，经研究决定成立"安源路矿工人运动纪念馆"，并随文颁发公章一枚，自行文之日起启用。特此通知。

印模（"安源路矿工人运动纪念馆"）

江西省萍乡市人民委员会（章）

一九六四年十一月廿八日

## 关于建立萍乡市革命委员会宣传毛主席在安源革命活动委员会的通知

萍发（68）总字第34号

经市革命委员会一九六八年三月十二日常委会会议讨论决定，成立萍乡市革命委员会宣传毛主席在安源革命活动委员会。委员会由石明之、马凤成、张万海、姚发梅、胡保初、张阿华、王福祥、唐芳琼、张汉祥、李开禄、刘忠义、贾志甫、钟云彩等十五位同志组成（暂缺两名），石明之同志为主任委员，马凤成、姚发梅为副主任委员，下设办公室，由姚发梅同志兼任办公室主任，唐芳琼、钟云彩为副主任。并抽调一批忠于伟大领袖毛主席、忠于毛泽东思想、忠于毛主席革命路线的骨干分子，作为专职人员，立即开展工作。

萍乡市革命委员会（章）

一九六八年三月三十日

## 《毛主席在安源革命活动纪念馆》建设情况汇报（摘录）

一九六八年六月十八日，江西省革命委员会批准了兴建《毛主席在安源革命活动纪念馆》。这是阶级斗争和路线斗争的需要，是时代赋予我们的光荣历史使命，是全国人民、全世界人民的共同心愿和迫切要求。

《毛主席在安源革命活动纪念馆》的建设……自去年七月一日破土，八月七日挖基施工以来，经过全体建馆职工半年多来日以继夜、艰苦奋斗，主体馆于元旦落成。目前，第一期建设工程即将完工。

建设《毛主席在安源革命活动纪念馆》有三个较显著的特点：第一，安源在党内两条路线斗争史上，有着十分重要的特殊地位。加之《毛主席去安源》革命油画发表，震动了全国和全世界。因而，建设《毛主席在安源革命活动纪念馆》，成为全国人民迫切的政治任务。第二，任务重，战线长，时间短，要求高。设计、施工、陈列、讲解、资料、美术创作、戏剧创演、报告宣传等，几项工作齐头并进，边设计，边组织力量，边行动，边修改。第三，在省、专革委会领导下，由专、市、路、矿革委和驻军组成三结合的领导班子；全国八省（浙江、江苏、四川、山东、湖南、广东、辽宁、江西）二市（北京、上海），二百五十多个单位，一千四百余人组成建馆基本队伍，敬献忠心。此外，前后有将近二百个单位、十四万人参加建馆献忠劳动。

现就半年多来对省革委会交给我们的三项任务：建好《毛主席在安源革命活动纪念馆》（包括陈列内容）；创演一个红剧；培训一个红色报告团的完成情况，作如下简单汇报。

纪念馆的建设方面：

房子建筑。主体馆是建在巅峰起伏的山腰（地质很好），面积达三千五百八十平方米，二层混合结构，高度二十四点五米（地面至红太阳最高点）。

整个建筑物，高大宏伟、庄严大方，有着丰富的政治内容。正前方的最高处，是景德镇市艺术瓷厂敬制成功的《毛主席来安源》巨幅彩绘瓷版画像（红太阳），由四百二十八块瓷版拼成，高达六米。它体现了伟大领袖毛主席风华正茂的神采、高瞻远瞩的目光、高大光辉的形象。

成千上万的工人、贫下中农、红卫兵小将及机关干部源源不断地涌向工地参加献忠劳动。几个月来，共完成九万多土方任务。从七八岁的娃娃到白发苍苍的老人，都"来一个动员"，都为建设《毛主席在安源革命活动纪念馆》添砖加瓦。从边防海防前线回来探亲的解放军指战员，出差路过萍乡的旅客，都赶到工地来敬献忠心。萍乡交通部门为了建馆需要，特增加了车次。富有光荣革命传统的萍矿工人主动承担开山、打眼、放炮的艰巨任务。萍乡电厂职工家属苦战几昼夜，为建馆送来了五百立方煤渣。卫生部门派出了医务人员驻工地医疗。安源镇的居民长期为建馆工地送茶送水。此外，许多兄弟省、市从人力、物力方面对建馆工作给予大力支援。来自湖南汨罗麻石厂的工人同志，为了及早完成纪念馆台步花岗岩加工任务，他们干劲冲天，冒雨雪霜冻，起早贪黑在工棚苦战……一营副教导员顾炎武同志在部队服役时开过刀，身体较虚弱。有一天，他粉刷大厅时，突然从架子上摔下来，当时不省人事，旧刀口在流血，工人同志把他送到医院住院。但他一醒来就偷偷地从萍乡步行十余里回到安源建馆工地。工人们劝他休息，可是他说："建设毛主席的纪念馆，我能躺下休息吗？"他忍着疼痛又投入新的战斗。参加建馆的新余建筑公司老工人林才良同志，解放前给地主打长工，这次他被批准来安源参加建馆，高兴得几个晚上都未睡着觉。他到安源后，每天早起一小时，下午晚收工一小时，不论刮风下雨，酷暑严寒，他总是这样坚持献忠劳动。他曾不署名悄悄地把自己积攒的五十元钱送交建馆领导小组，向毛主席敬献忠心。

陈列内容。全馆共分七部分：请示厅和六个馆。请示厅正面正中央是《毛主席来安源》巨幅画像。第一馆，《安源工人盼救星》；第二馆，《红太阳照亮了安源山》；第三馆，《安源工人大罢工》；第四馆，《唤起工农千百万》；第五馆，《枪杆子里面出政权》；第六馆，《敬祝毛主席万寿无疆》。

纪念馆的陈列大纲先后进行了五次修改。陈列中共有毛主席语录七十条，歌谣三首，画七十幅（其中油画十九幅，国画十一幅，版画二十三幅，漫画十六幅，宣传画一幅），大型泥塑一组，群雕五座，图表十三张，各种照片一百四十六张，文物二百五十八件。

《毛主席在安源革命活动纪念馆》的陈列资料，放手发动群众，从无到有。除在本市召开了两次全市性的文物工作会议外，先后派出了十批人员到湖南、湖北、广东、山东、上海、北京、江苏等省市和本省各地调查访问和收集文物资料的工作。旧居旧址方面，已落实的十四处：（1）一九二一年秋，毛主席第一次来安源旧居；（2）一九二一年冬，毛主席来安源旧居；（3）一九二二年九月，毛主席主持召开安源党支部会议旧址；（4）第一所工人夜校；（5）毛主席亲自创办的工人俱乐部；（6）毛主席下过两次的矿井；（7）一九三〇年召开军民干部联席会议旧址；（8）一九三〇年安源工人欢迎毛主席大会会场旧址；（9）一九三〇年九月毛主席来安源旧居；（10）安源路矿工人俱乐部；(11) 一九三〇年安源工农兵政府旧址；(12) 黄静源烈士旧居；(13) 黄静源烈士就义处；(14) 毛泽民主办的"安源路矿工人消费合作社"旧址。目前，已修复九处（其中重新复原的三处，建筑面积六百一十六平方米）。

此外，因建馆移迁居民三十五户，新盖民房四栋，面积一千九百平方米。

剧目创演方面：

创演队现有人员七十三名，来自五十二个单位，其中厂矿的三十一名。歌剧《红太阳照亮了安源山》是从去年七月开始创作，经过三次修改。在创作过程中，我们踢开了名、洋、古修正主义文艺路线，打破了所谓"戏剧规律"的一切老框框，大胆创新。采取边写边排、边排边改、边演边改、不断总结提高的办法。截至目前，已先后向省、专、市汇报演出了四十多场。

培训报告团方面：

现有报告人员十名（工人九名）。他们的任务，主要是巡回向工农兵群众宣传毛主席在安源的伟大革命实践，大歌大颂毛主席的丰功伟绩。几个月来，亦是采取边学习，边调查（查阅有关资料，请老工人回忆路矿史、家史、参观旧址旧居），边编写和修改报告词，边宣传的办法。现在，报告词草稿修改六次，已向萍乡、安源地区广大工人、贫下中农、居民和各单位来馆参加献忠劳动的革命群众、红卫兵小将报告了二十八次。

《毛主席在安源革命活动纪念馆》建设领导小组

一九六九年二月十五日

## 二、回忆录

### 一件提案

全国人民代表大会代表、萍乡矿务局工人　郭清泗

一月四日晚上，我在《江西日报》上看到了中华人民共和国内务部根据我在全国人民代表大会上提出的提案，做出拨款3亿元按照原来的规模修复安源路矿工人俱乐部，并在安源修建烈士纪念碑的决定。我高兴得半夜都没有睡着。

我提出这件提案的经过情形，立即涌现在我的眼前来了。

解放以后，每逢节日，每当老工人跟大家讲起安源工人革命斗争故事的时候，工人同志们都提出来，"喝水不忘挖井人"，一定要把安源路矿工人俱乐部修复起来。让我们的后代永远不忘毛主席、刘少奇同志领导安源工人革命斗争的事迹，纪念安源的革命烈士。

去年九月间，我当选为全国人民代表大会代表。动身去北京开会的时候，很多工人同志来找我，他们都嘱咐我一定要投票选举毛主席，并在会上提个意见：把安源路矿工人俱乐部修复起来，最好同毛主席和刘少奇同志当面讲。

在第一届全国人民代表大会第一次会议上，我想把这件事当作一项提案向大会提出来。我先征

求了本省参加全国人民代表大会代表的意见。有的说："我们这个会议，主要任务是通过宪法，选举我们国家的领导人。你这个提案当然也很重要，但和这次会议的整个任务比起来，就算不了什么。"我听了有些犹豫，这个提案，是我的选民委托我的，一定要提出，但提出来会不会起作用呢？后来虽然我把提案提上去了，但这个顾虑并没有打消。

过了两天，我看到了刘少奇同志。他知道我是萍乡煤矿的工人，和我谈了许久的话。我告诉他，我在会上提了个提案，他听了连连点头说这次大会来不及处理，会交给新选出来的国务院去处理。这样我心里的疙瘩才算消除。

回到矿上，我在传达全国人民代表大会的开会情况时，向大家宣布了这件事。庆祝全国人民代表大会成功的掌声刚刚停下，立即又响了起来。散了会好久，许多职工围着我不散，对我说你真是了解我们的心思。

这个喜讯很快地就传遍了全矿，到处都在谈论着。安源老工人们还专门为这件事开了一个座谈会。老工人张竹林说："郭清泗是我们的代表，人民政府看重郭清泗的意见，就是看重我们。""放顶抽料法"的创造者之一何金成同志说："国家出钱重修俱乐部，用不着我们抖（凑）钱修，但我也要为这件事出点汗。"烈士朱少连的岳母，还特地跑来向我们道谢。她老人家再三对我说："毛主席、刘少奇同志这么关心我们，我向你道谢，就像向他们道谢一样。"驻在安源的人民解放军同志也说："快点开工吧！我们能够参加义务劳动，也是光荣的。"

以后，我和群众的联系越来越密切了，大家有什么事都喜欢找我谈。我每天下班回家以后，家里老是有客人等着。

在旧社会，我是一个"黑脚板"，活了二十多岁，没有讲过一句起作用的话。现在，我在全国人民代表大会上讲了几句话，就这样被重视，收到了这么大的效果。离我从北京回来才两个月，内务部就处理了这个提案。这是因为有了伟大的党，因为人民群众对我无限的信任，因为一切权力属于人民。我应当怎样报答党和人民的无限信任，来保卫宪法上"一切权力属于人民"的庄严规定呢？从北京回来以后，我就学开割煤机，学了两个月，就能自己掌握了。我在旧社会里学打铁，学了四年都没有学好，现在学两个月，就能掌握这么重要的机器，我要好好使用割煤机，作为我报答国家和人民的实际行动。（一九五五年二月）

原载《安源路矿工人俱乐部修复竣工纪念册》（1956 年 1 月 1 日）

## 安源路矿工人俱乐部旧址修复前后

沈钟环口述　黄爱国整理

1955 年，我在萍乡矿务局工会任宣传部副部长，受萍矿党委和工会的委派，自始至终负责并参加了安源路矿工人俱乐部旧址的修复工作。

1954 年 9 月，出席第一届全国人民代表大会第一次会议的萍矿工人代表郭清泗同志向人大递交了关于请求拨款修复安源路矿工人俱乐部，请刘少奇同志为《萍矿工人报》题写报头和解决老工人生活问题的提案。全国人大对这一提案十分重视。不久，国家内务部通过全国总工会，拨款3万元修复安源路矿工人俱乐部旧址。这笔钱是1955年1月由江西省总工会转到萍乡矿务局工会的。萍乡县委、萍矿党委把修复俱乐部旧址作为一件大事来抓，制定了"保持历史原貌，恢复本来面目"的修复原则，并专门抽调我和萍乡县文教科干部黎浦江、县文化馆职工黎善鸣具体负责这项工作，指派柳云昆工程师负责工程设计，萍矿基建工程队承担施工任务。

我们接受了这一任务后，便搂着被窝铺盖，到安源路矿工人俱乐部旧址居住。这座旧址是20年代初由安源工人集资、设计、建造的，新中国成立初期基本保持原貌。但由于年久失修，里面破烂不堪，面临倒塌的危险。动工修复前，我们访问了不少安源老工人、老住户，请他们回忆当年俱乐部的陈设。安源人民听到党和政府拨款修复俱乐部旧址的消息，都非常关心。每天有大批人主动向我们反映情况，并无偿地捐献革命文物。我记得朱子金同志的母亲、姨妈和邓长富、谭福生、戴婆婆（当年李立三经常在她家里开会）等老人给我们提供了不少情况。我们按照老工人提供的线索，到各家各户收集当年俱乐部用过的桌椅板凳时，大家都很支持，不要任何报酬，也不要办任何手续，让我们拿走就是。

1955年8月22日，修复工程动工。参加俱乐部旧址修复工作的职工夜以继日地忘我劳动。讲演厅楼阁上的雕花板陈旧褪色，修复时重新作了油漆。讲台全部翻新。厅内的八根大木柱已经腐烂，全部换成了新的。换柱子时，大家生怕损坏原貌，不少老工人废寝忘食，日日夜夜守在柱子前。我们还根据老工人回忆，在讲台两侧和上方恢复了红布黑字的对联："有团结精神，有阶级觉悟；是劳工保障，是人类福星"，横联："全世界无产阶级联合起来呵！"这幅横联到底有没有这个"呵"字，当时老工人们争论了很久。最后，我们采用多数人的意见，将"呵"字保留了。讲演厅恢复的凳子，首先是四人板凳，后来按老工人回忆改为黑色长条椅。俱乐部门前的木栏杆，是为了保护旧址临时钉做的。栏杆大门两边的水泥墩，也是临时砌的，上方有黎浦江写的"安源路矿工人俱乐部"九个铁皮的仿宋体字。经过百余天的紧张施工，终于在1955年12月13日完成了修复工程。整个旧址焕然一新。

在修复俱乐部旧址的同时，我们筹办了一个反映安源工人革命斗争历史的展览。这个展览展出了安源工人罢工时用过的油灯、铁棍等文物和表现安源工人大罢工的连环画以及安源工人运动中牺牲的部分革命烈士的事迹。经萍乡县委、萍矿党委宣传部门的负责同志审查批准，于1956年元旦正式对外开放。

俱乐部修复工程即将竣工时，萍乡县委和萍矿党委决定：于1956年元旦举行隆重的"安源路矿工人俱乐部修复竣工典礼"，并邀请湖南各有关部门领导和老工人代表参加。安源人民听到这一消息，心情十分激动，个个奔走相告。我们考虑到俱乐部竣工典礼意义重大，提议编一本纪念册。组织上认为这个建议很好，于是指派萍矿工会的胡尘白同志编了一本《安源路矿工人俱乐部修复竣工纪念册》。

1956年元旦，萍乡县委、萍矿党委隆重举行安源路矿工人俱乐部修复竣工典礼。是日凌晨三时许，安装在半边街广场的高音喇叭播放了雄壮的歌曲《东方红》。安源人民听到歌声，纷纷起床，陆续汇集在俱乐部旧址前。没有人号召，也没有人组织，人们十分自觉地赶来，参加这一盛大的庆典。到天亮时，广场上人山人海，不下万人。应邀参加典礼的有以湖南省总工会副主席刘亚球为团长的湖南省总工会代表团、革命烈士的亲属谢清英、朱子金和老工人代表、醴陵县民政科副科长袁品高等。

当鲜艳的安源路矿工人俱乐部部旗在旧址上空冉冉升起的时候，广场上万众欢呼，掌声雷动……

（原载 1991 年《萍乡文史资料》总第 13 辑）

## 毛主席在安源革命活动纪念馆筹建经过

廉明德

1968 年 3 月 12 日，省革委召开以程世清为主任的"宣传毛主席在江西革命活动委员会"第一次会议，会上决定："萍乡市、萍乡矿务局革命委员会、萍乡铁路领导机关应协同一致，立即着手建毛主席在安源革命活动纪念馆。争取在'五一'以前提出陈列大纲，力争 7 月底以前建成纪念馆（纪念馆的建设方案须报省审批）。"

1968 年 3 月 14 日，萍乡市革命委员会成立，遵照省革委的指示，随后成立了"宣传毛主席在萍乡革命活动委员会"，由市革委主任石明之兼宣委主任，市革委副主任姚发梅（群众代表，现在江矿）兼宣委副主任，下设宣委办公室（简称"活办"）在安源办公，指定姚发梅和军代表、市革委委员唐芳琼（6013 部队团部参谋）负责"活办"工作。不久又派原副市长郭玉柱和市委宣传部原科长钟云彩到"活办"参与领导，后来又派了一些干部。他们到了安源以后，就在群众组织（萍乡矿务局、萍乡铁路、安源煤矿、南昌师范、北京历史研究所、北京工艺美术学院等单位几十人）搞"安展"的基础上开展了工作。但由于都没有经验，不知从何处下手，于是就一边收集整理资料，一边外出参观学习。在参观井冈山的时候，唐芳琼听到长沙军政干校帮助了井冈山建馆的消息。因此，他向石明之提议，邀请长沙军政干校党史教员马玉卿（"文化大革命"前担任过韶山馆馆长）来安源帮助建馆。1968 年 5 月中旬，马玉卿到了安源。与此同时，省"活办"负责人路明（现省革委办公室政工组负责人）也到萍乡督促这项工作，并派省"活办"张会村（原省委宣传部处长）、柳金堤（原省委宣传部副处长）等人到安源具体督战。宜春地区（当时萍乡归宜春地区管辖）"活办"谭忠连（原专区文联干部）等人也来到了安源。

马玉卿到安源以后，开头看了几天材料，然后就给建馆人员和安矿工人以及萍乡市机关干部连续作了几次报告，报告毛主席在安源的伟大革命实践。在这个基础上便组织大家编写陈列大纲和设计陈列小样，在马玉卿的指挥下于 6 月初完成了陈列方案，分"安源工人盼救星""红太阳照亮了安源山""安源路矿工人大罢工""唤起工农千百万""枪杆子里面出政权""敬祝毛主席万寿无疆"六个部分。

我是 5 月底到安源的，当时既不懂安源的历史，又不懂陈列美术，只好先抓纪念馆的建筑工作。但对这个问题，当时省、专、市在安源的人员是有分歧的。张会村和柳金堤说今年没有钱，要建也得明年，主张找个地方把内容陈列出来就行了。谭忠连同意张、柳的意见。安源工人和马玉卿、唐芳琼、郭玉柱还有我都主张建个新馆，理由是"文化大革命"前的陈列馆不能用且小，又找不到适当的房子，只好重建。石明之、马凤成、张景才（市武装部政委、市革委副主任）、张万海（市革委副主任）都说馆要办，但市里没有钱，主张把萍乡老文化馆（原孔庙）修一修办纪念馆。安源工人对此好大意见，说毛主席在安源革命活动纪念馆怎么能建到萍乡呢？更不能放在孔子庙里边陈列。石、马、张和安源建馆负责人虽然到文化馆看了一次，也一致认为这个地方是不行的，办毛主席的纪念馆不仅不严肃，而且修了以后也不适用，于是当场决定向专区和省里汇报。

1968年6月10日，市革委召开了常委会会议，听了马玉卿的汇报，审查了安源纪念馆的陈列大纲和小样。会议没有提出什么意见，一致同意由石明之带领马玉卿、唐芳琼、张孝和（原安矿技术人员、参加建馆人员）、赵书如（原萍矿机厂技术人员）、刘善文（原市委党校教员、参加建馆人员）和我到地区和省里逐级汇报。张会村、柳金堤也随我们回南昌。

1968年6月12日，宜春地区召开了革委常委会会议，会上又听了马玉卿的汇报，然后审查了陈列大纲和小样，一致通过。接着，石明之提出安源建馆要省、专、市三家领导同意，以省、专为主。刘化东主任当时表示同意，并决定专区也派一人和我们一同到省里汇报。这样就形成了专、市汇报团。开始要张国震同志和我们一块去，因国震有别事不能去而改为地区宣传组长陈华去的。

1968年6月13日，我们这个汇报团到达南昌，住在江西宾馆四楼。石明之因家还在南昌，因此有事则来无事在家。我们在南昌连续等了四天，重新写了专市汇报提纲，把建馆经费由20万元改为40万元。但得不到汇报的机会，大家心情很着急。因为马玉卿在帮助井冈山建馆的时候看到过程世清，于是在6月17日晚，石明之、马玉卿由路明陪同到了程世清的家。石明之首先汇报了来意，然后马玉卿汇报了安源准备建馆的情况。程世清听完后当即作了九点指示："（1）同意建一个馆，给40万，地点要在一个小山头，不要在平地上，立即设计报省，争取两个月搞出来。（2）几项任务同意，除在安源陈列展出，再报中央在北京展出；报告团立即挑选红卫兵、老工人15—20人训练，先到南昌报告，再到北京；剧本由省里统一搞；纪念品、画册不作为一项任务；展品搞一套小的到农村巡回展出。（3）领导班子同意搞省、专、市三结合，专、市为主，向外由省出面。（4）井冈山馆也要复制上北京，先去。（5）现在以省的名义向各地要点力量，向中央发个电报。（6）明天晚上在洪都宾馆开常委会。（7）方案以省名义打印送中央审批。（8）主席著作（指《告中国的农民》）抄给我一份。（9）马玉卿同志请留下，由省革委发电报给湖南省革委。"第二天石明之就先回萍乡了。

1968年6月18日晚，在洪都宾馆会议厅召开了省革委常委会会议。这次会议主要讨论安源、井冈山、南昌建馆的问题。会上首先由程世清把马玉卿介绍给省里其他领导，然后，程世清、杨栋梁等人审查了安馆的陈列小样，接着听取了马玉卿的汇报。马汇报了毛主席八次来安源的伟大革命实践的内容和陈列设想，提出不仅要建一个馆，而且要搞一个报告团，创作一个戏，来迎接九大。程世清高兴地站起来说："安源这个地方很重要，建纪念馆我同意。"又说："我看陈列内容和指导思想都是对的，就这样定了。"并问刘瑞森："钱有问题没有？"刘答："钱没有问题。"当场决定给安源建馆40万。程世清随后又把杨栋梁叫到身边交头接耳地议论了一番,不知他们说什么,这样杨栋梁也起劲了。他本来中途离开会场一段,等他回到会场,安源建馆的问题已经研究完毕,井冈山开始汇报,可他硬把井冈山的汇报打断,紧跟着程世清说:"安源这个地方很重要,要钱好说,要不惜一切代价,赶快搞起来,要建成世界第一流的。"并问马玉卿:"什么时候建起来?"马答:"要两个月,现在主要是力量问题。"程世清接着说:"拿省革委介绍信到外省请美术人员支援,建筑设计要省设计院完成,建筑力量宜春专区解决。领导问题统归省里,安源作为分支机构,由宜春地区和萍乡市直接抓。"这时,陈华插了话:"我们准备正式聘请马玉卿当顾问。"程世清听了便对马玉卿说:"你走不了啦。"并叫郭光洲会后给湖南省革委和省军区打个电话。陈华又说:"我们宜春专区准备组织群众参加献忠劳动。"程世清感兴趣地说:"不仅宜春、萍乡组织群众参加献忠劳动,南昌也要组织人去参加献忠劳动。"就这样给安源建馆定了盘子。

　　6月19日,我们到南昌汇报的同志在江西宾馆碰了头。马玉卿说他要到北京并通过北京有关单位向一些省请一些美术力量,但要先回一趟家看看,从长沙直接到北京,并要当时在安源的北京工艺美术学院学生刘春华和他一块去。唐芳琼说他浙江、山东都有熟人,可请一些美术力量,借机到烟台看看爱人和孩子,然后到北京和马玉卿会合,并要张孝和与他一块从南昌立即动身。要陈华和我回宜春、萍乡组织领导班子和建筑力量以及解决吃住的问题。就这样从八个省两个市(北京、上海、江苏、山东、辽宁、广东、湖南、浙江、四川、江西)请来了近百名美术人员。

　　我回萍乡向石明之一汇报,石立即叫我和郭玉柱到宜春,说这个问题好大,要地区派人领导,以地区为主,我们配合。建筑力量也请宜春专建的,我们负责物资供应以及吃住的问题。就这样,在6月下旬,我和玉柱到了宜春,找到刘化东作了汇报。地区随即召开常委会议。会上决定派国震到安源领导建馆工作,专建担负房屋建筑,并同意张国震从专区带一些干部到安源建馆。会后,我们和国震个别商量了组织机构和干部配备问题。我和玉柱回来后,没过几天,专区刘化东、军分区胡司令(地区革委副主任)、6013部队政委王振东(当时地区革委副主任)、张亚冀(当时地区革委常委)、谢春林(地区革委常委)以及萍乡石明之、马凤成、张景才、张万海等专、市领导和国震一块到了安源,把安源建馆人员召集一起开了个会,首先由刘化东主任宣布成立毛主席在安源革命活动纪念馆建设领导小组,张国震任组长,正式聘请马玉卿为顾问。随后,马凤成宣布魏学忠(6013部队73分队副教导员)为军代表,负责政治工作。国震接着说:"市革委也要有人参加,我提议廉明德为副组长兼管办公室。"会上并决定罗茂祥(原地区经委副主任)、郭玉柱、祖文礼(原地区党校副校长)、叶友琪(萍乡铁路革委常委)、沈秋生(安矿革委副主任)、杨彩霞(女,萍矿革委常委)、袁寿文(安镇革委副主任)等为领导小组成员,下设办公室、政保组、资料编写组、陈列设计组、陈列施工组、工地指挥部、报告团、创演队、宣传队(讲解员)。最后决定"七一"破土动工,专、市指导该调的干部尽快调齐,发动群众献忠劳动。

　　1968年6月底,郭玉柱带着几个设计人员向省革委汇报。程世清又亲自召开了省革委常委会议,为安源纪念馆的建设定了地点,审批了设计图样和建设规模,但听说40万不够要80万时,他很恼火，由于杨栋梁说了一句"卖掉裤子也要建"，他才通过。后来又因为受到省里"万岁馆"的影响，又由80万增加到120万。

1968年7月中旬，马玉卿和唐芳琼回到安源，各地美工人员和建筑队伍以及所需干部、讲解员也陆续到齐，基本队伍已达2000人左右。于是采取"边设计边施工，边整理资料边准备陈列"的方针，领导小组正式分了工：国震除抓全面外，侧重抓基建，我抓办公室和财务协助国震，郭玉柱、罗茂祥、叶友琪、沈秋生主要抓工地施工，祖文礼负责创演队，魏学忠是马凤成早给分了工，美术队和宣传队由6013部队派了军代表充当指导员。马玉卿接受任务后，即办美术学习班，先把美术队伍拉到井冈山，说是"构思"、考虑创作题材，然后回到安源，由他逐个分工，提出美术创作任务。就这样安馆建设全面展开了。省"活办"张会村又来安源督战一段，到年底才回去。

1969年1月，馆已建成（馆两层，3245平方米，坐北朝南，建在安源海拔174米的牛形岭上，砍山挖方250万立方米，拆迁民房30多栋）。陈列就绪，占地2000多平方米，展览长度280多米，陈列大型泥塑1座，中小雕塑5座，各种画47幅，文物103件，文照30张，报照23张，照片112张，语录76条，歌谣4首，图表12块。13处旧居、旧址（二一年秋的旧居、总平巷、小伙铺、夜校、俱乐部、罢工会议旧址、合作社、黄静源烈士殉难处、八十间、三零年主席讲话讲台旧址、军队和地方干部联席会议旧址、安源工农兵政府）。除二一年旧居、总平巷、黄静源烈士殉难处是原有的以外都基本修复。马玉卿把美术队伍中为井冈山画画的部分美工人员和美术作品送到南昌，不久就回到湖南。为了庆祝九大，经过省革委政治部同意，在九大期间开始预展。

（1973年7月1日于安源纪念馆）

## 红色记忆　绝代风华
### ——走近安源路矿工人运动纪念馆第一代讲解员

本报记者　康霞萍　实习生　李放

他们把最美好的青春留在了安源山牛形岭上；

他们把最赤诚的热爱献给了年轻的纪念馆；

他们用汗水和心血把自己写进安源纪念馆的红色记忆里，写就属于他们的风华绝代……

——题记

春日，暖阳，安源山牛形岭。一切是那样的静谧与和谐，仿佛时光是静止的。绿树丛中，曾经热闹非凡的安源路矿工人运动纪念馆依旧庄重、大气，陆陆续续地，总有参观者拾级而上。虽然那个狂热的时代早已远去，但纪念馆却从来不曾寂寞，不曾淡出人们的视线。当王良玉再次登上牛形岭，走进纪念馆的大厅，情不自禁地对采访她的记者发出感慨："当年我们在这里向观众介绍安源革命史的情景似乎就在昨天，今天，我们自己就成了历史。"

## 安源纪念馆第一代讲解员

杨桂香,安源纪念馆第一代讲解员。1968年,组织上一纸调令,将她从萍乡师范调入安源纪念馆,她一干就是20多年,1989年调离,后任市妇联主席。从20多岁到40出头,她把人生最美好的年华献给了纪念馆。她在安源奋斗,在安源成长,在安源成家、生子,她说:"这么多年了,我觉得自己已经是半个安源人了。"

王良玉,安源纪念馆第一代讲解员,山东大姐,1968年7月被选拔到安源纪念馆担任讲解员,1971年调离,后任市外事办主任。在纪念馆3年时光,用她自己的话来说:"那是我人生最闪光的日子。"

彭云秋,安源纪念馆第一代讲解员,现任安源纪念馆馆长。1968年7月被选拔到纪念馆担任讲解员,1981年调入市博物馆,1997年回到安源山至今……

安源纪念馆前身是安源路矿工人俱乐部遗址陈列室,创办于1956年。当年担任过纪念馆政务秘书的杨桂香清楚地记得,1968年7月1日破土动工,兴建陈列馆,她和她的姐妹们也就是在这个时候走到一起来的。虽然自己是作为讲解员来到纪念馆的,但她一开始就在行政岗位服务。另外20名新选拔的讲解员则被编成了一个宣传排,20人里仅4名男讲解员,很像一支"红色娘子军"。这支年轻队伍的构成十分有特色,除大部分刚刚走出校门外,可以说几乎在工农商学兵各个阶层都有代表。最让人难忘的吴宗蓉、王美兰因为是来自农村的"泥腿子",被队友们亲切地唤作"一号社员"、"二号社员"。这两位"社员"的解说可谓独具特色。"一号社员"是湘东人,她解说时用的是湘东话,"二号社员"是上栗人,她解说则用上栗话。她们面对我市当时听不懂普通话的广大的农村群众,奉献了一份贴心的服务。这种"以人为本"的服务精神,在当时的解说界也是不多见的。

罗素英的身份也很有代表性,她是安源矿工的后代。入选讲解员前,她在当时的安源镇政府担任会计。她记得,开始她和另一名安源矿工的女儿同时入围,最后面试时,主考官让她们俩各自朗诵了一段《毛主席语录》再版前言,结果她顺利胜出。"那时候,我觉得自己特光荣、特自豪。我的家人、朋友都以我为荣。"

## 他们用激情创造奇迹

那是一个用激情创造奇迹的时代。牛形岭是安源海拔最高的地方,视野开阔。从1968年7月1日纪念馆破土动工,到1969年元月1日竣工,短短5个月时间,一座恢弘大气的建筑便落成了。

这座风格不俗的建筑是用激情和热爱打造的。5个月的时间,光土方就挑了整整25万立方米!工地上,安源的矿工来了,农民朋友来了,学校师生来了,大家都是抢着挑重担,干完活又悄悄地走了。一些高级将领的子女也悄然出现在义务劳动的队伍里,像当时的工程兵副司令员王耀南的儿子、北京军区副政委兼北京卫戍区政委吴烈的儿子都有参与。杨桂香记得,由于抢重活干,王耀南的儿子竟然晕倒了。据杨桂香回忆,每天工地上都有一千多名来自全国各地的劳动者参加劳动,每天都是一番热火朝天的景象。而一批优秀的美术家也齐聚安源,组成了制作组,创作出一组价值极高的泥塑。

与此同时,被编入宣传排的讲解员们在积极参加劳动的同时,开始为展厅的解说工作做准备。

从北京中国革命博物馆来了6位老师，有针对性地分别对6个展厅的解说工作进行指导，帮助大家熟悉资料，学习讲解技巧，训练仪表。彭云秋回忆："白天，老师带我们编写讲解词，晚上我们就学习、练习解说。"

"那时候，我们接受的是军事化的管理。"彭云秋笑着说。住在简陋的宿舍里，每天早上5点半就起床出操，晚上荷枪站岗。杨桂香、王良玉是宣传排讲解队的指导员和队长，她们不仅要先起床叫醒队友，还负责挑好水，一勺一勺分给队友，白天还得参加工地劳动。队员们还坚持每个星期下一次井体验生活。这支活跃的讲解员队伍，同时是一支出色的文艺宣传队，时时出现在街头、田间，她们组成的女子篮球队也成为当时一道亮丽的风景线。

"也许现在的人们难以理解，我们全身心地投入工作，并没有工资，却没有人有任何怨言。"王良玉跟记者讲起一桩往事。因为没有钱，队里的傅金秀、陶润妹几乎顿顿只吃5分钱一份的白菜，怕别人看见，两人悄悄躲在井边吃，这一幕被军代表发现了，军代表难过得流下了眼泪。经过一番努力争取，队员们终于有了每个月6元的生活补助。一直到1970年5月20日，开馆一年多后，队员们才开始享受工资待遇。这支队伍的吃苦精神令人感叹。纪念馆大修的时候，他们白天接待观众，晚上常通宵担土方，总是挑着担子迎来东方第一抹曙光。

### 安源纪念馆的光辉岁月

安源路矿工人运动纪念馆1969年4月4日正式面向全国观众开放。一时间，全国各地的参观者蜂拥而至，每天都要接待成千上万的游客。最多的时候，参观者一天达到1万多。大家讲得嗓子都哑了，心里却乐开了花。

红色安源在全国影响之大，从一件小事可见一斑。1970年底，王良玉和罗素英去北京学习，走在陌生的首都街头，一位素不相识的群众拦住王良玉问："同志，你是安源纪念馆的讲解员吧？"那个年代不像现在媒体这么多，信息发达，能有如此"人气"，实在不容易啊。

实践中，首批讲解员迅速成长起来。他们声情并茂地讲解，打动了一批又一批参观者。有一回，某部队来纪念馆参观。王良玉给他们讲解展馆的第一单元："安源工人盼救星"，介绍安源工人的苦难生活，感情充沛的解说不仅让王良玉自己落泪了，而且深深地打动了在场的每一位参观者，一个排的男子汉全部感动得哭了。那时候，讲解员讲到动情处，往往一边讲解，一边涕泪长流，而有的观众则情难自已，跑到纪念馆门口的角落里痛痛快快哭上一场。

这样的情景已是昨日风景。但当时一种颇具特色的解说形式却不仅流传下来，还引得各地纪念馆争相前来取经，并在全国推广开来。

原来，当时华东师大音乐学院的师生在安源创作了一组以"红太阳照亮安源山"为主题的歌曲，像《张家湾的红灯》《俱乐部部歌》等脍炙人口的歌曲均出自其中。解说队的姑娘们颇具创意地把歌曲穿插在解说中，充分调动了观众的情绪，起到了意想不到的效果，很多中外观众都忍不住现场演唱。

红色安源吸引了大批外宾。为了交流的方便，讲解员现学现卖，很快学会了一些诸如"您好""再见""上厕所"等日常用语。此外，他们还有一个诀窍，就是每个人都要会一句"万金油"英语——"Sorry. I don't know." 这句话以一当十，解决了很多问题。不过，也有出洋相的时候。刚刚接待外宾时，一位解说员努力记住了"再见"一词的英语——"goodbye"（古得拜），结果忙了一阵子就记不清了，临别时说成了"拜古得"。还有一回，来了一批乌拉圭客人，有心的讲解员通过翻译记住了"来了"一词与"马拉"谐音，所以客人转完别的景点再回到纪念馆，讲解员又笑脸相迎，嘴里喊着"又马拉"，客人露出诧异的表情，惹来一阵善意的笑声。

往事如烟。当年的姑娘小伙如今已跨入晚年，在安源纪念馆的日子成为他们最珍贵的经历。他们迅速成长起来，几乎个个成为单位的骨干，有的直接调入省博物馆，有的调入原煤炭部，有的商海弄潮当了厂长、经理，还有的成长为县级干部……

被青翠拥抱的纪念馆依旧庄严大气，时光给它留下的是沧桑，是厚重。今天，它依旧在风雨艳阳中，迎来一拨又一拨的参观者。它不会被遗忘，为了它付出辛勤劳动的那些人们，也不会被遗忘……

（原载 2007 年 4 月 24 日《萍乡日报·赣西都市》）

## 毛主席在安源革命活动纪念馆首次接待外宾

### 杨桂香　黄洋

1970 年 4 月，新建成的"毛主席在安源革命活动纪念馆"（1972 年改称"安源路矿工人运动纪念馆"）接到省外事办公室的通知，告知 5 月中旬将有一批重要外宾来安源参观。解说员听说外宾要来，都非常激动，也感到很紧张。因为这些十七八岁的年轻人从未与外宾打过交道，深恐出问题。一位平时待人接物颇有经验的老解说员（22 岁），对如何在外宾面前"热情谨慎，不卑不亢"也感到心中无数。

为了搞好这次接待，5 月上旬，安源纪念馆专门组织解说员到韶山纪念馆学习对外接待工作的经验。从韶山回来后，安源纪念馆一面挑选第一流的解说员作好讲解准备，一面安排资料研究人员作好解答外宾提问的准备。

5 月 20 日下午，上班时间还没到，安源纪念馆工作人员便提前来到了各自的工作岗位，准备迎接外宾的到来。那天，大家的服饰比平时更整洁。一位陪同人员穿件皱巴巴的牛舌头装衬衣匆匆赶来，被该馆负责人责令回家换件像样的衣服，因为对外接待不能太随便。给外宾讲解的同志站在纪念馆大门口等候外宾到来时，更是紧张激动，心跳得似乎要从嗓门里蹦出来。

"来了！来了！"一位爱说笑的同志听到

亚非作家协会访华团全体成员与陪同人员及安源纪念馆工作人员合影

汽车喇叭声便大声喊叫，解说员急忙列队，准备夹道欢迎外宾，探头张望才知道是在开玩笑。

下午2时30分，以亚非作家协会总书记查禾多为团长的亚非作家协会访华团一行22人（13男、9女）驱车来到安源纪念馆。该馆负责人和讲解、陪同人员立即迎上前与外宾一一握手。这批外宾来自印度尼西亚、日本、锡兰（今斯里兰卡）、新西兰四个国家，与我国十分友好。他们一下车便向安源纪念馆的同志们招手致意。尽管如此，一贯能说会道、能唱会跳的解说员仍然没有消除紧张的心理。她们给外宾讲解时，身子发抖，声音发颤，舌头不听使唤。但解说员始终把讲解看成是一项严肃的政治任务，尽量抑制激动，保持镇静，很快便适应了环境。外宾参观时，认真看版面、听讲解，并作详细记录。由于讲一句、翻译一句，参观的速度非常慢，但便于观众记录。展厅参观整整用了一个下午的时间。

参观结束后，外宾来到休息室。纪念馆负责人吩咐解说员给外宾泡茶。她们你推我我推你，都不敢去，生怕自己出洋相。一位解说员突然想到这是工作，不去不行。于是，她鼓起勇气走上前。由于心情过于紧张，一不小心把一只茶杯掉在地上，砸得粉碎。这位解说员吓得满脸通红。休息时，印尼朋友咸利谈了参观体会。接着，解说员表演了歌舞《矿工苦》《张家湾的红灯》等节目，博得了外宾的阵阵掌声。

5月21日下午，访华团参观安源革命旧址。安源群众第一次见到外宾，都觉得挺新奇，蜂拥而至地围观。街道两旁站满了人。当外宾经过时，大家都不约而同地鼓掌欢迎或招手致意。外宾见此情景，心情十分高兴和激动。查禾多总书记说："从他们的眼睛里和身上，我看到了中国人民的革命精神。"参观结束后，外宾提出了20多个问题，安源纪念馆负责人与他们座谈时一一作了解答。

因为当天上午刚好毛泽东《全世界人民团结起来，打败美国侵略者及其一切走狗！》的"五二〇"庄严声明公开发表，访华团全体人员与萍乡人民一道，在市体育场聆听了毛泽东的"五二〇"声明。

外宾对这次安源之行十分满意。访华团离开萍乡后，查禾多总书记于6月30日致信安源纪念馆，对参加宣传接待工作的同志们"表示最诚挚的感谢"。

此后，安源纪念馆对首次对外接待工作进行了总结。一位解说员在发言中说："只有实践才能出真知。原来我们没有接待过外宾，所以第一次接待觉得很紧张、很害怕。通过实践才深深懂得接待外宾并不可怕，外宾也是人。我们称他们为外国人，他们也称我们为外国人。他们来我国参观学习，我们是主人，他们是客人，哪有主人怕客人的道理呢？"解说员你一言我一语，说得大家豁然开朗。从此，安源纪念馆再也没有人为接待外宾而感到害怕的了。

（原载《安源精神研究》，江西人民出版社2014年出版）

### 我为埃德加·斯诺夫人讲解

吴金华

那是1972年3月底，我们安源纪念馆接到省革委会外事办的通知：4月中下旬有一批美国客人来安源参观访问，时间约2至3天，务必接待好，并特别强调这是毛主席请来的客人。令我惊喜的是，馆领导将具体接待、讲解、导游任务交给了我。记得当时的宣传要点是：阐明安源是中国工人运动的发源地之一，是秋收起义的策源地，是中共在产业工人中建立第一个党支部的地方。对参观路线和讲解词，当时设计了三套方案，涉及讲解详细到什么地步，讲解简单到什么地步，详简在实际参观中如何灵活掌握，客人可能会提出些什么问题，怎样才能有理有利有据回答或者不回答客人的问题等等。当时中美关系刚刚解冻，老百姓对美国还非常敏感，如果接待上稍有差错就会造成政治影响。

1972年4月23日下午1时半左右，美国客人来了。他们分别是埃德加·斯诺夫人路易斯·惠特勒，斯诺的妹妹和儿子。我们20多名讲解员，在安源纪念馆大门前列队鼓掌欢迎，当时大雨滂沱。我们虽然和客人是初次见面，但握手的瞬间，便感觉到斯诺夫人的友好。所以我决定实施详细讲解的第一方案。

展厅的第一部分是安源工人苦难史。当我讲到安源不到16平方公里的地方却建了21座庙宇时，斯诺夫人通过翻译说："外国教堂精神压迫竟跑到这么遥远的地方啦，真是不可思议。"当讲解泥塑群雕"少年进炭棚，老来背竹筒（讨饭）；病了赶你走，死了不如狗"，安源工人盼望翻身解放时，斯诺夫人说："我很同情中国人民所受的苦难，我明白了毛主席是找了一个最苦的产业工人集中的地方，领导工人起来革命。"当讲到第二部分红太阳照亮了安源山，介绍毛主席第一次来安源，下矿井进工棚与工人促膝谈心，启发工人觉悟，宣传马列主义等情况时，斯诺夫人更是不断地提问，使讲解变成了双方之间的研讨。展览第三部分，介绍17000多名安源工人高喊着"从前是牛马，现在要做人"的口号，举行震撼全国的大罢工，在安源党组织的领导下，经过五天团结奋斗，取得了大罢工的伟大胜利。斯诺夫人及其儿子兴奋地说："好，太好啦！毛主席的思想变成了工人的行动。"当讲到秋收起义部分时，斯诺夫人特别兴奋，说："过两天我们就可以上井冈山啦！"她在毛主席戴八角帽的巨幅照片前凝视了很久很久。

斯诺夫人一行参观了毛主席1921年秋来安源的旧居八方井44号、小伙铺、安源路矿工人消费合作社、秋收起义军事会议旧址等地。在参观小伙铺时，讲解员介绍当年毛主席就地取材，用"一根筷子一折就断，一把筷子就折不断"的道理，教育启发安源工人。这时，斯诺妹妹抓起一把筷子给斯诺儿子，要他折断。调皮的斯诺儿子双手抓住这把筷子，怎么使劲也折不断，引得斯诺夫人笑了。她还指着我胸前挂着的毛主席戴八角帽的像章高兴地说："这是中美人民友谊的象征，你我友谊的见证。"

在安源路矿工人俱乐部前厅，斯诺夫人一行和老工人进行了座谈。记得当时80多岁的金老伯介绍了当年毛主席来安源点燃革命火种的故事。座谈会开始时，斯诺夫人示意儿子与金老伯握手拥抱。当时斯诺的儿子20多岁，一米八多的个子，虎背熊腰。金老伯也是一米七多的大块头。这一老一小的拥抱，表达了中美人民的友好情谊。斯诺夫人动情地对她儿子说："中美人民永远是朋友。儿子，你一定要继承父亲的遗愿，热爱中国，为中美人民世世代代友好，为世界和平事业作出贡献。"

（原载2001年7月1日《江西日报》）

## 党的十一届三中全会后安源纪念馆首次基本陈列大修改

黄爱国

三中全会以后,党中央进行拨乱反正,开始有步骤地解决新中国成立以来,特别是"文化大革命"以来的许多历史遗留问题。全国各行各业都在正本清源。于是,安源纪念馆工作人员按照我们党"解放思想,实事求是"的思想路线,开始清查"文革"时期在陈列宣传上的问题,恢复历史真面目。安源纪念馆陈列大楼是1968年动工兴建的,建设期间由于受当时政治形势的影响,调查收集的不少资料都带有明显的倾向性,特别是在基本陈列中对刘少奇、李立三20世纪20年代领导安源工人运动的历史功绩,不但没有进行正面宣传,反而加以错误的批判。安源纪念馆工作人员通过对相关资料进行去粗取精、去伪存真的整理,于1979年11月,编印了《刘少奇在安源活动资料汇编》;12月,又编印了《李立三在安源活动资料汇编》,并组织人员赴北京、武汉、上海、南京等地调查征集刘少奇、李立三领导安源工人运动的历史资料,为安源路矿工人运动史基本陈列大修改作准备。

12月下旬,江西省文化厅派省展览馆党史专家邱锋(时任省展览馆资料科科长)、裘之倬(时任省展览馆资料科资料员,后任海南省文化厅副厅长)、宋俊生(时任省展览馆资料科资料员,后任华东交大党史教授)到安源纪念馆督促指导基本陈列大修改。

党史专家们到安源后,与纪念馆负责人和资料人员在一起,连续开了几天会,专门讨论安源工运史基本陈列大修改的相关问题。刚从北京进行资料调查回来的裘之倬首先向大家吹风。他说:"中央将在近期召开十一届五中全会,作出为刘少奇平反的决定,我们一定要在五中全会召开前将这次陈列修改搞好。"

裘之倬话刚落音,会场上议论纷纷。因为以往的基本陈列大修改,从准备到完成,少则数月,多则数年,而这次陈列大修改又是春节将至的时刻,可以说是时间紧,任务重。鉴于此,与会者经过讨论一致认为,这次陈列大修改的重点是更换陈列内容,陈列形式不做任何变动;而更换陈列内容的重点又在涉及到与刘少奇、李立三在安源革命活动有直接关联的第二、三、四单元。

紧接着讨论如何进行修改的问题。大家围绕安源工人运动历史中的一些问题进行了讨论。例如,十一届三中全会以前的陈列宣传据是1923年8月刘少奇和朱少连写的《安源路矿工人俱乐部略史》中,有"铤而走险的大罢工""俱乐部此时已成骑虎之势""俱乐部迫不得已,乃断然发出罢工命令"的话,还有罢工期间工人行动"当比平时更加文明"的话。这些话与罢工前俱乐部向当局提出三项条件、当局不答应等情况联系起来看,是没有什么错误的。这样做有利于争取社会同情,使工人俱乐部在政治上处于有理有利的地位。《略史》中说的"当比平时更加文明"的话,是工人代表刘少奇向俱乐部提出的保证。意思是说,罢工时工人的纪律应当比平时更好。强调纪律,怎么能说是对工人革命行动的压制呢?说罢工是"铤而走险",在一定程度上反映了在罢工前对罢工能否取胜还无十分把握的思想。但是,这绝不能因此就扣上"反对罢工"的帽子。当时我们党才建立一年多,刘少奇和李立三也只是入党不久的青年党员,还没有领导这样一场斗争的实践经验,因而没有十足的把握。但是,他们在斗争中学习,把斗争引向胜利,就当时的领导水平来说是难能可贵的。又如,关于安源罢工十七条改为十三条的问题。安源大罢工时提出了十七条协议，最后签订时改为了十三条，有的完全实现了罢工宣言中提出的条件，有的条款俱乐部作了让步。如工资增加的幅度根据工种有所调整、矿局欠工人的工资分期发给不是一次发清等。当时把这种让步当作出卖工人利益的罪证，是毫无道理的。这种让步是在不损害革命利益的原则下，为了取得全局的胜利而做出的让步，是革命的妥协。十三条协议是斗争的成果，绝不是什么投降的产物。把"不许妥协"、全部实现罢工条件，作为衡量一次罢工的领导者是马克思主义还是机会主义的标准，是十分荒唐的。

在讨论的时候，大家畅所欲言，气氛十分活跃。记得那天是1980年元旦，外面下着大雪，大家围坐在小外宾室的两只电烤炉旁各抒己见。裘之倬看到外面雪花飞舞，顿时诗兴大发，顺口吟诗道："外面大雪纷纷，屋里热气腾腾。"

经过热烈讨论，大家对安源工运史如何进行陈列宣传的问题达成了共识，归纳起来有以下三条原则：一是必须正确处理领袖、政党、群众三者之间的关系，反对过分夸大领袖个人的地位和作用；二是必须实事求是地宣传革命历史，尊重历史，功过分明；三是必须彻底否定"文化大革命"中强加在历史人物头上的一切不实之词。

修改原则确定后，安源纪念馆对陈列大纲的撰写作了具体分工。刘传政和黄爱国负责撰写第二单元陈列大纲，李昌学、杨放萍和刘义胜、李建军分别撰写第三、四单元陈列大纲。我们在撰写陈列大纲的过程中，基本上是遵循"解放思想，实事求是"的思想路线，按照集体讨论的三条原则进行撰写：

一是反对过分夸大领袖个人的地位和作用。根据大家讨论的意见，我们将第二单元的标题由"毛主席亲手点燃安源革命烈火"改为"安源党组织和工人俱乐部的建立"。因为安源工人运动的革命烈火不是由某个人点燃的，而是毛泽东、刘少奇、李立三等老一辈革命家集体奋斗的成果。鉴于毛泽东对《毛主席去安源》油画表现他身穿长袍提出过质疑，加上1979年3月14日《人民日报》批评过该画"像欧洲文艺复兴时期的宗教画"，同时考虑到该画是"文革"产物，于是将《毛主席去安源》的油画从展厅撤下。展览中涉及到的所有历史人物，一律直呼其名，不加职务称谓，姓名后面也不加"同志"二字。原来展览中对毛泽东的称谓一直是叫"毛主席"，突然改称"毛泽东"很不习惯，总觉得是对他老人家的不尊重。尽管如此，我们还是按照事先讨论的意见执行。

二是实事求是地宣传革命历史。安源纪念馆基本陈列大修改时，只听说刘少奇即将平反，尚未听到为李立三平反的消息。但是，安源工运开创时期，李立三为创办工人夜校、建立党支部、组织工人俱乐部做了大量工作。因此，我们在陈列大纲中如实反映了李立三的上述革命活动。安源工人俱乐部教育股长蔡增准尽管以后成为叛徒，但他所作的《教育股报告》也照样陈列了。

三是彻底否定"文化大革命"中强加的一切不实之词，如实反映了刘少奇在安源的革命活动。重点突出了刘少奇在安源大罢工时一身是胆、与戒严司令和路矿当局代表进行针锋相对斗争等史实。此外，对朱少连烈士也如实进行了宣传。

1980年1月中旬陈列大纲脱稿后，来不及打印和逐级审批，仅由资料人员相互传阅后，即送交安源纪念馆负责人审阅批准施工。在陈列施工过程中，安源纪念馆全体职工不辞劳苦，不计报酬，冒着严寒，夜以继日地忘我工作。2月15日是大年除夕。14日，同志们还在紧张工作。春节期间仅休息到初三，大年初四便上班了。经过一个多月的日夜奋战，终于在2月底完成了陈列修改的全部施工任务。

1980年3月2日，即中共十一届五中全会决定为刘少奇同志平反昭雪的消息公布的第二天，安源路矿工人运动纪念馆经过修改重新开放。新的基本陈列彻底推翻了"文化大革命"中一切不实之词，澄清了安源工人运动中的功过是非，肯定了毛泽东领导安源工人运动的历史功绩，恢复了李立三、刘少奇在安源工人运动中应有的历史地位。是日《江西日报》和3月6日《人民日报》报道了安源路矿工人运动纪念馆重新开放的消息。

（原载《文史大观》2012年第1期）

## 邓小平同志为安源路矿工人运动纪念馆题写馆名前后

黄爱国

安源路矿工人运动纪念馆是为征集与保护中国共产党领导萍乡煤矿和株萍铁路工人革命运动的文物、研究与宣传这一革命活动的历史而于1955年8月开始筹建的，1956年1月1日正式开馆。馆区面积约200亩，负责保护和宣传的革命遗址有毛泽东、刘少奇、李立三等老一辈革命家和安源党团工会组织从事革命活动的场所13处。馆区内建有建筑面积为3245平方米的二层钢筋混凝结构陈列大楼。建馆以来，共接待国内外观众600万人次，世界五大洲70多个国家和地区的外国朋友和海外侨胞、港澳台胞共8000余人。陈云、王震、倪志福、余秋里、邓力群等党和国家领导人曾亲临安源参观指导。安源路矿工人运动纪念馆在全国乃至世界的影响正日趋扩大。但建馆20多年来，一直没有请党和国家领导人题写馆名。

20世纪70年代末我国进入新的历史时期以来，由于革命文物对于经济建设的意义一时不易被人理解，更由于资产阶级自由化思潮泛滥，革命传统教育普遍地遭到轻视、排挤以至被嘲讽。在这种气氛影响下，社会上议论纷纷，风传"安源纪念馆将被撤销"。有的单位竟然向纪念馆提出"收回"革命旧址，甚至动手丈量土地，准备在革命旧址保护范围内建造职工宿舍。这种气氛也影响到安源纪念馆职工的情绪，似乎这个工作没有什么搞头了，有的抱着守摊子的态度，有的打主意另谋出路。

1983年初春的一天，安源纪念馆资料陈列科的刘善文、刘义胜、张松林三同志正在办公室谈论安源纪念馆的前途问题。他们认为，安源纪念馆要在困境中站稳脚跟，除了自身队伍要提高对革命文物宣传工作的认识、自觉抵制社会上的各种错误思潮影响之外，唯一有效的办法是请一位德高望重的中央领导同志题写馆名；更何况安源纪念馆在革命传统教育工作中所占的地位十分重要，理应有中央领导同志题写馆名。请谁题词最为合适呢？大家不约而同地想到时任中共中央政治局常委、中央顾问委员会主任的邓小平同志。刘善文当即拿出笔和纸，给邓小平同志写信。刘义胜、张松林你一言、我一语地提出各种参考意见。信写好后，刘义胜拿着信稿去找安源纪念馆负责人，请求以该馆的名义将信发出。安源纪念馆负责人对此基本赞同。但考虑到请邓小平同志题词事关重大，有必要向中共萍乡市委有关领导请示，并提出是否以市委的名义给邓小平同志写信更为合适。结果耽搁了几个月。

1983年12月6日，全国政协常委、刘少奇同志夫人王光美同志到安源参观指导。参加陪同接待的刘善文、刘义胜向安源纪念馆负责人建议请王光美同志将信转给邓小平同志。该馆负责人表示同意。当晚，刘善文奉命修改转呈邓小平同志的信。

第二天，安源纪念馆副馆长杨桂香向王光美同志汇报了关于请邓小平同志题写馆名的想法，并面交信件请她转呈邓小平同志。王光美同志接过信说："要我带信当然可以，不过通过我个人将信转给邓小平同志不太符合组织原则。"

王光美同志离开萍乡后，安源纪念馆工作人员日夜盼望邓小平同志为安源馆题词的好消息。一晃又过去了4个月，杳无音讯。1984年5月初，刘善文等人看到报纸上刊载邓小平同志为一些革命纪念馆题写馆名的报道后，再次提出以安源纪念馆的名义直接写信至中央，请邓小平同志题写馆名。安源纪念馆负责人表示同意。

5月13日，刘善文奉命起草了信函。5月18日，新任安源纪念馆馆长的杨桂香请中共萍乡市委常委兼秘书长俞向党、宣传部副部长曾险峰审阅信稿，并再次提出能否以市委的名义发信的问题。俞秘书长、曾副部长表示，还是以安源馆的名义将信直接寄中央更好，并对信的个别文字作了修改。信函全文如下：

中共中央顾问委员会
敬爱的邓小平同志：

我们看到您近几年给一些革命纪念地题词，早就产生一个强烈的愿望，盼望您给我们馆写一个馆名。现逢筹备欢度建国三十五周年，特函敬请您满足我们的这个愿望，为我馆写一个馆名，文曰："安源路矿工人运动纪念馆"（横、竖各一）。

我馆成立于一九五六年，负责保护和展出全国重点文物保护单位安源路矿工人俱乐部旧址，并展出其他革命旧址十三处；另辟陈列室，主要宣传中共湘区委员会毛泽东、刘少奇、李立三同志发动和领导安源工人运动的光辉业绩。二十多年来，接待外宾和国内观众（包括港、澳、台同胞）共约五百万人次。但一直没有请党的老前辈题写馆名。我们盼望在三十五周年国庆时能敬悬您写的馆名。

又，安源工人运动中牺牲了许多革命同志，其中著名的有黄静源、刘昌炎等。早在一九五二年，刘少奇同志在他给安源镇工会的复信中就指示在安源建立一座纪念碑，以纪念这些烈士。但此事一直拖到现在才筹办。因此，还烦请您为"安源革命烈士纪念碑"题词（竖）。遄此敬祝

健康长寿！

安源路矿工人运动纪念馆（章）
一九八四年五月十四日

附呈：

《安源路矿工人运动纪念馆陈列内容介绍》一册。

《安源路矿工人大罢工胜利六十周年纪念画册》一册。

6月6日，安源纪念馆用挂号信将致中共中央顾问委员会邓小平主任的信发出。

8月31日，邓小平同志看到安源纪念馆的信之后，挥毫写下了"安源路矿工人运动纪念馆"11个大字（横排）。随后，中共中央办公厅用邮政快件将邓小平同志题词手迹寄往中共江西省委办公厅。9月5日，省委办公厅致函中共萍乡市委，全文如下：

中共萍乡市委：

现将邓小平同志一九八四年八月三十一日题写的"安源路矿工人运动纪念馆"复印件送去三份，请查收。

（原件存省委办公厅秘书处）

中共江西省委办公厅（章）

一九八四年九月五日

9月27日，萍乡市委、市政府在安源路矿工人运动纪念馆举行敬悬邓小平同志题写的馆名仪式。市委、市人大、市政府、市政协、市纪委、市人武部、萍乡矿务局党委、萍乡铁路地区党委的负责同志，以及工人、农民、解放军战士、学生等各界群众代表近千人参加。市委常委、秘书长俞向党主持仪式，市委书记谢生为馆名横匾揭幕并讲话。他说，邓小平同志为安源路矿工人运动纪念馆题写馆名，是对我市人民的极大关怀和鼓舞，我们一定要把昔日工人运动的圣地，变为今天的宣传教育阵地，发挥它在"两个文明"建设中的作用。

在邓小平同志题词的鼓舞下，在国家文物局和省、市党政领导下，安源纪念馆全体职工遵照党的十一届三中全会以来的路线、方针和政策，战胜了资产阶级自由化思潮所造成的种种困难，锐意图新进取，经过几年的努力，终于取得了可喜的成绩。在1989年12月全国革命文物宣传工作座谈会上，受到国家文物局领导的表扬。

（原载1991年《萍乡文史资料》总第13辑）

## 走访肖劲光同志实录

### 杨桂香

1986年8月11日，正值中秋时节，天气不冷不热，是北京最美丽的时候，到处都呈现出一派灿烂绚丽的景象。时任安源路矿工人运动纪念馆馆长的我，偕同朱少连烈士的女儿朱子金和安源纪念馆资料科副科长张松林、科员谢敬辉四人，在中国革命博物馆研究员李俊臣和负责录像的姜卫斌等同志的引领下,来到肖劲光同志的家,向他请教一些当年在安源从事革命活动的史料。

肖劲光是湖南长沙人,中国人民解放军高级将领,杰出的无产阶级革命家、军事家、国家和军队的优秀领导人,人民海军的主要创建者。20世纪20年代,他曾任安源路矿工人俱乐部游艺股股长、中共安源地委党校教员。新中国成立后,曾任人民解放军海军司令员、国防部副部长、全国人大常委会副委员长、中共中央顾问委员会常委,1955年被授予大将军衔。

我们一迈进首长家的庭院,满目翠绿,葡萄架上的紫葡萄长得圆润发亮,格外抢眼与可爱,像一串串紫色的珍珠……

时间不允许我们久仰这清新舒心的景致。首长的秘书将我们迎进客厅。厅内摆设简单大方而朴素雅致。我们刚刚在黑色的皮沙发上落座,身材魁梧的肖劲光首长就在秘书的搀扶下来到了客厅。他脸上挂着慈祥可视的笑容,身着一身宽松合体的棉布衣衫,头戴着一副棕色镜框的眼镜,显得精神矍铄。我们连忙起身向前恭迎,机灵聪慧的首长秘书,将我们几位介绍给首长。"首长好!""首长好!"在一片问候声中,我也把来访的同志向首长一一作了介绍。当介绍到朱子金时,我用手拍着她的肩膀说:"朱子金是朱少连烈士的女儿,(朱少连是)原安源路矿工人运动纪念馆馆长。"肖劲光听说她是朱少连的女儿,非常激动。因为朱少连是湖南衡阳人、株萍铁路工人、安源路矿工人俱乐部副主任,是当年肖劲光的上级。他一边打着手势,一边操着浓厚的湖南话高兴地说:"你们来了!"这时老练灵活的李俊臣抢先搭话:"我们来看望老首长!"肖劲光马上回话说:"谢谢了,谢谢了!你们还来关心我,我年纪大了,一切行动都不方便了。"我们到访的几位不约而同地说:"您的身体还不错,还很健旺呢!"

正相互寒暄间,工作人员端来了切好的露出红彤彤的瓜瓤的西瓜。肖劲光让我们一定要尝尝这新疆的无籽西瓜。俗话说,恭敬不如从命。看着首长那样和蔼可亲,我们毫不拘束地吃起了西瓜。我们几个都是第一次吃这样的西瓜,觉得特别好吃,特别地甜,似乎从嘴里甜到心田,在我脑海里留下的印象也特别深刻。20多年过去了,至今仍记忆犹新。

我向肖劲光说明来意后,他深思了片刻,便打开了话匣子。肖劲光是从苏联莫斯科东方劳动者共产主义大学学习结业后于1924年秋末或初冬来到安源。他说:"我在安源工作的这一年,主要是做宣传工作,工作的对象主要是青年工人。我们经常把青年工人组织在俱乐部中,通过唱歌、演戏、学文化搞各种娱乐活动,向他们灌输革命思想,将青年工人团结在党的周围,成为工人运动的骨干力量。那时安源工人俱乐部大厦刚刚落成,我们每个星期都在这里组织文娱晚会、演戏。那时演戏没有什么剧本,都是自编自演的。我编过,黄静源同志也编过,内容都是反对资本家压迫工人,打倒帝国主义、打倒军阀的。演员大都是年轻工人,少奇同志、汪泽楷、任岳、胡士廉,还有我也都上台演过。"我赶紧插话问:"您演过什么角色呢?"肖劲光反问道:"你看我演什么像呢?演工人就像。"说完哈哈大笑起来。"看戏的人很多,除了工人以外,周围的农民也都来看戏,人很多,宣传效果很好。"

肖劲光喝了一口茶,继续回忆:"在安源,我还组织了足球队,教工人踢足球。每逢'五一'

等重要节日，我们就组织各种文艺活动。"

接着，肖劲光关切地问："你们知道安源还健在的老人有哪些呀？"朱子金马上反问："是指在俱乐部工作过的老同志吧。"我回答说："当年在安源煤矿工作过的同志已经不多了，但还是有一少部分，比如，易礼容同志还健在。""他现在在哪里呀？"肖劲光问。我答："住在北京三里河南沙沟。"李俊臣插话："他现在任全国政协常委。""好，到时我去会会他。"肖劲光高兴地说。

"对了，还有吴烈。""他现在在北京吗？""他是北京卫戍区的政委。""哦！"首长似乎越讲越兴奋，我趁机拿出早已准备好的《安源路矿工人大罢工胜利60周年纪念画册》，让首长乘兴阅看。

肖劲光接过画册，一页一页仔细阅看。当看到安源路矿工人消费合作社旧址照片时，我问他有不有印象，肖劲光肯定地说："当然有印象，我当年就住在消费合作社楼上，毛泽民同志也住在这里。"我告诉他："这个地方已经保护起来了，现在在对外展出。"首长表示高兴和满意。

当看到1924年6月15日安源路矿工会工人学校职教员合影时，我对肖劲光说："首长，据当年在俱乐部当过勤杂工的易友德老人回忆，这照片里有两个人最像，一个是朱锦棠，一个是您。您当年因为担任俱乐部游艺股股长，所以照相时您手里还拿着羽毛球拍子。"首长仔细端详了一下照片后说："是我吗？我没有印象，你们说是我就是我吧，少数服从多数。"李俊臣凑上前来用手在照片上比划着补充说："照片上还有少奇同志呢。"肖劲光又仔细看了看说："这张照片好珍贵哟。"

这时，肖劲光翻到画册上的另一张照片，饶有兴趣地反问："这是什么？"我答："这是俱乐部第一届总代表及驻部职员的合影，上面有李立三和刘少奇同志。"

因为李立三和刘少奇1925年都在上海总工会工作，我当即询问肖劲光："1925年上海发生五卅惨案后，您曾代表安源工人到上海是去慰问吗？""是的。"肖劲光回答，"1925年上海发生了震惊中外的五卅惨案，全国各地的工人阶级奋起声援，安源工人俱乐部领导所属13000多工人，开展了颇有声势的罢工、游行等声援活动。工人俱乐部还发起了捐献活动，在各界各阶层以及工人中，动员捐献钱物支持上海罢工工人。6月，安源党组织派我做代表，携带800块银圆捐款和慰问信，去上海慰问罢工工人。我到上海的时候，正是上海工人阶级坚持罢工斗争的高潮，到处可见游行的人们，工厂停工，学校停课，商店歇业，给帝国主义以沉重的打击。我找到上海总工会，将钱款和慰问信交给了他们，受到了热烈的欢迎。那时刘少奇同志、李立三同志都在上海总工会。上海工人的革命斗争受到全国各地工人、学生、市民的支援，使我们感到中国人民团结起来的力量，感到革命的高潮即将到来。"

肖劲光讲着讲着，看见画册上的烈士照片，如陈潭秋、蒋先云、黄静源等。他突然很严肃而关切地问："当年杀害黄静源同志的凶手惩办了没有呀？"我回答："后来肯定惩处了吧。"接着，我又指着画册上新建的安源纪念馆陈列大楼说："首长，现在已经盖起了新的纪念馆，欢迎您在方便的时候，一定去安源纪念馆审查指导。"

肖劲光欣然答应："以后有机会一定去！"这时，他的秘书起身催促首长回房休息，肖劲光只好慢慢起身，接着大叹一口气，嘴里不停地念叨着："哎！黄静源牺牲了，毛泽民也牺牲了……"

大家都赶快起身，目送首长离别。听着首长这深沉而惋惜的念叨，心里十分感动！看着首长对安源那种深厚的感情，对失去的同事、战友无比的痛心与怀念，我们心中的泪水就像滔滔不绝的山泉，情不自禁地涌了出来！

（原载《安源精神研究》，江西人民出版社 2014 年出版）

## 巍巍安源馆　今朝更好看
### ——2002 年安源路矿工人运动纪念馆基本陈列大修改纪实

黄爱国　胡丽萍　刘吉俊

在隆重纪念中国共产党领导的安源路矿工人大罢工胜利 80 周年之际，安源路矿工人运动纪念馆以崭新的面貌与观众见面了。新的基本陈列内容丰富，特色鲜明，形式新颖，雅俗共赏，受到中央、省、市有关部门领导和专家们的赞誉和好评。

### 陈列修改势在必行

安源路矿工人运动纪念馆原有的基本陈列，是 1992 年经过大修改后重新布展的。陈列内容基本框架，经过 10 年展出检验，被证明是符合历史的，并已为观众所肯定。但是最近 10 年征集的一批文物和史料，亟须充实到陈列中去；又根据 10 年安源工运史和中共党史研究所得，基本思路需要理顺，各单元内部结构需要作些调整。同时，单调、呆板的陈列形式早已与丰富多彩的陈列内容不协调，由于自然损坏而陈旧的展品和板面也与新形势下观众的观赏需求不相适应。综此三端，进行这次陈列修改，不仅势在必行，而且很是迫切。

### 陈列方案逐级报审

早在去年 10 月，安源纪念馆就根据市委领导指示，开始组织人员撰写陈列大纲，为这次陈列大修改作准备。经过两次讨论和多次修改，于 11 月 28 日完成陈列大纲初稿，并逐级上报市文化局、市委宣传部、市委、市政府、省文物局、省文化厅审查。

12 月 14 日，省委明确指示："有关对安源纪念馆陈列修改问题，请提出方案报省委宣传部审批。"于是，安源纪念馆根据各级领导和专家的意见，对陈列大纲又进行了多次讨论和修改，于 2002 年元月重新打印，再次逐级上报市文化局、市委宣传部、市史志办和市委分管领导，以及省文化厅、省委党史研究室、省委宣传部审查，并派专人听取意见。4 月 10 日，省委党史研究室认为安源纪念馆陈列内容大纲"政治观点正确，总体框架适宜，基本线索清楚，主要史实准确"。4 月 11 日，省委宣传部批复："呈报的《安源路矿工人运动纪念馆陈列内容大纲》，已经我部审阅，同意按此大纲的内容陈展。"

### 陈列设计中途易人

陈列内容大纲初定后，安源纪念馆立即邀请北京专家来安源负责陈列形式设计。2002 年 3 月中旬，北京一位高级设计师应邀来到安源，听取了安源纪念馆各单元陈列重点介绍，看了陈列内容大纲，并答应两个月拿出陈列形式设计效果图。

5月初，北京高级设计师将序厅和展室局部陈列设计效果图带到安源。按照设计预算，总造价为200万元。

5月9日，省文物局在南昌召开安源纪念馆基本陈列专家论证会。我省专家对北京高级设计师设计的方案很是赞同，并提出这次安源纪念馆的基本陈列一定要搞成我省精品。此时，北京高级设计师和他请来的施工队负责人提出，90%的陈列设计施工经费拨入他们账上后，陈列施工队才会进场。但是，国家文物局和省文化厅拨给安源纪念馆的陈列修改专项经费要到年底才能到位。当时安源纪念馆的账上仅有市政府下拨的10万元，自然难以满足专家及施工队伍的要求。

北京专家走了，答应来安源的陈列施工队也打了退堂鼓。当时离安源大罢工胜利80周年纪念日只差3个月。陈列设计任务由谁来承担？在这关键时刻，馆务会成员不约而同地把目光落到了张松林身上。张松林今年59岁，是纪念馆陈列设计科科长、文博馆员，从事博物馆工作30余年，曾多次主持设计临时展览，但从未主持设计过大型基本陈列。6月3日，安源纪念馆馆务扩大会议决定张松林为这次基本陈列形式总设计师。张松林受命后，废寝忘食，埋头苦干，在吸收北京专家优秀成果的基础上，仅用了14天就将陈列设计方案拿出。实践证明，这个方案不仅切实可行，而且具有创新。当笔者问及张松林在接受任务时有何感受时，他说："我自建馆以来就在馆里工作，是组织培养了我，我之所以能在馆里最困难的时候接受这个艰巨任务，完全是出于对纪念馆的特殊感情。"

## 陈列准备有条不紊

安源纪念馆的陈列准备工作是从今年上半年开始的。3月18日，馆里成立了文物复制组，对遭受自然损坏的馆藏文物全面进行清理复制。经过两个多月的紧张作业，复制文物30余件。

为了陈列大修改的需要，6月3日，安源纪念馆馆务扩大会议决定，成立陈列内容组、陈列设计组、工程施工组、宣传接待组、保卫组、后勤组，并将全馆职工重新分组，以便于在陈列大修改中能人尽其才、各司其职。

6月4日，开始组织人员采购木材、墙布、油漆、玻璃钢等材料。

6月21日，安源纪念馆陈列设计方案出台后，立即组织人员清理底片、确定洗放照片尺寸、制作展板，做好陈列施工前的各项准备。

## 陈列施工紧张进行

6月24日，安源纪念馆召开基本陈列大修改动员大会，宣布自即日起闭馆修整。

6月25日，开始拆除旧陈列版面。26日，泥木二匠进入施工现场，开始拆除旧假墙，制作新假墙。由于整个新假墙要与旧假墙调换位置，因此，工作量十分大。但广大职工发扬吃苦耐劳的精神，只用了一个月时间便完成了这一任务。

在陈列施工中最为复杂的是制作总平巷采区工作面复原陈列。因为安源纪念馆职工不熟悉井下架棚作业程序，只好请安源煤矿老工人现场示范和指导。在井下巷道中还要放置工人挖煤、扯拖等泥塑。因此，他们在架棚时格外谨慎小心，以防泥塑被损坏。

8月，油漆工开始油漆假墙、板面、门窗和文物柜，给墙面刮仿瓷等。与此同时，假墙铺钉墙布、电脑喷绘照片和图表以及照片装裱、展厅线路改造和卫生间装修等项工作亦同时展开。经过夜以继日的辛勤劳动，终于在8月底完成上述任务。

9月上旬，各展室板面上墙，序厅布展进入尾声。9月8日，笔者在序厅看到该馆职工施合祖正在全神贯注地雕刻一组路矿工人手举岩尖、信号灯的雕塑。施合祖是纪念馆陈列科的技师，今年56岁。这次馆里要他协助陈列总设计的工作，他二话没说，毫不犹豫地承担了装潢设计的重任，不分昼夜地奋战在陈列施工第一线。序厅的陈列就是他亲手设计的。曾有朋友劝他说："你过几年就要退休了，还吃这个苦，图个啥呢？"施合祖回答："啥也不图，我是馆里的一名职工，搞好这次陈列修改是我应尽的职责和义务。"朴实的语言，体现了一名普通党员崇高的思想境界。

经过数月紧张施工，安源纪念馆基本陈列大修改于9月10日竣工。新的陈列展线长250米，展出文物300余件，板面200块，图表19块，灯箱5个，绘画3幅，泥塑7组，共耗资100万元（含陈列大楼维修改造经费）。是日上午，市委副书记尹兆书、副市长何建洋由市文化局负责人陪同到馆里视察。他们对安源纪念馆陈列大修改工作予以充分肯定和高度赞扬。事后，笔者采访了安源纪念馆馆长彭云秋。当她谈到这次陈列大修改是在时间紧、任务重、资金少的情况下进行的时候，笔者问她："当时接受这一任务时是否有压力？对完成这一任务是否有十足的把握？"彭馆长爽朗地笑着说："当时思想上的确是压力很大。但是，有上级领导的高度重视，有素质较高的全馆同志的齐心协力、共同奋斗，就是再大的困难也能克服，再艰巨的任务也能完成。"

### 展厅面貌焕然一新

走进安源纪念馆，你会发现新的基本陈列与修改前有明显的变化。

（一）陈列内容方面

1.序厅：原来是黑色金字塔立体图形上书安源工人大罢工的战斗口号："从前是牛马，现在要做人"；下为一组反映安源工人革命斗争的历史照片。现在改为正中是路矿工人巨手高举信号灯和岩尖的雕塑，两边分别为《安源路矿工人俱乐部部歌》和毛泽东诗词《西江月·秋收起义》，背后是煤矿井架和铁路扬旗，正面墙为一幅108平方米的反映安源工人革命斗争史的写意画，表现的主题是：安源路矿工人在中国共产党领导下，为本阶级、中华民族和全人类的彻底解放而斗争。

2.陈列内容原来分六个单元，现基本不变，但各单元内部结构作了一些调整，调换了各单元标题，修改了部分组题；删除了一批文字照片，增展了近50件珍贵文物。铸有"民国十年萍矿制造"字样的蒸汽水泵和铸有"郭克利1897"字样的铁轨及弯轨器、赴俄留学的安源工人从莫斯科带回的马克思银质塑像、刘少奇穿过的中山装等文物，均为首次与观众见面。

3.陈列中对安源路矿工人运动中创造的中共党史之"最"（如产业工人中最早的党支部、全国最早的地方党校、最早建立的工会大厦、全国最大和产业工人成分最多的地方党组织、中共历史上最早的货币和对股份制的最初尝试等），均作了重点介绍。

（二）陈列形式方面

1. 完全改变了墙面的布局方式。原来看完序厅后朝左进展馆，现在是朝右进展馆。原来的展板均为90厘米×90厘米，显得单调、呆板，现在展板根据内容的需要，有大有小，灵活排列。

2. 改进了展板陈列形式。原来板面上的照片和说明词均为洗放装裱在胶合板上，现在板面均为电脑喷绘；部分彩照通过灯箱表现。一些重要历史事件，如安源大罢工、刘少奇与路矿当局谈判等，通过电脑录像表现。

3. 改进了文物的陈列，强化了文物的展示作用：一是将部分重要文物陈列在展墙上，加以特别装饰，使之突出；二是用多种文物组合陈列，形成气势，给观众以整体感觉。例如，农会会牌、袖章、胸章、印章、证章等文物组合。

4. 增加复原陈列。如总平巷采区工作面、工人夜校课堂、谈判大楼外景等重要历史场景，均采用了复原陈列。走进"采区工作面"，当你看到矿井里一片黑暗，工人在微弱的灯光下或侧躺着挖煤，或嘴里衔着小油灯拖着煤筐等泥塑时，会产生一种身临其境的感觉。

新的基本陈列制作完成，为安源纪念馆增添了新的光彩。它将吸引更多的观众前来学习瞻仰。被中宣部授予"全国百个爱国主义教育示范基地"的安源纪念馆，必将在今后的党史宣传教育活动中发挥更大的作用。

（原载2002年9月22日《萍乡日报·双休刊》第1版）

## 我在北京为贺国强同志讲解

刘帆凌

党的十八大召开前夕，我有幸选调赴京，担任由中共中央宣传部等中央国家直属机关联合主办的"科学发展，成就辉煌"大型图片展览的讲解员，并还为时任中共中央政治局常委、中纪委书记贺国强同志讲解服务。

我是安源路矿工人运动纪念馆的一名讲解员，这个窗口性的工作锻炼了我的个人能力，也拓宽了我的视野，只是我从来没有想到，普普通通的我能在国家的政治中心——北京，近距离地接触到党和国家领导人，并亲自为贺国强书记讲解，现在回想起来，我都还觉得那是一件多么让人激动的事情。

听到去北京的消息还是2012年6月的一个下午，馆领导告诉我，中宣部将举办一个讲述十六大至十八大以来，我党在各个方面所取得的辉煌成就的大型图片展览，要在全国各大纪念馆和革命馆中选调45名讲解员担任展览的讲解任务。一听到这个消息，我十分地激动，这是一个多么难得的、能接触到国家级讲解水平的机会啊。但同时，我的内心也十分地忐忑，我能加入到这次的讲解队伍当中，成为这45名国家级的讲解员中的一名吗？

7月初，江西省四大省直馆的讲解员都来到南昌集合，参加选拔赛。来到省委宣传部后，我才知道，包括我在内，全省只挑出了9名讲解员，都是来自各馆十分优秀的讲解员，选拔的内容很简单：

自我介绍和模拟讲解。

我们按吩咐坐在一间小会议室开始选拔。全权分管这次讲解员选拔、培训工作的中国人民革命军事博物馆的领导对江西代表队很重视，军博陈列宣传处的栾处长来到南昌，负责这次选拔工作。虽然领导很亲切，也尽量让气氛轻松，但我还是十分紧张。在惴惴不安中完成了选拔后，另外一个更让我忧心的问题涌上了心头——我能被选上吗？这种紧张的心情一直持续到了7月下旬，终于有一天，馆领导告诉我这个让我激动不已的消息——我被选上了，即将赴京担任"科学发展，成就辉煌"大型图片展览的讲解员。

8月9日，作为萍乡市选拔的唯一的一名讲解员，到南昌和其他3位讲解员会合，一起赶往北京。来到北京之后，我们被安排在这次图片展的展出地北京展览馆附近。时间非常紧迫，当天晚上，我们来自全国8个省市的45名讲解员以及5名工作人员全体50人便召开了一个会议，宣布了这次讲解的主要内容、服务规格，最主要的是规定了这次讲解的纪律。军博的负责人说，这次讲解的内容是迎接十八大的到来，讲述党的十六大以来，以胡锦涛同志为总书记的党中央团结带领全党全军全国各族人民，在社会主义经济建设、政治建设、文化建设、社会建设以及生态文明建设和党的建设取得举世瞩目的巨大成就，是一个辉煌展、成就展。此次展览政治性强、规格高，各项组织活动标准高、要求严。讲解的任务极重，要参加和完成展览开幕式、中共中央政治局常委和国家领导人专场、中共十八大代表专场、十八大列席代表专场、驻外大使专场等多场高规格重要专场接待。听完这席话，我的心情无比激动，对即将迎来的如此高规格的机遇和挑战跃跃欲试。

在随后的几天内，我们45人被分成了5个组，每组8至11人不等，负责两个部分的讲解，而我和其他8人被分到了第二组，分讲民主政治和中宣部主抓的文化发展。

由于要有统一的讲解风格，所以接下来的一段时间，军博请来了几位国家级的专家老师对我们进行系统培训，力求在短时间内达到统一的效果，在我们的讲解、语言表达和形体方面做出了一个统一的规范。不仅如此，为了达到一个积极向上的整体素质，我们还特别进行了半军事化的管理。统一出操、统一吃饭、统一上下班，这也在极短的时间内让我们这群来自全国各地的讲解员融合到了一起。

在这一百多天的时间里，我们45人成为了好搭档、好姐妹。大家同吃同住，一起逛街，一起背讲解词，有欢笑也有泪水，现在回想起来，这也是一笔不可多得的财富。还记得刚刚到北京的时候，讲解员之间说话都是客气而疏离的，其实也很好理解，大家都是二十来岁的年轻人，也都是单位的业务骨干，自然有一股不服输的傲气。加上全都是女孩子，挑挑刺、斗斗嘴那都是常事。还记得有一次，我们组的一个小姑娘躲在角落里打电话，打着打着就哭了起来，这个小姑娘来自北川地震遗址博物馆，是整个讲解队里头最小的，今年刚刚满19岁，也是特地选调过来学习的。大家一见她在角落里哭得稀里哗啦的，忙凑上前去，一问才知道，原来这小姑娘想家了。她这么说，大家都默然了，是啊，谁不想家呢，这次展览的任务很重，本来原定计划是工作一个月，然后让我们回趟家，然后再继续工作一个多月就可以圆满完成任务。但是由于后来十八大的推迟召开，我们展览也延迟开展，原定于 10 月底完成的任务，不得不拖到了 11 月底，整整延迟了一个月，中途也只是国庆时放了 5 天的假。参加工作以来从来没有离家这么长的时间，有些讲解员还有了家室，有两三岁的孩子，谁不想家呢。但是为了工作，谁都不能退出，每个人都有自己的讲解任务，如果退出，那你的讲解任务就没有其他人可以顶替，就肯定会出讲解事故，大家只能咬牙坚持着，互相扶持。

在迎接开展的日子里，是极端枯燥的，我们每天重复着一样的事情：背诵解说词、熟悉版面、设定讲解路线。这种政治性极强的展览，解说词对于我们这群整天和历史打交道的博物馆、纪念馆的讲解员来说也是一项极端艰巨的任务。什么"党和国家大力推进社会主义民主政治建设，我国社会主义民主政治展现出更加旺盛的生命力"，什么"宣传思想文化工作实现新的跨越，走出了中国特色社会主义文化发展道路"等等，每次没事的时候看到新闻联播，大家都会打趣地念出那一串串的"台词"，这也算是无聊中的一点小小的消遣吧。随着开展日期一天天临近，展览内容修改得愈加频繁，解说词也跟着反复地变动。可能白天好不容易背诵下来的解说词，到了晚上又被改得面目全非。特别是开展前夕，有几次都被从被窝里叫出来，修改解说词。要说没有情绪，那是不可能的，只是大家都知道，这就是工作，是工作就必须全身心地投入。

在大家的期盼中，终于迎来了开幕前的最后一个星期。而历经了一次次审查工作的我们，也迎来了最后一次审查，由中共中央政治局常委李长春同志亲自担任审查。虽然大家都被告知，开幕式的那一天九位常委都将参观展览，我们也都会为一名首长讲解服务，但毕竟之前只是说说而已。直到听到李长春同志真的要来审查的消息，大家才突然觉得这次的讲解任务是真的要步入正轨了。特别是我，听到这个消息心情十分地激动，试想一下，我这个来自小城市的一名小小的讲解员，竟然可以真的在那么近的距离接触到党和国家领导人，而且还能荣幸地为其中一位讲解服务，这简直就像是做梦一样。

可还没等我们平复一下审查时激动的心情，领导又给我们开了一个会，内容没有其他，还是修改解说词。特别是我所在的第二组，由于讲解文化这一部分，而这一部分是近年来党和国家主抓的部分，因此修改了特别多的地方，大家拿到解说词都面面相觑，忍不住发出一声声哀号。不过值得庆幸的是，在展览开幕的前一天，领导又给我们带来了一个好消息，由于九位常委都要到达参观，所以时间要安排比较紧凑，尽量在较短的时间内解说较多的内容。所以我们的解说词又被大量地删减，连之前很多熟悉的内容都被删除了，更别说新加的内容了，大家简直高兴坏了，也都纷纷有了精神，商议着首长专场之后要好好庆祝下，犒劳一下自己疲惫的大脑。

话是这么说，可前提是接待九位常委，为首长讲解服务。中共中央政治局的常委，党和国家领导人，这对我们这些小小的讲解员来说是个什么概念啊。虽然有些省市的优秀讲解员从前也给国家领导人讲解过，但是在北京，在这样一个规格这么高的展览馆内，给党和国家领导人讲解，这绝对是一个让我们这些讲解员极为兴奋的事情。但谁为谁讲解呢？这无疑又成了一个问题。每个人都十分关心自己到底是为哪位领导人讲解服务。

领导各有各的脾性，讲解员也各有各的风格，特别是我们这次采用的是分段式的讲解，统一风格更是成为了重中之重。参观一场下来要听五个人讲解，当然要这五个人都有统一的风格才会让听众听着舒服。所以根据讲解员各人的风格特点，军博的负责人又将我们划分成了8个讲解小分队，于是我与其他4名来自不同组的讲解员组成了一个讲解小队，负责给中共中央政治局常委、中央纪律检查委员会书记贺国强同志讲解。中纪委的书记，会不会很严肃呢？我心里打起了小鼓。

终于，到了10月26日开幕的那一天。上午，在北京展览馆前举行了隆重的开幕仪式，中共中央政治局常委李长春同志出席了开幕式。由于开幕式不用讲解，所以全体讲解员都紧张地等待着下午的专场讲解。

下午一点多，我们讲解员就进入了展馆内做准备。突然觉得站在平时熟悉的展馆内有些惴惴不安，紧张得手心直冒汗。几个小时一眨眼就过去了，4点半，专场讲解正式开始，我们都站在各自负责讲解的展区，等待着中央首长的到来。胡锦涛同志率先走了过来，然后是吴邦国同志。负责讲解的讲解员们一个个去讲解接待了，等待的讲解员越来越少。马上就轮到我了，我忐忑地站在展区的最前方，等待着贺国强书记的到来。不一会儿，我就看到了远远过来的一行人，正是贺国强同志一行，瞬间我突然觉得自己无比的紧张，我感觉我的手心都是汗，都快拿不住讲解棍了，脸上的笑也都紧张得僵硬到了极点，我赶忙连着做了几个深呼吸，平静一下自己的心情。贺国强同志在一组讲解员的陪同下走近了，我按捺住紧张的心情迎了上去，这时，贺国强同志十分和蔼地向我点点头，礼貌地对我说了句"你好"，我突然觉得之前"怦怦"直跳的心突然奇迹般地平静了下来。

我开始为贺国强同志讲解。贺国强同志在展览馆内停留的时间有限，所以我负责讲解的民主政治和文化发展部分都要很简略，停留的时间不能过长。我十分珍惜这次与党和国家领导人近距离的接触机会，贺国强同志也很配合我的讲解节奏，还不时地点头认可讲解的内容，与身边的陪同人员交流，我也随机应变地注意着他所感兴趣的地方。当讲到哲学社会科学不断发展，社科基金规模增长情况的一张图表时，贺国强同志停下脚步，仔细地看着图表，点点头说："是啊，国家这几年十分重视社科研究，在这方面投入了相当大的力量啊。"当说到文化单位转企改制取得显著成效时，贺国强同志又点头笑了笑，指着版面对身边的工作人员说道："嗯，我没有抓这块，据说成绩不错。"整个讲解过程中，他不但听得十分细致，还时不时地用眼神和微笑鼓励着我，现在回想起来，我当时完全忘记了紧张和害怕，内心竟然达到了一个异常平静的境界，将之前审查交代我们的注意事项都有条不紊地在讲解中一一体现出来。短短的十多分钟一下子就过去了，当我把讲解移交给下一组的同志时，让我没有想到的是，贺国强同志还转过身来和蔼地对我说"谢谢"，我当时就怔住了，没想到一个党和国家的领导人会这么真诚地对我一个小小的讲解员说谢谢，我只认为讲解是我的工作，我理所应当为人讲解，只是这一句小小的谢谢，却让我感觉到了领导人一份小小的心意，一份小小的尊重。"你好""谢谢"，多么普通的两个词语，却让我觉得国家领导人对每个人劳动成果的重视。

虽然和贺国强书记讲解的时间十分短暂，但他和蔼可亲、对事严谨的形象却深深地印在了我的脑海中。接下来的一个月内，我完成了给驻京党政军机关各级领导、部队官兵、企事业单位职工、大中小学学生和北京市市民等数百场次、几十万观众的讲解，成功地完成了这次中宣部下达给我的讲解任务。

11月26日，结束了一百多天的北京生活，我又回到了我的工作岗位，虽然工作和生活没有任何的改变，但我觉得自己成长了很多很多，也没有辜负安源的精神，没有辜负安源这块红色的土地！

## 与刘春华相处的那些日子

黄 洋

谈到国家一级美术师、原北京画院院长刘春华，大家可能并不陌生。一幅油画《毛主席去安源》让他闻名中外。从此，他与安源结下了不解之缘。在市委、市政府和市文广新局及安源纪念馆领导的多年协调下，2016年3月，刘春华老师终于决定将他毕生的艺术作品全部无偿捐赠给安源纪念馆。这让萍乡人民都为之震撼。馆领导派出我们资料科四位同志专程前往北京，到刘春华老师家中进行作品清点，办理书画交接手续。这让我们有了和他较长时间相处的机会。大家感到既骄傲，又紧张。骄傲的是我们有幸能直接参与如此重要的工作，见证萍乡文化工作中的大事和喜事；紧张则来自于此项工作的重要性，不知道这位艺术大家对待我们这些一般工作人员会是怎样的态度。

### 来的都是客

怀着忐忑的心情，我们摁响了刘春华老师家的门铃。大门徐徐打开，刘老师夫妇俩一同来到门口迎接。"欢迎！欢迎！"刘老师赶忙招呼我们进屋，"你们一路辛苦了，路上还顺利吧？"一连串的问候顿时让我们心中暖暖的，仿佛遇到了亲人一般。走进家中，屋内陈设简约却大气，现代中式的装修风格反映了主人独特的品位和不凡的修养。两位老人满脸笑容，嘘寒问暖，让我们放松了许多。原来他是这样一位慈祥的老人。

接下来，我们便开始投入整理工作之中。刘老师总是说："为了我的作品，给大家增加了这么大的工作量，回去以后还有不少的工作吧？都是我给添的麻烦。""能收藏刘老师的作品是我们馆的荣幸，我们连高兴还来不及呢！"大家赶忙回答。

平时上刘老师家登门拜访的客人也不少，有官员、记者、学者等，刘老师总是热情接待，不会因为对方身份、地位不同，而态度会有所区别，总是满脸笑容，热情似火地接待来客。给我们印象特别深的是接待一位二十出头的女记者。她来采访多次了，刘老师一点也不感觉烦，每次总是认真地回答她提出的问题，还帮助她修改采访记录，对未回忆清楚的片段进行补充说明。他认为年轻人有这种工作干劲是必须要鼓励的，作为老同志应该力所能及地帮一把。

### 令人敬畏的工作态度

刘春华老师从小就爱画画，从青年时代到现在的画都一直珍藏着。他把这些作品当成自己的孩子，总是包了又包，收拾得井井有条。刘老师对我们说："现在年龄大了，特别是近段时间身体大不如从前，我就琢磨着要将这些画放在一个让我特别放心的地方。这几年一直有一些公司缠着我，想高价收购我的画，有的老板甚至愿意专门为我建个人展览馆。可是我舍不得把画交给商人。"

然而将自己的作品最终放到哪里，刘老师纠结了很多年，还是觉得把这些心肝宝贝交给纪念馆更放心。他告诫我们："纪念馆有严格的管理制度，你们不会将这些字画投入市场变卖。这些字画我一直藏在家中近半个世纪，我希望她们就像一家人，永远都不要分开。把她们交给纪念馆，也算了却了我的一桩心事。"听了刘老师的一席话，我们更觉得肩上的责任重大。这是一名老艺术家对我们的嘱咐与重托。

近半年来，刘老师腰椎增生厉害。我们过去的那段时间，正好碰上他的腰痛病复发了，只有到医院打封闭才能止痛。但他一直忍痛坚持着，确保作品清点和交接工作有条不紊地进行。每天上午八点半准时开始工作，下午五点才结束，中午基本上不休息，只留出半个小时吃饭，饭碗一扔又接着干。刘老师原本每天都有午睡的习惯，而此项工作将他的作息时间完全打乱。有时看着他累得直不起腰，我们劝他休息一会儿。他摇着头、摆着手说："不碍事，接着干，你们出门在外不容易，抓紧时间干，争取让你们早一天回家。"已经72岁高龄的他就这样每天和我们在一块整理画作，还经常蹲在地上为我们示范如何卷画、展画，教授大家一些绘画方面的知识。

刘老师整理作品耐心细致，也有十分严厉的时候。记得有一次我们在卷一幅托裱的作品时，手指屡屡触碰到画面，在卷画的过程中还没对齐就忙着卷。这下可急坏了刘老师，这也是我们唯一一次看到他生气的样子，他脸涨得通红地说："哎哟！你们这样弄画，我真是心疼极了！"急忙从我们手中把画卷接过去，娴熟地把画抚弄平整，然后小心翼翼地卷了起来。他边卷边告诉大家："托裱后的画摆弄的时候必须十分小心，不能够有半点折痕，否则重新揭画托裱非常复杂。拿画过程中要尽量避免手指直接接触到画面，以免造成对画纸的污染和损坏。卷画时要边卷边对齐，托裱的画不要卷得太紧。"之后，他语重心长地对大家说："纪念馆的同志也要多学习点字画方面的专业知识，应该派人到画院跟班学习。"看着刘老师对工作极度负责任的态度，听着他对我们的谆谆教诲，大家感觉肩上的责任更重了。

## 平平淡淡才是真

刘春华夫妇过着深居简出的节俭生活，最烦的就是出去应酬。当我们提出要请二老出去吃饭时，他一口回绝："不去，在家里随便吃点就行。现在中央在公费接待这块规定得非常严格，没必要给你们增加额外的负担。"实在拗不过他，我们只得在家里做起饭来。刘老师规定：每天菜不要太多，六个人每天只需要四个菜就足够了，量也不要太多，千万不能浪费，家常菜就行。按照他的吩咐，大家在厨房里忙活开了。虽然我们的厨技一般，但刘老师总是鼓励地说："南方菜好吃，味道不错！"然后大口大口地吃起来。看着他津津有味的样子，大家过意不去的心理才稍感舒坦一些。晚上，二老就是吃点馒头、咸菜、稀饭。刘老师有时感慨地说："我不愿意出去吃饭，桌子上应酬的时间太长，感觉很累，有时还免不了要讲一些违心的话，我的性格受不了，我就爱讲真话，又怕惹人家不高兴，所以还不如自己在家随便吃点更自在。"

刘老师夫妇十分关心公益事业。他对我们说："到了我们这个年纪，一切都看平淡了，再多的钱对于我来说都只是个数字。目前，我们基本算是衣食无忧，再多的钱又有什么意义？"刘老师望了一眼妻子，接着说："这点上我们二人统一了意见，在有生之年想多做点慈善事业，为社会做点贡献，而不应该追逐个人的名利。像四川汶川、雅安地震、希望工程等我们都捐了款。到目前为止，我们捐款的数目已经突破了1000万，而且每次捐款都不留名字。我们觉得捐款的目的是实心实意地帮助别人渡过难关，而不是为了拿出来炫耀。"

经过近半个月的整理，刘春华老师为安源纪念馆捐赠艺术作品1200余幅。这些作品是他艺术生命的结晶。虽然已经回到了萍乡，我们却十分怀念在北京与刘老师相处的日子。我们真真切切地感受到了他对艺术的追求，对事业的热爱，对社会的关注，对晚辈的关爱。他是一位德行兼修的艺术家，不仅在艺术创作上造诣深厚，他的人品、风范和他的艺术一样，可谓高山仰止。

（原载2016年6月12日《萍乡日报》）

## 三、表现安源工人运动历史的艺术作品

在20世纪20年代至30年代的时空里，安源工人运动如同一股澎湃的激流，应运而生并蓬勃发展。人们通过民间歌谣、红色歌曲、绘画作品、泥塑雕像等丰富多元的艺术形式来展现这段波澜壮阔的历史。民间歌谣以质朴的旋律与真挚的情感，传递出工人的心声和诉求；红色歌曲激情洋溢，激发着人们的革命热情；绘画作品通过细腻的笔触和丰富的色彩，将工人的革命历程和时代印记加以描绘；而泥塑雕像则借助生动的形象，塑造出工人英勇斗争的场景。这些艺术作品不仅是历史的见证者，更是一种精神的传承。它们以各自独具特色的表现方式，生动形象地描绘了安源工人运动的宏伟画卷，展现出工人阶级的英勇和坚韧，让后人能更为直观地感受那段风起云涌的岁月。

### （一）民间歌谣

#### 少年进炭棚

注：①炭棚：煤矿。
　　②背竹筒：讨饭的意思。
说明：据老工人贺梅生、王耀南等回忆刊印。

#### 听说安源好赚钱

听说安源好赚钱，一来来了两三年；
想回家去看双亲，身无半分盘费钱①。

注：①盘费钱：路费。
说明：据老工人宋新怀、彭炳喜回忆刊印。题目是编者加的。老工人袁品高回忆的字句稍有不同："人说安源好赚钱，一去就是二三年；回家想去看母亲，身上没有盘缠钱。"

### 父挖窿中煤

父挖窿①中煤，子扯窿中拖②；

煤炭堆如山，父子都挨饿。

寅吃卯时粮，妻寒子也饿；

三月无饷发，生活真难过。

注：①窿：矿井。

②扯、拖：工人在矿井里用炭箕装煤，用绳子套在肩上，匍匐爬行，从工作面拖到大巷运道。

### 萍乡矿工山歌

听得喂（尾）子①放一声，半夜五更要起身；

白的进去黑的出，一天到夜力用尽；

受得骂来挨得打，才能弄得米半升；

可怜可怜真可怜，归家要养一家人。

注：①尾子是萍乡方言，即汽笛声，是煤矿工人上下班的信号。

### 挑炭工人四季叹气

春季叹来雨水天，挑炭工人受熬煎；

大雨纷纷无遮地，一天赚了角多钱。

哎哟！可怜！可怜！

夏季叹来热难当，挑炭不能避太阳；

烈日炎炎汗滴滴，哪有时刻去乘凉。

哎哟！难当！难当！

秋季叹来莫奈何，挑炭工人疾病多；

三伏之后是秋燥，个个卧病无医药。

哎哟！难磨！难磨！

冬季叹来雪飞飞，挑炭工人好伤悲；

赤脚草鞋雪地走，北风狂狂满身吹。

哎哟！吃亏！吃亏！

### 团结起来力量好

独木不能妨屋倒，片瓦不能把屋造；

个人才力很有限，团结起来力量好；

有事大家帮忙做，有害大家相劝告；

万人一条心，仇人都打倒。

## 工人学校校歌

（一）

团结团结，努力斗争！

团结团结，努力斗争！

夺回幸福，创造和平！

我们有了先锋队，我们又有后备军，

我们要吸取斗争中的教训！

劳动军！前进！前进！

（二）

创造世界，是我劳工！

改造社会，是我劳工！

擒贼杀敌！陷阵冲锋！

开辟光明路，打破万恶丛！

我们要推翻这全世界的牢笼！

先锋军！猛攻！猛攻！

（三）

养精蓄锐，援助前方！

养精蓄锐，援助前方！

建新社会！扫恶魔障！

看赤光万丈！

一切奴隶都解放！

显现着人们的幸福无量！

后备军！齐上！齐上！

（四）

重重压迫，我们姑姊！

重重苦痛，我们姑姊！

反抗压迫！解除痛苦！

解放全人类！

男女无歧视！

人类最后的一般平等无阶级！

妇女军，兴起！兴起！

说明：此歌谣选自安源工人补习学校课本《工人读本》（第一册）五十五课、五十六课、五十七课、五十八课。题目是编者加的。

**保护儿童享快乐**

谁知还要受折磨，守班老虎多凶恶！

可怜我——

炭箕儿被他烧掉了，脚腿儿被他打破。

鲜红的血儿往下流，天爷呀，痛煞了我！

唉，说起人生真不平！

有钱的儿童，从小请人带，

无钱的任他受风波；

有钱的丰衣饱食，无钱的受冻挨饿；

有钱的入学把书读，无钱的他把好好的光阴虚度过……

朋友们，

这样的情状多惨啊，

希望大家齐努力，保护儿童享快乐。

**"活阎罗"吃个哑巴亏**

王洪卿来他闯势，走到窿门①扯旗子。

当时走到窿门中，哪个要你把工停。

都喊旗子②不肯扯，其一口（声）吆喝就喊打。

眼看打得要伤胎，"活阎罗"吃个哑巴亏。

两脚木木走不得，眼泪好比飘雨滴。

注：①窿门：矿井口。

②旗子：罢工时工人在矿井竖了一面大旗，上书"罢工"二字。

说明：据谢道福等老人回忆刊印。题目是编者加的。

## 有志事竟成

上下数千年，结合一条心。

大家齐努力，携手向前行。

铲平崎岖路，不惮艰与辛。

汉冶萍总会，有志事竟成。

## 敬祝安源路矿工人俱乐部罢工胜利周年纪念

（一）

人们欢迎的太阳，正照着人间的奴隶！

"红的花"的种子，

去年已经种好在奴隶们的心腔里。

现在热也有了，光也有了，我们候着吧！

（二）

一盏小红灯，

照在广漠的黑暗的地狱里；囚犯们正闹着要光明吧！

莫忙，忍着吧！

彼会扩大彼的光亮，分射彼的火焰。

不久，决不久，

彼定照彻了广漠的黑暗的地狱，哪怕光明得不着？

## 黄静源追悼歌

凄凉风雨悼英豪，愿（闻）君殉难气节高。

艰难劈划几多载，为谋解放舌唇焦。

虎狼军阀毒虽在，帝国主义已飘摇。

唯愿青年同努力，开来继往在吾曹。

说明：黄静源曾任安源路矿工人俱乐部副主任等职，1925年9月被敌人杀害于安源。

## 实行"三八制"

认识字，好读书，

工人不是本来粗，

读书，识字，识字，读书。

教育八点钟！休息八点钟！工作八点钟！

大家要求教育才劳动。

你种田，我织布，

他烧砖瓦盖房屋，

哼哼！呵呵！呵呵！哼哼！

作工八点钟！教育八点钟！休息八点钟！

大家要求生活才劳动。

槐树绿，石榴红，薄薄衣衫软软风。

嘻嘻！哈哈！嘻嘻！哈哈！

休息八点钟！作工八点钟！教育八点钟！

大家要求休息才劳动！

说明：据安源工人补习学校课本《工人读本》（第一册）第十一、十二、十三课课文刊印。题目是编者加的。

### 红军来了扯红旗

白军[①]来了扯白旗，靖卫团[②]来了吹牛皮；

红军来了扯红旗，捉到土豪劣绅扯颈皮。

注：①白军：指国民党匪军。

②靖卫团：民团组织，反动武装。

(二)红色歌曲

# 毛主席去安源

崔 琳 词曲
集 体 改词

1=A 2/4

(5 65 3532 | 3 3 | 56 1 21 6165 | 6 6 | 35 | 3532 1232 | 1 1)|

1 65 6 | 6 6 53 | 1 6 3 | 2 32 1 | 111 2 65 | 3. 6 |

1.当 年 毛 主 席 去 安 源， 红 彤 彤 的 太 阳
2.当 年 毛 主 席 去 安 源， 亲 手 把 革 命
3.当 年 毛 主 席 去 安 源， 万 里 的 征 程

5. 3 3 21 | 2 — | 5 35 6 | 3 53 2 1 | 6 5 | 1 21 6 |

照 山 川， 为 了 劳 工 得 解 放，
火 种 点， 下 到 矿 井 住 工 棚，
金 光 闪， 红 旗 飘 处 战 歌 响，

5. 6 1 2 | 3. 5 | 2. 1 2132 | 1 (0 23 | 5 53 2132 | 1 1)|

不 辞 辛 苦 闯 难 关。
革 命 真 理 对 工 人 谈。
唤 起 工 农 千 百 万。

1 65 3 5 | 1 21 6 6 | 3 32 1 61 | 2 31 2 | 5 35 6 6 | 5 32 3 |

毛 主 席 身 穿 布 衣 衫 哪， 跋 山 涉 水 挑 重 担， 一 把 伞 顶 住 风 和 雨，
工 人 听 了 齐 觉 醒 呀， 心 明 眼 亮 斗 志 坚， 掀 起 罢 工 大 风 暴，
毛 主 席 教 导 牢 牢 记 呀， 工 农 力 量 大 如 天， 团 结 起 来 齐 战 斗，

1 16 1 53 | 2. 3 | 5. 3 235 | 6 — :| 5. 3 235 | 6 — ‖

双 脚 踏 遍 安 源 山。 全 红 遍。
跟 着 毛 主 席 打 江 山。
定 叫 山 河

## 安源路矿工人俱乐部部歌

$1=C \frac{2}{4}$

| i 5 3 1 | 3 5 i | 5 4.3 | 2 — | 2 2 2 | 2 2 2 |

创造 世界 一切 的 惟 我 劳 工 被人 侮辱 压迫 的

| 5 3. 2 | i — | 7 7 2 7 i | 6 6 6 | 6 6 i 7 6 |

惟 我 劳 工 世界 兮 我们 当 创 造 压迫 兮 我们

| 5 5 5 | 5. 6 7 i | 2 3 4 | 5 5 3 2 | i — |

当 解 除 造 世界 兮 除 压 迫 团结 我 劳 工

这首歌根据老工人回忆，是安源路矿工人俱乐部部歌。1922年10月30日广东《工人之路》特号发表时名为《劳工记》。

## 工农联盟歌

$1=C \frac{2}{4}$

| i. i 5 5 | 6. i 5 6 | 2. i 2 3 | 2 — | i i 2 2 | 3 3 2 i i |

我 们 工农 创 世界 人类 衣食 住 不做 工的 资产 阶级

| 6 i 2 3 | 5 — | 0 3 5 3 5 | 6. 5 6 i 2 | 3. 5 3. 5 |

反 把 我们 欺 起来 起来 齐 心 努力 巩 固 我 团

| 6 — | i. i 2 2 | 3 3 2 i i | 6. i 2 3 | 5 — |

体 努 力 奋斗 最后 胜利 定 是 工农 的

据老工人回忆这首歌是安源路矿工人补习学校教唱的，李立三用旧谱填词，当时在工人中非常流行。此歌曲谱是我国早期的学堂中流行的《十八省地理历史》歌的曲谱，在传唱中旋律产生了一些变化。1923年以后，这首歌还流传到了湖北等地。

## 五一纪念歌

1=♭B 4/4

五一节　真壮烈　世界劳工
大团结　发起芝加哥
响应遍各国　西欧东亚
与美洲　年年溅满劳工血
不达成功誓不休　望大家齐努力
切莫辜负五一节

这首歌1923年以后在安源工人中流传。现根据安源老工人回忆和1926年5月第三次全国劳动大会会刊所载翻印。

## 国耻歌

1=A 2/4

愤怒地

| 3. 5 5 | 5. 6 5 | 3. 5 5 | 6. 1 1 | 6 1 |
| 高 丽 国 | 流 球 岛 | 与 台 湾 | 地 不 小 | 可 怜 |

| 2. 2 2 | 1 2 3 | 3 - | 5 5 3 | 2 1 2 3 |
| 都 被 它 | 侵 吞 了 | | 十 年 前 | 乘 我 国 事 |

| 2 2 | 2 2 3 3 | 2 1 6 5 | 1 2 3 | 3. 2 1 |
| 飘 扬 | 欧 洲 血 战 | 还 未 了 | 又 提 出 | 廿 一 条 |

| 1 - | 2 2 | 2 1 2 | 3 - | 3 3 |
| | 无 公 | 理 灭 人 | 道 | 好 河 |

| 3 3 4 | 5 - | 5. 5 3 | 2 1 2 3 | 2 2 |
| 山 将 送 | 掉 | 最 痛 心 | 五 月 九 日 | 噩 耗 |

| 2 2 3 3 | 2 1 6 5 | 1. 2 3 | 3. 2 1 | 1 0 |
| 为 奴 为 仆 | 眼 前 到 | 这 国 耻 | 几 时 消 | |

据老工人回忆此歌系1923年安源工人补习学校教唱的，每年的"五九"国耻纪念集会游行都唱这首歌。

# 齐心力　打倒它

$1=\text{G}$ $\frac{4}{4}$

帝国主义和军阀　都是我们的仇敌

乒乓乓乓乒乓乓乓 齐心力打倒它 联合全

世界的工人农人 联合全世界的被压迫的民

族　乒乓乓乓乒乓乓乓齐心力打倒它

此歌1923年在安源工人中流传，据老工人回忆整理刊印。

# 伟大的劳工

$1={}^\flat\text{B}$ $\frac{2}{4}$

伟大的劳工 艰苦奋斗的劳工 车间

工作苦　井下的压迫又残酷　去年

今日 轰轰烈烈 大罢工 获全胜 团结紧 向前进

此歌1923年9月安源工人庆祝罢工胜利一周年时唱的。据老工人回忆整理刊印。

## 从广东出发

1=C 2/4

国民革命　　一致革命　　联合全世界
首先打倒　　帝国主义　　官僚和军阀
保证北伐　　拥护民众　　我们要认清

工农商学兵　　团结起来革命成功
土豪与劣绅　　贪官污吏铲草除根
谁是我敌人　　英美日法仇敌海深

1926年9月北伐军到安源。安源人民曾唱着这首歌欢迎北伐军。据老工人回忆刊印。

## 当兵就要当红军

1=C 4/4

当兵就要当红军　　处处工农都欢迎
当兵就要当红军　　冲锋杀敌向前进
当兵就要当红军　　退伍下来不愁贫

官长士兵都一样　　没有人来压迫人
消灭万恶的国民党　　贪官污吏一扫尽
会做工的有工做　　会耕田的有田耕

1930年红军来到安源时，这首歌在安源工人中广泛流传。据老工人回忆整理刊印。

## 蝴蝶来

1 = C 2/4

| 3 2.3 | 5 - | 6 i | 5 - | 3 2 | 6 5 | 2 3 | 1 - |
蝴 蝶 来　　蝴 蝶 来　　蝴 蝶 飞 来 好 花 开

| i 1 2 | 3 - | 3 2 1 | 6 - | i 2 | 6 5 | 3 5 | 2 - |
花 可 爱　　蝶 可 爱　　蝴 蝶 莫 扑 花 莫 采

| 3 2 3 | 5 - | 6 i | 5 - | 3 2 | 6 5 | 2 3 | 1 - ‖
花 莫 采　　花 常 开　　蝴 蝶 莫 扑 蝶 常 来

这是安源路矿工人子弟学校第一校1923年教唱的一首儿童歌曲。

## 时计歌

1 = F 4/4

| 5 5 5 5 | 5 3 2 1 - | 1 1 2 3 3 | 3 3 2 3 - |
壁 上 时 计 声 滴 滴　　百 年 岁 月 分 秒 计

| 5 3 2 1 | 3 2 3 5 1 | 5 5 3 2 3 | 5 - 2 2 1 |
滴 滴 滴 滴 滴 滴 滴 滴 好 光 阴 须 爱 惜 劝 诸 君

| 6. 1 5. 6 1 | 1. 2 | 6. 1 5. 6 1 | 1 | 3 2.3 5 | 6 5 |
勿 希 望 明 日 勿 懊 悔 昨 日 今 日 事 今 日

| 3 - 5 3 | 2 1 3 2 | 5 1 3 2 3 | 5 3 2 1 - ‖
毕 滴 滴 滴 滴 滴 滴 滴 滴 今 日 事 今 日 毕

这首儿童歌曲是安源路矿工人子弟学校第一校1923年至1924年教唱的，曲谱与《齐心力　打倒它》同。据老工人回忆整理刊印。

## 安源火种天下传

$1=G \ \frac{4}{4}$

不唱地来不唱天,哎呀
带领工人闹罢工,哎呀

不唱天,开口一唱到安源,哎呀到安源。
闹罢工,工人改革得解放,哎呀得解放。

安源工人开矿苦呀,受尽压迫多艰难。
为了工人谋幸福呀,赴汤蹈火不辞难。

哎呀多艰难。一九二二年正月间,哎呀
哎呀不辞难。安源罢工得胜利,哎呀

正月间。少奇同志到安源,哎呀到安源,
得胜利。工人个个笑开颜,哎呀笑开颜,

他当老师来讲课,播下火种心头燃,
工人一心跟党走,胜利果实天下传,

求解放。播下火种心
胜利果实天

头燃。传。
下传。

# 张家湾的红灯

1=G

(笛引)

(5612 5 - - - 6516 5321 51 2 - - 1251 5225 1 - - - - -|

(中速民歌风)

0 1 5 1 | 0 1 5 1 ‖: 3333 2325 | 6161 2·3 | 5656 216 |

(一遍女独二遍女齐)

5 5) | 3333 2365 | 3· 2 | 5 3 2 1 6 1 | 2 - |
　　　　　张家湾的红　灯　　照呀么照四　方呀

3 2 3 2 1 6 | 1 2 3 | 3 1 2 1 6 | 5 - | 1 1 2 6 5 |
萍 水 河　上哎　闪　银　光　　毛委员又

3 - | 6 6 5653 | 2 - | 3 3 2 1 2 | 3 2 3 6 |
来　　　安 源　山　　领导咱穷人　求解 放

6 6 6 1 6 5 5 3 | 5 - | 6 6 6 1 6 5 5 3 | 2 - | 6 6 5 3 5 |
领导穷人求 解　放　　领导穷人求 解　放　　紧握手中

6·(5 3 5 6) | 3 2 3 1 6 1 | 2·(1 6 1 2) | 2 2 3 5 6 6 | 5 6 5 3 2 |
枪　　　　　两 眼望远　方　　　　　毛委员和我们　在 一 起

6 6 6·1 1 1 6 5 5 3 | 2 - :‖ 2· 2 2 5 5 | 6 2 | 5 - |
我为 毛委员来站　岗　　　我 为毛委员来 站　岗

(男齐)
5 - | (0 1 5 1 0 1 5 1) | 1 1 1 1 2 3 | 5 - |
　　　　　　　　　　　　　张家湾的红　灯

1 1 2 3 5 6 | 5 - | 6 6 6 6 5 6 | 1· 3 | 2 5 1 2 3 |
照呀么照四　方　　萍 水河　上　　闪　银

光　　　　　毛委员又　来　　安　源　山

领导咱穷人　求解　放　　求　解　放　　紧握手中

枪　　　两眼望远方　　毛委员和我们　在一　起

我为毛委员　　来站　岗！

(三) 绘画作品

油　　画　《毛主席去安源》
作　　者　刘春华（中央工艺美术学院）
创作时间　1969年
级　　别　一级文物

附　录

油　　画　《毛主席下矿井》
作　　者　侯一民（中央美术学院）
创作时间　1979 年
级　　别　一级文物

油　　画　《刘少奇领导安源路矿工人大罢工》
作　　者　施绍辰（中国美术学院）
创作时间　1979 年
级　　别　一级文物

油　　画　《毛泽东调查研究》
作　　者　不详
创作时间　1969 年
级　　别　三级文物

木版画 《入党宣誓》
作　　者　不详
创作时间　1969 年
级　　别　三级文物

木版画 《成立安源路矿工人俱乐部》
作　　者　不详
创作时间　1969 年
级　　别　三级文物

附　录

**木版画**　《毛泽东挑灯疾书》
**作　　者**　不详
**创作年代**　1969 年
**级　　别**　三级文物

**木版画**　《二团参加秋收起义》
**作　　者**　不详
**创作年代**　1969 年
**级　　别**　三级文物

木版画 《黄静源英勇就义》
作　　者　不详
创作年代　1969 年
级　　别　三级文物

国　　画　《公审大恶霸叶子屏》
作　　者　王玉珏（女、广州美术学院）
创作时间　1968 年
级　　别　三级文物

油　　画　《秋收起义军事会议》
作　　者　不详
创作时间　1969 年
级　　别　三级文物

油　　画　《夜校明灯》
作　　者　不详
创作时间　不详

油　　画　《毛泽东巡视安源路矿工人俱乐部》
作　　者　不详
创作时间　1969 年

大型油画　《罢工怒潮》
作　　者　侯一民、冯杰
创作时间　1992 年

附 录

**木版画** 《一身是胆》
**作　　者** 陈布仑
**创作时间** 1982 年

**大型油画** 《工运圣地》
**作　　者** 李新华及团队（深圳大学艺术设计学院副院长）
**创作时间** 2015 年

401

（四）泥塑雕像

群　　塑　《进军井冈》
作　　者　吕学勤（山东美术学院）
创作时间　1968年
级　　别　一级文物

泥　　塑　《地火烈焰》
作　　者　王官乙及学生（四川刘文彩收租院的创作人员）（四川美术学院）
创作时间　1968年
级　　别　二级文物

泥　　塑　《祈望光明》

作　　者　王官乙及学生（四川刘文彩收租院的创作人员）（四川美术学院）

**创作时间**　1968 年

**级　　别**　二级文物

雕　　塑　《红太阳照亮安源山》

作　　者　张向阳（中央美术学院）

**创作时间**　1968 年

**级　　别**　三级文物

雕 塑 《工农联盟》

作 者 陈廷高、李仕儒、朱照林（广州美术学院）

创作时间 1968 年

级 别 三级文物

雕 像 《惊天吼》

作 者 陈廷高、李仕儒（广州美术学院）

创作时间 1968 年

级 别 三级文物

附 录

雕　　塑　《光明向前》
作　　者　陈廷高、李仕儒（广州美术学院）
创作时间　1968 年

泥　　塑　《当兵就要当红军》
作　　者　田跃民（中国革命博物馆）
创作时间　1992 年
级　　别　三级文物

405

# 后 记

2021年12月，安源纪念馆馆务会研究决定编纂《安源路矿工人运动纪念馆志》，成立以馆长为主编、副馆长为副主编的馆志编纂委员会，特邀中共萍乡市委党校教授黄爱国负责总纂并执笔。

2022年1月26日，安源纪念馆组织召开《安源路矿工人运动纪念馆志》编纂工作第一次专题会议，馆长丁煊淼在会上强调了编撰馆志的重要意义，并提出有关要求。他指出：安源路矿工人运动纪念馆从1955年筹建、1956年1月正式成立，至今已走过60余个春秋，一代又一代纪念馆人通过努力奋斗创造了无比辉煌的过去，我们要把这些好的传统和精神传承下去。编撰《安源路矿工人运动纪念馆志》是历史赋予我们的使命和责任，一定要真实全面地记录建馆至今各个时期的辉煌发展历程。为做好此项工作，丁煊淼馆长提出五点要求：一要分工负责，责任到人；二要广泛收集，仔细筛查；三要统筹协调，明确时间；四要尊重历史，实事求是；五要内容精准，不存歧义。会议讨论通过了总纂人起草的《馆志编撰提纲》，并要求各科室指派专人在三个月内完成有关史料提供任务，总纂人在一年半之内完成馆志的编纂和撰写任务。2月11日，安源纪念馆下发《关于提供〈安源路矿工人运动纪念馆志〉编纂资料的启事》。

在编纂过程中，安源纪念馆各科室提供大量珍贵史料，并得到杨桂香、邓斌、刘忠焕、彭云秋、漆继生、丁运梅、谢家俊、罗素英、李德萍、张松林、刘义胜、王良玉、吴金华等安源纪念馆老领导、老同志的大力支持和帮助。他们分别以文字或口头等形式，从不同的角度提供了大量馆志资料，在此一并致谢。

2023年2月28日，馆志初稿完成。3月31日，安源纪念馆召开馆志初稿评审会，馆领导和各科室负责人及负责提供资料的同志对志稿提出了宝贵的意见和建议。7月28日，安源纪念馆召开馆志编撰座谈会，听取该馆部分老领导、老同志对志稿所提意见、建议。总纂人根据领导和同志们的意见、建议，对志稿进行了反复修改和完善，经馆领导班子成员集体审核并报主管部门同意后付印出版。

由于编者水平有限，时间久远，许多资料已失散不全，遗漏和瑕疵在所难免。不妥之处，敬请读者批评指正。

《安源路矿工人运动纪念馆志》编纂委员会

2023年9月1日